W0341745

Shay Cullen

Kein Kind ist verloren

Mein Einsatz für soziale Gerechtigkeit und Kinderrechte auf den Philippinen

Aus dem Englischen übersetzt von Doris Westhoff

Die irische Originalausgabe erschien 2006 unter dem Titel »Passion and Power« bei Killynon House Books, Mullingar, Ireland. © Pater Shay Cullen

FSC
Mix
Produktgruppe aus vorbildlich bewirtschafteten Wäldern und anderen kontrollierten Herkünften

Zert.-Nr. GFA-COC-1298
www.fsc.org
© 1996 Forest Stewardship Council

© für die deutschsprachige, von Pater Shay Cullen aktualisierte und erweiterte Ausgabe:
Fairhandelsgenossenschaft dwp eG, Ravensburg
1. Auflage 2008
Alle Rechte vorbehalten.

Lektorat: Annette Graf und Eberhard Stett
Umschlaggestaltung und Satz: www.diezone.net
Headlineschrift: FF Kievit
Textschrift: Augereau
Druck und Bindung: Kösel, Krugzell
Printed in Germany

ISBN 978-3-00-024817-7

Das Buch kann über den Buchhandel bezogen werden oder bei:
dwp eG, Hinzistobler Str. 10
88212 Ravensburg
http://www.dwp-rv.de
bestellung@dwp-rv.de

Für meinen Vater und meine Mutter,
die mir das Leben geschenkt haben.

Für Merly Ramirez Hermoso und Alex Corpus Hermoso,
ohne die es so nicht hätte sein können.

Danke

Dies ist eine wahre Geschichte, nicht nur über mein Leben, sondern über das Leben mutiger und entschlossener philippinischer Kinder und Jugendlicher, die voller Tapferkeit Missbrauch und Leid ertragen und überwunden haben. Ich danke ihnen für ihr Vertrauen, mich ihre Geschichte erzählen zu lassen. Von Herzen danke ich den Mitarbeitern von PREDA für ihre Loyalität und Freundschaft, die es mir ermöglichen, dieses Leben zu führen und darüber zu schreiben.

Ich danke ganz besonders Thomas Hoyer von der Fairhandelsgenossenschaft dwp, der diese deutsche Ausgabe ermöglicht hat. Anerkennung an Doris Westhoff, die dieses Buch in freiwilliger Arbeit übersetzt und mit vielen positiven Anregungen dazu beigetragen hat.

Herzlichen Dank auch an Eberhard Stett, der sich der Korrektur des Textes gewidmet hat. Ich danke auch dem Vizepräsidenten des Deutschen Bundestages, Wolfgang Thierse, für seine Ermutigung und seine Unterstützung, sowie den »Tatort«-Darstellern Joe Bausch, Klaus J. Behrendt und Dietmar Bär, die auf die Philippinen gereist sind und uns geholfen haben, Kinder aus dem Gefängnis zu retten.

Von ganzem Herzen danke ich den wunderbaren Mitarbeitern in den Weltläden, die die Arbeit von PREDA mittragen und versprochen haben, dieses Buch weiterzuempfehlen.

Für Sie alle, möge unsere Freundschaft niemals enden.

Inhalt

Einleitung

Seit 39 Jahren sind die Philippinen mein Zuhause, ein tropisches Paradies aus mehr als 7000 Inseln im Südchinesischen Meer. Seit 1974 lebe ich in einer Gemeinschaft aus Sozialarbeitern, Menschenrechtsaktivisten und College-Studenten im PREDA-Zentrum, welches von einem Hügel aus auf die weite Bucht von Subic hinunterschaut. Ich spreche Filipino und, obwohl ich noch lange nicht ausgelernt habe, durfte ich den einzigartigen Charakter und das Beste der philippinischen Kultur erfahren. Ursprünglich auf Lebensqualität und den Respekt vor menschlichen Werten ausgerichtet, ist diese Kultur jedoch zunehmenden Angriffen und einer Zersetzung von innen und außen ausgesetzt.

Dieses Buch erzählt die Geschichte von Filipinos, die sich voller Hingabe dafür einsetzen, dieses Land gerechter und glücklicher zu machen. Ich habe das Privileg, an dieser wichtigen Arbeit teilzuhaben und mitzuhelfen, den Respekt für die Würde von Frauen und Kindern überall auf der Welt wieder herzustellen, Menschenrechte zu schützen und den Kleinbauern und Handwerkern überall auf den Philippinen zu Gerechtigkeit zur verhelfen. Viel Unterstützung haben wir dabei von den Menschen aus dem deutschsprachigen Raum erhalten, aus Deutschland, Österreich und der Schweiz, besonders von den Organisationen des Fairen Handels und den freiwilligen Mitarbeitern in den Weltläden, die sich den gleichen Zielen wie PREDA verschrieben haben. Die Menschen, die fair gehandelte Produkte von PREDA kaufen, z.B. Handwerkserzeugnisse oder zuckerfreie und biologisch angebaute, getrocknete Mangos und Säfte, sind besondere Menschen mit einem tieferen Verständnis dafür, was Gerechtigkeit bedeutet. Sie arbeiten gemeinsam mit uns daran, moderne Sklaverei zu stoppen sowie den Handel mit Frauen und Kindern zu beenden. Durch den Kauf fair gehandelter PREDA-Produkte helfen sie, eine gerechte Sozialökonomie zu fördern, die Armut zu verringern und anderen Menschen ein neues Leben zu ermöglichen.

Die echte, authentische philippinische Kultur ist der Herzschlag des Landes: Die Qualität des traditionellen Lebensstils, die Summe der ihr innewohnenden Werte, die natürliche Gabe der Menschen, inmitten von Armut in Harmonie miteinander zu leben und zu überleben, weil die Armen das wenige, das sie besitzen, miteinander teilen.

Die herrschende Elite, die eigentlich Hüter kultureller Werte und öffentlicher Moral sein sollte, hat es zugelassen, dass fremde Einflüsse sich wie ein Virus ausbreiten. Sie haben einen hedonistischen Lebensstil importiert, dem es entschieden an Mitgefühl und Kultur mangelt. Von wenigen bemerkenswerten Ausnahmen abgesehen, sind die meisten Oberhäupter der mächtigen Familien von Gier und Geiz getrieben; mit beispielloser Gewalt und Grausamkeit beuten sie die Armen aus, um den Fortbestand ihrer feudalistischen Herrschaft zu bewahren. Dies ist ein Einfluss von außen, es widerspricht den traditionellen Werten der philippinischen Kultur. Das Land wird von einigen wenigen Familiendynastien regiert, die eigentlich keine Filipinos sind. Viele haben einen ausländischen Pass, Bankkonten in irgendwelchen Steuerparadiesen und Häuser im Ausland; ihre Loyalität gilt anderen Nationen und Unternehmen. Ihr Reichtum, ihr Machthunger und ihr politischer Einfluss erleichtern es den multinationalen Konzernen, die natürlichen Ressourcen und die Menschen der Philippinen schamlos auszubeuten.

Das Herz der echten philippinischen Kultur ist ihr tiefer, spiritueller Glauben an die Güte und die Würde des Menschen. In ihrem natürlichen Zustand ist es eine Kultur, die viel Wert darauf legt, möglichst gut mit anderen Menschen auszukommen. Man hält möglichst engen Kontakt zur Familie und übernimmt Verantwortung für Eltern, Geschwister, Cousins, Nichten und Neffen, egal wie viel Geld das auch kosten mag. Man respektiert ältere Menschen, die Eltern und diejenigen, die die Familie versorgen. Die Weisheit der Kultur besteht darin, Bildung und Kunst zu wertschätzen, Wissen und Verständnis zu erwerben und weiterzugeben, zu respektieren und respektiert zu werden, zu lieben und geliebt zu werden, anderen Gutes zu tun, tolerant zu sein und zu verzeihen, den Bedürftigen zu helfen und den Schmerz der Armut zu lindern. Essen, Unterkunft und Kleidung werden großzügig geteilt; man plaudert miteinander, macht Musik, singt, erzählt Geschichten und sendet und empfängt unaufhörlich unzählige Kurzmitteilungen mit dem Handy.

Der Wunsch und die Fähigkeit der Menschen, Konflikte und Konfrontationen zu vermeiden, machen den Mut dieser Kultur aus. Es wird verhandelt, nach Gerechtigkeit gesucht, alles ertragen, bis es nicht mehr geht und sich gegen Unterdrückung und Ausbeutung gewehrt. Erst wenn alles andere fehlgeschlagen ist, wird gekämpft. Dies ist die Stärke und die Schönheit dieser emotionalen und leicht zu begeisternden Menschen, deren malaiische und chinesische Wurzeln mit einem Quäntchen spanischer, arabischer und amerikanischer Kultur versetzt sind. Darin liegt aber auch ihre Schwäche, eine Verwundbarkeit, die ihre Blüten und ihre Schönheit verschandelt. Diese Schwäche besteht in exzessiver Offenheit und dem ungehemmten Wunsch nach Freundschaft. Mit fast kindlicher Überschwänglichkeit versucht man, anderen zu gefallen; gedankenlos wird bewundert und imitiert, was die breite Masse vormacht. Filipinos sehnen sich danach, wahrgenommen und wertgeschätzt, akzeptiert und bewundert zu werden. Sie möchten kennenlernen und kennengelernt werden. An und für sich sind das harmlose Eigenschaften, aber sie machen die Filipinos zur leichten Beute für Ausbeutung und Manipulation. Aber es ist wiederum die Stärke der Filipinos, diesen Ausbeutern, Despoten und Tyrannen mit Geduld und Ausdauer zu widerstehen und sie durch gewaltlosen Widerstand, friedvollen Protest und ökonomische Entwicklung zu entmachten.

Die Geschichte von PREDA und die Geschichte des Fairen Handels ist eine aufregende Geschichte über mutige und unerschrockene Menschen auf den Philippinen, die Hand in Hand mit unseren Freunden und Unterstützern daran arbeiten, dieses Land gerechter und zufriedener zu machen.

Shay Cullen
PREDA-Zentrum
Olongapo City
Philippinen
Juni 2008

Vorwort

Kinder sind ein Sinnbild für Lebensfreude, für Hoffnung, für eine bessere Zukunft. Es heißt, Kinder sind ein Teil des Herzens, ein Teil der Seele. Wenn das stimmt, dann gibt es auf dieser Welt viele gebrochene Herzen.

› Jeden Tag sterben 28 000 Kinder unter fünf Jahren. Die Todesursache sind meist vermeidbare und leicht behandelbare Krankheiten wie Durchfall oder Lungenentzündung.

› Rund 100 Millionen Mädchen und Jungen haben kein Zuhause und müssen alleine auf der Straße überleben. Vielen von ihnen leiden Hunger, sind krank. Besonders Mädchen sind in Gefahr, Opfer von Gewalt und Missbrauch zu werden.

› Jedes vierte Kind in den Entwicklungsländern ist untergewichtig, das sind weltweit 146 Millionen Mädchen und Jungen. Am weitesten verbreitet ist Unterernährung in Südasien, gefolgt von Afrika südlich der Sahara.

Ich habe auf meinen Reisen immer wieder Kinder und Jugendliche getroffen, die von ihren Erlebnissen gezeichnet waren. Kinder in Armut, die sich und ihre ganze Familie durchbringen mussten und dafür den ganzen Tag über hart arbeiteten statt in die Schule zu gehen. Kinder in Konfliktsituationen, die Opfer waren und Täter wurden und ihr Leben lang diese traumatischen Erfahrungen verarbeiten müssen. Kinder in Gefängnissen, die aus Not nicht weiter wissen und stehlen. Und dafür hart bestraft werden. Wo das Gesetz des Stärkeren herrscht, ziehen Kinder zwangsläufig den Kürzeren. Mit den Seelen der Kinder stirbt auch die Zukunft einer Gesellschaft.

Entwicklungspolitik heißt für mich: Das dürfen wir nicht hinnehmen! Wir müssen für die Kinder und damit für eine bessere Zukunft etwas tun. Das ist mir ein persönliches und ein politisches Anliegen. Im Jahr 2020 werden 89 Prozent der Jugendlichen in armen Ländern aufwachsen. Sie bedürfen eines besonderen Schutzes und sie haben eigene Rechte. Fast alle Staaten der Welt – bis auf zwei – haben darum die Kinderrechtskonvention der Vereinten Nationen ratifiziert. Sie ist damit die am weitesten angenommene Konvention weltweit. Und ein Meilenstein: Sie erkennt an, dass Kinder keine kleinen Erwachsenen sind, sondern Menschen in einem besonderen Lebensabschnitt. Die Kinderrechtskonvention soll Kindheit ermöglichen. Eine Kindheit, geschützt durch Rechte. Zum Beispiel: Kinder haben ein Recht auf Bildung, was ihnen ermöglicht, sich zu einem mündigen Bürger, zu einer mündigen Bürgerin zu entwickeln, am gesellschaftlichen und politischen Leben teilzuhaben, ihre Meinung frei zu äußern. Kinder haben ein Recht auf Überleben, ein Recht auf Nahrung, Wohnung und medizinische Versorgung. Kinder haben ein Recht auf Schutz vor Missbrauch und Gewalt, vor Misshandlung und Folter, vor Vernachlässigung und Ausbeutung. Diese Rechte scheinen selbstverständlich zu sein, doch in vielen Ländern können Kinder nur davon träumen – wenn sie ihre Rechte überhaupt kennen. Kinder und Jugendliche sollen überall auf unserer Welt eine Zukunft haben, unabhängig von ihrer Kultur, Religion, Ethnie oder ihres Geschlechts. Mädchen brauchen dabei einen besonderen Schutz, denn in vielen Ländern gelten sie den Familien nur als Belastung.

Mit Entwicklungszusammenarbeit tragen wir dazu bei, die Ursachen zu bekämpfen, die Kinder in Not bringen, insbesondere Armut und ihre vielfältigen Auswirkungen. Father Shay Cullen leistet auf den Philippinen einen großartigen Beitrag zum Schutz der Kinder. Sein Leben lang hat Father Shay Cullen das christliche Gebot der Nächstenliebe im Alltag gelebt, ist dafür Risiken und Gefahren eingegangen. Er schreibt in seinem Buch: »Es gibt keinen anderen Weg, ein Christ zu sein, als den Worten und Taten von Jesus von Nazareth treu zu bleiben.« Er hat zahlreichen Kindern eine Perspektive gegeben, eine Chance auf ein normales Leben. Ich möchte ihn ermutigen, auch in Zukunft die Kinder auf den Philippinen zu unterstützen und weiterhin international Druck auszuüben, die Kinderrechte oben auf die Agenda zu setzen. Father Shay Cullen gibt uns auf den Philippinen ein Beispiel, das weltweit Nachahmung verdient. Dafür danke ich ihm gemeinsam mit vielen Kindern und Eltern von Herzen.

Heidemarie Wieczorek-Zeul
Bundesministerin für wirtschaftliche
Zusammenarbeit und Entwicklung

01

Jetzt oder nie
Priesterweihe in Irland (1969)

Am meisten quälte mich die Angst vor dem, was nun vor mir lag. Mein Lebensweg hatte einen Wendepunkt erreicht, denn heute war endgültig der Tag gekommen, an dem ich mich für alle Zeit festlegen würde und es gab kein Zurück mehr.

Es war ein Frühlingstag, der Ostersonntag im April 1969. Ein frischer Tag, der kalt und klar begann. Das Gelände des Priesterseminars erstreckte sich weitläufig um das klosterähnliche Gebäude, in dem ich gemeinsam mit 22 weiteren Priesteramtskandidaten die letzten sechs Jahre in Vorbereitung auf meine Zukunft als Missionar verbracht hatte. Es war ein wunderschöner Tag für die Priesterweihe. Die Natur zeigte sich von ihrer besten Seite. Der Rasen war mit weißen Spinnennetzen bedeckt wie mit Schleiern, in denen Tautropfen zitterten, und glitzerte in der Sonne. In den Pfützen spiegelten sich flauschige Wolken, die sich wie Segel blähten und, des Ziels ihrer Reise gewiss, über den Himmel eilten. Die Blumenbeete waren voller Leben, mit knospenden Rosen und hellgelben Narzissen, deren Blüten sich in der morgendlichen Luft bewegten.

Bis zur Weihezeremonie waren es noch drei Stunden. Ich trat hinaus in die frostige Luft, um allein etwas spazieren zu gehen. Viele Priesteramtskandidaten hatten in der letzten Minute noch einen Rückzieher gemacht. Ich war mir ziemlich sicher, dass ich weitergehen wollte, aber es ist wie in der Ehe: niemand weiß, was die Zukunft bringt. Nach der Zeremonie kann alles ganz anders aussehen. Mit zügigem Schritt entfernte ich mich vom Seminargebäude, den Kopf gebeugt, meine Hände in den warmen Taschen der langen schwarzen Priestersoutane versteckt, deren Rock mir um die Beine wehte und deren kurzer Kragen im Wind flatterte. Das war die Kleidung, die damals noch alle Priester trugen.

Der Weg führte mich an den Ort, an dem alle Reisen einmal enden – zu den Toren des Friedhofs. Dahinter markierten Reihen von Kreuzen die letzte Ruhestätte vieler Columban-Missionare, die das ihre getan hatten, um diese Welt zu verbessern.

Ihre Mission war vorbestimmt und klar gewesen, meine war getrübt von Unsicherheit darüber, welcher Art meine Aussendung sein mochte. Eine scharfe, frostige Brise wirbelte einen Haufen Blätter auf und verstreute sie über die stillen Gräber, als würden sie dabei gesegnet. *Besuche ich meine letzte Ruhestätte, bevor meine Reise überhaupt begonnen hat?*, dachte ich. *Jetzt oder nie*, entschied ich, und kehrte schnell zum Kollegium zurück, wo mich die Riten und Rituale erwarteten, die mein Schicksal besiegeln würden.

In einer feierlichen Prozession gingen wir durch die Korridore des Priesterseminars, 23 zukünftige Priester in langen weißen Messgewändern und mit brennenden Kerzen in der Hand. Die Kirchentüren schwangen auf, die Orgel erklang triumphierend wie Donnerhall und der Chor sang aus vollen Kehlen eine ergreifende Hymne, die uns Mut machte, als wir den Gang hinauf zum Altarraum gingen und unseren Geist auf das einstimmten, was jetzt folgen würde.

Als die Zeremonie begann, wurde es im Altarraum still und feierlich. Die Orgel verharrte lange Zeit auf einem bebenden Ton und verklang dann. Der scharfe Geruch von brennendem Weihrauch durchzog den Altarraum, der Rauch umwogte die Kerzen und verflüchtigte sich spiralförmig nach oben hin. Alles war darauf ausgerichtet, die Heiligkeit, Feierlichkeit und Ernsthaftigkeit der Gelübde zu beschwören, die wir bald ablegen würden. In anderen Worten: es gab kein Zurück mehr.

Jeder, der damals sein Priesteramt aufgab, galt als gescheitert, war Ablehnung und Kritik ausgesetzt. Als ob das etwas sei, dessen man sich schämen müsste. Diese Taktik sollte den Priestern Angst und Scham einflößen und sie davon abhalten, einen anderen Lebensweg einzuschlagen. Gott sei Dank hat sich dies geändert. Damals aber war es ein mächtiges und unfaires Druckmittel.

Draußen teilten sich die Wolken und ließen die Sonnenstrahlen durch die hohen Fenster hereinfluten. Wie große Scheinwerfer strahlten Bündel aus blendendem Licht auf den Teppichboden, auf dem wir nun lagen, das Gesicht nach unten und die Arme vor dem Altar und dem Kreuz ausgebreitet. Der Geruch des Teppichs und Fasern in meiner Nase lenkten mich ab von dem, was ein Moment tiefsten Gebetes hätte sein sollen. Selbst in den feierlichsten Momenten läuft manchmal nicht alles so, wie es sollte!

An- und abschwellend erklang das Gebet der Allerheiligenlitanei und rauschte über die gesenkten Köpfe der Bischöfe und Priester und über unsere ausgestreckten Körper hinweg. Der Diakon sang das Bittgebet »Ihr heiligen Märtyrer« und die Gemeinde antwortete *Ora Pro Nobis* – Bittet für uns. Sie baten die Heiligen, uns zur Nachfolge Christi im Dienst an den Armen und Hungrigen für würdig zu erweisen, uns vor Gefahren zu beschützen und für die Mühsal zu stärken, die vor uns lag. Ich betete, dass es so sein möge. Dann herrschte Stille.

Der blau-weiße Rauch aus dem Messing-Weihrauchfass schlängelte sich auf den Säulen aus Sonnenlicht nach oben in die Kuppel der Kirche. Die Sonnenstrahlen bewegten sich Zentimeter für Zentimeter über den Boden des Altarraums, als ob sie jeden von uns für seine Bestimmung kennzeichnen wollten. Wir standen auf; einzeln wurden wir vor den Bischof gerufen, damit unsere Hände mit geweihtem Olivenöl gesalbt würden wie die der Propheten des Alten Testaments. Wir wurden an unsere Aufgabe erinnert, das Evangelium zu leben und die Feier des Abendmahles zu leiten.

Bald kam der Moment der Weihe. Wieder näherten wir uns einzeln dem Bischof, knieten nieder; still legte er uns die Hände auf den Kopf. Diese einfache Geste, mit der die Apostel andere zu Priestern machten, war der Moment, in dem wir Gott geweiht wurden. Wir legten neue Gewänder an, drehten uns zu unseren Familien und Freunden um und sahen in Reihen lächelnder, glücklicher und stolzer Gesichter. Applaus erfüllte die Kirche. Erneut brauste die Orgel und das Händel-Halleluja ertönte aus dem Chorraum, als unsere Prozession sich auf den Weg aus der Kirche heraus in einen Tag voller Feierlichkeiten machte.

Am nächsten Tag leitete ich zum ersten Mal selbst die Feier der Eucharistie in meiner Heimatgemeinde Glasthule, einem kleinen Dorf an der Straße von Dublin nach Sandycove und Dalkey. Hier steht der berühmte Rundturm mit Aussicht auf Dun Laoghaire und die Bucht von Dublin, in dem James Joyce für eine Weile lebte und arbeitete. Hier war ich aufgewachsen und mein Spielplatz waren das Meer und die waldigen Hügel von Dalkey und Killiney gewesen.

Mein erster Gottesdienst in meiner Gemeinde war eine zutiefst bewegende Erfahrung für meine Familie, unsere Nachbarn und Freunde. Eine Gruppe ehemaliger Klassenkameraden war gekommen. Gemeinsam schwelgten wir in Erinnerungen. Genau hier hatte ich als studentisches Mitglied der Marienlegion [eine katholische Laienbewegung], mit meinen besten Freunden Neil McHugh und Pat McDevitt Zeitungen und Zeitschriften verkauft. An manch frostigem Wintermorgen waren wir hinausgegangen, um *The Universe, Irish Catholic* und die Zeitschrift der Columban-Missionare, *The Far East*, zu verkaufen. Nun war ich selbst ein Mitglied dieser berühmten Missionsgesellschaft und schrieb später auch als Autor für *The Universe* und *The Far East.*

Von hier aus waren wir auch zu unserem Militärdienst bei der *Fórsa Cosanta Áitiúil* (FCA), der irischen Reservearmee, losmarschiert. Dort lernten wir, diszipliniert zu sein, geradeaus zu schießen, gute Gruppenleiter zu sein und das Leben ernst zu nehmen.

Ich besuchte die *Harold School*, die Grundschule der Gemeinde ganz in der Nähe unseres Hauses. Es waren harte Jahre dort, denn körperliche Strafen und verbale Attacken und Erniedrigungen waren an der Tagesordnung. Wir ertrugen das ohne große Klagen. Mangelnde Bestätigung und Ermutigung minderten meine Leistungen. Ich war kein guter Schüler, das Lernen machte mir keinen Spaß – aber ich erreichte dennoch das Klassenziel. Die harten und grausamen Erfahrungen der Demütigungen im Klassenzimmer waren für mich eine Lektion, die ich auch in späteren Jahren nicht vergaß.

Im kommenden September 1969 sollte ich Irland verlassen. Der Orden entsendete mich nach Manila auf den Philippinen. Meine Mission hatte begonnen.

02

Neue Heimat am Meer
Ankunft auf den Philippinen (1969)

Das Flugzeug rollte aus, die Stufen wurden hochgefahren und ich trat hinaus in einen Schmelzofen aus Feuer und Hitze. Als ich über die Rollbahn ging, stach mir die pralle Sonne in den Rücken. Ich nahm ein Taxi zum Haus der Columban-Patres in der Singalong Street. Als wir den mit Kokospalmen gesäumten Roxas Boulevard hinunterfuhren, sah ich zur Linken die Bucht von Manila, zur Rechten Hotels und Restaurants. Überall waren Menschen, Tausende, sogar Millionen von ihnen. Die Bevölkerungsentwicklung war unkontrollierbar und wuchs in gleichem Masse unaufhaltbar wie der Hunger, die Wut und die politischen Spannungen. Wahlkampfplakate hingen an Gebäuden und Bussen. Flaggen flatterten an Straßenlaternen, als ob sich ein Schwarm Schmetterlinge dort niedergelassen hätte. Alle Plakate hatten nur eine einzige Botschaft: »Stimmt ab! Wählt Marcos wieder!«

Das Taxi raste mit voller Geschwindigkeit in den Hof des Columban-Hauses und hielt schleudernd, der Fahrer strahlte. Ich dankte Gott, lebend angekommen zu sein. Das Haupthaus der Columban-Patres ist ein großes, dreistöckiges Gebäude mit einem weiten Foyer, in dem jedermann herzlich und gastfreundlich empfangen wird. Nach ein paar Ruhetagen in Manila erhielt ich vom Orden den Auftrag, nach Olongapo City in die Provinz Zambales weiterzureisen, was ungefähr drei Autostunden und 139 Kilometer nordwestlich von Manila entfernt liegt. Dort sollte ich einige Wochen in der Gemeinde St. Joseph bleiben, um anschließend einen Sprachkurs in Manila zu beginnen. Jedenfalls wurde mir das so von dem guten Pater gesagt, der mein Leben vorgeplant hatte. Die Wirklichkeit sah allerdings ganz anders aus.

Pater Tom war auf dem Rückweg nach Olongapo und nahm mich in seinem alten stotternden VW mit, der mit Kartons voller Messwein beladen war. In diesem überhitzten kleinen Kasten, der weder eine Klimaanlage noch einen Ventilator hatte, machten wir uns auf den Weg durch den glühenden Betondschungel von Manila. Wir trugen lange weiße Soutanen. Im Columban-Haus war ich mit zweien davon ausgestattet worden, die der örtliche Schneider über Nacht hergestellt hatte. Ich fühlte mich unbehaglich, aber es war strenge Sitte, sie zu tragen. Eine Sitte, von der ich mich jedoch bald verabschieden sollte, wie von so vielen anderen in den kommenden Monaten und Jahren, was viele der guten Patres verärgerte.

Mit den langen Röcken bekleidet, begannen Pater Tom und ich unsere Reise in dem stotternden kleinen VW und fuhren durch die Provinzen Bulacan und Pampanga. Die Landschaft war großartig, zum ersten Mal sah ich Reisfelder. Die grünen Schösslinge der Reispflanzen wuchsen aus Feldern, die wie ein See ganz von Wasser bedeckt waren. Als die Spanier im 16. Jahrhundert die Philippinen eroberten, waren diese Ländereien die ersten, die sie in Besitz nahmen. Ich konnte verstehen warum – das Land war sehr fruchtbar. Auf anderen Feldern, ein Stückchen weiter, wurde der Reis mit Handsicheln geerntet und in kleinen, von einem keuchenden alten Traktor betriebenen Dreschmaschinen gedroschen. Etwas weiter die Straße hinunter hielten wir an, um uns die altmodische Art der Reisernte anzusehen. Eine Gruppe von vier Ponys, mit Brustgeschirren miteinander verbunden, lief im Kreis und drosch dabei das Getreide mit ihren Hufen. Ein junger Mann hielt sie an einem langen Zügel und trieb sie an. Die Szenerie, die Gerüche und die Sommerhitze weckten Kindheitserinnerungen an die Ernte auf dem Heimathof meiner Mutter im Dorf Emo im Bezirk Laois. Ich sah meine Großmutter vor mir, schwarz gekleidet und mit zerzaustem grauen Haar, wie sie auf das Feld kam, pfiff und mir zurief, ich solle herkommen und die Körbe mit braunem Brot und Flaschen mit süßem Tee holen. Das waren glückliche Tage.

Als wir dann durch Zuckerrohr-Plantagen fuhren, begann Pater Tom, mich über die sozialen Realitäten aufzuklären, denen ich zum ersten Mal begegnete. Die weiten Ländereien, die ich sah, gehörten einer einzigen mächtigen Familie und waren mit Zuckerrohr bepflanzt. Das Rohr wuchs dreieinhalb Meter hoch und reichte auf beiden Seiten der Straße bis zum Horizont. Ich sah die Schnitter, *sacadas* genannt, die mit Macheten auf den Fuß der großen Stängel einhieben;

andere sammelten das geschnittene Rohr und trugen es auf ihren Schultern über Rampen auf die wartenden Lastwagen. Auch kleine Kinder arbeiteten in diesem ratten- und insektenverseuchten Zuckerrohrfeld. Viele stürben an Schlangenbissen, sagte Pater Tom. Das spanische Feudalsystem war noch immer etabliert, das meiste Land gehörte der herrschenden Oberschicht. Diese Leute hatten alles. In der Ferne war ein palastartiges Haus zu sehen. Solche Dinge raubten einer ansonsten angenehmen Reise durch die tropische Landschaft ihren Zauber.

Es war eine wunderschöne Landschaft. An den Ufern kleiner Flüsse und Fischteiche wuchsen Kokos- und Bambushaine. Die Pflanzen schwankten leicht im Wind. Berge begrenzten den Horizont. Die einfachen, mit Gras gedeckten Bambushütten der Bauern wirkten sowohl kühl in der glühenden Hitze als auch niedrig und robust genug, um den mächtigen Taifunen widerstehen zu können.

Diese malerischen Bambushütten waren das Zuhause der Zuckerrohrschnitter, den am schlechtesten bezahlten Menschen der Welt, und sie gehörten ihnen nicht einmal. Später erfuhr ich, dass sie Miete bezahlten, die von ihrem Verdienst abgezogen wurde. Dieser war so niedrig, dass Sklaverei die bessere Alternative gewesen wäre. Dann wären sie zumindest wertvolles Eigentum gewesen, dem man Essen und medizinische Versorgung zukommen ließe. Die *sacadas*, die ich sah, wurden wie menschlicher Abfall behandelt. Hügel tauchten auf, als wir um eine Kurve bogen und nach Dinapupain hinein fuhren. Auf einem Hügel stand ein großer weißer Turm. Pater Tom sagte mir, es sei der Funkturm der US-Marinebasis in der Bucht von Subic. Eine Marinebasis der Vereinigten Staaten mitten in diesem tropischen Paradies – das würde ein Anblick sein! Olongapo war die Stadt, die vor ihren Toren kauerte. Die enge holperige Straße wandte sich durch mit hohem *Cogon*-Gras bedeckte Hügel, dessen weiße Federn im Wind schwankten wie Zuckerrohr. *Traumhaft*, dachte ich, als ich diesen Anblick zum ersten Mal in meinem Leben sah. All diese ersten Eindrücke, die ich in diesen Tagen sammelte, machten mich ganz benommen. Der alte VW hielt sich wacker auf dieser dreieinhalbstündigen Fahrt, während der mir die Kleider am Leib klebten. Damals war die Straße, die im Zickzackkurs nach Olongapo hinunterführte, noch eng und voller Schlaglöcher. Pater Tom wies auf die baumlosen, mit *Cogon*-Gras bedeckten Hügel. Ich fand sie wunderschön, bis er mir erklärte, dass eben diese Hügel vor weniger als zehn Jahren noch mit Regenwald bedeckt waren. Das Blätterdach sei so dick gewesen, sagte er, dass es die Straße in Schatten tauchte. Jetzt war der gesamte Wald verschwunden, mit der Duldung lokaler Politiker abgeholzt.

Auf unserem Weg die Hauptstraße hinunter kamen wir am Rathaus vorbei. Alles war voller Menschen. Die Stadt erlebte einen Babyboom und ich sollte bald den Grund dafür erfahren. Wir erreichten einen Kreisverkehr, in dessen Mitte ein Gedenkstein in Form eines Kopfes stand. Er hieß *Ulo Ng Apo*, der Kopf des Häuptlings, wovon das Wort »Olongapo« abgeleitet war. Der alte VW hustete und ächzte, als wir durch die Tore der St. Joseph-Schule fuhren.

Wir überquerten den Schulhof und hielten im Schatten der Kirche vor der Tür des Pfarrhauses. Die große Schule, ein zweistöckiges hölzernes Gebäude, umspannte die ganze Länge des Hofes. Die massiven hölzernen Säulen waren einst Teil des Regenwaldes gewesen, an dessen Verschwinden einerseits die korrupten Familien, die das Land regierten, andererseits die Erfindung der Kettensäge Schuld trugen. Sowohl die Kirche als auch das Pfarrhaus waren moderne Betongebäude, und ich war glücklich zu wissen, dass ich nicht im Schatten der toten Bäume schlafen würde.

Die Patres führten mich zu einem Zimmer im zweiten Stock, das dem Schulhof zugewandt war. Menschenmassen strömten in die an den Seiten offene Kirche. Die Messe war auf Englisch – dank der amerikanischen Kolonialherrschaft, die 1898 begann, als die Filipinos die Spanier geschlagen und in Manila umzingelt hatten. Die Amerikaner landeten, um den Aufständischen zu helfen, wandten sich dann aber gegen sie und es begann ein blutiger Krieg, der fast 200 000 Filipinos das Leben kostete und in einer bis 1945 dauernden Besetzung endete. Spanisch als offizielle Amtssprache war damit Geschichte und das amerikanische Englisch wurde eingeführt.

Meine ersten Wochen in St. Joseph verbrachte ich damit, die Filipinos selber kennen und verstehen zu lernen. Sie sind intelligent, geschickt, kontaktfreudig und offen für Freundschaften. Das kann ihr Verderben sein, da sie schnell Vertrauen fassen und Allem und Jedem ehrerbietend gegenübertreten. Leider gibt es Ausländer, die das zu ihren Gunsten nutzen und sie ausbeuten.

Eines Morgens bemerkte ich während der Morgenmesse einige Weiße in der versammelten Gemeinde. Pater Tom erklärte, sie seien

Soldaten der US-Marine vom nahen Stützpunkt. Sie besuchten die Morgenmesse mit ihren philippinischen Verlobten. Nur wenige von ihnen waren katholisch, aber die zukünftigen philippinischen Ehefrauen bestanden auf einer kirchlichen Trauung und die Männer hatten sich danach zu richten.

Dann gab es schlechte Nachrichten. Der Superior der Columban-Patres informierte mich, dass ich sechs ganze Monate lang in St. Joseph bleiben sollte und der Sprachunterricht verschoben worden war. Ich war sehr enttäuscht, denn ich wollte unbedingt *Tagalog* lernen. Ich fühlte mich in der Gemeinde akzeptiert und gewann gute Freunde, aber ich musste die Sprache sprechen und verstehen können. Nur dann konnten die Menschen, wenn sie das Bedürfnis danach hatten, ihre Gefühle und Probleme mit mir teilen. Ich begann, Sprachunterricht im Pfarrhaus zu nehmen; einer der Lehrer aus der Schule half mir dabei. Es war schwer und ich machte keine großen Fortschritte, aber ich lernte genug, um zu verstehen, was während der Beichte gesagt wurde und konnte so den Menschen mit Rat und Ermutigung bei der Bewältigung ihrer vielen Familienprobleme zur Seite zu stehen. In der Beichte lernte ich eine Menge über die Probleme, Gefühle und die Not der Menschen. Dies war der Ort, wo sie sich öffnen und ihr Herz ausschütten konnten, ohne erkannt zu werden. Sie wussten, hier erhielten sie Verständnis und Unterstützung: ein Ort spiritueller Heilung.

Wenn der katholische Geistliche Urlaub hatte, wurden die Patres von St. Joseph eingeladen, die Sonntagsmesse zu feiern. Auch ich wurde manchmal beauftragt. Ich traf viele anständige, aufrechte Amerikaner und schloss Freundschaft mit ihnen. Sie hatten die unterschiedlichsten religiösen Überzeugungen, manche gehörten auch gar keiner Glaubensgemeinschaft an. Die Mehrzahl der Marinesoldaten sorgte sich wirklich um das Wohlergehen der Filipinos. Viele waren glücklich mit Filipinas verheiratet und Millionen von Filipinos sind US-Bürger.

In diesem Oktober 1969 stürzte ich mich, zusammen mit vier anderen Columban-Priestern, kopfüber in die geschäftige Arbeit in der Gemeinde. Die Schwestern des Columban-Ordens führten die Schule von St. Joseph mit Engagement und Hingabe und widmeten sich ganz und gar der Förderung der Schüler. Sie wussten, dass die Zukunft der Jugendlichen in einer qualitativ guten, auf christlichen Werten basierenden Bildung lag. Sie hatten den höchsten Standard aller Schulen in der ganzen Provinz. Ihre Schüler gewannen Spitzenplätze in Stipendien-Programmen der Colleges und Universitäten und führten ein integres und würdevolles Leben. Die Schwestern arbeiteten hart, um den mit Problemen beladenen Schülern und ihren Familien zu helfen, und sie verloren keine Zeit, mich zu ihrer Unterstützung heranzuziehen. Ich begann damit, die leistungsschwächste Klasse, die sogenannte D-Klasse, zu unterrichten. Anders als die meisten philippinischen Schüler, die lernbegierig und fleißig sind, bestand die D-Klasse aus Schülern aus dem *Blackboard Jungle*, rebellischen Jugendlichen aus schwierigen sozialen Verhältnissen, wie sie auch in Richard Brooks gleichnamigem Film aus dem Jahr 1955 dargestellt sind.

Sie waren misstrauisch und widerspenstig und hatten nur wenig Respekt vor Autoritäten. Die meisten von ihnen hatten ernste Familienprobleme. Einige waren Kinder von US-Soldaten, die sie schon früh verlassen hatten. Andere waren von ihren philippinischen Vätern verlassen worden, weil die eine zweite Familie hatten oder mit einem Barmädchen zusammenlebten. Die Sexindustrie in Olongapo hatte einen starken Einfluss auf das Leben von Frauen und Kindern. Diese Teenager, wie verletzte Jugendliche überall, waren wütend auf die Welt und besonders auf alle Erwachsenen, die sie, so empfanden sie es, im Stich gelassen hatten. Dass sie Verbitterung und rebellische Tendenzen zeigten, überraschte mich nicht.

Respekt vor Älteren und Autoritätspersonen ist in der philippinischen Kultur fest verwurzelt. Die verstörten und verlassenen jungen Menschen ließen ihren Frust und ihre Wut also aneinander aus. Sie bildeten rivalisierende Cliquen und Banden, nahmen Drogen und führten Bandenkriege, die zum Teil mit Stichwunden oder anderen ernsthaften Verletzungen endeten. Rassistische Hänseleien, besonders wenn sie sich gegen Gleichaltrige mit afro-amerikanischen Vätern richteten, waren sehr verletzend.

Sie waren aufgeweckte, intelligente Jugendliche, doch ihre brodelnden emotionalen Spannungen hielten sie davon ab, sich für das Lernen zu interessieren. Sie mussten aktuelle Probleme in ihren zerstörten Familien lösen. Sie hatten nur wenig Selbstwertgefühl und schlechte Schulnoten verstärkten diese Wahrnehmung noch.

Obwohl ich nicht gut *Tagalog* sprach, konnte ich mit ihnen in einfachem Englisch kommunizieren, auch wenn sie dieses nicht gut genug beherrschten, um mit mir über ihre größten Probleme zu reden. Ich legte die lange weiße Soutane ab und kleidete mich wie sie in Jeans und kurzärmelige Hemden. Es war das erste Mal, dass sie einem Priester begegneten, der ihnen keine Predigt darüber hielt, dass sie ihre Laster ablegen und tugendhaft werden sollten. Ich verwandelte das Klassenzimmer in eine Diskussionsgruppe, eine Art Therapieraum, und ermutigte sie, frei über ihre Probleme zu sprechen.

Ich bat einen Lehrer, dem sie vertrauten, zu übersetzen, und sie öffneten sich in der Gruppe. Die Anwesenheitsquote stieg in dieser ersten Woche um 35 Prozent. Als sich diese Diskussionsrunden herumsprachen, begannen fast alle auch am anderen Unterricht teilzunehmen, so dass sich auch ihre Noten verbesserten. Ich versuchte, zuerst ein Freund und Unterstützer zu sein und dann erst ein Lehrer. Ich konnte ihnen nur dann bei der Entdeckung ihres Selbstwertes helfen, wenn ich ihr Vertrauen gewann, eine Verbindung zu ihnen und ein Kumpel-System aufbauen konnte. Mit ihnen nach der Schule etwas zu unternehmen, war ein großartiger Weg, die traditionelle Schranke zwischen Teenagern und Autoritätsfiguren zu durchbrechen.

Wir spielten Basketball, machten kurze Ausflüge zum Strand und ich besuchte einige von ihnen zuhause. Sie vertrauten mir mehr und mehr, was mich zuversichtlich stimmte, die kulturellen Schranken etwas abbauen zu können. Nach einem Monat fühlte ich, dass ich wirklichen Zugang zu ihnen bekam. In St. Joseph gab es keine körperlichen Strafen oder beleidigende verbale Zurechtweisungen. Die Schwestern hatten die Lehrer darin geschult, die Disziplin durch positive Verstärkungen aufrechtzuerhalten, Einzelberatungen anzubieten und es den Schülern zu ersparen, vor den Klassenkameraden das Gesicht zu verlieren.

Solch ein Gesichtsverlust war das Schlimmste, was einem Schüler passieren konnte. Es ist die traumatischste Erfahrung von allen. Zu meiner Schulzeit waren Knüffe, Schläge, Beleidigungen und Bestrafungen die Norm. Ich selbst ging auf eine öffentliche Schule, deren Lehrer mit wenigen Ausnahmen hart, zynisch und mitunter grausam waren. Ich hasste die Schule und unterdrückte meine Wut und die Gedanken an Vergeltung für die Taten meiner Peiniger. Ich hatte das Gefühl, die grausamen Lehrer hackten hauptsächlich auf mir herum, aber fast alle Lehrer benutzten den Rohrstock oder den Lederriemen nach Belieben und bestraften uns hart. Sie waren besser im Bestrafen als im Lehren. Das Schulsystem ließ eine ganze Generation von Iren im Stich. Sobald sie konnten, flohen die jungen Leute ins Ausland und machten uns so zu einer Nation von Migranten. Tausende von guten und intelligenten Schülern brachen in den 50er- und 60er-Jahren die Schule ab und emigrierten sofort nach England. Nachdem ich die Grundschule beendet hatte, besuchte ich die Mittelschule der Christlichen Brüder in Monkstown Park. Auch diese hatten ihre Klassenzimmer-Tyrannen, sowohl unter den Brüdern als auch unter den Laien. Die physische und verbale Gewalt war für meine Geschwister und mich so hart, dass unsere Mutter protestierte und sich mutig dem Superior entgegenstellte. Aber es nützte nichts, all ihre Beschwerden stießen auf taube Ohren. Ich habe diese Schuljahre nie vergessen. Ich muss wohl kaum sagen, dass ich wenig lernte und schlechte Noten bekam. Danach wechselte ich auf das *Presentation College* in das näher gelegene Glasthule. Dort war es viel besser und obwohl ich ein Schuljahr wiederholen musste, schaffte ich doch die Abschlussprüfung.

Auf den Philippinen ist es der Traum jedes klugen jungen Schülers, die High School abzuschließen und auf das College zu gehen. Die meisten wissen, dass dies der einzige Weg aus der Armutsfalle ist. Gute Abschlussnoten sind der entscheidende Faktor, der den Weg zum Junior College oder dem ersten Job freimacht. Ohne sie wird man schnell als Schulabbrecher oder Versager abgestempelt, nur wenige werden eine Arbeit finden. Die meisten Eltern bringen endlose Opfer auf, um ihre Kinder auf eine gute Schule schicken zu können. Millionen von Filipinos haben ihre Kinder verlassen, um im Ausland zu arbeiten. Dort kümmern sie sich dann um die Kinder anderer Leute, um ihren eigenen eine High School- und College-Ausbildung zu ermöglichen.

Eines Nachmittags, kurz vor Sonnenuntergang, verließ ich das Pfarrhaus in legerer Kleidung und fuhr mit dem *Jeepney* [ein landestypisches, aus dem Militärjeep weiterentwickeltes, oft kunstvoll bemaltes Nahverkehrsmittel, in dem etwa 20 Personen Platz finden] direkt in das Herz der »Stadt der Sünde« vor den Toren der US-Marinebasis. An der Amüsiermeile, Magsaysay Drive genannt, leuchteten die Neonlichter. Laute Rockmusik dröhnte aus den Bars und Clubs. Der Beatles-Hit *Get Back* wetteiferte mit der *Honky Tonk Woman* der

Rolling Stones und *Judy in Disguise* von der Playboy Band. Auf der Straße drängten sich amerikanische Matrosen auf Kneipentour. Sie führten junge Frauen in billige Hotels oder trugen die kleineren auf dem Arm wie Kinder. Viele der Mädchen waren nicht älter als 15 oder 16. Die Seeleute waren groß, muskulös und machohaft. Sie trugen hautenge T-Shirts und Turnhosen. Sie benahmen sich, als gehöre ihnen hier alles, riefen sich gegenseitig Obszönitäten zu, schwenkten Bierflaschen und begrapschten die jungen Frauen, die in den Eingängen der Sexbars und Clubs standen. Willkommensschilder und Plakate begrüßten diese gut zahlenden Kunden. *»Willkommen USS Enterprise«*, stand auf einem.

In den Türen der Sexclubs, unter den flackernden Neonlichtern, standen die älteren Frauen in provozierenden Posen. Ihr von Ausbeutung und Missbrauch geprägtes Leben versteckten sie hinter einer dichten Schicht aus Make-up, künstlichen Wimpern und knallrot geschminkten Wangen.

»Hey Joe, willst du Spaß haben? Joe, komm rein, ich besorg's Dir ganz besonders!«, riefen sie. Blieb ein Matrose stehen, bekam er auf der Stelle als Beweis ihres Könnens eine Intim-Massage, die noch mehr versprach. Sicherheitshalber hielt ich mich auf der anderen Bordsteinseite. Die Frauen und jungen Mädchen kamen meist aus entlegenen Provinzen, wo ihre Brüder, Schwestern und Eltern in Armut lebten und an Krankheit, Unterernährung und Vernachlässigung starben.

Ich ging zu der Brücke, die Stadt und Stützpunkt trennte. Scharen von Filipinos überquerten die Brücke auf dem Weg zu ihrer Arbeit in der Marinebasis und Gruppen lärmender Matrosen kamen hinaus. So hatte eben jede Gruppe ihre ganz eigene Nachtschicht. Die Schranke am Eingang war von elegant uniformierten Marine-Soldaten mit weißen Helmen bewacht, welche die Eintrittsberechtigungen oder Ausweise aller Passanten kontrollierten. An der Brückenseite zur Stadt zeigte eine Gruppe hoffnungsvoll aussehender Strichmädchen ein künstlich-strahlendes Lächeln und winkte den näherkommenden Soldaten zu. An diese Nacht sollten sie noch lange denken.

In einer Straße zu meiner Rechten, 50 Meter von der Nachtclub-Szene entfernt, befanden sich die Kirche, die High School und das College von St. Columban. Studentinnen in ihren Uniformen aus grünem Rock und weißer Bluse eilten mit gesenktem Kopf und abgewandten Augen zur Kirche, um dort mit anderen Kirchgängern die Abendandacht zu besuchen. Ich folgte ihnen und der grobe Lärm der Straße verklang zu einem entfernten Flüstern. Es herrschte Stille. In einer Ecke im hinteren Teil der Kirche zeigte ein großes Kruzifix den gekreuzigten Christus. Auf dessen ans Kreuz genagelten Füßen lag die Hand einer jungen Frau in auffälliger, greller Kleidung, die in tiefem Gebet verharrte. Sie schien auf ihrem Weg zur Arbeit in einer Bar zu sein und Gott allein wusste, worum sie betete. Von dem, was ich in der Beichte gehört hatte, wusste ich, dass die meisten der Frauen sich prostituierten, um eine hungrige Familie zu ernähren, Schulden zu bezahlen oder nur, um sich am Leben zu halten. Die meisten arbeiteten für einen Zuhälter und wurden an die Clubbesitzer verkauft.

Von der Kirche aus ging ich auf den Magsaysay Drive zurück und kam am California Jam, Sexton, Body Shaft, American Dream, Blow Heaven und vielen anderen Sexclubs vorbei. Ihre Namen machten deutlich, dass hinter ihrer Fassade nichts anderes als Prostitution betrieben wurde. Sie alle hatten Genehmigungen der Stadtverwaltung und waren auch vom US-Marinekommandanten zugelassen.

Plötzlich wurde ich von einer Gruppe grölender, drängelnder, halbtrunkener Marinesoldaten, die sich ihren Weg durch die Straße bahnten, vom Bürgersteig gestoßen. Marinesoldaten in weißen Uniformen mit schwarzen Stöcken und Armbinden mit der Aufschrift *Shore Patrol* (Küstenstreife) patrouillierten alle 100 Meter. Die Gruppe Marinesoldaten, die sich gewaltsam durch die Straße gedrängelt hatte, sorgte vor der Tür eines Clubs für Aufruhr. Sie traten, schlugen und fluchten, bis die Soldaten der *Shore Patrol* angerannt kamen und sie in einen Drahtkäfig auf der Ladefläche eines Pick-ups verfrachteten, der über die Brücke nach »Klein-Amerika« verschwand.

Frauen mittleren Alters mit kleinen Kindern standen herum und verkauften Zigaretten, Kaugummi und geröstete Erdnüsse. Andere grillten Bananen und Hähnchenschenkel auf rauchenden Holzkohlerosten entlang des Fußweges. Der beißende Geruch von Kerosin, verbranntem Fett und Knoblauch füllte die Luft und brannte mir in Augen und Nase.

Läden mit offener Frontseite stellten Nietengürtel aus, Sonnenbrillen, gefährlich aussehende Messer, Baseball-Kappen und T-Shirts mit pornografischen Bildern und Obszönitäten – Souvenirs, die den Touristen gefielen. Da gab es das Zynische neben dem Obszönen. Ein

T-Shirt zeigte zwei US-Kampfjets, die in den Wolken verschwanden, während ein Atompilz wie eine Wolke über einer Stadt aufstieg. Die hämische Aufschrift lautete: »Bewerft sie mit Atombomben bis sie glühen und dann erschießt sie im Dunkeln«.

Straßenkinder in schmutzigen Hosen und T-Shirts rannten barfüßig herum, rempelten die Soldaten an und bettelten. Sie folgten mir die Straße entlang. »Gib mir Geld, Joe, *bitte*, *bitte*, gib mir Geld, Joe«, bettelten und drängten sie so lange, bis ich ein paar Münzen herausrückte und dann zogen sie ab, um jemanden anderen zu finden, der ihnen Almosen gab.

Zurück in St. Joseph saß ich lange in der stillen, leeren Kirche und dachte über das nach, was ich gesehen hatte. Was sollten wir Missionare gegen all das tun, und welchen Einfluss hatte es auf die umliegenden Gemeinden und alle Filipinos? Der 60 Kilometer östlich gelegene US-Luftwaffenstützpunkt Clark Air Base in Angeles City in der Provinz Pampanga hatte eine Sexindustrie, die der in Olongapo in nichts nachstand. Ebenso hatte der Nachrichtenstützpunkt San Miguel in San Antonio, eine Stunde nördlich, seine eigene, kleinere Ausgabe davon. Es wurde niemals darüber gesprochen, welche Folgen all dies auf die Kultur und Moral der Filipinos hatte. Diese Industrie der Ausbeutung und des sexuellen Missbrauchs an Frauen und Kindern wurde von fast allen toleriert, viele waren daran beteiligt und zogen ihren Nutzen daraus. Niemand wagte es, den Stützpunkt oder die herrschende Politikerfamilie zu kritisieren, die das System stützte. Die meisten hatten nur Gutes über die Anwesenheit des US-Militärs zu sagen.

03

Die Kehrseite des Nachtlebens
In Olongapo (1969)

Olongapo ist eine Kleinstadt am Rande des Südchinesischen Meers auf der größten philippinischen Insel Luzon. War wenig Verkehr, brauchte man von einem Ende des Ortes bis zum Eingang des US-Marinestützpunktes Subic Bay etwa zehn, in der Hauptverkehrszeit höchstens 30 Minuten. Als ich dort im Jahr 1969 ankam, war Olongapo bereits eine geschlossene Ortschaft mit asphaltierten Straßen und einer ausreichenden Infrastruktur für die Grundversorgung, die jedoch immer kurz vor dem Kollaps stand.

Im Jahr 1964 legten durchschnittlich 98 US-Schiffe pro Monat in Subic an. Zwei Jahre später waren es bereits 163 Schiffe, die zu Reparaturzwecken, um Vorräte aufzufrischen oder vor allem zu Dienst- und Erholungsbesuchen der Soldaten andockten. Bis zu 9000 Soldatinnen und Soldaten besuchten täglich die Basis, was pro Jahr einer Gesamtzahl von durchschnittlich 3,8 Millionen Angestellten der US-Armee entsprach. Mit dieser Anzahl an Menschen, die ungefähr zehn Dollar täglich ausgaben, erzielte die Stadt jährliche Mindestumsätze von 32,4 Millionen Dollar – ein kleiner Hinweis auf die Auswirkungen, welche die Anwesenheit der US-Marine auf die Wirtschaft Olongapos hatte. Die Erträge aus Schwarzmarktgeschäften wie Drogenhandel, Schmuggel, Prostitution und Menschenhandel waren in dieser Summe noch nicht miteingerechnet.

Olongapo hatte aufgrund dieser günstigen Einkommensverhältnisse den Status einer »chartered city« erhalten und gehörte somit zu den privilegierten Städten, die eigenständig und unabhängig von der Provinzregierung verwaltet wurden. Regiert wurde die Stadt zu der Zeit von der einflussreichen Politikerfamilie Gordon.

Es gab ungefähr 12 000 festangestellte philippinische Arbeiter im Stützpunkt und noch einmal 8000 Aushilfskräfte, die als Haushaltshilfen, Gärtner und Bauarbeiter beschäftigt waren. Die Kaufkraft dieser insgesamt 20 000 Filipinos, zusammen mit den Einkünften aus der Sexindustrie, den Apartment- und Zimmermieten und den Verkäufen lokaler Produkte brachte Olongapo einen Aufschwung. Mit dem Ende des Vietnamkriegs im Jahr 1975 wurde das hohe Einkommen der Stadt allerdings beträchtlich geschmälert.

In der Stadt war die Sexindustrie der wichtigste Wirtschaftszweig, kein anderer Bereich war so bedeutend. Ein Lokalpolitiker und späterer Senator erdreistete sich, diesen Wirtschaftszweig mit all seinen Abgründen schändlicherweise nur als »Unterhaltung durch Sex« zu bezeichnen. Wohin all das Geld aus der Sexindustrie floss, konnte man nur vermuten. Die Infrastruktur jedenfalls war am zusammenbrechen und die Situation wurde durch die massive Landflucht aus den verarmten Provinzen und die in die Höhe schnellenden Bevölkerungszahlen angeheizt. Und es wurde kaum etwas dagegen getan. Die Stadt wandte sich häufig an die US-Marine mit der Bitte, die Schulen, Krankenhäuser, auch Wasser- und Stromleitungen zu reparieren. Diese kam den Bitten gerne nach, solange die Voraussetzungen für ein sicheres Umfeld zur »Unterhaltung« und Befriedigung der Bedürfnisse der Marinesoldaten gegeben waren.

Die Stadt und der Militärstützpunkt richteten ein »Klinikum für Soziale Hygiene« ein, um sicherzustellen, dass die Mädchen »sauber« und frei von sexuell übertragbaren Krankheiten waren. Damit wolle man die Soldaten schützen, wurde uns gesagt. Niemand dachte jedoch daran, die Männer zu kontrollieren, welche die Krankheiten weitergaben, die sie sich in Vietnam und Mombasa geholt hatten. Die »Vietnamesische Rose« z.B. war eine unheilbare Form einer sexuell übertragenen Krankheit, eine Form von Herpes. Als Jahre später das AIDS verursachende HI-Virus Asien heimsuchte, wurde behauptet, hauptsächlich Seeleute hätten es bei den Sexarbeiterinnen eingeführt, unter denen es sich dann ausbreitete. Aber wie immer wurden ungerechterweise die Frauen beschuldigt und bestraft. Man eröffnete quasi die Jagd auf infizierte Frauen und bestrafte alle Sexclubs, die ihre Mädchen nicht zu den Tests zwangen. Wurden die Mädchen HIV-positiv getestet, warf man sie hinaus und brachte sie in das staatliche San Lazaro-Hospital in Manila, wo die US-Marine eine spezielle Abteilung finanzierte.

Das Krankenhausgebäude in Olongapo hatte einst der Marine gehört. Als die Grenzen der Marinebasis angepasst werden mussten, um die wachsende Stadt der Rechtssprechung und Kontrolle des Stützpunktes zu entziehen, hatte man es der Aufsicht der Stadtverwaltung übergeben. Damals wie heute ist die Versorgungslage in dem Krankenhaus schlecht. Obwohl es sich inzwischen in einem neuen Gebäude befindet, sind Gänge und sämtliche Ecken des Hauses noch immer mit Patienten vollgestopft. Es gibt zu wenig Personal und zu wenig Geld. Ärzte und Krankenschwestern tun ihr Bestes, um den Armen zu helfen, die sich nicht einmal eine medizinische Grundversorgung leisten können. Auf den Philippinen gibt es keine kostenlose ärztliche Betreuung, jeder Patient muss bezahlen, als sei er in einer Privatklinik. Allenfalls können das Honorar für die Ärzte oder einige Gebühren aus karitativen Gründen gesenkt werden. Für die Glücklichen, die eine feste Anstellung und einen Arbeitgeber haben, der eine monatliche Abgabe bezahlt, gibt es die staatliche Versicherung *Medicare*. Zahlt der Arbeitgeber an *Medicare*, kann der Angestellte ein Darlehen für die medizinische Versorgung erhalten. Die meisten haben so etwas nicht. Kommt es zu einem Rechtsstreit, versuchen sie das Problem durch Bestechung zu lösen, denn nur die wenigsten Angestellten können es sich leisten, vor Gericht für ihre Rechte zu kämpfen. Die Armen und Arbeitslosen sind auf Almosen oder Verwandte angewiesen. Die Sexarbeiterinnen haben gar keine medizinische Versorgung und außer dem »Klinikum für Soziale Hygiene« niemanden, an den sie sich im Krankheitsfall wenden können.

Das Krankenhaus gibt bedürftigen Personen Ermäßigung, aber der Patient muss dennoch Medizin, Spritzen, Handschuhe, Traubenzucker oder was sonst noch benötigt wird, kaufen. Dies alles bekommt man in der Apotheke des Krankenhauses oder in einer der privaten Apotheken in der Stadt, die zum Teil Regierungsangestellten oder deren Verwandten gehören. Außenstehende bekommen erst gar keine Betriebsgenehmigung, was jegliche Konkurrenz ausschaltet und zu ungehemmten Preisabsprachen führt. Die Ärzte sind per Gesetz verpflichtet, sowohl Markenarzneien als auch Generika auf dem Rezept anzugeben. Viele Menschen wissen gar nicht, dass Generika billiger sind als die doppelt oder gar vielfach so teuren, von pharmazeutischen Firmen hergestellten Markenarzneien. Es gibt viele ehrliche und um das Wohlergehen ihrer Patienten besorgte Ärzte, es gibt aber auch die wenigen skrupellosen Mediziner, die den Versuchungen der Pharmakonzerne erlegen sind und auf ihren Rezepten nur das Markenmedikament leserlich schreiben, während der Name des Generikums verschmiert und unleserlich ist. Ihnen winkt ein beträchtlicher Preisnachlass, wenn sie für ihre privaten Kliniken einkaufen oder sie bekommen Geschenke, wenn ihre Verschreibungen eine bestimmte monatliche Quote erfüllen.

Darüber hinaus ist es üblich, zu viele oder sogar unnötige Medikamente zu verschreiben. Viele gute Ärzte haben mir von solchen Unregelmäßigkeiten in ihrem Beruf erzählt, der wie alle anderen Berufe auch mit dem Problem von Gier und Geiz konfrontiert ist. Viele Jahre später riefen ehrliche Menschen das System der Volksapotheken ins Leben, was den Armen Zugang zu günstigen Medikamenten verschaffte. Es gab tausende verarmter Menschen, die niemals ins Krankenhaus gingen, weil sie kein Geld hatten. Stattdessen vertrauten sie auf Kräutermedizin und die örtlichen Quacksalber.

Fast täglich bat das Krankenhaus einen Priester, einem der vielen im Sterben liegenden Patienten die Letzte Ölung zu spenden. Krankenhausinfektionen grassierten; Patienten, die mit einer bestimmten Krankheit eingeliefert worden waren, starben an einer ganz anderen. Ohne vernünftige Nachsorge und ausreichende Medikamente konnten damals viele nicht überleben.

Es gab nur wenige gut ausgebildete Krankenschwestern. Das Krankenhaus stellte freiwillige Krankenpfleger ein und versprach ihnen eine Festanstellung, was aber selten wahr gemacht wurde. Besonders während der 80er-Jahre gab es viele unbezahlte »Freiwillige« unter den städtischen Angestellten. Es war eine gängige Betrugsmasche. Sie unterschrieben Anwesenheitsformulare und wurden als Angestellte ausgegeben, aber jemand anderes kassierte die Gehälter. Noch heute sind viele Krankenschwestern unbezahlte Freiwillige und sie ergreifen die erstbeste Gelegenheit, um ins Ausland zu gehen. Sie haben in der Praxis weitreichende Erfahrungen gesammelt, da sie alle möglichen Krankheiten unter schwierigsten Bedingungen behandeln mussten. Ihre Ausdauer, Belastbarkeit und Geduld sind legendär.

Die Ärzte in den Krankenhäusern werden schlecht bezahlt, weshalb die meisten noch eine private Praxis haben. Die Operationssäle nutzen sie dann auch für ihre eigenen Patienten, nicht nur für die des Krankenhauses. Es gibt viele engagierte und begabte philippinische Ärzte, deren Kompetenz und Können international anerkannt sind. Jeden Tag verbringen sie Wunder im Operationssaal und retten unzählige Leben – trotz des Mangels an sterilen Einrichtungen und Überwachungsgeräten.

Die Frauen in den Bars und Bordellen bekamen weder reguläre Gehälter noch irgendwelche Beiträge zur medizinischen Versorgung. Konnten sie den Kunden zu einem Getränk für sich und ihn überreden, erhielten sie einen kleinen Teil des Kaufpreises. Dieser *Ladies' Drink* war aber nur eine Verschleierungstaktik. Um sie für Sex aus der Bar mit ins Hotel nehmen zu können, zahlte der Kunde dem Barbesitzer eine festgelegte Gebühr, die sog. »Barsteuer«, von der die Frau einen kleinen prozentualen Anteil erhielt.

Wurden die Mädchen krank oder schwanger erhielten sie keine medizinische Betreuung, sondern waren auf Barmherzigkeit angewiesen. Viele junge Frauen wurden schwanger von amerikanischen Soldaten, die sie bald verließen – unverheiratet und unerwünscht. Ihre Kinder – »Amerasians«, »Filipino-Amerikaner« oder »Fil-Am« genannt – hatten ein hartes, schwieriges Leben, besonders wenn ihre Väter Afro-Amerikaner waren. Rassismus ist auch auf den Philippinen nicht unbekannt. Jahre später sollte ich viele solche Kinder treffen und ihnen helfen.

So manche junge Frau, oft noch im Teenageralter, starb einen schmerzvollen Tod, entweder wegen einer verpfuschten Abtreibung oder weil sie das Baby in einer dreckigen, kleinen Blechhütte auf einem Hügel oder einem zwielichtigen Slum zur Welt brachte. Dies war die Kehrseite des Nachtlebens unter den grellen Lichtern von Olongapos Sexindustrie, die von Bürgermeister und Würdenträgern so schändlicherweise protegiert wurde, womit sie maßloser Ausbeutung und Missbrauch den Weg bereiteten. Ich sollte bald herausfinden, wer sie waren. Der Schock und die Wut, die ich angesichts solcher Nachlässigkeit und Erniedrigung empfand, brachten mich auf einen Weg, der mein Leben verändern sollte.

Ein Geruch nach Erbrochenem und Krankheit schlug mir entgegen, als ich das erste Mal das Krankenhaus betrat. Er verfolgte mich durch die schmutzigen Korridore und wurde stetig stärker, als ich mich den unglücklichen und sterbenden Patienten näherte. Eine der ersten Patientinnen, die ich traf, war Angi Mendoza, eine frühere Sexarbeiterin.

Sie erzählte mir ihre Geschichte. Alles, was ich tun konnte, war, ihr zuzuhören und die Schmerzmittel für sie zu bezahlen. Als Zwölfjährige war sie in das riesige Haus eines Großgrundbesitzers geholt worden, der eine Zuckerrohrplantage nahe Kabankalan besaß. Ihre Eltern und sechs Geschwister lebten in einer armseligen Hütte am Rande der Plantage. Sie alle arbeiteten Tag und Nacht, um das Zuckerrohr zu pflanzen und Monate später wieder zu ernten. Es war Schwerstarbeit, und als Hausangestellte für den Besitzer zu arbeiten, war ein Privileg, um das ihre Geschwister und Nachbarn sie beneideten. Sie wussten nicht, dass Angi viel zu viel Angst hatte, um zu erzählen, dass der Eigentümer sie wieder und wieder vergewaltigte. Die Drohung, ihre Familie von der Hazienda zu vertreiben und dem Hungertod auszusetzen, genügte, um sie zum Schweigen zu bringen. Diese von Wollust getriebenen Menschen benutzten Angst und Bedrohung, um ihre Bediensteten und Sklaven zu beherrschen und zu kontrollieren. Sklaven deshalb, weil viele durch Schulden in illegale Leibeigenschaft geraten waren. Wenn ein Kind krank oder sterbend in der Hütte lag, mussten die Eltern den Plantagenbesitzer um medizinische Hilfe bitten und verpfändeten dann ihre Kinder als unbezahlte Arbeiter, um die Schulden abzuarbeiten. Diese waren dann quasi sein Eigentum.

Als sie 16 war, konnte Angi den Missbrauch nicht länger ertragen. Sie stahl Geld aus dem großen Haus und fuhr per Bus und Boot nach Manila. Im Südhafen angekommen, wurde sie von einem der aufmerksamen Anwerber aufgegriffen, der ihr Essen und Arbeit anbot. Aber schon wieder wurde sie betrogen. Der Zuhälter brachte sie nach Olongapo und verkaufte sie an ein Bordell.

»Ich war 16. Ich war nichts, Pater. Ich hatte nichts«, sagte sie und ergriff meine Hand so heftig, als wolle sie um Verzeihung bitten. Es gab nichts zu verzeihen. Sie fühlte sich schuldig, dass sie davongelaufen war und befürchtete, damit ihre Familie dem Hungertod ausgesetzt zu haben. »Ich schickte ihnen alles, was ich verdiente, damit sie Essen kaufen konnten«, erzählte sie mir in einem Mischmasch aus Englisch und *Tagalog*. Ihrer Stimme war anzuhören, dass sie resigniert und sich ihrem Schicksal ergeben hatte. Angi war nicht die einzige. Die Station war voller sterbender Teenager, deren Leben verschwendet war. Es war herzzerreißend. In meinen Augen standen Tränen und ich fühlte mich unendlich hilflos. Auf den verdreckten, blutbefleckten Matratzen lagen viele Frauen mit knochigen Händen und eingefallenen Wangen, lange vor ihrer Zeit gealtert. Ihre großen, runden, starrenden Augen schauten voller Hoffnung und Verlangen auf und folgten mir, als ich von Bett zu Bett ging, aber ich konnte kaum Hoffnung spenden. Ich salbte ihre vertrocknete, faltige Haut mit dem Heiligen Öl, um ihnen etwas Würde und Respekt zu verleihen, und sagte ein Gebet sowie einige tröstende Worte.

Ich erfuhr, dass viele Patienten nicht genug Geld für die verordnete Medizin hatten. Selbst diejenigen, die Familie oder Freunde hatten, konnten nur Vitamine oder Traubenzucker bezahlen. Sie starben schnell. Ihre Körper wurden in einem kleinen Leichenhaus im hinteren Teil des verfallenen Krankenhauses aufgebahrt, um dann in einem Armengrab beigesetzt zu werden. Niemand vermisste oder betrauerte sie und ihr verschmutztes Bett war bald wieder belegt.

Ich fühlte mich mutlos und hilflos. Millionen Pesos wurden jeden Tag für frivole und dekadente »Unterhaltung« ausgegeben, hier aber gab es keinen anderen Ausweg aus Leiden und Armut als den Tod. Bürgermeisterin Amelia Gordon sagte, die Stadt habe kein Geld für die medizinische Versorgung der Armen, es seien zu viele. Aus persönlicher Barmherzigkeit heraus jedoch stellte sie den mittellosen Familien einfache Särge zur Verfügung, um ihre Toten darin zu begraben. Im folgenden Jahr begann die Gemeinde von St. Joseph jeden Monat Medikamente im Wert von mehreren tausend Pesos zu spenden, um den Patienten im Krankenhaus zu helfen. Überwacht wurden diese Spenden vom Personal der Papst-Johannes-XXIII.-Klinik, die zuerst von Sr. Ruth, einer Columban-Schwester, später dann von den Töchtern der Barmherzigkeit geführt wurde. Sie retteten hunderte Leben und verringerten das Leiden beträchtlich. Dennoch war es nie genug, und als es einige Jahre später keine Geldmittel mehr gab, wurden die Arzneispenden eingestellt. Ein paar Jahre danach begann dann eine evangelische Mission mit Namen *Helping Hands* (»Helfende Hände«) damit, kranken Kindern zu helfen.

Ein anderes Mal rief man mich, um für ein totes Kind zu beten; dem ersten von vielen, die ich sehen sollte. Ein Mitglied der Marienlegion führte mich zu einem Haufen Wellblechhütten, die entlang der Abwässerkanäle wie Pilze aus dem Boden schossen. Überall war Müll, denn hier war die städtische Müllhalde. Die Hütten drängten sich dicht aneinander, sie lehnten sich hierhin und dorthin, um nicht umzufallen und hingen gefährlich nahe über der schwarzen, giftigen

Brühe, die den Kanal füllte. Kinder spielten in Matsch und Schlamm. Viele, nicht älter als fünf oder sechs Jahre alt, stocherten mit Stöcken und Metallhaken in Haufen gerade abgeladenen Mülls. Sie durchsuchten, sortierten und sammelten. Manchmal fanden sie etwas zu essen. Etwas Derartiges hatte ich noch nie gesehen.

Die Baracke war klein; die Wände bestanden aus flachgeklopften Blechdosen und kleinen Stückchen Sperrholzes. Das Dach war aus rostigen Eisenblechen gemacht. Ein Vorhang aus alten Säcken diente als Tür. Ich musste mich beim Eintreten bücken. Der Boden stank nach Urin, Kot und Erbrochenem, auch hier roch es nach Krankheit und Tod. In der Hütte gab es nichts außer einer Spanplatte auf Ziegelsteinen, die als Bett diente, und einem Kochtopf und Marmeladengläsern in einer Ecke. Dies war offensichtlich der gesamte Besitz der Bewohner.

Die Mutter des toten Kindes saß in einer Ecke. Ihr Gesicht trug den Ausdruck völliger Kapitulation und Unterwerfung unter Kräfte und Ereignisse, die sie nicht begreifen konnte. Hier saß ein am Boden zerstörter Mensch. Hier waren der Schmerz des Verlustes und eine Mutter, die niemanden außer sich selbst beschuldigte. »Ich habe getan, was ich konnte«, sagte sie auf *Tagalog* und der Gemeindemitarbeiter übersetzte für mich. »Niemand hat uns geholfen, und ich hatte kein Geld.«

Das kleine Mädchen lag in einer Kiste aus Spanholzresten, die mitfühlende, ebenso arme Nachbarn von der Müllkippe geholt hatten. Zwei Wattepfropfen steckten in ihrer Nase. Ich war überrascht, ein strahlend weißes Kleid zu sehen, welches im flackernden Licht der billigen Kerzen leuchtete. In dieser ärmlichen Umgebung sah es auf dem Körper des toten Kindes verschwenderisch und unpassend aus. Als ich näher trat, gewöhnten sich meine Augen an das Dämmerlicht und ich erkannte, dass es ein Kleid aus Krepppapier war, mit dem man sie bis an die Fußknöchel bedeckt hatte. Es war wie ein Kommunionkleid, das sie niemals tragen würde. Ihr Totenhemd war ein Stück sauberen Papiers.

Die Fußnägel des Kindes waren frisch mit billigem Nagellack lackiert worden, zweifellos von einer Nachbarin gespendet – ein letzter Beweis von Mutterliebe.

Das Kind war an chronischem Durchfall und Austrocknung gestorben, der letzten Phase von Unterernährung. Hätten sie nur die einfache Mischung aus Salz, Zucker und sauberem Wasser gehabt, hätte sie sich schnell erholt. Sie war einfach verhungert und das in dieser fetten Stadt voller unglaublicher Exzesse und Laster. Ich betete, segnete das tote Kind und sagte der Mutter mit meinem bisschen *Tagalog* ein paar bedeutungslose Worte des Trostes. Dann stopfte ich alles Geld, das ich bei mir trug, in ein Marmeladenglas, in dem schon ein paar Münzen steckten, und floh.

Als ich später den anderen Priestern in St. Joseph berichtete, was ich gesehen hatte, meinten sie, ich hätte die »freundliche Bürgermeisterin Gordon« um einen schöneren Sarg bitten sollen. Sie priesen ihre ehrenwerten barmherzigen Taten. Der Gemeindepriester sagte, er würde die Bürgermeisterin darauf hinweisen, dass noch viel mehr Babysärge zur Verfügung gestellt werden sollten. Er würde später am Tag eine private Messe in ihrem Haus feiern. Es schien sich um ein spezielles Privileg zu handeln, da er aus einer mächtigen Familie kam. Ich bezweifelte, dass dies der richtige Weg war.

An einem anderen Tag wurde ich aus dem Beichtstuhl zu einem Teenager gerufen, der dem Küster gesagt hatte, er wolle seine letzte Beichte ablegen. Im Besucherraum traf ich auf einen verstörten, zurückgezogenen 16-Jährigen. Ich fragte nach seinem Namen. »Francisco«, sagte er, ohne mich anzusehen. »Warum ist dies Deine letzte Beichte?«, fragte ich ihn. Er umklammerte einen Schuhkarton, als ob darin sein wertvollster Besitz enthalten sei. »Zu viele Probleme, Pater, vergebt mir zuerst, bitte, damit ich nicht in die Hölle komme, wenn ich mich umbringe«, sagte er langsam auf Englisch. Ich versicherte ihm, dass es einen anderen Weg zur Lösung seiner Probleme gäbe. Es sei nicht nötig, sich umzubringen, er solle mir nur sein Problem schildern und es wäre in Ordnung. Ich überredete ihn, den Schuhkarton zu öffnen und sah die Pistole.

Ich bat ihn, mir die Pistole zu geben und versprach, mit seinem Vater zu reden, damit dieser ihn nicht bestrafte. Dies schien seine größte Angst zu sein. Er begann zu weinen, ließ den Karton los und ich nahm ihn ihm langsam aus der Hand. Dann sagte er mir, sein Vater sei ein strenger, auf Disziplin bedachter Militäroffizier und schlüge ihn. Er hatte die Pistole seines Vaters genommen und war fortgelaufen. Später an diesem Tag erschien der Vater, und der Gemeindepriester übernahm die Angelegenheit. Noch am selben Nachmittag gingen die beiden wieder fort. Der Junge sah verängstigt und hilflos aus. Ich hatte des Gefühl, ihn irgendwie im Stich gelassen zu haben, hatte ich doch versprochen, einzugreifen, aber hier, in der Gemeinde, war nicht der beste Ort dafür.

Einige Wochen später wurde ein 15-jähriger Junge, Pedro, mit aufgeschnittenen Pulsadern hinter der Schule gefunden. Ich raste mit ihm in die Notaufnahme des Krankenhauses. Dann musste ich in die nahegelegene Apotheke rennen, um von Nadeln über Verbandszeug bis hin zu Medizin alles zu kaufen, was notwendig war, um sein Leben zu retten. Später erzählte er mir, dass sein Vater, Angestellter des Marinestützpunktes, seine Mutter und drei Geschwister verlassen hatte, um mit einem Barmädchen zusammen zu leben. Um Geld zu verdienen, brachte seine Mutter Seeleute mit in ihre Zwei-Zimmer-Wohnung. Solche Situationen kamen andauernd vor, aber ich hatte keine Antwort und keine Lösung.

In jenen ersten Jahren war es schwer, neue apostolische Projekte und soziale Dienste von den Columban-Oberen genehmigt zu bekommen, besonders wenn sie von den traditionellen Formen priesterlicher Aufgaben abwichen und die Arbeit im Kampf um mehr Gerechtigkeit und die Einhaltung der Menschenrechte politischere Dimensionen annahm.

Viele Columban-Missionare begrüßten sehr, was Pater Declan Coyle begonnen hatte und ich in den nächsten 39 Jahren fortsetzen sollte, aber viele Oberen sahen es mit Bestürzung und Unruhe. Sie hatten Angst vor den politischen Nebeneffekten eines sozialen Engagements, davor, die herrschende Familie vor den Kopf zu stoßen oder was auch immer. Einige hatten vergessen, wie heldenhaft die frühen Columban-Missionare in China gelitten hatten, wo sie den Kranken, Hungrigen, Gefangenen und Unterdrückten gedient hatten. Sie dienten den Armen ohne Angst und kamen weder den mächtigen Kriegsherren noch den Kommunisten irgendwie entgegen. Sie wurden geschlagen, eingesperrt und deportiert. Aber wenn uns dies in jenen Tagen geschah, als Taufen und Segnungen wichtiger waren als der Kampf für Gerechtigkeit und Freiheit, wurden wir, die wir in den Morast aus menschlichem Elend eintauchten, missverstanden. Zogen wir den Zorn der herrschenden Schicht auf uns, so überschritten wir die Grenzen priesterlicher Zuständigkeit und bewegten uns zu nah an der Befreiungstheologie, die Päpste und Politiker so fürchten. Solidarität mit den Armen in den Zuckerrohrfeldern und Fabriken, den Slums und *Sweatshops*, in den Strafanstalten und Gefängnissen war nicht das, was wir in den Augen der Hüter der reinen Lehre leisten sollten. Aber wir glaubten daran, dass Gott in solch schweißtreibender Solidarität ebenso anwesend war wie in der Kirche. Nur war es nicht das, was wir tun sollten. »Nun«, fragte ich, »wer sagt das?«

Sie vergaßen auch Jesus' Erklärung, dass das Königreich Gottes nicht den Reichen gehört, sondern den Armen. Die Reichen waren aufgefordert hinzugehen, ihre Reichtümer zu verkaufen und mit den Armen zu teilen. Vergessen waren auch die Seligpreisungen, wo Jesus sagte, diejenigen, die nach Gerechtigkeit hungern und dürsten, sollten satt werden, und die leiden und weinen, sollten glücklich und fröhlich werden. Es ist unsere Aufgabe, dies zu verwirklichen. Die Seligpreisungen sind die Herausforderung, der sich jeder Christ stellen muss und die er verwirklichen soll. Wie Jesus zu seinen Aposteln sagte, als die 5000 und mehr Menschen keine Nahrung hatten: Gebt den Hungrigen zu essen!

Überall hatten Missionare begonnen, eben dies zu tun. Nur unsere Vorgesetzten meinten, wir sollten tun, was sie sagten. Die einfachen Mitglieder der Missionsgesellschaft des Heiligen Columban und die Columban-Schwestern in aller Welt und auch auf den Philippinen hatten jedoch ihrerseits viele neue Wege beschritten. Was die Patres Brian Gore und Niall O'Brien, Mickey Martin und viele andere auf der Insel Negros, 500 km südlich von Manila in den Zentralphilippinen gelegen, oder Oliver McCrossan, Michael Sinnot, Dan O'Malley, John Keenan, Ray Husband und unzählige andere engagierte Columban-Patres taten, um Gerechtigkeit und Menschenwürde zu fördern, inspirierte mich und half mir bei meiner Arbeit. Sie unterstützten mich stark, und als die Columban-Schwestern in Olongapo und Zambales ihre Arbeit für die Armen begannen, fingen sie mit den ungebildeten, den kranken, missbrauchten und ausgebeuteten Frauen und Kindern an. Die Columban-Patres unterstützten sie in ihrer Arbeit. Dieser ordensinterne Kampf endete, als die Mehrheit der Columbaner den neu definierten Zielen der Missionsgesellschaft des Heiligen Columban zustimmte, welche die Solidarität mit den Armen und Unterdrückten zum obersten Ziel und zur Inspiration unserer Arbeit machte.

04

Im Angesicht des Todes

Todesschwadronen, San Marcelino (1970)

Der Volksmund sagt, schlechte Schüler schieben die Schuld auf ihre Lehrer. Nun, so war es auch bei mir! Nach sechs Monaten in Olongapo erlaubte man mir endlich, Sprachunterricht zu nehmen. Die von den Belgischen Vätern betriebene Schule befand sich in Antipolo, eine Stunde von Manila entfernt. Leider war der Unterricht dort wenig professionell. Wir hatten vier verschiedene Lehrer mit vier verschiedenen Unterrichtsmethoden, die untereinander kaum koordiniert waren. Es waren frustrierende sechs Monate und es sollte mich noch einige Jahre kosten, bis ich die Sprache halbwegs flüssig sprechen konnte.

Als ich es endlich konnte, war dies ein wichtiger Moment, denn erst jetzt konnte ich tiefergehende Beziehungen aufbauen. Es war wichtig, dass die Menschen sich mir öffneten, mir ihre tiefsten Gefühle und Gedanken mitteilten und sich dabei verstanden fühlen konnten. Die Fremdheit – das Gefühl der Ausgrenzung – wurde überbrückt. Endlich fühlte ich mich so akzeptiert wie ein Familienmitglied.

Meine nächste Station war San Marcelino. In der zweiten Hälfte des Jahres 1970 wurde ich Pater Vincent Lyons als Assistent zugeteilt. San Marcelino ist eine ländliche Kleinstadt etwa 45 Minuten nördlich von Olongapo, ungefähr eine Stunde vom Meer entfernt. Ich wehrte mich gegen diese Anweisung, denn die Sprache dort ist *Ilocano*, welche sich sehr von *Tagalog* unterscheidet. Obwohl die meisten Leute dort *Tagalog* verstehen, sprechen sie *Ilocano* und ich sollte dort nicht sehr viel *Tagalog* lernen. Ich dachte, es würde langweilig sein in dieser verschlafenen, langweiligen Stadt. Wie Unrecht ich doch hatte!

Das alte hölzerne Pfarrhaus hatte einen Fußboden aus polierten Mahagoniholzdielen und stand neben einer massiv gebauten Betonkirche mit verzinktem Eisendach. Vor der Kirche war ein Platz, auf dem vereinzelt Schatten spendende Bäume standen. In der Mitte sah ich eine runde Bühne. Links von der Kirche befand sich die Gemeindeschule St. Williams, hinter deren Schulmauer sich der geschäftige öffentliche Markt befand. Auf der anderen Seite des Platzes stand das Rathaus.

Der größte Teil des Stadtgebietes von San Marcelino reichte viele Kilometer weiter nach Osten, bis hin zu den Zambales-Bergen, wo Banditen und kommunistische Rebellengruppen Unterschlupf fanden.

Verglichen mit dem hektischen Tempo in St. Joseph in Olongapo kroch das Leben in San Marcelino im Zeitlupentempo dahin. Die ersten Wochen verbrachte ich damit, Kranke zu besuchen und die Leute kennenzulernen. Der Tag begann morgens um vier mit dem Quieken der Schweine, die seitlich an einem *Tricycle* [ein Motorrad mit Beiwagen] festgebunden zum Markt gebracht wurden. Der Lärm der Motoren direkt unter meinem Fenster war so groß, dass an weiteren Schlaf nicht zu denken war. Um sieben Uhr wurde die Morgenmesse gefeiert, die wir abwechselnd zelebrierten, und danach standen Besuche in der Schule oder in entfernten Dörfern an, in denen die Katecheten in ihrem Unterricht Grundlagen des katholischen Glaubens und ethische Werte weitergaben. In der Schule war es am leichtesten für mich, Leute zu treffen und mit ihnen *Tagalog* zu sprechen.

Ich merkte bald, dass San Marcelino bei aller Verschlafenheit eine gefährliche Stadt war. Die Menschen dort sind dafür bekannt, hart zu arbeiten, sparsam und provinziell zu sein. Das Leben jedes Einzelnen dreht sich darum, traditionelle Verpflichtungen gegenüber der Großfamilie zu erfüllen und gute Beziehungen zu allen zu pflegen. Daneben waren enge Verbindungen mit anderen Familien von größter Bedeutung. Regierungsangestellten traute man nicht besonders, es sei denn, es handelte sich um Verwandte.

An den Fähigkeiten des Justizsystems, Konflikte beizulegen, zweifelten die Menschen. Beleidigungen gegen die eigene Person oder die Familie wurden ebenso wie Landrechtsstreitigkeiten häufig mit Waffengewalt geregelt. Es gab unzählige Familienfehden. Häufig waren Schüsse zu hören. Viele Leute gingen nur bewaffnet auf die Straße beziehungsweise hatten eine Waffe im Haus, um sich und ihre Familien zu schützen oder alte Rechnungen zu begleichen.

Mein erster Eindruck von San Marcelino als einer verschlafenen, ländlich-ruhigen Stadt änderte sich bald, nachdem ich des Öfteren mitten in der Nacht von Pistolenschüssen geweckt wurde, die eine weitere Beerdigung ankündigten.

Eines Tages kamen die Schüler über den Schulhof gerannt, um zu sagen, dass einige Tote vor dem Rathaus lägen. Ich ging mit ihnen und sah sechs blutige, von Kugeln zerfetzte Leichen auf dem Pflaster vor der Polizeistation liegen. Die Polizei sagte mir, sie seien *Huks*, kommunistische Rebellen, die bei einer Schießerei getötet worden waren. Dies sollte Anderen als Warnung dienen.

Diese unwürdige Zurschaustellung menschlicher Leichen weitab des eigentlichen Tatorts war entsetzlich. Fliegen umschwärmten die Körper, deren blutbespritzte Gesichter verdreht und zerrissen waren. Die Einschusslöcher waren schwarz verfault. Zum ersten Mal sah ich tote Menschen so ausgelegt, wie totes Wild nach einer Jagd. Niemand erhob Anspruch auf die Körper und sie wurden auch nicht in die Kirche gebracht; es würde keine Beerdigung geben. Es war die ultimative Geste der Verachtung für einen Feind. Still sprach ich ein Gebet für die Toten und segnete sie, um ihnen ihre Menschenwürde zurückzugeben. Ich fragte mich, ob sie überhaupt irgendein Verbrechen begangen hatten. Eine Stunde später warf man die Körper wie Säcke auf die Ladefläche eines Armeelastwagens und brachte sie weg, um sie irgendwo in unmarkierten Gräbern zu verscharren. Ich fühlte mich angeekelt und mir war schlecht, deshalb ging ich zurück ins Pfarrhaus, um etwas zu trinken. Die tropische Sonne knallte auf mich hinunter, als ich über den staubigen Platz ging. Der Geruch der verfaulenden Leichen verfolgte mich wie ein schlechter Traum.

Später wurde gesagt, die ausgemergelten Körper der »Rebellen«, die ich an jenem Morgen vor dem Rathaus gesehen hatte, seien Pächter gewesen, die man von ihrem Land verjagt habe und die daraufhin in die Berge geflohen seien. Die bewaffneten Schlägertrupps eines gierigen Grundbesitzers hatten sie von ihrem Land vertrieben, damit er es für die industrielle Landwirtschaft verkaufen konnte. Sie hatten sich mitsamt ihrer veralteten Waffen ergeben, waren aber fast augenblicklich hingerichtet worden. Todesschwadronen waren auf den Philippinen nichts Neues.

Der Januar 1970 begann mit sozialen Unruhen und einer gewalttätigen Demonstration von 2000 Menschen vor den Toren des Präsidentschaftspalastes in Manila. Sie protestierten gegen steigende Preise und soziale Ungerechtigkeit. Im Februar gab es Anzeichen zunehmender politischer Unruhen. Da er gerade wiedergewählt worden war, erklärte Präsident Ferdinand Marcos, er würde nicht für eine dritte Amtszeit kandidieren und deutete an, die Demonstrationen seien von kommunistischer Seite aus organisiert.

Viele Filipinos teilten weder die Toleranz gegenüber den Amerikanern noch die Ehrerbietung, die ihnen in Olongapo und San Antonio erwiesen wurde. Am 18. Februar demonstrierten fast 3000 junge Menschen gewaltsam gegen den Vietnamkrieg und dagegen, dass von philippinischem Boden aus Bomberkommandos mit Ziel auf Vietnam und Kambodscha starteten. Den ganzen April hindurch gab es immer wieder sporadisch Demonstrationen gegen den Vietnamkrieg. Am 7. April gab es einen allgemeinen Streik gegen die Erhöhung der Ölpreise. Das ganze Jahr hindurch wurden die Demonstrationen gegen Marcos immer häufiger. Die politische Situation war angespannt und die Opposition gegen Marcos wuchs.

Am 27. November fuhren die Priester und Bischof Henry Byrne in einem Bus voller Lehrer und Schüler nach Manila, um Papst Paul VI. zu sehen. Ich verpasste diesen historischen Moment, denn ich hatte Seminare für die Jugendlichen zu leiten und mich um die Gemeinde zu kümmern.

Die Rede von Papst Paul VI. war nicht im Geringsten radikal und nicht so harsch wie die seines Nachfolgers einige Jahre später. Dennoch machte sie den Kirchenmitgliedern Mut, sich noch stärker für soziale Gerechtigkeit einzusetzen. Die Reichen besaßen noch immer alles und dachten nicht daran, etwas von ihrem Reichtum abzugeben. Der Papst ermahnte Marcos, sich für eine gerechte Verteilung des Wohlstandes einzusetzen, um so die Armen aus ihrer Misere zu befreien und die Menschenrechte zu achten.

»Wir denken an Bemühungen, die gemacht werden sollen durch eine gerechtere Verteilung der Reichtümer dieses von Gott gesegneten Landes, durch eine echte und unbestechliche Entwicklung von Individuen und Gemeinschaften, durch menschlichen Fortschritt, besonders der Bedürftigsten, ein tieferes Verständnis auf allen Ebenen, nicht nur für die Rechte, sondern noch mehr und vor allen Dingen für die Pflichten des Einzelnen gegenüber Anderen, anderen Mitmenschen und gegenüber der gesamten Gemeinschaft. (...) Indem sie die Rechte von Personen, Familien und Gruppen anerkennen, respektieren und sich um Fairness, wirtschaftlichen und sozialen Fortschritt bemühen, ehren sie das Christentum, aus welchem diese Tugenden abgeleitet sind (...)«, sagte er.

Marcos war bereits dabei, reich, mächtig und autokratisch zu werden. Die Armen befanden sich in einer wirtschaftlichen Hölle, doch Marcos und seine Frau Imelda hätte das nicht weniger kümmern können. Er häufte Gold an und sie sammelte Diamanten – und Schuhe. Sie empfand es nicht als widersprüchlich, sich auf den Knien betend fotografieren zu lassen, einen Rosenkranz aus unbezahlbaren Diamanten in der Hand, während außerhalb der Kirchenmauern Tausende weder genug zum Leben noch zum Sterben hatten.

Radio oder Tageszeitung waren die Hauptnachrichtenquellen. Da die Straße nach Manila ständig in schlechtem Zustand war, kam letztere nie vor dem Nachmittag. Erst als ich abends die BBC einschaltete, erfuhr ich, dass der Papst am Flughafen von einem als Priester verkleideten bolivianischen Maler angegriffen worden war. Dieser Vorfall zog die Aufmerksamkeit der Medien auf sich, so dass der päpstliche Aufruf zu sozialer Gerechtigkeit und gleichmäßiger Verteilung des Reichtums quasi ungehört verhallte. Nicht so jedoch bei vielen Christen, die sich für soziale Gerechtigkeit einsetzten und als Kommunisten verschrien waren, weil sie den Armen dienten und ihnen halfen, ihre Gemeinschaften besser zu organisieren. Genau dies taten auch die Columbaner auf den Inseln Negros und Mindanao, obwohl ich das zu dieser Zeit noch nicht wusste. Später wurden die christlichen Basisgemeinden zu einer starken Bewegung, die ethische Grundwerte und soziale Gerechtigkeit aufrechterhielten. Ihre spirituellen Führer wurden für das politische Regime zu einer Bedrohung.

Es wurde viel von Revolution und kommunistischen Aufständen gesprochen, doch das stellte sich als Angstmacherei von Marcos' Seite heraus. Er musste nichts weiter tun, als jedermann mit dem kommunistischen Schreckgespenst zu Tode zu erschrecken und schon fiel jegliche politische Opposition in sich zusammen. Führenden Persönlichkeiten aus Kirche und Wirtschaft konnte es nicht schnell genug gehen, sich hinter dem »starken Mann« Marcos in Sicherheit zu bringen.

Die *Huks* waren nationalistische Rebellen, die gegen die Großgrundbesitzer Zentralluzons kämpften und keine Kommunisten, auch wenn sie dieselben Ideale und Bestrebungen einer klassenlosen Gesellschaft und eines sozialistischen Staates vertraten. Ihre Bewegung breitete sich nach dem Zweiten Weltkrieg aus und wurde später mit amerikanischer Hilfe niedergeschlagen.

05

Zeit für Veränderung

Erstes Hilfsprojekt, San Marcelino (1971)

Pater Vincent Lyons war ein gutmütiger, freundlicher und beliebter Gemeindepriester, jedoch sehr konservativ. Wir sprachen nie über soziale Themen, es sei denn, es ging um eine Runde Golf oder eine Dinnerparty.

Ich hätte gern mehr getan, als nur die Messe zu feiern und die Sakramente zu spenden. Ich wollte mich bei Entwicklungsprojekten in den abgelegenen Dörfern einbringen. Leider sah Pater Vinny, wie er genannt wurde, keine Notwendigkeit dafür, die Gemeinde in solche Aufgaben einzubeziehen. In jenen Tagen hatte die Diözese noch kein »Soziales Hilfszentrum«; diese Koordinationsstellen für soziale Aktivitäten sollten erst später entstehen. Was immer auch geschah, um die Situation der Armen zu verbessern und ihnen zu helfen, sich aus dem von Menschen gemachten Elend zu befreien, blieb Einzelpersonen überlassen. Man runzelte die Stirn über solche Einmischung in wirtschaftliche oder politische Belange.

Der gute alte Bischof Byrne war bestrebt, die Reformen des Zweiten Vatikanischen Konzils umzusetzen – aber bitte schön langsam. Der größte Teil des Klerus widersetzte sich jeglichen Neuerungen, Veränderungen oder Modernisierungen. Ich empfand all das als sehr frustrierend. Die Menschen brauchten moralische Anleitung und Inspiration durch die Kirche, um Wege zur Verringerung des Hungers und der Armut zu finden. Menschen starben, weil ihnen ein paar Dollar für einfachste Antibiotika fehlten.

Es ist Aufgabe der Kirche, die Hungrigen zu speisen. Ich wies gerne darauf hin, dass die wundersame Vermehrung der Brote und Fische eigentlich ein Wunder des Teilens war. Viele hatten Essen mitgebracht, aber erst als Jesus die Jünger bat, ihr Essen mit anderen zu teilen, besannen sich auch andere und teilten mit denen, die nichts hatten. Es sei unsere Aufgabe, so argumentierte ich, mit dem Teilen zu beginnen, egal wie wenig es war. Wenn andere es uns gleichtäten, könnten viel mehr Menschen ein vernünftiges Leben führen und es gäbe keine Armut mehr.

Eines Tages, ungefähr eine Stunde vor Sonnenuntergang, als Pater Vinny und ich auf der kleinen Veranda saßen, BBC hörten und an einem Bier nippten, erklang eine Salve Pistolenschüsse in der Nähe des Pfarrhauses. Irgendetwas Großes war im Gange. Pater Vinny suchte Deckung in seinem Zimmer, ich auf der Treppe, wo es dicke hölzerne Säulen gab, die eventuell verirrte Kugeln abfangen könnten. Der Koch und die Hausgehilfen versteckten sich unter den Stufen, was als sicherster Platz überhaupt galt. Nach einer Weile rief einer der Jungen hinauf, es gäbe eine Schießerei zwischen der Armee und einer Bande von Straßenräubern. Das grausige Bild der toten Bauern vor dem Rathaus tauchte vor meinem inneren Auge auf und ich fürchtete, es würde ein weiteres Massaker geben.

Mit einem Mal war es still in der Stadt. Die *Tricycles* fuhren nicht mehr, auf dem Markt kehrte Ruhe ein. Dann hörten wir einen heftigen Schusswechsel und Geschrei auf dem Platz. Als die Schüsse verklangen, betrat ich die Kirche durch die Hintertür und schaute durch die Türen, die auf den Platz hinausführten. Ein Dutzend Soldaten in Kampfausrüstung kauerte hinter Baumstümpfen und Geröllhaufen und zielte auf Leute, die sich auf der anderen Seite des Platzes hinter Bäumen versteckt hatten. Der Einsatz wurde von einem Offizier koordiniert, der mir ein Zeichen gab, ich solle wieder hineingehen. Die Schießerei begann von neuem.

Nachdem dies eine halbe Stunde so gegangen war, hatte ich eine Idee. Ich rief dem Offizier zu, er solle das Feuer einstellen und die Leute sich der Kirche ergeben lassen. Er dachte eine Weile darüber nach, dann rief er etwas zu den Bäumen hinüber und deutete auf die Kirche. Eine lange Stille folgte. Auf der anderen Seite des Platzes tauchte hinter einem Baum ein weißes Tuch auf. Sie ergaben sich.

Der Sergeant rief etwas auf *Ilocano*, das ich nicht verstand. Ganz schnell war alles vorüber. Pistolen und Gewehre fielen auf den Boden und drei Männer standen auf. Die Soldaten gingen schnell auf sie zu, sie mit ihren Waffen in Schach haltend. Ich dachte, sie würden sie in die Kirche bringen, stattdessen wurden sie mit vorgehaltener Waffe zum Rathaus geführt. Ich fürchtete, die Männer würden wie die Bauern erschossen werden und ich wäre schuld daran. So schnell ich konnte lief ich hinüber zum Rathaus, wo der Kommandant mir sagte, sie wären im Gefängnis und es würde ihnen nichts geschehen. Es waren Banditen. Wie durch Zauberei erschienen plötzlich von überall her Menschen. Eine Woche lang, bis zur nächsten Schießerei, wurde auf dem Markt über nichts anderes gesprochen. Ich war sehr mit mir zufrieden, denn ich hatte etwas getan, was ich für sehr erstrebenswert hielt.

Dieses aufregende Ereignis half mir aus einer Art Depression hinaus. Ich fragte mich, ob ich mein ganzes Leben in einem Ort wie San Marcelino verbringen würde, wo ich mich um nichts anderes zu kümmern hatte als eine Kirche, eine Schule und einen verrosteten VW. Viele Menschen geraten auf solch eingefahrene Gleise und glauben, es gäbe keinen anderen Weg für sie. Die Kirche, das Geschäft, die Schule oder die Familie haben ungeschriebene Gesetze, mit denen wir alle konform gehen und uns auf bestimmte Weise verhalten sollen, aber wir wissen nicht warum. Ich wusste, dass ich Veränderung wollte, und zwar zum Besseren.

In San Marcelino gab es kein Konzept für die Entwicklung der Gemeindearbeit. Was wir taten, war auch schon alles, was zu tun war. Mir war so langweilig, dass ich mein Hobby aus College-Zeiten wieder aufnahm: das Fotografieren. Ich richtete mir eine Dunkelkammer ein und war bald draußen mit meiner Kamera unterwegs, fotografierte, entwickelte und machte Abzüge. Kurz danach begann ich auch zu schreiben.

Eines Tages im Februar 1971 geschah jedoch etwas, das mein Leben dauerhaft verändern sollte. Es geschah an einer staatlichen Schule in einem abgelegenen Ortsteil von San Marcelino, wo die Katecheten unterrichten sollten. Ich sprach nur wenig *Ilocano* und konnte mich deshalb kaum mit Leuten verständigen, die kein Englisch sprachen. Nicht einmal die Kinder verstanden mich. Ohne die Sprache fühlte ich mich von der Welt abgeschnitten und isoliert.

Ich wurde also zum gelangweilten Chauffeur, der sein Leben unter einem Sternapfelbaum sitzend verschwendete. Eine Zeitlang saß ich da wie Buddha, versuchte zu meditieren und betete um Erleuchtung, was ich mit meinem Leben anfangen sollte. Ich fragte Gott, ob das

Leben immer so langweilig sein würde, obwohl ich mich doch nach Aktivität sehnte. Es kam keine Antwort, nur die Blätter bewegten sich leicht im Wind. Das Metalldach der Schule schimmerte in der glühenden Sonne.

Ich schwitzte und entschied mich für einen Spaziergang auf dem Schulhof, auf der Suche nach etwas, was ich fotografieren konnte. Eine zerfledderte Flagge hier, ein quakender Frosch dort. Nichts besonders Aufregendes, bis ich plötzlich um eine Ecke bog und einem kleinen Mädchen gegenüber stand. Wo ihre Nase und ihr Mund hätten sein sollen, klaffte ein riesiges Loch. Ein einziger Zahn stand schief in diesem unglaublich hässlichen Gesicht. Ich war sichtlich erschrocken und machte einen Schritt nach hinten. Das arme Kind sah fürchterlich aus. So begegnete ich zum ersten Mal einem Kind mit einer unbehandelten Gaumenspalte.

Sie sah meine Überraschung, bedeckte voller Scham und Verlegenheit ihr Gesicht mit den Händen und rannte davon. Ich fühlte mich schrecklich und sobald der Unterricht vorüber war, fragte ich die Lehrer, warum sie niemals behandelt worden war. Sie erklärten mir, es handele sich um eine Missbildung, mit der sie geboren worden war, und dass die Eltern kein Geld für eine Operation hatten. Ich erfuhr auch, dass es in den umliegenden Dörfern noch viele andere Kinder mit Lippen-Kiefer-Gaumenspalten gab. Ich war entschlossen, etwas dagegen zu tun.

Ich sprach mit Pater Lyons darüber und er war einverstanden. Wenn es um die unmittelbaren Bedürfnisse der Armen ging, war sein Herz auf dem rechten Fleck. Ich tat mich mit Schwester Mary Rose zusammen, einer Ordensschwester der Töchter der Barmherzigkeit, die im Konvent auf der anderen Seite des Schulhofs lebten. In Manila gab es eine Wohltätigkeitsorganisation, die *Philippine Band of Mercy*, die Kindern half, welche eine Operation benötigten. Ich machte einen Termin aus, an dem wir die Kinder dorthin bringen konnten. Schwester Mary Rose machte eine Liste der Kinder, die eine Operation brauchten und bereitete sie und ihre Eltern auf die Reise nach Manila vor. Einige anständige Leute aus der Umgebung spendeten Geld für die Fahrt nach Manila und unsere Verpflegung dort. Die *Band of Mercy* fand einige gutherzige Chirurgen, die ihre Zeit und ihr Können für die Operationen zur Verfügung stellten. Die Organisation selbst bezahlte die Medikamente und alles andere Notwendige.

Die Operationen waren ein großer Erfolg und die Neuigkeit darüber verbreitete sich bald in der Umgebung. Auch andere Eltern brachten jetzt ihre Kinder in die Gemeinde, damit sie am Projekt teilnehmen konnten. Bald konnten wir Kinder aller Altersgruppen operieren lassen. Die älteren Kinder behielten zwar eine große Narbe zurück, aber sie gewannen bald ihre Würde und Selbstsicherheit zurück. Für die jüngeren Kinder verbesserte sich die Situation entscheidend. Statt sie wie bisher auf dem Schulhof zu hänseln, betrachteten die Anderen sie jetzt als eine Art Berühmtheit, denn sie waren bis nach Manila gereist – für die Kinder aus den Dörfern eine Seltenheit. Zusammen mit einer unermüdlichen Schwester Mary Rose war ich damit beschäftigt, mich mit Kindern und Eltern zu treffen, sie zu beruhigen und ihre Operationen zu arrangieren. Dies war endlich etwas Praktisches. Wir alle konnten auf diese Weise täglich das leben, worüber wir jeden Sonntag predigten, nämlich die Hilfe für unseren Nächsten.

Nun fragte ich mich, was diese Fehlbildung verursachte und wie man sie verhindern könnte. Mit Hilfe der Katecheten und anderer Freiwilliger begannen wir, den werdenden Müttern in den Dörfern Unterricht in Gesundheitsfragen zu geben. Vor allem wollten wir den Aberglauben beseitigen, dass diese angeborene Fehlbildung eine Strafe Gottes für vorangegangene Sünden sei. Dies ist ein abscheulicher Gedanke. Leider verbreiten immer noch einige dumme Leute die Meinung, Missbildungen, Krankheiten, AIDS oder Unglücksfälle seien Gottes Strafe für begangene Sünden. Dies ist Häresie und es ist widerwärtig zu behaupten, dass ein liebender, mitfühlender und verzeihender Gott, zu uns gekommen durch Jesus Christus, unschuldige Kinder und ihre Mütter mit Unglück gleich welcher Art bestrafen würde. Vielleicht hatte es mit irgendjemandem begonnen, der mächtig genug war, um ungebildete Leute durch Angst zu kontrollieren, vielleicht mit einem Medizinmann, einem Geistlichen oder Politiker. Furcht kann die Menschen lähmen. Die Angst vor der Hölle als Strafe für unsere Sünden ist eine alte Taktik und ließ auch mich als kleinen Jungen erzittern, wenn der Priester von der Kanzel herab auf uns einbrüllte, dass wir für unsere Sünden auf Ewigkeit in der Hölle schmoren würden. Genau diese Angst lähmte den armen Mann, den man zu Jesus brachte und der geheilt wurde, als dieser ihm seine Sünden vergab. Vielleicht waren die Hohepriester deshalb so wütend auf Jesus. Er durchschaute ihre Terrortaktiken und nahm ihnen ihre beste Waffe, die Angst, einfach indem er den Menschen ihre Sünden vergab, so real oder eingebildet diese auch sein mochten.

Ich wollte diesen Aberglauben ausräumen. Wir erklärten sachlich, wie die Missbildung zustande kam und wie man sie verhindern konnte. Hunderten von Kindern wurde geholfen, eine Kultur der Angst wurde durch Erfahrungen von Liebe und Fürsorge ersetzt.

Die genauen Ursachen der Gaumenspalte sind nicht bekannt. Nachdem ich mit einigen Ärzten gesprochen hatte, kam ich jedoch auf eine plausible Erklärung, welche die Katecheten für mich übersetzten. Der sich entwickelnde Fötus, so sagten sie, lutschte vielleicht im Bauch der Mutter am Daumen. Wenn diese fiel oder sich beim Reis pflanzen oder Wäsche waschen lange Zeit bückte, durchstieß vielleicht der Daumen des Kindes das weiche Gewebe der Oberlippe. Ob dies stimmte oder nicht, die Mütter nahmen sich jedenfalls während der Schwangerschaft mehr in Acht. Auf jeden Fall nahm ihnen diese Erklärung die Angst und die Scham, die mit der Gaumenspalte einhergingen.

Das Projekt »Operation Gaumenspalte« wurde noch lange, nachdem ich San Marcelino verlassen hatte, weitergeführt. Schwester Mary Rose akquirierte eigene Geldmittel bei den besser gestellten Familien. In San Marcelino wuchsen weniger Kinder mit entstellenden Lippen-Kiefer-Gaumenspalten auf. Später breitete sich das Projekt auch auf andere Städte aus.

Ich machte mir auch Gedanken über die Gewalttätigkeit unter den Teenagern in San Marcelino. Wegen der Bandenkriege wagten sich die jungen Leute aus den Nachbarstädten kaum dorthin. Sie wurden als Eindringlinge angesehen. Häufig gab es Kämpfe auf dem Platz vor dem Rathaus. Es gab wenig Abwechslung für die Jugendlichen, bis zum nächsten Kino in Olongapo war es fast eine Stunde. Zweimal im Jahr kam ein Wanderkino, welches auf dem zentralen Platz eine Leinwand aufstellte und ein paar Pesos pro Vorstellung verlangte.

Mein Vorschlag war, die jungen Leute durch die Gründung einer Jugendgruppe in soziale und kirchliche Aktivitäten einzubeziehen. Die Mädchen wurden ermutigt, die Katecheten am Wochenende bei ihren Besuchen in den abgelegenen Dörfern zu begleiten, und die Jungen luden wir ein, einer Gemeindegruppe mit dem Namen Knights of the Altar beizutreten, wo sie als Messdiener aktiv werden konnten.

Dies gab mir die Möglichkeit, sie zu eigenem Denken und zu vernünftigen Entscheidungen zu ermutigen, damit sie nicht einer der gewalttätigen Banden beitraten.

Ein Schüler aus dieser Gruppe, Alex Corpus Hermoso, wurde ein sehr motivierter Jugendgruppenleiter. Er kam aus einer hoch angesehenen Familie, sein Großvater hatte einen päpstlichen Orden bekommen. Er beendete später sein Studium mit Auszeichnung und wurde Mitbegründer und Direktor der PREDA-Stiftung, einer Menschenrechtsorganisation, die ich ein paar Jahre später gründete.

Während meiner Zeit in San Marcelino gab es ein schreckliches Ereignis, das mich für immer verfolgen wird. Es geschah in einer tropisch-feuchten Nacht. Das ständige Quaken der Frösche wurde begleitet von einem Konzert von Millionen zirpender Grillen. Ein Gefühl von Beunruhigung und düsterer Vorahnung lag in der Luft. Ich saß auf dem Balkon des baufälligen hölzernen Pfarrhauses, Pater Vinny hatte sich schon zurückgezogen.

Ein leichtes Lüftchen wehte über den Balkon. Nachrichten und Kommentar von *BBC World* gingen gerade zu Ende, während ich in den Sternenhimmel schaute. Es war viertel vor neun. Ich beschloss, dem Schwestern-Konvent auf der anderen Seite des Schulhofs einen kurzen Besuch abzustatten, um noch einige notwendige Vereinbarungen mit Schwester Mary Rose zu treffen, da wir in dieser Woche wieder ein paar Kinder zur ärztlichen Behandlung nach Manila bringen wollten.

Ich ging die glänzenden Mahagoni-Stufen hinunter in die Nacht. Mit einem Mal verstummte das unaufhörliche Quaken der Frösche. Einen Moment lang blieb ich stehen und genoss die Stille, dann ging ich weiter zum Konvent. Alle Schwestern hatten sich im Gemeinschaftsraum versammelt, um zu nähen, zu lesen oder zu schreiben. Eine der Schwestern spielte Gitarre.

Einen halben Kilometer entfernt, in San Isidro, saß Bürgermeister Rabanes mit Freunden und Leibwächtern im Haus eines Freundes auf der Terrasse an einem Kartentisch. Insgesamt waren es 16 Leute. Hinter dem Bambuszaun, der den kleinen Bungalow umgab, verlief eine enge sandige Straße, gerade breit genug für ein einziges Fahrzeug. Dunkel gekleidete Fremde bewegten sich auf die heitere, Poker spielende Runde zu. Ein Teenager servierte Bier.

Die Leibwächter des Bürgermeisters hatten ihre Waffen ins Halfter gesteckt oder an die Wand gelehnt. In ihren Stühlen zurückgelehnt sahen sie den anderen beim Kartenspiel zu. Gelächter klang durch die Nacht, als irgendjemand ein Spiel gewann, ein anderer verlor.

Ich hatte mein Gespräch mit Schwester Rose beendet und setzte mich, um noch ein paar Akkorde auf der Gitarre zu spielen. In diesem Moment umzingelten die bewaffneten Männer die Kartenspieler. Die Frösche waren noch immer unheimlich still. Wütendes Hundegebell durchbrach plötzlich die Stille der Nacht, um dann ebenso plötzlich mit einem Aufheulen zu enden. Ich legte die Gitarre beiseite, setzte mich auf und lauschte der seltsamen Stille, die ich als Vorboten von etwas Bedrohlichem kennen gelernt hatte. Nichts außer dem leisen Winseln eines verletzten Hundes war noch zu hören. Dann geschah es.

Der ohrenbetäubende Lärm von Maschinengewehrfeuer zerriss die Nacht. Ein Kugelhagel fegte durch die Hecke und schlug in die um den Tisch sitzende Gruppe. Der Bürgermeister und seine Begleiter waren in einem Kreuzfeuer gefangen. Sie wirbelten herum und fielen, schrien vor Angst und Schrecken, einige versuchten vergeblich, an ihre Waffen zu kommen. Ein Dutzend Kugeln mähte sie nieder. Es war so laut, als würde ein riesiger Steinbrocken durch das Fenster des Konvents geworfen. Mein Herz raste vor Angst. Das schreckliche Gewehrfeuer schien ganz nah zu sein; ich ließ mich auf den Boden fallen und rief den Schwestern zu »Runter! Runter!«. Aber das war nicht nötig, sie lagen bereits flach auf dem Boden, unter Tischen und Stühlen. Die Gewehrsalven waren ungewöhnlich heftig und nahmen kein Ende. Wir waren erstarrt vor Angst, die Schwestern beteten still; ich zitterte bei der Vorstellung, die Banditen oder Rebellen würden das Kirchengelände angreifen.

Dann, genau so plötzlich wie es begonnen hatte, endete es wieder. Wir sahen uns an, noch immer angespannt und unsicher, was passiert war, aber dankbar dass wir noch lebten. Und dann kam eine neue Serie kurzer Maschinengewehrsalven, etwas weiter entfernt, wie es schien. Wir duckten uns erneut, pressten uns auf den Boden, als ob nur das uns retten könnte. Das »rat-tat-tat« der Gewehre erfüllte den Raum und kam näher.

Schnell stand eine der Schwestern auf, ging ruhig zur offenen Tür und schloss sie. Dann legte sie sich wieder auf den Boden und drückte ihren Rosenkranz an die Lippen. Mein Herz hämmerte wie verrückt.

Die kurzen, schnellen Schusswechsel kamen näher. Ich hörte das laute Knallen, als Kugeln durch verzinkte Dächer und in die Holzwände der umliegenden Häuser schlugen. Irgendwo zersplitterte ein Fenster. Dann war die Schießerei direkt draußen vor der Tür, die Schützen gingen ganz in der Nähe vorbei, um sich vielleicht in die Berge zurückzuziehen. Mit einem Mal bemerkte ich, dass das Licht noch an war und sprang panisch auf, um es auszumachen. Wir warteten noch mindestens eine halbe Stunde, bevor wir uns wieder aufsetzten. Wir saßen im Dunkeln und warteten darauf, dass die Gefahr vorüberging.

Wir waren in Sicherheit, aber andere hatten nicht so viel Glück gehabt. Später hörte ich, dass der örtliche Funkoffizier, Mario Gonzales, der für die Kommunikation mit der Regierung in Manila zuständig war, das Gebäude in genau dem Moment verließ, als die Schießerei anfing, nämlich um 20 nach neun. Er verlor die Nerven und fuhr in halsbrecherischer Geschwindigkeit geradewegs auf das Gefecht zu anstatt in die Gegenrichtung. Eine Salve traf den Jeep und Mario wurde verletzt. Vor lauter Angst und Panik verlor er die Orientierung und fuhr noch weiter hinein, bog dann in eine enge Straße, krachte durch einen Bambuszaun und rannte um sein Leben. Er entkam. Im oberen Stockwerk eines nahe gelegenen Hauses versuchte eine alte Frau, die Fensterläden zu schließen. Sie wurde von einer Gewehrsalve getroffen und schrie vor Schmerzen, als ihre Hand zerschmettert wurde.

Als die Schießerei begann, griffen Hände nach Macheten, Messen und allem, was als Waffe dienen konnte. Andere gingen zu ihren Geheimverstecken und machten ihre verborgenen Waffen einsatzbereit. Kinder machten vor lauter Angst in die Hosen.

Die Schussgeräusche verloren sich in der Entfernung. Das Kartenspiel hatte ein abruptes und blutiges Ende gefunden. 16 Menschen waren auf der Veranda in San Isidro gestorben. Es war still, die Schüsse waren nur noch in der Ferne zu hören. Wir aber waren noch immer angespannt und ich begann mit den Schwestern für die Toten zu beten, die es sicherlich gegeben hatte. Dann lauschten wir. Die Stille, die über der Stadt lag, wurde von dem Weinen eines Babys irgendwo auf der anderen Straßenseite durchbrochen. Wir hatten das Schlimmste befürchtet, eine bewaffnete Razzia durch Rebellen oder Banditen, die

Hunderte hätten töten und die ganze Stadt in Schutt und Asche legen können. All das blieb uns erspart.

Wir begannen einen Choral zu singen, leise zuerst, aber dann ermutigte uns der Klang unserer eigenen Stimme und wir sangen lauter, voll der Freude, die man empfindet, wenn eine große Gefahr vorübergegangen ist. Dann hörten wir auch auf der anderen Straßenseite Gesang und dann stimmten andere mit ein. Das Singen vertrieb die Anspannung; wir hörten zu und dankten Gott dafür, dass wir noch am Leben waren.

Ein Hahn begann zu krähen, ein Hund heulte. Ich sorgte mich um Pater Lyons und ging zurück zum Pfarrhaus. Als ich über den Schulhof ging, begannen die Grillen wieder zu zirpen. Pater Vinny saß auf den Stufen und betete den Rosenkranz.

»Das war schlimm«, sagte er. Ich sagte ihm, dass es den Schwestern gut ginge. Wir saßen still in der Dunkelheit. Ich trank Wasser, er Gin Tonic. Um viertel nach zehn fragten wir uns noch immer, was passiert war und ob die Bande zurückkäme, um die Stadt noch einmal zu terrorisieren. Von draußen hörten wir eine Stimme rufen. »Pater, kommen Sie schnell. Mein Onkel wurde erschossen.« Es war einer unserer Schüler. Pater Vinny holte das Heilige Öl und ich ging hinaus, um den Pick-up zu starten. Während ich langsam in die Richtung fuhr, die der Junge angab, erzählte er uns kurz, was geschehen war und führte uns zum Ort des Blutbads.

Beim Parken richtete ich die Scheinwerfer des Wagens auf die Terrasse des Bungalows. Was wir sahen, war entsetzlich. Überall war Blut, es war wie in einem Horrorfilm. Diese Szenerie hier aber war echt. Die Wände und Türen waren über und über mit Blut bespritzt und mit hunderten von Schusslöchern übersät. Über die gesamte Veranda waren blutige, verdrehte Körper verstreut. Ein Mann hielt noch immer die Spielkarten in der Hand, andere waren auf umgestürzten Stühlen in sich zusammengesunken. Die Leiche des Bürgermeisters lag quer über dem Tisch, von seinem Körper tropfte das Blut auf die Fliesen. Ein anderer lag tot in der Tür, vergeblich hatte er versucht, eine Waffe zu erreichen, bevor er von den Schüssen niedergemetzelt wurde. Die Spielkarten lagen überall verstreut und neben den toten Körpern hatten sich Pfützen aus Blut gebildet.

Die Leichen waren von dem ununterbrochenen Kugelhagel, der aus nächster Nähe auf sie eingeprasselt war, zerfetzt und entstellt. Ich war wie betäubt und wusste nicht, was von uns erwartet wurde. Ich fragte mich: *Warum sind wir hier? Was können wir tun?* Es gab keine Überlebenden, die wir hätten trösten können und es waren noch keine Verwandten da; wir waren die ersten, die am Tatort angekommen waren. Selbst die Polizei, die einen zweiten hinterhältigen Überfall befürchtete, hatte sich noch nicht hinausgewagt. Die Nachbarn waren die ersten gewesen, die sich in der schrecklichen Stille nach dem Angriff regten. Es gab nur einige wenige Körper, die wir salben konnten – alle anderen waren zu blutig. Ein Gesicht war so entstellt, dass jemand es mit einem Taschentuch bedeckt hatte. Es war blutgetränkt.

Es schien schrecklich und sinnlos, diese blutigen entstellten Körper zu salben, aber da wir nicht wussten, was man sonst von uns erwartete, gingen wir von einem Körper zum anderen, um zu beten, zu segnen und hier und da eine Stirn mit einem Tupfer Heiligen Öls zu benetzen.

Leute kamen nach und nach an. Unsere Anwesenheit schien die Verwandten zu trösten, die sich inzwischen etwas abseits weinend versammelt hatten. Polizisten und Verwandte legten die Körper in einer Reihe hin. Ich stand dort und fühlte mich benommen, hilflos und erbittert. Eine Weile blieben wir noch, aus Solidarität mit den Verwandten, dann gingen wir zurück ins Pfarrhaus. In dieser Nacht konnte ich nicht schlafen, die Bilder der blutigen Körper standen vor meinem geistigen Auge. Wer hatte nur so etwas Grausames tun können? Am nächsten Tag hörte ich, dass wie durch ein Wunder zwei Menschen überlebt hatten. Sie waren in die Hand und ins Bein getroffen worden und hatten viel Blut verloren. Sie hatten sich tot gestellt.

Zwei Wochen lang, Tag für Tag, zogen Beerdigungsprozessionen durch die Stadt, an den Häusern der Toten vorbei und dann in die Kirche, wo die Totenfeier und die Segnung stattfanden. Dann ging es weiter auf den Friedhof.

Nach dem Überfall blieb der Bungalow verlassen, die Mörder wurden niemals gefasst. Man war allgemein der Überzeugung, dass ein politischer Gegner des Bürgermeisters eine Bande von Auftragskillern angeheuert hatte, um diesen zu töten. Der Anführer der Bande wurde Fabunan genannt. Noch etwa ein Jahr später wurde das Haus seiner Mutter von verdeckten Ermittlern beobachtet, bis er eines Nachts kurz durch ein Fenster gesehen wurde. Als die Polizei eintraf, um ihn zu verhaften, war er mysteriöserweise verschwunden. Man fand aber eine Falltür und einen Tunnel, der auf die Reisfelder hinausführte; die Polizei jagte und stellte ihn, als er diesen gerade verließ. Fabunan, der berüchtigte Anführer der Banditen, wurde von Kugeln durchlöchert.

Während meines Aufenthalts in San Marcelino blieb ich mit den Schülern und Lehrern der St. Joseph-Schule in Olongapo in Kontakt. Von San Marcelino aus war es nur eine Stunde Fahrt und ich besuchte sie regelmäßig. Eines Tages, als ich auf dem Schulgelände ankam, fand ich die Tore verschlossen und hörte, die Lehrer streikten für bessere Gehälter und Arbeitsbedingungen. Mir war klar, dass die Patres sehr aufgebracht sein mussten. Plötzlich gab jemand über Megafon Befehle zur Öffnung der Tore und ich huschte mit hinein. Ein Jeep mit einer offenen Ladefläche rauschte auf den Schulhof und auf ihm stand die Bürgermeisterin, Amelia Gordon, umringt von bewaffneten Männern mit Maschinengewehren und Pistolen.

Die Bürgermeisterin verlangte ein spontanes Treffen aller Lehrer und befahl ihnen, sich neben dem Jeep aufzustellen; über das Megafon hielt sie ihnen eine Predigt über das Übel des Streiks und nannte sie Werkzeuge des Kommunismus. Sie warnte sie: Wer in ihrer Stadt streiken wolle, solle sich besser darauf vorbereiten, Olongapo zu verlassen – sonst ...! Dies war die Lokalpolitik der nächsten Jahre – wer die Stadt kritisierte, weil ihm etwas nicht gefiel, sollte gefälligst verschwinden. Demokratische Redefreiheit galt in Olongapo nicht als Tugend. Es galt nur das Gesetz der die Stadt beherrschenden und regierenden Politikerfamilie Gordon. Einige Witzbolde meinten, man solle Olongapo in Gordon City umbenennen, dann fehle nur noch Batman.

Während der Tirade der Bürgermeisterin erschienen Pater Tom und ein anderer Priester. Sie trugen weiße Soutanen und waren sichtlich erschrocken. Es war vielleicht ein Fehler gewesen, die mit eiserner Faust regierende Bürgermeisterin um Verhandlungen mit den Lehrern zu bitten, aber sicherlich hatten sie nicht erwartet, dass ihre Lehrer mit Waffengewalt bedroht würden. Dies war das Ende des Streiks und der Schülerproteste. Ich war entgeistert ob dieser Zurschaustellung nackter Waffengewalt. In San Marcelino wurden Landrechtsstreitigkeiten manchmal mit Waffen geregelt, aber einen arbeitsrechtlichen Streitfall mit vorgehaltener Waffe zu lösen, war ein neuer Tiefpunkt für die philippinische Demokratie.

Eine Woche später sah die Schulbehörde ein, wie sinnlos die Einschüchterungstaktik der Bürgermeisterin war. Sie suchten den Dialog mit Lehrern und Schülern, um auf diesem Weg die Beschwerden beizulegen.

06

Abenteuerlust

Unterwegs von Europa nach Indien (1972)

Ein paar Monate später erhielt ich die Nachricht, dass mein Vater unheilbar an Krebs erkrankt war und ich sofort nach Hause zurückkehren sollte. So verließ ich San Marcelino nach nur zwei Jahren und drei Monaten. Meine Missionsaufgabe, was immer sie auch sein würde, hatte noch nicht einmal begonnen.

Der Tod meines Vaters hinterließ tiefe Spuren in mir. Er war ein ruhiger, freundlicher Mann, der seiner Familie und seiner Arbeit treu ergeben war. Gefühlsmäßig standen wir uns nicht besonders nahe, aber mit Geduld und harter Arbeit verschaffte er uns ein ordentliches Zuhause und eine gute Ausbildung. Er zeigte uns damit auf seine Art seine Liebe und Zuneigung. Wir waren keine reiche Familie, aber wir waren auch nicht ganz arm. Wir hatten ein ansehnliches Haus in einem Vorort und ein kleines Auto, welches wir nur gelegentlich benutzten. Jeder von uns bekam eine gute Schulbildung, doch das Schulsystem war zu uns Jungen so hart und streng, dass es kontraproduktiv wirkte; die unnachsichtige Behandlung verleidete vielen die Wissbegierde und stand unserem Lernerfolg sehr im Wege.

In seinen späteren Jahren fuhr mein Vater gern mit uns zusammen zu den Wicklow Hills, um sich an der blühenden Heide auf den Berghängen zu erfreuen. Oder wir spazierten durch die Wälder von Dalkey Hill oder entlang der Straße nach Vico und schauten über die Bucht von Killiney. Unser erstes Zuhause war in Dalkey gewesen. Ganz dort in der Nähe fuhren wir dann die Burma Road hinauf, um im Wald spazieren zu gehen, den Hund auszuführen und die schöne Aussicht über den Hafen von Dun Laoghaire und die Bucht von Dublin zu genießen. Die meisten aus unserer Familie emigrierten in den späten 50er-Jahren nach England; es war ein trauriger und einsamer Abschied.

Dad arbeitete Zeit seines Lebens als Makler für eine Versicherungsgesellschaft. Einige Jahre vor seiner Pensionierung wurde festgestellt, dass er ein schwaches Herz hatte und die Frührente die einzige Option für ihn war. Nachdem er der Firma sein Leben lang gewissenhaft gedient hatte, kürzte man seine Pension um die Hälfte. Diese Ungerechtigkeit schmerzte meine Mutter sehr, doch ich erfuhr davon erst Jahre später. Meine Eltern sprachen mit uns Kindern nie über ihre finanziellen Probleme.

Diese Pfennigfuchserei und die fehlende Anteilnahme der großen Firmen ärgerten mich sehr. Nach dem Tod meines Vaters wurde die mickrige Pension ausgesetzt und meine Mutter hatte nichts, wovon sie ihren Lebensunterhalt bestreiten konnte. Ich schrieb dem Unternehmen, einem der reichsten in Irland, Protestbriefe. Einige Jahre später wurde schließlich die Unternehmenspolitik geändert und statt Knauserigkeit gab es nun Sozialleistungen. Meiner Mutter wurde eine Witwenrente bewilligt.

Während ich nach dem Tod meines Vaters in Irland war, erhielt ich vom Orden den Auftrag, die Menschen in den Gemeinden Dublins für die Armut und die Lebensbedingungen in Entwicklungsländern zu sensibilisieren. Ich wollte sie herausfordern; sie sollten die Ursachen von Armut und Ausbeutung erkennen und darüber nachdenken, dass viele Leute alles haben, aber so gut wie nichts dafür bezahlen wollen. Darum arbeiten die Arbeiter in Entwicklungsländern für einen Hungerlohn unter schlechten Arbeitsbedingungen. Wie konnten wir glücklich sein mit dem Wissen, dass das, was wir aßen und tranken, unsere Kleidung und Gebrauchsgegenstände, hauptsächlich von unterbezahlten Frauen, Kindern und anderen ausgebeuteten Arbeitskräften hergestellt wurde? Die Armut, so sagte ich, war das Ergebnis von Ausbeutung und globaler Ungerechtigkeit. Wir brauchten einen wirklich fairen Handel, um Leiden und Not zu beenden.

Die Menschen in Entwicklungsländern sind die Arbeitskräfte der Reichen und müssen kämpfen, mit zwei Euro Verdienst pro Tag zu überleben. Während die Reichen in den Industrienationen krank werden, weil sie zu viel zu Essen und zu viele andere Dinge haben, leiden die Armen Hunger und haben keine Chance auf ein menschenwürdiges Leben. Wir brauchen mehr Mitgefühl und Gerechtigkeit, sagte ich. Jeder von uns hat eine Aufgabe und soll sich engagieren, anderen in Not zu helfen, wo immer sie auch sein mögen.

Nachdem ich mich neun Monate lang dieser Aufgabe der Bewusstseinsschaffung gewidmet hatte, schickte mich der Orden zurück auf die Philippinen.

Die Abenteuerlust überkam mich und ich beschloss, über Land nach Asien zurück zu reisen. Ich schrieb an Agenturen wie *Trail Finders* und *Encounter Overland* in London, die in der Reiserubrik der *Sunday Times* inserierten. Für die bescheidene Summe von 180 Pfund – alles inklusive – konnte ich drei Monate auf dem Landweg von London nach Katmandu reisen. Für weitere 88 Pfund konnte ich von Katmandu nach Kalkutta fliegen und mich eine Weile der Arbeit von Mutter Teresa anschließen. Von dort aus würde ich nach Burma gehen, um die dortigen Columban-Missionare zu besuchen und schließlich über China auf die Philippinen zurückkehren. Es war ein ehrgeiziger Plan. Zusammen mit 22 anderen Abenteurern buchte ich einen Platz auf einem alten, umgebauten Bedford-Armeelastwagen mit Allradantrieb und machte mich im Juni auf die Reise meines Lebens.

Nach einem traurigen Abschied von meiner Mutter fuhr ich nach London, wo der *Overlander's*-Lastwagen abfuhr, um dann mit der Fähre nach Oostende in Belgien überzusetzen. Meine Schwester Laurie, ihr Ehemann Terry Smith und ihre Kinder kamen, um mich zu verabschieden. Vor der Abfahrt traf ich eine alte Freundin der Familie, Genevieve McNamara, die in London arbeitete. Unsere Mütter waren eng befreundet, und als Gen in Rente ging und nach Irland zurückkehrte, wohnte sie im Haus neben meiner Mutter und besuchte sie jeden Tag.

Wir fuhren mit dem rumpelnden Laster nach Brüssel, wo wir einen weiteren Reisenden aufsammelten, fuhren dann nach Deutschland und schlugen unser erstes Lager in der Nähe von Frankfurt auf. Bis zum 29. Juni hatten wir Österreich durchquert und überschritten die Grenze nach Jugoslawien. Ich begann, ein Tagebuch in Briefform zu führen, sämtliche Briefe schickte ich an meine Mutter, die sie gewissenhaft aufbewahrte. Drei meiner 22 Mitreisenden hatten gerade ihr Studium in Cambridge beendet; sie sprachen unaufhörlich über Geschichte und wetteiferten miteinander, wer die anderen am meisten mit seinem Bücherwissen beeindrucken konnte. Es war ihre erste Auslandsreise. Außerdem war noch ein frisch verheiratetes Ehepaar aus Kanada dabei, ein anderes Paar aus Australien, ein malaysischer Student, der in Singapur lebte, und ein bunt zusammengewürfelter Haufen junger, alleinstehender Abenteurer. Wir hatten fünf mittelgroße Zelte und eines, das man von der Seite des Lastwagens herunterklappen konnte. Abwechselnd kümmerten wir uns um das Aufbauen der Zelte, das Kochen und Spülen. Die Zusammenarbeit war gut und es gab erstaunlich wenig Konflikte. Der Tourleiter erzählte, dass es noch keine Gruppe über Europa hinaus geschafft hatte, ohne dass es zu Streit und Reibereien kam und einige die Gruppe verließen. Aus unserer Gruppe sprang niemand ab, außer dem jungen Amerikaner, der in Afghanistan durch verseuchtes Essen derart krank wurde, dass er außer Landes und ins Krankenhaus geflogen werden musste.

Es war eine lange, interessante und aufregende Reise und wollte ich jedes einzelne Abenteuer erzählen, würde daraus ein eigenes Buch. Eines Morgens zelteten wir in der Nähe eines Fischerdorfes an der Nordküste Griechenlands. Ich wurde durch Schreie und Rufe geweckt, das ganze Camp war in Aufruhr. Ich dachte, wir würden angegriffen und so suchte ich nach Felsen oder anderem, wohinter ich mich in Deckung bringen konnte, falls geschossen würde. In diesem Augenblick rechnete ich mit allem, aber es war nur ein Angriff von Killermoskitos. Ein riesiger schwarzer Schwarm großer Insekten fiel über das Camp her wie ein Haufen hungriger Vampirfledermäuse und die Gruppe rannte in alle Richtungen davon. Ich raste ins Zelt, sprang in meinen Schlafsack und zog den Reißverschluss bis obenhin zu, bis die wütenden, hungrigen Blutsauger sich an jemand anderem satt getrunken hatten. Ein paar Leute erwischte es am Ufer im Freien und sie litten noch Tage später unter den schmerzhaften Stichen.

Dann kamen wir nach Istanbul. Die Stadt ist phantastisch, voller Geschichte, prunkvoller Gebäude, turmhoher Moscheen und alter Stadtmauern, an denen West und Ost sich treffen, dass ich gar nicht alles beschreiben kann. Hier hätten wir das Wissen der Studenten aus Cambridge gut gebrauchen können, aber sie stellten sich bald als Langeweiler heraus. So machte ich mich alleine auf, diese uralte Stadt zu erforschen.

Neben den außerordentlichen historischen Sehenswürdigkeiten beeindruckte mich besonders das Leben auf den Straßen. Ich wanderte durch die engen Straßen um den Bazar herum und starrte die menschlichen Packesel an, die auf ihrem Rücken unglaublich schwere Lasten die steilsten Hügel und Treppen der Stadt hinauf und hinunter trugen. Ausgemergelte alte Männer trugen Lasten, die dreimal so schwer zu sein schienen wie sie selbst. Das Tragen riesiger Gewichte seit der Kindheit hatte ihre Wirbelsäule für immer gekrümmt, so dass sie auch ohne Last ständig niedergebeugt gingen. Nichts war ihnen zu schwer. Sie schleppten große Holzkisten oder riesige, aufeinander gestapelte Baumwollballen. Auch Kinder waren Träger. Sie wurden wie Lasttiere behandelt und taten mir leid, doch Kinderarbeit wurde hier als etwas Selbstverständliches betrachtet.

Die Teeverkäufer schlängelten sich mit ihren Töpfen und Gläsern voller heißem Tee durch die überfüllten Bazare und Märkte, ohne einen Tropfen zu verschütten. Hatten sie einen Kunden gefunden, so schenkten sie schwungvoll ein Glas ein und eilten gleich darauf weiter zum nächsten. Durch die breiteren Straßen fuhren amerikanische Oldtimer aus den 50er-Jahren und die Cadillacs und Chrysler gaben hervorragende Taxis ab.

Als wir auf eine alte rostige Fähre fuhren, um den Bosporus zu überqueren, war dies der erste Schritt nach Asien. Ich wusste, dass ich den gleichen Pfaden folgte wie die fehlgeleiteten, bluthungrigen Eroberer der Vergangenheit. Hier hatten Alexander der Große, die Kreuzritter und noch viele andere übergesetzt. Die Fähre rollte und schwankte im Kielwasser der Schiffe, die vom Schwarzen Meer zum Marmara-Meer unterwegs waren, aber wir schafften die Überfahrt und waren zum ersten Mal auf dem asiatischen Kontinent.

Dann wandten wir uns nach Süden, um die Ruinen alter römischer Städte zu besichtigen. Ephesus mit seinem großartigen, für viele tausend Menschen angelegten Amphitheater war sehr gut erhalten. Hier hatte der Heilige Paulus seine leidenschaftliche Rede an die Epheser gehalten: »Er ging in die Synagoge und lehrte drei Monate freimütig und suchte sie vom Reich Gottes zu überzeugen.« Es war sehr bewegend, an genau dem Ort zu sein, wo dieser großartige Gottesmann sein Leben für seinen Glauben aufs Spiel gesetzt hatte. Nicht weit entfernt waren die Ruinen des Diana-Tempels, wo das Orakel zahllosen Pilgern Untergang oder Glück vorausgesagt hatte. In meinem Kopf setzte ich den Haufen aus Granitblöcken, Säulen und kunstvoll gemeißelten Statuen zu dem Bild eines prächtigen Tempels zusammen, der die Menschen der Antike in Ehrfurcht versetzt hatte.

Wir reisten weiter die Küste hinunter und fuhren dann in die Berge, um uns die Überreste einer antiken römischen Stadt anzusehen. In der Ferne konnten wir das Meer sehen. Ich ging hinauf zu den Ruinen der alten, schon lange verlassenen Stadt und bewunderte die gepflasterten Straßen. Tiefe Furchen waren in das Pflaster eingegraben, vielleicht durch die Räder von Streitwagen oder von Hand, um das Regenwasser abzuleiten. Die massiven Blöcke und Säulen, die über den Hügel verstreut waren, riefen uns die Größe und Macht des Römischen Reiches in Erinnerung, das mehr als 1000 Jahre bestanden hatte; gleichzeitig waren sie eine Erinnerung an die Zerbrechlichkeit aller Zivilisationen und die Vergänglichkeit menschlichen Lebens. Ich fand die Reste eines alten heidnischen Altars und dort, im Glanz der untergehenden Sonne, saß ich allein, betete und feierte das Abendmahl.

Als ich das Zeltlager erreichte war es schon dunkel. Ich aß schnell, was die anderen mir vom Abendessen übrig gelassen hatten und ging dann zu meinem Schlafsack. Welche unbekannte Macht mich dazu veranlasste, ihn weit aufzumachen, bevor ich hineinkletterte, werde ich wohl nie wissen – vielleicht der Gedanke an Ameisen, oder die Hand Gottes? Ich leuchtete mit meiner Taschenlampe hinein und sprang mit einem Aufschrei zurück: ein großer Skorpion krabbelte über den Schlafsack. Sein tödlicher Stachel war nur wenige Zentimeter von meiner Hand entfernt und wartete förmlich darauf, mir den letzten Gute-Nacht-Kuss meines Lebens zu geben. Mit zitternder Hand verfolgte ich die tödliche Kreatur mit der Taschenlampe, als sie vom Schlafsack herunterhuschte und im Gebüsch verschwand. In dieser Nacht fand ich keinen Schlaf. Auf diesen Boden wollte ich mein Haupt nicht betten, darum setzte ich mich auf einen Felsen, wickelte mir den Schlafsack um die Beine und wartete mit angezogenen Knien auf die Morgendämmerung.

Auf dem Weg nach Katmandu gab es noch viel mehr Abenteuer. Auf der langen, faszinierenden Reise, die fast vier Monate dauerte, begegneten wir Überschwemmungen, Schlangen, Räubern und Drogenhändlern. Wir reisten durch die nördliche Türkei und entlang der Ufer des Van-Sees in den Iran, durchquerten die weite einsame Wüste und verirrten uns an der Grenze zum Irak. In einem Brief vom 17. Juli schrieb ich an meine Mutter und meine Schwester Aileen in Irland:

Heute sind wir vom Van-See weiter in Richtung Iran gefahren, dessen Grenze wir heute Nacht überschreiten werden. Die Landschaft ist phantas-

tisch! Große, offene und grasbedeckte Flächen und gewaltige schneebedeckte Berge, und das mitten im Sommer! Ich schreibe dies, während wir auf staubigen Bergstraßen fahren, und es ist ziemlich holperig – ups! Heute Morgen hatten wir eine Reifenpanne, waren aber bald wieder unterwegs. Ich habe eine Waschmaschine erfunden: ich habe einen großen Plastikbehälter mit Schraubdeckel gekauft und ihn oben auf der Gepäckablage befestigt. Das Holpern auf den felsigen Straßen schleudert das Wasser und die Kleider herum und wäscht sie weiß!

Am 16. habe ich in der Sonntagsandacht an Dad gedacht (sein Todestag) und ich bete für Euch alle, während ich weiter nach Asien hineinfahre. Es wird heiß und staubig, bald fahren wir hinunter zum Persischen Golf und die Hitze dort wird fast unerträglich sein …

Und so war es auch. Wir waren schnell von brennend heißen Wüsten umgeben, wo es so heiß war, dass das Benzin verdunstete, bevor es die Kolben erreichte und wir in einem Ozean aus heißem Sand strandeten. Die einzige Lösung war, den Vergaser mit einem Lappen zu kühlen, den wir mit Wasser aus Plastikflaschen unserer mageren Trinkwasservorräte tränkten. Wir tuckerten mit einem hustenden Motor dahin, der mit letzter Kraft Benzin ansaugte und doch fast nur heiße Luft bekam. Wir waren vor Durst wie ausgetrocknet, gaben aber nur kleine Rationen warmen Wassers aus, was unsere Kehlen noch trockener machte und den Durst nur noch vergrößerte. Wir waren wie müde, hechelnde Hunde mit heraushängenden Zungen.

Eine meiner großen Entdeckungen war der Turban. Ich wickelte mein Handtuch um meinen Kopf und tränkte es mit Wasser, wenn wir genug vorrätig hatten. Dann hielt ich meinen Kopf in den warmen Wind und genoss die plötzliche Kühle, die bei der Verdunstung entstand. Es war eine angenehme Abwechslung und praktisch, wenn wir genug Wasser hatten, um das Handtuch nass zu machen. Aber als wir weiter in die Wüste hinein fuhren, war das nicht mehr möglich.

Wir hatten uns auf der Fläche eines ausgetrockneten Sees verfahren und schlugen unser Nachtlager auf. Hier gab es keine frostigen Wüstennächte. Ich lag halbnackt auf dem Wüstenboden, eine warme Brise wehte über einen dankbaren, verschwitzten Körper. In dieser Nacht waren wir alle beunruhigt.

Früh am nächsten Morgen machten wir uns, mit einem etwas kühleren Motor, wieder auf den Weg durch die endlosen Sanddünen und folgten dabei einer rauen Schotterstraße. Als wir die letzte Düne überquerten, sahen wir zu meinem Erstaunen überall große Rohre, die aus dem Sand ragten und gelb-orange Flammen in den klaren blauen Himmel spuckten. Wir waren in einem Ölfeld, wo man das überschüssige Gas verbrannte.

Die Straße führte von den Rohren weg. Ich dachte darüber nach, welche riesigen Vorräte unter dieser leeren, endlosen Wüste liegen mussten, dass man sich eine solche Verschwendung leisten konnte. Genau diese Dünen würden 1991 Schauplatz der »Operation Wüstensturm« im Krieg der USA gegen den Irak sein und die Wüste würde mit Tausenden von Körpern übersät sein, soweit das Auge reichte.

Ich stellte mir vor, wie diese Gegend vor 100 Millionen Jahren ausgesehen haben musste: ein üppiger grüner Urwald, in dem Monstereidechsen, Dinosaurier und Millionen anderer, unbekannter und längst ausgestorbener Kreaturen herumkrochen. Ihre Überreste waren zu Öl und Gas geworden und schossen nun durch diese langen Rohre in den Himmel, ein letztes Aufflammen ihrer einstigen Größe.

Das Leben in der Gruppe war angenehm, obwohl es so heiß war, wir kein kühles Trinkwasser hatten und es auch mal ein paar Meinungsverschiedenheiten gab. Wir waren immer noch alle zusammen und die Herausforderung, diese beschwerliche Reise zu überleben, hatte uns alle zum Besseren verändert. Wir waren hilfsbereiter und kooperativer geworden.

Momentan hatten wir uns unglücklicherweise in der Wüste verfahren, was in uns Daueranspannung und Angst verursachte. Die Feuersäulen weit hinter uns in der Wüste hatten uns der Zivilisation um nichts näher gebracht.

Aber der Alltag musste weitergehen. Wir mussten dem »Ruf der Natur« folgen. Abenteuerlich und philosophisch mochten meine kleinen Ausflüge als beginnender Naturalist wohl sein, aber ich versicherte mich jedes Mal, dass keine Sandschlangen oder Skorpione in der Nähe waren, wenn ich mich über das Loch hockte, das ich gegraben hatte, um mein Geschäft zu erledigen. Dies waren immer auch Momente der Besinnung.

Das Leben dort draußen in der Wüste war gefährlich und so heiß! Ich fragte mich auch, welche Wirkung unser Aufenthalt wohl auf die Kreaturen und Lebensformen rund um unsere diversen Lager hatte. Wir hinterließen Essensreste, gebrauchtes Wasser und Fäkalien. Vielleicht würde es ein Fest geben, einen Aufruhr oder eine Störung ihres Lebensrhythmus, wenn einmal in tausend Jahren jemand hier vorbeikam und genau an diesem Ort Halt machte? Ich stellte mir vor, wie vor Äonen vielleicht eine Kamelkarawane hier vorbei gekommen war und jetzt waren wir da. Lechzten die Kreaturen im Sand vielleicht nach mehr, waren sie aufgebracht und verzweifelt, oder freuten sie sich über diesen unerwarteten Glücksfall? *Lebensformen in der Wüste brauchen auch mal ein bisschen Abwechslung*, dachte ich, *selbst wenn es nur alle 1000 Jahre einmal vorkommt.*

Eines frühen Morgens, nachdem ich gerade hinter einer Düne dem »Ruf der Natur« nachgegangen war, ging ich zurück zum Camp, doch zu meinem Erstaunen war niemand mehr da. Sie waren weg, sie waren ohne mich weitergefahren! Mein Herz machte vor Angst einen Sprung. Ich malte mir das Schlimmste aus. Sie hatten vergessen durchzuzählen, bevor sie losgefahren waren. Ich war alleine zurückgeblieben, niemand hatte gemerkt, dass ich fehlte und sie würden niemals hierher zurückfinden. Wir hatten uns sowieso schon verfahren, es gab keine Anhaltepunkte, nur endlose Dünen. *Was soll ich tun?* Mein Herz klopfte und mir brach der Schweiß aus.

Dann hörte ich wildes Rufen und Jubelgeschrei hinter einer anderen Düne. Ich raste direkt darauf zu und kletterte den rutschigen Abhang hoch während der Sand um mich herum wegsackte. Meine Füße sanken ein und zogen mich zurück, während mein Herz vor Panik immer schneller schlug. Sie fuhren einfach fröhlich ohne mich weiter, hatten mich nicht vermisst, ich war verlassen und würde niemals gefunden werden, ohne Wasser und Nahrung würde ich keinen Tag lang überleben. Meine Angst und meine Panik wuchsen sekündlich.

Dort, ganz alleine, verlassen auf der Sanddüne und mir das Schlimmste ausmalend, war ich vor Angst wie gelähmt und bekam weiche Knie, mein Gehirn weigerte sich zu funktionieren. Dann aber, als ich einen Moment lang gelauscht und verstanden hatte, dass meine Rettung direkt auf der anderen Seite der Düne lag, stürzte ich vorwärts wie ein Springbock, der den Klauen des Löwen zu entkommen versucht. Auf allen Vieren raste ich die Düne hoch. Meine Beine jagten Schmerzsignale in mein Hirn, während sie im rutschigen Sand nach Halt suchten.

Lieber Gott, hilf mir! Hilf mir! betete ich, fast in Tränen ausbrechend. »Wartet! Wartet!«, wollte ich mit ausgetrockneter Kehle krächzen, unterdrückte den Schrei aber, bevor er meine ausgedörrten, zersprungenen Lippen verließ. Ich war der Hoffnung beraubt, dass mich jemand hörte. *Was gab es Schlimmeres?* Meine Augen brannten, als mir vor Selbstmitleid die Tränen in die Augen schossen, doch die glühende Sonne trocknete sie noch bevor sie meine Wangen erreichten. Ich weinte ohne Tränen.

Voller Verzweiflung kletterte und krabbelte ich schließlich auf die Spitze der Düne. Jedes Neuron feuerte, jede Faser und jeder Muskel meines Körpers schmerzte vor Anstrengung, ich schwitzte jeden Tropfen Feuchtigkeit aus, der noch in meinem eh schon ausgetrockneten Körper vorhanden war. Unten auf der Wüstenstraße sah ich den Laster, der sich langsam in Bewegung setzte; irgendjemand warf noch seine Ausrüstung an Bord und kletterte über die Seite an Bord. Alle riefen etwas und zeigten entzückt in eine Richtung; eine Sekunde lang schöpfte ich erleichtert Hoffnung, sie hatten mich gesehen! Aber nein, sie zeigten und schauten in die andere Richtung. Die Panik kehrte zurück. Ich schaute in die gleiche Richtung, wo in der Ferne eine Palme ihre blättrige Krone zeigte. Sie hatten eine Oase erblickt, eine Entdeckung, die von der Wagenladung erschöpfter Reisender mit heiseren Jubelschreien begrüßt wurde. Als ich den Truck sah, erfasste mich eine Welle von Erleichterung und Glück: ich war gerettet! Wenn ich schnell genug rannte, konnte ich ihn rechtzeitig erreichen. Ich konnte weder schreien noch nach ihnen rufen, meine Kehle war ausgedörrt und hart, ich brachte nur ein schwaches Krächzen heraus. Niemand schaute zurück, der mich hätte sehen können; es lag allein an mir, sie rechtzeitig zu erreichen. Halb rannte, halb stolperte ich mit rudernden Armen und erschöpften Beinen die Düne auf der anderen Seite herunter in dem verzweifelten Bemühen, den Lastwagen noch zu erwischen. Als ich die Straße erreichte, stolperte ich, doch meine Füße fanden Halt, und mit bisher ungeahnter Geschwindigkeit raste ich Hals über Kopf zum Heck des Trucks. Ich keuchte, mein Herz zersprang fast, meine Sandalen wirbelten den Sand auf, meine Hemdzipfel flatterten beim Rennen. Ich kam näher, näher, noch ein Sprint über den letzten Meter, und dann fand mein Fuß die hintere Stoßstange, während ich mit der Hand die Ladeklappe ergriff. Ich schwang mich hinauf, und hinüber auf die Ladefläche des Lasters, und purzelte mitten hinein in die Gruppe meiner fluchenden und sich beschwerenden Kameraden.

Keiner von ihnen wusste, dass ich gerade innerhalb von Minuten den Schrecken meines Lebens durchlitten hatte. Es kümmerte mich nicht, was sie mir zuschrien, so außer mir war ich vor Freude, wieder in Sicherheit zu sein. Ich lachte, fühlte mich schwebend und ekstatisch. Ich hatte mich noch nie so gefühlt. Es war eine unbeschreibliche Erfahrung, so als hätte man an der Schwelle des Todes gestanden und sei noch mal lebend davongekommen, als sei man verloren gewesen und dann wieder gefunden worden. So muss sich ein Bungee-Springer fühlen, wenn er in den Abgrund fällt, sich dann plötzlich die Leine spannt und ihn wieder in die Höhe zieht. Es ist dieses Hochgefühl, welches ein plötzlicher Adrenalin-Anstieg verursacht. Nach diesem Erlebnis entfernte ich mich in der Wüste nie mehr weit vom Lastwagen.

Seit einer Woche hatten wir keine Vegetation mehr gesehen. Langsam tuckerten wir unserem Nirvana entgegen. Der Laster humpelte vorwärts, die Benzinpumpe saugte und spritzte noch immer mehr Luft als Benzin in den Vergaser, aber wir bewegten uns voran, und das allein zählte. Das Benzin verdunstete, bevor es noch ganz aus dem Tank heraus war, aber wir quetschten glücklich unsere letzten Wassertropfen aus den Flaschen auf die Lappen, die den Vergaser und die Benzinpumpe bedeckten.

Und dann waren wir da! Eine weiße Wand ragte aus der Wüste heraus, darauf ein großes Schild in blau und rot. Es verkündete der ganzen Welt ein einziges Wort: Pepsi! Unsere Augen klebten daran, in völliger Stille gaben wir uns der traumhaften Vorstellung hin, ein kühles sprudelndes Getränk hinunterzustürzen, in einem Pool kühlen Wassers zu baden, uns auf einer Matratze zu aalen und uns an gegrillten Fleischspießen gütlich zu tun. Wir waren wie die Überlebenden eines Schiffsunglücks. Als wir ankamen, stolperten wir vom Wagen herunter, keuchend und lachend vor Glück, und rannten in den Hof des Wüstenlokals. Unter den Palmen standen wir bis zu den Knien im kühlen Wasser und leerten Flasche um Flasche der kühlen Getränke. Für uns, in dieser harten, trockenen Wüstenwelt, waren diese einfachen Genüsse außerordentlich kostbar.

Wir waren im Nordwesten in den Iran eingereist, hatten die Wüste durchquert und fuhren nun weiter nach Schiraz und Persepolis, um die beeindruckenden Ruinen der Hauptstadt des antiken persischen

Reiches zu sehen, welches Darius regiert und Alexander der Grosse zerstört hatte. Wir durchreisten das Land der Länge nach, besuchten Isfahan und Qom und entdeckten dabei die Wunder der iranischen Geschichte. Wir sogen die Kultur und das Leben des Landes in uns auf, bis wir schließlich Teheran erreichten. Von dort aus machten wir uns auf den Weg nach Herat in Afghanistan.

Die Grenze nach Afghanistan zu überqueren war eine gefährliche Angelegenheit. Schmiergelder mussten bezahlt, Drogenkontrollen erduldet werden. Es waren immer bange Momente, wenn unsere Reisepässe und Visa von großen, schlanken Männern mit buschigen Bärten in Turbanen, Pluderhosen und Sandalen kontrolliert wurden, ausgestattet mit alten britischen 303-Gewehren, die sie über ihre Schultern gehängt hatten. Genau dieses sperrige Modell hatte ich in der irischen Reserve-Armee gehabt; ich bildete mir etwas darauf ein, damit ein guter Schütze zu sein und hatte sogar ein Abzeichen, welches das bewies. Das half mir allerdings wenig, als ich jetzt auf der staubigen Veranda warten musste, während mein irischer Reisepass untersucht wurde. Offensichtlich kamen hier nicht sehr viele irische Staatsbürger vorbei.

Wir mussten lange warten an diesem Grenzposten, der aus ein paar niedrigen, überdachten Lehmziegel-Gebäuden bestand, in denen auch ein paar Teeläden und ein kleiner, offener Markt untergebracht waren. Die Stammesangehörigen mit den gebräunten Gesichtern brauchten Stunden, um nach und nach unsere Reisepässe zu untersuchen und abzustempeln, während unser Gruppenleiter um die Höhe des Schmiergeldes feilschte, welches jede Transaktion erleichterte. Wir kauften etwas Essen und einige Souvenirs, um unsere Vorräte aufzufrischen und die Leute vor Ort bei Laune zu halten. Zu unserem Erstaunen bekamen wir als Wechselgeld keine Münzen, sondern kleine Papierpäckchen mit Gras darin.

Es war Marihuana und einige meiner Begleiter waren glücklich und sofort damit beschäftigt, sich Joints zu drehen. Als ich merkte, was es war, warf ich es weg. Auf den Philippinen hatte ich oft genug gesehen, welche schlimmen Folgen Marihuana für junge Leute hatte. Ich begann zu verstehen, warum einige meiner Mitreisenden nach Asien gekommen waren; sie waren auf der Drogenroute nach Katmandu. Ich bin mir sicher, dass viele das Gleiche von mir dachten.

Inzwischen sah ich aus wie ein Hippie, verschwunden waren der ordentliche Haarschnitt und die schicken Hemden und Hosen. Das Leben in der Wildnis und auf der Straße zeigte seine unschönen Auswirkungen. Mein Haar war mir bis über die Ohren gewachsen, ich trug abgewetzte Jeans und Sandalen sowie ein langes afghanisches Hemd mit bunt bestickter Vorderseite, welches ich gerade erst im Handelsposten an der Grenze gekauft hatte. Ich entsprach sicherlich ganz und gar dem Bild eines Hippies und so luden meine Gefährten mich zum Mitrauchen ein. Ich entschuldigte mich mit einer Allergie, die eine Asthmaattacke hervorrufen könne, was sie besänftigte und mich vom Gruppenzwang, *high* zu werden, befreite. Das war eine weise Entscheidung, denn die lange Verzögerung bedeutete, dass wir über Nacht am Grenzposten kampieren mussten und dieser war eine wahre Goldgrube für frei verfügbares Marihuana. Der Rausch machte viele meiner Mitreisenden müde, während wir so ums Lagerfeuer herum saßen. Einer legte sich etwas abseits unter einen Baum schlafen, wo ihm sein Kleingeld gestohlen wurde. Glücklicherweise waren unsere Pässe und Wertsachen in der Fahrerkabine des Lasters eingeschlossen.

Das Zusammensitzen um das Lagerfeuer dauerte bis weit in die Nacht hinein, und so mancher wäre sicher in einen tiefen Drogenschlaf verfallen. Dies wäre der Moment für Diebe gewesen, sich mit rasiermesserscharfen Klingen heranzuschleichen, um Schlafsäcke aufzuschlitzen und Pässe, Geld und Kameras zu stehlen. Das war schon mancher Gruppe unerfahrener Reisender passiert. Unser Gruppenleiter aber war schlauer und so wurden wir kurz nach Mitternacht geweckt. Mit ausgeschalteten Scheinwerfern fuhren wir acht Kilometer die Straße hinunter und bogen dann ab in die Wüste. Wir entzündeten unser Lagerfeuer, aßen etwas Brot und machten uns zum Schlafen bereit. Dann aber sahen wir zu unserem Schrecken, dass sich uns durch die Wüste ein Fahrzeugkonvoi mit grellen Scheinwerfern näherte. Sie postierten sich in einer Reihe genau uns gegenüber und leuchteten unser improvisiertes Lager aus. Es waren Angehörige des örtlichen Militärs, die uns zu einer erneuten Zollkontrolle zurück an die Grenze schickten. Unser Gruppenleiter versuchte, mit dem Hauptmann zu verhandeln und bot ihm Geld an, aber das reichte ihnen nicht. Sie wollten, dass wir an der Grenze übernachteten, ohne Zweifel, damit ihre Diebesbanden uns ausrauben konnten. Wir versprachen zurückzufahren, nachdem wir zu Ende gegessen und gepackt hatten. Der Hauptmann sagte, er würde am Grenzposten auf uns warten.

Wir beluden den Bedford und fuhren ohne Licht bis zur Straße; dann bogen wir plötzlich nach Osten ab, traten das Gaspedal durch und machten uns aus dem Staub. Der alte Motor schnaufte und keuchte vor Anstrengung, als wir wie ein großer Elefant dahinpolterten in der Hoffnung, möglichst viel Abstand zwischen sie und uns zu schaffen, bevor sie merkten, dass wir nicht in ihre Falle zurückkehren würden. Im Dunkeln fuhren wir unter dem sternenklaren Himmel dahin, der sich vor uns wie ein großer glitzernder Schal ausbreitete und uns zu dem Lichtschimmer am Horizont führte, welcher die Dämmerung und damit Sicherheit verhieß.

Einige Tage lang reisten wir weiter durch zerklüftete Täler, Schluchten und über Berge, um die umwerfenden und Ehrfurcht gebietenden Buddha-Statuen zu besichtigen, die 55 Meter hoch in die Sandsteinklippen nördlich von Kabul eingemeißelt sind. Diese großartigen Überreste einer buddhistischen Kultur, die einst in Afghanistan vorherrschend war und dann ausstarb, wurden im Jahr 2001 von den Taliban schamlos zerstört.

Eines Morgens wachten wir auf und gingen im Camp hin und her, um das Frühstück aus Spiegeleiern, Tomaten, Kaffee und den flachen brotähnlichen Pfannkuchen aus den örtlichen Bäckereien vorzubereiten. Als die Sonne aufging, bemerkten wir zu unserem Erstaunen im Morgenlicht die Silhouetten zweier Männer auf Kamelen, die uns beobachteten. Sie sahen aus wie Krieger und trugen lange Gewehre. Wir befürchteten, dass sie Späher einer Gruppe von Banditen seien, doch nach zehn Minuten drehten sie um und trotteten davon. Wir beeilten uns mit der Abfahrt und hielten mal wieder nach Gefahren Ausschau. Aber es gab keine. Sie waren wahrscheinlich Nomaden, genauso erstaunt über uns wie wir über sie.

Die Ausreise aus Afghanistan war leichter als die Einreise. Die afghanischen Wächter an dem hügeligen, staubigen Grenzposten schienen ganz froh darüber zu sein, dass wir ausreisten. Unsere Pässe wurden abgestempelt, dann winkten uns die bärtigen Männer mit ihren Turbanen und den über die Schulter gehängten, noch aus dem Ersten Weltkrieg stammenden Gewehren nach, und wir machten uns erleichtert auf nach Pakistan. Wir fuhren geradewegs nach Islamabad, wo wir nur einen Tag und eine Nacht blieben, um uns die Sehenswürdigkeiten der Stadt anzuschauen. Dann ging es weiter, über Lahore in Richtung Indien. Die ganze Zeit waren wir uns der historischen Umbrüche bewusst, die Pakistan seit der Kolonialzeit durchgemacht hatte; bis heute leidet das Land unter islamischem Extremismus und politischen Wirren.

An der Grenze zu Indien kam dann der erste ernsthafte Rückschlag, der unsere Reise an Ort und Stelle zu beenden drohte: Krieg. Entlang der Grenze waren Kämpfe ausgebrochen und wir mussten einige Tage warten, bevor man uns den Grenzübertritt erlaubte. Wir zelteten unter großen schattigen Bäumen und warteten. Endlich stellte man uns Visa aus und wir überquerten dankbar die Grenze nach Indien.

Wir reisten quer durch das nördliche Indien und besichtigten die Wunder dieser uralten Zivilisation. Kurz bevor die Kämpfe ausbrachen waren wir in der Stadt Srinagar im Kaschmir und fuhren durch wunderbare Täler und über hohe Berge. Wir übernachteten auf viktorianischen Hausbooten, die einst dem Vergnügen der Beamten des Britischen Empires dienten. Dann ging es weiter nach Amritsar und zu den Goldenen Tempeln. Der Marmortempel, das Zentrum des Sikhismus, befindet sich inmitten eines künstlichen Sees und ist von hohen Mauern umgeben. Tausende Pilger strömen täglich über die enge Fußgängerbrücke dorthin. Ich schloss mich ihnen an, mit meinem inzwischen schulterlangen Haar selbst ein bisschen wie einer der heiligen indischen Männer aussehend.

Der Tempel war klein, aber sehr schön. In ihm befinden sich das heilige Schwert und die Heiligen Schriften der Sikhs. Jedermann durfte ihn besuchen und ich fühlte mich willkommen und respektiert. Ich schloss mich den Betenden an und setzte mich im Schneidersitz vor das Heilige Buch. Ganz in der Nähe saß der Heilige Sikh-Priester in tiefe Meditation versunken; sein wallender Bart war weiß, er trug ein silbernes Armband, einen makellosen Turban und um den Hals eine Kette aus Blumen. Auch ich wandte mich der Meditation zu. Hier hatte ich eine Oase der Ruhe und des Friedens gefunden. Traurigerweise wurde der Tempel einige Jahre später Schauplatz einer blutigen Belagerung, als Separatisten ihn eroberten und sich hier verschanzten. Indira Gandhi befahl daraufhin einen Großangriff und ließ ihn bombardieren. Aus diesem Grund, so sagt man, wurde sie später von ihren Sikh-Leibwächtern ermordet.

Weiter ging unsere Reise durch Nordindien in den Punjab. Der Himmel öffnete sich, und zwei Tage lang prasselten unaufhörlich sintflutartige Regenfälle auf uns nieder. Im Sturm stürzten Bäume um und blockierten die enge Straße. Mit dem Abschleppseil des Trucks zogen wir sie aus dem Weg, um weiterfahren zu können. Wir befürchteten, dass die Wassermassen des nahen Flusses eine wichtige Brücke fortschwemmen könnten und wir stecken bleiben würden. Als wir die Brücke erreichten, sahen wir, dass der Fluss schon über die Ufer getreten war und die Brücke einen Meter hoch unter Wasser stand. Zurückzugehen war gefährlicher, wir mussten weitergehen und den Fluss überqueren.

Noch war das Seitengeländer sichtbar. Unsere größte Angst war, dass ein Teil der Brücke zusammengebrochen und nur das Geländer noch da war, darum fassten wir uns an den Händen und bildeten eine Kette, um uns hinüberzutasten. Das rasende Wasser zerrte an unseren Füßen; mit langen Zweigen, die wir von umgestürzten Bäumen gesägt hatten, maßen wir die Wassertiefe vor uns. Auf diese Weise gelangte der Laster Stück für Stück hinüber. Die Brücke war noch heil und wir schafften die Überquerung.

Diese Nacht verbrachten wir in einem Gästehaus der Regierung. Es war eine Jagdhütte, ein großes viktorianisches Gebäude, das einem ehemaligen *Raja* gehörte. Es gab teure westliche Möbel, reich gewebte Teppiche und überall den Geruch nach feuchtem Schimmel. Es war eine Erinnerung an den Prunk, in dem die Reichen schamlos schwelgten, und dies inmitten eines Meeres aus Armut und Versklavung.

Aber dafür gab es keine Duschen und die Toiletten waren primitiv. Im Innenhof wusch ich mich an einem Wasserhahn, aber mein langes Haar konnte ich dort nicht richtig waschen, ich hatte kein Shampoo mehr. Langes Haar hatte auch Nachteile, wie ich feststellte.

Wir besuchten Delhi und das Rote Fort, die berühmte Festungs- und Palastanlage. Überall umgaben uns riesige Taubenschwärme, deren Zahl nur noch von den Gruppen von Bettlern übertroffen wurde, meistens Kinder, die jedem ausländischen Touristen hinterherjagten. Ich trug einfache indische Kleidung und wurde in Ruhe gelassen. Wir reisten weiter nach Jaipur, wo die Touristen wie in längst vergangener Zeit von Elefanten in die Höfe der großen verschwenderisch verzierten Paläste getragen wurden.

Wir beeilten uns, nach Agra weiterzukommen und bewunderten das zarte Spitzendesign aus glänzend weißem Marmor, welches das Taj Mahal verziert. Es waren nur wenige Leute da; so konnte ich in Ruhe dasitzen und das wundervolle Spiegelbild genießen, welches das Monument der Liebe in den langen Teich warf.

Eines Tages hielten wir in einer kleinen Stadt, um auf dem Markt Vorräte einzukaufen. Ich wanderte ein bisschen herum, um mir das Alltagsleben der Menschen anzuschauen und Fotos zu machen. Plötzlich gab es Geschrei und Tumult und ich sah einen großen dürren Mann, nur mit einem Lendenschurz bekleidet, der von gut gekleideten Männern mit langen Stöcken vom Markt vertrieben wurde. Der alte Mann war nur Haut und Knochen, runzelig und sonnenverbrannt. Er schrie etwas zurück, so als ob er sie verfluchen wolle. Das machte seine Peiniger nur noch wütender und sie rannten auf ihn zu.

Er war ein Unberührbarer. Nicht weil er so heilig war, ganz im Gegenteil, er war ein Ausgestoßener, ein *Dalit*. Seine Kaste ist die niedrigste aller Kasten in Indien, auch wenn das Gesetz dies mittlerweile verbietet und viele *Dalits* inzwischen sozial und politisch weit aufgestiegen sind. In den 70er-Jahren waren sie die am meisten verachteten Menschen der indischen Gesellschaft.

Er kam auf mich zu, immer noch rufend und auf die verärgerte Gruppe hinter ihm zeigend. Plötzlich rannte er auf mich zu, ergriff meinen Arm und schrie der Menge noch mehr Beleidigungen zu. Sie kamen näher und umringten uns in einiger Entfernung. Sie wollten nicht zu nahe an das herankommen, was sie für unrein hielten. Ich stand da und erlaubte ihm, mich festzuhalten.

Mir kam es vor, als wolle er der ihn verjagenden Menge sagen: »Seht her, ich berühre einen Weißen und er akzeptiert mich, während ihr mich verachtet.« Ich ging weiter und er folgte mir, meinen Arm noch immer eisern umklammernd. Die Menge trat zurück, teilte sich und gemeinsam gingen wir davon. Ich gab ihm Almosen und er schenkte mir ein strahlendes Lächeln. Er führte seine wie im Gebet gefalteten Hände an die Stirn und verbeugte sich, was ich als Segnung empfand, eine Geste, die mir sehr wertvoll war.

Dann erreichten wir die heilige Stadt der Hindus, Varanasi, mitunter auch Benares genannt. Hinter Ochsenkarren, Fahrradrikschas, heiligen Kühen und einer Menge bunt gekleideter Menschen bahnte sich der Bedford Zentimeter um Zentimeter seinen Weg durch die engen

Straßen. Ich konnte all die vielen Eindrücke kaum aufnehmen. Dem Reiseführer zufolge war diese Stadt noch älter als Ninive und Babylon.

Varanasi, an den Ufern des Ganges gelegen, ist eine Stadt voller Heiligenschreine. Große Steinstufen, die *Ghats*, führen zum heiligen Fluss hinunter, in dem sich Unmengen von Pilgern waschen, um Erlösung und neues Leben zu erlangen. Entlang des Ufers waren Scheiterhaufen aufgereiht, deren Rauch die Luft erfüllte. Der fromme Hindu wird eingeäschert und seine Asche über den heiligen Fluss verstreut, damit er wiedergeboren werden kann.

Am nächsten Morgen ging ich noch vor Sonnenaufgang hinunter zu den *Ghats* und setzte mich im Schneidersitz in die Nähe einer Gruppe junger Männer, die nur Lendenschurze trugen. Still führten sie die anstrengenden Übungen des *Hatha Yoga* durch. Ältere Männer, mit Bärten und zerfurchten Gesichtern, saßen kerzengerade im Schneidersitz da; mit geschlossenen Augen waren sie in tiefe Meditation versunken, um die Ruhe und den inneren Frieden zu finden, die das *Hatha Yoga* als Vorstufe des ewigen Friedens ermöglicht.

Die Sonne stieg über den Horizont und erhellte den Himmel, blendende Sonnenstrahlen segneten uns, als eine große Pilgerschar die Stufen am Flussrand füllte. Die täglichen Reinigungsrituale begannen.

Wir verließen diese Stadt der tausend Tempel und machen uns in nördliche Richtung auf zur Quelle des Ganges, dem Himalaya in Nepal. Unser Ziel war Katmandu. Es war und ist eine faszinierende Stadt, mit ihrer Gemeinde der Exil-Tibeter, mit Tempeln, in denen Affen hausten und dem hoch aufragenden Goldenen Tempel, verziert mit einem einzelnen Auge, das in alle Richtungen gleichzeitig zu schauen schien. Vor seiner allwissenden Gegenwart konnte man sich nicht verstecken. Die Drogenszene gedieh prächtig; einige unsere Mitreisenden gingen in die Altstadt, wo Marihuana und Heroin wie Bonbons verkauft wurden. Ich hörte, dass es sogar eine spezielle Abteilung auf dem Friedhof gab, wo manch junger Weißer begraben lag – gestorben an einer tödlichen Überdosis reinen Heroins.

Unsere gemeinsame Reise endete in Katmandu. Überraschenderweise waren zwei Mitglieder der Gruppe bereit, den Lastwagen nach London zurückzufahren. Jeder, der ein paar Wochen übrig hatte und mitfahren wollte, bekam sein Ticket für einen Spottpreis. Einige buchten die Rückreise, ich aber nahm einen Flug nach Kalkutta, um Mutter Teresa zu besuchen.

Ich wurde von den *Missionary Brothers of Charity* willkommen geheißen, einem Orden junger Brüder, den der australische Jesuit Pater Andrew gegründet hatte, um Mutter Teresa und ihre Schwestern bei der Arbeit in den Slums von Kalkutta zu unterstützen. Das Gemeinschaftshaus lag in Kidderpore, einem ehemals vornehmen Vorort der Stadt, der jetzt mit Slums und Obdachlosen bevölkert war. Ungefähr 50 Brüder wohnten in dem dreistöckigen Flachdachhaus. Viele von ihnen hatten gerade ihr Noviziat begonnen und sie brauchten einen Geistlichen.

Wir wohnten im zweiten und dritten Stock, das Erdgeschoss war den Armen überlassen worden. Es war ein einfaches, asketisches Leben, alle unnötigen und überflüssigen Dinge waren entfernt worden. Trotz der drückenden, stickigen Feuchtigkeit der Tropen gab es keine Klimaanlage, nur einige wenige Ventilatoren.

Wir wuschen uns mit Eimern und Schöpfkellen an einem Wasserhahn; es gab keine Duschen und das Essen war sehr einfach. Für mich, der ich drei Monate lang in Wüsten und Bergen gecampt und gegessen hatte, was die örtlichen Märkte hergaben, war dies keine Einschränkung.

Wir lebten alle gleich. Kein Kühlschrank, wenige Tische und Stühle, kein Radio, keine Zeitungen oder sonst etwas, das Bequemlichkeit gebracht oder die Hitze und Feuchtigkeit sowie die Isolation von der Außenwelt erleichtert hätte. Einzelzimmer gab es nicht; es war ein Leben in äußerster Armut, wie es das Evangelium fordert. Nur wenige hatten persönlichen Besitz. Jeder von uns hatte eine Schlafmatte und ein dünnes Bettlaken, was das einzige war, um sich gegen die Moskitos zu schützen. Nachts wurden die Matten auf dem harten Boden ausgerollt. Einige der Brüder schliefen auf dem Flachdach, wo es kühler war, und ich tat es ihnen gleich.

Morgens um viertel nach vier wurden die Matten zusammengerollt und der große Raum wurde zum Gebetsraum. Wir setzten uns mit gekreuzten Beinen in mehreren Reihen hin; unser Tag begann mit den Psalmen, dem Morgengebet, einer Lesung aus der Heiligen Schrift, und dann der Feier der Eucharistie. Alles war ganz schlicht gehalten, wie wir da so im Schneidersitz saßen wie Yogis bei der Meditation. Im Hintergrund erklang Hindu-Musik, zu deren Rhythmus wir christliche Gebete sangen, begleitet von ein paar Trommeln und einem kleinen Akkordeon.

Ich sollte darüber reflektieren, wie der Ausschnitt aus der Bibel, den wir gelesen hatten, zu unserem täglichen Dienst an den Armen passte. Dann beteten wir, einige sprachen im Gebet über das, was ihnen am Herzen lag. Zur Eucharistiefeier saßen wir im Kreis auf kleinen Kissen und dem Boden. Auf einem großen, hölzernen Tablett mit Blütenblättern und Räucherstäbchen wurden ein kleiner Krug Wein und Brot herumgereicht, welches die Brüder selbst gebacken hatten. Jeder nahm ein paar Blütenblätter und streute sie auf die Gaben von Brot und Wein. Ich bewegte eine kleine Schale mit brennendem Weihrauch über die Gaben, die auf einem Kissen auf dem Boden ruhten. Das süße Aroma des Weihrauchs füllte den Raum. Dann taten wir, worum Jesus Christus bat, als er sagte: »Tut dies zu meinem Gedächtnis.« So begannen wir unseren Tag.

Bald stapfte ich mit einer kleinen Schar Brüder in die Slums hinaus. Wir bahnten uns unseren Weg durch Massen armer, hungriger Menschen, von denen sich viele vor Schwäche oder wegen Missbildungen nur noch dahinschleppen konnten. Ich kam an ausgemergelten Müttern vorbei, deren dürre Babys an ihren leeren Brüsten saugten und sah Kinder mit aufgedunsenen Bäuchen in den verdreckten Abwasserkanälen spielen. Es war ein deprimierender Anblick und als ich mit den Brüdern durch diese Welt menschlichen Leidens ging, wünschte ich mir, all das verändern zu können. Warum gab es in dieser Welt voll unermesslicher Reichtümer und Bergen von überschüssigem Essen so viele Menschen, die an Hunger und Krankheit starben, allein, ausgestoßen und verlassen?

Ein bisschen von diesem Hunger kannte ich auch. Unser Frühstück bestand aus trockenem Brot und heißem Tee mit einem Teelöffel Kondensmilch. Nicht mehr und nicht weniger, als was die Armen im Erdgeschoss bekamen. Einmal am Tag bekamen wir eine Kelle von Reis in unsere Schüssel und eine Tasse mit irgendeinem *Curry* [einer landestypischen, variantenreichen, eintopfähnlichen Essensbeilage], nach dessen Zutaten ich nicht zu fragen wagte. Ich war ständig hungrig, besonders nach einem Arbeitstag auf den Straßen oder im Sterbehaus, wohin man die Menschen zur medizinischen Behandlung brachte, die verlassen in der Gosse gefunden wurden. Ich kannte den Hunger – ich fühlte ihn den ganzen Tag. Dann, eines Tages, lernte ich etwas über Solidarität mit den Hungrigen. Wir saßen im Erdgeschoss an einfachen Tischen, als die Terrine mit Reis und *Curry* gebracht wurde. Einer der Brüder sprach den Segen und dann, zu meinem Erstaunen, wurde die Terrine hinausgetragen zu den Armen, die sich in einem anderen Raum versammelt hatten. Es sollte ein Tag des Betens und Fastens werden. Ich verfolgte das Essen hungrig mit den Augen, als es an mir vorbei und nach draußen getragen wurde. Mein Magen knurrte vor Hunger, aber ich musste mich mit einigen Bananen und noch mehr Tee mit Kondensmilch zufrieden geben.

Am nächsten Tag schloss ich mich den Brüdern bei ihrem regelmäßigen medizinischen Einsatz an. Wir gingen in einen Hof, in dem eine mobile Krankenstation geparkt war. Wir fuhren los und überquerten die große Brücke über den Hooghly River, der vor lauter Dreck schokoladenbraun war. Die mobile Station hielt im heruntergekommensten und schlimmsten Teil der Stadt. Überall liefen Ratten herum. Unerschrocken betrachteten sie uns mit ihren glänzenden Knopfaugen, um dann weiter in den Müllhaufen herumzuwühlen, welche die ganze Gegend bedeckten. Ein Viehstall stank wie eine Jauchegrube und in der Nähe stand ein verlassenes Schlachthaus. In dieses Eitergeschwür unbeschreiblicher Armut kamen die Leprakranken, denn hier war einer der wenigen Orte, wo sie sich, weit weg vom Rest der Gesellschaft, behandeln lassen konnten. Sie kamen aus Bretterhütten, Abwässerkanälen und Tunneln. Sie hatten keine Angst vor den Brüdern und schämten sich nicht ihres eigenen, verrotteten Fleisches, das täglich weiter verfaulte.

Schmutzige Lumpen bedeckten die schlimmsten ihrer Wunden. Sie waren die vom Unglück geschlagenen, die erbärmlichsten Wesen der Erde, die wahren Unberührbaren – aber nicht für die Brüder. Ihr fröhliches Geschwätz mit den Aussätzigen, die sie alle mit Namen kannten, zeigte mir, dass sie die Freunde dieser unerwünschten Verstoßenen waren. Jeder von ihnen hatte in der mobilen Klinik ein Krankenblatt, auf dem der Verlauf seiner Behandlung eingetragen war. Es ging darum, mit denjenigen in Kontakt zu treten, bei denen die Krankheit gerade erst ausgebrochen war und sie mit Medikamenten zu versorgen, die den Fortschritt der Lepra verhindern würden. Für die am schlimmsten Betroffenen gab es keine Chance auf Heilung.

Anfangs war ich angeekelt. Ich konnte mir nicht helfen, es war das erste Mal, dass ich derart heimgesuchten Menschen so nahe kam. Die Patienten waren aufgeregt über meine Anwesenheit und sehr neugierig, bald witzelten die Brüder mit ihnen auf *Urdu* herum. Ich verstand nichts, aber ich konnte fühlen, dass ich als Teil des Teams gesehen wurde. Aus Verlegenheit und Scham beschäftigte ich mich damit, die Medikamente vorzubereiten, die ausgeteilt werden sollten, und Kartons mit sauberen Verbänden zu öffnen. Die Patienten stellten sich an, um alte Verbände entfernen, Wunden säubern und sich neu verbinden zu lassen.

Nach einer Stunde war die Schlange sehr lang geworden und die Brüder ermutigten mich, beim Verbinden zu helfen. Sie gaben mir ein Paar Schutzhandschuhe und jetzt konnte ich den alten Mann nicht mehr zurückweisen, der mir seine verbundene Hand entgegenstreckte. So unerfahren ich auch sein mochte, eine Ablehnung war unmöglich. Aber als Reservist hatte ich Erste-Hilfe-Training bekommen und wusste, was zu tun war. Als ich den schmutzigen Verband abschnitt, kamen die verfaulten Finger zum Vorschein. Da die Nerven abgestorben waren, fühlte der alte Mann nichts und ich musste keine Angst haben, ihm weh zu tun. Ich tupfte Eiter und Schmutz weg, trug eine Antibiotikasalbe auf und bandagierte seine Finger wieder, von denen die Lepra zwei schon halb weggefressen hatte. Es war mein erster Versuch und er war dankbar und erfreut. Das gab mir ein gutes Gefühl. Dann wickelte ich einen sauberen Verband um die verrottenden Finger des nächsten alten Mannes und betupfte einen Anderen mit Baumwolle und Jod. Die Brüder führten sogar einfache Operationen aus, indem sie verfaultes Fleisch mit einem sterilisierten Skalpell wegschnitten und dann die Wunden wieder verbanden.

Die Aussätzigen waren eine fröhliche Bande – ihre Witze und ihr Lächeln ermutigten mich, noch viel mehr zu tun. Nach einer Stunde zeigte man mir, wie man eine Wunde säubert und als ich mir in Erinnerung rief, dass der Patient kein Gefühl in diesem Körperteil hatte, ging ich mit größerem Selbstvertrauen vor. Der Leprakranke selbst veranlasste mich dazu, indem er zustimmend mit dem Kopf nickte. *Ich mache das wohl richtig*, dachte ich, als ich ein Stückchen Finger wegschnippte. Ihre Körper fielen Stück für Stück auseinander, jede Woche fraß sich die Infektion tiefer in ihr Fleisch, und so waren sie an all das gewöhnt.

Bis zum Mittag hatten wir fast 50 Menschen behandelt. Einer der jüngeren Männer war in einem ernsthaften Stadium des Verfalls. Sein Fuß war so entzündet, dass sich die Krankheit bis auf die Knochen durchgefressen hatte. Bald würde man ihn amputieren müssen, aber auch das würde die Ausbreitung der Lepra nicht aufhalten. Wir säuberten und wuschen weiter, umwickelten sie mit sauberen Bandagen und machten uns dann auf dem Heimweg. Zurück ließen wir eine fröhlichere Gruppe der wahrlich Elenden dieser Welt, die uns voller Dankbarkeit mit ihren verbundenen Gliedern nachwinkten.

An einem anderen Tag schulterte ich die Segeltuchtasche mit der Erste-Hilfe-Ausrüstung und folgten den Brüdern einen Kilometer weit durch die Gassen dieser verwesenden Stadt. Die Slums waren erbärmlich, tausende armseliger Hütten, zusammengepfercht und aneinandergeklebt. Ich erinnerte mich daran, wie ähnlich die Slums von Olongapo aussahen, vor allem die Haufen von Blechhütten, die aneinandergenagelt, gefährlich dicht über dem schleimigen Kanal zwischen der Stadt und dem Stützpunkt hingen.

Würde man nur eine entfernen, so dachte ich, würden alle wie ein Kartenhaus in sich zusammenfallen. Sie schienen keine Lüftung zu haben, keine sanitären Anlagen oder fließendes Wasser. Mit Plastikeimern, Tonkrügen oder Blechdosen in den Händen standen Frauen und Kinder in langen Schlangen an einem einzigen öffentlichen Wasserhahn an. Babys klammerten sich an ihre Mütter, die Augen weit aufgerissen, als fürchteten sie sich vor all dem, was sie schon von dieser Welt – einer Welt des Mangels – gesehen hatten. Ihre dürren Körper waren von Wunden und Ausschlag bedeckt, ihre rasierten Köpfe fleckig von der Ringelflechte, einer Pilzinfektion.

Heute wollten wir denen helfen, welche die ersten gefährlichen Jahre überstanden hatten und nun auf eigene Faust überlebten. Es waren die Eisenbahnkinder – Kinder, die wie Ratten in den Bahnhöfen lebten und alles stahlen, was sie in die Finger kriegten. Es war ein gefährliches Leben, ständig auf der Flucht vor der Bahnhofspolizei. Wenn die Züge mit voller Geschwindigkeit in den großen qualmigen Bahnhof einfuhren, schwangen und sprangen sie hinauf, während aus allen Türen, Fenstern und vom Dach Tausende von Passagieren hervorquollen.

Die Jungen im Alter von 10 bis 15 waren schnell und agil; blitzschnell sausten sie durch die Waggons, nahmen alles mit, was auch nur den geringsten Wert hatte und verschlangen übriggebliebenes Essen mit wilder Lust. Die Wachen konnten sie nicht stoppen. Wie Affen schwangen sie sich aus den Fenstern, rannten das Zugdach entlang und sausten dann die Metallstreben des Bahnhofsdaches hinauf wie ein Turner am Reck. Ein Wachmann mit einem Rattanstock rannte die Plattform entlang, aber seine wütenden Proteste waren vergebens. Als die Gefahr vorbei und die Wachleute verschwunden waren, zogen sie sich an einen sicheren Ort zurück. Dann kamen sie zu dem Treffpunkt am Ende des Bahnsteigs, der »neutrales Gebiet« war.

Die Jungen respektierten die Brüder. Sie aßen hungrig, was wir an Nahrung mitgebracht hatten und tranken Wasser, das sie mit ihren Händen an einem Hahn schöpften. Sie lachten und machten Witze, erzählten, wie sie knapp entkommen waren oder etwas Besonderes gefunden hatten. Die Jungen waren sorglos und wild. Hier waren sie in Sicherheit, aber wenn man sie fasste, wurden sie als Herumtreiber ins Gefängnis gesteckt. Die Erhabenheit von Recht und Gesetz erstreckte sich nicht auf sie. Sie wurden verprügelt, ins Gefängnis gesperrt und manchmal von älteren männlichen Häftlingen sexuell missbraucht.

Nachdem die Jungen aufgegessen und die Bananenblätter abgeleckt hatten, in denen die Reiskuchen eingewickelt gewesen waren, verteilten die Brüder Seife und Bürsten. Unter ihrer Aufsicht schrubbten die Jungen sich an Ort und Stelle gründlich ab. Rinnsale aus schwarzem Ruß liefen ihre Beine hinunter auf den Betonboden. Das Waschen sollte verhindern, dass sich Wunden oder Kratzer entzündeten.

Das Abschrubben brachte ernsthafte Wunden und Schnitte zum Vorschein, die unter Krusten von Dreck und Schmutz versteckt waren und sich ohne Behandlung schnell entzünden würden. Wir behandelten und verbanden die Verletzungen und unterhielten uns dabei mit ihnen. Ich beherrschte die Sprache nicht und konnte nichts sagen, aber die Brüder luden einige von ihnen ein, die neue Straßenschule zu besuchen, die sie betrieben.

Hier am Bahnhof konnten sie mit den Jungen in Kontakt kommen. Viele hatten schon das Bahnhofsleben hinter sich gelassen, lernten lesen und schreiben und bildeten handwerkliche Fähigkeiten aus.

Eine Woche später lud man mich ein, den Brüdern und Schwestern im »Haus des Lebens« zu helfen, wohin die Verstoßenen und Sterbenden gebracht wurden, die zuvor einfach auf die Straße geworfen, ihrem Schicksal überlassen und in Müllhaufen und Rinnsteinen liegengelassen wurden, wo sich Kakerlaken und Ratten über sie hermachten.

Ich wurde der Männerstation zugeteilt. Dies war ein Teil eines umgebauten Hindu-Tempels, in dem Mutter Teresa selbst arbeitete. Er war so groß wie eine Scheune und ließ durch die hohen Fenster kleine Lichtstrahlen hinein. Hier roch es nicht nach Tod, hier gab es nur die Liebe für alles Lebende. An diesem Ort hatte Malcolm Muggeridge, überzeugter Atheist, Mutter Teresa interviewt und sich daraufhin zum Christentum bekehrt. Ich sollte Mutter Teresa Jahre später in Manila treffen und war von ihrer völligen Hingabe an die Armen tief bewegt.

Hier im »Haus des Lebens« ließ man den Sterbenden alle verfügbare medizinische Hilfe angedeihen, um ihre Schmerzen und Einsamkeit zu erleichtern. So konnten sie in dem Wissen sterben, geliebt und gewollt zu sein. Unser Ziel war es, ihnen Erleichterung und Trost zu geben, die dürren Skelette aus Haut und Knochen im Arm zu halten und sie spüren zu lassen, dass sie zu guter Letzt endlich jemand liebte.

Es half, dass das Licht dämmrig und weich war. Wer in aller Welt wollte dieses monumentale Elend ganz erleben, welches sich in den dunklen, schattigen Ecken verbarg? Auf Matten und Feldbetten über den ganzen Raum verteilt lagen die Menschen, welche die unbarmherzige Welt als Abschaum der menschlichen Rasse betrachtete, die nicht mehr Leistungsfähigen, Weggeworfenen, Ausgestoßenen. An diesem Ort konnte man unzählige Momente der Liebe, der Sorge, des Respekts für die ärmsten und benachteiligtsten Menschen erleben, die man sich vorstellen konnte.

Eines Tages lasen wir in einer schmutzübersäten Straße einen alten Mann auf. Die ausgehungerten Straßenhunde warteten schon darauf, ihn fressen zu können. Die Brüder verscheuchten die schnappenden Tiere mit Steinen von dem alten Mann, der bereits derart ausgetrocknet und verhungert war, dass er nicht mehr wog als ein Blatt zerknitterten Papiers. Wir legten seinen zerbrechlichen, schwachen Körper auf eine Decke, die wir um eine Stange banden, und trugen ihn so durch die engen Straßen. Im alten Hindutempel badeten wir vorsichtig seine Wunden und Bisse, linderten die Schmerzen mit Salbe und fütterten ihn mit kleinen Schlückchen Suppe. Er konnte kaum noch Nahrung aufnehmen. Es war auch kein Muskel mehr vorhanden, in den man noch eine Nadel für eine Infusion stechen konnte.

In den paar Wochen seit ich angefangen hatte hier zu arbeiten, hatte ich viel Gewicht verloren, denn die Mahlzeiten waren dürftig und sparsam. Hier hatte ich keine Zweifel darüber, was mein Auftrag sein mochte, wie es noch in St. Joseph oder in San Marcelino gewesen war. Die Aufgabe hier war schlicht und einfach, die ungeliebten, ausgemergelten, von Wunden und Rattenbissen geplagten Menschen zu lieben. Ich hatte alles zu tun, um ihre Schmerzen und ihr Leid zu verringern, ihnen ein Gefühl von Würde und etwas Trost zu vermitteln. Ich war hier, um sie zu lieben, weil niemand sonst es tun konnte oder wollte, ohne eine Belohnung von Gott oder den Menschen zu erwarten. Die Aufgabe war, die zu lieben und denen zu dienen, die nichts zurückgeben konnten. Es ging nur darum, für sie da zu sein, ihnen in einfacher und reiner Form von sich selbst zu geben und sich um sie zu kümmern, so wie Jesus von Nazareth sich um die Unterdrückten und Verstoßenen gekümmert hat. Diese Liebe zeigen tausende Mitarbeiter von Hilfsorganisationen oder Missionare aller Glaubensrichtungen jeden Tag, unbeachtet und ungesehen von einer Welt, in der Extravaganz und die offensichtliche Zurschaustellung von Reichtum den Mittelpunkt des Denkens einnehmen.

In dieser Welt der Kranken und Sterbenden lernte ich, das Leben auch in seiner entmenschlichtesten Form zu lieben. Ich war ein demütiger Schüler. Obwohl Josef, wie wir den alten Mann genannt hatten, wenige Tage später starb, starb er ohne Schmerzen. Wir saßen um ihn herum, trockneten seine Stirn und lächelten ihn ermutigend an. Als er starb, sah er uns in die Augen. Das Leuchten darin sagte alles, was er sagen konnte.

Es gab viele andere wie Josef. Still und behände gingen die Schwestern und Brüder ihrer Arbeit des Heilens und Tröstens nach. Ihr Können und ihre heitere Gelassenheit inspirierten mich, es ihnen gleich zu tun. Ich sah jeden Patienten als eine persönliche Aufgabe an und betete um sein Überleben. Einige erholten sich wieder, die meisten jedoch starben schnell. Es gehörte zu unseren täglichen Aufgaben, jeden Morgen die Toten in ein Tuch zu wickeln und heraus ins Leichenhaus zu tragen, um dann hinaus zu den Müllhalden und Flussufern zu gehen und nach anderen zu suchen, die wir mit heimbringen konnten.

Man ging davon aus, dass sie alle Hindus waren und so gab es keine christlichen Riten außer einem stillen Gebet, das ihnen Respekt bezeugen und ihre Seele der Unendlichkeit übereignen sollte. Ich hatte keine priesterlichen Aufgaben außer der, auf jede mir mögliche Weise die Liebe Christi zu zeigen. Es war ein Priestertum anderer Art als jenes, welches eine Gemeinde im Gebet leitet oder der Eucharistiefeier vorsteht. Ich konnte mir leicht vorstellen, zu Füßen des gekreuzigten Jesus auf dem Kalvarienberg zu sein. Was wir hier taten, war, das Leben zu respektieren und daran zu glauben, dass der Herr aller Schöpfung in seiner Allgegenwart Teil jeder lebenden Kreatur war. Wir hatten das Privileg, in diesem Fragment erlöschender Menschlichkeit seine universale Gegenwart zu fühlen. Es war ein Sakrament, seine Gegenwart durch die Liebe und Arbeit für die Armen und die Welt lebendig und real werden zu lassen. Es machte mich demütig, nur hier bei ihnen zu sein. Sie waren die niedrigsten der Brüder und doch versuchten wir, sie zu den allerwichtigsten zu machen.

Die Schwestern kamen aus verschiedenen Ländern und arbeiteten mit Hingabe zusammen. Sie trugen die Verantwortung hier und hatten keine Scheu, mir zu sagen, was ich tun sollte. Ebenso wenig zögerte ich, zu tun, worum sie mich baten. Hier gab es weder priesterlichen Rang, noch hätte ich mir das gewünscht. Im Angesicht der lebenden, universellen, selbstlosen Liebe waren wir alle eins. Dies war ein Heiligtum für eine heilige Gegenwart.

Es gab einen Teenager mit eingefallenem Gesicht, der bald an Tuberkulose sterben würde. Seine Familie hatte ihn verstoßen und auf der Straße zurückgelassen, wo wir ihn fanden. Die Leute warfen ihm Essensreste hin, wie sie es bei einem Hund tun würden. Das hielt ihn noch ein Weilchen am Leben, doch Durchfall, Hunger und Krankheit holten ihn bald ein. Das Liegen auf dem dreckigen Stück Beton hatte ihm tiefe Wunden an Fersen, Ellenbogen und Schulterblättern zugefügt. Er war mit Rattenbissen übersät und hatte fürchterliche Schmerzen, doch ich fühlte keinen Ekel und zögerte nicht, ihn zu umarmen und festzuhalten.

Wir nannten ihn Lazarus, weil er wie der Bettler in der biblischen Geschichte war, den der Reiche, genannt Dives, sterbend vor seinen Toren liegen ließ und ihm nicht einmal die Krumen von seinem Tisch gönnte, während er selbst sich in prächtige Gewänder hüllte und jeden Tag ein Festmahl hielt. Wie Jesus in dieser Geschichte erzählt, zeigten allein die Hunde Mitleid und Mitgefühl. Sie leckten seine Wunden und heilten ihn. Dieser Geschichte zufolge ist die größte Sünde der

Welt die Gleichgültigkeit und Apathie der Reichen gegenüber der Armut der Verlassenen und derer, die an Hunger und AIDS sterben.

Wie die meisten der Patienten hatte Lazarus keine Muskeln mehr; er war nur Haut und Knochen, so dass wir ihm keine Morphium-Spritze geben konnten, um seine Schmerzen zu verringern. Die Schwester schaffte es aber, ihm durch einen Schlauch eine mit Schmerzmitteln vermischte Flüssigkeit einzuflößen. Seine Wunden wurden mit heilenden Salben behandelt und wir legten ihn auf Kissen, um ihn zu stützen und den Druck an den Stellen zu lindern, wo die Knochen zum Vorschein kamen.

Die Erleichterung, die er fühlte, war sichtbar. Er lächelte schwach, mit geschlossenen Augen und hielt meine Hand mit einem eisernen Griff, der mich in seinen letzten Stunden an seiner Seite festhielt. Ein paar Tage später starb er friedlich, noch immer mit einem schwachen Lächeln auf dem Gesicht und einer Träne auf seiner Wange.

07

Vom Kalten Krieg zum Kriegsrecht
Rückkehr nach Olongapo (1972)

In Nepal bekam ich mein Visum für Burma, dem heutigen Myanmar, wo ich versuchen wollte, die Columban-Missionare im nordöstlichen Teil des Landes zu besuchen. Das Militärregime hatte das Reisen strikt eingeschränkt, ich durfte nicht weiter in den Norden reisen als bis Mandalay und verbrachte auch einige Zeit in Rangun. Diese alten britischen Kolonialstädte hielten noch viel von der Fassade des Empires aufrecht, aber sie wurden vernachlässigt und die Infrastruktur brach in weiten Teilen des Landes zusammen. Ein Gefühl unterdrückter Spannung lag in der Luft. Ausländer wurden von den Einheimischen mit Neugier und von den Behörden mit Misstrauen betrachtet.

In Burma gab es seit 1945 Columban-Missionare. Erst 1955 hatte sich die katholische Hierarchie etabliert. Im selben Jahr wurde das Tätigkeitsgebiet der Columbaner, Myitkyina, zur Diözese und einer ihrer Missionare zum Bischof geweiht. Sein Name war Bischof How. Die Missionsstation befand sich in einem abgelegenen Gebiet, wo das Leben hart und Vorräte schwer zu bekommen waren. Die Region befand sich in ständiger Auflehnung gegen die Regierung in Rangun.

Viele *Kachin*, Mitglieder der großen ethnischen Gruppe verschiedener Hochlandstämme, hatten sich dem Christentum zugewandt. Durch die harte Arbeit der Columbaner waren viele Gemeinden engagierter Christen entstanden und nicht wenige *Kachin* wurden nun selbst Priester und übernahmen die Arbeit der Missionare. Im Jahr 1966 hatte das Militärregime die Einreise ausländischer Missionare nach Burma verboten. Jene Columbaner, die schon vor Ort waren, beschlossen zu bleiben und das Land nicht einmal für einen Heimaturlaub zu verlassen, weil sie wussten, dass man ihnen die Rückkehr nicht erlauben würde. Es war eine mutige Entscheidung und sie arbeiteten unter extremen Bedingungen.

In jener Woche im September 1972 war Erzbischof Kardinal Cook aus New York nach Rangun gereist, um 23 Priesteramtsanwärter zu weihen. Drei von ihnen kamen aus der Gegend der Columban-Missionsstation und ihre Weihe machte alle dort sehr stolz. Auch Generalsuperior Richard Steinhilber war anwesend. Die Kirche in Burma hatte die Reformen des Zweiten Vatikanischen Konzils noch nicht umgesetzt. Die Liturgie wurde also noch auf die alte Weise gefeiert, aber dennoch war es eine lebendige und bewegende Zeremonie.

Die Marienkathedrale in Rangun ist ein großes, gotisches Bauwerk und entspricht exakt der europäischen Architektur der Jahrhundertwende. Es gab an ihr keine regionale Charakteristik, wenn man einmal davon absieht, dass die Christen, die sie zur Weihezeremonie bis auf den letzten Platz besetzten, alle einheimische Kleidung trugen. Die langen, karierten Sarongs und die Kopfbedeckungen der Frauen waren bunt und wunderschön. Ich stach heraus, denn ich besaß keine andere Kleidung als die, die ich in Afghanistan gegen meine westliche Kleidung eingetauscht hatte. Ich trug ein langes weißes Hemd und eine weiße Hose, mein Haar reichte mir inzwischen bis auf die Schultern. Den äußerst konservativen und traditionellen Geistlichen war ich wohl etwas peinlich, aber ich muss ihnen zugute halten, dass sie mich trotzdem mit Höflichkeit und Respekt willkommen hießen.

Die burmesischen Seminaristen begrüßten mich noch herzlicher. Sie waren fasziniert und erfreut zu erfahren, dass Priester nicht überall gleich sind. Voller Aufregung erfuhren sie, dass es Raum gab für Individualismus, Redefreiheit, Diskussion und Dialog und auch Möglichkeiten, neue Ideen in die Tat umzusetzen. Zu jener Zeit war die Kirche in Burma großem Druck seitens der Militärregierung ausgesetzt. Diese kontrollierte sämtliche katholischen Schulen; Christen wurden mit Argwohn und sogar Feindseligkeit betrachtet. Kämpfe und Unterdrückung aber verstärkten nur noch ihr Bekenntnis und ihre Einheit im Glauben.

In jener Woche, als ich in Rangun in der Kathedrale saß, löschte Ferdinand Marcos auf den Philippinen die Demokratie aus, schaffte Bürgerrechte und Pressefreiheit ab und ließ seine Kritiker und Gegner verhaften. Da die Verfassung es ihm verbot, erneut zur Präsidentschaftswahl anzutreten, rief er das Kriegsrecht aus, um im Amt bleiben zu können. Auf diesem Wege verhinderte er die Wahl seines

Gegners Benigno »Ninoy« Aquino, vertuschte die Plünderung des Nationalschatzes und besänftigte seine dominante und verschwenderische Frau Imelda. Die Ausrufung des Kriegsrechts, datiert vom 21., unterschrieben am 22. und verkündet am 23. September 1972, war sein Weg, allumfassende Macht und Autorität zu erlangen. Wochenlang hatte es Demonstrationen und hinterhältige Angriffe gegeben, deren Urheber nicht zweifelsfrei ausfindig gemacht werden konnten und alle fühlten, dass eine Krise bevorstand. Da ließ Marcos die Panzer rollen und befahl seinen Truppen, zu verhaften und zu internieren. Das Feigenblatt der Demokratie fiel und entblößte die nackte Gewalt von Ehrgeiz und Gier.

Während ich die bedrückenden und grauenhaften Folgen der Militärdiktatur in Burma erlebte, die noch viele Jahre andauern und immer schlimmer werden sollten, entstand zeitgleich auf den Philippinen eine weitere. Marcos verkündete, er bilde einen »verfassungsmäßigen Autoritarismus« und eine »neue Gesellschaft«, in der alle Übel der alten Oligarchie wie Gewalt, Korruption und unbotmäßige Einflussnahme beendet würden. Es würde eine Landreform und soziale Gleichheit geben und dann würde er seine absolute Macht dazu benutzen, Utopia zu schaffen. Die Leichtgläubigen nahmen ihm das ab und dienten ihm ohne einen weiteren Gedanken, die mächtigen Geschäftsleute witterten Vorteile für sich selbst, und diejenigen, denen die Mittel zur Gegenwehr fehlten, waren gefügig.

Einige hießen das Kriegsrecht gut, denn es versprach Stabilität, Recht und Ordnung. Sie waren unfähig zu begreifen, was es für das Land und für die Menschen- und Bürgerrechte bedeutete. Die bürgerkriegsähnlichen Unruhen, die Marcos selbst verursacht hatte, machten sie ängstlich und nervös. Er war der Grund für die Krise und ihre einzige Lösung. Den Geschäftsleuten gefiel es, die Kirchenführer waren still und die Armen waren entsetzt. Die Mittelschicht und die Händler fürchteten sich am meisten vor den Auswüchsen der lauten Parolen und der aufgeputschten, gewaltbereiten Stimmung der Demonstranten, die häufig durch die Straßen zogen. Sie fühlten, dass die glühenden Aktivisten ihnen ihren Wohlstand übelnahmen und glaubten, diese planten einen Massenaufstand gegen sie. Vielleicht hatten sie auch deshalb Angst davor, Ziel einer Revolte zu werden, weil ihr Mittelklasse-Reichtum häufig von billigen Arbeitskräften unter schlechten Arbeitsbedingungen erarbeitet wurde.

Die Studentendemonstrationen waren ein unvergesslicher Anblick: aufregend, bunt und erfüllt von jenem Gefühl zielgerichteter und enger Kameradschaft, der Zusammengehörigkeit im Kampf um ein wichtiges Ziel, für das kein Opfer zu groß war.

Manche der Demonstrationen fanden vor dem eindrucksvollen Postgebäude aus der Zeit der Jahrhundertwende in der Nähe des Bonifacio-Denkmals statt. Ich nahm an einigen von ihnen teil und erlebte am eigenen Leib die Aufregung, Leidenschaft und den Glauben tausender Studenten, die überzeugt waren, mit ihren Demonstrationen eine ideale Gesellschaft voller sozialer Gerechtigkeit und Gleichheit, wie sie die frühen Patrioten erträumt hatten, herbeiführen zu können. Sie kämpften weder im Namen einer bewaffneten Gruppe noch für eine Untergrundbewegung. Als das Kriegsrecht ausgerufen wurde, wurden Hunderte der Aktivisten verfolgt und viele verhaftet, Tausende flohen in die Berge, um sich der neu gegründeten »Neuen Volksarmee« von José Maria Sison anzuschließen. Die nationalistische Leidenschaft, von der sie 1972 ergriffen wurden, war jedoch im Wesentlichen noch gewaltlos. Sie sangen und marschierten auf ihrem Weg von Demo zu Demo. Ihre große Anzahl und ihre durchorganisierten Reihen waren beeindruckend. An jeder Kreuzung marschierte eine neue Gruppe von Studenten von einem anderen College heran, um sich rufend und singend mit ihren Transparenten, Flaggen und Plakaten in den Zug einzureihen. Der Hauptzug teilte und schloss sich wie die Wassermauern des Roten Meeres in der biblischen Geschichte und nahm die Neuankömmlinge in seine Reihen auf, wobei diese gewaltige Schreie ausstießen. Die Studentenführer betraten das Podium und erinnerten mit kraftvollen Worten an Ungerechtigkeit oder einen Skandal, bis dass die Wut der Menge überfloss und sich mit einem ohrenbetäubenden Protestgeheul und Tausenden in die Luft gereckten Fäusten Luft machte. Ihre Kritik an Ferdinand und Imelda Marcos und ihrem maßlosen Konsum von Luxusgütern, ihren politischen Manipulationen und ihrem Ehrgeiz, im Amt zu bleiben, erregte Marcos' Zorn. Manch' junger Student bezahlte einen hohen Preis für sein Recht auf freie Meinungsäußerung.

Einstimmig riefen die Demonstranten Slogans, forderten die Verteilung des Reichtums, gerechte Gehälter, Steuer- und Landreformen und ein Ende der Korruption. Das genügte, um die Großgrundbesitzer und reichen Kaufleute vor Angst erschauern zu lassen. Sie schlossen die Stahlgitter vor ihren Schaufenstern und zogen sich in ihre Wohnungen im zweiten Stock zurück, um dort die Tage und Nächte auszusitzen, in denen es draußen an allen Ecken und Enden brannte.

Marcos zog geschickt seinen Vorteil daraus und gewann ausreichend Unterstützer unter jenen, die sich von dem sozialen Aufruhr bedroht fühlten. Die Bedrohung durch die »rote Gefahr« wurde hochgespielt, was die Durchsetzung des Kriegsrechts erleichterte. Marcos versäumte es selten, auf die Gefahren durch Aktivisten, militante Studenten und den anscheinend bevorstehenden kommunistischen Aufstand zu verweisen, obwohl es zu jener Zeit eine solche Gefahr nicht gab. Der muslimische Aufstand im Süden Mindanaos war sehr viel gefährlicher, aber er war isoliert und man hätte damit fertig werden können. Ein weiser und gerechter Herrscher hätte ihn mit einem vernünftigen Programm für soziale Gerechtigkeit und einem gewissen Maß politischer Autonomie beenden können. Jahre später wurde klar, dass dies der einzig mögliche Weg war.

Es gab keine organisierte, kommunistische Untergrundbewegung, aber es gab starke Studentenbewegungen, Gewerkschaften und Vereine organisierter Landbesetzer. Das ungelöste Problem, damals wie heute, ist das Missverhältnis zwischen einer Handvoll immens reicher Leute und der sich explosionsartig vermehrenden Bevölkerung, den zerlumpten Armen, die in überschwemmten Ghettos und krankheitsverseuchten Slums in ihrem eigenen Müll verfaulen. Als ich diese keuchenden Menschenhaufen voller Elend besuchte, in denen Millionen Fliegen wütend summend um Haufen verrottender Fischeingeweide herumschwirrten, überwältigte mich diese durchdringende Hoffnungslosigkeit. Sie klebte an mir wie der giftige Rauch, der über allem schwebte, dieser siedende Nebel aus den schwelenden Müllhaufen, auf denen sie ihre notdürftigen Hütten errichtet hatten. Diese Armen, die Elenden der Erde, die Verstoßenen und Knochensammler der Gesellschaft, klammerten sich an die Überreste ihrer Menschlichkeit und waren doch nur dürre menschliche Skelette am Rande des Nervenzusammenbruchs. Vorsichtig bahnte ich mir meinen Weg durch den Dreck. Meine Augen tränten und das Herz tat mir weh beim Anblick solch verheerender Armut, die man sich nicht vorstellen und auch nicht mit Worten beschreiben kann. Ich war schockiert vom Anblick der schlammbedeckten Kinder mit ihren aufgeblähten Bäuchen, die in der brackigen Brühe eines offenen Abwasserkanals spielten. Auf dem Platz, wo der Müll sortiert wurde, stritten und kämpften die Müllsammler um ein Stück wertlosen Schrotts wie Katzen, die sich wegen ein paar Gräten anfauchen.

Andere kratzten wie die Hühner fieberhaft mit ihren kleinen Haken nach jedem Stückchen Dreck, das zusammen mit hundert anderen vielleicht genug sein würde, um ein bisschen billigen Reis und altes Gemüse für ein mageres Mahl zu kaufen. Die Revolution war unvermeidbar, das fühlte ich. Solche Anblicke waren unter Marcos üblich und haben sich auch in späteren Jahren nur unwesentlich verbessert. Damals kochte ich vor Wut und Frustration über diese Unmenschlichkeit und den gefühllosen Teil der Gesellschaft, der selbst inmitten unfassbarem Luxus lebte, in exklusiven Häusern mit Swimmingpool und einer Armee von Bediensteten. Diese Art von Besitz hatte auf der anderen Seite freundliche, menschliche Wesen an den Rand des Hungertodes und des Wahnsinns getrieben. Zu hungrig zum Denken, zu schwach zum Protestieren, zu verängstigt, um gegen die Ungerechtigkeit all dessen zu rebellieren.

Das Ausmaß der Ungleichheit war so riesig, dass es unmöglich war, die Zustände in Ordnung zu bringen. Es war überwältigend, erdrückend, vernichtend. 5 Prozent der Bevölkerung kontrollierten damals 95 Prozent des Einkommens. Auf gar keinen Fall würden sie auf ihre Privilegien verzichten, ihren Reichtum teilen oder auch nur darüber nachdenken, die Mühsal derjenigen zu erleichtern, die zu den billigsten Arbeitskräften in ganz Asien zählten. Nur die Armen zahlten Steuern und die Philippinen waren eine Nation landloser Bauern, keine Nation am Vorabend einer bewaffneten Rebellion, sondern eine Nation, die sich unaufhaltsam der Revolution näherte. Sie waren auch ein Land mit einem ehrgeizigen und machthungrigen Präsidenten, der es versäumt hatte, bedeutende Veränderungen herbei zu führen, es sei denn auf seinem Bankkonto oder in den warenhausgroßen Kleiderschränken seiner Frau. Die sozialen Unruhen, zum Großteil das Resultat seiner eigenen korrupten Plünderungen, waren etwas, das er zu seinem eigenen Vorteil ausnutzte. Am 6. September 1971 veröffentlichte der Gesetzgebungsausschuss der Philippinen einen Bericht, dem zu entnehmen war, dass »in Zentralluzon keine deutliche und aktuelle Gefahr einer kommunistischen Rebellion oder kommunistischer Aufstände existiert.«

Es war kein Geheimnis, dass Marcos dennoch das Kriegsrecht verhängen würde. Dank ihres gut platzierten Maulwurfs in Marcos' Kabinett, der dem amerikanischen Botschafter Byroade vorab eine Kopie der Verkündung zukommen ließ, wusste die CIA schon eine Woche vorher Bescheid. Eine weitere Woche zuvor hatte auch bereits Aquino, Präsidentschaftskandidat und Marcos-Gegner, ebenfalls die amerikanische Botschaft gewarnt. Botschafter Byroade tat aber kaum mehr, als Marcos zu raten, sich eine Weile etwas zurück zu halten. Zweifellos spürte Marcos von Seiten der USA keinen Widerstand gegen seinen Plan, ein autokratisches Regime zu errichten. Mit dieser taktischen Rückendeckung durch die USA konnte er seinen Plan mit katastrophalen Folgen für das philippinische Volk durchführen.

Bis September 1972 zeigte das Schreckgespenst eines kommunistischen Aufstandes seine Wirkung. Alles, was jetzt noch fehlte, war ein Ereignis, der sprichwörtliche letzte Tropfen, der die sofortige militärische Machtübernahme rechtfertigte. Als Vorwand diente der vorgetäuschte Hinterhalt auf den Wagen von Verteidigungsminister Juan Ponce Enrile. Als Enrile 1986 spürte, dass Marcos' Stern am Sinken und der Tag der Abrechnung gekommen war, wandte er sich gegen Marcos, schloss sich der gewaltlosen Volkserhebung an, die unter der Bezeichnung *People Power* in die Geschichte einging und war gerettet. Später gab er zu, dass der Hinterhalt eine Kriegslist gewesen war.

Als Panzer und Truppen in die Straßen strömten und die Verhaftungen begannen, wurden die chronisch unfähigen und ineffizienten Stadtverwaltungen mit einem Schlag so aktiv wie nie zuvor. Beim Anblick der gepanzerten Armeefahrzeuge, deren Waffen auf die Rathäuser gerichtet waren, wurden die einst überschwänglichen Bürgermeister, die eher mit gespielter Tapferkeit als echter Überzeugung verkündet hatten, ein Kriegsrecht würde es nur »über unsere Leichen« geben, plötzlich unterwürfig und gehorsam. In Windeseile begannen sie, die Straßen sauber und ordentlich zu machen.

Die stinkenden Müllhaufen, die sich seit Wochen auf den Hauptstraßen und in den Geschäftsvierteln auftürmten, verschwanden wie von Zauberhand. Die Bordsteinkanten wurden weiß gestrichen, die Abwasserkanäle, deren ständige Verstopfung Ursache für Überschwemmungen und Rattenplagen war, waren innerhalb weniger Tage sauber. Sowohl die Bettler als auch die Zuhälter, welche Frauen und Kinder verhökerten, verschwanden in den überfüllten Slums, um noch etwas schneller zu verhungern, während sich eine Wolke aus Unsicherheit und Angst über sie und alle diejenigen herabsenkte, die sich dem Gesetz der Waffe entgegenzustellen wagten. Die sofortige Herstellung von Recht und Ordnung, bürgerliche Verantwortung und die gefährliche Ruhe der Ausgangssperre von Mitternacht bis zur Dämmerung brachten Erleichterung und eine breite Akzeptanz des Kriegsrechts. Aber der Preis war hoch.

In den ersten sechs Monaten wurden bis zu 30 000 Menschen festgenommen und ohne Anklage inhaftiert. Letztendlich wurden viele wieder freigelassen, aber ebenso viele verschwanden und wurden nie wieder gesehen. Als die bewaffnete Rebellion stärker wurde, wurden noch mehr Menschen auf schrecklichste Weise zu Tode gefoltert. Es gab keine unabhängigen Nachrichten mehr. Sieben Fernsehsender, zwölf Radiosender und 15 Zeitungen wurden geschlossen. Die Kriegsrechtspropaganda brüstete sich mit einer 90-prozentigen Verringerung der Kriminalität und 600 000 Feuerwaffen, die abgegeben oder vom Militär eingesammelt worden seien. Die niedrigere Kriminalitätsrate wurde von vielen als Erfolgsbeweis gewertet. Marcos konnte seine Macht festigen und es herrschte ein trügerisches Gefühl der Sicherheit.

Ich kehrte am 4. Oktober 1972 zurück, eine Woche, nachdem die Panzer die Herrschaft übernommen hatten. Ich fragte mich besorgt, ob mich überhaupt noch einer der Columbaner erkennen würde, braun gebrannt wie ich war nach drei Monaten Unterwegssein in Asien, mit schulterlangem Haar und in afghanischem Hemd und Sandalen. Sicherlich kein sehr priesterliches Bild, außer man stellt sich vor, dass Jesus wohl auch anders angezogen war. Pater Denis Mescal holte mich am Flughafen ab. Ruhig wie immer blinzelte er nicht einmal, sondern deutete nur auf meine Tasche und fragte, ob das all mein Gepäck sei. Er war einer der nettesten Männer, die ich jemals kennengelernt habe. Vor ein paar Jahren fand er seine ewige Ruhe, und ich erinnere mich an ihn als an einen Freund. An diesem Oktobertag fuhr er mich zum Columban-Haus in der Singalong Street.

Nach ein paar Tagen begann ich, mich für die politische Situation zu interessieren. Marcos hatte eine Verfassungsversammlung einberufen und schamlos die Wahl der Delegierten beeinflusst. Er hatte gehofft, die Verfassung könne geändert und seine Amtszeit verlängert werden. Aber noch während der Beratungen deckte Edward Quintero, ein Delegierter aus Leyte, einen Korruptionsskandal auf. Imelda Marcos war dabei erwischt worden, wie sie Delegierten Umschläge voller Bargeld zusteckte. Sie wollte sie überreden, neue Verfassungsbestimmungen zu erlassen, die Marcos den Machterhalt ermöglichen würden. Einer der Delegierten, Richard Gordon aus Olongapo, gehörte zu Marcos' Gefolgsleuten. Er bestritt allerdings, das Geld jemals angenommen zu haben. Trotz dieser Bestechungen wurde der Verlauf der Versammlung ständig verzögert, vielleicht weil einige der Delegierten sich noch mehr Geld erhofften. Marcos konnte nicht warten und antwortete mit der Ausrufung des Kriegsrechtes. Danach wurde die Versammlung erneut einberufen, um eine Verfassung nach Marcos' Wünschen zu entwerfen, eine, die ihm wenigstens auf dem Papier mehr Rechtmäßigkeit verschaffen würde.

Es gab keine verlässlichen Nachrichten. Der *Daily Express*, die erste Tageszeitung, die nach der Schließung der freien philippinischen Presse erschien, gehörte Marcos und wurde von Imelda Marcos' Bruder, Benjamin »Kokoy« Romualdez, betrieben.

Ich schaffte es nicht, herauszufinden, was wirklich los war. Nicht nur hatte Marcos die oppositionellen Medien verboten, er hatte auch den Generalbefehl Nr. 19 erlassen, der vorschrieb, dass »jede Person, die Gerüchte, Falschnachrichten, Informationen oder üble Nachrede ausspricht, veröffentlicht, verteilt und verbreitet, verhaftet oder inhaftiert werden kann.« Er behauptete ständig, dass er sich gemäß der Macht verhalte, die ihm die Verfassung von 1935 verleihe. Aber das war eine Lüge – die Verfassung gab ihm keine solche Macht. Er benötigte ein neues verfassungsrechtliches Mandat.

Nach der Verhängung des Kriegsrechtes setzte Marcos die Verfassungsversammlung zunehmend unter Druck und ließ sogar einige Delegierte verhaften. Gordon gehörte nicht dazu. Die restlichen Delegierten, die sich Marcos gegenüber loyal verhielten, stimmten am 29. November 1972 einem Verfassungsentwurf zu. Er enthielt Übergangsbestimmungen im Artikel 17, der allen Erlassen, Anordnungen und Verkündungen des Präsidenten Legitimität verlieh. Er verschaffte Marcos die Macht, endlos im Amt zu bleiben, musste aber dennoch von der Bevölkerung ratifiziert werden. Am 17. Januar 1973 erreichte Marcos die Ratifizierung des Entwurfs auf zweifelhafte Weise und sicherte sich somit den Machterhalt.

Bis zum 16. November, einen Monat nach der Machtübernahme durch das Militär, hatte Marcos bereits mehr als 6000 seiner Gegner, Kritiker und jeden, den er der Opposition verdächtige, verhaften lassen. Und die Verfolgungen gingen weiter. Am 25. November ließ er drei Amerikaner verhaften, die angeblich in einen Plan zu seiner Ermordung verstrickt waren, den der Clan der Osmeñas von der Insel Cebu ausgeheckt haben sollte. Am 7. Dezember wurde Imelda Marcos während eines öffentlichen Auftrittes von einem Messerstecher am Arm verletzt. Mehr brauchte Marcos nicht, um mit aller Macht noch härter gegen jede abweichende Meinung vorzugehen.

Ich wusste, dass gefährliche und bedrohliche Zeiten angebrochen waren. Abweichende Meinungen waren verboten, Redefreiheit war ein Verbrechen und jedwede Kritik wurde als subversiv betrachtet. Für einen ausländischen Missionar war es noch gefährlicher, besonders für diejenigen von uns, die sich in ihren Projekten für soziales Bewusstsein und soziale Entwicklung einsetzten. In den Gegenden mit der größten Armut, wie z.B. in den Slums von Manila oder auf den Inseln Negros und Mindanao gab es zahlreiche Ordensschwestern, Priester und Laien, deren Engagement für soziale Veränderungen sie nun in Gefahr brachte. Die konservative Rechte sagte, Sozialarbeit sei ein Ausdruck von Sozialismus und damit nur einen Schritt vom Kommunismus entfernt. Letztendlich setzte sich diese Einstellung so in ihren Köpfen fest, dass es als aufständische, subversive Handlung galt, für und mit den Armen für soziale Gerechtigkeit zu arbeiten. Die kommenden Jahre sollten eine Prüfung für unser aller Engagement und unseren Glauben werden.

Mitte Oktober kehrte ich in die St. Joseph-Gemeinde in Olongapo zurück und sah, dass das Kriegsrecht nichts dazu beigetragen hatte, den Drogenhandel oder die Kinderprostitution zu beenden. Wenn überhaupt, hatten sich die sozialen Probleme noch verschlimmert und der US-Marinestützpunkt brummte vor Geschäftigkeit in dem Wissen, dass mit Marcos jetzt sein Wunschkandidat an der Macht saß. Die Stützpunkte waren sicher, denn jede Kritik an der Anwesenheit der USA wurde im Keim erstickt.

Dass der US-Kongress und Präsident Nixon die Entmachtung der demokratischen Institutionen auf den Philippinen stillschweigend zuließen und Marcos unterstützten, hing direkt mit ihrem Wunsch nach ungehindertem Zugang zum Luftwaffenstützpunkt Clark Air Base und dem Marinestützpunkt Subic Bay zusammen. Dies war entscheidend für die Fortführung des Krieges in Vietnam – nur zwei Flugstunden über das Südchinesische Meer entfernt.

Ich fragte mich, was ich unter diesen Umständen tun könnte und war schockiert über das Ausmaß des Drogenhandels und die Anzahl der drogenabhängigen Kinder. Ich traf einige meiner ehemaligen Schüler und hörte die Geschichten derer mit abgeschlossener Schule aber auch der vielen anderen, die es wegen Drogen oder Bandenkriegen nicht geschafft hatten. Ganz offensichtlich gab es Bedarf für eine Form von Beratungsangebot und ein Rehabilitationszentrum, aber ich hatte keine Ahnung, was getan werden musste. Nach einigen Wochen Arbeit in der Gemeinde begann ich einen Auffrischungskurs für *Tagalog* in der *Inter-Faith*-Sprachschule in Quezon City, der größten Stadt auf den Philippinen, die in direkter Nachbarschaft zu Manila liegt.

Zusammen mit einem anderen Columban-Priester, Seamus Connally, wohnte ich im Haus der La Salette-Väter in der Nähe der Schule, denn bis zum Columban-Haus in der Singalong Street dauerte es fast eine Stunde. Die La Salette-Väter hatten zwei Bungalows, die durch eine Mauer getrennt waren, in der es jedoch ein Tor gab. In dem einen betrieb Pater Bob Garon eine Unterkunft für Drogenabhängige. Ich interessierte mich sehr für das Rehabilitationsprogramm, denn ich suchte nach Ideen, um etwas Ähnliches in Olongapo aufbauen zu können.

Während ich die Sprachschule besuchte und im La Salette-Haus wohnte, arbeitete ich als Freiwilliger im Drogenrehabilitationsprogramm der *Drug Abuse and Research Foundation*, der DARE-Stiftung, wie Pater Garon seine Organisation genannt hatte. Sie war nach dem Vorbild der *Daytop Therapeutic Community* in den USA gestaltet. Während dieser Monate traf ich einen philippinischen La Salette-Pater, Joe Naku, der sich für soziale Entwicklungsprogramme in Manila engagierte. Er stand mit einer Gemeinde in Tondo in Verbindung, in der Nähe der berüchtigten Müllhalde *Smoky Mountain* mit ihren riesigen Haufen verrottenden Mülls. Die Gemeinde hatte sich selbst gegründet und sich den Namen Zone Eins gegeben. *Smoky Mountain* war ein Synonym für erbärmlichste Armut und bitterste Not. Tausende verarmter Menschen schufteten dort, jeden Tag aufs

Neue um ihr Überleben kämpfend. Alte Männer, eingefallene Frauen und bis aufs Skelett abgemagerte Kinder kratzten jeden Tag in den qualmenden Haufen aus Müll und Dreck herum, um etwas zu Essen oder zum Verkaufen zu finden.

Zone Eins vertrat viele der Slumbewohner und lehnte das Kriegsrecht entschieden ab. Joe kam nicht gut mit Pater Garon zurecht, der recht häufig im Fernsehen erschien, wo er in einer eigenen Talkshow Ratschläge austeilte und außerdem auch eine Kolumne im *Daily Express* schrieb, der von Marcos kontrollierten Tageszeitung; Garon hatte konservative Ansichten und befürwortete das Kriegsrecht.

Pater Joe lud mich zu einigen Treffen ein und ich begann, das Ausmaß der Unterdrückung und der Menschenrechtsverletzungen zu begreifen, die das Regime beging. Pater Joe bat mich, ein bisschen bei der Herausgabe ihrer Zeitung *Ang Bayan*, »Die Nation«, zu helfen, die er mit verfasste und verbreitete. Mir war nicht klar, welches Risiko ich damit einging, denn *Ang Bayan* war eine die Rebellenbewegung unterstützende Untergrund-Zeitung.

Pater Joe kam unangekündigt und niemals zur gleichen Zeit. Er betrat den Bungalow durch einen Hintereingang, der durch den Garten eines anderen Hauses führte. Ich wusste nicht, dass die Sicherheitskräfte ihn im Verdacht hatten. Eines Abends, Pater Joe war gerade zu Besuch, wurde das Haus von Truppen umstellt. Ein Offizier des militärischen Geheimdienstes verlangte, dass das Tor geöffnet würde. Pater Garon geriet in Panik und rannte mit Drogen und Spritzen herum, die er von den Drogenabhängigen konfisziert hatte und deren Besitz illegal war. Das Militär suchte nach Pater Joe, der sich im Keller befand.

Ich schlüpfte in einen kleinen Vorratsraum, in dem ich die neuesten Artikel für die nächste Ausgabe von *Ang Bayan* aufbewahrte. Ich war ebenfalls panisch, denn mir wurde schnell klar, welche Auswirkungen es hätte, wenn diese Entwürfe gefunden würden. Darin wurden Menschenrechtsverletzungen beschrieben und das Kriegsrecht heftig kritisiert. Ich begann, die Papiere zu zerreißen und in der Toilettenschüssel zu verbrennen. Der Rauch machte mich noch panischer; ich versuchte, ihn durch das Fenster hinaus zu fächeln, doch dann wurde mir klar, dass die Polizei und die Soldaten rund um das Haus standen; sie würden den Rauch sehen und Alarm schlagen. Ich machte das Licht aus, machte es aber wieder an, als ich merkte, dass im Dunkeln die flackernden Flammen zu sehen waren. Dann spülte ich die Überreste der Papiere hinunter, doch die halbverbrannten Dokumente verstopften die Toilettenschüssel und färbten sie schwarz.

Von Sekunde zu Sekunde wurde ich verzweifelter. Mein Hemd war schweißgetränkt, meine Hände ebenfalls rußgeschwärzt, und es dauerte eine Ewigkeit, bis der Spülkasten der Toilette wieder vollgelaufen war. Ich spülte noch mal und wieder ging ein Teil der Papierfetzen hinunter, aber die Schüssel war noch immer voller Ruß. Wenn sie das sähen, würden sie sofort wissen, was ich vorhatte. Ich versuchte, die Schüssel mit einem Stück zusammengeknüllter Zeitung abzureiben, aber das machte die Sache nur noch schlimmer. Mit zitternden Händen, hämmerndem Herzen und trockener Kehle wartete ich darauf, dass die Tür eingetreten würde. Ich hörte die schweren Stiefel der Soldaten durch das Haus trampeln, als sie es von oben bis unten durchkämmten. Sie kamen dem Bad immer näher. Mir wurde klar, dass ich die Papiere nicht rechtzeitig würde vernichten können, darum schaute ich durch die Tür, ob die Luft rein war. Sie waren in Joes Büro. Ich schlüpfte hinaus und versteckte den Rest der Dokumente unter einem Haufen Gerümpel in einem leer stehenden Schlafzimmer.

Dann ging ich hinüber in mein eigenes Zimmer, wusch mich und zog ein frisches Hemd an. Um mich zu beruhigen, setzte ich mich auf das Bett und trank etwas Wasser. Es waren nur ungefähr zehn Minuten vergangen, seit die Soldaten in das Haus gestürmt waren, aber es kam mir vor, als wären es Stunden gewesen. Nachdem sie Joe und sein Büro gefunden hatten, suchten sie nicht weiter. Ich ging ins Wohnzimmer und versuchte, so ruhig und unschuldig wie nur möglich zu wirken. Ich schaute skeptisch, als ob ich über das Geschehen sehr erstaunt sei. Die Offiziere schauten mich seltsam an, denn mein langes Haar war verräterisch, und ich machte mir Vorwürfe, dass ich es nicht abgeschnitten hatte. Langes Haar war ein Zeichen des Protests; Marcos' Truppen zogen herum, hielten langhaarige Jugendliche auf den Straßen an und schoren ihnen in aller Öffentlichkeit die Köpfe.

Der Hauptmann war misstrauisch, er sah mich lange und intensiv an und fragte dann, wer ich sei.

Pater Joe saß im Wohnzimmer, von schwer bewaffneten Soldaten umgeben. Ich tat überrascht und fragte, was los sei. Unsere Augen trafen sich und sein wissender Blick sagte ohne Worte nur eines: »Man hat mich verraten.« Sein Zimmer wurde ausgeräumt, Aktenschränke und Bücherkisten wurden zu einem in der Auffahrt parkenden Armeelastwagen getragen. Das erklärte, warum sie nicht bis in mein Zimmer gekommen waren – sie hatten gefunden, was sie suchten. Ich ging herum und verteilte Getränke, was die Atmosphäre ein bisschen entspannte. Pater Garon ging ein paar Mal rein und raus.

Nach einer Weile sagte Pater Joe, man habe ihn verhaftet und würde ihn nun nach Camp Aguinaldo, dem militärischen Hauptquartier, bringen, wo die politischen Häftlinge festgehalten wurden. Der Offizier des Geheimdienstes verdächtigte mich nicht, er fragte nur nach meinem Namen und warum ich hier sei. Ich sagte ihm, ich sei ein Schüler in der Sprachschule. Offensichtlich mit dieser Aussage zufrieden führten sie Pater Joe zu dem wartenden Jeep.

Bevor er mit ihnen ging, verabschiedete er sich. Er kam herüber, um mich zu umarmen und flüsterte mir ins Ohr: »Nimm die Schlüssel, versteck sie.« Als er mir die Hand gab, ließ er den Schlüssel hineingleiten. Einen Moment betrachtete uns der Offizier misstrauisch. Dann gingen sie. Erschöpft und mit weichen Knien sackte ich auf dem Sofa zusammen, während ich mir vorzustellen versuchte, was als nächstes geschehen würde. In dieser Nacht gab es keinen Schlaf. Ich ging hinaus in den leeren Garten und als ich sicher war, allein zu sein, vergrub ich die Schlüssel in einem Blumenbeet.

Am nächsten Tag gingen die La Salette-Väter zum Camp Aguinaldo, um herauszufinden, was mit Joe geschehen war. Ich blieb im Haus zurück. Am Nachmittag kam der Geheimdienstoffizier erneut in den Hof gefahren. Er trug Tarnkleidung und hatte eine Maschinenpistole im Halfter. Voller Schrecken stellte ich mir vor, dass man Joe gefoltert und zum Reden gezwungen hatte. Ich fürchtete, diesmal kämen sie meinetwegen. Ich hatte Recht. Der Offizier kam auf mich zu und wusste genau, was er suchte. »Bitte geben Sie mir Pater Nakus Schlüssel!«, befahl er. Ich stammelte etwas, ein bisschen schockiert, aber es war mir sofort klar, dass es keinen Sinn hatte, etwas zu leugnen, was er schon wusste. Joe hatte es ihnen gesagt. Aber sie umstellten mich nicht, darum sagte ich ihm, ich hätte sie weggeworfen, in den Garten. Er befahl mir, sie zu holen, und ich gehorchte.

»Ich wusste nicht, wofür sie waren, deshalb habe ich sie dorthin geworfen«, erklärte ich lahm. Dann, zu meiner unaussprechlichen Erleichterung, drehte er sich ohne ein weiteres Wort um, ging zum Jeep und fuhr weg. Sie hatten den Schlüssel zu dem Haus, wo sich die

Flüchtlinge versteckten. Wenn sie Joe mit diesem Schlupfwinkel in Verbindung bringen konnten, hatten sie eine Menge Beweise gegen ihn. Ich hoffte und betete, dass ihm nichts geschehen war und wartete auf Neuigkeiten vom Provinzsuperior der La Salette-Väter, der noch nicht zurückgekehrt war.

Ungefähr sechs Monate später konnte Pater Joe durch eine List aus dem Militärgefängnis entfliehen. Er gab vor, zum Zahnarzt zu müssen, machte seine Bewacher betrunken und flüchtete. Er ersuchte bei der französischen Botschaft um Asyl, doch dort wurde er abgelehnt. Man nahm ihn wieder fest. Ein Jahr später konnte er erneut fliehen und das Land durch den muslimischen Teil Mindanaos verlassen.

Danach hielt ich mich sehr bedeckt. Ich ließ mein langes Haar schneiden und hoffte, dass mein Name nicht auf einer der Listen verdächtiger *Kommunistischer Sympathisanten* erschien, wie alle genannt wurden, die den Armen oder den Häftlingen beistanden. Da ich vermutete, dass das Militär mich verdächtigte, beschloss ich, nichts weiter für Zone Eins tun zu können. Stattdessen konzentrierte ich mich auf meinen Plan, ein Rehabilitationszentrum in Olongapo aufzubauen. Da meine Sprachstudien sich dem Ende zuneigten, bat ich meinen Columban-Superior, mich dem DARE-Programm als Praktikant anschließen zu dürfen.

08

PREDA – ein neues Konzept
Gründung des Therapiezentrums (1974)

Nachdem ich neun Monate im DARE-Programm für Drogenabhängige mitgearbeitet hatte, hatte ich viel über das emotionale und familiäre Leben junger Menschen gelernt. Viele Leute glauben, dass drogenabhängige Teenager Drogen aus rein egoistischem Vergnügen nehmen. Ich lernte hingegen, dass die meisten sie wie Schmerzmittel benutzten: sie nahmen Drogen, um ihrem emotionalen Schmerz zu entfliehen. Meist kamen sie aus Familien, in denen die Eltern über alle Maßen hinaus streng waren; es gab keine emotionale Bindung, keine Freundschaft zwischen Eltern und Kindern, stattdessen strenge Strafen für jede kindliche Ungezogenheit. Es gab Konflikte zwischen den Generationen; Kinder und Eltern waren unfähig, sich gegenseitig zu verstehen und zu lieben. Die daraus entstehenden Gefühle von Entfremdung und Ablehnung führten zu einem nicht wieder gutzumachenden Bruch und die Jugendlichen suchten Schutz in Straßencliquen, die ihnen das Gefühl von Zugehörigkeit gaben.

Die Liebe der Eltern kann durch nichts ersetzt werden. Das tiefe Verlangen und das Bedürfnis von Kindern, voller Zuneigung, Liebe und Freundschaft in ihrem Sein bestätigt, bewundert und unterstützt zu werden, ist so stark, dass Außenstehende es nicht befriedigen können. Die meisten wachsen in dem Gefühl heran, unerwünscht, nutzlos und benachteiligt zu sein. Diese Benachteiligung zieht sich über Generationen hin: Was die Eltern selbst nicht erfahren haben, können sie auch ihren Kindern nicht geben. Einige Sozialwissenschaftler und Psychologen haben andere, ebenso überzeugende Erklärungen, dass Unsicherheit vielleicht daraus entstehen kann, nicht gestillt worden zu sein oder dass ein zu frühes Abstillen tief sitzenden Stress, Entbehrung, Ablehnung, Angst, Beklemmung und einen Mangel an Selbstvertrauen auslösen kann.

Eine Sache, die ich lernte, war, dass junge Leute, die Probleme mit Erwachsenen haben, ihren Charakter oder ihre Persönlichkeit nicht durch Disziplin, Bestrafung, Erniedrigung, Einschränkung, Strafarbeiten oder die Einengung ihrer Bewegungsfreiheit änderten - auch nicht dadurch, dass man Macht über sie ausübte und sie kontrollierte. Sie reagierten höchstens mit einem Übermaß an Rebellion, wurden gewalttätig oder medikamentenabhängig, um damit ihre heruntergeschluckte Wut, ihren Hass und die inneren Schmerzen von Einsamkeit, Hoffnungslosigkeit und Verzweiflung zu bekämpfen, die aus Zurückweisung und mangelnder Liebe entstanden. Davon hatten sie schon in ihrer Kindheit genug bekommen. Der gleichen Behandlung jetzt in einem Rehabilitationszentrum zu begegnen, machte sie nur noch wütender, rebellischer und stärkte ihre feindliche Einstellung gegenüber Erwachsenen.

Wenn sie ihre Gefühle aus Angst vor Bestrafung nicht ausdrücken konnten, begruben sie diese noch tiefer in sich. Dort brodelten die Emotionen unterschwellig vor sich hin und lösten Stress, Beklemmung und Persönlichkeitsstörungen aus.

Im DARE-Programm sah ich eine Menge solcher Fälle. Zwar gab es einige, die sich durch die positive Unterstützung von Mitarbeitern erholen konnten, die sich mit ihnen anfreundeten und bei denen weder disziplinäre Methoden noch strenge Strafen angewandt wurden, viele andere wurden jedoch nicht gesund. Es gab viele Tragödien, Selbstmorde, Fluchtversuche und Fehlschläge.

Ich beschloss, bei den jungen Leuten, die meine Hilfe brauchten, auf gar keinen Fall solche Methoden anzuwenden. Ich war entschlossen, mein eigenes Zentrum zu haben, wo ich andere Methoden anwenden würde, die helfen könnten, den Schmerz, die Wut, den Hass und die Feindseligkeit in den jungen Menschen aufzulösen und ihnen statt dessen das Vertrauen wiedergaben, Freundschaft, ein Gefühl der Zugehörigkeit. Sie sollten erkennen können, dass sie erwünschte und wertvolle Menschen waren. Ich wollte ein Programm, das ihnen echte Gefühle ermöglichte, sie von ihrem Selbstwert überzeugte und sie durch das Wissen stärkte, dass wir sie respektierten und ihre Würde und ihre Rechte anerkannten. Ich wollte einen Lebensstil, durch den sie sich selbst wiederfinden und ein glückliches und erfülltes Leben führen konnten.

Während des Trainings bei DARE arbeitete ich gleichzeitig in Olongapo am Bau eines neuen Gebäudes, das auf einem Hügel mit Blick auf die Bucht von Subic liegen sollte. Ich hatte einige Freundschaften in Olongapo und auch im Marinestützpunkt geschlossen. Mit diesen freundlichen Menschen, die über den Missbrauch an Frauen und Kindern und die sozialen Probleme der Stadt entsetzt waren, hatte ich nun eine Gruppe zusammen, die entschlossen war, bei der Lösung der Probleme zu helfen. Ein Erholungs- und Rehabilitationszentrum für Jugendliche aufzubauen, war der erste Schritt. Nun, nach fast neun Monaten, näherte es sich der Vollendung. Ich beendete meine Arbeit bei DARE und machte mich mit einigen Freiwilligen, die ebenfalls gekündigt hatten, auf den Weg nach Olongapo, um ein neues Abenteuer zu beginnen.

Es war Ende Juni, als ich mit den drei ehemaligen DARE-Angestellten Merly Ramirez, Alma Santos und Ofelia Baja nach Olongapo ging. Es war ihr erster Besuch dort. Die Unterkunft für die Angestellten ging auf die Perimeter Street hinaus, von wo aus sie die Brücke sehen konnten, die zum Tor des Stützpunktes führte und auch die komisch-romantischen Szenen, die sich dort abspielten. Hunderte junger Filipinas in Miniröcken oder Shorts spazierten Händchen haltend mit Amerikanern herum, die doppelt so groß waren wie sie. Wegen des Kriegsrechts gab es eine Ausgangssperre, da die Nationale Volksarmee in der Gegend aktiv war. Wenn die Sirene heulte, rannten die Mädchen den Soldaten noch einmal für einen letzten Kuss und eine letzte Umarmung hinterher.

Ich wohnte allein in einem leeren, gemauerten Raum in dem unfertigen Gebäude auf dem Hügel über der Bucht von Subic. Es gab weder Strom noch Wasser. Die Finsternis der Nacht wurde nur von ein paar Kerzen erhellt, aber ich zog es vor, draußen zu sitzen, über die Bucht und in den Himmel zu schauen, an dem die Sterne glitzerten. Ich bestaunte die Wunder des Universums und fragte mich, ob ich aus dem Projekt irgendetwas Nützliches machen könnte und wohin mich das Leben führen würde.

Überall lagen Gerüste, Zementsäcke und Bauschutt herum, aber ich war froh, hier zu sein und machte mich daran, Ordnung in das Ganze zu bringen. Unser Architekt Bener Cruz, der im Juni 1998 seine ewige Ruhe fand, hatte von Anfang an hinter dem Projekt gestanden und phantastische Arbeit geleistet. Ich hatte versprochen, irgendwie das Geld aufzutreiben, das ich ihm für seine Arbeit schuldete, und als ich es endlich hatte, bezahlte ich ihn.

Ein paar Arbeiter kamen noch, um aufzuräumen und das Gebäude bewohnbar zu machen. Draußen stand ein alter Wassertank vom Militär, aus dem ich jeden Morgen mit einem Eimer Wasser zum Waschen und Kochen holte. Innerhalb weniger Monate wurden dann auch die Stromleitungen gelegt. Bürgermeister Geronimo Lipumano war kooperativ und hilfsbereit. Es dauerte noch ein paar weitere Monate, bis alles wirklich bewohnbar war und die Auffahrt auf den Hügel gegraben, planiert, gewalzt und asphaltiert worden war.

Die Mehrheit der Soldaten und Offiziere waren ebenfalls anständige, großzügige Menschen, die nur allzu bereit waren, die unglückliche Lage der armen Bevölkerung Olongapos verbessern zu helfen, aber die Kriegsmarine hatte keine Einwände gegen die Sexindustrie und die Verschwörung der Geldgierigen, deren Beute die hilflosen und unglückseligen Frauen waren, die weder lesen noch schreiben konnten und die man glauben machte, dass hinter den glitzernden Lichtern der grellen Bars das Paradies lag. »In null Komma nichts kannst Du einen reichen Amerikaner heiraten«, erzählte man ihnen. Sie glaubten es und gaben ihre Körper und ihre Seelen der *mama-san*, der Aufseherin, und den Barbesitzern, die sie in ewiger Verschuldung hielten. Es war eine Sklaverei, die sich ihrem Verständnis entzog; sie lebten von dem vergeblichen Traum, reich zu werden und ihre Familien zu retten. Das passierte aber nur selten – meist war ihr Leben ein nicht enden wollender Alptraum.

Viele Familien der Marineangehörigen waren unglücklich, mitfühlend und frustriert über den Wirbelsturm an Widersprüchlichkeiten, der sie hin und her warf und ihre bequeme Welt durcheinander brachte. Diejenigen, die sich als großen Teil des Problems sahen, waren frustriert und wütend. Andere wiederum zogen sich still zurück, in dem Wissen, dass sie diese Widersprüche nicht auflösen konnten. Viele wollten nichts von der »Stadt der Sünde« wissen und gehörten auch nicht zu den Vergnügungssüchtigen, die in den Bars, Clubs und Stundenhotels herumtobten. Viele halfen einzelnen Familien, waren großzügig und freundlich zu ihren philippinischen Angestellten und halfen mir all die Jahre, in aller Stille.

Während der Zeit bei DARE hatte ich mit Pater Bob Garon und seiner Managerin eine Meinungsverschiedenheit über die Behandlung der Jugendlichen und die Verwaltung der Finanzen gehabt.

Verhaftung und Bestrafung waren zu hart, zu exzessiv. Die Methoden beruhten auf dem Vorbild der Ausbildungslager der US-Marine; die Jugendlichen wurden angeschrien, man versuchte, ihren Willen zu brechen und danach neu wieder aufzubauen. Es war gefährlich, deprimierend und falsch. Dieses Programm war dafür gemacht, Soldaten heranzuziehen, die nicht selbst denken sollten, sondern jeden Befehl befolgen würden, egal, wie falsch er auch sein mochte.

Das Programm beruhte darauf, die Jugendlichen zu erniedrigen und zu überwältigen, was ihren emotionalen Zusammenbruch herbeiführen und durch die Macht der Angst völligen Gehorsam hervorrufen sollte. Pater Garon bewunderte diese militärischen Methoden, die sich in den USA als Katastrophe erwiesen haben. Auch einige Ausbildungsprogramme für Jugendliche arbeiteten mit diesen Mitteln, die inzwischen weitgehend als kontraproduktiv erkannt und aufgegeben wurden.

Das DARE-Programm war wie eine Szene aus Stanley Kubricks Film *Full Metal Jacket.* Die gewaltsamen Bestrafungen und verbalen Beleidigungen waren ein Missbrauch psychologischer Macht, was bei den Jugendlichen das Gefühl hervorrief, ihr Leben habe keinen Zweck und keine Bedeutung; viele von ihnen waren selbstmordgefährdet. Tatsächlich gab es einige Jugendliche bei DARE, die sich umbrachten, und im DARE-Haus in Cavite gab es sogar einen Mord. Man versuchte, diese Vorkommnisse zu vertuschen, aber letztendlich konnte auch Pater Garons Nähe zu Imelda Marcos, der Frau des Präsidenten, einen Skandal nicht verhindern.

Bevor ich DARE verlassen konnte, musste ich meinen neun Monate währenden Einsatz beenden. Man hatte mir die Aufgabe übertragen, ein neues Zentrum für Jugendliche mit schwerwiegenden Alkoholproblemen in Noveliches außerhalb Manilas zu leiten. Es war ein sehr schöner Ort: Das Zentrum befand sich in einem Landhaus, mit Blick über die Täler und Hügel von Bulacan. Eine reiche Familie hatte uns dieses Haus als Leihgabe überlassen.

Ich versuchte es mit einem neuen Ansatz. Er beruhte auf Bestätigung und Ermutigung und sollte Jugendlichen helfen, Selbstwertgefühl zu entwickeln, ein Gefühl für ihre Würde zu bekommen, Heilung zu ermöglichen und den Lebenswillen zur Entfaltung zu bringen. Dazu nutzte ich die »Zwölf Schritte der Anonymen Alkoholiker«. Es funktionierte! Sie öffneten sich und teilten ihre Erfahrungen miteinander. Ich sah, wie die heilenden Kräfte wirkten und sie stärkten. Diese Kräfte entstehen dadurch, dass Menschen ihre Gefühle fließen lassen und mit anderen teilen, dadurch, dass man ihnen zuhört und sie versteht. Ich gab ihnen das Recht, selbst zu entscheiden, ob sie gehen oder bleiben wollten. Einige gingen, aber die meisten blieben und es entstand eine fröhliche, gut durchorganisierte therapeutische Gemeinschaft in diesem Haus auf dem Land. Ich halte nichts von Furcht und Angstmacherei, um damit Menschen fügsam und unterwürfig zu machen. Was sie brauchten, war die Aktivierung ihrer Selbstheilungskräfte durch das Akzeptieren ihrer persönlichen Biografie.

Die Verwaltung und ich hatten eine Auseinandersetzung über die Betriebskosten des neuen Zentrums, das wir »Das Adlernest« genannt hatten. Obwohl DARE riesige Spendensummen erhielt, kam das Geld für unser Essen ständig zu spät. Ich erkannte, dass es mit der Verwaltung des Geldes ernsthafte Probleme gab und beschloss darum, meine Pläne für die Planung und den Bau eines Zentrums in Olongapo selbst voranzutreiben. Ich wollte es auf einer anderen Ebene und mit einem neuen System leiten, so wie ich es in Noveliches ausprobiert hatte. Es gab keine schriftliche Vereinbarung oder einen Vertrag zwischen mir und DARE, also keinerlei rechtlichen Grund für mich, nicht weiterzumachen und ein neues, unabhängiges Zentrum in Olongapo zu bauen. Ich war nur bei DARE, um zu lernen, zu recherchieren und Erfahrungen zu sammeln. Ich lernte eine Menge, aber das Programm von DARE war nichts, was ich für die Jugendlichen in Olongapo wollte. So verließ ich DARE mit den drei anderen Mitarbeitern und wir begannen, unsere therapeutische Gemeinschaft in Olongapo aufzubauen. Aber plötzlich standen wir einer riesigen Herausforderung gegenüber.

Gerade als wir begannen uns einzurichten, kam ein Beamter des Landgerichtes in Olongapo und legte mir eine einstweilige Verfügung gegen die Inbetriebnahme des Zentrums vor. Pater Garon hatte eine

Zivilklage gegen uns eingereicht und beanspruchte das Zentrum für sich. Ich erinnere mich, wie ich da in dem halbleeren Gebäude stand, die unfertigen Wände und die Decke ansah und erkannte, dass der Kampf noch lange nicht vorüber war. Mir wurde beklommen zumute; alles, was wir erreicht hatten, konnte uns noch immer leicht entrissen werden. Was für eine Prüfung dies werden würde!

DARE hatte auch gegen das *Dangerous Drugs Board*, die staatliche »Behörde für Gefährliche Arzneimittel«, Anklage erhoben, weil diese mir eine Betriebsgenehmigung für das neue Zentrum erteilt hatte. Es begann ein ernstzunehmender Rechtsstreit. DARE hatte gute Rechtsanwälte aus Manila, um den Anspruch auf das Zentrum durchzusetzen. Ich hatte kein Geld und konnte mir nur einen einfachen, örtlichen Rechtsanwalt leisten. Der Kampf vor Gericht konzentrierte sich schließlich auf einen Punkt und das war, laut Aussage des Richters, die Frage, wer den Anspruch auf das Land hatte, auf dem das Zentrum gebaut wurde. Das Land gehörte der Regierung und ich hatte einen Pachtantrag dafür gestellt. DARE behauptete, ich hätte das in ihrem Namen getan. Nach einem monatelangen Papierkrieg im Ministerium für Umwelt und Naturressourcen wandte ich mich an einen höherstehenden Beamten, der mir zu meiner Überraschung mitteilte, dass mein Antrag genehmigt worden war. Ich hatte das Landnutzungsrecht für das Gelände mit Ausblick auf die Bucht von Subic. Ich raste zurück in den Gerichtssaal und übergab das Dokument meinem Rechtsanwalt. Freudestrahlend präsentierte er es dem Richter. Der Fall war abgeschlossen. Wir hatten gewonnen und das neue Abenteuer konnte weitergehen.

Innerhalb weniger Monate hatten wir begonnen, jungen Menschen zu helfen, die mit dem Gesetz in Konflikt geraten waren. Einige konnten wir aus den Gefängnissen vor Ort holen, bevor man sie des Drogenbesitzes anklagte. Andere konnten vor Verhaftung, Strafanstalt und Verurteilung wegen Drogenbesitzes gerettet werden, indem ihre Eltern, auf unseren Rat hin, vor Gericht eine »freiwillige Einweisung« beantragten. Der Richter würde dann eine medizinische Untersuchung anordnen, und wenn der Drogenkonsum nachgewiesen werden konnte oder der Junge ihn zugab, konnte er ins PREDA-*Bukang Liwayway Centre* gebracht werden, was »Neue Dämmerung« bedeutet.

Die Abkürzung PREDA steht für *People's Recovery, Empowerment and Development Assistance*, was auf Deutsch so viel bedeutet wie »Verein für die Genesung, Ermächtigung und Entwicklung der Menschen«. Von Anfang an war PREDA als Stiftung angelegt.

Die meisten der Jungen waren zwischen 16 und 23 Jahre alt und kamen aus Familien der Unter- oder Mittelschicht; oft konnten sie kaum lesen und schreiben. Einige waren zur Schule gegangen, hatten aber schlechte Noten bekommen und deshalb Streit mit ihren Eltern. Sie stahlen der Familie und ihren Freunden Geld, um ihre Drogensucht zu finanzieren. Einige lebten auf der Straße und schnüffelten Industriekleber, um Hunger und Einsamkeit zu unterdrücken. Sie fanden bei PREDA ein neues Zuhause. Von Anfang an war unser Zentrum eine offene Einrichtung gewesen, denn wir waren davon überzeugt, dass junge Leute erst recht zu Kriminellen würden, wenn man sie als solche behandelte, sie bestrafte und einsperrte.

Viele hatten sich, als sie zu uns kamen, eine harte Schale zugelegt. Aber innen waren sie voller Wut, Schmerz und Angst. Ihre Familien wollten sie nicht haben und wiesen sie zurück, und die jungen Menschen wussten nicht, wie sie ihre Liebe und ihre Akzeptanz zurückgewinnen könnten. Bei PREDA waren wir entschlossen, ihnen dabei zu helfen, den unterdrückten Schmerz herauszulassen, sich der Realität zu stellen und sie wieder mit ihren Eltern zusammenzubringen. Auch die Eltern mussten therapiert werden, da sie ihre Kinder nicht richtig behandelten und ihnen wenig Liebe und Respekt entgegenbrachten. Sie wussten nicht, wie sie ihre Kinder lieben sollten. Die Eltern zu beraten war sehr wichtig und Familientherapie absolut notwendig.

Zuerst mussten wir den wütenden Jugendlichen helfen, ihre Gefühle von Wut, Hass und Frustration herauszulassen. Dies taten wir im Therapieraum von PREDA, wo wir sie ermutigten, sich ihren tiefsten, unterdrückten Gefühlen zu öffnen und all ihre Wut, ihren Frust und ihren emotionalen Schmerz aus der frühen Kindheit herauszulassen. Alex Hermoso, Rolly Farinas und ich waren die selbsternannten Therapeuten. Wir hatten kein Geld, um einen Psychologen zu bezahlen und wir wussten von keinem Therapeuten auf den Philippinen, der diese Methoden anwendete. Wir mussten uns diese Therapieform selbst beibringen und sie der philippinischen Kultur anpassen. Wir hatten keine Lehrer, aber wir lasen »Der Urschrei« und andere Bücher von Arthur Janov, die wir dann in die Praxis umsetzten. Voller Erstaunen und Begeisterung erlebten wir, dass wir wieder und wieder positive Ergebnisse damit erzielten.

Die Therapie fand in Gruppen statt; die Schreie, Rufe und die Schläge auf die gepolsterten Wände ließen das Zentrum erbeben. Es klang, als wäre man in einem Irrenhaus, aber im gleichen Maß, wie der Hass aus den Jungen herausströmte, verringerte sich auch ihr Schmerz. Es brach aus ihnen heraus, als würde man das Gift aus einer eitrigen Wunde ziehen. Die Heilung hatte begonnen. Durch Bestätigung, Beratungsgespräche, viele gruppendynamische Sitzungen, sportliche Aktivitäten und durch die gegenseitige Akzeptanz wurden sie zu neuen Menschen. Die harte Schale schmolz und ein freundlicherer Mensch trat hervor. Bessere Zeiten brachen an für diese einst zerbrochenen und verzweifelten jungen Menschen. Sie erholten sich und begannen, sich wieder für das Leben zu interessieren. Nun brauchten sie eine solide Ausbildung und Arbeitsplätze.

Wir stellten Möbelflechter an, die aus anderen Provinzen nach Olongapo gekommen waren, und begannen ein Projekt zur Herstellung von Möbeln aus den Blättern der *Buri*-Palme. Diese Blätter haben kräftige Rippen, aus denen man haltbare Korbmöbel flechten kann. Wir stellten Tische, Stühle, Bücherregale und viele Haushaltgegenstände her. Solche Produkte waren damals sehr gefragt und so hatten wir bald einen Ausbildungsbetrieb und ein florierendes Unternehmen. Dies war der Anfang unserer Werkstätten und unseres Engagements im Fairen Handel, welche über die Jahre wachsen und vielen jungen Menschen einen guten Arbeitsplatz verschaffen sollten.

Einer der Auszubildenden, Conrado Villarez, kam aus einem nahegelegenen Dorf und bat um einen Ausbildungsplatz. Er war außergewöhnlich intelligent, darum schickten wir ihn zur Schule; Körbe flocht er nunmehr in seiner Freizeit. Er schloss die Schule mit ausgezeichneten Noten ab und arbeitete dann als Aushilfskraft bei PREDA, um dort anderen Patienten zu helfen. Wir unterstützten auch sein Studium am College, wo er ebenfalls einen glänzenden Abschluss machte. Er übernahm eine Führungsposition in seinem Heimatdorf und arbeitet heute als Assistent der Finanzdirektion im Rathaus von Subic.

Ein anderer junger Mann, Roger Burro, kam freiwillig zu PREDA, um seine Drogenabhängigkeit zu bekämpfen. Er wurde gesund und kehrte zurück in seine Familie, um mit seiner Mutter zusammen eine kleine Garküche auf dem Markt von Olongapo zu betreiben. Korrupte Polizisten verhafteten ihn wegen einer gefälschten Anschuldigung und wollten ihn zwingen, als Dieb für sie zu arbeiten. »Wir werden Dich schützen«, sagten sie, »gib uns einfach zwei Drittel dessen, was Du stiehlst, den Rest kannst Du behalten.« Er weigerte sich, woraufhin sie ihn verprügelten, an einem geheimen Ort versteckten und ihn folterten, indem sie seine Genitalien mit Zigaretten verbrannten. Fast verkrüppelt entkam er und taumelte zurück zu PREDA, um uns um Hilfe und Unterstützung zu bitten.

Er wurde wieder gesund und durchlief in unserem Trainingsprogramm eine Ausbildung zum Handwerker. Er entwickelte sich zu einem Experten für Holzarbeiten und lernte von Merly, unserer Mitbegründerin und Leiterin unserer geschäftlichen Angelegenheiten, die Grundlagen der Geschäftsführung. Heute besitzt Roger ein eigenes Geschäft für Holzmöbel. »Jeden Erfolg in meinem Leben und alles, was ich gelernt habe, verdanke ich PREDA«, sagte er mir kürzlich. »Nur durch den Fairen Handel kann ich ein solches Leben führen.«

09

Schmerz ist der Preis

Alltag in der Marcosdiktatur (1974–80)

Die Kirche wurde immer stärker verfolgt, Priester und Laien zunehmend als Subversive und Kommunisten diskriminiert. Einige wurden verleumdet und fälschlich beschuldigt, verhaftet, gefoltert und sogar ermordet. Aber die Institution Kirche als Ganzes leistete Widerstand. Die 83 Bischöfe des Landes waren in der CBCP, der Katholischen Bischofskonferenz der Philippinen, vertreten. Die *Association of Major Religious Superiors of the Philippines* (AMRSP), Vereinigung der wichtigsten religiösen Oberhäupter der Philippinen, vertrat 2 500 Priester und Nonnen.

Es gab so viele Berichte über Menschenrechtsverletzungen, dass die AMRSP 1974 die »Arbeitsgruppe Häftlinge« gründete. Das Ziel der Arbeitsgruppe war, die Übergriffe zu dokumentieren und den Opfern Hilfestellung zu geben. Anfang des Jahres waren einige religiöse Führer des Nationalrates der Protestantischen Kirchen der Philippinen verhaftet und gefoltert worden. Sogar das Büro der AMRSP wurde im Dezember desselben Jahres von Marcos' Truppen durchsucht und wegen des Inhalts ihrer Zeitschrift »Zeichen der Zeit« wegen Volksverhetzung angeklagt. Im gleichen Jahr wurde auch PREDA gegründet.

Es gab ungefähr 1200 ausländische Missionare im ganzen Land. Bereits seit 1950 waren auf Negros viele Columbaner tätig. Verarmte Siedler hatten sich dort auf abgeholzten Ländereien niedergelassen und begonnen, kleine Bauernhöfe zu bewirtschaften. Die wohlhabenden Großgrundbesitzer vergrößerten ihre Zuckerrohrplantagen und beanspruchten dafür das Land, das die Siedler bearbeiteten, ohne einen rechtlichen Anspruch darauf geltend gemacht zu haben. Die Bauern wurden gezwungen, das Land aufzugeben. Ernte und Vieh wurden geplündert, Häuser gebrandschatzt. Schlägertruppen, oft Soldaten im Dienst der Reichen, zogen vergewaltigend und mordend durch die Gegend. Einige Bauern zogen sich aufgrund der Bedrohungen und Morde noch weiter in die Berge zurück, um dort von vorn anzufangen. Die »Föderation freier Bauern« hatte seit Jahren daran gearbeitet, die Siedler zu organisieren und ihnen einen Rechtsanspruch auf das Land zu verschaffen, das sie bearbeiteten. Alle, die den Reichen Widerstand leisteten, wurden einfach als »Subversive« bezeichnet und vom Militär auf »legale« Weise als Kommunisten gejagt. Solche Taktiken riefen erst recht Rebellengruppen auf den Plan und die Söhne der armen Bauern, die in Gefahr waren, vom Militär exekutiert zu werden, flohen in die Berge, um sich ihnen anzuschließen.

Seit Mitte der 50er-Jahre unterstützte die Kirche auf Negros aktiv die unterdrückten Bauern; die Priester predigten, versuchten zu überzeugen, sie kämpften auf den Philippinen und im Ausland für Gerechtigkeit. 1969 gab Bischof Antonio Fortich einen Hirtenbrief heraus, in dem er zu erneuter Unterstützung der Unterdrückten aufrief. In der Provinzhauptstadt Bacolod City wurde ein diözesanes »Soziales Hilfszentrum« eingerichtet, dessen Geschäftsführer zu mehr Solidarität und Kooperation zwischen der Bauernvereinigung und dem Nationalverband der Zuckerarbeiter aufrief und sie aufforderte, sich für soziale Gerechtigkeit einzusetzen.

Zwischen den Aktivisten und dem Militär gab es stete Spannungen. 44 Schwestern und 32 Priester unterschrieben am 18. Juni 1974 einen Brief an Verteidigungsminister Juan Ponce Enrile, in dem sie Gerechtigkeit für die Zuckerarbeiter und ein Ende der militärischen Gewalt forderten. Negros war das Herz der Zuckerindustrie und fast vollständig in der Hand der Großgrundbesitzer, von denen die meisten eng mit Marcos verbündet waren. Der Brief an Enrile verurteilte, dass Beamte des Nationalverbandes der Zuckerarbeiter sowie ausländische Missionare als Subversive gebrandmarkt wurden. Im November 1976 wurden in Davao auf Mindanao zwei katholische Radiostationen geschlossen und ungefähr 70 Kirchenmitarbeiter verhaftet. In Manila mussten zwei kirchliche Zeitschriftenredaktionen den Betrieb einstellen, weil sie das Regime kritisiert hatten. Die beiden Patres Eduardo Gerlock und Albert Booms wurden abgeschoben. Mit einem von ihnen war ich befreundet. Sie hatten in den Slums von

Manila christliche Gemeinden gegründet und wurden als gefährlich und subversiv eingestuft. Im Januar 1976 verkündete Marcos, dass sämtliche Wahlen bis 1980 ausgesetzt würden und berief sich bei dieser Entscheidung auf eine Meinungsumfrage.

Benigno Aquino, Marcos' größter Gegner, war wegen Verrats und des angeblichen Versuches, die Regierung zu stürzen, angeklagt worden. Sein Prozess sollte nun beginnen, doch Aquino boykottierte ihn mit der Begründung, der Ablauf könne gar nicht fair sein. Im folgenden Oktober hielt Marcos ein – natürlich manipuliertes – Referendum ab, dessen Ausgang eine Fortsetzung des Kriegsrechtes rechtfertigte. Es gab gewalttätige Auseinandersetzungen in den Straßen, die aber schnell niedergeschlagen wurden. Die Demonstranten wurden ohne Verhandlung ins Gefängnis gesteckt.

Bis Februar 1977 hatte sich die Anzahl der Verhaftungen von Priestern und anderen engagierten Christen stark erhöht. Die CBCP veröffentlichte einen Hirtenbrief, der in allen Kirchen verlesen wurde. In Auszügen stand darin: »*Diese Arbeit der Evangelisierung wurde (von der Regierung) missverstanden und führte zur Verhaftung von Priestern, kirchlichen Mitarbeitern und Laien, und sogar zur Ausweisung ausländischer Missionare.*« Unverzüglich wies der Verteidigungsminister alle Anschuldigungen zurück. Nichtsdestotrotz zeigte der wachsende politische Druck Wirkung und Marcos schwächte einige der schlimmsten Aspekte des Kriegsrechts ab. Doch noch immer regierte er per Erlass. Marcos kündigte das Ende des Kriegsrechts für Januar 1981 und freie Wahlen für den darauf folgenden Juni an. Um seine Kritiker zu beschwichtigen, versprach er, die gesetzgebende Gewalt an eine Interimsnationalversammlung abzugeben. Mit einigen Einschränkungen führte er das Gesetz zum Schutz der persönlichen Freiheit wieder ein, nahm aber die muslimischen Rebellen im Süden davon aus.

Die muslimische Rebellion unter der Flagge der MNLF, der Nationalen Befreiungsfront der Moro, brachte die philippinische Armee zum Stillstand. Aus den arabischen Ländern des Mittleren Ostens kam zahlreiche Unterstützung und der einzige Weg, die Kämpfe zu beenden, war die Gewährung einer Teilautonomie durch Marcos. In den vorangegangenen fünf Jahren waren Berichten zufolge 50 000 Zivilisten getötet worden.

Im Jahr 1978 hielt Marcos landesweite Wahlen ab. Seine *New Society Party*, »Partei der Neuen Gesellschaft«, gewann mit überwältigender

Mehrheit. Niemand bezweifelte jedoch, dass die Ergebnisse gefälscht waren. Trotzdem verbesserte das Ergebnis sein Image bei dem damaligen US-Präsidenten Ronald Reagan. Im Mai kam Walter Mondale, der damalige Vizepräsident der USA, nach Asien und ermahnte Marcos zu mehr Freiheit und Demokratie. Im Juni führte dieser die neue Gesetzgebung ein und schwor den Amtseid als erster philippinischer Premierminister. Nichts hatte sich geändert. Die Wirtschaft befand sich im freien Fall und die Armut vergrößerte sich. Jaime Kardinal Sin sprach sich gegen das immer noch herrschende Kriegsrecht aus.

Eine kritische und aktive Kirche war das Einzige, was Marcos nicht kontrollieren konnte. Das machte ihn wütend und er hoffte, Papst Johannes Paul II. zu einem Besuch der Philippinen überreden zu können. Das wäre einer Befürwortung seines Regimes gleichgekommen. Der Papst aber verpasste ihm eine Abfuhr und sagte, er würde keine Diktatur besuchen. Daraufhin versuchte Marcos, sein internationales Ansehen aufzupolieren und kündigte eine »Rückkehr zur Normalität« an. Nachdem er solche großspurigen Aussagen gemacht und der Welt ein falsches Bild von Demokratie vorgegaukelt hatte, wurde Papst Johannes Paul II. erneut eingeladen. Diesmal nahm er die Einladung an. Der Papst hatte versprochen, so viele katholische Länder wie möglich zu besuchen. Die Philippinen waren das einzige katholische Land in Asien, irgendwann war einfach ein Besuch fällig. Die Gefahr jedoch war groß, dass Marcos versuchen würde, damit seinen Ruf als Menschenrechtsverletzer zu übertünchen.

Während dieser Jahre hatte ich weiterhin geschrieben und fotografiert, und auch dann und wann etwas veröffentlichen können. Darum bot ich an, den Papstbesuch für eine kirchliche Nachrichtenagentur und die Zeitschrift der Columban-Väter zu begleiten.

Mitte der 70er-Jahre wuchs die Opposition gegen das Kriegsrecht und wurde mit steigender Brutalität niedergeschlagen. Es herrschte eine Atmosphäre von Angst und Stillschweigen. Sich kritisch zu äußern hieß, seine Verhaftung, Befragung und unbegrenzte Inhaftierung herauszufordern. Viele, die das Regime kritisierten, verschwanden und zählten mit zu den 10 000 und mehr Menschenrechtsopfern des Marcos-Regimes.

Die christlichen Kirchen begannen, auf die wachsende Zahl der Menschenrechtsverletzungen zu antworten. 1974, zwei Jahre nach

Einführung des Kriegsrechts, rief die CBCP Marcos energisch dazu auf, das Kriegsrecht zu beenden und zu einer demokratischen Herrschaft zurückzukehren. Am 1. September appellierte auch Kardinal Sin an den Präsidenten. Marcos ignorierte sie und ging noch härter gegen Priester und Kirchenleute vor, die als Subversive und Kommunisten diffamiert wurden und somit verhaftet und im Schnellverfahren hingerichtet werden konnten. Der Oberste Gerichtshof stand nun völlig hinter Marcos und veröffentlichte am 17. September zu seiner ewigen Schande eine Erklärung über die Rechtmäßigkeit des Kriegsrechts.

Die muslimische Bevölkerung der südlichen Insel Mindanao rebellierte und ein Repräsentant der OIC, der Organisation der Islamkonferenz, stellte einen Friedensplan vor, der die Schaffung eines autonomen islamischen Staates vorschlug. Zur damaligen Zeit wurde jedoch nichts unternommen.

Das Wachstum der christlichen Basisgemeinden war eine positive Antwort auf all die Probleme und bestärkte diejenigen Menschen, die ansonsten gespalten, isoliert, schwach und verängstigt waren. Die christlichen Gemeinden, weit entfernt in abgelegenen Gebieten, bestanden aus kleinen Gruppen, die im Glauben vereint waren, sich gegenseitig halfen und schützten und die Verantwortung für sämtliche sozialen und liturgischen Aktivitäten der Gemeinde übernahmen.

Die traditionelle Eucharistiefeier in den Gemeinden war eine Quelle der Einigkeit und Stärke für die hauptsächlich katholische Bevölkerung. Man konzentrierte sich stärker auf die ursprüngliche Aufgabe der Kirche, nämlich die Nachfolge Jesu Christi in der Bestätigung und Anerkennung der Rechte und der Würde jedes einzelnen Menschen. Predigten und Gemeindeprogramme betonten zunehmend, wie wichtig Respekt für Menschenwürde und soziale Gerechtigkeit war.

Nicht alle Bischöfe waren so enthusiastisch in ihrer Ablehnung des Kriegsrechts und einige sahen soziale Aktivitäten auch als kommunistische Unterwanderung der Kirche an. Die Veröffentlichungen der Kirche reichten nicht aus, um das dringende Bedürfnis nach Schutz und Gruppensolidarität zu erfüllen, welches viele verfolgte Christen verspürten, besonders wenn sie über die bergigen Regionen verstreut waren, wo es niemanden gab, mit dem sie zusammen eine Messe hätten feiern können. Viele Priester hatten ihre Stimme erhoben, um gegen die Verletzung der Menschenrechte zu protestieren. Manche wurden verhaftet, ins Gefängnis geworfen und gefoltert. Einige wurden getötet und andere mussten fliehen, um ihr Leben zu retten. Sie entkamen ins Ausland oder schlossen sich der wachsenden Rebellenbewegung im Dschungel und in den Bergen an.

Auf Negros sammelten inzwischen die Columban-Missionare Niall O'Brien aus Dublin, Brian Gore aus Australien sowie mein Klassenkamerad Donald Hogan und andere ihre verstreuten Herden und die christlichen Basisgemeinden wurden stärker. Die Missionare halfen ihnen, sich vor den marodierenden Soldaten zu schützen, welche die ländliche Bevölkerung terrorisierten und umbrachten, um sie damit derart zu verängstigen, dass sie den Kommunisten keinen Unterschlupf mehr gewährten. Das Oberkommando des Militärs nannte sie die »Verlorenen Kommandos« und weigerte sich, die Verantwortung für ihre Taten zu übernehmen. Angeblich sollten sie aufgelöst und verhaftet werden, dabei war es offensichtlich, dass sie jede Menge Munition sowie Zugang zu Waffen und Vorräten hatten. Sie waren Terrortruppen mit dem Freibrief zu töten und zu terrorisieren; man ließ sie auf die Bevölkerung los, um diese einzuschüchtern. Sie ließen sich auch von reichen Geschäftsleuten oder Plantagenbesitzern anheuern, wenn diese Land von Pächtern oder verarmten Gemeinden »säubern« lassen wollten oder um einen Streik in einer Zuckermühle niederzuschlagen. Jeden Tag fand man Körper, die wie Aas einfach am Straßenrand abgeladen worden waren. Es herrschte institutionalisierter Terror, der jeglichen Protest erstickte, die Justiz in Fesseln legte und die Presse kontrollierte. Marcos' Spießgesellen konnten sich noch mehr Land unter den Nagel reißen und sich ohne Proteste und rechtliche Folgen bereichern. Die Kirche war also die einzige Zuflucht und die Priester riskierten ihr Leben, wenn sie den Armen auf diese Weise halfen. Auch sie wurden als Sympathisanten der Kommunisten gebrandmarkt, aber es gab keinen anderen Weg. Die Kirche auf Negros, geführt von Bischof Fortich, machte sich für die Unterstützung der christlichen Basisgemeinden stark und stellte durch das »Soziale Hilfszentrum« der Diözese Rechtsberatung zur Verfügung. Rechtsanwälte, die in jenen Tagen für die Armen arbeiteten, setzten sich einem unglaublichen Risiko aus. Viele von ihnen wurden brutal ermordet. Das Militär bezeichnete die christlichen Gemeinden als subversiv und nannte sie eine Frontorganisation für die kommunistischen Rebellen, deren Zahl stetig stieg und die zunehmend Unterstützung durch die Armen gewannen.

Auch in Olongapo war es gefährlich, seine Meinung zu äußern, selbst wenn die örtliche Regierung unter Bürgermeister Geronimo Lipumano kein begeisterter Befürworter des Kriegsrechts war. Er kam an die Macht, als die Gordons Marcos' Gunst verloren, vielleicht weil sie dessen Wiederwahl nicht unterstützt hatten.

Die Spionageabwehr des Militärs war überall präsent und wir hielten uns in unseren öffentlichen Aussagen sehr zurück. Ich wusste immer noch nicht, ob sie bezüglich meiner Verbindung zu Pater Joe Naku etwas über mich in der Hand hatten. Alex Hermoso und ich wurden eingeladen, um Workshops und Seminare über die Geißel des Drogenmissbrauchs zu halten. Wir taten unser Bestes, dem Gefühl der Hoffnungslosigkeit entgegenzutreten, welches die Menschen erfüllte, und sprachen über die Notwendigkeit und das Recht auf Therapie, welche die emotionalen Probleme der Süchtigen lösen könnte. All das bezog sich natürlich auf die persönliche Ebene, aber es war offensichtlich, dass die Theorie und die Therapie genauso dazu geeignet waren, aufgestaute Gefühle hinsichtlich sozialer und politischer Unterdrückung loszuwerden. Es war ein gefährliches Manöver, das von einem scharfsinnigen Geheimagenten leicht als Aufruf zur Revolution hätte interpretiert werden können. Wir spürten die Spannung und die Angst im Publikum, wenn wir darauf hinwiesen, dass es nötig war, sich offen gegen unterdrückte Schmerzen durch Ungerechtigkeit und Gewalt zu wehren. Wir traten niemals für Gewalt ein, sondern wir sprachen über die Notwendigkeit, sich in gewaltloser Form innerlich und auch äußerlich der Realität zu stellen. Genauso traten wir für das Recht ein, über diese Dinge zu sprechen und offen die Gefühle über die Wurzeln der Ungerechtigkeit und der Schmerzen zu zeigen. Ebenso waren wir von dem Wert emotionaler Erleichterung überzeugt, welche für die Verringerung der Schmerzen und des Drucks nötig war.

Natürlich siedelten wir all das im Kontext der psychologischen Befindlichkeit des Drogenabhängigen an. Freunde, die unsere Vorträge hörten, sahen die politischen Implikationen deutlich und gemahnten uns zur Vorsicht. Andere waren vielleicht einfach verdutzt über unsere Empfehlung, sich in therapeutischer Form mit den missbrauchenden Autoritätsfiguren aus der Kindheit und Jugend auseinanderzusetzen. Die asiatische Kultur strebt nach Konsens, Konformität und Harmonie. Sie vermeidet Konflikte und Konfrontationen, es sei denn, es handelt sich um eine grobe Beleidigung, einen Prestigeverlust, das Abhandenkommen der persönlichen Würde oder die Notwendigkeit, die Familien- oder Clan-Ehre wiederherzustellen. Eine Problemlösung durch Konfrontation und Gewalt, sogar im emotionalen und insbesondere im militärischen Konflikt, waren die allerletzten Mittel, auf die man zurückgreifen würde.

Vielleicht hat der Marxismus den asiatischen Geist aus diesem Grund selten durchdrungen und wurde nie völlig angenommen. *Er musste den Menschen aufgezwungen werden.* Er ist eine fremde westliche Ideologie, von Karl Marx nach vielen Stunden der Lektüre in der Bibliothek des Britischen Museums entworfen – den asiatischen Kulturen vom Westen aufgezwungen. Traditionelle asiatische Werte sind stark entstellt und missbraucht worden. Das bewundernswerte Ziel, Frieden und Harmonie durch das Vertrauen zu einem weisen und gütigen Herrscher zu erlangen, wurde manipuliert, um die imperialen Ambitionen eines Diktators zu erfüllen. Es wurde reduziert auf Unterwerfung, Fügsamkeit und eine nicht hinterfragte Gehorsamkeit gegen den Kaiser – wie im Fall von China und Japan – oder den Diktator – wie z.B. bei Suharto in Indonesien oder dem Tyrannen Marcos und seiner Frau Imelda auf den Philippinen. Selbst wenn sich der Marxismus durchsetzte, kamen bald dieselben menschlichen Schwächen zum Vorschein und es waren nicht die Menschen, die das gelobte Land erreichten, sondern die Partei. Allzu oft inszenierte deren Führer einen Personenkult und ein Tyrann der Rechten wurde durch einen Tyrann der Linken ersetzt.

Revolutionäre sind nicht daran interessiert, alte Zustände zu reformieren, die nicht mehr zu retten sind, sondern schließen sich begeistert einer Ideologie an, die alles hinwegfegt und Platz schafft für Neues. Sie glauben daran, dass ein neuer Flicken auf einer alten Jacke nicht ausreicht und neuer Wein in neue Schläuche gehört. Der Wind der Erneuerung durchwehte die Untergrundbewegung auf den Philippinen. Der Marxismus bot einen Weg, das Herrschafts- und Kontrollsystem der spanischen und amerikanischen Kolonialherren zu ersetzen und die Ungerechtigkeiten historischer Unterdrückung und Exzesse rückgängig zu machen. Die gierigen, geizigen und machthungrigen Diktatoren begriffen nicht, dass die sich ihr eigenes Grab schaufelten. Aber würde es auf den Philippinen jemals soweit kommen? Sowohl das Christentum als auch der Marxismus boten eine Alternative zur Tyrannenherrschaft des skrupellosen und brutalen Diktators. Die offenere und liberale Version des Christentums mit ihrer Basis im Evangelium und dessen Vision vom Königreich der Gerechtigkeit, des Friedens und einer Beteiligung des Volkes befürwortete eine gewaltlose, spirituelle und soziale Revolution hin zu mehr Demokratie. Das traditionelle, institutionalisierte Modell der Kirche praktizierte keine Demokratie, denn es war selbst ein hierarchisches Regierungssystem. Der Marxismus bot eine Ideologie, die ohne einen Gott auskam und den Philippinen ein völlig neues System versprach: ihr erklärtes Programm des gemeinschaftlichen Eigentums aller Güter, der Gerechtigkeit und des Sozialismus.

Um weiterhin finanzielle Hilfe von den USA zu bekommen, musste Marcos die Stützpunkte und das amerikanische Personal vor Guerilla-Attacken schützen. Wenn die Soldaten die Bars, Clubs und billigen Hotels besuchten, waren sie leichte Beute für bewaffnete Überfälle; in Wirklichkeit wurden sie jedoch selten angegriffen. Für die Rebellen, die tief im Regenwald südlich von Olongapo in der Provinz Bataan kleinere Einheiten unterhielten, waren die Stützpunkte eine Quelle für Waffen und Ausrüstung. Sie griffen die Amerikaner mit Absicht nicht an, um keine Razzien zu provozieren und somit den Nachschub an Waffen und Munition nicht zu gefährden, den ihre Freunde und Sympathisanten vor Ort entwenden konnten.

Durch die Entwicklungen auf Negros inspiriert, begannen wir ab 1976 kleine Gruppen von Christen in den Slums und Dörfern um Olongapo herum zu organisieren, damit sie sich durch Gebet und spirituelle Reflexionen über ihre Würde selbst stärken konnten. Mit Selbstvertrauen und guter Organisation stellten sie Selbsthilfeprojekte auf die Beine, konnten durch die Erlöse ihre Lebensumstände verbessern und sich so ein eigenes Einkommen schaffen. Wir bekamen Hilfe von Menschen, die Erfahrungen in der Betreuung solcher Projekte hatten. Sie kamen von ACES, einer Gruppe, die Alice und Denis Murphy aufgestellt hatten. Als Ehepaar standen diese beiden unerschütterlich im Dienst der Armen. Denis war ein ehemaliger Jesuitenpriester; er hatte erkannt, dass er der Kirche der Armen als verheirateter Laie besser dienen konnte denn als geweihter Priester, gekettet an ein traditionell autoritäres Kirchensystem, welches sich immer weiter von den Armen entfernte.

Die kleinen Gemeinden, denen wir helfen wollten, lagen in der Nähe der Müllhalde. Die Gegend dort heißt *Pag-Asa*, »Hoffnung«, aber die gab es dort kaum, wie mir ein alter Lumpensammler, der sein ganzes Leben dort verbracht hatte, ironisch erklärte: »Wir haben nur die eine Hoffnung: im Müll etwas zu finden, was wir essen oder verkaufen können.« Wir halfen den Gemeinden am Ufer des Santa Rita-Flusses und in *Parola*, wie die Gegend um den Leuchtturm genannt wurde, sich selbst zu organisieren. Hier kämpften die Ärmsten der Armen gegen den Hungertod. Neben dem Leuchtturm, am Rande der Bucht von Subic, direkt unterhalb des Friedhofs, begannen wir, mit den Menschen über die Bibel zu sprechen. Wir wollten sie selbst fühlen lassen, dass sie keine Ausgestoßenen waren, sondern dass Gott bei ihnen war und sie aufrief, zusammenzuarbeiten und ihr Leben zu verändern. Sie gründeten einen Gemeindeverein und beschlossen, ein Fischerboot anzuschaffen, welches nach dem Rotationsprinzip von allen genutzt werden konnte. Die Armen hatten keine eigenen Fischerboote oder Netze, sondern liehen diese zu hohen Gebühren von den wohlhabenden Bootsbesitzern weiter flussaufwärts aus.

Mit einem einzigen Boot konnten sich zehn Familien einen vernünftigen Lebensunterhalt erwirtschaften. Mithilfe von Pater Michael Duffy, einem Columbaner, der die sozialen Aktivitäten der Diözese koordinierte und der Gründung der Gemeinden sehr engagiert und unterstützend gegenüberstand, bekamen wir einen kleinen Zuschuss und kauften ein Boot und Netze. Ich erinnere mich noch, wie ich die aufgeregte, lärmende Gruppe eines frühen Morgens im Pick-up nach Manila chauffierte, wo sie Netze und anderes für die Ausrüstung kaufen wollten. Wir fuhren nach Binondo, dem alten chinesischen Viertel von Manila. Die Frauen übernahmen das Verhandeln. Sie gingen von einem Händler zum nächsten, bis sie das beste Angebot bekamen. Sie kauften Netze, Lampen, Schwimmer, Angelhaken und viele Rollen Schnur. Die Fahrt zurück dauerte vier Stunden, denn die Straßen waren voller Schlaglöcher und es regnete in Strömen; es war eine der schlimmsten Fahrten, die ich je gemacht hatte. Aber die Dorfbewohner waren außer sich vor Freude, weil sie endlich die Mittel hatten, um ihren Lebensunterhalt selber zu erarbeiten.

Die gemeinsame Arbeit am Bootprojekt förderte den Zusammenhalt zwischen den Familien, die sich vorher wegen Eifersüchteleien und Kleinigkeiten bekriegt hatten. Das Gefühl der Wertlosigkeit, hervorgerufen durch Armut und die Gleichgültigkeit der Regierung ihnen gegenüber, verschlimmerte noch die Zänkereien in der Gemeinde, die manchmal zu richtigen Kämpfen ausarteten. In den Augen der Elite und des Militärs waren die Armen eine Plage. Sie wurden nicht wie Menschen behandelt, weil sie weder zum Wirtschaftswachstum beitrugen noch ausgebeutet werden konnten. Darum hatten auch sie gelernt, sich selbst als wertlos anzusehen. Diese resignierende Einstellung wurde *bahala na* genannt, »das liegt in Gottes Hand«, und schien zu sagen: »Wir können nichts tun, um unser Schicksal zu ändern.«

Nun hatten sie etwas, wofür es sich lohnte, zu arbeiten und was schützenswert war, etwas, das alle miteinander teilten. Sie überlegten sich ein System, mit dem verschiedene Familien das Boot an verschiedenen Tagen und Nächten nutzen konnten. Sie vereinbarten auch, den Fang zu teilen.

Der Tag der Einweihung war schön. Alle Familien versammelten sich am Strand. Gemeinsam feierten wir die Heilige Messe und beteten für einen guten Fang.

Zu dieser Zeit hatte mein Mitbruder Pater Colm McKeating begonnen, sich für die Menschen in Cabalan, einem Ortsteil am südlichen Stadtrand von Olongapo, zu engagieren. Er lebte solidarisch mit ihnen in einer kleinen Bambushütte, vereinte sie in drei Gemeinden und half ihnen, sich durch Gebet, Reflexion und Handeln selbst zu organisieren. Traditionellerweise erfüllte ein Katholik seine Pflicht, wenn er sonntags zur Kirche ging und die grundlegenden Sakramente empfing: Taufe und Erstkommunion für die Kinder, Eheschließung und Letzte Ölung für die Erwachsenen. Diese neue Form der Kirche als einer lebendigen Gemeinschaft, in der Nachbarn sich zusammenschlossen und sich gegenseitig halfen und schützten, war eine neue und stärkende Erfahrung für die Menschen. Sie fühlten sich tatsächlich als »Kirche« oder als Gottes Volk, das zusammenkam, um das Evangelium im

Alltag zu leben und im Hier und Jetzt am Königreich Gottes mitzubauen. Die Verantwortung wurde geteilt und an die Gemeinde weitergegeben, so dass der Priester nicht mehr alles kontrollierte und bestimmte. So entstanden viele selbstinitiierte Gemeindeprojekte, die Jugendlichen, unverheirateten Müttern und anderen Bedürftigen halfen.

Wir als Missionare fühlten, dass wir etwas anhaltend Nützliches und Bedeutendes taten. Leider unterstützte Pater Colms Superior das Modell der christlichen Basisgemeinden nicht – er hielt es eher für kommunistisch als für christlich. Colm wurde abgezogen und erhielt eine neue Aufgabe. Die fehlende Bestätigung und Unterstützung für seine Arbeit war eine große Enttäuschung für ihn und hinterließ eine emotionale Wunde, die nicht verheilen wollte. Einige seiner Gemeindesprecher wurden später verhaftet und ins Gefängnis gebracht. Es wurde immer riskanter, irgendetwas auf die Beine zu stellen, in welcher Form auch immer. Ich besuchte sie im Gefängnis im nahegelegenen Militärcamp Cabal, um sicher zu sein, dass sie gut behandelt und nicht von Todesschwadronen bedroht wurden. Es kam kein Ersatz für Colm, deshalb beschloss ich, die Treffen der wachsenden Gemeinden weiterhin zu besuchen und in zwei zentralen Orten die Sonntagsmesse mit ihnen zu feiern. Dies tat ich zwei Jahre lang. Es war ein bedeutender Anfang …

1976 entwickelte sich das Projekt für die Wanderhandwerker und die genesenden Drogensüchtigen im PREDA-*Bukang Liwayway Centre* weiterhin gut und verschaffte den jungen Leuten ein kleines, aber gesichertes Einkommen. Wir lebten einfach und versorgten uns im Wesentlichen selbst. Erfahrene Handwerker kamen, um den jungen Leuten das Möbelflechten beizubringen, damit sie auch daraus einen Lebensunterhalt erwirtschaften konnten. Bald konnten wir viele schöne Korbmöbel und Weidenkörbe zum Kauf anbieten.

Viele Handwerker waren seit dem Ende des Vietnam-Krieges 1974 und der nachlassenden Nachfrage im Marine-Stützpunkt arbeitslos geworden. Unser kleines Ausbildungs- und Handwerksprojekt beschäftigte damals ungefähr 20 gut ausgebildete Handwerker aus den benachbarten Provinzen. Sie waren unglaublich geschickt in der Herstellung von Möbeln aus Rattan- und *Buri*-Palmen. Sie stellten u.a. Stühle und Tische her, zum Beispiel den Stuhl mit der hohen Lehne, der wegen des fächergleichen Rückenteils *peacock chair*, »Pfauenstuhl«, genannt wird. Die oben abgerundeten Bücherregale waren elegant und sehr nützlich.

Unsere Freunde und Unterstützer in der Marinebasis empfahlen unsere Produkte gerne ihren Freunden und Nachbarn weiter. Wir hatten sogar einen Kunden in London, der unsere Möbel importierte und sie für Schaufenster-Auslagen verkaufte. Jahre später ging ich einmal durch den Flughafen Heathrow in London und sah zu meinem Erstaunen und Entzücken einige unserer Möbelstücke in einem Schaufenster stehen, die dort für die Ausstellung qualitativ hochwertiger Seifen und anderer Kosmetikprodukte genutzt wurden.

Einige Jahre später gingen viele der Handwerker zurück in ihre Provinzen und errichteten mithilfe von PREDA ihre eigenen Korbflechtereien und Werkstätten und konnten so zusätzlich zum Reis- und Gemüseanbau noch ein weiteres Einkommen erwirtschaften. Bereits seit 1975 waren wir Teil der Fairhandelsbewegung, die Kriterien für gute und nachhaltige Handelspraktiken aufstellte.

Dieses Projekt half auch einigen der verarmten Familien, die in behelfsmäßigen Hütten auf den unfruchtbaren Hügeln rund um Olongapo lebten. Diese Hügel waren schon lange abgeholzt worden, schon seit das Land aus der Hand des Stützpunktes in die der Stadtverwaltung übergegangen war. Die mächtigen politischen Familien machten sich sofort daran, den Regenwald auszubeuten und abzuholzen und bekriegten sich gegenseitig wegen der besten Konzessionen.

Medizinische Hilfe gab es kaum und die meisten Frauen konnten es sich nicht leisten, im Krankenhaus zu entbinden. Stattdessen brachten sie das Kind mit Hilfe der Dorfhebamme in der Hütte oder dem Slum zur Welt, wo sie lebten. Eines Nachts im Juli 1976 kam ein junger Mann in Shorts und T-Shirt über den Hügel gerannt und bat uns um Hilfe. Sie wohnten auf dem einsamen Hang; seine Frau lag in den Wehen und blutete stark. Bald würde sie wegen des Blutverlustes sterben. Sofort gingen Rolly und einige der Bewohner hinüber, um zu sehen, ob sie die Frau in einer Decke den Bergweg hinunter tragen könnten. In der Woche zuvor hatten wir Telefon bekommen, was große Aufregung verursacht hatte. Es gab aber keine Wählscheibe. Wenn man den Hörer abhob, sollte sich eigentlich ein Vermittler melden, aber das geschah nur selten. Ich wagte einen verzweifelten Versuch. Ich betete inbrünstig, bevor ich den Hörer abhob und war erstaunt, sofort eine Stimme zu hören – es funktionierte! Ich konnte es kaum glauben. Sofort verband man mich mit der Feuerwehr, die versprach – und das war noch erstaunlicher – sofort einen Krankenwagen zu schicken. 20 Minuten später traf ein Rettungsteam bei PREDA ein. Wir führten die Sanitäter zum Hang, wo sie auf die Gruppe der Bewohner trafen, welche die blutende Frau durch das schwierige Gelände heruntergetragen hatten. Sie wurde ins Krankenhaus gebracht, Mutter und Kind überlebten. Einige Wochen später ging ich nach St. Joseph und gemeinsam tauften wir den Jungen auf den Namen Francis.

Während dieser Zeit breiteten sich die christlichen Basisgemeinden immer weiter aus, ihre Anführer wurden festgenommen und als subversive Kräfte inhaftiert. 30 Mitglieder der Gemeinde am nahe gelegenen Half-Moon Beach schrieben an den Bürgermeister, um ihn über die regelmäßigen Bibelstunden und Gemeindetreffen zu informieren. Sie baten ihn um Schutz vor dem örtlichen Bezirksleiter, der sie beschuldigte, die kommunistischen Rebellen zu unterstützen. Tatsächlich aber war er nicht damit einverstanden, dass die Gemeinde sich selbständig außerhalb seines Autoritäts- und Kontrollbereiches zusammengeschlossen hatte. Überall gab es Widerstand gegen jegliche Form organisierter Gemeindearbeit, besonders wenn es darum ging, den Armen zu helfen. Mehr und mehr befürchtete ich, dass uns das Militär bald einen Besuch abstatten würde.

Im Jahr 1976 kamen Pater Dermot McCarthy und ein irisches Dokumentarfilm-Team zu uns, um über die Situation zu berichten. Sie wohnten im Zentrum und begleiteten mich zu meinen Besuchen der Basisgemeinden, zu den Sitzungen im Therapieraum und zu den Werkstätten. Der Beitrag wurde in Irland ausgestrahlt und fand bemerkenswerte Resonanz. Ich erkannte, dass internationale Unterstützung in Zukunft immer wichtiger werden würde und dass die Massenmedien der ideale Weg waren, öffentliches Bewusstsein zu schaffen. So könnte auch im Ausland zu Widerstand gegen das Marcos-Regime aufgerufen werden. Dieses Video mit dem Titel *Pain is the Price*, »Schmerz ist der Preis«, wurde für uns zu einem wertvollen Bildungs- und Aufklärungsfilm. Darum entschied ich mich, mehr über die Situation auf den Philippinen zu schreiben und begann, durch das Land zu reisen. Ich besuchte andere Columban-Missions-

Stationen, fotografierte und schrieb Geschichten. Als ich die Entwicklungsprojekte der Columbaner in Dimataling auf Mindanao besuchte, traf ich auf eine gemischte Gemeinde aus Christen und Muslimen und sah mit eigenen Augen die überwältigenden Schwierigkeiten, denen die Missionare gegenüberstanden. Ich wohnte bei dem Australier Warren Ford, der eine phantastische Beziehung zu den Führern der muslimischen Gemeinschaften hatte. Mir standen die Haare zu Berge, als er so ganz lapidar von den Gefahren erzählte, die in den umliegenden Hügeln und Wäldern lauerten. Marodierende Banden regierungsfeindlicher muslimischer Kämpfer griffen christliche Siedler an, weil sie glaubten, diese stünden aufseiten der Regierung und seien außerdem in das Land ihrer Ahnen eingedrungen. Wie um seine Erzählung zu bestätigen, zerrissen plötzlich Gewehrschüsse die Stille der Nacht. In einigen Gegenden rissen gierige Großgrundbesitzer große Teile muslimischen Gebietes an sich und holzten sie ab, obwohl dieses Land den Moslems als heilig galt. Die Umweltzerstörung schritt fort, doch Marcos und seine Mitläufer ließen alles geschehen.

Daraus erwuchsen im Jahr 1979 anhaltende gewalttätige Auseinandersetzungen zwischen dem philippinischen Militär und den muslimischen Rebellen. Es war eine verstörende Erfahrung, doch die Geduld und Hingabe, mit der die Columbaner auf Mindanao sich um Frieden und Verständigung bemühten, war sehr inspirierend. Mein Klassenkamerad Michael Rufus Halley lebte in der einige Fahrstunden in den Bergen gelegene Stadt Marawi. Hier patrouillierten gepanzerte und bewaffnete Armeefahrzeuge durch die Straßen. Ich erkannte das Ausmaß, in dem sich die Armut der Landbevölkerung unter Marcos verbreitete.

In diesem Jahr besuchte ich auch die Insel Negros, wo die Columbaner seit den 50er-Jahren arbeiteten. Meine Freunde Brian Gore, Niall O'Brien, Donal Hogan, Mickey Martin und viele andere gründeten christliche Gemeinschaften in den abgelegenen Gemeinde nahe Kabankalan, südlich der Provinzhauptstadt Bacolod. Niall O'Brien war der Gemeinde von Dakong-Kogan zugeteilt, wo der gegenüber fortschrittlichen und sozialen Themen aufgeschlossene Bischof Fortich eine Zuckermühle für die armen Bauern aufgebaut hatte. Damit konnte er ihnen eine kostengünstige Alternative zu den Mühlen der reichen Elite bieten, welche die Subsistenzlandwirte und die Fabrikarbeiter schamlos ausbeutete und sie für einen Hungerlohn unter härtesten Bedingungen schuften ließ. Die Kirche und die Columbaner unterstützten die Arbeiter und halfen ihnen bei der Gründung einer Gewerkschaft, wodurch sie sich den Zorn der einflussreichen Plantagenbesitzer und des Militärs zuzogen. Hier war eine Form katholischer Christlichkeit am Werk, die Jesus Christus sicherlich gutgeheißen hätte. Die Einheit und Solidarität der Leute waren bemerkenswert, ebenso wie die Risiken, denen sich Laien und Priester trotz der militärischen Unterdrückungsversuche aussetzten. Es war eine Gemeinschaft und eine Bewegung, der alle, die sich nach Gerechtigkeit sehnten, sicherlich gerne angehört hätten.

Diese Gruppen waren das Ergebnis einer Restrukturierung und Reorganisation der ursprünglichen Gemeinde, die sich weit über das Gebiet erstreckte. Sie wurde in kleinere Gemeinschaften aufgeteilt, die jeweils ihre eigenen Leiter wählten und sich selbst verwalteten. Trotz Unterdrückung und militärischer Verfolgung orientierten sich die kleinen christlichen Gemeinden an den im Evangelium verkündeten Werten der gegenseitigen Hilfe und dem unerschütterlichen Glauben an Gerechtigkeit und Gewaltlosigkeit. Die Leiter übernahmen die Verantwortung für ihre Gruppe gern und voller Freude an ihrer Aufgabe. Viele der Leute waren Pächter oder verarmte Siedler, die von landhungrigen Zuckerplantagenbesitzern mit Hilfe des Militärs von ihrem Land und Besitz vertrieben wurden. Die Plantagenbesitzer nutzten ihre engen Verbindungen zu Marcos aus und vergrößerten auch jetzt noch die schon riesigen Anwesen, um von den steigenden Zuckerpreisen auf dem Weltmarkt zu profitieren. Nicht zufrieden mit den Ländereien im Tiefland, wollten sie jetzt auch das Land in den Bergen für sich haben. Gier kennt offensichtlich keine Grenzen.

Brian, Niall, John Brazil und die anderen, die ihr Leben für ihren Glauben aufs Spiel setzten, waren für uns bei PREDA eine Inspiration. Der Glaube dieser Pioniere war ansteckend. Sie waren überzeugt von der Richtigkeit ihrer Arbeit: die Würde der Ärmsten zu verteidigen und zu schützen. Die Schwäche der Menschen führte sie zusammen und befähigte sie so, für sich selbst und andere einzustehen. Es gab Kundgebungen, Märsche und Demonstrationen, um gegen Folter, Morde und Unterdrückung zu protestieren. Die Armen überquerten Berge und Sümpfe, Täler und Flüsse, um sich gegenseitig zu helfen und zu unterstützen. All dies machte einen tiefen Eindruck auf mich, stärkte meinen Glauben und beeinflusste in vielerlei Hinsicht mein eigenes soziales und spirituelles Bewusstsein – und das PREDA-Team teilte mit mir diese Einstellungen.

Eines Tages hatte eine fanatische Gruppe, die sog. *Salvatores*, einen brutalen Mord begangen; als Antwort darauf wollten Brian und die Verantwortlichen seiner Gemeinde die gesamte Bevölkerung mobilisieren. Als ich davon hörte, ging ich zurück nach Negros, dort weiter nach Kabankalan und schließlich in das Dorf Orignao, wo Brian lebte. Ich reiste auf dem Dach eines überfüllten Mini-Busses, in Gesellschaft von Hühnern und quiekenden Schweinen, zwischen Kisten und Verschlägen, dicht gedrängt mit den anderen Passagieren auf dem Dach. Auch auf der Stoßstange saßen Leute, während andere an den Seiten des Busses hingen. Dies war die übliche Art des Reisens in den ländlichen Gebieten der Philippinen. Wir holperten über die ungeteerte Straße, die sich durch die Zuckerrohrfelder zog, über die wackelige Brücke und die Serpentinen hinauf in die Berge und ins Dorf.

Ich kam zu spät. Sie waren schon ganz früh morgens aufgebrochen. Tausende waren ins Lager der fanatischen *Salvatores* in den Bergen marschiert, um sie zur Rede zu stellen und das ermordete Gemeindeoberhaupt Lolito zu beerdigen. Ich folgte ihnen und machte mich allein auf den Weg über den ungeteerten Holzfällerpfad hinauf in die Berge. Eine Stunde lang kletterte und wanderte ich durch die stillen und unheimlichen Bergpässe. Hier und dort sah ich die unglaubliche Armut der Familien, die am Rande des einst üppigen Regenwaldes lebten. Eine Stunde später hörte ich vor mir Leute singen, dann sah ich die riesige Menschenmenge auf ihrem Weg zurück. Sie waren in Hochstimmung, voller Selbstvertrauen. Das Gefühl der Einheit war überwältigend. Ihre Stimmung riss mich mit. Brian war umringt von den Leitern seiner Gemeinde. Er hieß mich willkommen und berichtete mir von ihrem Erfolg. Sie hatten die skrupellosen *Salvatores* allein durch die moralische Macht einer geeinten Gemeinde, die ihre Menschenrechte schützte, gezähmt. Je größer die Gruppe wurde, desto mehr verringerte sich ihre Angst vor den Killern. Sie fanden den Mut, den Anführer in seinem Bergversteck zu stellen und ein Ende des Tötens zu verlangen. Es war ein bemerkenswerter, gewaltloser Ansatz. Andere hätten nach Vergeltung geschrien und versucht, die Mörder mit Waffen zu bekämpfen.

In den kommenden Monaten und Jahren wuchsen die Kraft und der Zusammenhalt in den Gemeinden von Brian und Niall. Gemeinsam waren sie so einflussreich, dass sie viele der Mörder vor Gericht brachten, manche Inbesitznahme von Ländereien in der Gegend verhinderten und der Spielsucht und anderen sozialen Lastern Einhalt gebieten konnten. In Abwesenheit einer effektiven und unbestechlichen Regierung hatten die Menschen die Initiative und Autorität selbst übernommen. Die Menschen waren durchdrungen von dem Bewusstsein ihrer eigenen Würde und dem Unwillen, sich unterdrücken zu lassen. Sie spürten, dass sie die Verantwortung für ihr Leben und das Wohl der Gemeinde selbst übernehmen mussten. Dass die Bevölkerung tatsächlich derart gestärkt wurde, verärgerte die herrschende Klasse. Stets waren sie es gewesen, die das Leben der Menschen kontrolliert hatten; nun wurden ihre Einflusssphäre und ihr Patronat nicht nur in Frage gestellt, sondern einfach umgangen. Hier auf Negros war die *People Power*, die machtvolle Widerstandsbewegung des Volkes, entstanden. Sie deckte die sozialen Missstände auf und verlangte Veränderung. Die Autoritäten wollten nicht kooperieren und schlugen bald zurück.

Es geschah im März 1980 in Kabankalan. Es war einer der dramatischsten und bedeutendsten Wendepunkte in diesem Teil von Negros und hatte sowohl nationale als auch internationale Auswirkungen. Die christlichen Gemeinden organisierten riesige Proteste gegen die Bestechlichkeit des Bürgermeisters und die zunehmende Grausamkeit des Militärs, welches regelmäßig einsame Bauernhöfe überfiel und plünderte, die Besitzer tötete und die Menschen von ihrem Land vertrieb. Gut 10 000 Menschen strömten in die Stadt. Der Versammlungsplatz, die Hauptstraße und die Seitenstraßen waren überfüllt. Überall waren riesige Transparente, Flaggen und bunte Plakate, die Forderungen nach sozialer Gerechtigkeit, christlicher Solidarität und dem Ende von Missbrauch erhoben. Noch niemals hatte es so etwas hier gegeben. Ihren späteren Handlungen nach zu urteilen, müssen der Bürgermeister und der Militärkommandant vor Ehrfurcht erstarrt sein. Die Menschenmassen und die furchtlose Offenheit der Protestierenden, die nach Gerechtigkeit verlangten, jagten ihnen Angst ein. Eine nach der anderen traten die Familien der Folter- und Mordopfer ans Mikrofon und äußerten sich mutig und herausfordernd. Einige äußerten ihre Wut, andere waren in Tränen aufgelöst.

Auch Pater Brian und Michael Martin sprachen auf der Kundgebung. Leider beendeten heftige Regengüsse die Veranstaltung vorzeitig und ließen keine Zeit mehr für das wichtigste der Themen: die Misshandlungen durch das Militär. Deshalb glaubte der Bürgermeister, die Kundgebung sei gegen ihn persönlich und gegen seine Verwaltung gerichtet. Das sollte Konsequenzen haben.

Wenige Tage nach Ostern verschwanden zwei Anführer aus Brians Gemeinde, Alex Garsales und Herman Muleta. Die Stimmung in den Gemeinden war angespannt; es gab nicht weniger Unterdrückung, sondern im Gegenteil noch mehr.

Ein paar Wochen später verschwanden sieben weitere Bauern auf geheimnisvolle Weise. Man vermutete eine Beteiligung des Bürgermeisters von Kabankalan. Die Frauen der Vermissten wandten sich an Bischof Fortich um Hilfe, welcher eine Untersuchung durch die Polizei verlangte. Die Körper der verschwundenen Bauern wurden in einem Feld, nahe am Haus des Bürgermeisters, ausgegraben. Man hatte ihnen die Hände auf dem Rücken zusammengebunden und sie wie bei einer Hinrichtung erschossen. In der Folge wurde Bürgermeister Sola angeklagt und wegen Mordes an den sieben Bauern vor Gericht gebracht. Sola war eine einflussreiche Persönlichkeit, was er dazu nutzte, das Justizsystem zu manipulieren und trotz der überwältigenden Beweise gegen ihn freizukommen. Dies verärgerte die kommunistischen Guerillakämpfer der *New People's Army* (NPA), der »Neuen Volksarmee«, die Rache schworen. Als sie ihre Drohung bald darauf wahr machten, sollte dies für die Missionare Brian Gore und Niall O'Brien schwerwiegende Folgen haben.

Eines Tages, als Sola in Begleitung seiner Leibwächter in einen abgelegenen Teil seiner ausgedehnten Ländereien fuhr, geriet er in einen Hinterhalt der NPA und wurde getötet. Die Rebellen bekannten sich zu der Tat und erklärten, der Bürgermeister hätte seinen Tod herausgefordert, sie hätten nur für Gerechtigkeit gesorgt. Das Militär untersuchte den Mord und fand genügend Beweise für die Schuld der NPA. Es verstärkte seine Bemühungen, die Rebellen zu finden, blieb aber ohne Erfolg. Damit war die Angelegenheit jedoch noch nicht beendet. Jahre später wurden Brian Gore, Niall O'Brien, Vincent Dagan sowie sechs ihrer männlichen Gemeindemitarbeiter, auch die »Neun von Negros« genannt, des Mordes an Sola beschuldigt. Obwohl sie völlig unschuldig waren, drohte ihnen nun die Todesstrafe.

Anfang der 80er-Jahre gingen in Olongapo unsere eigenen Versuche, die Leute zusammenzubringen, nur langsam voran. Diejenigen, welche die Gründung der Gemeinschaften begleiteten, trainierten die Führungspersonen im *Pag-Asa*-Viertel, wo die Menschen im Dreck und Unrat lebten. Die Kinder waren unterernährt, sie hatten entzündete, eiternde Wunden, wo sie sich an Scherben oder rostigen Nägeln verletzt hatten. Die Menschen lebten von weggeworfenen Lebensmitteln und von dem bisschen, was sie durch den Verkauf gesammelter Kabel, Kartons, Flaschen und Konservendosen verdienten. Eine Familie verdiente ihren Lebensunterhalt sogar mit dem Sammeln und Verkaufen von Knochen. Wie andere Gemeinschaften, in denen wir den Bewohnern halfen, sich selbst zu organisieren, hatte der neu gewählte Bürgermeister, Richard Gordon, auch dieser Gemeinde mit dem unmittelbaren Abriss gedroht. Diese Gruppen begannen, notwendige Güter der Grundversorgung von der Stadtverwaltung einzufordern, wie z.B. Anschlüsse für sauberes Wasser. Es war ein mühsamer Kampf. Eines Tages marschierten sie den Magsaysay Drive, wo sich die Nachtclubs befanden, hinunter bis zum Rathaus. Unterwegs wurden sie von Polizeibarrikaden aufgehalten; für die Stadtverwaltung war diese Situation jedoch äußerst peinlich. Sie waren darauf bedacht, den US-Angestellten die Stadt im besten Licht zu präsentieren, um sich weiterhin einzuschmeicheln und Geld für städtische Projekte zu bekommen. Der Marsch der Bettler und Müllsammler verärgerte die neue Stadtverwaltung. Man schickte die Polizei, um die Einwohner der entsprechenden Gemeinden über ihre Anführer zu befragen.

Die Bewohner der Leuchtturm-Gemeinde versuchten inzwischen, einen Rechtsanspruch auf das von ihnen besetzte Land an der Flussmündung gegenüber dem Stützpunkt zu erhalten, denn man hatte sie ohne erkennbaren Grund aufgefordert, die Gegend zu verlassen. Ihre Bemühungen wurden jedoch von der Stadtverwaltung behindert, die sich noch unnachgiebiger verhielt als zuvor. Das Projekt mit dem gemeinsamen Fischerboot lief gut und sie konnten ihre Häuser mit Betonplatten verstärken. Es gab dort 70 Familien und einige hatten sich kleine Häuser mit zwei Zimmern gebaut. Sie alle lebten vom Fischfang in der Bucht von Subic. Seit ihrem Zusammenschluss hatten sie die frühere Stadtverwaltung unter Druck gesetzt, ihnen einen Wasseranschluss zu verschaffen.

Gemeinsam hielten wir Bibel- und Gebetsstunden mit den Menschen ab. Unsere Bemühungen blieben nicht unbeachtet und die Anwohner berichteten uns von Fremden, die sich während unserer Treffen und sogar während der Heiligen Messe in der Nähe herumtrieben. Wir fühlten, dass Bürgermeister Gordon etwas gegen uns im Schilde führte.

Dieses Gefühl sollte sich auf schockierende Weise bestätigen. An einem warmen, regnerischen Morgen, als wir gerade ein Morgentreffen abhielten, kam ein junges Mädchen atemlos vor unsere Tür gerannt. »Pater Shay«, rief sie, »bitte helfen Sie uns, helfen Sie uns, die zerstören unsere Häuser!« Sie kam aus der Gemeinde am Leuchtturm. Mit Alex Hermoso und dem Kind fuhr ich die kurze Strecke hinunter zum Leuchtturm, wo wir ein Truppenkontingent schwer bewaffneter Soldaten und ungefähr 50 Arbeiter sahen. Sie trugen Vorschlaghammer und Hacken, mit denen sie rechts und links die Hütten der Armen zertrümmerten. Die Zerstörung hatte begonnen. Es war ein katastrophales Ende für diese mutige, schwer arbeitende Gemeinde.

Alex ging auf die Soldaten zu und fragte nach dem verantwortlichen Beamten. Sie wiesen auf einen Mann mit Klemmbrett und Schutzhelm, einen Ingenieur aus dem Büro Richard Gordons. »Was tun Sie hier? Dies sind Menschen, sie brauchen einen Platz zum Leben. Sie verurteilen sie zu noch größerer Armut. Ist es das, was die Stadtverwaltung will?« fragte Alex mutig. «Wir haben Anweisung aus dem Büro des Bürgermeisters. Dieses Dorf muss verschwinden«, sagte der Ingenieur und zeigte uns eine Kopie der Anweisung auf seinem Klemmbrett.

Es war Freitag, die Leute hatten kaum eine Chance, rechtzeitig zum Gericht zu kommen und eine einstweilige Verfügung zu erreichen. Das Dorf war umstellt, niemand durfte es verlassen. Das kleine Mädchen Patricia war am Fluss entlang, den Hügel hinauf- und dann quer über den Friedhof gerannt, um zu PREDA zu kommen. Es gab nichts, was wir gegen diese Ungerechtigkeit tun konnten. Bis mittags war die Hälfte der leicht gebauten Häuser schon kaputt. Die Menschen waren nass, hungrig und verstört. Sie fühlten sich verloren.

Eine ältere Frau umklammerte weinend ein paar Habseligkeiten, auch die kleinen Kinder saßen weinend im Regen. Die Mütter blockierten den Weg zu einer Gruppe kleiner Häuser am Strand, denen sich die Arbeiter näherten und überschütteten die Männer mit

Protesten und Schmähungen. Diese stoppten und weigerten sich, die Barriere aus menschlichen Körpern zu durchbrechen, die von den Frauen gebildet wurden, um ihre Häuser zu schützen. Die meisten Männer der Gemeinde waren schon seit dem Vorabend auf Fischfang.

Schließlich formierten sich die Soldaten, mit ihren Gewehren stießen und schoben sie die Frauen auseinander und machten den Weg für die Arbeiter frei, die sich daran machten, die Häuser zu zerstören. Es war eine Katastrophe, die das Ende der Gemeindearbeit hier bedeutete. Diese Menschen, ehemals obdachlos, hatten sich selbst erfolgreich organisiert. Sie hatten ihre eigenen Häuser gebaut, elektrische Leitungen und Wasseranschlüsse gelegt und sie zahlten die entsprechenden Gebühren.

Alex und ich riefen die Verantwortlichen der Gemeinde zusammen. Uns allen war klar, dass wir den Gewehren und Schlägertrupps des Bürgermeisters nichts entgegenzusetzen hatten. Ich riet dazu, sämtliches Baumaterial, Holzpfähle und Wellblech zu sammeln; wir würden die Leute zum PREDA-Hügel bringen und luden sie ein, sich dort neue Häuser zu bauen. Bis zum späten Nachmittag hatten ungefähr 50 Menschen ihre restlichen Besitztümer auf unseren Lastwagen geladen und wir fuhren zum Hügel. Wir gaben ihnen zusätzliches Holz und Material für die Dächer, damit sie sich einen Unterschlupf bauen konnten. Die Stadt hatte den Menschen keine alternative Unterbringungsmöglichkeit zur Verfügung gestellt. Wir von PREDA beschlossen daher, dass es an der Zeit war, das von uns gepachtete Land auch anderen zur Verfügung zu stellen. Dies taten wir und innerhalb einer Woche hatte die ehemalige Leuchtturm-Gemeinde aus den Überresten ihrer alten Häuser ein neues Dorf gebaut. Sie brauchten eine Weile, um sich von dem Schock und dem Trauma zu erholen, aber sie überlebten und gründeten die Nagbaculao-Gemeinde, benannt nach dem Hügel, auf dem sie nun lebten. Gemeinsam starteten wir ein weiteres Fairhandelsprojekt: die Korbflechterei. Das half ihnen, die schweren Zeiten zu überstehen.

10

Die Kirche und die Kirche der Armen

Der Papst auf den Philippinen (1981)

Das Großereignis bei PREDA im Januar 1981 war die Hochzeit unserer zwei Mitbegründer und Mitarbeiter Merly Ramirez und Alex Hermoso. Sie hatten seit 1974 bei PREDA zusammengearbeitet und nun beschlossen, dass sie für immer zusammenbleiben wollten. Ich traute die beiden am 6. Januar, dem Fest der Heiligen Drei Könige, in einem wunderschönen, einfachen Badeort. Der grüne Rasen erstreckte sich unter den Kokospalmen wie ein Teppich, eine kühle Brise wehte vom Meer herüber und die Sonne leuchtete über allem. Die ganze Familie versammelte sich unter Kokospalmen, wo wir die Hochzeitsmesse zelebrierten. Die anschließende Feier fand dann im Clubhaus statt. Es war eine gesegnete Verbindung, die eine glückliche Familie mit drei Kindern begründete, jedes von ihnen nach Christus benannt: Christina Rosa, Christopher Seamus und Chrisanta.

Im folgenden Monat machte ich mich mit Kamera und Notizblock auf den Weg, um den Besuch von Papst Johannes Paul II. zu begleiten. Ich berichtete für die Zeitschriften der Columban-Missionare und für UCAN, die katholische Nachrichtenagentur für Asien mit Sitz in Hongkong. Ich bekam einen Presseausweis und begleitete das Presseteam des Papstes bei seinen Besuchen in den Slums von Tondo, in Baguio und auf Negros. Da ich den Weg zum jeweiligen Veranstaltungsort kannte, ging ich immer ganz früh alleine dorthin.

Es war eine überwältigende Erfahrung, dem Papst so nahe zu sein und ich fühlte mich privilegiert. Tag für Tag stand ich nur wenige Meter von ihm entfernt, machte Aufnahmen und Notizen. Seine Einfachheit beeindruckte mich zutiefst. Er war völlig zufrieden ohne den üblichen extravaganten Pomp und das Zeremoniell, von dem man ihn bei Fernsehübertragungen aus dem Vatikan umgeben sah und das er sicherlich nicht mochte. In einem Slum in Tondo, einem Stadtviertel Manilas in der Nähe der Hafenanlage, gab es ein ziemliches Chaos, als der Papst dort eine wichtige Rede über Armut und soziale Fragen halten sollte. Er traf ohne seine übliche Entourage aus Journalisten und Polizeieskorte ein, deren Ankunft sich verzögerte. Meiner Ansicht nach versuchte Marcos, die Presse zurückzuhalten, damit sie die Rede des Papstes verpasste, von der man Kritik am Kriegsrechts-Regime erwartete. Papst Johannes Paul II. wurde alleine auf eine Bühne geführt. Nur die Absperrungen trennten ihn von der Menge verarmter Slumbewohner. Ohne das ganze Zeremoniell konnte er ganz er selbst sein. Er lächelte und segnete die Menge, während die Beamten herumrannten und den Zeremonienmeister suchten. Dann traf die Entourage ein und die Veranstaltung begann.

Zu sehen, wie Marcos und seine Frau so oft wie möglich zusammen mit dem Papst in der Öffentlichkeit zu erscheinen versuchten, war tragisch und komisch zugleich. Sie wollten der Welt weismachen, der Papst würde ihr Regime gutheißen und segnen. In der Tat war genau das Gegenteil der Fall. Es gab nur einen einzigen gemeinsamen, öffentlichen Auftritt und der Bischof sorgte dafür, dass dies ein seelsorgerischer Besuch war. Marcos war bitter enttäuscht. Papst Johannes Paul II. machte es sich zur Aufgabe, das brutale Regime zu kritisieren und betonte das Leid der Menschen.

Nirgendwo trat dieses Leid so deutlich zutage und sorgte für solche Spannungen zwischen der lokalen Elite und der Kirche wie auf Negros. Das Hochamt und die Versammlung aller Gemeinden und ihrer Mitglieder sollten unter freiem Himmel auf einem großen offenen Platz nahe dem Meer stattfinden, den man als *reclamation area* (Landgewinnungsgebiet) bezeichnete. Eine riesige Bühne wurde errichtet und das Gelände in Besucherabschnitte eingeteilt.

Die Menschen kamen aus den entferntesten und abgelegensten Berggegenden und hatten enorme persönliche und materielle Opfer gebracht, um dabei sein zu können. Sie erhofften sich vom Papst ein Wort der Ermutigung, ein Zeichen, dass ihr Widerstand gegen die Unterdrückung legitim war und seine Zustimmung fand. Zwei Medienplattformen waren errichtet worden und dorthin begab ich mich zeitig an diesen sonnigen Februartag. Während die Sonne immer höher kletterte, unterhielt ich mich mit den einheimischen und ausländischen Journalisten. Wir stellten uns auf die tropische Hitze ein, die bald eintreten würde.

Ein Flugzeug war über uns hinweg geflogen und gelandet. Wir fragten uns, ob der Papst wohl pünktlich eintreffen würde. Die wartende Menge rührte sich und ein lautes, erregtes Murmeln war zu hören, als eine Limousine in die Mitte der wartenden Menschenmenge eskortiert wurde. Heraus stieg Imelda Marcos. Wir waren verblüfft und angewidert von ihrer Dreistigkeit, ungebeten auf dieser Veranstaltung aufzutauchen. Sie ging hinauf auf die leere Bühne, wo ein paar Arbeiter noch den Altar vorbereiteten, nahm das Mikrofon und ließ eine Tirade zur Rechtfertigung des Kriegsrechts los. Sie widersprach einem Artikel in *Newsweek*, der zeitgleich zum Besuch des Papstes auf Negros erschienen war. Dieser Artikel zitierte Bischof Fortich, der Negros einen »sozialen Vulkan« und eine »Insel der Angst« nannte. Der Bericht über die Unterdrückung der Armen bezog klar Stellung gegen die Marcos-Diktatur und Marcos konnte nichts tun, um das zu verhindern. Es ging auch um die Ermordung der beiden christlichen Gemeindeführer Alex Garsales und Herman Muleta. Jeder erinnerte sich noch an die Entdeckung ihrer entstellten Leichen. Ebenso frisch waren die Bilder der sieben toten Bauern, die man auf einem Feld in Kabankalan gefunden hatte, das zu der Farm des dortigen Bürgermeisters gehörte. Man hatte ihnen die Arme und Beine gefesselt und sie dann brutal ermordet. Einige waren lebendig begraben worden. Der Bürgermeister stand zu diesem Zeitpunkt gerade wegen Mordes an den Bauern vor Gericht.

Nachdem Imelda Marcos ihre Breitseite gegen den *Newsweek*-Artikel abgefeuert hatte und dann gebieterisch von der Bühne gerauscht war, war die Stimmung angespannt. Es herrschte Stille, als sie kam. Es blieb vollkommen still, während sie redete und sogar, als sie ging. Es muss sie sehr geschmerzt haben, war sie doch so sehr daran gewöhnt, dass die Menschen ihr – wenn auch nur gegen Bezahlung – zujubelten, wo immer sie auftauchte. Dieses Schweigen hatte mit gewaltiger Stimme gesprochen. Als der Papst erschien, wurden aus dem Schweigen Freudenrufe. Die weite Reise, der unruhige Schlaf auf dem harten Boden, das frühe Erwachen und die karge Mahlzeit aus Reis und Fisch in der prallen Sonne – all das war vor lauter Aufregung und Entzücken vergessen. Die Tatsache, dass ein Papst eine so abgelegene Insel besuchte, empfanden sie als große Ehre. Die Diözese hatte in allen Gemeinden Vorbereitungstreffen abgehalten und die Menschen waren sich der Bedeutung des Besuchs bewusst.

Sein Erscheinen verlieh den Veränderungen sowohl in der Amtskirche als auch in der »Kirche der Armen« auf den Philippinen Bedeutung und Wichtigkeit. Die Anwesenheit des Papstes bestätigte und bekräftigte das stete Engagement für soziale Gerechtigkeit, den menschlichen Wert und die Würde der Armen. Sie zeigte der Welt, dass es weder subversiv noch illegal war, sich für Menschenrechte und Gerechtigkeit einzusetzen, sondern im Gegenteil moralisch richtig.

Die Menschen wurden nicht enttäuscht. Voller Bestimmtheit stand der Papst am Mikrofon und billigte den Kampf der Menschen um Gerechtigkeit und Frieden mit bewegenden Worten. Mein Herz hüpfte vor Aufregung, als ich seine Worte hörte. Sobald sie übersetzt waren, brach die Menge in Jubelschreie aus.

»Die Kirche wird nicht zögern, sich der Sache der Armen anzunehmen. Sie wird die Stimme derjenigen sein, die nicht gehört werden, nicht nur wenn sie um Barmherzigkeit bitten, sondern wenn sie Gerechtigkeit fordern«, sagte er. Diese Worte waren der Kernpunkt der stärksten Rede seiner Philippinenreise. Er hatte sie für genau den richtigen Ort und die richtige Zeit aufgespart.

Der Papst zelebrierte die Messe. Während der Kollekte brachten ihm die Witwen von Alex Garsales und Herman Muleta Fotos von ihren verstorbenen Männern. Der Papst küsste die Fotos und dies war ein Moment außerordentlicher Solidarität mit diesen Ärmsten der Armen, eine Anerkennung ihres Kampfes und eine Ermutigung für die Amtskirche, ihnen zur Seite zu stehen. Bischof Fortich und der Klerus auf Negros waren mit weiser Voraussicht diesem Engagement bereits weit voraus.

Marcos war wütend über den Ablauf des Papstbesuchs. Sein Regime war vom Papst nicht gebilligt, sondern im Gegenteil, verdammt worden. Die örtliche Elite war ebenso aufgebracht, denn sie hatte dem Vorbereitungskomitee eine Menge Geld gespendet. Einige hatten darauf bestanden, dem Komitee anzugehören. Sie hatten auf einen Sonderplatz auf dem Podium gehofft, wo alle hätten sehen können, wie der Papst ihnen seinen besonderen Segen erteilte. Aber es sollte keinen Segen für sie geben, nur einen Aufruf zu Reue und Gerechtigkeit. Von diesem Tag an wetzten sie buchstäblich ihre Messer, um gegen Bischof Fortich, die aktiven Priester, Laien und die gut durchorganisierten christlichen Gemeinden vorgehen zu können. Die Patres Brian Gore, Niall O'Brien und Itik Dangan standen ganz oben auf ihrer Abschussliste. Ich verließ Negros stark beeindruckt von all dem Guten und der Inspiration, die Johannes Paul II. den Armen mit auf ihren Weg gegeben hatte.

Als ich zu PREDA zurückkehrte, war die Zeit der schweren Taifune gekommen. Es war wirklich sehenswert, wie die Natur sich mit aller Macht gegen unsere dünne Wellblechhütte warf, an jedem einzelnen Blech rüttelnd und zerrend, und schließlich die Fenster zerschmetterte. Wir hatten uns auf dem Korridor versammelt, der Platz, der den größten Schutz bot und im Kerzenlicht warteten wir darauf, dass die Nacht vorüberging. Das Stromnetz war zusammengebrochen. Der Wind wütete, heulte und ächzte, nahm zu und wieder ab, um sich dann erneut mit aller Kraft gegen uns aufzubäumen, als wollte er uns vom Hang herunterblasen. Als der Sturm am nächsten Tag vorbei war, lagen überall abgebrochene Äste und zerfetzte Blätter herum. Es gab mehrere kleine Erdrutsche und bald darauf mussten wir unser ganzes Geld zusammenkratzen, um Stützmauern zu bauen. Wir hatten nicht genug Geld, um die Steine dafür zu kaufen, also schlossen wir einen Handel mit einem örtlichen Bauunternehmer ab: jeden Morgen würde er uns einen Lastwagen für eine Fahrt zum Flussbett ausleihen. Wir standen um halb sechs auf, frühstückten Reis und Fisch, fuhren hinunter zum Fluss und arbeiteten dort solange die reißende Strömung abgeebbt war und die großen Steine im Flussbett freilagen. Die 20 Bewohner und ich sammelten sie ein und reichten sie von einem zum anderen, bis wir sie schließlich mithilfe eines alten Ölfasses, welches uns als Plattform diente, seitlich auf die Ladefläche des Lastwagens hieven konnten. Dann ging es zurück ins Zentrum, wo wir den Rest des Tages mit anderen Aktivitäten verbrachten.

Pater Eamon O'Brien organisierte gerade einen drei Monate währenden, sehr erfolgreichen Workshop über Gerechtigkeit und Frieden, der in diesem Jahr in Irland stattfinden würde. Ich sollte daran teilnehmen und verließ die Philippinen am 17. Mai. Diese drei Monate bedeuteten für mich eine Erneuerung meines Glaubens und meines Engagements. PREDA gab es seit nunmehr sieben Jahren und ich nutzte die Zeit im Workshop, um über die Zukunft nachzudenken, über die Ausweitung und effektivere Gestaltung unserer Arbeit. Nach dem Workshop brach ich am 24. September 1981 auf zu einer weiteren abenteuerlichen Reise: über Land reiste ich durch Mittel- und Südamerika.

Nach einem Besuch bei meinen Verwandten in Kanada flog ich nach Mexiko City, um dort die historischen Stätten zu besuchen. Von Mexico reiste ich mit dem Bus weiter nach Honduras. Ich wanderte in die Berge an der Grenze zu San Salvador, wo ich die Flüchtlingscamps besuchte. Begleitet wurde ich von Mitarbeitern der Caritas, die die Flüchtlinge schützten und mir aus erster Hand von der Brutalität und Grausamkeit des entsetzlichen Kampfes berichteten, dem kein einziger Gegner der von den usa gestützten Regierung entkam. Was die Flüchtlinge erzählten war fürchterlich. Jedes Jahr wurden tausende Verdächtige von Todesschwadronen entführt, gefoltert und getötet. Auch Priester, Nonnen und selbst Erzbischof Romero wurden nicht verschont. Er wurde auf brutalste Weise erschossen, als er während der Heiligen Messe die Kommunion austeilte.

Ich überquerte die Grenze nach Nicaragua. Die Sandinisten waren gerade zwei Jahre zuvor an die Macht gekommen und versuchten nun, das Land nach den Verwüstungen des Bürgerkrieges wiederaufzubauen. Unser Bus wurde an der Grenze mit Rauch desinfiziert, um Dengue-Fieber und Malaria auszurotten.

Die USA hatten Nicaragua mit einer Blockade gedroht und man fürchtete einen möglichen Einmarsch. Junge Leute mit Stöcken exerzierten auf Schulhöfen. An den Straßenecken von Managua gab es kleine Schilder, mit denen man der jungen sandinistischen Freiheitskämpfer gedachte, die im Nahkampf mit den abgehärteten Truppen Somozas den Heldentod gestorben waren. Ich war traurig und mir stiegen die Tränen in die Augen, als ich Namen und Alter der Teenager las, die ihr Leben gegeben hatten, um den Tyrannen Somoza zu vertreiben. Ohne Zweifel war dies einer der mutigsten Freiheitskämpfe, die dieses Jahrhundert gesehen hatte.

Das Erdbeben von 1972 hatte den Großteil der Stadt vernichtet, doch die Verwüstungen waren noch immer nicht beseitigt. Von der Kathedrale blieb nur ein leeres Gerippe übrig. Nebenan rosteten auf überwucherten, unbebauten Grundstücken alte Panzer aus Somozas Zeit vor sich hin. Ein riesiges Plakat von Sandino hing an der von Ruß geschwärzten Wand. Ich hörte, dass das Somoza-Regime die meisten der Hilfsgüter und Gelder für den Wiederaufbau, welche aus der ganzen Welt ins Land strömten, veruntreut hatte. Es war diese ungezügelte Korruption und Plünderung, die den Funken der Revolution in der Bevölkerung entzündete. Somoza hatte den Nationalschatz geplündert, bevor er geflohen war, und die Nation war völlig bankrott.

Ich reiste durch das Land und traf Laien, Priester und Nonnen, die alle die Revolution offen unterstützten. Die Regierung der Sandinisten und die fortschrittlichen Kirchenleute arbeiteten beim Wiederaufbau der Nation hervorragend zusammen. Ich fand kaum Spuren des atheistischen Kommunismus, auf den man mich vorbereitet hatte. Der Versuch, eine gerechte Gesellschaft aufzubauen, wurde jedoch vom Aufstieg der von den USA gestützten Contras behindert. Das Land sollte erneut in einen Bürgerkrieg geraten. Ein Vergleich mit dem, was auf den Philippinen geschehen könnte, sollte Marcos jemals gestürzt werden, lag nahe. Ich fuhr weiter nach Panama, Ecuador und Peru. In Lima wohnte ich bei Columban-Brüdern und erlebte ihre ausgezeichnete Arbeit mit den Armen und Obdachlosen, die unbewohnte Grundstücke am Stadtrand besetzt und sich dort eigene »Stadtgebiete« eingerichtet hatten. In einer einzigen Nacht hatten tausende von Slumbewohnern auf ein bestimmtes Signal hin ein leerstehendes Gelände »in Besitz genommen« und dort in Selbstverwaltung eine neue, ordentlich angelegte Stadt mit eigenen Regeln und einem eigenen Entwicklungskonzept errichtet.

Pater Peter Hughes war der Superior der Columbaner in Peru und ermutigte mich, ins zentrale Hochland Perus zu reisen. Er schenkte mir ein Flugticket und so besuchte ich Alto Plano und die geschichtsträchtigen Inka-Stätten. Hier erlebte ich auch die Anfänge der fanatischen Guerilla-Bewegung »Leuchtender Pfad«. Diese Menschen kannten kein Mitleid. Sie handelten mit Kokain und waren eine Bewegung, die auch vor Mord nicht zurückschreckte, ganz anders als die Sandinisten. Die Kirche war gegen sie, weshalb das Haus des Bischofs mit Granaten beworfen wurde. Ich wohnte dort bei den Maryknoll-Missionaren, die mich sehr freundlich willkommen hießen und mich gründlich über die gefährliche Situation im Lande informierten. Es war ein großartiger Besuch. Ich wanderte durch die Hügel und sah die wunderbaren Städte und Festungsanlagen der Inkas, bei denen jeder Stein passgenau und perfekt zugehauen war.

An Weihnachten 1981 kehrte ich auf die Philippinen zurück; den Kopf und das Herz noch voll der Dinge, die ich in jener instabilen Region gehört, gespürt und erfahren hatte.

11

Vertuschen und Verschweigen
Aufdeckung der Kinderprostitution (1982)

Am 5. Juni 1982 kam die Mutter von Jenny, einem neunjährigen filipino-amerikanischen Mädchen, in das Gemeindezentrum von St. Joseph. Sie bat um Hilfe für ihre Tochter, die Symptome einer Genitalinfektion zeigte. Mutter und Kind wurden an das Papst-Johannes-XXIII.-Krankenhaus überwiesen, ein kirchliches Krankenhaus für Arme. Dort stellte man fest, dass die Neunjährige Herpes hatte, eine unheilbare Geschlechtskrankheit.

Drei Tage später wurde ein weiteres Kind, die 14-jährige Annabel, mit Gonorrhöe eingeliefert. Das Mädchen erzählte den Sozialarbeitern, dass sie einer Gruppe von Mädchen angehöre, die allesamt irgendeine Form einer Geschlechtskrankheit hätten. Es waren Krankheiten, die unter den Prostituierten in der kommerziellen Sexindustrie üblich waren: Gonorrhöe, Syphilis und Herpes. Sofort begannen die Sozialarbeiter, nach den anderen Kindern zu suchen, von denen Annabel und Jenny erzählt hatten. Sie fanden zwölf von ihnen und brachten sie ins Krankenhaus zu Schwester Maria. Alle waren infiziert, keines der Mädchen war älter als 16 Jahre.

So viele Kinder konnte Schwester Maria dort nicht behandeln. Da sie begriff, dass hier ein schweres Verbrechen begangen worden war, informierte sie am 16. Juni den Bürgermeister und das von der US-Marine finanzierte »Klinikum für Soziale Hygiene« über diese Entdeckung. Die dortige Chefärztin, Dr. Lydia Viray Zarbo, ließ Risswunden und Verletzungen der Kinder behandeln und gab ihnen eine Spritze. Als Dr. Generoso Espinosa, der Gesundheitsbeamte der Stadt, den Zustand der Mädchen bestätigte, ließ Bürgermeister Gordon sie prompt in einem kleinen Raum auf der Tuberkulose-Station des baufälligen städtischen Krankenhauses wegsperren. Man befahl ihnen, nicht über das zu sprechen, was vorgefallen war. Auch den Sozialarbeitern der Kirche und Schwester Maria befahl man, den Mund zu halten. Es gab eine totale Nachrichtensperre.

Am 11. Juli 1982 kam Schwester Maria zu PREDA und erzählte mir mit ängstlicher Stimme, worüber die städtischen Beamten ihr zu schweigen befohlen hatten. Es war drei Wochen her, dass man die Kinder in dieses Krankenzimmer gesteckt hatte. Die Stadtverwaltung hatte keine Ahnung, was sie sonst mit ihnen hätte tun sollen, außer ihre Geschichte unter Verschluss zu halten. Ich beschloss, die Kinder im Krankenhaus zu besuchen; so gingen Alex und ich am nächsten Tag unangekündigt dorthin. Wir fanden den Raum auf der TB-Station, darin waren jedoch nur sieben Kinder. Fünf hatten kurz vorher die Fensterklappen aufgestemmt und waren geflohen.

Der Raum stank nach den Krankheiten eines halben Jahrhunderts. Er war schmutzig und abgenutzt, vollgestopft mit verbogenen Betten mit alten, verdreckten, blutbefleckten Marine-Matratzen. Die Kinder sprangen darauf rum und machten Radau. Wir hatten ihnen etwas zu trinken und Kekse mitgebracht, die sie nun gierig und hungrig verschlangen. Sie waren ungestüm, aufgeregt und glücklich über unseren Besuch, der ihre Isolation durchbrach. Besuch war nicht erlaubt und wir waren erstaunt, dass die unverschlossene Tür nicht bewacht wurde. Gerade als wir kamen, war die Wache aus irgendeinem Grund weggegangen.

Wir stellten uns gegenseitig vor. Jenny war klein und schmal, mit langem hellem Haar. Ihr amerikanischer Vater hatte sie schon vor langem verlassen. Sie bürstete ihr Haar auf eine Art, die sie für ihr Alter als frühreif erscheinen ließ. Bald sprudelten aus den Kindern ihre schrecklichen Geschichten hervor. Wir zeichneten die Berichte auf und alle ließen sich von uns mit ihrer Zustimmung fotografieren.

An den meisten Tagen der Woche schwänzten sie die Schule und trieben sich auf der Straße herum, wo sie bei den Matrosen bettelten. Nach Hause gingen sie vielleicht drei Mal pro Woche. *Sie waren Straßenkinder.* Zuhälter boten ihnen Geld, wenn sie in die Appartements und Mietshäuser gingen, wo die US-Soldaten Sex mit ihnen hatten. Die Zuhälter gaben ihnen 50 Pesos, das waren ungefähr fünf Dollar. All das hatten die Kinder auch schon den Untersuchungsbeamten des Bürgermeisters erzählt.

Die Mädchen sagten den Beamten, sie kennten nur einen ihrer Vergewaltiger, einen fetten Mann namens »Doc«. Jenny, die Jüngste, erzählte, sie habe nach dem Sex mit Doc geblutet. Als sie sein Haus in Malagaya Hills am Stadtrand Olongapos verließ, habe sie deshalb sein Bowling-Hemd mitgenommen, um die Blutung zu stoppen. Wie die Sozialarbeiter berichteten, sei sie dann weinend vor Schmerz ins Haus einer Freundin gegangen, um dort das Ende der Blutung abzuwarten und von dort aus nach Hause.

»Doc« stellte sich als Daniel Dougherty heraus. Sein Name war in das Bowling-Hemd eingenäht, das Jenny mitgenommen hatte. Er war Oberbootsmann der US-Marine und arbeitete in der Instandsetzungsabteilung für elektronische Anlagen im Marinestützpunkt. Dougherty wurde als einziger der vielen Pädophilen, von denen die Mädchen missbraucht worden waren, identifiziert. Es entstand ein entsetzliches Bild von Missbrauch und Kinderprostitution in einem Ausmaß, das wir uns kaum vorstellen konnten. Wir hatten noch eine Menge zu lernen.

Die zwölfjährige Anita erzählte den Behörden, dass Dougherty sie auf der Amüsiermeile aufgelesen hatte, wo sie mit Anderen Kaugummi verkauft hatte. Er hatte sie mit in seine Wohnung im Stützpunkt genommen und dort missbraucht. Ein anderes Kind, Analiza, war von Doc zum sog. »Freundschaftspark« nahe der Brücke zwischen Stadt und Stützpunkt mitgenommen worden. Dort hatte er sie in aller Öffentlichkeit auf seinen Schoß gesetzt, ihr Kleid über seine Knie gebreitet und Sex mit ihr gehabt, während die Passanten glotzten, aber nichts taten.

Später fanden wir heraus, dass Dougherty schon seit mehreren Jahren Kinder missbraucht hatte. Während er noch im Stützpunkt lebte, hatten Untersuchungsbeamte der US-Marine Fotos von nackten Kindern in seinem Schließfach gefunden. Bei einer Befragung durch einen Justizvollzugsbeamten des Militärs sollte sich herausstellen, dass Doughertys unmittelbarer Vorgesetzter zwar wusste, dass dieser pädophil war, jedoch nichts unternommen hatte. Der Fall Dougherty verursachte keinen öffentlichen Aufschrei, nur einen entschlossenen Versuch, die Geschehnisse unter einem Deckmantel von Ahnungslosigkeit und Apathie verschwinden zu lassen. Dieses Verhalten war bezeichnend für die erdrückende geistige und gesellschaftliche Lähmung, die damals die Bevölkerung befallen hatte.

Die Filipinos in der Umgebung der Stützpunkte waren geistig und emotional darauf konditioniert, Ausländer ehrerbietend zu behandeln und ihnen gegenüber eine unterwürfige und fügsame Haltung einzunehmen. Diese Ehrfurcht und die Angst, jemanden zu beleidigen, betäubte das Bewusstsein der Menschen für die Tatsache, dass man sie ausbeutete und ihnen ihren Nationalstolz und ihre Würde raubte. Es waren Verhaltensweisen, die man ihnen während der spanischen und amerikanischen Besetzung und Kolonialisierung erfolgreich eingeimpft hatte. Es war daher nicht erstaunlich, dass der sexuelle Missbrauch von Kindern durch ausländische Pädophile toleriert und ignoriert wurde. Wenn überhaupt, kamen bis 1995 nur wenige Fälle vor Gericht.

Man machte viele Filipinos glauben, dass alles in ihrem Leben von den Amerikanern abhinge. Eine Anstellung in einem Stützpunkt oder einer US-Firma stand auf der Wunschliste gleich hinter dem Erhalt eines Visums für die Vereinigten Staaten. Da viele tausend Filipinos dort Verwandte hatten, waren die USA Auswanderungsziel Nummer Eins. Eine kritische Äußerung über die amerikanische Politik aber hätte das Ende ihrer Träume bedeutet. So erstickte die Angst alle Kritik im Keim. Man wusste nicht, ob sich nicht vielleicht irgendwann der eigene Sohn oder ein Verwandter bei der Marine bewerben würde. Eine Anstellung dort wurde als »Privileg« betrachtet, welches den Filipinos nur aus Anerkennung ihrer Loyalität gewährt wurde. Die Nachkriegsgeneration war so sehr darauf angewiesen, dass die USA die zerstörte Wirtschaft und Infrastruktur wieder aufbauten, dass sie eine sehr ungleiche Gesetzgebung zuließ und amerikanischen Staatsbürgern außergewöhnliche wirtschaftliche Rechte zugestand. Den Kindern wurde eingebläut, dass die Amerikaner oder Kanos, wie man sie auch nannte, weder beleidigt, angegriffen noch in irgendeiner Weise behindert werden durften, denn sie waren die Quelle der stets reichlich fließenden Almosen. Nicht nur die Kinder rannten den Matrosen hinterher und bettelten um ein paar Pesos, auch die Regierung hielt dem Weißen Haus ständig die Bettelschale hin. Es zahlte sich aus, den Ausländern das zu geben, was sie haben wollten.

Die Abhängigkeit war tief verwurzelt. Selbst die Elite war besessen von dem Gedanken, dass sie eine Aufenthaltsberechtigung und einen Anteil an den Erträgen bekäme, wenn sie den Großindustriellen aus den USA zu Diensten wäre. Die philippinische Geschichte ist voller Beispiele davon, wie die politische Elite das nationale Erbe zu ihren eigenen Gunsten verschenkt hat; das große Los hatte derjenige gezogen, der die amerikanische Staatsbürgerschaft erlangte.

Vielen Politikern ist die Vorstellung wahrer Vaterlandsliebe, öffentlicher Rechenschaftspflicht, Transparenz und ehrlicher Staatsführung fremd. Diejenigen, deren Integrität und Bewusstsein noch intakt und brauchbar sind, erscheinen wie ein Licht in dunkler Nacht. Während der Anwesenheit der Amerikaner dominierten amerikanische Produkte und Lebensart das Leben auf den Philippinen; Selbstbild und Nationalstolz der Filipinos hatten einen Tiefpunkt erreicht. Es brauchte die Unterdrückung durch Marcos und seine US-Hintermänner, damit die Filipinos sich ihrer eigenen Nationalität wieder bewusst wurden und ein gewisses Gefühl von Nationalismus und persönlichem Stolz erwachte.

Die meisten Amerikaner, die für längere Zeit auf den Philippinen lebten, lehnten diese Zustände durchaus ab. Für sie war es schwierig, die Mauern zu durchbrechen und Beziehungen auf einer echten persönlichen Basis aufzubauen. Sie hatten ständig das Gefühl, ihre Beziehungen hätten andere Motive, ihr Gesprächspartner sei immer darauf aus, zu gefallen und berichte deshalb nur, was der Chef hören wollte. Es war gefährlich und ungesund, wahre Gefühle oder Gedanken zu zeigen, weshalb viele Filipinos Ablehnung und Ärger tief in sich begruben. Wenn man außerdem einen Betrieb in Olongapo hatte und irgendeine Autoritätsperson kritisierte, egal ob Filipino oder Amerikaner, ging man bald zugrunde. Das sollten auch wir bald lernen.

Nachdem wir die Kinder befragt hatten, gingen Alex und ich zu PREDA zurück. Wir waren schockiert von dem, was wir gehört hatten. Kinderprostitution war weit verbreitet, organisiert und existierte offensichtlich schon länger. Es war unfassbar, zu hören, dass kriminelle Banden hilflose philippinische Kinder, manche nicht älter als neun Jahre alt, an die Angestellten der US-Armee auslieferten. Einige Jahre später sollten wir erfahren, dass man den Matrosen sogar Vierjährige zum Sex angeboten hatte.

Unser Besuch im Krankhaus war entdeckt worden, die Neuigkeit wurde in Windeseile Bürgermeister Gordon überbracht und sofort wurden Maßnahmen zur Schadensbegrenzung eingeleitet. Noch am selben Abend besuchte mich Pater John Walsh, der Gemeindepfarrer von St. Joseph. Er sagte, die Sekretärin des Bürgermeisters hätte ihn auf drängende Arte und Weise aus der Gallagher Street, wo der Bürgermeister wohnte, angerufen. Dann kam der Kommandant des Stützpunktes, Konteradmiral Richard Dunleavy, an den Apparat. Er sagte, »sie« würden Pater John damit beauftragen, mich zur Kooperation zu bewegen, hatten ihm aber nicht gesagt, worum es ging. Pater John kam deshalb sofort zu mir, um dieses Rätsel zu lösen.

Ich war überrascht, dass der Admiral und der Bürgermeister zusammen daran arbeiteten, den sich entwickelnden Skandal zu vertuschen. Beide liefen Gefahr, einer Verschwörung zur Behinderung der Justiz bezichtigt zu werden. Beide hatten viel zu verlieren. Gordon war dabei, sich ein Image als Saubermann zu schaffen; er spielte den Ruf Olongapos als Sündenbabel herunter, während er gleichzeitig die Sexindustrie durch die Ausstellung von Genehmigungen und Lizenzen an Bars und Clubs förderte. Geriete der Kinderprostitutionsskandal ans Licht, könnte das die Stimmung im Lande gegen die Stützpunkte aufbringen. Für das nächste Jahr war aber eine Überprüfung der Voraussetzungen vorgesehen, unter denen die USA ungehinderten Zugang zur Marinebasis hatten.

Am nächsten Tag kamen zwei Geistliche der US-Marine zu Besuch, ein katholischer und ein protestantischer. Sie sagten mir, es gebe eine geheime Untersuchung bezüglich des angeblichen Missbrauchs und öffentliche Aufmerksamkeit sei nicht willkommen. Ich fühlte die Wut in mir aufsteigen und antwortete: »Untersuchung hin oder her, ich werde mich nicht an irgendwelchen Vertuschungsmanövern beteiligen. Sagen Sie das dem Admiral, sonst tue ich es selbst.« Keine Stunde, nachdem die Geistlichen gegangen waren, kam ein rangniedrigerer Offizier, um ein Treffen zwischen Konteradmiral Dunleavy und mir zu arrangieren.

Ich stimmte zu und ging allein hin. Die Spannung im Konferenzraum der Flottenstation war gespannt. Dunleavy und seine Offiziere in ihren gestärkten, weißen Uniformen mit goldenen, geflochtenen Schulterabzeichen saßen wortlos da, als wüssten sie nicht, wie sie anfangen sollten. Es war auch ein Zivilist da, Mr. O'Reilly von der Ermittlungsabteilung der Kriegsmarine. Ich lernte ihn später als einen professionellen Ermittler kennen, der den Beamten der Kriegsmarine kritisch gegenüber stand und die Marcos-Diktatur verachtete.

Abrupt kam Dunleavy zur Sache. Er sagte, die Marine versuche, Dougherty zu finden, der sich zurzeit in den USA aufhielte. Jegliche öffentliche Aufmerksamkeit sei seiner baldigen Verhaftung abträglich. Zu meinem Erstaunen erfuhr ich, dass Dougherty die Philippinen am 6. Juli verlassen hatte, drei Wochen nachdem die Kinder zum »Klinikum für Soziale Hygiene« gebracht worden waren. Vermutlich hatte man ihn ausgeflogen, sobald er aufgrund der Wäschemarke identiziert worden war.

»Es sollte kein Problem für die Marine sein, ihn ausfindig zu machen und für ein Gerichtsverfahren zurückzubringen. Ein Telefonat sollte ausreichen. Wieso konnte er ausreisen, wenn er eines Verbrechens gegen Kinder verdächtig ist?«, fragte ich. »Es war ein routinemäßiger Urlaub und er sollte versetzt werden«, erklärte Dunleavy. »Dies ist ein ernster Fall von organisierter Kinderprostitution, hier kann man nichts schönreden«, erwiderte ich. »Es wird nichts schöngeredet, es war Routine. Wir tun, was wir können. Wir möchten bloß keine öffentliche Aufmerksamkeit«, sagte er. »Nun, wie lange könnte es dauern, bis Sie ihn ausfindig machen? Vier oder fünf Tage sollten genügen.«

Dunleavy war sehr verärgert und die anderen Offiziere offensichtlich auch. Als er merkte, dass ich sein Spiel nicht mitspielen würde, erklärte Dunleavy, er habe noch eine andere Verabredung und stand auf. Die Offiziere, die um uns herumstanden, setzten ihre Schiffchen auf und dann zogen alle beleidigt ab.

Eine Woche später wurde die Geschichte in der einzigen unabhängigen Zeitung veröffentlicht, die nach der Übernahme der Medien durch Marcos überlebt hatte. Sie hieß *We Forum*, »Forum für uns«, und wurde von Jose Burgos herausgegeben, einem mutigen Oppositionellen. Er war bisher um eine Verhaftung herumgekommen und hatte die Zerschlagung der Medien durch das Kriegsrecht überlebt. Erst als er eine Geschichte über Marcos' gefälschte Kriegsorden veröffentlichte, beschlagnahmte man seine Druckmaschinen.

Die Entlarvung der Geschichte erschien auf der Frontseite der Ausgabe vom 17.–20. Juli 1982. Die Überschrift lautete: *9- bis 14-jährige Prostituierte wegen Geschlechtskrankheiten ins Krankenhaus eingeliefert.* Der Artikel enthielt Bilder der Kinder, deren Augen man mit einem schwarzen Balken unkenntlich gemacht hatte. Er berichtete über den Vermittlerring für Kinderprostituierte und erklärte, es habe einen

Versuch zur Vertuschung der Verbrechen gegeben. Die Geschichte schlug ein wie eine Bombe. Ich wusste, dass wir in Schwierigkeiten waren, als ich las:

»Die Behörden der Stadt und des Stützpunktes versuchten, die Geschichte vor den Medien geheim zu halten. Die Regierung gab als Grund an, eine Offenlegung des Verbrechens schade der Stadt Olongapo, welche als Vorzeigestadt dargestellt wird. Beamte des Stützpunktes hingegen meinten, es würde die Ermittlungen behindern. Die Mädchen sagten, Bürgermeister Gordon hätte sie ermahnt, mit anderen nicht über ihre Erlebnisse zu sprechen. Auch die Sozialarbeiter sollten nicht mit den Medien reden. Den Mädchen sagte man, wenn der Verbrecherring aufflöge, glaubten die Menschen, in Olongapo kümmere man sich nicht um die Kinder, was dem Bürgermeister schaden würde.«

Gordon war außer sich vor Wut. Er lief herum, fuchtelte mit der Zeitung und erzählte verschiedenen religiösen und zivilen Gruppen, ich sei unverantwortlich und müsse wegen Diffamierung der Bürger Olongapos ausgewiesen werden. Er leugnete, dass es einen Vertuschungsversuch gegeben habe. Diese Position machte er in der folgenden Woche während eines Interviews mit der Sonntagszeitung *Panorama* deutlich. In dem Artikel sagte Gordon:

»Ich habe niemals versucht, die Geschichte zu vertuschen«, sagte Gordon mit gerötetem Gesicht; man konnte sehen, wie verärgert er über Cullen war. »Der Admiral war besorgt und ich teilte seine Ansicht, die Ereignisse nicht zur Sensation aufzubauschen. Wir hielten Shay Cullen nicht davon ab, die Geschichte zu schreiben, aber wir baten ihn, mit der Veröffentlichung zu warten, bis wir den Kerl gefasst hatten. Sonst hätte man die Marine angegriffen, weil sie ihn gehen ließ. Und da er zu jener Zeit noch nicht gefasst war, war es unser erstes und wichtigstes Ziel, ihn zu finden.«
Panorama: »Als der Admiral Ihnen mitteilte, dass Dougherty das Land verlassen hatte – während der Untersuchung also in Urlaub gegangen war – hatten Sie da um schriftliche Nachweise gebeten, die zeigten, dass der Admiral die Wahrheit sagte?«
Gordon: »Ich glaube nicht, dass ich das muss. Meiner Meinung nach war mein Verhältnis zum Admiral gut genug. Ich habe ihn oft befragt und ich glaube nicht, dass er lügt. Mir wurde gesagt, Dougherty sei seit zweieinhalb

Jahren hier gewesen; ich gehe davon aus, dass sein Dienst beendet war und nun sein Urlaub anstand.«

Dougherty wurde festgenommen und nach Guam gebracht, einem amerikanischen Territorium, wo er vor ein Kriegsgericht gestellt werden sollte. Gemäß dem Abkommen über die Militärstützpunkte der USA auf den Philippinen fiel die Rechtssprechung dem amerikanischen Militär zu, nicht den Philippinen. Dies ist immer ein heikles Thema auf den Philippinen gewesen. Das Abkommen bezüglich der Stützpunkte bestand darauf, dass Verbrechen des US-Personals gegen Filipinos den amerikanischen Militärgerichten übergeben werden müssten und nicht der philippinischen Justiz. Viele hielten dies für einen Übergriff auf die Staatshoheit. Es ist ein Zeichen wahrer Unabhängigkeit und Souveränität, wenn ein Staat die alleinige Rechtssprechung über Verbrechen gegen seine Bürger innehat.

Das Abkommen über die Militärstützpunkte war bereits im Oktober 1982 in den Nachrichten, denn im September war es eines der Hauptthemen des USA-Besuches von Marcos und Verteidigungsminister Enrile gewesen. Das Thema Geld stand ebenfalls auf der Tagesordnung. Die ewiggleiche Betteltour begann wieder von Neuem und die USA sollten Gelder gewähren, während Marcos sein enormes Vermögen weiter vergrößerte.

Die USA behaupteten, ihre Zahlung von 500 Millionen Dollar sei eine Mietzahlung für den ungehinderten Zugang zu den Basen gewesen. Enrile behauptete hingegen, es sei eine Ausgleichszahlung, ein Entgelt für die Nutzung der Stützpunkte gewesen. 50 Millionen Dollar waren als Darlehen gedacht, und 200 Millionen Dollar zur »Unterstützung der Sicherheit« – vermutlich, um die Rebellen der NPA davon abzuhalten, die militärischen Operationen der USA zu stören. Die restlichen 250 Millionen Dollar waren ein Rüstungskredit, mit dem das Marcos-Regime sämtliche Waffen kaufen konnte, die es zur Unterdrückung der Opposition brauchte. Diese Summe wollte Marcos direkt haben, nicht als Darlehen. Er wollte Bargeld.

Diesen Betrag von 500 Millionen Dollar zu erhöhen, war das wichtigste Ziel für Marcos und seine Mitläufer. Die »sozialen Kosten des Stützpunktes« wurden ein ebenso guter Grund, mehr Geld von den USA zu fordern, wie alle anderen. Der Kampf gegen den sexuellen Missbrauch an Frauen und Kindern, den wir von PREDA ans Tageslicht brachten, bekam plötzlich Unterstützung von unerwarteter Seite – der Landesregierung selbst, ungeachtet dessen, dass Gordon und Imelda Marcos solche Vorkommnisse vehement leugneten. Die Gespräche über die Erneuerung der Pachtverträge waren schon in vollem Gang.

Während der Fall Dougherty in Guam vorbereitet wurde, planten andere, mich anzugreifen und das PREDA-Zentrum zu schließen. Wir hatten die Behörden schon vorher verärgert. Nach den Kommunalwahlen im Januar 1980 hatte die frisch gewählte Stadtverwaltung sofort versucht, neue Wege der Geldbeschaffung zu erschließen. Der Bürgermeister inszenierte das *Mardi Gras*-Festival, eine schäbig-grelle Imitation des berühmten Karnevals von Rio de Janeiro – inklusive Bikinimädchen, Minderjährigen und Homosexuellen. Es war ungemein geschmacklos. Jede Bar und jeder Club musste mitmachen; die Hauptstraße im Nachtclub-Viertel wurde für den Verkehr geschlossen und es wurde eine Eintrittsgebühr erhoben. Sogar die Anwohner mussten bezahlen. Die Clubs und Bars mussten vor ihren Türen Bühnen aufbauen und Straßenverkäufer eine Gebühr für die Benutzung des Bürgersteigs entrichten. Die ganze Nacht hindurch spielten Bands. Das Spektakel zog Schulkinder, Matrosen und sämtliche Arten von Sextouristen an, die man sich nur vorstellen kann. Die Schulkinder wirbelten zwischen US-Matrosen durch die Straßen und später durch die Clubs. Es war wie ein Einführungskurs für Jugendliche in die kommerzielle Unterhaltungsindustrie. Sie wurden für das Leben geprägt.

Die homosexuelle Community wurde gezwungen, funkelnde, teure Kostüme anzuziehen und durch die Straßen zu paradieren. Einige protestierten gegen die Kosten und den Zwang, sich während der Eröffnungsparade öffentlich darstellen zu müssen. Man sagte ihnen, wenn sie damit nicht einverstanden seien, könnten sie Olongapo ja verlassen.

Homosexuelle waren in der Kriegsmarine nicht willkommen; jeder Weiße, der sich in einer Schwulenbar blicken ließ, wurde sofort entsprechend abgestempelt. Es gab immer wieder Transvestiten, die sich als wunderschöne Frauen zurechtmachten und einige der Matrosen gingen ihnen unter dem Einfluss von Alkohol und Drogen auf den Leim. Wenn der Moment der Wahrheit kam, waren sie natürlich wütend; beim Bürgermeister gingen diesbezüglich Beschwerden ein. Homosexuelle Menschen wurden unter mysteriösen Umständen getötet und verstümmelt, ohne dass man herausfand, wer dahinter steckte. Wie alle anderen, lebten auch die Homosexuellen in Angst.

Auf einigen Treffen und in der Kirche redete ich offen gegen die brutalen Morde, die Unterdrückung der homosexuellen Community und auch gegen diese vergnügungssüchtigen Feste, die schon fast zu einem Teil des städtischen Lebens geworden waren. Die Reaktion kam prompt: Ein sehr verärgerter Bürgermeister rief an, um zu fragen, was ich da tue. Warum sprach ich mich gegen das wirtschaftliche Wachstum der Stadt aus? Ich schlug ein Treffen vor, auf dem wir uns über die moralischen und sozialen Auswirkungen aussprechen könnten, die der *Mardi Gras* auf die Jugendlichen und die Familien hatte. Bereits jetzt breitete sich sexuelle Freizügigkeit immer weiter aus.

Ich lehnte es ab, den Bürgermeister in seinem Büro oder an einem anderen Ort in der Stadt zu treffen, wo er von seinen stets präsenten, schwer bewaffneten Leibwächtern umgeben wäre. Stattdessen schlug ich ein Treffen im Offiziersclub der Flottenstation vor. Dort sollten wir uns eines Morgens um halb zwölf treffen, aber Gordon erschien nicht. Ich wartete trotzdem in der Lobby. Um halb zwei kam er, ohne seine Leibwächter, die ihre Waffen nicht mit auf das Gelände bringen durften. Gordon ist ein kleiner, beleibter Mann mit rundem Gesicht und einem Schmollmund, zurückgehendem Haaransatz und einem aalglatten Lächeln, das er je nach Gelegenheit an- und abschaltete. Wir saßen allein in dem leeren Restaurant. *Das sieht nicht nach einem Dialog aus*, dachte ich. Gordon bestellte ein großes Schokoladeneis und schlürfte mit Genuss, während er mir einen langatmigen Vortrag über seine großartigen Pläne für die Stadt hielt und darüber, wie er alles verändern würde. Ich murmelte, wie schön es wäre, wenn es ein paar Fabriken und andere Arbeitsplätze gäbe und nicht nur die Bars. »Ich werde das Image der ›Stadt der Sünde‹ verändern«, sagte er und fügte hinzu, dass es dann kein Gerede über Prostitution mehr geben würde.

Es war kein Dialog, nur ein Monolog. Als er genug mit den Armen durch die Gegend gefuchtelt hatte, hörte er abrupt auf zu sprechen, als ob jemand einen Stecker gezogen und somit seinen Lautsprecher abgestellt hätte. Er starrte mich über den Tisch hinweg an, als sähe er mich zum ersten Mal. Dann meinte er, ich solle über alles nachdenken, was er gesagt hatte und ging fort. Das war 1980.

Jetzt war es Oktober 1982 und die Beziehungen hatten sich nicht verbessert. Verschiedene katholische Kirchenverbände, die örtliche Vereinigte Kirche der Methodisten und die Freimaurer sandten eine unterschriebene Petition an die Columbaner und an Bischof Henry Byrne, um mich aus Olongapo entfernen zu lassen. Ich sei eine unerwünschte Person und müsse verbannt werden.

Der Grund: *ich nutze die Gastfreundschaft der Menschen von Olongapo aus!* Als Journalist hatte ich mich unethisch und unverantwortlich verhalten, als ich die Kinderprostitution aufgedeckt hatte. Ich hatte angeblich den Bürgermeister und den Kommandanten des US-Marinestützpunktes beschuldigt, die Verbrechen gegen die Kinder zu verheimlichen. In der Petition hieß es: »Pater Cullen hätte den Kindern in Glaubensfragen helfen, ihnen Tugendhaftigkeit vermitteln und spirituelle Führung anbieten sollen.« Das Schlimmste aber war, dass ich den Menschen von Olongapo keine priesterliche Anteilnahme entgegen gebracht hätte und dem Wachstum der Stadt im Wege stünde.

Gordon nahm den Standpunkt ein, die Kinder seien Opfer einer Vergewaltigung, keine Prostituierten, als ob das die schreckliche Wirklichkeit irgendwie verändert hätte. Dougherty wurde in Guam vor das Kriegsgericht gestellt. Die US-Marine flog die sieben Kinder als Zeugen aus, aber das Kriegsgericht rief sie nicht auf. Gordon flog nach Guam, um dort laut gegen das schreckliche Verbrechen zu protestieren, das er selbst vor Gericht zu bringen versäumt hatte. Später kritisierte er das milde Urteil des Militärgerichtes auf das Schärfste.

Dougherty wurde in 13 Fällen des kriminellen sexuellen Fehlverhaltens für schuldig befunden, das beinhaltete: Geschlechtsverkehr mit sieben Minderjährigen, Vergewaltigung, Sodomie, sexuelle Übergriffe und unsittliches Verhalten. Ihm standen 147 Jahre Gefängnis bevor. Stattdessen bekam er ein Jahr Schwerstarbeit, wurde wegen Fehlverhaltens entlassen und degradiert.

Der Leitartikel der *Guam Tribune* nannte dies eine lächerlich geringe und die Rechtssprechung verspottende Strafe. Gordon kam zurück und plapperte diese Aussage nach, aber was kann man schon erwarten, wenn das Militär über das sexuelle Verhalten eines der ihren richtet?

Die Petition, mich aus Olongapo versetzen zu lassen, war der Beginn eines organisierten Versuchs kommunaler Politiker und anderer

Personen gesellschaftlichen Ranges, unserer unverblümten Anprangerung von Kinderprostitution und Menschenrechtsverletzungen entgegenzuwirken. Meine Columban-Mitbrüder beantworteten dies durch einen deutlichen Brief an die führende Tageszeitung *Bulletin Today*, der in ihrem Sonntagmagazin *Panorama* abgedruckt wurde, wofür wir sehr dankbar waren. Der Brief drückte das »Gefühl von Horror und Abscheu« aus, welches die Columbaner angesichts des Ausmaßes der Kinderprostitution in Olongapo verspürten. Sie unterstützten die Offenlegung durch das PREDA-Zentrum:

Wir, die unterzeichnenden Columban-Priester, möchten hiermit unsere volle Unterstützung für die Handlungen unseres Ordensbruders Pater Shay Cullen ausdrücken, der die Öffentlichkeit auf die Existenz der Prostitution von Kindern (oder deren Missbrauch oder Vergewaltigung) in Olongapo aufmerksam gemacht hat. Die entsetzlichen Details, die im Verlauf der Untersuchung ans Licht kamen – und von den Opfern selbst bekräftigt wurden – machen dieses zu einem besonders abscheulichen Verbrechen gegen die Menschlichkeit.

Das jugendliche Alter der Opfer (von 9 bis 14 Jahren), die akuten Formen der Geschlechtskrankheiten, mit denen die wehrlosen Mädchen infiziert wurden und die sadistischen Formen des begangenen Missbrauchs – diese und andere Perversionen erfüllen uns mit Entsetzen und Abscheu. Sicherlich werden diese Gefühle von allen Männern und Frauen mit christlichem Empfindungsvermögen geteilt.

Wir meinen, dass es wichtig war, die Öffentlichkeit auf dieses Verbrechen (und andere dieser Art) aufmerksam zu machen, welches in ihrer Mitte geschah. Dadurch, dass er dieses Übel bloßgelegt hat, hat sich Shay Cullen mutig für Gerechtigkeit und Wahrheit eingesetzt. Wir unterstützen ihn vollkommen in diesem Akt christlicher Zeugnisgabe.

Jaime Kardinal Sin, ein ausgesprochener Kritiker des Marcos-Regimes, verlieh der Unterstützung zusätzliches Gewicht. Er schrieb einen Brief an Pater Nicholas Murray, dem damaligen Columban-Superior der Philippinen. Der Kardinal war uns immer ein guter Freund; wann immer wir angegriffen wurden, konnten wir uns seiner Unterstützung sicher sein. Den Standpunkt, den wir von PREDA bezogen hatten, nannte er »priesterlich und prophetisch«. Später sollte Kardinal Sin die Kluft zwischen dem Volk und der Regierung wie folgt beschreiben: »Wenn Menschen das Vertrauen in ihre Führer verlieren, das Militär fürchten und den Gerichten nicht mehr vertrauen, ist der Gemeindepriester der einzige Mensch, dem sie ihre Sorgen anvertrauen können (...) und er kann ihre Beschwerden nicht einfach beiseite legen wie alle anderen und so tun, als gäbe es sie nicht. Er muss etwas tun, sonst verliert er selbst jede Hoffnung.«

Aus einer Notwendigkeit heraus, die sich dadurch ergab, selbst der Regierung nahe zu stehen, konnten Bischof Henry Byrne und einige Columban-Priester sich dieser Aussage des Kardinals nicht anschließen. Sie unterschrieben den Brief nicht. Die Petition zu meiner Versetzung zeigte, wie Politiker die kirchlichen und zivilen Organisationen politisieren konnten. Sie benutzten sie, um Kritiker zum Schweigen zu bringen und ihre politische Macht zu vergrößern.

Die Petition wurde verschiedenen Regierungsabteilungen und dem Militär überreicht, die sie jedoch alle ignorierten. Es gab nämlich auch Regierungsbeamte, die unseren Standpunkt unterstützten. Die staatliche »Behörde für Gefährliche Arzneimittel« beachtete die Petition und meine angedrohte Ausweisung nicht, sondern unterstützte uns weiterhin in moralischer und verwaltungstechnischer Hinsicht. Im landesweiten Vergleich verschiedener Zentren setzte sie uns auf Platz Eins, sowohl was die Zahl der im Zentrum verbleibenden Süchtigen anging als auch im Hinblick auf die Anzahl erfolgreich rehabilitierter Drogenabhängiger. Dies zeigte, dass der Ansatz der »Offenen Tür« zusammen mit der von uns geleisteten Überzeugungsarbeit und den bei Neuankömmlingen angewandten Beratungstechniken positive Wirkung zeigte. Die »Schreitherapie«, gekoppelt mit einem abwechslungsreichen Programm, brachte eindrucksvolle Ergebnisse. Wir beschlossen, auf diese Weise weiter zu machen. Wir waren das erste Zentrum dieser Art in ganz Asien.

Es war eine große Ermutigung für uns, als der Provinzausschuss von Zambales einen Beschluss verabschiedete, in dem er seine Unterstützung für die Arbeit von PREDA ausdrückte. Es fehlte dem Schreiben nicht viel zu einer öffentlichen Anklage des vermeintlichen Vertuschungsversuchs seitens des Bürgermeisters und der US-Marine bezüglich der prostituierten Kinder. Nicht alle Beamten waren korrupt oder unterstützten das Kriegsrechts-Regime. Wir machten es uns zur Aufgabe, diejenigen Regierungsbeamten herauszufinden, die im Geheimen die Menschenrechte achteten und sich ihrem moralischen Gewissen entsprechend verhielten. Einige Kirchenleute kollaborierten mit korrupten Beamten und Politikern und unterhielten enge Beziehungen zu den Reichen und Mächtigen, die Privilegien und Spenden verteilen konnten. Als Gegenleistung erwarteten diese eine gefügige Kirche. Solche Regierungsabteilungen betrachteten es als Privileg nur bestimmter Bürger, Geschäfte eingehen zu können und nicht als Recht aller, sich ihren Lebensunterhalt zu verdienen.

Die Petition zu meiner Versetzung scheiterte. Sie wurde daraufhin in eine formelle Klage bei der Einwanderungsbehörde in Manila umgewandelt. Der wichtigste Ausweisungsgrund war, dass ich die Einwohner Olongapos durch die Aufdeckung der Kinderprostitution beleidigt hätte. Es klang lächerlich und entbehrte jeder Grundlage, aber diese Anschuldigung sollte über viele Jahre immer wiederholt werden. Meine Zukunft war ebenso unsicher wie die des PREDA-Zentrums.

Die Ausweisung war offensichtlich ein Weg, Missionare aus dem Weg zu räumen, die für die Regierung unbequem geworden waren, weil sie Menschenrechtsverletzungen, soziale Ungerechtigkeit und nun den sexuellen Missbrauch kleiner Kinder anprangerten.

Die Ausweisungsklage wurde ausführlich in den Medien behandelt. Im vorangegangenen September hatte die Zeitung *We Forum* berichtet, die Petition sei eine Vergeltungsmaßnahme für die Aufdeckung des Zuhälterringes, der die Kinder an die US-Matrosen vermittelt hatte, und für die Offenlegung des Vertuschungsversuchs. *The Catholic News* aus Singapur und eine Zeitung aus Hawaii berichteten auf ähnliche Weise.

Eine weitere Zeitung, die *Olongapo News*, hatte schon im Juli die Namen von drei Zuhältern veröffentlicht, die man identifizieren konnte. Obwohl Gordon versprochen hatte, Anklage zu erheben, wurde offensichtlich nichts getan, um sie vor Gericht zu bringen. Man munkelte, dass sie Verbindungen zu Regierungskreisen hätten. Diese Gerüchte zirkulierten und wurden immer stärker. Sowohl die Ausweisungsklage als auch die Petition zu meiner Versetzung schien ein Versuch zu sein, Kritik abzuschmettern und die Medien abzulenken.

Das in Manila herausgegebene *Midweek Magazine* brachten ein Interview mit mir, welches den Titel trug: *Propheten sind nicht politisch.*

Darin ging es nicht nur um das Ausmaß der Kinderprostitution in Olongapo, sondern auch um die sich entwickelnde Aufgabe des Priesters als Prophet. Es gab mir die Gelegenheit, der Öffentlichkeit zu erklären, dass das Christentum mehr bedeutet als Sakramente zu spenden. Es ist auch eine Verpflichtung zum Handeln und der Nachfolge Jesu in seiner kompromisslosen Hingabe an die Armen, die es, wie Moses es tat, aus der sexuellen, politischen oder wirtschaftlichen Sklaverei in die Freiheit zu führen gilt. Während wir als Priester, zu Propheten und Jüngern berufen, dazu bestimmt sind, eine besondere Rolle bei der Verkündung des Evangeliums der Gerechtigkeit und Versöhnung zu spielen, sind wir weder parteiisch noch dürfen wir politische Aktivisten sein. Unsere Aufgabe ist es, die Präsenz und die Taten Christi in das moderne Zeitalter zu übertragen und wie er kompromisslos das Königreich der Liebe und Versöhnung mit seiner Basis von Gerechtigkeit und Gewaltlosigkeit zu verkünden. Das Marcos-Regime sah das anders. Die sozialen Enzykliken der Kirche klangen in ihren Ohren zu sehr nach sozialistischem oder kommunistischem Manifest. Wir wurden über die Ausweisungsklage nicht offiziell informiert und die Drohung hing viele Monate wie ein Damoklesschwert über uns.

12

Machtwechsel

Das Ende des Marcosregimes (1983–86)

Obwohl das Militär die Ermordung von Bürgermeister Sola bereits der NPA zugeschrieben hatte (zwei Rebellen waren gefasst worden und hatten ihre Beteiligung an dem Hinterhalt zugegeben und auch die Kommandanten der NPA auf Negros hatten dies bestätigt), benutzte man diesen alten Mordfall, um die Priester Brian Gore, Niall O'Brien und Vincent Dagan sowie sechs ihrer Gemeindemitarbeiter fälschlich zu beschuldigen.

Man verhaftete sie am 6. Mai 1983, stellte sie für mehrere Wochen in ihren Pfarrhäusern unter Arrest und eröffnete in Kabankalan eine Scheinverhandlung gegen sie. Später brachte man die Priester nach Bacolod ins Militärcamp, während die Gemeindemitarbeiter ins Provinzgefängnis auf der anderen Seite der Stadt kamen. Die Priester waren entschlossen, sich nicht von ihren Mitarbeitern trennen zu lassen und entwickelten mit Hilfe anderer Columbaner einen Fluchtplan. Sie entkamen aus dem Camp und flohen, so schnell sie konnten, ins Provinzgefängnis, wo sie sich mit ihren Mitarbeitern zusammen einschlossen. Der Militärkommandant war wütend, aber die Aktion war legal, und es funktionierte: gemeinsam waren sie sicherer. Einige Monate später, als die Sache für die Staatsanwälte schlecht auszusehen begann, gab es einen offensichtlichen Versuch, sie über die Gefängnismauer hinweg zu ermorden.

Diese Verhandlung war eine Farce und wirkte sich für das Marcos-Regime übel aus. Die internationalen Medien zeigten Marcos und seine Kumpanen als das, was sie waren: ein Tyrann und seine grausamen Handlanger, die ihr eigenes Volk folterten und ermordeten, die Kirche schikanierten und die Staatskasse plünderten. Protestdemonstrationen in Irland anlässlich des Besuchs von Ronald Reagan übten ebenfalls Druck auf Marcos aus, den Scheinprozess zu beenden. So oft ich konnte, fuhr ich nach Negros, um die Gefangenen zu besuchen. Während der Verhandlung bezeugte ich, dass ich klare Beweise für die Unschuld Pater Nialls hatte: Er hatte die Woche, als der Bürgermeister umgebracht wurde, im PREDA-Zentrum verbracht.

Diese Verhöhnung der Justiz, die unglaubliche Mühsal und Entbehrung und die intensiven Kämpfe vor Gericht dauerten ein ganzes Jahr. Aus dem Gefängnis heraus und mit Hilfe ihrer Unterstützer nutzten die Priester ihre ungerechtfertigte Inhaftierung und die falschen Anschuldigungen, um die Nation und die Internationale Gemeinschaft auf die Unbilligkeit des Regimes hinzuweisen.

Als erstes wurden die falschen Anschuldigungen gegen Pater Vincent Dagan abgewiesen, und dann, am 24. Juni 1984, auch die gegen die Patres Brian und Niall und ihre Mitarbeiter. Nach diesen Ereignissen achtete ich stets darauf, meine eigenen Bewegungen in irgendeiner Form zu dokumentieren. Falls unserem Bürgermeister etwas passierte, könnte man versuchen, mir das anzuhängen, und dann müsste ich Beweise für meinen Aufenthaltsort vorlegen können.

Im Herbst 1983 gab es auf der politischen Bühne dramatische Geschehnisse. Während die Verhandlung gegen die »Neun von Negros« lief und wir der Leuchtturm-Gemeinde halfen, ihre Hütten und Schuppen auf dem Hang über dem PREDA-Zentrum aufzubauen, kehrte der Oppositionsführer Benigno »Ninoy« Aquino nach Manila zurück. Durch die Stadt schwirrten Gerüchte über den schlechten Gesundheitszustand von Präsident Marcos und es gab Morddrohungen gegen Aquino. Er ignorierte sie und nutzte die Chance, nach Hause zu kommen und die Opposition zu vereinen. Er kam nicht weiter als bis auf die Stufen des Flugzeugs. Während das Militär ihn über eine rückwärtige Treppe aus dem Flugzeug geleitete, wurde ihm in den Hinterkopf geschossen. In der Ankunftshalle drängten sich Hunderte seiner Anhänger.

Der angebliche Mörder, Rolando Galman, war in einen Mechaniker-Overall gekleidet. Er wurde nur Minuten später von einer anderen Gruppe Soldaten auf dem Rollfeld erschossen. Die Öffentlichkeit sollte glauben, dass Galman als Einzeltäter für den Mord verantwortlich war, doch diese ungeschickt inszenierte Tragödie überzeugte nur wenige. Marcos und seine Frau leugneten jede Beteiligung; man verdächtigte General Fabian Ver, der Drahtzieher zu sein. Marcos war bettlägerig: er erholte sich gerade von seiner zweiten Nierentransplantation.

Das ganze Land schrie vor Empörung auf und Marcos ernannte eine Jury aus fünf Richtern, die den Mord untersuchten sollten. Natürlich verliefen ihre Untersuchungen im Sande. Trotz seines Zustandes erschien Marcos am nächsten Tag im Fernsehen, um den Mord zu verurteilen. In seiner Verzweiflung machte er die Kommunisten für die Tat verantwortlich. Der Sündenbock Galman war Mitglied einer von der Armee aufgestellten Todesschwadron, um die Mordkommandos der Kommunisten zu bekämpfen. Kaum jemand bezweifelte, dass Ninoy auf Befehl von General Ver von seiner Militäreskorte erschossen worden war. Ver und Marcos waren seit Kindestagen befreundet, und viele glaubten den Behauptungen, dass Imelda Marcos hinter dem Attentat steckte. Trotz der Aussage eines Augenzeugen und in Nichtbeachtung starker Beweise, sprach ein willfähriges Gericht den General am 2. Dezember 1985 wegen einer verfahrenstechnischen Einzelheit frei.

Bei Ninoys Beerdigung folgten über eine Million Menschen dem Trauerzug durch die Straßen von Manila. Der Sarg war hoch auf einem offenen Lastwagen aufgebahrt und mit Blumen bedeckt. Tausende trauernder Menschen standen auf Balkonen und an Fenstern, warfen gelbes Konfetti – die Farbe des Widerstandes – und schwenkten Fahnen und Banner. Ein junger, ehrgeiziger und aufopfernder Politiker war gestorben, weil er einen Tyrannen herausgefordert hatte, und ein Märtyrer wurde geboren. Generationen von Filipinos waren mit der Erinnerung an José Rizal aufgewachsen, den Arzt und Schriftsteller, der die Spanier hart kritisiert hatte und deshalb von ihnen hingerichtet worden war. Für viele von ihnen trat Ninoy nun in dessen heldenhafte Fußstapfen. Andere sahen ihn als christusähnliche Figur, wie sie oft in der volkstümlichen religiösen Kultur der Philippinen zu sehen ist: man überhöhte ihn zu einem leidenden Diener, der gestorben war, um sein Volk zu retten.

Am folgenden 15. September gingen 5000 Studenten auf die Straße und klagten Marcos als Tyrannen und Terroristen an. Nun kam Hoffnung auf, dass diese massive Opposition gegen Marcos sich zu einer Bewegung ausweiten und Veränderungen herbeiführen könne. Aber ungefähr eine Woche später schlug Marcos mit Gewalt zurück und zerschlug eine Kundgebung von Aquinos Witwe, Corazon »Cory«

Aquino. Es entstand eine unangenehme, verfahrene Situation, als die zersplitterte Opposition versuchte, ihre Differenzen auszuräumen und eine vereinte Front gegen Marcos zu bilden.

Die Wirtschaft stand schon am Rande des Bankrotts; jetzt verloren die Wohlhabenden jegliches Vertrauen und brachten eine halbe Milliarde Dollar außer Landes. Marcos selber hatte, wie sich später herausstellte, Millionen Dollar auf private Bankkonten in der ganzen Welt überwiesen, hauptsächlich jedoch auf Schweizer Nummernkonten. Bis heute werden Tonnen von Gold in einem Schweizer Zollspeicher aufgewahrt. Laut den Aussagen privater Ermittler, die nach Marcos' Sturz von Regierungsbeamten beauftragt wurden, gab es bis zu 13 Milliarden US-Dollar auf Schweizer Konten, und nichts davon wurde zurückgeholt.

Es war ein schwieriges Weihnachtsfest für alle. Das Jahr 1984 begann mit steigender Spannung und der Frage, in welche Richtung sich die nationale Situation entwickeln würde. Die jungen Menschen im PREDA-Zentrum befanden sich noch im Heilungsprozess. Wir hatten jeden Tag Therapiesitzungen und Familientreffen, auf denen wir die Familien berieten und miteinander zu versöhnen suchten. Aber das Geld war knapp, und wir konnten den jungen Leuten nur wenig bieten. Trotzdem kamen immer mehr auf der Suche nach Unterschlupf und Hilfe. Ein Junge von der Straße, schwach, dürr und verzweifelt, brach noch auf der Schwelle zusammen. Ich schrieb später eine Geschichte darüber, in der ich seine persönlichen Erfahrungen eines Lebens, das kein Ziel hatte, beschrieb. Tausende junger Leute teilen bis heute sein Schicksal.

Dennoch konnten wir eine Weihnachtsfeier für ungefähr 60 Kinder aus der Leuchtturm-Gemeinde auf die Beine stellen. Diese hatte sich inzwischen gut auf dem Gelände eingelebt, wo PREDA mit der Wiederaufforstung begonnen hatte. Aber die Probleme waren schon im Anmarsch.

Unsere Finanzlage war nicht sehr viel besser geworden, denn die Verkäufe der Handwerksprodukte stiegen nicht schnell genug, um die wachsende Gemeinschaft finanzieren zu können. Wir boten den Produzenten zinsfreie Darlehen und gaben einen gewissen Prozentsatz für Gemeindeprojekte hinzu, damit sie ihre Lebensbedingungen verbessern konnten. So sollten die Sanitäranlagen für die Arbeiter verbessert und ausreichende Gehälter und medizinische Versorgung gewährleistet werden. Es blieb also wenig für das Drogenpräventionsprogramm und die Heilung der Abhängigen.

Bei PREDA versuchten wir, selbständig zu sein und ein nachhaltiges Projekt zu betreiben. Wir versuchten, die Eltern der Jugendlichen zur Mitverantwortung zu bewegen, indem wir sie um finanzielle Unterstützung für die Genesung ihrer Kinder baten. Aber die meisten waren sehr arm, und die Mittelklassefamilien waren eher widerstrebend; sie zogen es vor, das Kind aus der Familie zu verbannen und PREDA als menschlichen Müllhaufen für ihre Familienprobleme zu nutzen. Allzu oft weigerten sich die Eltern, ihre eigenen Fehler anzuerkennen und zuzugeben, dass auch sie Schuld trugen an den Problemen, die zur Drogenabhängigkeit ihres Kindes geführt hatten.

Im Frühjahr 1984 begannen Neuankömmlinge ebenfalls einfache Hütten und Buden auf dem Umsiedlungsgelände aufzubauen. Sie behaupteten, Genehmigungen der Stadtverwaltung zu haben, und wir konnten nichts dagegen tun. Der Bürgermeister und die Beamten hielten es für notwendig, die Leuchtturm-Gemeinde zu unterwandern und zu verhindern, dass sich dort ein Zentrum der Opposition bildete. Der anfangs nur tröpfelnde Zuzug wurde über die Monate immer stärker, bis selbst Verwandte von Stadtbeamten sich Landstücke unter den Nagel rissen. Wir wurden überrannt. Wir baten das Umweltministerium einzugreifen und die Anzahl der Bewohner für dieses Areal zu beschränken. Sie bewegten sich nur langsam. Noch im September stießen unsere Proteste auf taube Ohren. Im Dezember überreichten die Anwohner Gordon eine Petition, und wir schrieben ihm mit der Bitte, die Leute nicht länger zu schikanieren, sondern lieber ihre Lebensbedingungen zu verbessern. Es gab kaum Wasser, keine sanitären Anlagen und zu viele Menschen.

Schon bald bedrohten die Neuankömmlinge die Familien aus der ehemaligen Leuchtturm-Gemeinde, deren Organisationen sich nun aus Angst vor der Polizei kaum noch trafen. Eines Tages stürmte der örtliche Chef von Gordons Verwaltungsapparat in eines der Treffen, wedelte mit seinem .45er-Maschinengewehr und schrie, das Treffen sei illegal und subversiv. Er ängstigte viele der Siedler derart, dass sie sich nicht mehr zu treffen wagten. Die Spitzel hatten dem Militär gesagt, kommunistische Rebellen versteckten sich in der Gemeinde. Es war eine beängstigende Zeit.

Wir organisierten weiterhin Seminare über das Übel der Kinderprostitution und die Ausbeutung der Frauen in der Sexindustrie, welche noch immer florierte und die sexuellen Gelüste der Siebten US-Flotte befriedigte.

Dieses Problem gab es in ganz Asien. Bezüglich unserer Kampagne zur Auflösung der Stützpunkte standen wir mit einer ganzen Reihe ausländischer Gruppen in Verbindung. Einige Gruppen aus Kanada, Japan und Neuseeland besuchten uns für eine Weile, um sich die Situation mit eigenen Augen anzusehen. Besonders schlimm war die Lage der Kinder, die sich prostituierten mussten sowie der filipinoamerikanischen Kinder, von denen viele verlassen worden waren und sich auf der Straße durchschlugen. Ihre Mütter waren quasi Sklaven der Bar- und Clubbesitzer und konnten die Kinder nicht aufziehen. In vielen Fällen wurden diese Kinder entweder zur Adoption freigegeben oder in die Prostitution verkauft. Der Handel mit Kindern florierte in Olongapo und auch prominente Mitglieder der politischen Elite waren daran beteiligt.

Manchmal wurden die Barmädchen absichtlich schwanger, wenn sie bei der Arbeit einen amerikanischen Freund kennengelernt hatten und diesen nun an sich binden wollten. Sie hofften, ihn dazu bringen zu können, Verantwortung zu übernehmen und sie zu heiraten. In den meisten Fällen verließ der Freund sie, sobald er von der Schwangerschaft erfuhr. Statt das Kind abzutreiben, was, obwohl illegal, die übliche Praxis war, bekamen sie es und gaben es einer Familie illegaler Siedler zur Pflege. Die sich prostituierenden Frauen gaben dieser Familie soviel finanzielle Unterstützung, wie sie nur konnten.

Ein Bericht der amerikanischen Nachrichtenagentur *Associated Press*, der vom in Manila ansässigen *Times Journal* veröffentlicht wurde, erwähnte eine Konferenz über Kindesmissbrauch, die in Jakarta in Indonesien stattfand und an der sich die meisten südostasiatischen Länder beteiligten. Die Abwesenheit der Philippinen war bezeichnend. Offizielle Stellen leugneten die Tatsachen. Für sie existierten sexueller Missbrauch an Kindern und Kinderprostitution nicht. Auf der Konferenz wurden der sich in ganz Südostasien wachsende Missbrauch und die Ausbeutung von Kindern diskutiert. Es war eines der ersten internationalen Treffen, auf denen das enorme Ausmaß des Problems, auf das wir schon seit Jahren hinzuweisen versucht hatten, offiziell anerkannt wurde.

Unsere Kampagne gegen Kinderprostitution wurde von den Bordell- und Barbesitzern und ihren politischen Protektoren als stützpunktfeindlich und, als logische Folge dessen, als anti-amerikanisch angesehen. Von dort war es für sie nur ein kurzer Schritt dahin, die rote Flagge zu schwenken und uns als Kommunisten zu diskreditieren. Es war eine plumpe, aber beunruhigende Art, uns in Verruf zu bringen und das tatsächliche Problem zu ignorieren.

PREDA hatte viele gute amerikanische Freunde in der Marinebasis und diese wiederum arbeiteten mit vielen Mitgliedern der amerikanischen Friedensbewegung, mit Atomkraftgegnern und Befürwortern einer Konversion der Stützpunkte zusammen. Die amerikanischen Bischöfe hatten sich gegen die Politik der USA bezüglich der nuklearen und militärischen Anlagen und gegen Menschenrechtsverletzungen auf den Philippinen ausgesprochen.

In Interviews mit den Medien machten wir deutlich, dass das persönliche Verhalten amerikanischer Militärangehöriger sowie einige Aspekte der US-Marinepolitik nicht den moralischen Werten und Prinzipien der amerikanischen Verfassung und der *Bill of Rights* entsprachen. Ihre eigenen jungen Männer, manche von ihnen erst 17 Jahre alt, wurden von ihren Erfahrungen in Olongapo und Angeles moralisch korrumpiert und pervertiert. Auf beiden Seiten gab es zahllose Opfer.

Ich gab mehrere Fernseh- und Radiointerviews zu sozialen und wirtschaftlichen Problemen, welche die Stützpunkte verursachten und erklärte, dass diese aufgelöst werden müssten. Die einzige Alternative, die ich damals sehen konnte, war ihre Umwandlung in Industrie- und Gewerbegebiete. Viele Wirtschaftsliberale sahen darin »Sonderwirtschaftszonen«, um ausländischen Unternehmen die Ausbeutung der Arbeitskräfte zu ermöglichen. Jedoch, wenn sie den Menschen würdevolle Arbeit und gerechte Gehälter verschaffen könnten und eine machbare Alternative zu den Militärbasen wären, würden wir Kompromisse eingehen müssen. Meiner Meinung nach war eine Umwandlung der Stützpunkte in Industriegebiete bei weitem das geringere Übel. Die Militärstandorte hatten eine Schlüsselrolle in der US-Außenpolitik bezüglich der Philippinen und Asien als Ganzem; an diesen Zusammenhängen zeigten die internationalen Medien nun größeres Interesse. Die US-Verteidigungsbehörden sahen die Stützpunkte als wesentliches Glied einer Kette an, mit der China und Russland in Schach gehalten werden sollten. Diese Politik der Eindämmung war zu jener Zeit das Dogma des Kalten Krieges. Die Armeestandorte waren Sprungbretter für jede militärische Aktion auf dem asiatischen Festland wie z.B. im Korea- und Vietnamkrieg. Sie wären außerdem bevorzugte Ziele für einen nuklearen Vergeltungsschlag, sollte das Konzept einer »vereinzelten Anwendung von Atomwaffen« jemals ausgeführt werden [»limited nuclear exchange« bezeichnet hier die Idee eines gezielten Einsatzes von Atomwaffen gegen die militärischen Einrichtungen eines Gegners, sei es, um diesen offensiv zu schwächen oder defensiv eine Invasion zu verhindern].

Washingtons Unterstützung für Marcos basierte auf der Notwendigkeit, die Stützpunkte zu erhalten. Man fürchtete, eine Schwächung Marcos' würde die kommunistischen Rebellen stärken; die Folgen wären nicht absehbar. Präsident Reagan selbst war ein »alter Freund« von Marcos, seitdem er und seine Frau in Manila äußerst luxuriös empfangen worden waren. Imelda hatte enge Beziehungen zu Nancy Reagan geknüpft und überschüttete diese nun fortwährend mit ihrer Propaganda. Reagan stand voll hinter Marcos. Nachdem sein geplanter Kurzbesuch in Manila im November 1983 abgesagt worden war, hatte er Marcos persönlich einen Brief geschrieben, in dem er seine Freundschaft bekräftigte und ihm sagte: »Ich habe Ihrer Fähigkeit, die Dinge im Griff zu behalten, immer vertraut.« Diese persönliche Bestätigung durch den US-Präsidenten wirkte auf den kränkelnden Mann wie ein Stärkungsmittel und kräftigte seine Entschlossenheit zu überleben und seine Feinde zu vernichten. Als die Opposition gegen Marcos stärker wurde und der Widerstand gegen ihn die Straßen von Manila und die Provinzen erfüllte, machte sich das US-Außenministerium langsam Sorgen. Reagan, stets der aggressive Republikaner, setzte sich für eine Aufstockung der Kriegsmarine auf 600 Schiffe ein, hauptsächlich, um den möglichen Verlust der Stützpunkte aufzufangen. Er war davon überzeugt, dass Marcos der richtige Mann sei, um die Militärbasen Subic Bay und Clark Air Base zu erhalten.

Unter Marcos wurde jegliche Kritik an solcher Politik erstickt. Aber je schwächer er wurde, desto lauter wurde der Protest. Nun brachte die Beziehung zu Marcos Washington an den Rand des Abgrundes, aber wie sollten sie seiner tödlichen Umarmung entkommen? Durch seine

Einstellung, Marcos allein könne eine kommunistische Machtübernahme verhindern, hatte sich Reagan der philippinischen Opposition entfremdet. Im Februar 1985 brachte ihn das US-Außenministerium dazu, in einem Interview mit der *New York Times* zuzugeben, dass auch die philippinische Opposition der Demokratie verpflichtet war.

Die Kommunisten waren eine echte Bedrohung. Aus einer Handvoll Lehrer und Studenten, die 1972 in die Berge geflohen waren, war eine schlagkräftige Rebellenarmee von mindestens 10 000 bewaffneten Männern und Frauen geworden, die in 62 der 72 Provinzen des Landes sicherlich noch eine gute Million Unterstützer hatten. Da der Widerstand gegen Marcos von Monat zu Monat wuchs, machte sich Washington Sorgen, dass ein Machtvakuum schnell von der immer beliebteren Rebellenbewegung gefüllt werden könnte, deren Zulauf sich durch steigende Armut und Not noch vergrößerte. Im September 1984 hieß es in einem Bericht des US-Kongresses, ein kommunistischer Sieg auf den Philippinen sei definitiv möglich. Dies würde das Ende der amerikanischen Militärstationen bedeuten und »unsere Fähigkeit, das Machtgleichgewicht in Asien zu erhalten«, schwächen.

Die USA waren Marcos' wichtigste Stütze, ohne sie würde er sich nicht halten können, doch die Begeisterung des US-Außenministeriums für Marcos schwand zusehends. Viele begriffen, dass er für die amerikanischen Interessen in Asien inzwischen eher eine Belastung als ein Gewinn war. Washington hatte die Beschreibungen entsetzlicher Menschenrechtsverletzungen, der Folter, wirtschaftlicher Plünderung und sozialer Missstände, einschließlich der um die beiden größten Stützpunkte herum florierenden Kinderprostitution, ignoriert.

Marcos versuchte verzweifelt, sein Image in der amerikanischen Öffentlichkeit zu verbessern und sich mit der Aura eines demokratischen Landesvaters zu umgeben. Der einzige Weg dorthin führte über vorgezogene Wahlen. Sein Plan sah vor, nicht mit überwältigender Mehrheit, sondern nur mit einem kleinen Vorsprung zu gewinnen, um so Washington und die amerikanische Bevölkerung davon zu überzeugen, dass er rechtmäßig gewählt worden war. Dann hätten sie keine andere Möglichkeit gehabt, als ihn weiterhin zu unterstützen. Mehr und mehr erschien er als die Marionette einer fremden Macht, was ihm seine linksgerichteten Kritiker vorwarfen – eine eitle, sture und grausame Marionette obendrein.

Bezeichnenderweise kündigte er die vorgezogenen Wahlen nicht dem philippinischen Volk, sondern einem amerikanischen Publikum an, nämlich am 3. November 1985 während eines Interviews mit David Brinkley in der sonntäglichen Vormittagssendung des US-Fernsehsenders ABC.

Nun standen Wahlen auf den Philippinen bevor. Die Opposition war geteilt. Zwei Hauptfraktionen wollten bei den Wahlen antreten: Cory Aquino einerseits und der traditionelle Politiker Salvador Laurel andererseits. Marcos verließ sich auf die Unfähigkeit der Filipinos, persönlichen Ehrgeiz und Machthunger zurückzustellen und sich für ein übergeordnetes politisches Ziel zusammenzutun. Was er nicht voraussehen konnte, war, dass Kardinal Sin die Fraktionen zusammenbringen würde. Dieser war politisch erfahren, einflussreich, und er hatte erkannt, dass das Wohl des Volkes hauptsächlich von der Wiederherstellung der Demokratie und einem Ende der Unterdrückung und der Plünderung der Staatskasse abhing. Sin griff persönlich ein und überredete Laurel, Cory den Vortritt zu lassen.

Am 7. Februar 1986, dem Vorabend der Wahl, befand sich die Nation in fieberhafter Erregung. Marcos stand mit dem Rücken zur Wand; die Leidenschaft von Aquinos Unterstützern, die Präsenz internationaler Medien und Wahlbeobachter und die massive Wahlbeteiligung waren überwältigend. Bei fairer Auszählung, so schien es, könnte Cory Aquino, die fromme Witwe des erschlagenen Märtyrers, gar nicht verlieren. Natürlich war die Auszählung nicht fair. Es wurde betrogen. Es gab Stromausfälle, während derer Marcos' Schlägertruppen versuchten, die Wahlurnen zu stehlen. Im Fernsehen wurden dramatische Szenen gezeigt, in denen Bürger die Urnen mit eigenen Händen festhielten oder Barrikaden vor den Wahllokalen bildeten und sich selbst in Gefahr brachten, um die Wahlurnen zu schützen.

Es gab Schießereien, Einschüchterungsversuche und gefälschte Wahlzettel, auch falsche Wahlurnen, die schon mit Ja-Stimmen für Marcos vollgestopft waren. Der Betrug war dreist und arrogant. In Olongapo stand der gesamte Ablauf unter der Kontrolle der kommunalen Regierung. Einige mutige Rechtsanwälte versuchten, die Wahlen zu überwachen, aber es war üblich, die Wahlurnen in das Büro des lokalen Wahlbeamten zu bringen, der vom Bürgermeister ernannt worden war. Nur wenige Außenstehende durften während der Auszählung anwesend sein und sie hatten keine Möglichkeit, das

Zählen der Stimmen zu verfolgen. Gordon lieferte Marcos eine große Mehrheit.

In Manila kam es zum Schlimmsten, als die endgültigen Stimmenzahlen aus dem ganzen Land eingingen. Eine kirchliche Wahlbeobachtungsgruppe namens *National Movement for Free Elections* (NAMFREL), Nationale Bewegung für Freie Wahlen, zählte die Stimmen zeitgleich mit den Regierungsbeamten der Wahlkommission *Commission on Elections* (COMELEC). Als die Ergebnisse zeigten, dass Aquino in Führung lag, hörten die Regierungsbeamten auf, zu zählen. Sie versuchten, die Gesamtzahl der abgegebenen Stimmen zu ändern, woraufhin die Bediener der Auszählungscomputer angewidert hinausgingen. Die Verkündung des offiziellen Ergebnisses wurde verzögert, wodurch die Beamten mehr Zeit hatten, die Zahlen zu fälschen. Das US-Außenministerium hatte seine Leute überall auf den ganzen Philippinen und verfolgte die Wahlen genau. Sie wussten, dass es Marcos war, der betrog. Seinem »Freund« stets treu, verkündeten Reagan und seine Beamten ihre Unterstützung für Marcos – im US-Außenministerium war man frustriert.

Reagan deutete an, es habe auf beiden Seiten Betrug gegeben, was Cory wütend machte. Es zeigte nur, dass sein Interesse ebenso sehr dem Erhalt der Militärbasen galt wie der Demokratie. »Ich kenne nichts Wichtigeres als diese Stützpunkte«, sagte er. Wieder einmal sollte die Zukunft des Landes nicht vom philippinischen Volk selber entschieden werden, sondern von einem ehemaligen Schauspieler, tausende Kilometer weit weg in der Hauptstadt eines fremden Landes. Vielen Filipinos erschien Reagan wie ein alternder Schauspieler, der die Philippinen als Drehort eines Hollywoodfilms betrachtete. Die nächste Szene hatte dem von ihm entworfenen Drehbuch zu folgen und seine Lieblingssätze zu enthalten.

Tage später, am 15. Februar, zog Reagan auf Druck seines damaligen Außenministers George Shultz seine voreingenommenen Kommentare zurück und erkannte an, dass der Betrug hauptsächlich auf Seiten Marcos' stattgefunden hatte. Dieser hatte sich bereits zum Sieger erklärt, Cory Aquino tat dasselbe. Die katholischen Bischöfe, die Aquino unterstützt hatten, erklärten geschlossen, Marcos habe keine »moralische Grundlage«, auf der er regieren könne.

Wie der Journalist und Asien-Korrespondent Staney Karnow berichtete, schickte Shultz den Diplomaten Philip Habib nach Manila, der bereits seit 40 Jahren im Dienst des Außenministeriums gestanden hatte. Habib sollte die Lage einschätzen, während Shultz nach einem Weg suchte, die Krise zu beeinflussen und Marcos' Griff zur Macht zu lockern. Als Habib seine erschöpfende Untersuchung der Situation beendet hatte, fasste er seine Ergebnisse folgendermaßen zusammen: »Cory hat die Wahl gewonnen und verdient unsere Unterstützung; Marcos ist am Ende und wir sollten ihm Asyl anbieten.«

Mit Marcos' Unterstützung hatte dessen Cousin und ehemaliger Leibwächter, General Fabian Ver, seine eigene Macht im Präsidentenpalast gefestigt. Die Streitkräfte waren ihm direkt unterstellt. Marcos war krank; von seinen zwei Nierentransplantationen war nur eine erfolgreich gewesen, weswegen er weiter auf die Dialyse angewiesen war. Im Palast stritten sich Ver und Imelda Marcos darum, wer die Nachfolge des Präsidenten und damit die Macht übernehmen sollte. Benigno Aquino hatte als einziger diese Pläne bedroht und er war bereits ausgeschaltet. Aber auch an anderer Stelle wurde Ehrgeiz entwickelt. Verteidigungsminister Enrile hatte eigene Pläne. Er war Absolvent des Jura-Colleges in Harvard und seit 1965 ein enger Vertrauter von Marcos. Seither hatte er an Macht und Einfluss gewonnen. Seine Verbindung zu Eduardo »Danding« Cojuangco, einem Cousin Cory Aquinos, mit dem diese sich zerstritten hatte, verschaffte ihm großen Reichtum. Cojuangco ist einer der mächtigen Zuckerbarone auf Negros und man ging allgemein davon aus, dass er zum Kreis der reichen Zuckerpflanzer gehörte, von denen die falschen Anschuldigungen gegen die Patres Gore, O'Brien und Dangan sowie deren Mitarbeiter ausgegangen waren.

Enrile und Cojuangco verschafften sich die Kontrolle über Abgaben, mit denen man die Kokosbauern belegt hatte. Diese Steuereinnahmen beliefen sich auf mehrere Milliarden und man vermutete, dass sie mit diesem Geld Aktien des landesweit größten Konzerns, der San Miguel Corporation, kauften, die hauptsächlich für ihr Bier bekannt ist. Dies ist bis heute ein strittiges Thema, da die Bauern behaupten, die Abgaben seien öffentliche Gelder und zur Verbesserung der Industrie und der Lebensumstände der armen Bauern vorgesehen gewesen.

Enrile distanzierte sich eilends von Marcos und hatte vielleicht auch selbst ein Auge auf das Präsidentenamt geworfen. Innerhalb des Verteidigungsministeriums gründete er eine Gruppe junger Offiziere, die sich *Reform the Armed Forces Movement* (RAM), die Bewegung zur Reform der Streitkräfte, nannten. Ver hatte ihn als möglichen Rivalen im Blick, doch Enrile schaffte es, einen Mordanschlag auf sich zu verhindern. Von Cojuangco fühlte er sich ebenfalls bedroht. Enriles Gruppe wurde von einem großspurigen jungen Offizier namens Gregorio »Gringo« Honasan geleitet, der später Senator wurde. Offenbar planten sie einen Putsch gegen Marcos, um Enrile als Präsidenten einzusetzen. Dieser Plan wurde von der Ermordung Ninoy Aquinos und Corys zunehmender Beliebtheit überschattet, und Marcos' Entscheidung, vorgezogene Wahlen abzuhalten, schuf eine Situation, auf die sie nur schlecht vorbereitet waren. Die RAM waren mit Spitzeln durchsetzt, so dass Marcos bald von ihrem Putschversuch erfuhr. Er unternahm jedoch vorerst nichts, um sie zu eliminieren.

Die Wahlen am 7. Februar 1986 und der nationale Aufruhr wegen des Wahlbetrugs führten zu einer sehr instabilen politischen Situation. Aquino war damit beschäftigt, auf Kundgebungen zum Boykott derjenigen Unternehmen aufzurufen, die irgendwie mit Marcos in Zusammenhang standen. Die amerikanische Öffentlichkeit war bezaubert von Aquino und der mit ihrem Bild personifizierten Moral, das über ihre Fernsehbildschirme flimmerte. Tag für Tag distanzierte Washington sich mehr von Marcos, nur Reagan stand immer noch hinter ihm.

Nach der Abreise Philip Habibs wurden die *RAM Boys* – unter diesem Namen wurde Enriles Gruppe von Offizieren bekannt – mutiger und beschlossen, jetzt zu handeln. Ihr ursprünglicher Plan war es, den Malacañang-Palast, den Regierungssitz, anzugreifen und Marcos festzunehmen. Der Plan flog auf und General Ver stand kurz davor, alle, einschließlich Enriles, zu verhaften. Sie hatten keine andere Wahl, als sich am 22. Februar auf das ausgedehnte Militärgelände namens Camp Aguinaldo zurückzuziehen, benannt nach General Emilio Aguinaldo, dem jungen, ungestümen Anführer der Revolution gegen Spanien im Jahr 1896. Enrile folgte ihnen am Abend mit ungefähr 250 mit Maschinengewehren bewaffneten Männern. Wenig später folgte auch General Fidel Ramos, ein Cousin von Marcos und Oberhaupt der philippinischen Polizei, der sich ebenfalls ernüchtert von General Ver abgewandt hatte, weil der ihn bei Beförderungen stets übergangen hatte. Aber auch er war ein Schützling des amerikanischen Militärs, denn er war in der amerikanischen Militärakademie West Point ausgebildet worden. Man munkelte, dass er geheime Instruktionen vom CIA und dem amerikanischen Militärattaché erhielt. Obwohl die USA Enrile als möglichen Ersatz für Marcos favorisierten, trauten sie ihm nicht ganz und hielten sich deshalb alle Wege offen. Sie stellten sich also auch hinter Ramos und ermutigten ihn vielleicht sogar, den Coup zu unterstützen und den Großteil der philippinischen Armee mit auf die andere Seite zu ziehen.

Ramos Anwesenheit verbesserte die Chancen der Putschisten, einen Angriff von Vers Streitkräften zu überleben. Hätte jedoch Marcos seine Panzer und gepanzerten Armeefahrzeuge eingesetzt, hätte es kaum Hoffnung für sie gegeben.

Millionen Menschen im ganzen Land klebten vor ihren Fernsehern und Radios. Es gab permanente Live-Übertragungen. Dann passierte etwas Außergewöhnliches. Anstatt ihre Sachen zu packen und möglichst viel Entfernung zwischen sich und das zu legen, was offenbar der Schauplatz einer offenen Schlacht zu werden versprach, strömte die Zivilbevölkerung zu den Toren des riesigen Militärkomplexes. Sie waren aufgeregt und außer sich vor Freude über den offenen Widerstand der rebellischen Soldaten. General Ramos sah, wie schwierig es sein würde, Camp Aguinaldo zu verteidigen und entschloss sich, vielleicht um seine eigene Unabhängigkeit klar zu stellen, seine Anhänger auf die andere Seite der achtspurigen Straße hinüber nach Camp Crane zu bringen. Enrile hatte keine andere Wahl, als ihm mit seiner kleinen Truppe zu folgen.

Medienvertreter schwärmten in das Camp, um die ersten und vielleicht auch letzten Interviews vor dem tödlichen Kampf zu bekommen. Aus dem Gebäude des Verteidigungsministeriums innerhalb des Camps gab Enrile Interviews, die landesweit ausgestrahlt wurden. Er gestand Marcos' umfassende Betrügereien, seine eigene Rolle bei der Manipulation tausender von Stimmen und viele andere schmutzige Tricks der Regierung. Er schwor, Aquino zu unterstützen. Wir alle waren wie elektrisiert, als wir live miterlebten, wie sich dieses Drama zuspitzte.

Das Militär war gespalten. Viele Offiziere und Soldaten waren wütend über die Entbehrungen und Risiken, denen sie sich für wenig Sold aussetzen mussten. Marcos und seine Anhänger hatten Millionen Dollar, die eigentlich für das Militär gedacht waren, auf private Bankkonten umgeleitet. Weitere Einheiten der Armee erklärten sich mit den Machern des fehlgeschlagenen Putsches solidarisch und folgten Ramos nach Camp Crane.

Mit vor Aufregung heiserer Stimme kündigten die Fernsehreporter jede neue Entwicklung an. Eine Einheit Kampfhubschrauber flog auf den Standort der Rebellen zu und wir am Radio warteten atemlos darauf, dass sie ihre Raketen auf Camp Crane loslassen würden. Stattdessen landeten sie und erklärten ihre Unterstützung für die *RAM Boys*. Die Menge vor den Toren jubelte vor Freude. Alle waren sehr erleichtert.

Cory Aquino befand sich 300 Kilometer südlich von Manila auf der Insel Cebu, um dort zu Boykotten und zivilem Ungehorsam aufzurufen. Sie zog sich in ein Kloster zurück, um den Ausgang der Geschehnisse abzuwarten. Ihre Berater warnten sie, dass es verrückt sei, nach Manila zurückzukehren. Bei einem Angriff auf die *RAM Boys* wäre sie eine ideale Zielscheibe für Marcos' Eingreiftruppen. Dieser hätte dann alle seine Gegner auf einen Schlag ausgeschaltet.

In dieser Woche, bevor die Nachricht von der bevorstehenden Verhaftung Enriles und der *RAM Boys* bekannt wurde, hatte Alex die Bewohner des PREDA-Zentrums auf einen Zeltausflug mitgenommen. Sie fuhren mit unserem alten Bus in die Berge von San Marcelino und besuchten ein Dorf der *Aeta*, der indigenen Bevölkerung, mit der wir in einem kleinen Entwicklungsprojekt Handel mit Rattan betrieben. Dort verfolgten sie die Ereignisse am Radio. Ich blieb mit dem Rest der Mitarbeiter bei PREDA, hörte zu und verfolgte die Entwicklungen.

Wir hörten, dass die örtlichen Militäreinheiten aufgestört und gespalten seien. Einige blieben Marcos treu, andere Einheiten stellten sich gegen ihn. Straßensperren wurden errichtet und ganz in unserer Nähe, im Militärlager in Barrio Barretto, wurden Gefechtsstationen bemannt. Niemand wusste, wer was war, obwohl es hieß, die pro RAM eingestellten Einheiten trügen ihre Armabzeichen falsch herum.

Als die Spannung stieg, befahl Marcos seinen Truppen, die kirchliche Radiostation *Radio Veritas* zum Schweigen zu bringen. Seine Leute stürmten in das Funkhaus in Mololos, Bulacan, ca. eine Stunde von Manila entfernt. Die einzige verlässliche Informationsquelle sendete nicht mehr.

Die US-Regierung und ihre verschiedenen Abteilungen spielten ein doppeltes Spiel. Dem Journalist Stanley Karnow zufolge stellte die CIA den Zugang zu alternativen Übertragungsmöglichkeiten her, so dass die Ereignisse weiterhin per Radio übertragen werden konnten. Die Kampfhubschrauber wurden im Luftwaffenstützpunkt der USA, Clark Air Base, aufgetankt. Elektronik-Experten der Vereinigten Staaten überwachten General Vers Radionetzwerk und gaben Informationen an Ramos weiter. Es war nicht schwer zu erkennen, wen sie als Sieger sehen wollten, doch eine Niederlage war unausweichlich. Wenn nicht große Truppenteile zu den Rebellen überliefen, war die Wahrscheinlichkeit groß, dass es zu einem Bürgerkrieg riesigen Ausmaßes kommen würde.

Aber Marcos ließ Ver nicht angreifen. Reagan hatte ihn ermahnt, ein Blutvergießen zu vermeiden; er konnte seinen Freund und Verbündeten nicht vor laufenden Fernsehkameras tausende von Zivilisten abschlachten lassen. Die Lösung hieß Verhandeln, und so rief jeder jeden an und nichts kam dabei heraus.

Es gab Filmmaterial, auf dem Ver den Befehl zum Angriff forderte, doch Marcos schwankte und verlor so kostbare Zeit. Inzwischen hatte Enrile Aquino als rechtmäßig gewählte Präsidentin anerkannt und Kardinal Sin um Hilfe gebeten. An diesem Nachmittag, als er die Menschenmengen sah, die sich am Eingang zu Camp Crane eingefunden hatten, forderte Kardinal Sin die Menschen über Radio auf, sich auf der Schnellstraße zwischen den beiden Militärcamps, der Epifanio De Los Santos Avenue, kurz EDSA, zu versammeln. Sie kamen zu Tausenden, versperrten die Straße und stellten sich zwischen die Panzerfahrzeuge und Vers Truppen, die immer noch auf den Schießbefehl warteten. Die Familie des Kommandanten dieser Einheit, der später Sicherheitsbeauftragter des Marinestützpunktes in Subic wurde, flehte ihn über Telefon an, nicht zu schießen. Marcos war noch immer unentschlossen. Die internationalen Medien zeigten die Nonnen und Seminaristen, die von der Menschenmenge umgeben in einer Prozession über die Schnellstraße zogen, den Soldaten Rosenkranzperlen und Blumen schenkten und vor den Panzern niederknieten. Als die Panzer sich zurückzogen, ernteten sie zustimmendes Gebrüll. Später rückten sie erneut vor und die Menschenmassen umwogten und belagerten sie, baten und flehten, boten den Soldaten Essen und Getränke an, knieten vor den Kanonen nieder und beteten. Dieses Ereignis wurde später EDSA-Revolution oder *People Power*-Revolution genannt. Die Welt schaute zu, Reagan regte sich auf,

Washington schwitzte, und Marcos wusste, dass er nicht gleichzeitig einen Angriff befehlen und das daraus resultierende politische Desaster überleben konnte.

Die Konfrontation dauerte zwei Tage lang. Am 24. Februar feuerte einer der Kampfhubschrauber ein paar Raketen auf den Malacañang ab. Gerüchte verbreiteten sich, dass Marcos und seine Familie aus dem Palast geflohen seien, aber noch waren sie dort. Am nächsten Tag legte Enrile, froh darüber, noch am Leben zu sein, seine Ambitionen fürs Erste beiseite und proklamierte die Bildung einer Übergangsregierung mit Aquino als Präsidentin. Aquino kehrte nach Manila zurück und gesellte sich zu den Massen vor den Camps. Es waren berührende Momente, als die riesige Menschenmenge aus Dankbarkeit für den Sieg das *Ave Maria* sang.

Aber sie freuten sich zu früh. Marcos war entschlossen, an der Macht zu bleiben und fühlte sich von Reagans stillschweigender Unterstützung gestärkt. Am nächsten Tag, dem 25. Februar, leistete er deshalb seinen Amtseid auf dem Balkon des Malacañang. Die Fernsehübertragung der Zeremonie wurde jedoch nach der Hälfte der Zeit unterbrochen, denn die Rebellen stürmten die regierungseigene Fernsehstation. Man riet Aquino, den Amtseid zu schwören, und so wurde sie von Richter Claudio Teehankee, einem Mitglied des Obersten Gerichtshofes und ehemals treuen Marcos-Anhänger, als Präsidentin vereidigt.

Marcos hatte vor, so lange im Amt zu bleiben, wie er sich Reagans Unterstützung sicher sein konnte. Aber die Situation in Washington war verzweifelt. Reagan war nicht dazu zu bringen, Marcos zur Aufgabe zu überreden. Endlich, in einem Treffen zwischen Reagan, Shultz und Senator Laxalt, wurde beschlossen, dass Marcos gehen musste und man ihn in den Staaten willkommen heißen würde. Laxalt rief Marcos an und teilte ihm den Beschluss mit. »Ich denke, Sie sollten einen Schnitt machen, und zwar einen sauberen Schnitt. Ich glaube, es ist soweit.« Und wieder war es eine Anweisung aus Washington, die Marcos zu gehen befahl, den Zeitpunkt des Rücktritts bestimmte und eine Ära philippinischer Politik beendete.

Am 26. Februar 1986 beschloss Marcos, auf Drängen von Senator Laxalt, das Land zu verlassen. Amerikanische Hubschrauber flogen ihn, seine Familie und die Dienstboten zum Luftwaffenstützpunkt Clark Air Base, von wo aus sie ins Exil auf Hawaii gingen. In aller Eile hatten sie Kisten voll kostbaren Schmucks, Bankpapiere und andere Dokumente zusammengesucht, die ihnen den Zugang zu den vielen Milliarden Dollar sichern würden, die sie auf unlautere Art erworben hatten. Alle Papiere wurden bei der Landung in Honolulu von den amerikanischen Zollbehörden beschlagnahmt. Das Geld konnte bis heute nicht zurückgeholt worden. Später wurden noch weitere geheime Bankkonten entdeckt, als man im eilig verlassenen Präsidentschaftspalast diesbezügliche Dokumente fand. Man fand auch die mehrere tausend Paar Schuhe, für die Imelda Marcos berühmt wurde.

Der Großteil dieses Geldes liegt noch immer auf Schweizer Bankkonten – die ungeheure Summe von 13 Milliarden US-Dollar. Als die Geheimkonten entdeckt wurden und die Regierung Aquinos kurz davor stand, Anspruch auf den illegal erworbenen Reichtum zu erheben, froren die Schweizer Banken sofort alle Konten ein, damit niemand an das Geld herankam.

Das Phänomen der *People Power* als einer gemeinschaftlichen Handlung aktiver Gewaltlosigkeit hatte zwar einen Tyrannen gestürzt, führte aber nicht zu radikalen gesellschaftlichen Veränderungen. Es leitete auch keine Ära sozialer Gerechtigkeit auf den Philippinen ein. Es hatte Marcos' Flucht herbeigeführt, indem man jeden ernsthaften Angriff auf Enrile, Ramos und die *RAM Boys*, die in Camp Crane belagert wurden, verzögert und behindert hatte. Auf der Grundlage der Wahlen vom 7. Februar, bei denen 30 Menschen ums Leben gekommen waren, hatte die *People Power* Cory Aquino zur Präsidentin gemacht und somit ein Minimum an demokratischer Herrschaft wiederhergestellt. Ihren Mut und ihre Belastbarkeit hatte Aquino bereits unter Beweis gestellt, aber es sollten noch weitere Prüfungen folgen. Alle waren sehr erleichtert über Marcos' Sturz. Es war kaum zu glauben. Eine große Last von Angst und Unruhe war über Nacht verschwunden.

Bei PREDA hingegen gab es noch immer Probleme, die auch die friedvolle *People Power* nicht lösen konnte. Im vorangegangenen Juli 1985 hatte die Nationalregierung mit finanzieller Hilfe der Asiatischen Entwicklungsbank ein Projekt zur Verbesserung der Straßen begonnen. Unser Zentrum liegt auf einem Hügel direkt über einer Fernstraße und man begann, die Felswand unter uns auszuhöhlen. Die Bulldozer und Bagger kamen während der Nacht und weckten uns auf. Wir waren entsetzt, als wir sahen, wie sie die Felsen unterhalb unseres Gebäudes wegrissen. Am nächsten Tag protestierten wir und parkten unseren Kleinlaster so, dass er die Bulldozer blockierte. Diese machten jedoch bloß einen Bogen darum herum und fuhren mit dem Abriss fort.

Ich ging zum Bauleitungsbüro und protestierte gegen die Gefahren für unser Zentrum. Der koreanische Bauunternehmer jedoch ließ mich abblitzen und interessierte sich überhaupt nicht für unsere Ängste. Wütend stellte ich mich vor die Ausfahrt an der Zementmischanlage, so dass die Wagen mit dem frischen Zement nicht heraus konnten. Der Bauunternehmer war sehr wütend, es gab ein hitziges Wortgefecht und man bedrohte mich mit einer Eisenstange. Ich erkannte, dass der Bürgermeister ihnen den Rücken deckte und wir kaum eine Chance hatten, die Ausgrabungen unter unserem Zentrum zu stoppen. Als sie drohten, meinen Pick-up mit ihrem Kipplaster zu überfahren, entschied ich mich zum Rückzug.

Sehr zu unserem Ärger wurden der Boden und die Steine, die man unter dem Gebäude von PREDA weggeholt hatte, in der neuen Auffahrt des nahegelegenen Gordon Parks verarbeitet. Ich wandte mich an die Beamten der Asiatischen Entwicklungsbank in Manila mit der Bitte, uns Geld für den Bau einer Stützwand zu geben, doch sie zeigten kein Interesse und informierten mich, dass es kein Geld für ein solches Projekt gäbe. Ich fürchtete, dass uns ein großer Erdrutsch wegreißen würde und begann, mit unseren wenigen Geldmitteln eine Stützwand zu bauen.

Sie war nicht besonders stabil, und im Mai 1986 zerstörte ein Taifun die gesamte Konstruktion, noch bevor wir sie fertig stellen konnten. Die Überreste rutschten auf die Fernstraße und blockierten sie. Wir starteten eine Protestbrief-Kampagne an den Direktor der Asiatischen Entwicklungsbank, von der die Gelder für den Straßenbau kamen. Eines Tages, wenige Wochen nach Beginn der Kampagne, fuhr eine Limousine vor unserer Tür vor. Heraus stieg ein britischer Ingenieur, der als technischer Berater für die Bank arbeitete und uns fragte, was wir als Gegenleistung für die Beendigung der Briefkampagne forderten. Wir wollten, dass der Teil des Hangs, der durch die Aushöhlung beschädigt worden war, durch eine große Stützwand wieder aufgebaut werden sollte. Außerdem forderten wir von der Bank eine Entschädigung für unsere sämtlichen Verluste. Der Ingenieur war einverstanden und schrieb auf der Stelle einen Scheck aus. Wir entwickelten einen Bauplan und bauten die Stützwände mit der Hilfe eines Bergbauingenieurs.

Es sollte nicht unsere letzte Begegnung mit dieser Bank sein. Genau zehn Jahre später standen wir der Bank und den Gordons in einer anderen Umweltfrage erneut gegenüber.

13

Neue Führung – alte Feinde

Ideen gegen Militärstationen (1986)

Es war ein Neuanfang. Aquino löste Marcos' rückgratlosen Kongress auf und ordnete den Entwurf einer neuen Verfassung an, welcher im Oktober 1986 genehmigt wurde. Er setzte die Amtszeit des Präsidenten auf einmalig sechs Jahre fest, eine Bedingung, die von den folgenden Präsidenten Ramos und Estrada aufzuheben versucht würde, um ihre Amtszeit zu verlängern.

Der Traum von gesellschaftlicher Veränderung blieb jedoch ein Traum. Die Probleme waren zu groß und zu gewaltig, um bedeutende Veränderungen herbeiführen zu können. Die Staatskasse war leer, das meiste Geld hatten Marcos und seine Anhänger bei ausländischen Banken angelegt. Selbst ein begabtes, charismatisches Staatsoberhaupt mit einem Höchstmaß an öffentlicher Unterstützung sah sich einer noch größeren und unbeweglichen Macht gegenüber: der politischen Vetternwirtschaft. Gewählte Führer auf den Philippinen hatten selten wahre demokratische Legitimität oder den Wunsch, ein System zu verändern, welches sich zu ihren Gunsten auswirkt. Der Reichtum war immer im Besitz der wenigen Grundbesitzer oder Industriemagnaten gewesen. Die politischen und industriellen Dynastien, die das Marcos-Regime überlebt hatten, kamen zurück an die Macht und es entstand eine neue Oligarchie, wild entschlossen, die unter Marcos gemachten Verluste wieder wettzumachen.

Präsidentin Aquino, eine hingebungsvolle Katholikin, war keine Sozialreformerin. Sie war auf allen Seiten von politischen Feinden umgeben, die von Anfang an ihren Sturz planten. Es war nicht der Beginn eines neuen Zeitalters wahrer Demokratie, sondern die Wiederauferstehung einer vergangenen Ära, in der eine herrschende Elite aus Aristokraten und mächtigen Geschäftsleuten einen nur scheinbar demokratischen Prozess kontrollierte und aufrechterhielt.

Das System war durch Stimmenkauf und Patronage ausgehöhlt. Seit Generationen konnte eine kleine herrschende Schicht die ganze Nation in Armut halten, sich jeglicher sozialer Reform stur widersetzen und somit das Feld für Menschen wie Marcos bereiten. Obwohl man Marcos abgesetzt hatte, war das jahrhundertealte System, welches ihm und seiner Oligarchie eine derart grausame Herrschaft und die vielen Selbstbereicherungen ermöglicht hatte, noch immer sehr lebendig.

Lässt man Marcos' Betrügereien einmal außer Acht, war Aquinos Wahl die ehrlichste und echteste, die es jemals gegeben hatte. Dennoch gab es keine bedeutende soziale Veränderung, keine durchschlagenden Gesetze zur Umverteilung von Land und Reichtum, keine Besteuerung der Reichen und Hilfe für die Armen. In dieser Hinsicht änderte sich wenig.

Aquinos größte Leistung war es, aus dem Schatten ihres ermordeten Mannes herauszutreten, sich Marcos in einem hochemotionalen Wahlkampf entgegenzustellen und zu siegen. Die Zeitschrift *Time* kürte sie zur »Person des Jahres« und 1999 erschien sie auf der Liste der 100 einflussreichsten Asiaten des Jahrhunderts. Diesen Titel hatte sie sich verdient. Sie nahm es auf sich, eine Nation zu führen, die im Chaos versunken war. Sie hatte die Boykotte gegen die Unternehmen von Marcos' Mitläufern angeführt, sich geweigert aufzugeben, als man sie während der Wahlen betrogen hatte und sie besaß eine angeborene Güte. Diese Dinge waren es, die sie an die Macht gebracht hatten.

Nach dem Fall des Tyrannen kam eine kurze Zeit der Erleichterung und einer hoffnungsvollen demokratischen Herrschaft. Aber Aquinos vorläufige Regierung versäumte es, die revolutionären Kräfte, die sich während ihrer ersten Regierungsmonate durchgesetzt hatten, schnell und geschickt zu nutzen und entschieden zu handeln. Eine historisch einmalige Gelegenheit, per Gesetz Landreformen zu beschließen, das korrupte Justizwesen zu sanieren und andere, für eine gerechte philippinische Gesellschaft lebenswichtige Veränderungen herbeizuführen, wurde versäumt. Aquino wollte den demokratischen Prozess seinen Lauf nehmen lassen und ordnete eine Verfassungsversammlung an. Ihr war nicht klar, wie pervers die undemokratischen Kräfte im Staat waren und in welchem Ausmaß sie den Prozess kontrollierten. Ihre Berater hielten nichts von revolutionären Veränderungen oder Restrukturierungen, sie rieten zur Reform. Vielleicht war das zuviel verlangt, wenn man bedenkt, dass die Korruption aus 20 Jahren Marcos-Regime noch immer tief verwurzelt war.

Auf Hawaii stellte Marcos seine Millionen bereit, um einen Militäraufstand und anderen Ärger anzuzetteln. Aquino war politisch unerfahren und so wurde sie von den Wellen gegensätzlicher Interessen überschwemmt, die versuchten, Vorteile für sich herauszuschlagen, einflussreiche Positionen zu gewinnen und jedes Machtvakuum zu besetzen.

So sehr sie das auch wollte, es gab wenig, was die neue Regierung hätte tun können, um das völlig korrupte Militär und die ebenso korrupte Polizei zu reformieren. Diese hatten 20 Jahre lang uneingeschränkte Macht gehabt und zahlreiche entsetzliche Menschenrechtsverletzungen begangen. Davon sollte es noch mehr geben. Aquino war die erste Präsidentin und der erste weibliche Oberbefehlshaber der Streitkräfte und Marcos' Militär war weder bereit, einer Frau zu gehorchen, noch eine Zivilregierung anzuerkennen, deren Rechte es jahrelang unterdrückt hatte.

Um das Militär in Schach zu halten und die Planer des Staatsstreichs gegen Marcos zu belohnen, wurde Enrile zum Verteidigungsminister ernannt, während Fidel Ramos Oberhaupt der Streitkräfte wurde. Aber ein Teil der Armee, nämlich die *RAM Boys*, spürte nur zu deutlich die Schwäche von Aquinos Regierung und dass die USA sie nicht vollkommen unterstützten. Die Republikaner waren nervös und unsicher wegen der linksgerichteten Berater und Beamten, die einflussreiche Positionen im Umfeld der Präsidentin eingenommen hatten. Sie fürchteten, sie würden Aquino dazu bewegen, sich gegen das Fortbestehen der US-Militärstützpunkte auszusprechen. Und genau das tat sie.

Am 2. Februar 1987 wurde die neue Verfassung vom Volk angenommen. Sie überließ dem Senat die Entscheidung über die Zukunft der Stützpunkte, deren Pachtverträge 1991 ausliefen. Um neue Verträge abschließen zu können, war eine Zweidrittelmehrheit im Senat notwendig. Dennoch traute man Aquino soviel Einfluss zu, dass ihre Unterstützung für die Verlängerung der Pachtverträge ausschlaggebend erschien. Ihre Zukunft hing einzig und allein von diesem Thema ab.

Auch militärische Auslandseinsätze im Rahmen der US-Verteidigungspolitik waren wesentlich mit diesem Thema verbunden. Auf die

Clark Air Base konnte man verzichten, aber der Stützpunkt in Subic Bay war für die USA äußerst wichtig. Als Aquino dann begann, Berater hinzuziehen, die von rechtsgerichteten Kräften auf den Philippinen und den USA als radikal angesehen wurden, flaute die anfangs enthusiastische Unterstützung für sie ab. Aquino vergaß niemals, dass Reagan ein vehementer Befürworter von Marcos gewesen war und ihren Wahlsieg nicht anerkannt hatte. Während ihrer Wahlkampagne hatte sie die Auflösung der Stationen befürwortet, was ihr die Sympathie der Nationalisten einbrachte, aber viele ihrer konservativ eingestellten Anhänger in den Staaten abschreckte. Unter dem Einfluss ihrer Berater verkündete sie, sich alle Optionen für die Zukunft der Stützpunkte offen halten zu wollen. Sie bestätigte weder, dass sie deren Auflösung bevorzugte, noch verneinte sie es. Die aggressiveren Kräfte im US-Kongress waren wütend und bald brodelte es im Kessel der politischen Intrigen. Finstere Pläne, sie zu stürzen und einen Nachfolger einzusetzen, wurden geschmiedet.

Mit der Zeit begannen jedoch der Druck der rechtsgerichteten Kräfte in den USA, die heimliche Unterstützung für die Rebellen und die fanatischen antikommunistischen Milizen, ihre Familie zu bedrohen und trieben einen Keil zwischen sie und ihre fortschrittlicheren Anhänger. Zum Schluss bat Aquino die USA um Unterstützung, änderte ihre Meinung über die Stützpunkte und setzte sich im Senat für deren Erhalt ein.

Die Rechte hatte die Angst geschürt, dass Aquinos Regierung bald von den Kommunisten beherrscht werden würde. Das war jedoch wenig wahrscheinlich. Die kommunistische Bewegung hatte die Kräfte schwer unterschätzt, die Aquino auf den Wellen öffentlicher Begeisterung an die Macht gehoben hatten. Die Kommunisten hatten sich verachtungsvoll zurückgezogen, sich hinter einer Wolke von Selbstgerechtigkeit versteckt.

Die vorgezogenen Wahlen vom 7. Februar boten den Kommunisten eine einmalige Gelegenheit zur politischen Beteiligung, doch ihre Partei *Ang Bayan* (Die Nation) ließ sich nicht aufstellen. Die Linke verpasste ihre Gelegenheit. Sie hätte sich mit den moderateren Kräften vereinen und sich im Bewusstsein der *People Power*-Bewegung ein gewisses Wohlwollen verschaffen können. Aber sie versäumten es, sich den marschierenden Massen anzuschließen, die für die Demokratie demonstriert und mit vollem körperlichem Einsatz heldenhaft die

Wahlurnen verteidigt hatten. Es waren die politisch wenig interessierten Menschen aus den unteren und mittleren Schichten, die sich an den Toren der Militärcamps zusammengefunden und den Fahrzeugen und Panzern des Marcos-Regimes die Stirn geboten hatten.

Die Kommunisten standen am Rande und warteten auf den Ausbruch des Bürgerkriegs, der sich da zusammenbraute. Ungläubig sahen sie zu, wie die Kundgebungen auf der EDSA und die *People Power* Marcos stürzten – diese Rolle hatten sie eigentlich für sich als ihre wahre Bestimmung vorgesehen. Gewaltlosigkeit hatte erreicht, was der bewaffneten Revolution versagt blieb. Der Linken fehlte es an politischem Geschick, auch hatte sie die Situation nicht richtig eingeschätzt. Erst in späteren Jahren konnte sie akzeptieren, dass sie deshalb einen historischen Moment verpasst hatte.

Eine der ersten Amtshandlungen Aquinos, einige Monate nach ihrer Amtsübernahme im März 1986, war es, die Bürgermeister und Gouverneure der Marcos-Ära vorläufig durch andere Beamte zu ersetzen. In Olongapo wurde ein Oppositionspolitiker und entfernter Verwandter eines ehemaligen Präsidenten, Teddy Macapagal, als Ersatz für Gordon ernannt. Gordon erkannte die Regierung Aquinos nicht an und weigerte sich, sein Amt kampflos aufzugeben. Er umgab sich mit loyalen Polizisten, Leibwächtern, seinen Schlägertrupps, politischen Anhängern, angeblich auch mit einigen aus dem Stadtgefängnis entlassenen Sträflingen und verbarrikadierte sich im Rathaus. Dort blieb er ungefähr zehn Tage lang. Draußen umstellten seine Anhänger das Gebäude. Sobald die Gegenseite sich näherte, gab es heftige Kämpfe. Nachts stand die Straße in Flammen, Autoreifen wurden angezündet und beide Seiten bewarfen sich mit Steinen. Ein 14-jähriger Junge kam ums Leben. Einmal stürmte der Mob über die Straße und griff das Büro des Bürgerrechtsanwalts Estanislao »Jun« Cesa, einem der Direktoren der Rechtsanwaltskammer der Philippinen, an. Cesa hat PREDA in verschiedenen Menschenrechtsfällen vertreten. Zusammen mit Rechtsanwalt Sergio Cruz, einem weiteren brillanten und integren Anwalt, versuchte er, den Wahlbetrug in Olongapo zu stoppen. Vor einem örtlichen Gericht stellten sie die späte Registrierung von Wahlberechtigten in Frage. Daraufhin erschien Gordon mit seinen Leibwächtern und es kam, in Anwesenheit des Richters, zu einem Handgemenge und der Androhung körperlicher Gewalt. Der Richter, ein Geschäftspartner Gordons, schaute einfach weg. Cesa reichte beim Obersten Gerichtshof eine Petition ein, um gegen den Versuch des Wahlbetrugs zu protestieren.

Gordon wurde letztlich von Truppen aus der Nachbarprovinz Pampanga aus dem Rathaus vertrieben und Teddy Macapagal übernahm das Amt des Bürgermeisters. Unmittelbar darauf kündigte er an, einen Untersuchungsausschuss gründen zu wollen, der die vielen Morde durch die geheimnisvolle Todesschwadron untersuchen sollte. Der Ausschuss trat niemals zusammen und die Morde wurden niemals aufgeklärt. Für uns war es eine kurze Pause von den ständigen Bedrohungen und Schikanen, mit denen uns die Stadtverwaltung in den letzten sechs Jahren überhäuft hatte.

Die Verfassungsversammlung war für uns eine Gelegenheit, den Lauf der Geschichte zu beeinflussen. Die Verfassung verbot die Einfuhr jeglicher Atomwaffen auf die Philippinen und enthielt einen Artikel, der den Verbleib ausländischer Militärstationen auf philippinischem Boden von bestimmten Verträgen abhängig machte. Diese mussten mit Zweidrittelmehrheit vom Senat angenommen und auch vom jeweilig anderen Land anerkannt werden. Die bestehende Vereinbarung über die Stützpunkte sollte 1991 auslaufen.

Die Anti-Stützpunkt-Koalition aus Nichtregierungsorganisationen (*non-governmental organizations*, abgekürzt NGOs) setzte sich sehr für die Aufnahme von Bestimmungen gegen die Stützpunkte ein. Bei einem wichtigen Treffen, das in jenem Jahr im St. Joseph-College in Quezon City stattfand, bekamen die verschiedenen Mitglieder der Koalition unterschiedliche Aufgaben. Wir von PREDA hatten schon vor einigen Jahren einen Plan zur Umwandlung der Militäranlagen vorgestellt. Falls man den Senat davon überzeugen könnte, einen neuen Vertrag mit den USA abzulehnen, würde dieser Plan die Jobs von mehreren tausenden Filipinos retten. Zu Anfang erhielt unser Plan kaum Aufmerksamkeit, doch wir stellten ihn weiter auf Seminaren und Foren vor. Als sich die Chancen vergrößerten, dass die Verfassungsversammlung die ausländischen Militärstationen verbieten würde, wuchs auch das Interesse an dem Konzept »Leben nach den Stützpunkten«, wie es bald genannt wurde.

Die stärkste Lobby für die Stützpunkte wurde vom ehemaligen Bürgermeister Gordon und seiner Frau Kate angeführt. Sie kritisierten

PREDAs Konzept und behaupteten, ohne die Stützpunkte bräche die Wirtschaft zusammen. Wir waren entschlossen, unsere Idee weiterzuverfolgen, denn es war uns klar, dass eine langfristige Planung vonnöten war. Ansonsten würde der Abzug des Militärs eine Katastrophe auslösen.

Durch die Hilfe des Mennonitischen Zentralkomitees in den USA, das sich für Frieden und Gerechtigkeit überall auf der Welt einsetzt, trat ich in Verbindung mit Lloyd Jeffry Dumas, einem anerkannten Wirtschaftswissenschaftler und dem Autor mehrerer Bücher und Artikel über Wirtschaftsfragen. Er hatte eine Professur für Politische Ökonomie und Wirtschaft an der Universität von Texas inne. Professor Dumas war ein führender Friedensforscher, der sich schon seit vielen Jahren mit den Auswirkungen von Militärausgaben beschäftigte und ein Experte für die Umwandlung militärischer Standorte in den USA. Wir brauchten dringend einen Rat, welche Art der Umwidmung der Stützpunkte für die Zukunft der Philippinen förderlich sein könnte, deshalb kam er zu uns, um dies mit uns zu diskutieren.

Die amerikanischen Behörden waren sehr sensibel, was die Zukunft der Stützpunkte anging. Aufgrund der Themen, die in der Verfassungsversammlung so heiß diskutiert wurden, hielt ich es kaum für möglich, Professor Dumas einen Passierschein für alle Anlagen in den Standorten verschaffen zu können. Ich machte mir deshalb gar nicht erst die Mühe, einen zu beantragen, sondern nahm ihn als Besucher mit in den Marinestützpunkt. Wir mogelten uns in die Schiffsreparaturanlage und in fast alle anderen Orte hinein, dem Hochsicherheitstrakt des Marinemagazins eingeschlossen, wohin die Raketen zur Reparatur und Wartung gebracht wurden. Obwohl wir keines der strategisch wichtigen Gebäude betreten durften, konnte ich Jeff über zwei Tage hinweg einen guten Überblick über alles verschaffen. Lange Diskussionen über alle Möglichkeiten der Umwandlung in ein Industriegebiet folgten. Jeff beseitigte meine Selbstzweifel über einen so weit hergeholten Plan.

Gordon versuchte die ganze Idee lächerlich zu machen und behauptete, er habe einen Entwicklungsplan, der für die Stadt die kostenlose Nutzung von einigen der Marine-Anlagen ermöglichen würde. Er sollte von 1991 bis 2000 umgesetzt werden. Die Entwicklungsplaner erstellten ein Gutachten, in dem sie auf die Abhängigkeit vom Stützpunkt und der Unterhaltungsindustrie, auf die fehlende alternative

Industrie, auf städtische Verelendung, unzureichende öffentliche Einrichtungen, Umweltzerstörung und soziale Probleme hinwiesen. Sie betonten außerdem, dass »30 Prozent der Einwohner Olongapos baufällige Gebiete bewohnen, wo die Lebensbedingungen alles andere als zufriedenstellend sind. Die Anzahl der Schulen und angemessener Bildungsinstitutionen ist ebenfalls limitiert. Gesundheitsdienst und andere soziale Dienste müssen ebenfalls ausgebaut werden, besonders im Hinblick auf die Verbesserung der Zugangsmöglichkeiten.«

Der Bericht zeigte auf, wie die ursprüngliche Bevölkerung Olongapos vom Stützpunkt verdrängt worden war und wie ihnen »als Entschädigung erlaubt wurde, auf der Müllhalde der Marinebasis den Abfall zu durchsuchen«. Nur einige wenige wurden ausgewählt, die Matrosen der US-Marine und die Jagdpiloten für das Überleben im Dschungel zu trainieren. Aus allen anderen, ehemals geschickten Jägern und Sammlern, stolzen Bewohnern des tropischen Regenwaldes, in dem wenige Weiße auch nur ein paar Tage lang überleben würden, machte man Lumpensammler. Aus dem herrlichen Blätterdach des Urwaldes vertrieben, wo einst ihre Vorfahren würdevoll in Harmonie mit der Natur lebten und sich von wilden Früchten, Beeren und Vögeln ernährten, erniedrigte man sie dazu, sich von weggeworfenen, minderwertigen Essensresten aus den Mülleimern des Militärs zu ernähren. Jeden Tag brachte sie der Lastwagen des Müllhändlers zum rückwärtigen Tor, nicht weit von PREDA entfernt, wo sie auf dem Haufen aus Metallresten und anderen Fetzen saßen, die sie aus dem Müll gefischt hatten. Sie bekamen nur einen Hungerlohn dafür, den wahren Gewinn machte der Müllhändler. Aber es war immerhin ein Lebensunterhalt, der ihnen später in Folge der Vetternwirtschaft auch noch genommen wurde.

Gordons Plan schlug einen Ausbau des Hafens vor, einen durch die Umnutzung der Basis entstehenden Tourismus und vorausgesetzt, die Marinebasis würde der Nutzung durch die zivile Luftfahrt zustimmen, eine Ausweitung der Unterhaltungs- und Erholungsangebote. Die Einführung eines Freihafens und steuerfreier Waren würde ausländische Touristen anlocken (Sextourismus), Olongapo würde der Freihandelszone zwischen Hongkong im Norden und Singapur im Süden angehören. Kommerzielle Fischerei, die Einrichtung von Industriezonen, Wohngebiete, eine Fachhochschule, Ausbau der Energieversorgung, Hilfe für die *Negritos* [der Begriff *Negritos* stammt noch aus der Zeit der spanischen Kolonialherrschaft und bezeichnet im Allgemeinen die indigene Bevölkerung, in diesem Fall die *Aetas*], Wiederaufforstung und Schutz vor Überschwemmungen – all das wurde vorgeschlagen und als wichtiger Schritt angepriesen, der unbedingt unternommen werden sollte. Nichts davon wurde umgesetzt, allein die Unterhaltungsindustrie breitete sich weiter aus.

Der Plan machte deutlich, dass diese Entwicklungen gemeinsam mit dem Marine-Stützpunkt der USA als nächstem Nachbarn stattfinden sollten. Die Möglichkeit einer Auflösung der Stützpunkte und eine Umwandlung der Anlagen stellte sich niemand vor. Aber genau das hatten wir von PREDA vor und genau dafür machten wir unsere Pläne.

Ich begleitete Professor Dumas nach Manila, wo er Richter Reyes, einen persönlichen Berater der Präsidentin, und Joker Arroyo treffen sollte, der zum damaligen Zeitpunkt Aquinos Geschäftsführer und im privaten Leben ein ehrlicher, fortschrittlicher Geschäftsmann war. Sowohl Reyes als auch Arroyo waren sehr an unseren Plänen interessiert und unterstützten unsere Idee, ein Industriegebiet als Ersatz für das Militärgebiet einzurichten. Das Konzept eines Freihafens gehörte nicht zu unserem Plan. Wir glaubten, dass damit der Grundstein für ein Freihandelszentrum entstünde, in dem alle Schranken durchbrochen und massenhaft steuerfreie Waren ins Land geschmuggelt und der lokalen Wirtschaft schaden würden. Der Freihafen wurde tatsächlich später realisiert und hatte die vorausgesagte Wirkung, was in Manila zu einer großen Kampagne gegen die frei zugänglichen steuerfreien Importwaren führte. Ihre Verfügbarkeit wurde später eingeschränkt.

Ausführlich diskutierten wir die Notwendigkeit, einen Plan zur Umwandlung des Militärstützpunktes vorzulegen. Dieser Plan war ein wichtiges Argument, das dem Konzept eines stufenweisen Abzugs des Militärs und der Einrichtung eines Industriegebietes Glaubwürdigkeit verlieh. Unser Argument war, dass ein solcher Plan tausenden Filipinos menschenwürdige Arbeit verschaffen würde. Er würde auch das Ende der ausufernden Prostitutionsindustrie bedeuten und eine weitere Ausbreitung der HIV/AIDS-Epidemie verhindern. Diese war bereits auf dem Vormarsch und hatte verheerende Folgen für das Leben von Frauen und Kindern. Reyes und Arroyo erklärten sich einverstanden, Aquino die Idee vorzustellen und wollten versuchen, einen Ausschuss ins Leben zu rufen, der sich mit der Konversion der Marinestützpunkte befasste. Dieses war ein wichtiges Treffen, denn es verankerte die Umwandlung der Stützpunkte fest auf Aquinos politischer Agenda.

Wir arbeiteten weiter in der Hoffnung, die Verfassungsversammlung würde Bestimmungen verabschieden, um die ausländischen Militärstationen von philippinischem Boden zu verbannen sowie Atomwaffen und atombetriebene Schiffe zu verbieten. Dies, so hofften wir, würde den Weg für den Abzug der US-Truppen bereiten. Ich fuhr mehrmals zum Versammlungsort, um die Delegierten davon zu überzeugen, für solche Maßnahmen zu stimmen. Es gab einen starken und unermüdlichen Befürworter der Umwandlung militärischer Anlagen, Professor Roland Simbulan. Er führte die Anti-Stützpunkt-Bewegung im Großraum Manila und setzte sich für die Konversion ein, wann immer er eingeladen wurde, vor den Abgeordneten der Verfassungsversammlung zu sprechen. Er war sehr überzeugend.

Es war klar, dass bis 1988 ein neuer Vertrag zum Fortbestehen der Stützpunkte mit den USA ausgehandelt werden müsste. Sollte bis 1991 keine Einigung diesbezüglich erzielt werden, müssten die Stützpunkte geschlossen werden. Pläne zur Umwandlung mussten also vorliegen. Sehr zu unserer Freude richtete die Regierung Aquino den *Abueva*-Ausschuss ein, der die Möglichkeiten zur Konversion prüfen und eine Gesetzgebung für die Verwaltung der Wirtschaftsgebiete vorbereiten sollte. Der Präsident der Universität der Philippinen, Jose Abueva, hatte den Vorsitz des Ausschusses inne und hielt verschiedene Treffen an der Universität ab. Alex und ich sammelten mit Hilfe freundlicher Marine-Ingenieure Karten und detaillierte Pläne; wir wurden mehrmals eingeladen, dem Komitee vorzustellen, welche Anlagen und welche Möglichkeit zu ihrer Konversion es vor Ort gab.

Unsere Präsentationen wurden von langen Stromausfällen unterbrochen. Das öffentliche Stromnetz Manilas war durch die Korruption und Verschwendung der Marcos-Zeit äußerst fragil. Milliarden an Darlehen – als Schmiergelder verprasst – waren für das Atomkraftwerk in Bataan geflossen und die Zinsen für die absolut überteuerte Anlage beliefen sich auf 300 000 Dollar pro Tag. Den Stromausfällen zum Trotz hielten wir unsere Treffen eben draußen vor dem Gebäude ab und hängten unsere Karten und Tabellen an die Außenwände.

Bei einigen der Treffen waren auch Denis Murphy und Ed Gerlock anwesend. Beide waren ehemalige Priester, die sich für soziale Gerechtigkeit einsetzten und zeit ihres Lebens in der sozialen Bewegung aktiv waren. Während der Pausen saßen sie mit Alex und mir zusammen; wir machten Witze und lachten über das, was wir zu erreichen versuchten. Die riesigen amerikanischen Stützpunkte durch Wirtschaftszonen zu ersetzen erschien so unmöglich, dass wir über unsere eigene Verwegenheit und unseren verrückten Idealismus, so etwas überhaupt vorzuschlagen, lachen mussten. Aber in jenen Tagen glaubten wir, dass alles einen Versuch wert war. Wenn wir es niemals versuchten, gab es keine Möglichkeit, etwas zu verändern. Einen Versuch zu wagen und zu scheitern war nichts, wofür man sich schämen musste. Davon waren wir überzeugt.

Die Stützpunkte waren seit 50 Jahren ein integraler Bestandteil der philippinischen Politik und Wirtschaft, ein Leben ohne die Anwesenheit der Amerikaner erschien undenkbar. Es war wichtig, die Initiative zu ergreifen und neue Konzepte für das Leben des Landes vorzuschlagen, egal wie inakzeptabel sie der Mehrheit auch erscheinen mochten. Wir waren außer uns vor Freude, dass es Diskussionen über Alternativen gab. Sie verliehen unserem Konzept Legitimität und Respekt und der Plan wuchs mit jeder neuen Diskussion. Wir fühlten, dass wir an etwas teilhatten, was eines Tages zu einer Veränderung der philippinischen Geschichte beitragen könnte.

Im folgenden Mai geriet plötzlich der schwelende Streit um die überteuerte Atomkraftanlage in Bataan, 40 Kilometer von PREDA entfernt auf der anderen Seite der Bucht von Subic gelegen, in die Schlagzeilen. Ein schlimmer Unfall in der russischen Atomkraftanlage Tschernobyl verursachte eine tödliche radioaktive Wolke, die über ganz Europa zog. Dies entfachte eine hitzige Debatte über die Sicherheit der im Bau befindlichen Anlage. Marcos hatte den Bau begonnen und eine Flut aus Anschuldigungen wegen Korruption und Bestechung ausgelöst. Die Bauarbeiten ruhten zwar, aber Lobbyisten versuchten, das Projekt fertigzustellen und eine Betriebsgenehmigung zu erhalten.

Zusammen mit Leuten aus der Kirche schlossen wir uns diesem Protest an. Man warnte uns davor, uns einzumischen. Die Katastrophe von Tschernobyl war der zwingende Beweis dafür, dass das Projekt eine potentielle Gefahrenquelle war. Schließlich war die Kampagne erfolgreich und der Bau der Atomkraftanlage von Bataan wurde endgültig eingestellt.

Eines Tages wurde unsere Aufmerksamkeit von diesen Themen ab- und auf ein sehr menschliches Drama hin gelenkt, welches sich auf dem Hügel über dem PREDA-Zentrum abspielte. Dort hatten wir den Menschen, deren Häuser 1983 in der Gemeinde am Leuchtturm zerstört worden waren, Land zur Verfügung gestellt.

Zwei der Jungen von PREDA kamen zum Zentrum gerannt, um uns aufgeregt zu erzählen, dass sich eine Planierraupe dem Hügel näherte, um die Häuser dort niederzuwalzen. Wir hatten Gerüchte gehört, dass ein Bordellbesitzer einen Teil des von PREDA gepachteten Hanggeländes für sich beanspruchte und eine teure Villa dort bauen wollte, zweifelsohne ein weiteres Bordell.

Ich fühlte Übelkeit in mir aufsteigen, ein gemischtes Gefühl von Wut und Angst. Wenn die Gerüchte stimmten, stünde uns ein scheußlicher Kampf mit Politikern und ihren landhungrigen Mitläufern bevor, die mit der Sexindustrie Geschäfte machten. Ich fragte mich, ob man die Gemeindesprecher so eingeschüchtert hatte, dass sie ihre neu besiedelten Grundstücke aufgegeben hatten, denn sie hatten uns nicht kontaktiert oder irgendwie um Hilfe gebeten.

Ich, Alex und einige der Jungen rannten keuchend den Hügel hinauf, um zu sehen, was vor sich ging. Ich dachte angestrengt darüber nach, was wir tun könnten, um die Planierraupe zu stoppen. Wir hörten sie, bevor wir sie sahen, ihr Motor hustete und brüllte über den ansonsten so friedlichen Hügel wie ein Eindringling aus der Hölle. Ihre Metallschienen schepperten und quietschten; das Heulen des Motors und das Quietschen beim Einlegen der Gänge sandten mir Schauer über den Rücken. Es war wie eine anrückende Armee, wie könnten wir sie nur aufhalten? Wir waren nicht organisiert, man hatte uns überrascht, wir waren verletzlich und schwach. Ich stellte mir das Schlimmste vor; eine weitere Zerstörung, wie es sie schon in der ursprünglichen Gemeinde am Leuchtturm gegeben hatte. Wir erreichten die Spitze des Hügels und sahen auf die andere Seite. Dort war sie: die gelbe Fahrerkabine und der glänzende Stahlschild, der wie ein gezücktes Schwert in der Sonne glitzerte, bereit, alles niederzumähen, was ihm in den Weg kam.

Die Raupe bahnte sich ihren Weg den steilen Abhang hinauf, um Chaos und Zerstörung zu verbreiten, und spuckte dabei schwarze Rauchwolken in den blauen Himmel. Dahinter ging eine kleine Gruppe Männer mit Vorschlaghämmern und Schaufeln, wie ein Zug Soldaten auf dem Weg in den Krieg.

Wir schützten unsere Augen vor der Sonne und blickten über das flache Tal, welches zwischen den Anwohnern und uns lag. Eine erstaunliche Szene spielte sich dort ab. Ungefähr 35 Frauen aus dem Korbflechter-Projekt hatten sich zusammen mit ihren Nachbarn auf dem Kamm des Hügels versammelt. Sie standen vor dem ersten der kleinen Häuser, dem brüllenden Mammut von einer Planierraupe im Weg.

Als diese sich der Gruppe näherte, fürchtete ich, die Frauen würden verletzt. Aber sie waren auf dieses Monster und seine Gefolgsleute vorbereitet. Eine der Frauen rief etwas, daraufhin teilten sie sich in zwei Gruppen. Eine rannte auf den Bulldozer zu und setzte sich auf den Boden; mit untergehakten Armen bildeten sie 20 Meter vor seinem Schild eine menschliche Barrikade. Die andere Gruppe umringte die Maschine, dabei beschimpften sie den Fahrer und die anderen Männer. Sie hatten Besen und Stöcke, die sie drohend schwenkten. Später hörte ich, dass sie gedroht hatten, die Männer sämtlich zu kastrieren. Diese drängten sich zusammen und duckten sich vor dem Ansturm der wütenden und durchsetzungsfähigen Frauen.

Sie waren so daran gewöhnt, unterwürfige und fügsame Frauen herumzukommandieren, dass sie nicht wussten, wie sie sich verteidigen sollten. Sie drehten um und flohen den Hügel hinab, begleitet vom stürmischen Gebrüll und den Jubelschreien der vielen Anwohner, welche die Frauen beobachtet und angefeuert hatten.

Wir riefen und jubelten und hüpften vor Aufregung. Die Frauen liefen den Männern noch ein Stück hinterher, dann kamen sie zurück und gesellten sich zu den anderen, die noch den Bulldozer umringten und weiterhin Beschimpfungen ausstießen. Die Barrikade bewegte sich nicht, der Fahrer hatte angehalten und gemerkt, dass er alleine war. Der Motor begann zu stottern, schließlich ging er ganz aus. Der Fahrer sprang herunter und rannte, so schnell er konnte, den anderen Männern hinterher. Hinter sich ließ er eine jubelnde Gruppe siegreicher Frauen zurück, die sich umarmten und sich gegenseitig zu ihrem Erfolg gratulierten.

Wir riefen und winkten ihnen zu, sie winkten zurück. Ich war so glücklich, dass diese starken Frauen den Mut gehabt hatten, es allein mit dem Bulldozer aufzunehmen. Sie hatten die Taktiken der Gewaltlosigkeit begriffen und verfügten über die nötige Klugheit, sie anzuwenden. Sie waren stärker geworden, besaßen mehr Macht und Unabhängigkeit.

Drei Tage lang wagte es niemand, den Bulldozer zurückzuholen. Zum Schluss schickte man einen Fahrer mit einer Polizei-Eskorte, der ihn fortbrachte. Ich besuchte das Haus des Bordellbesitzers, um herauszufinden, welchen Anspruch er auf das von uns gepachtete Land besaß. Er zeigte mir keinerlei rechtlich wirksamen Dokumente, aber ich traf seine Frau und erklärte ihr, dass wir mit der Regierung einen Pachtvertrag über das Land abgeschlossen hatten und die Leute jedes Recht besaßen, dort zu leben. Sie versprachen, keine weiteren Forderungen zu erheben und schickten keine Bulldozer mehr. Aber die Feindseligkeit war spürbar. Ich war mir sicher, dass sie zurückschlagen würden und bei seinen politischen Verbindungen zur Kommunalverwaltung wusste ich, dass wir in Schwierigkeiten waren.

Bald nach diesem Ereignis bemerkten die Anwohner, dass noch mehr Fremde in das Dorf auf dem Nagbaculao eindrangen. Sie übernahmen brachliegende Grundstücke und bauten dort Hütten und Schuppen. Das wäre kein Problem gewesen, wenn sie wirklich obdachlos und bedürftig gewesen wären. Diese Neuankömmlinge jedoch waren Schlägertrupps der die Stadt regierenden Politiker. Sie begegneten den Leuten aus der Leuchtturm-Gemeinde feindselig und grob. Was sie durch Drohungen und Einschüchterung nicht erreichen konnten, wollten sie durch Unterwanderung und Übernahme schaffen. Wir befürchteten das Schlimmste. Die fröhliche Gemeinde wurde von den Neuankömmlingen bald gestört und es kam zu Handgreiflichkeiten.

Unter diesen Neuankömmlingen waren auch Verwandte des Bezirksbeamten, der an der Zerstörung der ursprünglichen Leuchtturm-Gemeinde beteiligt gewesen war. Außerdem kamen auch die Alcantara-Zwillinge mit ihren Familien: zwei Brüder, von denen einer verdächtigt wurde, als Auftragskiller für einen führenden Politiker zu arbeiten. Wir sollten in den kommenden Monaten noch mehr von ihnen hören.

14

Das Mädchen Rosario

Opfer und Täter der Sexmafia (1987)

Für den unbeteiligten Passanten sah es aus, als hätte jemand einen Müllsack in die Büsche geworfen. Ein aufmerksamerer Betrachter hingegen hätte den Fuß gesehen, der aus dem Bündel von Lumpen und alten Zeitungen herausragte. Das Bündel bewegte sich und drehte sich herum; im Licht der frühen Morgendämmerung konnte man amerikanische Gesichtszüge erkennen, die von einer Nacht vergänglichen Vergnügens vor etwa zehn Jahren erzählten. Damals wurde Rogi in diese Welt gesetzt: ein weiteres lebendiges Andenken an die »Liebe« zwischen den Kolonialherren und den Kolonisierten. Die dürren Beine bewegten sich, eine kleine, eingesunkene Gestalt richtete sich auf. Die großen Knochen erzählten die eine Geschichte über Rogi, die Tatsache, dass sie fast nur von Haut bedeckt waren, eine andere.

In Olongapo gab es 1989 schätzungsweise 3000 Kinder, die den Großteil ihres Lebens auf den Straßen verbrachten. Viele hatten die Schule abgebrochen, andere gingen höchstens unregelmäßig hin. Sie bettelten, gingen auf den Strich und prostituierten sich für die Ausländer. Sie verkauften Plastiktüten, Zigaretten, Kaugummis, putzten Autos, Schuhe – taten einfach alles, um Geld zu verdienen. Die meisten von ihnen wurden vom Hunger getrieben, einige von ihrer Drogensucht. Sie schliefen auf Türschwellen, in Gassen und geparkten Bussen, einfach überall. Sie waren die Kinder der Straße, die Verlassenen, die Weggeworfenen, die Verstoßenen einer verlorenen Generation, unbekannt, ungewollt und ungeliebt. Viele wurden ins Gefängnis geworfen und dort festgehalten, bis ihre Eltern oder Mitglieder ihrer Jugendbande kamen und sie auslösten. Die Gefängniszellen waren überfüllt, ein einziger Eimer diente allen als Toilette und die Jungen mussten den hartgesottenen Kriminellen »zu Diensten« sein. Oft wurde der Wärter dafür bezahlt, den Männern eine junge Frau für die Nacht zur Verfügung zu stellen. Dieser sah es als eine Einkommensquelle und als Möglichkeit, die Insassen bei Laune zu halten sowie Kämpfe und Aufruhr zu vermindern.

Viele der Straßenkinder waren von US-Soldaten gezeugt und samt ihrer Mutter von diesen verlassen worden. Dies waren die *Throwaway Children*, die »Wegwerf-Kinder«, wie wir sie nannten, die Verstoßenen der Sexindustrie, das Strandgut der riesigen Flotte, die kam und ging und tausende verlassener Kinder zurückließ.

Die Mütter wurden oft nicht fertig damit; entweder sanken sie so tief, dass sie auf den Straßen betteln gehen und das Baby gegen Bezahlung zur Adoption frei geben mussten oder sie überließen es einer anderen Familie zur Pflege, während sie wieder in einer Bar arbeiteten. Wann immer aber diese Mütter ihre Kinder unterstützen konnten, taten sie ihr Bestes. Jahre später halfen wir ihnen, einen Verband zu gründen und für ihre Rechte zu kämpfen, indem wir ihnen ein spezielles Unterstützungsprogramm zur Verfügung stellten.

Die filipino-amerikanischen Kinder waren verletzlicher als andere Straßenkinder. Oft kannten sie ihre leiblichen Eltern nicht und ihr hellhäutiges Erscheinungsbild wurde von Pädophilen und Kindersextouristen sehr geschätzt. Viele wurden in die sexuelle Sklaverei verkauft.

Es war im Mai 1987. Schwester Eva Palencia, eine Nonne vom Orden der Barmherzigen Töchter, die im Gemeindezentrum von St. Joseph arbeitete, berichtete mir von der entsetzlichen Geschichte eines Straßenkindes. Die zwölfjährige Rosario Baluyot war mit einer schweren Vaginalentzündung aufgefunden und ins Städtische Krankenhaus von Olongapo gebracht worden. Nur eine Operation konnte sie vor dem Tod bewahren, aber es gab weder Eltern noch Familienangehörige, die dafür hätten bezahlen können; ohne Geld jedoch konnte man nichts tun, um ihr Leben zu retten. Schwester Eva versprach, die Operation mit Spendengeldern zu bezahlen. Der Chirurg führte den Eingriff durch und entfernte ein abgebrochenes Stück eines Vibrators aus Rosarios Vaginalkanal. Die zugefügten Verletzungen waren groß, die Entzündung hatte sich ausgebreitet und war nicht zu stoppen. Es war zu spät, um Rosario zu retten. Sie musste ihre fürchterlichen Schmerzen allein ertragen, ihre einzigen Besucher waren Schwester Eva und die Sozialarbeiter aus St. Joseph. Rosario starb am 20. Mai 1987.

Wer auch immer dieses entsetzliche Verbrechen begangen hatte, musste dafür zur Rechenschaft gezogen werden. Alex und unsere Mitarbeiter begannen, den Fall zu untersuchen. Sie gingen zum Krankenhaus und sprachen mit den Ärzten; Alex bat auch um das abgebrochene Stück des Vibrators, das man Rosario herausoperiert hatte. Er fotografierte es, denn ihm war klar, dass es ein wichtiges Beweisstück sein würde, wenn es um die Feststellung der Todesursache Rosarios ging. Wir waren entschlossen, ihren Vergewaltiger zu finden und vor Gericht zu bringen.

Unter den Straßenkindern waren einige, die von örtlichen Pädophilen und Sextouristen missbraucht wurden; seit dem Fall Dougherty im Jahr 1983 hatte sich aber nicht viel verändert. Wir fanden den Jungen, der Rosario begleitet hatte, Jessie, und brachten ihn zu PREDA. Kurz darauf kamen die Ermittlungsbeamten und teilten uns mit, der Bürgermeister habe angeordnet, dass sie Jessie in ihre Obhut nähmen. Wir fragten uns warum; eine solche Anordnung war seltsam und ungewöhnlich. Erst später stellte ich in Frage, was tatsächlich geschehen war und ob der wegen Mordes an Rosario angeklagte Heinrich S. Ritter wirklich der Täter war.

Am 14. Mai 1987 fand der 45-jährige Gaspar Alcantara das junge Mädchen. Er war einer der Zwillingsbrüder, die sich illegal in der neuen Gemeinde auf dem PREDA-Gelände am Nagbaculao angesiedelt hatten. Rosario lag nicht weit entfernt vom Tor des Stützpunktes auf dem Magsaysay Drive und hatte offensichtlich Schmerzen. Ihr Baumwollkleid war schmutzig, zerschlissen und voller Blut. Ihr ausgemergelter Körper verströmte einen fauligen Geruch. Die Leute gafften ihren zusammengekrümmten Körper an, taten aber nichts, um ihr zu helfen. Alcantara brachte sie mit dem *Jeepney* ins Krankenhaus. An der Aufnahme gab er vor, sie nicht zu kennen und gab ihren Namen als »Tomboy« und als Adresse den Stadtteil Lower Kalaklan an. Später gab er zu, dass er Rosario seit über einem Jahr gut gekannt hatte. Sie hatte oft eine Freundin besucht, die zeitweise in der Hütte seines Bruders auf dem Nagbaculao wohnte. Die Nachbarn verdächtigten ihn, ihr Zuhälter zu sein.

Das Städtische Krankenhaus untersuchte bedürftige Patienten, wies ihnen ein Bett zu und erwartete, dass irgendein Familienmitglied später dafür bezahlte. Das Kind wurde also in die Notaufnahme gebracht und nach kurzer Wartezeit von den Ärzten Dr. Piga und Dr. Monzon untersucht. Die Ärzte schrieben keinen Krankenbericht und behandelten das Kind nicht weiter, denn Alcantara war gegangen und es war kein Familienmitglied da, das für Behandlung oder Medikamente bezahlt hätte.

Rosario übergab sich ständig und hatte Durchfall. Als zwei Gemeindearbeiterinnen von St. Joseph, Jessica Herrera und Fe Israel, am 14. Mai einen Krankenhausbesuch machten, fanden sie das Mädchen auf dem Boden sitzend vor. Sie sagte den beiden ihren Namen und ihr Alter, aber mehr bekamen sie nicht aus ihr heraus. Sie hatte fürchterliche Schmerzen, deshalb ließen sie sich vom Arzt ein Rezept geben, kauften Medizin und baten die Krankenschwester, diese Rosario zu geben.

Am nächsten Tag kamen sie mit Schwester Eva zurück. Sie sah den entsetzlichen Zustand des Kindes, welches weder frische Kleidung noch eine Behandlung bekommen hatte. Schwester Eva bat den Arzt, Rosario noch einmal zu untersuchen. Am 17. Mai wurde sie von einem Gynäkologen, Dr. Val A. Barcinal, untersucht, der sie fragte, warum sie einen Fremdkörper in ihrer Vagina habe.

Rosario antwortete: »Ein Schwarzer hat mich benutzt, der hat das da reingesteckt.« Der Arzt fragte sie daraufhin, wann das gewesen sei, und sie antwortete auf *Tagalog*: »Vor ungefähr drei Monaten.«

Er fand einen harten Gegenstand in ihrem Vaginalkanal, der die schwere Entzündung verursachte hatte und jede Berührung äußerst schmerzhaft machte. Er versuchte erfolglos, den Gegenstand zu entfernen.

Rosarios Aussage, dass ein Schwarzer sie missbraucht habe, gab in der Gemeinde und den Medien Anlass zu Spekulationen, dass es ein US-Soldat gewesen sein könnte. Wenn dies der Fall war oder es auch nur danach aussah, dann hätte dies verheerende politische Auswirkungen auf die Neuverhandlung des Abkommens über die Militärstützpunkte.

Zwischen 1979 und 1989 waren in Olongapo 108 Klagen gegen US-Soldaten wegen sexuellen Missbrauchs eingereicht worden; über viele andere wurde gar nicht erst berichtet. In 15 dieser Fälle ging es um vier- bis sechsjährige Kinder, in einigen anderen um Mädchen unter 17. Die meisten Fälle wurden zugunsten der US-Matrosen entschieden oder man einigte sich außergerichtlich. Viele Klagen wurden noch vor der offiziellen Registrierung abgelehnt. Wegen der Vereinbarung über die

Immunität der US-Soldaten vor strafrechtlicher Verfolgung auf den Philippinen wurde die Mehrheit dieser Fälle an das US-Kriegsgericht übergeben, dort aber niemals verhandelt.

Obwohl die Sozialarbeiter der Kirche und Schwester Eva zugesagt hatten, die für die Operation notwendigen Medikamente zu bezahlen, gab es eine weitere unerklärliche Verzögerung und noch immer keine Operation. Rosario wand sich bereits vor Qual, ihr Zustand verschlechterte sich zusehends. Sie bekam hohes Fieber und fiel zeitweise ins Delirium.

Schließlich berichtete Schwester Eva dem Geschäftsführer des Krankenhauses, Dr. Rosete, von Rosarios Fall, der daraufhin beschloss, sofort zu operieren, obwohl der Zustand des Kindes inzwischen extrem schlecht war. »Es ist die einzige Möglichkeit, ihr Leben zu retten«, sagte er. Er entfernte den harten Gegenstand aus Rosarios Vaginalkanal und man brachte sie zurück auf die Station. Als Schwester Eva und die Gemeindemitarbeiterinnen dort ankamen, bemerkten sie, dass man Rosarios Füße ans Bett gefesselt hatte, aber es war niemand in der Nähe, der ihnen das hätte erklären können. Als Jessica Herrera am nächsten Tag erneut zu Besuch kam, lag Rosario im Sterben. Sie blieb bei ihr, bis das Mädchen um viertel vor zwei nachts starb. Es gab keine Autopsie.

Rosarios Tod entsetzte alle; Schwester Eva war entschlossen, etwas deswegen zu unternehmen. Sie ging zum Krankenhaus und verlangte eine Todesurkunde. Auch Jessica ging noch einmal zum Krankenhaus, um mit den Ärzten zu sprechen. Sie erreichte, dass man ihr den Fremdkörper aushändigte, der ungefähr sechs Zentimeter lang und so rund und dick war wie eine mittelgroße Banane. Es war der Kopf eines Vibrators. Er befand sich in einer versiegelten Flasche mit der Aufschrift »Rosario Baluyot«. Jessica gab ihn Schwester Eva.

Man wusste noch immer nicht, ob Rosario Verwandte hatte. Schwester Eva kam zu PREDA, um mit Alex, Merly und mir die tragischen Ereignisse zu diskutieren und zu fragen, ob wir das Haus von Gaspar Alcantara ausfindig machen könnten. Zusammen gingen wir über den regennassen, rutschigen Hügel zu der Hütte in der Nagbaculao-Gemeinde. Gaspar und sein Zwillingsbrüder empfingen uns eher kühl, schließlich hatten wir versucht, die Mitglieder der Leuchtturm-Gemeinde vor ihren Angriffen und Einschüchterungsversuchen zu schützen. Wir erfuhren, dass Alcantara Rosario schon lange kannte und dass ihre Großmutter in Olongapo lebte. Sie hieß Maria Burgos Turla; Alcantara gab uns ihre Adresse und wir besuchten sie, um ihr zu sagen, dass Rosario gestorben war.

Gemeinsam mit ihrem Sohn ging sie zum Bestattungsinstitut. Rosario wurde auf dem Friedhof von Olongapo beigesetzt, in einem einfachen Betongrab. Es gab kein Schild mit ihrem Namen, bis wir von PREDA, die ihr Grab oft besuchten, eines anbringen ließen.

Schwester Eva wartete darauf, dass die Krankenhausleitung die Angelegenheit der Polizei meldete, denn hier war eine Minderjährige mit einem Gegenstand vergewaltigt worden und daran gestorben. Es war ein Mordfall. Die Krankenhausleitung unternahm nichts, deshalb ging Schwester Eva am 18. Juni selbst direkt zum Polizeichef, Oberst Nicadore Daos, und verlangte eine Untersuchung. Man sagte ihr, bevor rechtliche Schritte unternommen werden könnten, müsse es erst eine formale Klage wegen Mordes geben.

Rosarios Mutter, Anita Burgos, war am 18. Januar 1982 gestorben und Rosario wuchs bei ihrer Grossmutter auf, die vom Verkauf alter Zeitungen lebte. Sie hatte noch drei Brüder und eine ältere Schwester. Rosarios Vater hatte die Familie verlassen und lebte nun in Bulacan, einer Provinz ungefähr 50 Kilometer von Olongapo entfernt. Rosario war rast- und ruhelos, hatte kein Interesse an der Schule und trieb sich auf den Straßen herum.

Weil man einen unbekannten US-Soldaten der Tat verdächtigte, war dem Militär sehr daran gelegen, dass die Öffentlichkeit die Versuche, den Verdächtigen zu finden, wahrnahm. Sie beauftragten einen Ermittler der *Naval Intelligence Service Agency* (NISA), des Marine-Geheimdienstes, einen philippinischen Zivilisten namens Conrado »Bobby« Salonga, der das Verbrechen in Zusammenarbeit mit der örtlichen Polizei untersuchen sollte. Es schien unmöglich, den Ort, den Zeitpunkt und den möglichen Täter zu bestimmen, aber die Medien berichteten zunehmend kritisch über das US-Militär, die Polizei und das schreckliche Elend der Straßenkinder, was ein schlechtes Licht auf den neuen Bürgermeister Macapagal warf. Dieser machte im Gegenzug die Verwaltung Gordons verantwortlich, die die Militärstationen ohne Wenn und Aber akzeptiert hatte. Gordon hatte die Sexindustrie gefördert und in einer Stadt mit fast 200 000 Einwohnern weder alternative Arbeitsplätze ermöglicht, noch irgendetwas für die Straßenkinder getan. Die Behörden waren verzweifelt.

Am 16. September 1987 kontaktierte Bobby Salonga einige der Straßenkinder und fand drei Jungen, die aussagten, sie hätten Rosario gekannt. Salonga zufolge waren sie gerade mit Rosario zusammen, als diese von ihrem Kunden abgeholt und zum MGM-Hotel auf dem Magsaysay Drive gebracht wurde. Einer ihrer Freunde, Jessie Ramirez, war ebenfalls mitgegangen. Das Ausfindigmachen dieser Zeugen war ein unglaublicher Durchbruch.

Wie Salonga berichtete, hatte Jessie erzählt, dass er mit Rosario und ihrem Vergewaltiger ins Schlafzimmer gegangen sei, wo der Täter ihnen befahl zu duschen, sich auszuziehen und auf das Bett zu legen. Er nahm aus einer Tasche verschiedene Objekte, die aussahen wie Inhalationsgeräte und stellte sie auf den Tisch. Danach missbrauchte er zuerst Jessie, dann Rosario. Rosario hatte Jessie erzählt, dass der Kunde das Objekt, das aussah wie ein Inhalator, in ihre Vagina gesteckt habe. Am nächsten Tag bezahlte sie der Kunde und verließ das Hotel.

Dass die Jungen außerdem keinen Schwarzen beschrieben, wie Rosario es vor ihrer Operation zu Dr. Val A. Barcinal gesagt hatte, war für die Behörden zweifellos eine große Erleichterung.

Ich traf Salonga mehrmals und jedes Mal war Jessie bei ihm. Er kümmerte sich um den Jungen. Da es in Jessies Leben keine Vaterfigur gab und Bobby für ihn wie ein älterer Bruder war, war es nur natürlich, dass sich eine enge Freundschaft zwischen ihnen entwickelte. Endlich nahm sich jemand seiner an und gab ihm, was er zum Überleben brauchte. Ihre Freundschaft bestand bis kurz nach der Verhandlung, denn als wir von PREDA ihm Obdach und eine Schulausbildung anboten, verschwanden Jessie und seine Mutter spurlos. Später fanden wir heraus, dass man sie in eine entlegene Stadt in der Provinz Samar verfrachtet hatte, aus der Jessies Mutter stammte. Über den dortigen Pfarrer schickten wir dem Jungen Geld für seine Ausbildung.

Die Ermittler ließen nach den Beschreibungen der Jungen ein Phantombild des Verdächtigen anfertigen: demnach handelte es sich um eine blonde, blauäugige Person. Das Bild wurde auf dem Stützpunkt und durch die örtliche Polizei verbreitet, aber es fand sich kein US-Soldat, auf den die Beschreibung passte.

Salonga entschloss sich, mit Jessie und einem anderen Jungen, Michael Johnson, nach Manila zu fahren, wo es ebenfalls viele Sextouristen gab. Gemeinsam mit Douglas Heinsell, einem amerikanischen Spezialagenten, Corporal Marino Victoria und dem Polizisten Andres Montano spazierten sie durch die Touristenviertel, in denen es von Ausländern nur so wimmelte. Dem offiziellen Verhandlungsbericht zufolge geschah dann folgendes: auf dem Bürgersteig ging ein blonder, blauäugiger Mann an ihnen vorbei und Jessie Ramirez meinte, er sähe genau so aus wie der Mann, der sie mit ins Hotel genommen habe. Das Phantombild passte nicht auf ihn, denn er hatte keinen Bart, aber Jessie meinte, er habe ihn vielleicht abrasiert.

Es war unglaublich, sie hatten ihn gefunden! Und er war kein amerikanischer Soldat, sondern ein Österreicher mit Namen Ritter. Am 24. September nahm man ihn fest, ohne Haftbefehl und ohne ihm seine Rechte vorgelesen zu haben, und brachte ihn in Handschellen ins Hotel. Dort wurden, wiederum ohne Durchsuchungsbefehl, seine Taschen und sein Besitz durchsucht. Man brachte ihn nach Olongapo, wo er inhaftiert und zwei Tage später der Vergewaltigung und des Mordes angeklagt wurde. Ohne Zweifel stießen das US-Militär im Stützpunkt und dessen Befürworter einen kollektiven Seufzer der Erleichterung aus. Bei PREDA konnten wir nur hoffen, dass man den Richtigen erwischt hatte.

Die Ermittler standen jedoch noch vor einem anderen Problem. Konnte man zweifelsfrei beweisen, dass Ritter am Tatort gewesen war? In seinem Pass fand man einen Eintrag, laut dessen er nur für wenige Tage im Oktober 1986 auf den Philippinen gewesen war. Aber noch einmal hatten die Ermittler Glück, denn im Gästebuch des MGM-Hotels stand, mit Großbuchstaben geschrieben, der Name »Ritter« zu genau dem Datum, an dem er sich laut Reisepass auf den Philippinen aufgehalten hatte.

Auf den Philippinen muss man, um rechtliche Schritte einleiten zu können, eine Beschwerde beim Staatsanwalt einreichen. Das ist nicht weiter schwer: der Beschwerdeführer macht seine Aussage bei der Polizei, einem Rechtsanwalt oder direkt beim Staatsanwalt und schwört an Ort und Stelle einen Eid. Dann wird die Beschwerde in der Annahmestelle hinterlegt. Der Staatsanwalt wird den Beschwerdeführer und den Beschuldigten zu einer ersten Anhörung in sein Büro rufen, einige Fragen stellen und vom Beschuldigten eine beeidigte Gegendarstellung erhalten. Nachdem der Beschwerdeführer auf diese geantwortet hat, wird der Staatsanwalt die Angelegenheit überdenken und dann seine Entscheidung treffen. Er kann die Beschwerde entweder aus Mangel an Beweisen ablehnen oder entscheiden, dass es genügend Anscheinsbeweise, also genügend Informationen über das angebliche Verbrechen gibt, um das Gericht zu bemühen. Dann geht die Angelegenheit vor den Richter.

Da es nun einen Verdächtigen gab, musste man Rosarios Großmutter überreden, eine formelle Beschwerde einzureichen. Schwester Eva, Salonga und ich gingen zu ihrem kleinen hölzernen Haus mit Wänden aus getrockneten Lehmziegeln und einem verrosteten Blechdach. Überall lagen Stapel alter Zeitungen herum, hauptsächlich die *Pacific Stars and Stripes*, die man wegen des kräftigen, wiederverwertbaren Papiers schätzte. Wir konnten die Großmutter davon überzeugen, rechtliche Schritte einzuleiten und begleiteten sie zum Büro des Staatsanwaltes, wo sie ihre formelle, beeidigte Aussage machte. Diese übergab man dem stellvertretenden Staatsanwalt der Stadt, Dorentino Floresta, einem sehr integren Mann, der die vorläufige Untersuchung durchführte. Später wurde ihm die strafrechtliche Verfolgung Ritters übertragen.

Aufgrund der ihm vorliegenden Beweise befand Floresta, es liege ein hinreichender Verdacht vor, dass Ritter tatsächlich das Verbrechen gegen Rosario Baluyot begangen habe, dessen man ihn verdächtigte, und reichte die Informationen an das Gericht weiter.

Dieser Fall enthüllte, wie bösartig das Geschäft mit der Kinderprostitution war, ein soziales Übel, welches die Gordon-Verwaltung lange geleugnet hatte. Auch der vorläufige Bürgermeister Macapagal hatte noch keine größeren Schritte unternommen, die Sexindustrie zu beseitigen oder alternative Jobs anzubieten.

Wir waren verblüfft und schockiert, als wir hörten, dass Ritters Anwalt niemand anderes war als Edmundo Legaspi, ein enger Vertrauter Richard Gordons. Ritter wurde in der Polizeiwache festgehalten, doch der Richter ließ ihn gegen eine Kaution von 5000 Dollar (nach heutiger Währung) auf freien Fuß. Laut dem philippinischen Gesetz darf bei Verbrechen wie Vergewaltigung und Mord keine Kaution gestellt werden. Ritter durfte sich frei in Olongapo bewegen, die Stadt jedoch nicht verlassen. Er nahm sich ein Zimmer im Royal Lodge.

Ich hörte, er habe einen zwölfjährigen Jungen namens Michael bei sich. Michael war ein Straßenkind, das sich in der Polizeistation herumtrieb, Stiefel putzte, die Büros fegte und gegen Essen Aufträge für die Polizei erledigte. Er traf Ritter im Gefängnis und zog mit ihm ins

Royal Lodge, wo er Botengänge für ihn erledigte. Ich konnte Michael überreden, sich dem Straßenkinderprogramm von PREDA anzuschließen, welches wir zu dieser Zeit gerade starteten. Michael blieb ein Jahr lang bei uns. Der bekannte norwegische Regisseur Edvard Hambro erzählte seine Geschichte in seinem Film *Throwaway Children* und schuf damit eine eindringliche Dokumentation zum Thema Kinderprostitution.

Der stellvertretende Staatsanwalt Floresta konnte das Gericht davon überzeugen, die Freilassung gegen Kaution für ungültig zu erklären und Ritter im Stadtgefängnis von Olongapo zu inhaftieren. Als nächstes hörten wir, dass Rosarios Großmutter von einem Assistenten von Rechtsanwalt Legaspi kontaktiert worden war, in dessen Büro sie eine Vereinbarung zur außergerichtlichen Regelung der Angelegenheit unterschrieben hatte. Wie die Großmutter aussagte, hatte Ritter Legaspis Büro betreten und war nach einem kurzen Gespräch mit ihm wieder gegangen. Man bot ihr 500 Dollar an, wenn sie ihre Aussage über Rosarios Alter ändere. Sie akzeptierte und wurde zum Büro des Staatsanwaltes gebracht, wo sie eine beeidigte Erklärung unterschrieb.

Rosarios Geburtsdatum war entscheidend. Wenn sie zum Tatzeitpunkt jünger als zwölf gewesen war, handelte es sich – selbst, wenn sie einverstanden gewesen wäre – um Vergewaltigung und Mord, worauf auch die Anklage lautete. War sie älter als zwölf gewesen, würde man sie als volljährig und als Prostituierte betrachten, die ihr Einverständnis zu den sexuellen Handlungen gegeben hatte. Der Vibrator würde dann nicht als Waffe, sondern als Sexspielzeug angesehen, daher wäre ihr Tod entweder ein Unfall oder durch die Inkompetenz des Krankenhauspersonals verursacht. Derart argumentierte auch die Verteidigung.

Die außergerichtliche Einigung oder die Zahlung einer Abfindung sind auf den Philippinen ein übliches Mittel, um eine Klage zu vermeiden oder die Fakten zu ändern. Sozialarbeiter erzählten mir, dass die örtliche Polizei oft den Preis mit den Eltern des Opfers verhandelte. Den Eltern werde gesagt, der Fall wäre unmöglich zu beweisen und würde sie Unsummen an Anwaltsgebühren kosten, eine außergerichtliche Einigung sei besser für sie. Der Vergewaltiger konnte sich weitere Opfer suchen, bis man ihn erneut erwischte. Auch korrupte Staatsanwälte gibt es, von denen man weiß, dass sie solche Fälle endlos aufschieben oder die Akte einfach unter ihrem Tisch verschwinden lassen. In den kommenden Jahren sollten wir diese Praxis im Rahmen unserer Kampagne für Kinderrechte anprangern.

In einem Kriminalfall kann eine Zahlung aber auch als Schuldbeweis gelten. Schwester Eva und ich gingen erneut zum Haus von Mrs. Burgos, wo wir zwischen alten Zeitungsstapeln saßen. Zwei andere Frauen sortierten Papierhaufen, die von Straßenkindern mit ihren kleinen Müllkarren eingesammelt und an Mrs. Burgos verkauft worden waren. Sie war eine alte Frau, die ein schweres und hartes Leben gehabt hatte. Die Bitterkeit hatte sich in ihr zerfurchtes Gesicht eingegraben. An ihren Kiefern und ihrem Nacken hing die Haut schlaff herunter wie nasses Papier und um ihre geschwollenen Augen lagen schwarze Ringe. Das lange, ehemals schwarze und jetzt von grauen Strähnen durchzogene Haar reichte ihr bis über die Schultern. Sie war eine zähe und gerissene Frau.

Wahrscheinlich war es auch bei einer solchen Lieferung gewesen, als Rosario zum ersten Mal mit diesen wilden, freien Kindern zusammengetroffen war. Die Freiheit des Lebens auf der Straße hatte sie angezogen und sie war mit ihnen davongelaufen, um der scharfen Zunge ihrer Großmutter und der schweren Arbeit in ihrem Geschäft zu entkommen.

Wir saßen auf einer uralten, zerschlissenen grünen Vinyl-Couch. Gemeinsam wollten wir sie dazu überreden, die Klage aufrechtzuerhalten und zur nächsten Anhörung zu kommen. Aber die Summe, die man ihr gezahlt hatte, war riesig und weitere 5000 Pesos sollten noch folgen.

Unsere Anwesenheit ärgerte sie. Sie wusste, warum wir da waren und sagte uns sofort, der Fall sei vorüber und man könne nichts mehr tun. Auf *Tagalog* erklärten wir ihr, dass der Missbrauch und das Töten weitergehen würden, solange niemand Gerechtigkeit für Kinder wie Rosario verlangte. Die Täter würden wissen, dass sie einfach nur zu zahlen brauchten, um einer Bestrafung zu entgehen. Die Dinge müssten sich verändern, und ihre Aussage könne einen entscheidenden Beitrag dazu leisten.

Wir überzeugten sie schließlich durch unsere Erklärung, dass solch schreckliche Dinge tausenden Kindern passierten und kaum jemand davon wüsste. Die Verhandlung aber könne die Wahrheit ans Licht bringen und für Gerechtigkeit sorgen. Sie musste nichts weiter tun, als vor Gericht über alles, was passiert war, auszusagen. Ich versprach ihr, dass der Anwalt sie nichts kosten würde. Endlich stimmte sie zu. An dem Morgen, an dem sie aussagen sollte, würde ich sie abholen.

Und wie sie aussagte! Ein guter Freund und brillanter Anwalt, Sergio Cruz – viele lange und schwierige Kämpfe führte er gegen Gordons Verwaltung und viele davon gewann er – stellte sich uns als privater Strafverfolger zur Verfügung. Während der nächsten Anhörung vor Gericht nahm er Rosarios Großmutter ins Kreuzverhör und legte die Schweigegeld- und Abfindungszahlungen offen. Es war nun Dezember 1987. Für den 18. Januar 1988 standen Kommunalwahlen an, und Gordon, der sich wieder zur Wahl gestellt hatte, musste sein Amt bis dahin niederlegen. Für die Interimsphase wurde Ritters Anwalt Legaspi zum Bürgermeister von Olongapo City benannt.

Am Ende lieferte die Staatsanwaltschaft die überzeugenderen Argumente und Richterin Alicia L. Santos befand Ritter in allen Punkten der Anklage für schuldig.

Ritter hingegen bestand auf seiner Unschuld. Er behauptete, das Opfer einer Verwechslung zu sein und beklagte sich über die einseitige Berichterstattung der Medien, als diese sein Dementi nicht veröffentlichten. Außerdem beschuldigte er seine Anwälte, den Fall hinauszuzögern, um mehr Geld von ihm zu bekommen und behauptete, die US-Marine habe ihn hereingelegt.

Die Revision nahm fast ein ganzes weiteres Jahr in Anspruch. Wieder argumentierte die Verteidigung, der Zeitraum zwischen Vergewaltigung und Einführung des Vibrators im Oktober 1986 und Rosarios Tod am 20. Mai 1987 sei zu lang. Es sei medizinisch unwahrscheinlich, dass sich in diesen sieben Monaten keine Entzündung entwickelt habe, daher müsse die Tat viel später stattgefunden haben, nur wenige Wochen, bevor Rosario ins Krankenhaus gebracht wurde. Rosarios tatsächliches Alter war ebenfalls ein technisches Detail und die Verteidigung behauptete, es fehle an Beweisen für ihr wahres Alter. Wir alle waren schrecklich enttäuscht, als der Schuldspruch rückgängig gemacht wurde; keiner von uns, die wir uns für die Opfer von Kindesmissbrauch einsetzten, konnte dieses Urteil verstehen. Trotzdem wollten wir weiterhin entschlossen versuchen, eine Gesellschaft zu schaffen, in der Kinder die gleichen Rechte wie Erwachsene hatten und sogar noch mehr, denn sie sind sehr verletzlich und gefährdet.

Die Befürworter der Kinderrechte verdoppelten ihre Bemühungen, eine Gesetzgebung zum Schutz der Kinder auf den Weg zu bringen. Aber erst am 17. Juni 1992 sollte ein entsprechendes Gesetz, der *Republic Act 7610* oder kurz *RA 7610*, von Präsidentin Aquino erlassen werden. Erst im Oktober 1993 unterschrieb der damalige Justizminister Franklin M. Drilon die entsprechenden Bestimmungen und Rechtsvorschriften zur Einführung dieses Gesetzes.

Es gab Berichte, dass die Sexmafia in Barrio Barretto, einem Vorort Olongapos, eine neue Form der Ausbeutung für sich entdeckt hatte: Frauenboxen. Alex und ich beschlossen, dem Sexclub Casa Blanca einen Besuch abzustatten. Wie üblich, gab es hinter der Bar eine erhöhte Bühne mit verspiegelter Rückwand und in der Mitte einen Boxring. Das Bordell wurde von einem Amerikaner betrieben, der sich auf lüsterne Sexshows für die Soldaten spezialisiert hatte. Von solchen Shows gab es in Olongapo jede Menge, und die Clubs wetteiferten darin, die verderbtesten und entwürdigendsten Shows zu zeigen. Die Eigentümer setzten die jungen Frauen unter Druck, damit sie daran teilnahmen. Nicht nur wegen des Geldes, davon bekamen sie wenig genug, sondern weil sie nur so an die Drogen herankamen, die ihre Zuhälter ihnen verschafften. Die Teilnahme an den Boxkämpfen war eine Voraussetzung, den Job zu bekommen. War das Mädchen nicht einverstanden, schmiss man sie raus und setzte sie auf die schwarze Liste. Kein anderer, von einem Ausländer betriebener Club würde sie noch einstellen. Die internationale Sexmafia hatte sich verschworen, um das Leben der Frauen so weit es ging zu kontrollieren und sie davon abzuhalten, formelle Beschwerden wegen Missbrauchs und Ausbeutung gegen die Clubbetreiber einzulegen. Diese verarmten jungen Menschen haben nur wenige Wahlmöglichkeiten, ihr Leben gehört nicht ihnen.

Es waren moralisch verdorbene Handlungen, zu denen man sie zwang. In den Ankündigungen hieß es, sie zeigten das »sexuelle Können« der Frauen in diesem speziellen Club. Das zog noch mehr Kunden an, die nicht nur wegen der Show kamen, sondern um nach der Vorstellung, wenn ihr Appetit entsprechend geweckt war, junge Frauen und auch Minderjährige mitzunehmen. Man hatte die Frauen darauf trainiert, während der Show mit ihrer Vagina kleine Gegenstände von einem Tisch zu nehmen, über dem sie nackt tanzen mussten. Einige konnten auf diese Weise Bananen zerkleinern, andere Eier zerbrechen und wieder andere Münzen oder Flaschen aufheben.

Öl- und Schlammschlachten waren ebenfalls beliebt, am meisten jedoch die Frauenboxkämpfe. Wer weiß, vielleicht weckte der Anblick blutiger Nasen und die Gewalt die sexuellen Aggressionen der Männer. Diese Shows verhalfen Olongapo zu dem Ruf des »Hafens mit der vulgärsten Freizügigkeit der Welt«, wie sich eine führende Zeitung ausdrückte.

Das Casa Blanca hatte Frauenboxkämpfe im Programm, da diese eine Menge Kunden anzogen. Der amerikanische Besitzer forderte die Mädchen auf, eine richtige Show zu liefern und sich gegenseitig blutig zu schlagen. Der Gewinnerin winkte eine finanzielle Belohnung, die Verliererin bekam etwas weniger. Am Ende aber schlugen sich die beiden für einen Hungerlohn, denn während der Besitzer tausende Dollar verdiente, bekamen die Mädchen nur ein paar Cents.

Das Folgende konnten wir während unseres Besuchs im Casa Blanca sehen: Zwei junge Mädchen in Shorts und Sweatshirts, mit Boxhandschuhen größer als ihre Köpfe, schlugen sich gegenseitig grün und blau. Ohne Zweifel wurde die physische Aggression irgendwann real, und ihre Wut über die Ungerechtigkeit und ihr leidvolles Leben übertrug sich auf ihr Gegenüber. Sie ließen ihre Wut aneinander aus. Die Matrosen liebten diese brutalen Shows; sie schrien und heulten und schlugen mit den Aschenbechern auf die Tische. Dabei riefen sie den Mädchen zu: »Los, bring sie um! Bring sie um!«

Die anderen jungen Frauen wurden auf einer Bühne hinter der Bar zur Schau gestellt; einige ihrer Bikinis trugen das Muster der amerikanischen Flagge, vielleicht als Verbeugung vor den »patriotischen« Gefühlen der Kunden. Die Männer wählten die Mädchen aus wie Waren auf dem Markt, bezahlten den Barbesitzer und nahmen sie mit ins Hinterhaus der Bar oder ein billiges Hotel, um dort Sex mit ihnen zu haben. In manchen Fällen waren die Mädchen erst 13 oder 14 Jahre alt, die Kunden hingegen dreimal so alt wie sie und auch doppelt so groß.

Fe Santos war ein Mädchen mit einem starken Willen. Sie hatte einen Job als Kellnerin im Casa Blanca bekommen. Sie war bereit, sich mit den einsamen Kunden zu unterhalten, aber mehr nicht. Sie war nicht darauf eingestellt, dass diese dem Barbesitzer die sog. »Barsteuer« für sie bezahlten, eine Gebühr, um sie für gewisse Zeit aus ihrem

Kellnerinnen-Job auszulösen. Fe war kein gewöhnliches Mädchen, sie weigerte sich zu boxen oder mit den Kunden zu schlafen. Der Besitzer warf sie hinaus.

Dionisio »Dennis« Joaquin, ein mutiger junger Mann aus Santa Rita in Olongapo, war als engagierter Sozialarbeiter bekannt und ein guter Freund von mir. Wir trafen uns, als er noch zum College ging. Er hatte Kontakt zu den fortschrittlich eingestellten Gewerkschaften, deren Zahl stetig zunahm und erklärte sich bereit, den Frauen zu helfen. Eines Tages, kurz nachdem Fe ihren Standpunkt klargemacht hatte, kam sie mit Dennis zu PREDA, um Alex, Merly und mich um Hilfe zu bitten. Wir waren froh über die Gelegenheit, diesen mutigen Menschen zu helfen, die sich den gleichen Kräften entgegenstellten, gegen die auch wir kämpften. Als Angestellter auf dem Marine-Stützpunkt hatte sich Dennis für Gewerkschaftsthemen eingesetzt und mit 42 anderen Angestellten versucht, eine unabhängige Gewerkschaft innerhalb der Marinebasis aufzubauen. Dem Admiral gefiel das gar nicht, denn Gewerkschaften wurden als Frontorganisationen für die Kommunisten gesehen. Dennis und die anderen wurden gefeuert. Der Leiter der Gruppe, Eddie Torres, organisierte einen Hungerstreik vor dem Haupttor des Stützpunktes. Wir boten ihnen Hilfe und Unterstützung an und sie luden mich ein, einen Gottesdienst mit ihnen zu feiern, was ich gerne tat. Sie wurden als die »Subic 42« bekannt.

Dennis und Fe riefen alle Mitarbeiter im Casa Blanca zum Streik auf; vor dem Eingang des Clubs bauten sie ein kleines Lager und einen Streikposten auf. Wir gaben ihnen Reis und Bargeld, damit sie den Posten aufrechterhalten konnten, solange sie es wagten. Es dauerte nicht lange, bis die anderen Frauen aus dem Club kamen und sich dem Streik anschlossen. Es war der erste Streik von Barfrauen auf den Philippinen.

Auf den Philippinen und in vielen anderen asiatischen Ländern werden Frauen durch Betrug, Täuschung und Bedrohung zur Prostitution gezwungen. Als junge Teenager in der Provinz hatte man sie vielleicht einem Anwerber anvertraut, der ihnen einen Job als Haushaltshilfen in den großen Städten versprach. Diese Anwerber geben den Eltern Geld, so dass die jungen Mädchen sich verschulden und quasi zu Leibeigenen werden, die diesen Vorschuss abarbeiten müssen. Nur selten wissen die Eltern, dass ihre Kinder mit Arglist und Hinterhältigkeit in die Prostitution verkauft werden.

Viele der jungen Frauen, die wir aus Bordellen und Bars retten konnten, erzählten mir, dass sie aus ihrem Elternhaus weggelaufen waren, weil sie zu Hause oder von einem Nachbarn sexuell missbraucht und vergewaltigt wurden. In dieser Situation verlieren die Betroffenen jegliche Selbstachtung, fühlen sich nutzlos und lassen sich leicht mit leeren Versprechungen ködern. Die jungen Ausreißer sind hungrig, heimatlos und verwundbar. Solche Teenager lesen die Zuhälter auf und verkaufen sie an die Bars und Clubs. Damals gab es noch kein Gesetz, was das verboten hätte, aber ein paar Jahre später setzten wir uns vehement für eine solche Gesetzgebung ein.

Prostitution gilt auf den Philippinen als Verbrechen, wird aber selten verfolgt. Wird eine Prostituierte verhaftet, wird sie oft sogar im Gefängnis missbraucht. Der Barbesitzer besticht die Polizei und am nächsten Tag ist alles wieder beim Alten. Andere gerissene Barbetreiber laden den Polizeichef zu einer Party ein, auf der er »zufällig« eine sehr junge Kellnerin kennenlernt, die der Besitzer bezahlt, damit sie seine Freundin wird. Der Beamte hat nun selbst eine sexuelle Beziehung mit einer Minderjährigen und muss die Industrie schützen, sonst wird er selbst bloßgestellt. Nicht nur Polizisten, sogar Staatsanwälte und Richter treten in solche Fallen, sind kompromittiert und somit leicht erpressbar.

Die streikenden Frauen hatten gleich Plakate und Transparente beschriftet. »Stoppt die Boxkämpfe!« stand auf einem und auf einem anderen war zu lesen: »Wir mögen Amerikaner, wenn sie unsere Rechte respektieren.« Der Besitzer des Casa Blanca, Hoge, stellte nun selbst ein großes Schild auf: »Geschäft geht weiter, ignoriert die kommunistischen Eindringlinge (KMU)«, hieß es darauf, was sich auf die Gewerkschaft bezog, deren Initialen für *Kilusang Mayo Uno*, Bewegung Erster Mai, standen. Hoge stellte andere verzweifelte Frauen ein, die das Sexgeschäft und die Boxkämpfe weiterführten.

Ich entschied mich, in meiner wöchentlicher Zeitungskolumne über den Streik zu berichten und wollte Hoges Meinung dazu hören. Ich war erstaunt, als er mir sagte, er sei früher stellvertretender Bezirksanwalt auf Hawaii gewesen, eine Behauptung, die sich niemals bestätigte. Er besaß noch zwei andere Clubs in Olongapo. Er entsprach nicht dem schmierigen, dickbäuchigen Bild eines Sextouristen, sondern war gebildet, wortgewandt und wusste genau, was er tat.

»Es ist ein unmoralisches Geschäft, das stimmt«, sagte er, »aber es ist legal. Wenn die Mädels herkommen, um zu arbeiten, erklären wir ihnen, dass das Boxen eine Voraussetzung für die Anstellung ist.«

Und es war tatsächlich legal, denn die Bars und Bordelle hatten Betriebsgenehmigungen der Stadtverwaltung.

Ich stand mit Hoge am Straßenrand, an mein Auto gelehnt, das ein Stückchen vom Streikposten entfernt stand. »Vielleicht hassen Sie mich für das, was aus Barretto geworden ist. Ich bin schuld daran«, sagte er. Wahrscheinlich meinte er damit die Tatsache, dass Barrio Barretto, welches an der Fernstraße in Richtung Subic liegt, Jahre zuvor ein Zentrum für Möbelflechterei und ein recht vornehmer Vorort von Olongapo gewesen war. Als sich die Bordelle und Bars ausbreiteten und die Ausländer viel Geld für die Gebäude an der Hauptstraße boten, warfen die Eigentümer die kleinen Läden und die Möbelhersteller raus. Viele wurden arbeitslos. Mit offizieller Zustimmung wurde Barrio Barretto zu einem Ableger von Olongapos Sexindustrie entlang des Magsaysay Drive. Einige der Arbeitslosen kamen zu PREDA, um dort Arbeit zu finden. Wir hatten schon einige kleinere Produzentengruppen gegründet und engagierten uns im Fairen Handel.

Während Dennis und die Frauen den Streikposten trotz zunehmender Bedrohung von außen hielten, taten wir unser Bestes, um Unterstützung für ihr Anliegen zu erhalten. Durch die Tatsache ermutigt, dass es viele gute Menschen in der Stadtverwaltung gab, versuchten wir, die Shows verbieten zu lassen. Die Sexshops zu schließen war unmöglich, denn es gab noch keine alternativen Arbeitsplätze. Außerdem hatte die Familie des neuen – und ehemaligen – Bürgermeisters Richard Gordon Interesse an einigen Restaurants und einem Biergarten an der Rizal Avenue gezeigt. Noch war unser Plan für die Umgestaltung der Stützpunkte nur ein Traum, aber er nahm langsam Gestalt an. Der *Abueva*-Ausschuss bereitete die Gesetzgebung für die Konversion und einen Übergangsplan vor, sollte das Unmögliche jemals wahr und die Stützpunkte geschlossen werden.

Am 14. Januar 1987 waren Alex und ich mit einer kleinen Gruppe Ordensschwestern zusammen zu einer der monatlichen Sitzungen des Stadtrates gegangen. Ich verlas einen Vorschlag für eine Verfügung, um die Boxkämpfe und die vulgären Shows verbieten zu lassen. Der stellvertretende Staatsanwalt, Dorentino Floresta, hatte ihn verfasst, ein ausgesprochener Verfechter der Menschenrechte. »Wir haben einen Punkt in unserer Geschichte erreicht, wo wir, besorgte Christen aus der Provinz Zambales, nicht einfach unsere Augen vor all den Menschenrechtsverletzungen verschließen können, die ständig in unserer Mitte begangen werden. Wir können dazu nicht schweigen«, hieß es in unserer Einleitung. Der Stadtrat nahm das Thema für zukünftige Beratungen und Maßnahmen auf. Es half, dass die Sitzung über das Lokalradio ausgestrahlt wurde – eine große Veränderung gegenüber der Geheimniskrämerei der vorherigen Regierung.

Wieder einmal sollte ich zu einem dreimonatigen Workshop über Gerechtigkeit und Glauben nach Irland fliegen. Mit der neuen, amtierenden Regierung war ich entspannt genug für eine solche Reise. Ich wusste, dass niemand versuchen würde, unser Zentrum zu übernehmen oder uns zu schikanieren. Merly und Alex konnten mit allen Eventualitäten fertig werden, die Arbeit fortführen und Dennis und Fe in dem fortdauernden Streik zur Seite stehen.

Nachdem ich abgeflogen war, borgte sich Alex eine Videokamera, um einen der von Hoge inszenierten blutigen Boxkämpfe aufzunehmen. Langsam regte sich Unterstützung. Nach Jahren erzwungener Stille fanden verschiedene Gruppen ihre Stimme wieder und arbeiteten offen daran, die Situation der Frauen und Kinder zu verändern. Brenda Stoltsfus und einige mennonitische Missionare hatten sich dem Protest bereits angeschlossen. Da sie Amerikaner waren, machte ihr Einsatz auf die amerikanische Community auf dem Stützpunkt großen Eindruck.

Das Mennonitische Zentralkomitee in den USA, welches uns auch beim Besuch von Prof. Dumas unterstützt hatte, hatte uns schon vorher einmal geholfen, als ich versuchte, ein Team weiblicher Laienmissionare aufzustellen. Ich bat Columban- und Maryknoll-Missionare darum, ein solches Team auszubilden, damit wir den prostituierten Kindern und Frauen qualifizierte Hilfe anbieten konnten. Die Missionare waren von der Idee begeistert, aber die Traditionalisten in der St. Joseph-Gemeinde, in der ich meine Mission begonnen hatte, ließen sich nicht davon überzeugen. Es war ein trauriger Tag für uns, als beide Orden sich aus dem Projekt zurückziehen mussten. Das Mennonitische Zentralkomitee jedoch unterstützte uns weiter. Sie schickten uns Brenda, die sich mit unserer Hilfe bald in Olongapo eingerichtet hatte. Schon kurz nach ihrer Ankunft hatte sie eine

Kontaktstelle aufgebaut, um den Barmädchen so zu helfen, wie sie es benötigten. Aus dieser Pionierarbeit entstand das *Buklod*-Frauenzentrum für ehemalige Prostituierte – *Buklod* bedeutet in etwa »Arm in Arm zusammenarbeiten« – welches bis heute besteht. Auch Abdul de Leon unterstützte uns, eine bekannte Schauspielerin und charismatische Leiterin von GABRIELA, des Verbandes philippinischer Frauenrechtsorganisationen. Sie schloss sich den streikenden Frauen an und hielt vor dem Casa Blanca eine Kundgebung ab. Hoge kochte vor Wut. Das Geschäft in all seinen Clubs lief schlecht, und er fürchtete, unsere Proteste vor dem Stadtrat könnten ihn die Lizenz kosten.

Das Thema Sextourismus fand damals noch keine landesweite Beachtung. Das änderte sich, als Abdul in ihrem Film *American Dream*, der teilweise bei PREDA gedreht wurde, eine Nonne spielte, die sich für Prostituierte einsetzte. Dieser Film trug sehr viel dazu bei, der Öffentlichkeit die Ausbeutung von Frauen und Kindern und die Not filipino-amerikanischer Kinder vor Augen zu führen. Noch ein anderer philippinischer Film wurde damals in Olongapo gedreht: *Sa Kuko ng Agila*, »In den Klauen des Adlers«. Darin ging es um das Leben eines filipino-amerikanischen Kindes, welches von seinem Vater, einem US-Soldaten, verlassen wurde und dessen Mutter als Barmädchen arbeiten musste. Hauptdarsteller war das Leinwandidol des Jahrzehnts, Joseph Estrada, der damals Senator war und auf jeden Fall gegen eine Verlängerung der Pachtverträge für die Stützpunkte stimmen würde. 1998 würde er zum Präsidenten der Philippinen gewählt werden.

Nelia Sancho, eine führende Frauenrechtlerin, half uns, indem sie eine Kundgebung auf dem Magsaysay Drive organisierte. Dr. Hector Ruiz, langjähriger Leiter der Opposition und damals stellvertretender Bürgermeister, schlug Alex vor, dem Stadtrat das Video mit den boxenden Frauen vorzuführen. Die Wirkung war enorm. Die brüllenden Matrosen, die immer lauter nach blutigen Gesichtern und zerquetschten Körpern verlangten, dazu die Schreie der verprügelten Frauen, all das zeigte die Verdorbenheit und Entmenschlichung, der nicht nur die Frauen, sondern auch die jungen Seeleute selber ausgesetzt wurden. Sich vorzustellen, wie sie Jahre später ihre Frauen und Kinder behandeln würden, ließ einen erschauern. *Gott helfe Amerika*, betete ich oft.

Das Video gab den Ausschlag. Es folgte eine laute und hitzige Debatte, aber am Ende erließ der Stadtrat ein Verbot gegen die Boxkämpfe und ähnliche Shows. Die Betreiber des Casa Blanca und des Casa Boom Boom, beide im Besitz von Hoge, fochten das Urteil vor Gericht an. Hoge behauptete, es ginge um Sport, nicht um unzüchtige Shows. Richterin Esther Nobles Ban erklärte in ihrer Entscheidung, das Gesetz sei dazu gedacht, die Würde der Frauen zu schützen und der »angebliche Sport« sei eine Form der Ausbeutung und eine Erniedrigung aller philippinischen Frauen. Das Gesetz blieb in Kraft, wurde aber von der alten Kommunalregierung, die 1988 wieder an die Macht kam, selten, wenn überhaupt durchgesetzt.

Es sollte Racheakte gegen die Streikenden geben. Ich war noch in Irland, als die Frauen und ihre Unterstützer Gerechtigkeit forderten. Hoge gab nicht nach. Eines Nachts wurden unsere schlimmsten Befürchtungen wahr. Zwei Auftragskiller näherten sich Dennis, der am Streikposten übernachtete. Sie erschossen ihn an Ort und Stelle, sprangen in ein Auto und fuhren davon. Alle waren außer sich vor Entsetzen wegen dieses brutalen und heimtückischen Mordes. Als ich davon hörte, war ich sehr deprimiert. Es war naiv von mir gewesen, sich vorzustellen, dass unter Aquino wieder Recht, Ordnung und Gerechtigkeit einkehren würden.

Es gab einen öffentlichen Aufschrei. Man vermutete Hoge hinter dem Mord. Und tatsächlich – fünf Verdächtige wurden als die Auftragsmörder identifiziert und vor Gericht gebracht und in dem Moment verschwand Hoge. Im Juni 1990 verurteilte Richterin Ester Nobles Ban vom Landgericht Nicomedes Fabro und vier andere, die man niemals fasste, wegen Mordes an Dennis Joaquin. Fabro gab zu, dass man ihm 10 000 Pesos (damals ungefähr in 700 Dollar) für den Mord gezahlt hatte. Es war nur einer von tausenden ungelösten Mordfällen. Das Casa Blanca wurde kurz darauf geschlossen.

Die Hoffnung auf Veränderung hatte sich nicht erfüllt. Im Gegenteil, die Menschenrechtsverletzungen wurden schlimmer; alte Rechnungen wurden beglichen und neue aufgestellt. Die antikommunistische Rechte wurde zunehmend paranoid. Ohne das Wissen und die Genehmigung der Regierung begann eine zwielichtige, mit dem Militär in Verbindung stehende Todesschwadron einen geheimen Krieg gegen angebliche Kommunisten und ihre Sympathisanten. Sie gehörten zu einer Gruppe, die versuchte, die Regierung Aquino von innen heraus zu destabilisieren und anzugreifen.

Am 28. August 1987 hörten wir zu unserem Entsetzen, dass in Manila ein Militärputsch stattfand. Die *RAM Boys* unter Oberst Gregorio Honasan unternahmen einen neuen Versuch. Bereits 1986 hatte Honasan zusammen mit seinem Mentor, Verteidigungsminister Enrile, gegen Marcos revoltiert. Die Rebellen und ihre politischen Hintermänner hatten sich als rechtmäßige Sieger gesehen, aber die demokratischen Kräfte unterschätzt, die Aquino an die Macht gebracht hatten. Es war eine beängstigende Zeit für alle, die gehofft hatten, die Zeit der Militärdiktatur sei vorüber. Honasan und Reynaldo Cabauatan, ein loyaler Marcos-Anhänger, konnten drei Fernsehstationen und auch das militärische Hauptquartier Camp Aguinaldo unter ihre Kontrolle bringen. Es schien, als würde die Regierung fallen. Ein Bericht behauptete, die Botschaft der USA habe Jaime Kardinal Sin gebeten, Aquino zur Bildung einer Militärjunta zu raten, in der sie nur begrenzte Macht haben würde, aber der Kardinal wies die Behauptung zurück. Viele vermuteten, dass gewisse Elemente im Pentagon sich um die Zukunft der Militärstützpunkte sorgten und eine Junta der einzige Weg sei, sie zu erhalten.

Aquino versuchte, sich alle Optionen bezüglich der Stützpunkte offenzuhalten. Ihr Verteidigungsminister, General Fidel Ramos, versammelte die Streitkräfte der Regierung, um die Putschisten zurückzudrängen.

Die USA waren verständlicherweise nervös über den wachsenden Nationalismus, der die Filipinos ergriffen hatte. Einige rechtsgerichtete Kräfte im Pentagon sahen den Grund dafür in kommunistischer Agitation und waren der Ansicht, Aquino gehe nicht entschieden genug gegen die Kommunisten und die Linke insgesamt vor.

Ich schrieb gerade über die Hintergründe der zunehmenden Schikanen, denen fortschrittliche Kirchenleute und ihre Mitarbeiter von Seiten der antikommunistischen Milizen ausgesetzt waren. Jeder, der ihre tollwütig-aggressiven Gefühle nicht teilte, wurde als subversiv, anti-amerikanisch und kommunistisch gebrandmarkt. Dies entging unseren Gegnern in Olongapo nicht, die keine Gelegenheit versäumten, uns alle bei PREDA als »kommunistische Sympathisanten« zu bezeichnen.

Der pensionierte US-General John Singlaub griff General Fidel Ramos an und meinte, man solle diesen durch jemanden ersetzen, der wisse, wie man einen kommunistischen Aufstand bekämpfe. Zu dieser Zeit behauptete das offizielle Magazin der Kommunistischen Partei, es gebe nur 7000 regulär bewaffnete Kämpfer, aber zehntausende »Teilzeit-Guerillas« unter den Bauern. Singlaub besuchte die Philippinen häufig, man verdächtigte ihn, den Boden für den Putsch bereitet zu haben, was er verneinte.

Ebenfalls zu dieser Zeit gewann eine militante Bewegung christlicher Fundamentalisten in den ländlichen Gebieten an Einfluss. Diese Bürgerwehren waren mit der »Neuen Rechten« in den USA verbunden und handelten anscheinend gemäß einer neuen US-Doktrin, dem *low intensity conflict*. In einem solchen Konflikt waren US-Truppen nicht direkt beteiligt, sondern unterstützten örtliche Milizen, Armeerebellen und andere antikommunistische Organisationen, damit diese die Ziele amerikanischer Außenpolitik durchsetzten. Diese Strategie hatte die Contras in Nicaragua und in anderen lateinamerikanischen Ländern nach vorn gebracht, jetzt geschah es auch auf den Philippinen. Eines der Ziele dieser Strategie war offensichtlich, Aquino zu einer Veränderung ihrer Einstellung bezüglich der Stützpunkte zu zwingen. Zu Zeiten der Regierung Reagans war ein solches Vorgehen nicht überraschend, bedenkt man die Politik der Bevorzugung undemokratischer Regierungen, um die Interessen der Industrie und der Militäreinrichtungen zu schützen.

Der Christliche Antikommunistische Kreuzzug gehörte zu Singlaubs *World Anti-Communist League* und dem *Asian Ecumenical Inter-Faith Council*, einem regionalen Ableger der Vereinigungskirche von Reverend Sun Myung Moon.

Fanatische bewaffnete Milizen waren die Bodentruppen, die auszogen, um Angst und Schrecken unter den Dorfbewohnern zu verbreiten, die vielleicht die Rebellen versteckten oder unterstützten. Sie arbeiteten nach dem Prinzip der Selbstjustiz: Wurde jemand als Feind bezeichnet, dann war er auch ein Feind und konnte auf der Stelle mit Macheten in Stücke gehackt werden. Ohne Hemmungen und Selbstkontrolle begingen sie barbarische Verbrechen und Grausamkeiten und die lokalen Militärkommandanten gaben ihnen Rückendeckung. Viele dieser scheußlichen Verbrechen wurden von der philippinischen Menschenrechtsgruppe *Task Force Detainees*, der »Arbeitsgruppe Häftlinge«, und anderen Gruppen dokumentiert.

In der Diözese Kidapawan in North Cotabato auf Mindanao berichtete Bischof Juan de Dios über Morde an Kirchenmitarbeitern, die von einer Gruppe namens *Tadtad* begangen worden waren. In Davao behauptete der Polizeichef Franco Calida, dass er über 2000 *Tadtad*-Mitglieder verfügen könne. Eine Gruppe hackte mit Macheten einen Mann namens Peter Alderite in aller Öffentlichkeit zu Tode, ohne dass die Polizei sich rührte. Trotz des Protestes der Kirche schaffte Präsidentin Aquino es nicht, die Gruppen zu kontrollieren, die sich wegen ihres scheinbaren Einverständnisses überall auszubreiten begannen.

Allein die Anschuldigung, sie mischten sich in die Politik ein, reichte aus, um Priester, Ordensleute und Kirchenmitglieder verschiedener Glaubensrichtungen anzugreifen und zu töten. Die Organisation der wichtigsten religiösen Oberhäupter auf den Philippinen, die AMRSP, hatte im November 1987 die steigende Gewalt und die Menschenrechtsverletzungen verdammt, die »Hoffnungen und Träume zerschmettert« hätten. Die höheren Stellen der Kirche hingegen sprachen sich nicht besonders offen gegen die Menschenrechtsverletzungen aus.

Teodoro Bacani, Weihbischof der Erzdiözese Manila unter Kardinal Sin, sagte: »Die Regierung Aquino kann es sich leisten, dass wir (die Bischöfe) sie kritisieren. Was sie braucht, ist mehr öffentliche Kritik. Die Bischöfe haben 1987 geschwiegen, nicht, weil sie Angst hatten, die Regierung zu kritisieren, sondern weil wir fürchteten, die Gesellschaft zu beeinflussen.«

Wir hatten alle gehofft, dass es nach Marcos' Fall unter Aquino neue Hoffnung für die Philippinen geben könne, aber es sollte nicht sein. Die fest verankerte rechtsgerichtete Oligarchie hatte noch immer die Fäden der Macht in der Hand. Kardinal Sin befürwortete das politische Engagement von Kirchenmitarbeitern und Laien. Auf einer Synode in Rom sagte er den Bischöfen, Religion und Politik seien in Asien nicht voneinander zu trennen. Auf den Philippinen, so sagte er, wäre eine Trennung von Religion und Politik schizophren. Katholische Laien mussten im Rahmen philippinischer Politik handeln.

Eine bekannte Menschenrechtsaktivistin, Schwester Mary John Mananzan, sagte einer Zeitung: »Die Menschen an der Basis der Kirche haben den Kampf für die Armen niemals aufgegeben«, und dass die Bischöfe es schwierig finden könnten, eine Regierung zu kritisieren, deren Einsetzung sie selbst unterstützt hatten.

Schwester Christine Tan von den Guten Hirten, eine Delegierte der Verfassungskommission von 1987, wurde mit den Worten zitiert: »Die Kluft zwischen den Reichen und der Masse wird nicht nur größer, sondern unüberbrückbar werden.« Zu Reportern sagte sie: »Die Kirche wird rechtsgerichteter werden, frommer und weltlicher.«

Im September jenes Jahres wurde ich zu einer Versammlung von Journalisten und Herausgebern verschiedener Zeitungen eingeladen, um über die Rolle der USA im letzten Putschversuch zu sprechen. Die Putschisten waren erfolglos geblieben, ihre Anführer waren untergetaucht. Eine Wochen vor dem Coup und auch noch einige Wochen danach hatte ich ungewöhnlich viele Konvois von Militärfahrzeugen aus den Waffenarsenalen und Munitionslagern des Stützpunktes herauskommen sehen. Man spekulierte darüber, dass die Putschisten von den USA unterstützt worden waren und sich nun in den Stützpunkten versteckten.

Das schien sich im Oktober zu bestätigen, denn Reynaldo Cabauatan, einer der abtrünnigen Offiziere, hielt eine Pressekonferenz in der Clark Air Base in Angeles. Die Katze war sozusagen aus dem Sack.

Dies wurde allgemein als Signal dafür gesehen, dass Aquinos Sympathie für die Linke und deren Eintreten für den Abbau der Basen dem US-amerikanischen Militär extrem missfiel. Ein Leitartikel im *Inquirer* vom 9. Oktober 1989, in dem es um die Pressekonferenz in Clark ging, endete mit folgendem Kommentar: »Im Endeffekt geht es nur um die Stützpunkte. Solange diese existieren, werden Teile der US-Regierung aus dem einen oder anderen Grund immer wieder versuchen, auf den Philippinen zu intervenieren.«

Im Oktober gab es noch mehr Beweise dafür, dass gewisse Elemente des US-Militärs Aquinos Regierung destabilisieren wollten, während das US-Außenministerium noch immer vorgab, voll hinter ihr und dem demokratischen Prozess zu stehen. Am 22. Oktober veröffentlichte die philippinische Tageszeitung *Malaya* den Inhalt eines Armeeberichtes, dem zufolge Angestellte der US-Botschaft sich für die Putschisten eingesetzt und die Armee davon abzuhalten versucht hatten, diese in Camp Aguinaldo anzugreifen. Der stellvertretende Militärattaché Major Victor Raphael wurde als derjenige identifiziert, der den Putschisten die Bewegungen der Streitkräfte hinterbracht und die Kommandanten von einem Angriff abgehalten hatte. 53 Menschen, hauptsächlich Zivilisten, wurden bei Kämpfen zwischen den Putschisten und den Truppen der Regierung Aquino getötet, mehr als 300 verletzt. Die US-Botschaft verneinte ihre Beteiligung am Umsturzversuch, musste sich aber der öffentlichen Wut beugen und rief Raphael aus den Philippinen zurück.

Die ganze Geschichte wurde von den Medien groß herausgebracht und heizte die schwelenden, von der Bevölkerung lange unterdrückten, anti-amerikanischen Gefühle noch weiter an. Die Filipinos nahmen den USA übel, dass diese all die Jahre die Marcos-Diktatur unterstützt und die Augen angesichts der langjährigen Folter- und Mordpraxis sowie weiteren Menschenrechtsverletzungen verschlossen hatten. Dem ermordeten Aquino hingegen, der drei Jahre lang im Exil in den USA gelebt hatte, hatten sie kaum Unterstützung angeboten.

Wir alle waren von diesen Neuigkeiten sehr deprimiert. Unsere Hoffnungen für eine neue demokratische Regierung, frei von äußerer Einmischung, hatten sich zerschlagen. Marcos hatte Aquino eine derart von Bestechung und Korruption durchsetzte Bürokratie hinterlassen, dass sie kaum eine Chance hatte, diese reformieren zu können. Im ersten Jahr ihrer Regierung wurde sie als schwach und ineffektiv angesehen und die Umsturzversuche verstärkten diesen Eindruck noch.

Wie als Antwort auf die antikommunistische Provokation und als ob man ihre Rechtmäßigkeit bestätigen wollte, wurden in einem Umkreis von einem Kilometer um die Clark Air Base vier US-Soldaten umgebracht. Dieses schockierende Ereignis steigerte die Anspannung auf allen Seiten. Auf dem riesigen Komplex, auf dem fast 10 000 amerikanische Soldaten und Soldatinnen arbeiteten, herrschte höchste Sicherheitsstufe, die Wachen wurden verstärkt. Die Morde geschahen im Abstand von jeweils ca. einer Stunde in einem Wohngebiet außerhalb des Stützpunktgeländes. Zum ersten Mal fielen US-Soldaten Mördern zum Opfer. Die Kommunisten hatten angekündigt, Soldaten anzugreifen, sollten sich die USA an der Niederschlagung des Aufstandes beteiligen.

Tausende Soldaten durften die Stützpunkte nicht mehr verlassen, was für die Sexindustrie in Olongapo und Angeles ein vernichtender Schlag war. In beiden Städten waren die Bars und Clubs wie ausgestorben, die Lichter waren gedämpft und die Bands spielten nur leise. Die Sexindustrie kam zum Stillstand wie ein altes Grammophon, das nicht

mehr angekurbelt wird. Zum ersten Mal patrouillierten bewaffnete US-Marinesoldaten in den Straßen außerhalb der Basen, um diejenigen zu schützen, die nicht auf dem Militärgelände lebten. Präsidentin Aquino flog nach Clark, um dem Begräbnis eines der Opfer beizuwohnen und sagte, die Patrouillen seien gerechtfertigt.
Die Bürgerwehren breiteten sich noch weiter aus. In Manila gründete Brigadegeneral Alfredo Lim eine bewaffnete Bürgerwehr, die gegen verdächtige Kommunisten vorgehen sollte, auch wenn sie keine Ahnung hatten, wer diese waren. Senator Wigberto Tañada, Vorsitzender des Senatsausschusses für Justiz und Frieden, berichtete von mindestens 134 gut organisierten Bürgerwehren, die allein im Süden des Landes aktiv waren.

Nach der Wahl am 18. Januar 1988 kehrte Richard Gordon an die Macht zurück. Seine Wahl wurde von Anschuldigungen wegen Wahlbetrugs und Manipulation der Wahlurnen überschattet. Natürlich konnte man nichts davon jemals beweisen. Für die Bar- und Bordellbesitzer ging es nun wieder zurück zum Normalbetrieb. Die Nachtclubbetreiber hofften auf erneute Unterstützung und Förderung durch den Stadtrat, doch stattdessen kündigte der Bürgermeister an, das Image der »anrüchigen Stadt« verbessern und den soldatischen Besuchern vollkommenen Schutz bieten zu wollen. Der *Manila Chronicle* schrieb: »Olongapo, das Sodom und Gomorrha Südostasiens, ist nicht mehr, was es früher war.« Die Stadtverwaltung reichte keine Klage wegen Verleumdung gegen die Zeitung ein. Während einer Pressekonferenz kurz nach seiner Wahl erklärte Gordon, er würde ein strenger Führer sein und Olongapo mit dem Straßenkarneval *Mardi Gras* ein neues Image als Festivalstadt verschaffen. Er sagte deutlich, er habe keine Strategie bezüglich der standrechtlichen Hinrichtungen, die man euphemistisch auch »Bergung« nannte. Er erklärte den Drogenhändlern und Kriminellen den Krieg. Wer nicht arbeitete, sollte auch kein Geld bekommen, und jeder sollte daran mitarbeiten, Olongapos Image als Sündenbabel auszuradieren. Die Stadt sollte eine Karnevalsstadt werden, in der sich Touristen sicher bewegen konnten, besonders die Touristen der Siebten US-Flotte. Wir machten uns auf eine Razzia gefasst.

Im Februar 1988 machten sich die reorganisierten Abrisstrupps der Stadt für einen weiteren Einsatz bereit. Ihr Ziel waren die Hütten und

Baracken der Armen an der Müllhalde hinter dem Markt im Stadtviertel *Pag-Asa*. Ganz in der Nähe befand sich das Haupteingangstor der Marinebasis, dessen Grenzzaun auf der anderen Seite des Kanals lag. Jede Nacht schlichen sich einige Einwohner hinüber, kletterten über den Zaun und durchsuchten die Müllkippe des Stützpunktes. Das war nichts Ungewöhnliches. Hunderte Eindringlinge krochen durch Löcher in dem hohen Sicherheitszaum in die Basis und schlichen mehrere Kilometer durch den Wald, bis sie zu der großen Müllhalde kamen. Von hier aus gelangten viele giftige Chemikalien in den nahen Kanal und die Bucht von Subic.

Die Sozialarbeiter von PREDA besuchten die verarmten Familien, die von den Abfällen der Clubs und Restaurants lebten. Sie stellten den direkten persönlichen Kontakt zu den Menschen her und leisteten Erste Hilfe für verletzte Kinder. Andere Kranke brachten sie in die Armenkrankenhäuser.

Wegen der Zustände in Gegenden wie *Pag-Asa* hielt die US-Regierung Entwicklungszuschüsse für die Stadtverwaltung zurück. Solche Slums, die sich den ganzen Kanal entlang zogen, wurden als Gesundheitsrisiko für die Bewohner des Stützpunktes und als Schandfleck betrachtet. Auf diese Klagen antwortete die Stadtverwaltung mit sofortigem Abriss. Die Slums sollten verschwinden, ebenso, wie es mit der Siedlung am Leuchtturm geschehen war.

An der Müllhalde in *Pag-Asa* schlugen sich die Menschen damit durch, dass sie die Haufen von Müll durchsuchten, die jeden Tag von den Müllwagen dort abgeladen wurden. Wenn die Wagen ankamen, gab es Gedrängel unter den Müllsammlern, hauptsächlich in Lumpen gekleidete Frauen und Kinder. Wie Fliegen schwärmten sie über den frischen Müll. Ihre Waffen gegen die Not waren leere Säcke und gebogene Drahtstücke, mit denen sie den Müll durchwühlten und sortierten. Sie kämpften um die gefundenen Schätze, die ihnen eine Mahlzeit für diesen Tag verschaffen würden. Ein Stückchen Draht, ein kaputter Ventilator, ein Sack alter Zeitungen, eine Tüte mit Knochen – all das waren Kostbarkeiten, mit denen sie nur einen Hungerlohn verdienten, aber wenigstens gab es dafür eine Schüssel voll Reis.

Die Hütten mit verrosteten Blechdächern, die von alten Autoreifen beschwert wurden, waren baufällig und dreckig, aber trotzdem bedeuteten sie ein Zuhause. Es gab keine sanitären Anlagen oder Toiletten, nur ein paar öffentliche Wasserhähne. Jeden Morgen standen die Menschen in langen Schlangen an, um einen Plastikeimer mit Wasser für den täglichen Bedarf zu füllen. Manchmal kam ich hierher, saß auf einem umgedrehten Eimer und diskutierte mit ihnen über die Probleme der Gemeinde und den drohenden Abriss. Die Leute waren entschlossen, sich zur Wehr zu setzen. Der Bürgermeister war ebenso entschlossen, sie zu vertreiben und die US-Marine versprach, auf dem Gelände eine Schule zu bauen. Die Armen trauten den Versprechungen nicht, dass man sie woanders ansiedeln würde. Von ihrem täglichen Broterwerb abgeschnitten, hätten sie nichts zu essen. Es war offensichtlich, dass die Stadt und die Marine zusammenarbeiteten, um die Müllhalde zu schließen, die sich neben der makellosen, gepflegten Basis wie ein grässlicher Schandfleck ausnahm. Natürlich war es ein ungesunder und gefährlicher Ort zum Leben, aber was sollten die Leute tun, wenn es keine alternative Arbeit gab?

Dieses Problem bestand in tausenden städtischen Gebieten überall auf den Philippinen und in ganz Asien. Zahllose Arme kämpften am Rande der Gesellschaft um ihr Überleben, ohne ein festes Einkommen. Ihre Haupttätigkeit war es, den Müll zu durchsuchen, um noch einen weiteren Tag überleben zu können. Der Ort ihres Überlebenskampfes wurde bestimmt von der Nähe zum Abfall, den die Gesellschaft produzierte. Sie steckten ein paar Reste von Spanplatten und Metallfetzen zusammen, um den Regen und die Sonne abzuhalten und fertig war ihr Heim.

Im Februar raste plötzlich ein Schaufellader in die Müllhalde. Die Müllsammler rannten zu allen Seiten davon, um sich in Sicherheit zu bringen und bevor sie sich noch schützend vor ihre Häuser stellen konnten, hatte er schon die ersten Hütten umgewalzt. Wie die Medien berichteten, verloren mindestens 100 Familien ihr Zuhause. Wie die Gemeinde am Leuchtturm hatten sich auch hier die Menschen organisiert und sich so lange wie möglich gegen den Abriss gewehrt. Die Stadtverwaltung hatte aufgehört, den Müll in *Pag-Asa* zu deponieren und hatte eine abgelegene Deponie in Cabalan errichtet, außerhalb der Stadt. Einige der Müllsammler zogen dorthin.

Dies war Olongapos Version der Payatas-Deponie in Quezon City oder der berüchtigten, riesigen Müllberge der *Smoky Mountains* in Manila, die im Juli 2000 in sich zusammenfielen und hunderte Männer, Frauen und Kinder unter sich begruben. Die Müllsammler in

Olongapo wurden als illegale Siedler gebrandmarkt und mussten gehen. Ein Konflikt war unausweichlich.

Unsere Bemühungen, den benachteiligten Siedlern zu helfen und unsere Kampagne zur Konversion der Militäreinrichtungen stießen auf zunehmende Gegenwehr und Feindseligkeit. Örtliche Politiker äußerten sich auch kritisch über unseren Einsatz für die Rechte der Kinder. Einige, die ihre Interessen in der Unterhaltungsindustrie gefährdet sahen, behaupteten, unsere Kampagne verschaffe Olongapo ein Image als »Stadt der Sünde« und hielte die Touristen fern. Diese Politiker behaupteten, es gäbe keine Kinderprostitution in der Stadt.

15

Es gibt viele Rosarios
Internationale Vernetzung (1988)

Immer wieder berichteten uns Lehrer und Sozialarbeiter von Kinderprostitution. Das Problem wurde stetig größer. Wir fühlten uns hilflos und konnten nichts weiter tun, als noch lauter dagegen zu protestieren und die Regierung aufzufordern, endlich zu handeln und Veränderungen herbeizuführen. Wir veröffentlichten Artikel über das Problem und arbeiteten eng mit anderen Kinderhilfsorganisationen zusammen.

Ein UN-Bericht zitierte eine vom norwegischen Justizminister in Auftrag gegebene Studie mit der Aussage, dass rund um den Globus täglich mindestens eine Million Kinder verkauft würden.

Anfang 1988 flog ich nach Hawaii, um dort Freunde und Unterstützer zu treffen; sie vereinbarten für mich Treffen mit US-Senatoren, die über die Verstrickung von US-Staatsangestellten in die Kinderprostitution sehr besorgt waren. Ich wohnte bei dem Marinekommandeur Edward Robinson II., einem guten Freund, den ich auf dem Stützpunkt in Subic kennengelernt hatte und der uns schon viel half.

Senatorin Ann Kobayashi brachte eine Resolution beim Gesetzgeber ein, mit der sie eine Untersuchung des vermuteten »weit verbreiteten und zunehmenden sexuellen Kindesmissbrauchs, der von Mitgliedern der US-Marine und Zivilisten des Verteidigungsministeriums begangen wird« forderte.

Der Geheimdienst der US-Marine führte eine verdeckte Ermittlung in Olongapo durch, um unsere Behauptungen zu überprüfen, dass ein Pädophilen-Ring Kinder an US-Soldaten verkaufe. Die Ermittler gaben sich als Pädophile aus, woraufhin sie über einen Zeitraum von mehreren Wochen von Zuhältern kontaktiert wurden, die ihnen Kinder anboten.

Der Bericht bestätigte, dass es einen Pädophilenring in der Stadt gab, der Kinder zum Sex anbot, aber laut einem der Sprecher des Pazifik-Kommandos der USA, Tom Boyd, waren keine amerikanischen Soldaten als Kunden involviert.

Die Beweise gegen die Zuhälter wurden der Stadtverwaltung übergeben. Da »die Taten von Filipinos begangen wurden«, so der Bericht, sei es Sache der philippinischen Behörden, entsprechende rechtliche Schritte einzuleiten. Als wir von dieser Untersuchung hörten, versuchten wir sofort, eine Kopie der Ergebnisse zu bekommen, trafen jedoch auf eine Mauer des Schweigens. Aber der stellvertretende Staatsanwalt, Dorentino Floresta, hatte eine Kopie des Berichtes gesehen, den irgendjemand kurz auf seinem Schreibtisch liegen gelassen hatte. Leider verschwand das Papier wieder, bevor er es sicherstellen oder eine Kopie davon anfertigen konnte. Es sollte sich als schockierendes Dokument herausstellen.

Wir von PREDA wollten den Versuch wagen, es aufgrund des Gesetzes zur Informationsfreiheit aus den US-Archiven zu bekommen. Deshalb kontaktierten wir unsere Freunde von *Pacific Defence*, einer Friedensorganisation in British Columbia in Kanada, die sich bereit erklärten, einen Antrag zu stellen. Es dauerte ein Jahr, bevor wir Teile des stark zensierten Berichtes bekamen.

Die Ermittler berichteten darin, wie die Zuhälter ihnen sogar Vierjährige für Sex und Pornografie angeboten hatten. Sie spielten mit und wurden in Hotels und Pensionen geführt. Sie fotografierten die Kinder – und angeblich einige der Zuhälter – und übergaben sämtliche Beweise im Januar 1989 an die Behörden der Stadt Olongapo. Die Klage gegen die Zuhälter wurde vom stellvertretenden Staatsanwalt Nini Cruz vorbereitet, aber niemals vor Gericht verhandelt.

Später behaupteten einige Beamte der städtischen Regierung, die Zuhälter seien entkommen, weil ich in meiner wöchentlichen Kolumne über die Untersuchung geschrieben hatte. Die Verdächtigen waren jedoch lange vor dem Erscheinen meiner Kolumne identifiziert worden und dann verschwunden. Ganz eindeutig hatten die Verleugnungs- und Vertuschungstaktiken der oberen Behörden eine Verhandlung verhindert. Wäre die Klage vor Gericht gegangen, hätte die Stadt einen Blick auf sich selbst werfen müssen, und sicherlich hätte ihr nicht gefallen, was sie gesehen hätte.

Die Ermittlungen der US-Marine legten zwar das »Angebot« offen, kümmerten sich aber nicht um die Kundenseite, die es offensichtlich aufgrund des bereits bestehenden Zuhälterrings geben musste. Eine Verwicklung ihrer Mitarbeiter wäre jedoch für die amerikanische Marine äußerst peinlich gewesen. Da bald eine Entscheidung über die Zukunft der Stützpunkte anstand, war es also höchste Zeit, die Verantwortung an die Kommunalverwaltung zu übergeben, damit diese mit der Kinderprostitution in der Stadt aufräumte.

Im Februar 1989 klagte der stellvertretende Staatsanwalt Floresta einen pensionierten 45-jährigen US-Soldaten wegen mehrfacher Vergewaltigung eines sechsjährigen Kindes aus Tabacuhan an. Der Mann entkam, bevor er verhaftet werden konnte. Die Ergebnisse der verdeckten Untersuchung der Kriegsmarine hatten ebenfalls keine Konsequenzen.

Ungefähr zu dieser Zeit machte ich eine ausgedehnte Reise ins ländliche Mindanao. Ich war schockiert über das Ausmaß der Unterdrückung durch das örtliche Militär. Viele Opfer von Brutalität und Menschenrechtsverletzungen ließen sich von mir interviewen, und ich machte aus diesen Gesprächen eine Reihe von Artikeln über das Ausmaß des »schmutzigen Krieges«, wie man ihn nannte, und die Aufgabe der Kirche, die Menschenrechte zu verteidigen. Die Serie erschien in der philippinischen Zeitung *Daily Inquirer*. Im Leitartikel vom 19. Mai unterstützte der *Inquirer* die von mir gemachten Enthüllungen, die Morde an Kirchenmitarbeitern und Priester eingeschlossen.

Im Mai desselben Jahres fand in Manila die erste Konferenz über Straßenkinder in Asien statt, die von *Child Hope International*, einer kalifornischen Kinderhilfsorganisation, gesponsert wurde. Die vorangegangene Konferenz mit dem Thema »Menschenhandel zu Prostitutionszwecken« hatte einige Jahre vorher in Indonesien stattgefunden. Alex und ich nahmen in Manila teil. Wir waren unendlich froh, dass die schwierige Situation der Straßenkinder, besonders der sexuell missbrauchten Kinder, endlich öffentliche Beachtung fand. Die Konferenz machte uns Mut, unseren Einsatz für den Erlass eines Kinderschutzgesetzes zu verstärken, und die anderen NGOs ebenfalls darin zu bestärken. Wir verschickten Kopien des Dokumentarfilms

Throwaway Children an Kongressmitglieder und Senatoren. Ich legte jeweils einen Brief bei und besuchte sie zum Teil persönlich, um sie von der Notwendigkeit eines solchen Gesetzes zu überzeugen.

76 Prozent der 3000 Straßenkinder Olongapos hatten zu jener Zeit Probleme mit der Polizei. Es war Routine, die Kinder ins Gefängnis zu werfen; sogar Sechsjährige konnte man hinter Gittern finden. Wir besuchten die Gefängnisse, aber unsere Proteste bei den Behörden stießen auf taube Ohren. Kinder einzusperren war die übliche Methode der Polizei, wenn die Behörden eine Säuberung der Straßen von den zerlumpten Banden bettelnder und herumstreunender Kinder anordneten, die US-Matrosen und Touristen belästigten oder sogar beklauten. Diese Kinder hielt man allgemein für eine Landplage.

Manche Polizisten hatten bestimmte Maschen. Manchmal trieben sie nicht die Straßenkinder, sondern die Kinder der Straßenverkäufer zusammen. Die Verkäufer hielten ihre Kinder in ihrer Nähe, wenn sie den ganzen Tag die Straßen auf- und abgingen oder am Eingang des Stützpunktes standen, um Zigaretten, Kaugummi, billige Sonnenbrillen oder andere Souvenirs zu verkaufen. Andere hatte kleine Stände, wo sie gegrillte Hähnchenschenkel oder -füße verkauften. Am Ende eines Tages sammelten die Polizisten und ihre Helfer einige dieser kleinen Kinder ein, die sich zu weit von ihren Eltern entfernt hatten, und brachten sie auf die nächste Polizeistation. Dort steckte man sie in eine stinkende Zelle ohne sanitäre Anlagen, geschweige denn Betten und ohne ihnen etwas zu essen zu geben. Die Kinder weinten stundenlang, einige brachen vor Erschöpfung zusammen. Schließlich mussten die Eltern ihren schwer verdienten Tageslohn hergeben, um ihre Kinder *zurückzukaufen*. Straßenkinder, die keine Eltern hatten, die sie auslösen konnten, halfen sich gegenseitig. Sie gaben ihr Geld, welches sie mühsam mit dem Bewachen von Autos, dem Verkauf von Plastiktüten auf dem Markt oder dem Herumschieben großer Gemüsekarren verdienten, einer Marktfrau zur Aufbewahrung, einer Mutterfigur, der sie vertrauen. Von diesen Ersparnissen bezahlten sie den Polizisten dafür, dass er ihre Freunde wieder freiließ.

Das Leben im Gefängnis war hart. Die winzigen Zellen, in denen es kaum Frischluft, nur schlechtes Essen und viel Gewalt gab, waren mit Häftlingen überfüllt, die sich in einem Zustand ständiger Wut und unter Dauerstress befanden. Viele konnten keine Kaution bezahlen und mussten Monate auf eine Anhörung warten.

Die Mädchen, auch einige Minderjährige, wurden oft von den männlichen Insassen vergewaltigt oder sexuell belästigt. Das Zusammengesperrtsein von Mädchen mit männlichen Gefangenen versuchte ein Polizist mit dem Argument zu rechtfertigen, dass es einen Aufstand gäbe, wenn die Männer nicht ab und zu Sex hätten.

Die Sozialarbeiter von PREDA, Alex und ich besuchten die Gefängnisse, notierten die Namen der Kinder und versuchten, ihre Entlassung durchzusetzen, wenn es keine Anklage gegen sie gab. Üblicherweise wurden sie wegen Herumstreunens nicht offiziell angeklagt. Wir versuchten, diese Praxis willkürlicher Festnahmen zu stoppen und boten an, die Kinder bei PREDA aufzunehmen, aber das wurde abgelehnt. Die Behörden vor Ort wollten nicht kooperieren.

Erst einige Jahre später sollten wir diesbezüglich mehr Erfolg haben. Das *Department of Social Welfare and Development* (DSWD), das Ministerium für Soziale Wohlfahrt und Entwicklung, eröffnete das *Lingap*-Zentrum in Olongapo, um sich zumindest um einige dieser Kinder kümmern zu können. UNICEF gründete eine unabhängige NGO, um mit einem kommunalen Programm die Straßenkinder vor Ort aufzufangen. Das Programm unterstützte viele Kinder dabei, wieder nach Hause und zurück in die Schule zu gehen. Trotzdem wurde nie angemessen an der Lösung des Problems gearbeitet.

Die meisten Bürger von Olongapo wären sicherlich zutiefst gegen die Ausbeutung und den Kindesmissbrauch gewesen, hätten sie nur etwas davon gewusst. Aber die Medien wurden streng kontrolliert und auch die Geschäftswelt war zweigeteilt. Wer mit den kommunalen Beamten auf gutem Fuß stand – für gewöhnlich waren das Verwandte – bekam Verträge und Privilegien. Wer kritisch dachte und sich kritisch über die Stadtregierung äußerte, wurde häufig von Geschäften ausgeschlossen und erhielt keinerlei Privilegien. Häufig bekamen solche Geschäftsleute völlig überhöhte Gebührenrechnungen, wurden wegen kleinerer Verletzungen von Bau- oder Feuerschutzrichtlinien verklagt und bekamen keine Betriebserlaubnis. Auch uns bei PREDA wurden Genehmigungen vorenthalten, die uns rechtlich zustanden.

Die Situation in Olongapo war wie ein Mikrokosmos, der die Situation im ganzen Land widerspiegelte. Die breite Masse wurde von der Oberschicht ausgegrenzt. Aber es gab auch Teile der Bevölkerung, die sich der Korruption, Schiebung und den sozialen Missständen entgegenstellten. Ein gutes Beispiel sind diejenigen jungen Leute und

Bürger aus Olongapo, die im Jahr 1988 stellvertretend für viele sprachen. Ihre Organisation nannte sich *Kasarinlan*, »Unabhängigkeit«, und trat für die gewaltlose Veränderung der Gesellschaft ein. Sie eröffneten eine öffentliche Diskussion über die Ursachen des wirtschaftlichen und kulturellen Elends, die das philippinische Volk quälten. Endlich setzte sich eine wirklich demokratische Debatte gegen das vorherrschende, künstliche Bild der scheinbaren Demokratie durch.

Ich erinnere mich an die zweite Generalversammlung von *Kasarinlan* im März 1988, denn Alex war als Gastredner eingeladen. Ihr Schlusswort drückte die tief empfundenen Gedanken und Gefühle der anständigen Bürger von Olongapo aus. Die Diskussion drehte sich um die sozialen und kulturellen Auswirkungen der US-Militärstützpunkte und das Schlusswort schrieb der noch immer kolonial geprägten Geisteshaltung der Filipinos einen zerstörenden Einfluss zu: »Sie durchdringt jeden Aspekt philippinischen Lebens, so dass für viele Filipinos sogar die Erinnerung an wahre Freiheit und Unabhängigkeit aus ihrem nationalen Bewusstsein gelöscht ist. Sie haben das Gefühl für ihre eigene Identität verloren, zum Teil sogar willentlich unterdrückt. Man hat die Filipinos gelehrt, die USA um ihre Stärke zu beneiden und den Verlockungen des westlichen Materialismus nachzugeben. Einige beteiligen sich aus Eigennutz an der Ausbeutung ihrer eigenen Landsleute.« Es war ein äußerst bedeutsamer Kommentar, der zeigte, dass die Menschen sich der negativen Auswirkungen ihres politischen Systems bewusst waren. Ihnen war klar, dass die Militärstützpunkte ihrer Kultur schadeten und ihr Volk versklavten. Eine weitere Passage beeindruckte mich ebenfalls tief: »In einer Welt voller Hunger – auch und vor allem auf den Philippinen – weinen tausende hungernde und unterernährte Kinder und sterben an leicht heilbaren Krankheiten, während sie von unfassbarem und obszönem Reichtum umgeben sind, wie man ihn in den Stützpunkten sehen kann. Dies verstärkt noch die Unsicherheit der Armen, und viele tragen unwissentlich zu ihrer eigenen Unterdrückung und wirtschaftlichen Versklavung bei, getrieben von Hunger und Entbehrung.«

Ich war so stolz auf diese jungen Menschen, die wussten, dass es eine Veränderung geben musste, da sie die Zustände durchschaut hatten. Alex hatte ihnen an jenem Wochenende den Konversionsplan für die Stützpunkte vorgestellt und ich war sehr zufrieden, als sie ihn annahmen und befürworteten. Wir kämpften mit aller Kraft gegen die

Militärbasen. Wir schrieben Briefe, trafen uns mit den Mitgliedern der Anti-Stützpunkt-Koalition in Manila, verteilten Videos an Mitglieder der gesetzgebenden Versammlung, um ihr Bewusstsein für die Probleme zu erhöhen und versuchten natürlich auch in Schulen und Kirchengemeinden für unseren Plan zu werben. Darum war die Unterstützung durch *Kasarinlan* so wichtig für uns: wir fühlten, dass unser Wunsch nach einer Stilllegung und Umwandlung der Stützpunkte nicht so exzentrisch und weit hergeholt war, wie unsere Kritiker behaupteten.

Sich gegen die Stützpunkte auszusprechen konnte auch gefährlich sein. In der vorangegangenen Woche waren Rey Franciso und seine Freunde von der Anti-Atom-Bewegung von einer der Nachbarschaftspatrouillen zusammengeschlagen worden, die auf Anordnung der Stadtverwaltung jedes Viertel überwachten. Man warf ihnen vor, Anti-Atomkraft-Poster aufgehängt zu haben. In Manila wurden Protest und freie Meinungsäußerung ähnlich gewalttätig unterdrückt. Ein weiterer Anti-Atom-Aktivist, Jon-Jon Bustamante, wurde in Manila brutal zusammengeschlagen und zu Tode gefoltert, weil er öffentlich Informationsmaterial gegen die Stützpunkte verteilt hatte. Niemand von uns wusste, wer der nächste sein würde. Was immer auch die Konsequenzen unseres Einsatzes sein mochten, wir mussten einfach damit leben. Ich sorgte mich um Alex und Merly, die bemerkten, dass ein verdächtiger Wagen sie den ganzen Weg nach Manila über verfolgte. Gemeinsam beteten wir lange und inständig um Gottes Schutz in diesen ungewissen und gefährlichen Zeiten.

Jaime Kardinal Sin, der 1986 eine solch entscheidende Rolle bei dem gewaltlosen Aufstand gegen Marcos gespielt hatte, wurde von rechtsgerichteten Politikern heftig wegen seiner Unterstützung kirchlicher Gruppen kritisiert, die gegen Menschenrechtsverletzungen und Selbstjustiz protestierten. Er hatte uns schon mehrmals geholfen, als örtliche Politiker versuchten, unserer Arbeit ein Ende zu setzen. Einmal erklärte er, organisierte Prostitution sei »nicht mehr und nicht weniger als legalisierte Vergewaltigung, welche die Korruption unter den Ordnungsbeamten fördert.« Trotzdem fühlten wir uns mit unserer Kampagne für die Kinderechte zu dieser Zeit ziemlich alleingelassen.

Der internationale Report, den der norwegische Wissenschaftler Anderson im Auftrag seines Justizministers angefertigt hatte, berichtete von Kindern, die man als Sexsklaven von Santo Domingo aus zu Matrosen in der Karibik gebracht hatte. Er erzählte, wie ein 15-jähriges Kind aus Thailand von einem Deutschen vier Jahre lang in einer versteckten Sexhöhle gefangen gehalten wurde. Er berichtete, wie kleine Kinder in einem asiatischen Kindergarten blutend auf dem Boden lagen, nachdem Perverse aus Australien probiert hatten, ob sie für Sex geeignet seien. Er beschrieb ein Zuhälterring in Kalifornien, der Kinder für 500 Dollar pro Nachmittag für Sex anbot. In New York fand ein Priester ein neunjähriges Kind, das man aus einem Fenster im neunten Stock geworfen hatte: man hatte es zur Teilnahme an einem Pornofilm gezwungen und es hatte versucht, wegzulaufen. Einem Siebenjährigen hatte man die Arme abgeschnitten, weil er der Polizei von den Kindersexringen erzählt hatte. Auf den Philippinen hatten wir die fürchterliche Geschichte von Rosario Baluyot. Aber das waren nur einige wenige der vielen schrecklichen Fälle, die ans Licht der Öffentlichkeit gelangten. Der Bericht schätzte, dass in den USA von 1,8 Millionen amerikanischen Kindern, die von zuhause wegliefen, bis zu einer Million in die Prostitution gerieten. 50 000 Kinder verschwanden zur damaligen Zeit spurlos. In Indien wurden Kinder von einer fragwürdigen Sekte unter dem Deckmantel des Devadasi-Kultes prostituiert; ungefähr 20 000 Kinder sollten der Göttin als ihre Dienerinnen geweiht werden, wurden aber für Sex verkauft.

Jedes einzelne Land hatte seine eigene Kindersex-Industrie. 1984 sagte *Defence of Children International*, dass die Philippinen eines der Länder seien, in denen es das schlimmste Ausmaß an sexuellem Missbrauch von Kindern gebe und am schlimmsten sei es in den Städten mit Militärstützpunkten.

»Es ist wohlbekannt, dass Prostitution an sich und Kinderprostitution im Besonderen von der philippinischen Mafia kontrolliert wird. Es ist eine florierende Industrie. In den Touristengegenden von Manila stellen die Mafia-Netzwerke alle möglichen Arten von Prostitution bereit, in einigen Gebieten zum Beispiel taubstumme Prostituierte im Alter von 10 bis 16 Jahren. In noch größerem Ausmaß wird Kinderprostitution in der Nähe der amerikanischen Stützpunkte und an Urlaubsorten praktiziert. Die philippinischen Netzwerke haben anscheinend Verbindungen zur amerikanischen und australischen Mafia sowie zur *Yakuza* [der japanischen Mafia]«, berichtete der Report.

Es ermutigte uns zu wissen, dass die internationale Gemeinschaft endlich aufwachte und diesen entsetzlichen organisierten Missbrauch von Kindern wahrnahm. Dies führte zum Entwurf jenes Dokuments, das später zur berühmten UN-Kinderrechtskonvention wurde. Ich wurde nach Finnland eingeladen, um an den Diskussionen über den Entwurf teilzunehmen.

16

Schlafen lernen

Die Arbeit mit Straßenkindern (1989)

Ungefähr zu jener Zeit begannen wir auch, häufiger direkten Kontakt zu Straßenkindern aufzunehmen. Wir wollten herausfinden, unter welchen Bedingungen sie lebten, wo sie sich herumtrieben, schliefen und wie sie überlebten. Straßenkinder sind bei formellen Kontakten sehr auf der Hut, darum boten wir ihnen zunächst einmal nur medizinische Hilfe an. Die Sozialarbeiter beherrschten die Grundlagen der Ersten Hilfe und behandelten bei ihren Besuchen in den Elendsvierteln die Kinder mit offenen Wunden und oberflächlichen Verletzungen. Wer schwerer erkrankt war, den brachten sie in das kirchliche Krankenhaus für Arme der Gemeinde St. Joseph.

Nach mehreren Wochen hatten die Sozialarbeiter es geschafft, einen guten Kontakt zu den Kindern herzustellen, so dass die jetzt wissen wollten, wo die Sozialarbeiter lebten. Sie fanden es bald heraus und begannen, frühmorgens in kleinen Gruppen von fünf oder sechs Jungen oder Mädchen zum PREDA-Zentrum zu kommen. Nachdem sie bei uns gefrühstückt hatten, spielten sie wie wild im Hof herum, um dann völlig erschöpft auf den Bänken oder dem Fußboden einzuschlafen. Nichts konnte sie wecken. Gegen drei Uhr nachmittags wurden sie wach und verlangten nach mehr Essen; dann hasteten sie wieder zurück in die Stadt, um zu betteln oder sich zu prostituieren. Wir überlegten, was zu tun war. Wir brauchten einen durchdachten Ansatz, ein Konzept für ein gemeinschaftliches Leben hier im Zentrum. Dafür mussten wir Geld auftreiben.

Unsere Erfahrungen in der Arbeit mit Drogenabhängigen waren eine große Hilfe. Noch ungefähr 24 Süchtige lebten damals im PREDA-Zentrum und alle waren auf dem Weg der Besserung. Die meisten befanden sich in einem erfolgreichen Prozess der Versöhnung mit und der Reintegration in ihre Familien.

Die Versöhnung war nicht leicht. Ich erinnere mich an den Fall des 17-jährigen Andrew, der seinen Eltern gegenüber tiefe Wut empfand. Diese hatten ihn nicht nur aus dem Haus geworfen, weil er die Schule abgebrochen hatte und Drogen nahm, sondern ließen ihn sogar von der Polizei verhaften. Die Polizei sperrte ihn ein, ohne dass offiziell eine Klage gegen ihn eingereicht worden wäre oder Beweise vorlagen. In jenen Tagen wurden Bürger- oder Menschenrechte überhaupt nicht respektiert. Die Tatsache, dass die Eltern seine Verhaftung verlangt hatten, reichte der Polizei als Rechtfertigung. Hier zeigte sich, welche Macht und Kontrolle Eltern über ihre Kinder hatten. Der Staat unterstützte die elterliche Autorität, selbst wenn diese missbraucht wurde, und verletzte ebenso wie die Eltern die Rechte des jungen Menschen.

Andrew wurde sechs Wochen lang in die sogenannte Schutzhaft genommen. Dann wurde er zur PREDA gebracht und da wir ein offenes Zentrum haben, ohne Zäune, Mauern oder Tore, ohne Stacheldraht und Wächter, mussten wir ihn erst dazu überreden, dazubleiben und das Gemeinschaftsleben auszuprobieren. Was Andrew beschäftigte war nicht, was aus ihm werden könnte, sondern wie seinen Eltern geholfen werden könnte, ihre menschlichen Schwächen und das ihm zugefügte Unrecht einzusehen. Er wollte eine Chance, seinen Ärger über sie loszuwerden. Wir versprachen ihm, alles in unserer Macht stehende zu tun, damit seine Eltern an einer Elterntherapie und an Beratungsgesprächen teilnahmen. Und darum blieb er, wie so viele andere, die sich nach Gerechtigkeit und einer Versöhnung mit ihren Familien sehnten.

Wir mussten seine Eltern überzeugen, an speziell für Eltern angelegten Beratungs- und Therapiesitzungen teilzunehmen. Sie machten mit und langsam veränderte sich ihre Sichtweise. Sie verstanden, dass ihr diktatorischer und viel zu autoritärer Erziehungsstil sie von ihren Kindern entfremdet hatte, lange bevor der Drogenmissbrauch für Andrew zur Stütze und zu einem Fluchtweg wurde. Als sie verstanden, dass er vor ihnen flüchtete, wurden sie verständnisvoller und waren eher bereit, Fehler einzugestehen.

Bei Besuchen zwischen Andrew und seinen Eltern war die Atmosphäre stets angespannt, unbehaglich und unangenehm. Doch langsam tauten beide Parteien auf und wir konnten sehen, dass sie höflicher, geduldiger und rücksichtsvoller miteinander umgingen. Dann kam der Tag des ersten Versöhnungsgespräches. Andrew und seine

Eltern wurden getrennt beraten. Jede Seite sagte dem Therapeuten, was sie sagen wollte; dies wurde der anderen Seite mitgeteilt, die wiederum ihre Antwort darauf gab. Auf diese Weise wussten beide Parteien, was sie von der anderen Seite zu erwarten hatten. Die Wahrheit konnte akzeptiert, Antworten kontrolliert werden; wenn möglich, konnten beide Seiten um Vergebung bitten und diese auch gewähren. Und genau so kam es. Andrew war reifer geworden, hatte Kontrolle über sich gewonnen, seine Feindseligkeit war nach vielen Monaten der Therapie verschwunden. Er äußerte seine Gefühle in einem maßvollen Ton, der nicht hart und anklagend war, sondern seinen Schmerz und seine Verletzbarkeit ausdrückte. Auch seine Eltern sagten ihm, wie sie sich fühlten, und beide konnten einander um Verzeihung bitten. Als sie sich nach fünf Jahren der Entfremdung und der Bitterkeit umarmten, waren wir sehr froh und empfanden dieses Ergebnis als Belohnung. Andrews Eltern hatten ein Eisenwarengeschäft, in dem er schließlich mitarbeitete. Heute besitzt er ein eigenes Unternehmen.

Wir hofften, mit den Straßenkindern ähnliche Erfolge erzielen zu können. Viele von ihnen waren ihrer Familie entfremdet, waren »Wegwerf-Kinder«, wie wir sie nannten. Aber wie sollten wir anfangen?

Eines Tages bekamen wir Besuch von Samuel Andres, dem Repräsentanten der Schweizer Organisation HEKS, dem Hilfswerk der Evangelischen Kirchen in der Schweiz. Er hatte weitreichende Erfahrung und hatte sein Leben der Hilfe für unterdrückte und ausgebeutete Bauern in Entwicklungsländern gewidmet. Er ermutigte uns, ein Projekt für die Straßenkinder einzurichten. Er kannte die Situation der philippinischen Straßenkinder und bot uns seine Hilfe an. Wir schlossen eine Partnerschaft, um den Kindern Unterkunft, Essen und Kleidung zu bieten und informelle Bildungsangebote machen zu können. Außerdem wollten wir ihnen helfen, Selbstachtung und Selbstwertgefühl zu entwickeln, die bei Straßenkindern für gewöhnlich sehr unterentwickelt sind. Missbrauch, mangelnde Liebe und unerfüllte Grundbedürfnisse geben ihnen das Gefühl, ungewollt und wertlos zu sein. Meist werden sie täglich heftig von den Eltern gescholten und müssen sich anhören, dass sie besser nie geboren worden wären; sie empfinden sich als Last für die Eltern.

Wir nahmen unsere Arbeit mit den Kindern bald auf und überredeten sie dazu, die Straße zu verlassen und sich in der familienähnlich strukturierten neuen Gemeinschaft bei PREDA niederzulassen. Diese Gemeinschaft war in einem großen Gebäude auf dem Hügel angesiedelt, wo es eine phantastische Aussicht über die Bucht von Subic und viel Platz zum Spielen unter den Bäumen gab. Aber nur wenige kamen tatsächlich zur Ruhe, die meisten gingen immer wieder zurück auf die Straße und kamen erst einen oder zwei Tage später zurück. Bei einem solch unsteten Verhalten konnten wir ihnen auf lange Sicht kaum helfen.

Sie waren gesünder und sauberer, bekamen besseres Essen und bessere Kleidung. In der Tat, so merkten wir, waren sie so für die Zuhälter und Pädophilen noch anziehender. Halfen wir ihnen oder behinderten wir ihre Entwicklung? Einige wurden mit der Zeit ruhiger, sie blieben über immer längere Zeiträume im Zentrum. Vorher hatten sie sich von Junk Food ernährt, dessen Chemikalien sie hyperaktiv machten, so dass sie erst zur Ruhe kamen, wenn sie schon völlig erschöpft waren. Das gesunde Essen im Zentrum reinigte ihre Körper und ließ sie ruhiger werden. Wir bemerkten, dass ihr Schlafrhythmus sich so verändert hatte, dass er nicht mehr einem normalen Tagesrhythmus entsprach. Sie konnten kein normales Leben mehr führen. Darum organisierten wir einen dreitägigen Campingausflug in eine abgelegene Gegend der Provinz, von wo aus sie nicht in die Stadt zurückfinden konnten. Die Sozialarbeiter bereiteten Spiele und sportliche Wettkämpfe vor und ließen sie schwimmen, so dass sie den ganzen Tag ohne Pause aktiv waren. Sie waren zu aufgeregt, um schlafen zu können und wir hielten sie wach, indem wir um das Lagerfeuer herum saßen, Lieder sangen und Witze erzählten. Dann, als es dunkel war, schliefen sie ein. Das ging drei Tage lang so, dann hatten sie ihren natürlichen Schlafrhythmus wieder gefunden.

Zurück bei PREDA kam dann der Moment der Wahrheit. Offen und ehrlich erklärten wir ihnen, dass sie kaum eine Chance auf eine gute Zukunft haben würden, wenn sie keine Ausbildung machen würden. Es würde täglichen Unterricht im Zentrum geben und später, wenn sie bereit dafür wären, könnten sie die örtliche Schule besuchen. Das ständige Kommen und Gehen musste ein Ende haben; es störte die Kinder, die dauerhaft im Zentrum lebten. Als diejenigen, die nur unregelmäßig ins Zentrum kamen, anfingen, die anderen wieder mit auf die Straße zu locken, beschlossen wir, einen Schlussstrich zu ziehen. Es würde ein Projekt für die Straßenkinder geben und eines für diejenigen, die im Zentrum bleiben, ihr Leben ändern und lernen wollten.

Nach dieser deutlichen Erklärung konnten sie sich für eines der Programme entscheiden. Von 35 Kindern beschlossen 16 zu bleiben und an Ausbildung und Unterricht im Zentrum teilzunehmen. Die anderen gingen zurück auf die Straße, wo wir mit ihnen in Kontakt blieben. Nach einigen Wochen hatten einige ihre Meinung geändert und baten darum, sich dem gemeinschaftlichen Leben im Zentrum anschließen zu dürfen. Zum Schluss waren es 35 Kinder, die bei uns lebten. Nun mussten wir daran arbeiten, eine effektive therapeutische Gemeinschaft für sie zu gestalten, ihr Vertrauen zu gewinnen und eine Beziehung zu ihnen aufzubauen. Als wir ihre Geschichten aufschrieben, erfuhren wir, dass viele von ihnen entweder zu Hause oder von einem Nachbarn sexuell missbraucht worden waren.

Hilario zum Beispiel war zwölf Jahre alt, als wir ihn im Stadtgefängnis von Olongapo fanden. Seit über einer Woche war er in einer stinkenden Zelle im rückwärtigen Teil der Polizeiwache eingesperrt, wo ihn die hartgesottenen Kriminellen zu ihrem Sklaven gemacht hatten. Er musste ihre Wäsche waschen, sie massieren und die von Fäkalien verschmierte Ecke reinigen, wo ein Loch im Boden als Toilette diente. Hätte er sich geweigert, hätten sie ihn verhungern lassen.

Der Wachmann eines Restaurants hatte ihn dabei erwischt, als er im Hinterhof nach alten Flaschen und Dosen suchte und seinem Ärger dadurch Luft gemacht, dass er auf den Jungen eintrat. Um seine Brutalität zu rechtfertigen, erzählte er der Polizei, Hilario habe gestohlen. Dafür gab es aber keinerlei Beweise, seine hölzerne Schubkarre mit Rädern aus weggeworfenen Kugellagern enthielt nur die Flaschen, leeren Blechdosen und Zeitungen, die der Junge sammelte und wieder verkaufte. Fehlende Beweise aber hinderten niemanden daran, ihn ins Gefängnis zu stecken. Er wurde nicht anders behandelt als der Müll, den er sammelte.

Hilario war von zu Hause weggelaufen, als er acht war. Er wollte den Schlägen und dem Missbrauch durch seinen arbeitslosen Vater entkommen und folgte seiner 15-jährigen Schwester Melissa. Diese war von ihrem Vater sexuell missbraucht worden und weggerannt, um auf der Straße zu leben. Bald fand sie eine Arbeit in einer Bar im Rotlichtviertel der Stadt.

1 »Bildungschancen statt Ausbeutung« – Shay Cullen bei einer Demonstration

2 **links:** Die Liste der weltweiten Einsätze für Menschenrechte ist lang. Viele davon haben große Wirkung erzielt, wie das Zerschlagen eines Kinderhändlerringes und die Verurteilung von Victor Fitzgerald (rechts) wegen Kindesmissbrauchs.

3 Bürgermeister Richard Gordon bei der Verabschiedung der US-Marine

4 Gedenken an Nazi-Opfer: Kranzniederlegung im KZ Buchenwald

5 Allein in der Metropole Manila – trotz etwa 12 Millionen Mitmenschen

6 **links:** Gemeinsame Stimme für die Armen und Außenseiter: Shay Cullen mit Alex Hermoso (Mitte), dem Mitbegründer von PREDA, sowie dem amerikanischen Schauspieler Martin Sheen (links), einem langjährigen Freund und Unterstützer

7 Payatas – ein riesiger, stinkender Müllberg, der dennoch die einzige Einkommensquelle für viele Müllsammler ist.

8 | 9 Die AKBAY-Gruppe mit ihrem Musical-Drama »Es war einmal ein Traum«

10 links: Kein Kind ist verloren: Sexuell missbrauchte Kinder erhalten im PREDA-Kinderschutzzentrum eine neue Familie. Hier durchlaufen sie eine professionell betreute Primärtherapie, in der sie sich intensiv mit ihrem erfahrenen Leid auseinandersetzen und dabei ihre Ängste überwinden.

11 Zurück im Leben: Glückliche Kinder und Jugendliche bei PREDA

12 Dietmar Bär, Klaus J. Behrendt und Joe Bausch vom Verein »Tatort – Straßen der Welt e.V.« bei einem »Gefängniseinsatz« in Manila

13 Pater Shay Cullen bei einer spielerischen Therapie mit von PREDA betreuten Kindern

14 **rechts:** »Letzter Halt« Klebstoff – Drogen sind für viele Straßenkinder ein Weg, ihr Unglück besser zu ertragen.

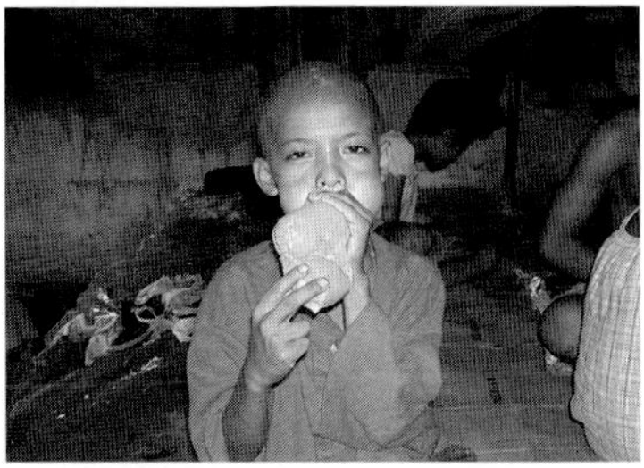

15 **links:** Ihrem Schicksal überlassen – jeder Tag ist eine neue Herausforderung: Wie den quälenden Hunger stillen? Wo einen Platz zum Schlafen finden? In dieser Situation werden unschuldige Kinder und Jugendliche oft »leichte Beute« von Zuhältern und der Polizei, die sie aufgrund kleinster Delikte oder ohne jeglichen Tatbestand in Gefängnissen wegsperrt.

16 Für ein paar Peso: Straßenkinder auf der Suche nach Verwertbarem

17 Befreiung eines Jugendlichen

18 Bei PREDA: neues Leben und neues Zuhause für ehemalige Gefängniskinder – ohne Bestrafung und Angst

19 **links:** Hinter der Zahl von geschätzten 20 000 Gefängniskindern stehen traumatische Erlebnisse und Erfahrungen jedes einzelnen Kindes, das oft mehrere Monate ohne Rechtsbeistand weggesperrt war – meistens zusammen mit erwachsenen Kriminellen in einer Zelle. PREDAs Aktivitäten zeigen großen Erfolg: Eine neue Rechtssprechung verbietet die Inhaftierung von Jugendlichen unter 15 Jahren.

20 Inhaftiertes Kind in Manila – eingesperrt wie in einem Käfig. PREDA enthüllte diese Missstände und brachte dadurch eine Gesetzesänderung in Gang.

21 Mangobauer Ceferino Tolentino

22 Mit Thomas Hoyer von der dwp eG: Präsentation des 1 000 000sten Mangopäckchens der »Aktion Schutzengel«

23 **links:** Fairer Handel mit Mangofrüchten ist ein wichtiges und effektives Mittel, um Kindesmissbrauch vorzubeugen. Durch Zahlung fairer Preise an die Mangobauern wird das Leben auf dem Land wieder lebenswert und Landflucht verhindert. So können Kinder in ihren Familien behütet aufwachsen, statt als Straßenkinder in die Fänge von Kinderhändlern zu kommen.

24 Zu Besuch bei der damaligen Justizministerin Herta Däubler-Gmelin, einer großen Unterstützerin der Kinderrechtsarbeit von PREDA

25 Neupflanzung von Mangobäumen, gespendet vom dt. Partner VOM FASS AG

26 **links:** In der gemeinsamen »Gefängniskinderkampagne« von Shay Cullen und dem Verein »Tatort – Straßen der Welt e.V.«, mit seinen prominenten Gründern Dietmar Bär und Klaus J. Behrendt, konnten wichtige Erfolge erzielt werden. So bekamen viele ehemalige »Gefängniskinder« ein neues Zuhause, Schulunterricht und neue Perspektiven.

27 Kampagnenaktion mit Klaus J. Behrendt und Dr. Monika Wulf-Mathies, Leiterin des Zentralbereichs Politik und Nachhaltigkeit bei Deutsche Post World Net

Hilario erinnerte sich am genauesten an den Hunger und die Schläge, die er zuhause bekam. »Meine Eltern schlugen mich und wir hatten kaum etwas zu essen.« Tränen strömten über sein Gesicht, als er mir all das erzählte.

Nach ein paar Monaten war dieses »Wegwerf-Kind« gesund, fröhlich und ging zur Schule. Wir vereinbarten mit seiner Mutter, dass sie ihn bei PREDA besuchen sollte und bald hatten sich die zwei versöhnt. So gut wir konnten, halfen wir ihr bei der Versorgung ihrer anderen Kinder, aber Melissa haben wir nie gefunden. Der Barbesitzer hatte sie wahrscheinlich an einen Pädophilenring in Manila verkauft. Hilario wuchs heran und hat heute einen sicheren Arbeitsplatz.

Ich erhielt eine Einladung, als Delegierter an dem historischen internationalen Kongress über die Rechte des Kindes in Helsinki teilzunehmen, wo der endgültige Entwurf der Kinderrechtskonvention ausgearbeitet wurde. Dieser Entwurf war das Ergebnis jahrelanger Beratungen und Diskussionen zwischen verschiedenen Regierungs- und Nichtregierungsorganen sowie von Organisationen, die für Kinderrechte eintraten. Die endgültige Version sollte den Vereinten Nationen im folgenden Oktober vorgestellt werden.

Der Entwurf bewies, dass die internationale Gemeinschaft sich in zunehmendem Maße der massiven Entbehrungen und des Leidens bewusst wurde, denen Kinder ausgesetzt waren. Diese wiederum wurzelten in der traditionellen Denkweise vieler Eltern, dass die Kinder ihr Eigentum sind, keine eigenen Rechte haben. In den meisten Gesellschaften hat der Staat wenig Handhabe, sich in häusliche Belange einzumischen. Darum wurde sexueller Missbrauch in vielen Ländern weitreichend ignoriert bzw. seine Existenz geleugnet, weshalb es natürlich keine Gesetze zum Schutz der Kinder gab. Auf den Philippinen gab es vor dem Kinderschutzgesetz von 1992, dem *RA 7610*, nur den sog. »Akt der Begehrlichkeit«, der sich auf sexuellen Missbrauch von Minderjährigen bezog. Es war fast unmöglich, dafür vor Gericht verurteilt zu werden.

Daher zielte ein großer Teil unserer Öffentlichkeitsarbeit darauf ab, die Annahme und Umsetzung des Kinderschutzgesetzes zu fördern. Die Kinderrechtskonvention war in dieser Hinsicht ein historischer Wendepunkt, denn durch sie wurden Kinder international als von ihren Eltern unabhängige Individuen mit spezifischen Rechten betrachtet, die vom Gesetz anerkannt und geschützt werden mussten. Sie war also die Grundlage für die Einführung der neuen Gesetzgebung.

Ich erinnere mich, dass einer der am meisten umstrittenen Punkte die Frage war, bis zu welchem Alter ein Kind ein Kind sei. Einige nannten die Grenze von 18 Jahren, andere meinten 16. Die Delegation der USA kämpfte für 16, weil sie meinten, der Kongress würde die Konvention niemals ratifizieren, wenn die Vereinigten Staaten keine 17-Jährigen mehr für das Militär rekrutieren dürften. Bis heute sind die USA neben Somalia das einzige Land, das die Konvention nicht ratifiziert hat.

Während des Kongresses in Helsinki wurde eine Organisation gegründet, der ich als Gründungsmitglied beitrat: das *International Forum for Child Welfare*, das Internationale Forum für das Wohl des Kindes. Es beruhte auf einem Konzept des Amerikaners Alan Davis und wurde zu einem großen und einflussreichen Dachverband für Organisationen, welche die Rechte der Kinder förderten. In den folgenden Jahren sollte das Forum zu einem unserer zuverlässigsten Unterstützer werden.

Sofort nach meiner Rückkehr auf die Philippinen schlossen sich die Mitarbeiter und die Kinder von PREDA der *National Campaign for Advocacy and Action*, der Nationalen Kampagne für Fürsprache und Aktion, in Manila an, die der GABRIELA-Ausschuss für Kinder und Familie organisiert hatte. Die Veranstaltung begann mit einer Kundgebung vor dem Senatsgebäude, um die Abgeordneten zur Ratifizierung der UN-Kinderrechtskonvention aufzurufen, die im nächsten Monat der UNO vorgelegt werden würde. Es war der Beginn einer Bewegung, in die Kinder aktiv miteinbezogen und in der sie befähigt wurden, an der Seite von Erwachsenen selbst für ihre Rechte einzutreten. Viel zu lange hatte man den Kindern verboten, selbst ihre Stimme zu erheben. Auch sie hatten das Recht, sich zu äußern, auf ihre Rechte zu bestehen und an einem Entscheidungsprozess teilzuhaben, der ihr Leben tiefgreifend verändern könnte.

Die Kinder hatten an Workshops und Seminaren über die Würde und die Rechte von Kindern teilgenommen; nun waren sie aufgeregt und freuten sich darauf, auf einer richtigen Kundgebung mit Luftballons, Plakaten, Bannern, Musik und Gesang dabei zu sein. Während der Kundgebung luden die Senatoren Raul Roco und Joseph Estrada einige Erwachsenen und Kinder in das Senatsgebäude ein, welches sich damals am Luneta-Park befand. Es war ein Zeichen, dass sie uns ernst nahmen. Es war auch eine Gelegenheit für uns, für das Kinderschutzgesetz einzutreten, welches sowohl im Kongress als auch im Senat vor sich hin dümpelte.

Die Situation von Kindern in Gegenden mit bewaffneten Konflikten war ebenfalls besorgniserregend. UNICEF und das philippinische Ministerium für Soziale Wohlfahrt und Entwicklung berieten über »Kinder in Situationen bewaffneten Konfliktes«. UNICEF schätzte, dass bis zu viereinhalb Millionen philippinischer Kinder in den letzten 20 Jahren Opfer des Guerilla-Krieges geworden waren.

Im Oktober hatten Sozialarbeiter von PREDA Kontakt zu zwei Straßenkindern aufgenommen und versuchten sie zu überzeugen, ins Zentrum zu kommen. Sie kamen und erzählten uns, sie seien Kinderprostituierte und hätten Sex mit Ausländern gehabt, seit sie elf und zwölf Jahre alt gewesen seien. Sie nannten einen pensionierten und einen noch im Dienst stehenden Soldaten, von denen sie aktuell missbraucht wurden. Es war ein weiterer Beweis für die weite Verbreitung der Kinderprostitution. Die Mutter eines der Kinder, welches zu dieser Zeit 15 war, erstattete Anzeige bei Staatsanwalt Floresta.

Wir von PREDA wussten nicht besonders viel darüber, welche rechtlichen Schritte notwendig waren, um die Prozesse der Kinder zu überwachen und voranzutreiben. Vier Tage nach Einreichung der Beschwerde zog die Mutter eines der Kinder die Klage zurück und behauptete, man habe sie zu der ersten Aussage gezwungen. Später hörten wir, dass eine Justizbeamtin des städtischen Rechtsamts die Mutter von der Polizei in ihr Büro hatte bringen lassen und diese kurz darauf ihre Klage fallen ließ. Trotz der Aussage des Kindes bestanden die Behörden nicht auf einem Prozess. Wir waren völlig entgeistert. Alex, ich und die Sozialarbeiter besuchten die Mutter zuhause und fanden eine sehr verängstigte und eingeschüchterte Frau vor. Wir konnten nichts tun.

In dieser Zeit wurde die öffentliche Debatte über die Stützpunkte immer erhitzter geführt. Eine Kirchengruppe organisierte die allererste Anti-Stützpunkt-Kundgebung, die vor dem Haupttor der Marinebasis stattfand. Fünf Priester aus benachbarten Provinzen kamen mit Busladungen voller Demonstranten, dazu kamen zahlreiche örtliche Stützpunkt-Gegner. Wir Priester zogen unsere weißen Soutanen an und beteten für Frieden und Gewaltlosigkeit. Die *Association of Women Religious of Zambales*, die Vereinigung Religiöser Frauen in Zambales, reiste in voller Stärke an, mit Bannern und Plakaten.

Auch die älteren Kinder aus dem PREDA-Zentrum und die sich erholenden Drogenabhängigen waren da; sie hatten Tauben mitgebracht, die sie unter stürmischem Jubelgeschrei frei ließen. Sehr zu unserem Erstaunen mischten sich weder die örtliche Polizei noch die Behörden in die Kundgebung ein.

Der Bürgermeister hielt sich zu jener Zeit in den USA auf. Die Behörden glaubten, wir hätten die Kundgebung organisiert, dabei war es die Anti-Stützpunkt-Koalition aus verschiedenen NGOs. Es war ein historisches Ereignis in dem Sinne, dass es seit Eröffnung der Stützpunkte 50 Jahre lang nichts Vergleichbares gegeben hatte. Allerdings würden wir für diesen historischen Moment teuer bezahlen müssen.

Nach der Kundgebung traf ich erneut zwei Ermittler, die von einer Forschungsgruppe der Kriegsmarine in Washington nach Olongapo geschickt worden waren, um die sozialen Bedingungen um die Stützpunkt herum zu untersuchen. Ich fragte mich, ob mein Besuch in Hawaii in irgendeiner Weise zu diesem Forschungsprojekt beigetragen hatte. Die Ermittler erzählten mir vertraulich, dass das Militär über die Situation besorgt sei – die Ausbreitung von AIDS in den Bordellen von Olongapo und Angeles eingeschlossen. Dies ergab sich aus den Untersuchungen und Tests, die in den »Zentren für Soziale Hygiene« im Auftrag der US-Marine durchgeführt wurden. Das internationale Bild einer Armee, die vor Promiskuität und Kindesmissbrauch die Augen verschloss und beides tolerierte, störte die Marine. Auch in den Familien der Marine-Soldaten war dies ein großes Thema. Wie mir die Ermittler sagten, wolle die Marine hart gegen die Drogen- und Kinderprostitutionsringe vorgehen, indem sie bestimmte Bordelle und Bars sperren ließ. Sie drohte also mit wirtschaftlichen Sanktionen, was das Geschäft über Nacht ruinieren würde. Die Schuld an den Sanktionen sollte man bald mir in die Schuhe schieben!

Am 10. November 1989 erhielt ich einen Telefonanruf des Stabschefs von Senatorin Leticia Ramos-Shahani. Die Senatorin sei in Olongapo und bitte darum, dass ich an einer öffentlichen Veranstaltung über die

Zukunft der Stützpunkte teilnehme, die im Hotel Admiral stattfinden sollte, welches übrigens der Familie Gordon gehörte. Ich lehnte höflich ab, aber sie bestand darauf und sagte, sie würde einen Wagen schicken, der mich zur Versammlung bringen sollte. Sofort beriet ich mich mit Alex, Merly und den anderen Mitarbeitern.

Wir wussten über dieses Forum Bescheid, hatten aber nicht vorgehabt, daran teilzunehmen. Es würde voller Leute sein, die für die Stützpunkte waren, man würde uns nur niederschreien. Es machte keinen Sinn, teilzunehmen. Wir diskutierten die Möglichkeiten und realisierten, dass es höchstwahrscheinlich eine Falle war, aber wenn ich nicht ginge, gäbe es im Veranstaltungsprotokoll keinen Vermerk über Gegenstimmen.

Angesichts von Ungerechtigkeit und tief wurzelnder Unmoral zu schweigen war unserer Ansicht nach mitunter gleichbedeutend damit, einer Sache zuzustimmen. Wir mussten uns zu der Angelegenheit äußern und unseren Plan zur wirtschaftlichen Umnutzung vorstellen, durch welchen menschenwürdige Jobs in den neu entstehenden Gewerbegebieten Olongapos geschaffen würden.

Es war entschieden – ich würde den Spießrutenlauf auf mich nehmen. Alex sollte mich in der Nähe des Hotels absetzen und draußen mit dem Wagen auf mich warten. Als ich vor dem Hoteleingang ankam, wartete draußen schon eine große Menge an Demonstranten, die wie auf Zuruf feindselig wurden. Die Mitarbeiter der Senatorin führten mich zu einem Seiteneingang. Der Konferenzsaal des Hotels war bis auf den letzten Platz besetzt mit Verwaltungsangestellten, Unterstützern und einer Schar Journalisten. Die Teilnehmer des Forums setzten sich aus Vertretern anderer Senatoren, Kommunalpolitikern und Politikern aus anderen Provinzen zusammen. Als ich eintrat, gab es missbilligendes Gebrüll aus der Menge, aber ich nahm meinen Platz ein. Ich wusste, dass ich mich in der Höhle des Löwen befand, aber es musste sein. Die Senatorin bat um Ruhe und sagte, alle Seiten hätten das Recht, angehört zu werden. Ein Mitglied des Stadtrates stellte meine Anwesenheit in Frage. Warum sollte man mir eine Meinungsäußerung erlauben, wenn ich doch kein Filipino sei? Ich fragte zurück, ob es den Wahrheitsgehalt dessen, was ich zu sagen hatte, ändern würde, wenn ich philippinischer Staatsbürger werden würde? Die Senatorin fegte die Frage nach der Nationalität beiseite und machte deutlich, dass ich auf ihre Einladung hin anwesend war.

Die Diskussion war nichts weiter als eine Reihe vorgefertigter Aussagen über die großen wirtschaftlichen Vorteile, die der Erhalt der Stützpunkte mit sich brächte und eine Voraussage wirtschaftlichen Zusammenbruchs, wenn man sie schlösse. Ich benutzte die Nationalsprache, *Filipino*, als ich das PREDA-Konzept für ein Leben nach den Stützpunkten vorstellte und unsere alternative Vision einer Umwandlung der Militäreinrichtungen in hochtechnisierte, umweltschonende Industrieanlagen erklärte, die menschenwürdige und gutbezahlte Jobs schaffen würden. Die Menge versuchte, mich mit Buh-Rufen und Geschrei niederzubrüllen; Senatorin Shahani musste die Leute mehrmals zur Ordnung rufen.

Die Debatte erschien unsinnig, denn die Mehrheit hatte sich auf die Meinung der Stadtverwaltung eingeschossen, das heißt für den Erhalt der Stützpunkte und die Sexindustrie. Ein Journalist, den ich kannte, flüsterte mir zu, einige Mitglieder des Forums würden Reportern erzählen, ich sei ein Kommunist und ein Feind der Filipinos und solle deshalb des Landes verwiesen werden. Bei einem solch feindseligen und verärgerten Klima überraschte mich das nicht. Ich hatte mich noch nie im Leben so fremd gefühlt wie in diesem Moment der Zurückweisung. Aber ich war darauf vorbereitet und musste das Unausweichliche akzeptieren.

Nach einer Stunde kündigte ich an, ich müsse jetzt gehen. Ich übergab dem Forum eine schriftliche Ausarbeitung unseres Konversionsplanes und ging. Als ich dem Hauptausgang zuging, gab es immer mehr Rufe und Pfiffe und draußen erwartete mich eine inszenierte Demonstration; eine große Menschenmenge wartete mit Plakaten auf mich, auf denen ich namentlich angegriffen wurde. Eines lautete: CULLEN, *Journalist* – NEIN, *Opportunist – ja!* Andere machten abwertende Kommentare. Es war eindeutig – diese Demonstration war für die Medien gemacht, die prompt meine Verfolgung aufnahmen. Die »gemieteten« Demonstranten waren vorher instruiert worden – ein bekanntes Phänomen bei politischen Kundgebungen und Demonstrationen. Sie riefen mir Beschimpfungen und Schmähungen hinterher, als ich mir den Weg nach draußen bahnte.

Auch die Polizei war da, zum »Schutz« und um das Spektakel noch zu vergrößern. Es sollte der Eindruck entstehen, dass ich eine *persona non grata* sei und alles, was ich vertrat, abgelehnt würde. Sie bewarfen mich mit verrottetem Gemüse und, wie ich später erfuhr, sogar mit

Steinen. Ich ging einfach weg, die Flüche, Hänseleien und Rufe ignorierend, doch die Menge rannte Plakate schwenkend hinter mir her. Alex war da. Er hatte alles mit angesehen; sobald er eine Lücke in der Menge sah, fuhr er heran, öffnete die Tür und weg waren wir.

Überraschenderweise äußerten sich die Medien am nächsten Tag durchaus kritisch über die inszenierte und manipulierte Hetze. »Mitglied des Stadtrates bedauert Steinwürfe auf einen Priester durch US-Anhänger«, lautete die Schlagzeile im *Philippine Daily Inquirer*. Der einzige Oppositionsanhänger im Stadtrat, Primo S. Galvez, war Gewerkschaftsführer der Angestellten im Stützpunkt; er nannte die Demonstration »kindisch und unvernünftig«. Er verfasste ein Entschuldigungsschreiben an die Senatorin und die anderen Senatsvertreter, die anwesend gewesen waren.

Alle Schulen, Geschäfte und Marktstände mussten an jenem Tag geschlossen bleiben, damit sich die Massen als Zeichen der Unterstützung für den Erhalt der Militärbasen auf den Straßen versammeln konnten. Aber die Massen kamen nicht. Wie eine Zeitung berichtete, fürchteten die Verkäufer, ihre Lizenz zu verlieren, wenn sie sich der Kundgebung nicht anschließen wollten. Ein örtlicher Beamter sagte dem *People's Journal*, dass die Stützpunkt-Befürworter vor dem PREDA-Zentrum Wache halten und Unterschriften zu meiner Ausweisung sammeln wollten. Die Vizebürgermeisterin von Olongapo, Cynthia Cajudo, sagte im *People's Journal* vom 15. November 1989, die Angehörigen der Stadtregierung unterstützten diese Demonstration nicht in ihrer öffentlichen Funktion als Amtspersonen, aber »als Privatpersonen, ja, da unterstützen wir diese Kampagne für die Ausweisung von Pater Shay Cullen und die Schließung des PREDA-Zentrums.«

Die Lage war ernst. Ein geschmackloses Flugblatt wurde verteilt, welches die gleichen Forderungen stellte: »Schließt Euch unserem Kreuzzug an, damit Pater Cullen aus Olongapo verschwindet und aus den Philippinen ausgewiesen wird. Aus seiner Fabrik soll eine Fachschule für Kunst und Handwerk für die Menschen aus Olongapo und Zambales werden.« Es überraschte uns nicht, dass die Kampagne noch ein anderes Ziel verfolgte: Die politischen Landbesetzer wollten das PREDA-Zentrum und seine hervorragende Lage für sich selbst. Sie verurteilten unsere Arbeit, die nur zum Ziel habe, den guten Namen der Menschen von Olongapo zu vernichten. Zu der Zeit machte ich einmal die Bemerkung, dass sie all das Gute, welches wir zu tun versuchten, als böse betrachteten und all das Böse, dass sie taten, als gut. Es war eine bizarre Situation. Aber wir bekamen auch viel Beistand von anderen Menschen in Olongapo und Manila. Viele unterstützten unseren Standpunkt in Leserbriefen, in denen sie die Menschen dazu aufriefen, unserer Botschaft Gehör zu schenken.

Es gehörte zu unserer Arbeit, die Gesellschaft herauszufordern, damit sie die Würde der Kinder und Frauen verteidigte und sie vor Drogen- und Sexgeschäften schützte. Unsere Appelle mussten auf Tatsachen beruhen, nämlich auf den sozialen und wirtschaftlichen Problemen, die aus der Anwesenheit der Marinebasis und der daran anschließenden Sexindustrie entstanden. Es ging nicht darum, die Menschen von Olongapo zu kritisieren, sondern die Vertreter der Bürgerschaft dazu zu bringen, die Verantwortung für die sozialen Missstände zu übernehmen, die sich ausbreiteten und den Geist und die Seelen der jungen Menschen vergifteten. Leider befand sich die zivilgesellschaftliche Verantwortlichkeit auf dem Tiefstand.

Wir bei PREDA überlegten und diskutierten viel darüber, was unsere Aufgabe sei und in welche Schwierigkeiten sie uns gebracht hatte. Uns wurde klar, dass wir den Opfern von Missbrauch helfen mussten und dennoch nicht schweigen durften, wenn wir nicht nur ein Trostpflaster für die Nachlässigkeit der Regierung sein wollten. Auch wenn man uns zum Schweigen bringen wollte, unsere Botschaft hatte etwas Prophetisches.

Einige Behörden wollen, dass die Zivilgesellschaft soziale Dienstleistungen und humanitäre Hilfe für die Opfer wirtschaftlicher Plünderung und Ausbeutung leistet, welche sie selbst, die Politiker, verursacht haben. Sie erwarten von uns, die Opfer zu heilen und entweder den Mund zu halten oder die Konsequenzen unseres Tuns zu tragen. Es kam uns so vor, als wollten die örtlichen Behörden nicht nur, dass wir den Mund hielten, sondern dass auch die Opfer ihren Schmerz nicht äußerten. Von den vielen veröffentlichen Kommentaren berührte mich einer ganz besonders. Cita Soriente-Reyes beschrieb mich im *WE Forum* als »vielleicht philippinischer als seine philippinischen Gegner in der Regierung«.

Es gab auch Unterstützung von neun Mitgliedern des australischen Senats, die unsere Arbeit und die Ursachen des Missbrauchs an Frauen und Kindern kannten. Ein Auszug aus ihrem Unterstützerschreiben lautete: »Wir verurteilen die bösartige Propaganda und die politischen Aktivitäten, mit denen er [Pater Shay] diskreditiert werden soll. Eine Ausweisung von Pater Shay Cullen würde zeigen, dass es auf den Philippinen nur begrenzte Rede-, Meinungs- und Glaubensfreiheit gibt. Wir rufen alle integren Mitglieder der philippinischen Regierung und der Kirche auf, Pater Shay Cullens mutige Stellungnahme gegen alle diejenigen zu verteidigen, die das philippinische Volk und seine Souveränität verraten wollen.«

In Olongapo blieben die sozialen Übel unverändert bestehen. Der Drogenmissbrauch nahm zu und die Kriegsmarine wurde zusehends besorgter, denn ihre militärische Leistung wurde beeinträchtigt. Wer wollte schon jemanden mit Atomwaffen hantieren lassen, der sich heimlich Heroin spritzte oder sich sonst irgendeinen Drogenrausch verschaffte?

Das Militär führte in den Bars und Bordellen verdeckte Ermittlungen durch und stieß auf mächtige Drogenhändler, die sofort bereit waren, jedwede verbotene Droge zu besorgen, solange die Bezahlung stimmte. Die verdeckten Ermittler riskierten ihr Leben; sie lernten aus Erfahrung, dass es sinnlos war, Verdächtige oder Beweise dem Gericht zu übergeben, weil das zu nichts führte – die Drogenbosse und ihre Unterhändler waren gut geschützt. Sie erinnerten sich an die Untersuchung von 1988, als ihnen Vierjährige für sexuellen Missbrauch angeboten wurden, aber keiner der Täter jemals vor Gericht erscheinen musste.

Als die Ermittler entdeckten, dass in sieben bestimmten Clubs mit Drogen gehandelt wurde, erklärte das Oberhaupt der Militärpolizei des Marinestützpunktes, der sog. *Provost Marshal*, diese Clubs für die Matrosen für tabu. Das kam einer Schließung gleich; die Besitzer waren außer sich vor Wut. Ein führender Politiker Olongapos widersetzte sich diesem Urteil und erklärte, es würde ernsthafte Probleme geben, wenn es durchgesetzt werden würde. Er war einflussreich genug, das Verbot mit dem Versprechen in der Schwebe zu halten, dass er mit dem Drogenhandel aufräumen würde.

Einige Monate später gingen die verdeckten Ermittler erneut in den Club; diesmal gaben sie sich als Matrosen aus, die auf der Suche nach Drogen waren. Sie fanden reichlich davon, nichts hatte sich verändert. Die Ermittler legten ihre Beweise dem Disziplinarausschuss der Basis vor, welcher empfahl, die Clubs für Soldaten verbieten zu lassen und die Fälle dem Büro des Staatsanwaltes zu übergeben. Und wieder kam der Politiker auf Konteradmiral Robert Rich zu. Was auch immer zwischen ihnen gesprochen wurde werden wir niemals wissen, aber es war nichts Angenehmes und die Beziehungen waren über Monate hinweg gestört. Das Verbot wurde wiederum nicht umgesetzt und beim Justizministerium wurde keine Klage gegen die Verdächtigen eingereicht.

Meine wöchentliche Kolumne im *Philippine Daily Inquirer* mit dem Titel »Reflektionen« legte eine Menge dieser sozialen Probleme offen und äußerte sich eindeutig gegen die Stützpunkte. Bei den Behörden und der herrschenden Oberschicht war sie äußerst unbeliebt; mehrmals versuchte man, den *Inquirer* dazu zu bewegen, sie einzustellen. Diese Kampagne eskalierte und lieferte uns neuen Angriffen aus. Einige Jahre später stellte der *Philippine Daily Inquirer* meine Kolumne ein. Das war ein großer Verlust, denn für unsere Kampagne für Menschenrechte und soziale Gerechtigkeit für Kinder und Frauen ist die Unterstützung der Medien immens wichtig. Deshalb war ich glücklich, als mich die angesehene, bereits 1898 gegründete Tageszeitung *The Manila Times* und deren Ableger *The Sunday Time*s baten, für sie zu schreiben.

Meine wöchentliche Kolumne erscheint in *The Sunday Times*, mehreren anderen Zeitungen und auch auf unserer Homepage www.preda.org

Im Fall der beiden damals 12- und 13-jährigen Kinder, die mehrmals von zwei US-Soldaten missbraucht worden waren, gab es eine positive Wendung. Vor zwei Jahren hatten die Vergewaltiger die Mütter bezahlt, die Kinder mit in ein Hotel genommen und dort Geschlechtsverkehr mit ihnen gehabt. Obwohl eine der Mütter ihre Klage zurückgezogen hatte, entschieden sich die Kinder, auf eigene Faust damit vor Gericht zu gehen. Das hatten wir hauptsächlich dem Vertrauen zu verdanken, das die Kinder zu ihrem Rechtsanwalt Sergio Cruz gefasst hatten.

In Anbetracht der Tatsache, dass die örtlichen Behörden US-Soldaten nicht vor Gericht stellen wollten, war uns klar, dass es kaum eine erfolgreiche Strafverfolgung geben würde. Das wäre schlecht fürs Geschäft gewesen.

Der Handel mit Minderjährigen florierte noch immer. Eine Boulevardzeitung aus Manila schrieb, dass junge Mädchen in Manila aufgelesen und dann in die Bars und Bordelle von Olongapo verkauft würden.

17

Feinde im Inneren
Putschversuch und Spione (1989|90)

Am 23. November 1989 begann eine formelle Anhörung vor der Kommission für Einwanderung und Ausweisung. Eine Liste unbegründeter Beschwerden von 17 Würdenträgern aus Olongapo behauptete, ich sei ein »unerwünschter Ausländer« und ein Feind des philippinischen Volkes. Sie sagten, ich stellte Olongapo als kriminelle Stadt hin und bräche meine Gelübde, indem ich gewinnbringenden Tätigkeiten nachginge – das bezog sich auf unsere Handwerkerausbildung. Absurderweise behaupteten sie auch, ich nutze die philippinische Gastfreundschaft aus und griffe die Würde und Ehre des philippinischen Volkes an. Die endlose Liste der Klagen beinhaltete auch, dass ich mir das Drogenrehabilitationszentrum widerrechtlich angeeignet habe und es benutze, um Spenden für das Handwerksprojekt zu sammeln. Es hieß auch, ich habe Olongapo ständig als Lasterhöhle für Sünder und Kriminelle kritisiert. Sie beklagten sich sogar über ein kleines Bauprojekt, welches wir am Friedhof gestartet hatten. Am seltsamsten von allen aber war die Anklage, PREDA habe Sexshows gesponsert.

Mithilfe des Menschenrechtsanwaltes Sergio Cruz widersprachen wir allen Anklagen und gaben unsere eidesstattliche Erklärung ab, welche die falschen Anschuldigungen zurückwies. Die Unterstützung für uns wuchs und der Raum in der Einwanderungsbehörde war bis auf den letzten Platz besetzt. Pater Brian Gore von den berühmten »Neun von Negros« war gekommen, um uns mit seinem Ratschlag zur Seite zu stehen. Draußen standen Kirchengruppen mit bunten Bannern und Plakaten; sie sangen Kirchenlieder und verlangten Gerechtigkeit und ein Ende der Ausbeutung von Frauen und Kindern in der Sexindustrie von Olongapo.

Das war der Kernpunkt dieser Angelegenheit. Die Beamten, die hinter der Ausweisungsklage steckten, waren unfähig, die entsetzliche

Wahrheit und ihren eigenen Anteil an der Ausbreitung der Sexindustrie zu akzeptieren, die arme und verletzliche Frauen und Kinder für die sexuelle Befriedigung ausländischer Sextouristen und des US-Militärs ausbeutete.

Als ob sie unsere Glaubwürdigkeit mit Absicht noch stärker schädigen wollten, veröffentlichten die zwei US-Soldaten, die wir wegen des Missbrauchs an den beiden Teenagern vor Gericht bringen wollten, eine Presseerklärung. Sie machten mich für ihre Lage verantwortlich und sagten etwas, das in den folgenden Jahren noch oft wiederholt werden sollte: nämlich dass wir von PREDA »die Fäden gezogen« hätten, um die Kinder zu ihrer Aussage zu bringen. Rechtsanwalt Cruz, der die Kinder vertrat, teilte den Medien mit, die Beweise gegen die beiden Beschuldigten seien sehr stark. Die örtlichen Behörden verurteilten unsere Unterstützung für die Opfer vehement, denn der Fall bestätigte wieder einmal unsere Position, dass die Stützpunkte den Frauen und Kindern unsägliches Leiden zufügten. Es blieb den Behörden natürlich nicht verborgen, dass dies in der Öffentlichkeit Widerstand gegen ihren Fortbestand hervorrufen würde.

Die jetzige Industrie trug natürlich zum Reichtum einiger Mitglieder dieser Behörden bei. Unsere Kampagne schadete diesen Geschäften und würde sie, falls erfolgreich, komplett zum Erliegen bringen. Die historische Verantwortung für dieses immense Leiden und das Leben in geistiger, emotionaler und sogar physischer Folter und Sklaverei liegt bei den Barbesitzern, viele von ihnen Ausländer, und auch bei den Beamten, die Lizenzen und Genehmigungen ausstellen sowie Steuern und Gebühren eintreiben.

Diese aber wiesen jegliche Verantwortung von sich, nannten alles Lüge und meinten, ohne die Enthüllungen von PREDA gäbe es keine Probleme. Ihr Ziel war ein Leben ohne Kritik und Verantwortlichkeit. Sie wollten die Nation und die Welt glauben machen, wenn es keine Kritik gäbe, keine Stimme, die Protest erhob, keine Beweise oder Dokumentation von Missbrauch und Menschenrechtsverletzungen, dann sei auch nichts passiert, dann gab es kein Verbrechen, für das sie haftbar gemacht werden konnten.

Das erste, was wir am 1. Dezember nach dem Aufwachen hörten, waren die Nachrichten im Radio, die uns mitteilten, dass es einen erneuten Putschversuch gegen Präsidentin Aquino gegeben hatte. Eine

Gruppe von Rebellen unter der Führung von Oberstleutnant Gregorio Honasan versuchte, die Regierung zu übernehmen. Sie griffen den Regierungspalast an, den Fernsehsender, ein Militärcamp und den Flughafen. Sie besetzten Teile von Makati, dem Geschäftsviertel von Metro Manila. Dieses Mal waren sie wesentlich erfolgreicher als bei ihrem ersten Versuch im August 1987, denn Honasan hatte die *Marines* infiltriert, die diszipliniertesten und am besten trainierten Soldaten der Streitkräfte. Für uns sah es so aus, als würde Aquinos Regierung fallen.

Die Rebellen brachten den Flughafen in ihre Gewalt und schickten, in der Hoffnung, dass dies Aquino zur Aufgabe zwingen würde, einige leichtere Flugzeuge zum Palast, um diesen zu bombardieren. Aber Aquino hielt mutig durch. In den nächsten neun Tagen konnten die Rebellen ihre Stellung verstärken, während Verteidigungsminister Fidel Ramos hastig einen Gegenangriff plante. Die Stadt stand still, die Schnellstraße nach Norden war geschlossen und niemand durfte reisen.

Am Morgen nach dem Staatsstreich war der Wachposten vor unserem Zentrum plötzlich verschwunden. In einem Nachrichtenbeitrag von Vic Vizcocho im *Manila Chronicle* vom 5. Dezember wurde eine der Anführerinnen, Dolores Legaspi, gefragt, ob diejenigen, die für die Stützpunkte demonstrierten, sich dem Putsch anschließen würden. Sie antwortete: »Obwohl wir Marcos-Loyalisten sind, werden wir nicht dort hingehen.«

Wegen des Putschversuchs wurden auch die Anhörungen bezüglich der Ausweisungsklage gegen mich verschoben.

Um die Kontrolle über den Luftraum über Manila zurück zu erlangen, musste sich Aquino an die USA um eine Unterstützung der Luftwaffe wenden. Schließlich erschienen zwei Jets, um die Turbo-Prop-Flugzeuge der Rebellen vom Himmel zu verjagen. Neun Tage später, nachdem Stadt und Wirtschaft in rauchenden Trümmern lagen, waren über 100 Menschen, hauptsächlich Zivilisten, getötet worden. Die Rebellen wurden zurückgedrängt und der Putschversuch scheiterte.

Die Verbindung zwischen dem Putschversuch und der Zukunft der Militärbasen war die entscheidende Frage und wurde entsprechend heftig diskutiert. Es mangelte nicht an Behauptungen, dass die USA die Rebellen heimlich unterstützt hätten, was diese jedoch bestritten.

Es war überall bekannt, dass Aquino von stark nationalistischen Gefühlen beeinflusst wurde, die sie an die Macht gebracht hatten, auch wenn sie offiziell behauptete, dass sie sich ihre Optionen bezüglich der Zukunft der Stützpunkte offen hielte. Dies machte den Amerikanern Sorgen, denn sie merkten, dass ein neuer Vertrag über den Fortbestand der Basen noch längst nicht beschlossene Sache war. Erst nachdem Aquino Todesdrohungen von den Rebellen bekommen hatte und die USA sie, wie den sprichwörtlichen Esel mit der Karotte, mit ihrem Schutz gelockt hatten, änderte sie ihre Haltung in dieser Angelegenheit. Vielen Menschen erschien es, als hätte der Putschversuch zumindest eines seiner Ziele erreicht.

Der Putschversuch begann am Vorabend gemeinsamer militärischer Übungen mit Soldaten der USA und der Philippinen und es waren zusätzliche 20 000 US-Marinesoldaten in Subic stationiert. Am Morgen des Putschversuchs lagen zwei US-Kriegsschiffe vor Stanley Point, die aber verschwanden, als die Putschisten in einem Handelsschiff vorbeifuhren und den kleinen Militärflughafen in ihre Gewalt brachten, von wo aus sie die Kontrolle über den Luftraum von Manila übernahmen. Soldaten der rebellierenden Truppen brachten ein Hotel in Makati in ihre Gewalt, in dem eine Gruppe von Offizieren des US-Militärs wohnte. Es gab keinen offensichtlichen Beweis für eine Einmischung der USA, aber in den Medien gab es noch monatelang wilde Spekulationen darüber.

Am 20. Dezember sollten die Anhörungen in unserem Fall weitergehen. Mein Verteidiger, Rechtsanwalt Cruz, hinterfragte die Grundlage, auf welcher der Staatsanwalt den Fall vor Gericht geschickt hatte; die Klagen waren unspezifisch und vage, und die eidesstattlichen Erklärungen, die als einziger Beweis vorgelegt worden waren, waren erst nach der Einreichung der Klage unterschrieben worden. Die Anhörungen dauerten bis in den Januar. Wir bekamen viel Beistand und viele Briefe wurden zu unserer Unterstützung veröffentlicht.

Im Januar 1990 wurde unserer Diözese Iba in Zambales ein neuer Bischof zugewiesen, Hochwürden Deogracias S. Iñiquez Jr. Er wurde der Nachfolger von Hochwürden Paciano Aniceto, der zum Erzbischof von San Fernando, Pampanga, ernannt wurde. Aniceto war ein steter und standhafter Unterstützer unseres Apostolats. Er verstand die sozio-ökonomischen Wurzeln von Armut und Prostitution und anderen sozialen Missständen, unter denen die Menschen litten.

Am 24. Januar, als ich nach Manila unterwegs war, las ich, dass die leitende Kommissarin der Einwanderungsbehörde, Andrea Domingo, einen Haftbefehl gegen mich erlassen hatte. Dies war reine Schikane, denn es bestand keinerlei Gefahr, dass ich nicht zu den Anhörungen erscheinen würde. Der Zweck war lediglich, mich wie einen Verbrecher erscheinen zu lassen. Auf den Philippinen wird eine Verhaftung von der Öffentlichkeit häufig als Schuldbeweis gewertet, egal, wie unschuldig der Angeklagte auch sein mag.

In jener Woche kamen auch die Patres Brian Gore und Niall O'Brien von den »Neun von Negros« zu einem Besuch, um mit mir über den noch nicht vollzogenen Haftbefehl zu sprechen und zu beraten, was ich in dieser Sache am besten tun sollte. Eine Kaution war festgelegt, aber sie zu bezahlen war keine gute Idee, solange ich nicht wenigstens im Gefängnis gewesen war. Uns erschien es am Besten, dass ich mich freiwillig stellen sollte, allerdings in Anwesenheit der Medien, damit ich erklären konnte, worum es bei der Anklage ging. Zwei Tage später fuhr ich zum Gefängnis der Einwanderungsbehörde in Manila, um mich auszuliefern. Ich hatte eine Tasche mit einigen persönlichen Dingen mitgebracht und mir die Freiheit genommen, vorab die Medien zu informieren.

Das Personal des Gefängnisses wollte mich nicht hineinlassen, denn sie hatten keine Kopie des Haftbefehls. An Ort und Stelle begann ich, einige Radio- und Fernsehinterviews zu geben, die live übertragen wurden. Kurz darauf erschien ein Beamter der Einwanderungsbehörde, um mir mitzuteilen, dass es keinen Haftbefehl gegen mich gäbe. Ich fürchtete einen Trick, mit dem die Medien besänftigt werden sollten, zeigte ihm die Zeitungsberichte und sagte, ich würde bleiben.

Eine Stunde später kam Kommissarin Domingo in ihrem Büro an, wo sie sich in aller Eile mit ihren Mitarbeitern besprach. Sie schien nichts von dem Haftbefehl zu wissen und bat mich in ihr Büro. Sie versicherte mir, es gäbe keinen Haftbefehl und dass ich in der Obhut der Columban-Patres und der AMRSP, der Vereinigung der religiösen Oberhäupter auf den Philippinen, bleiben könne. Das Drama mit dem Haftbefehl war vorüber, aber es hatte eine Menge Aufmerksamkeit für unsere Sache erregt.

Die Katholische Bischofskonferenz der Philippinen, die alle Bischöfe des Landes vertritt, äußerte ihre Unterstützung ebenfalls lautstark. Am 30. Januar hielten sie eine Besprechung im Haus Bethanien in Tagaytay ab, wo sie die sozialen Kosten und die moralischen Auswirkungen der Militärstützpunkte beim Namen nannten. In der Frage, ob die Stützpunkte bleiben oder geschlossen werden sollen, waren sie uneins, aber, so sagte Pater James Reuter, sie wollten ihren Beistand und ihre Solidarität für unseren Standpunkt ausdrücken. Die 110 Bischöfe gaben später eine Bekanntmachung heraus, in der sie unsere Arbeit guthießen und ihre Fortführung forderten. Die Bekanntmachung der Bischöfe war an Pater Charles Meagher gerichtet, den Direktor der Columbaner.

Lieber Pater Meagher,
Friede!
Am 30. Januar 1990 hat mir die Katholische Bischofskonferenz der Philippinen ihr Einverständnis gegeben, Ihnen einen Brief ihres Ständigen Ausschusses für Öffentliche Angelegenheiten bezüglich des Falles und des Amtes von Pater Shay Cullen zukommen zu lassen.
Ich möchte Ihnen mitteilen, dass die Bischöfe das geistige Amt, welches Pater Cullen durch seine Hilfe für Drogenabhängige sowie für sexuell ausgebeutete Frauen und Kinder ausübt, sehr schätzen und unterstützen. Dieser Dienst ist dem Herzen Jesu Christi sehr nahe, der sich besonders den Sündhaften und Unterdrückten widmete. Wir verstehen, dass Pater Cullens Dienst beinhaltet, Situationen aufzudecken, die den Werten des Evangeliums entgegenstehen. Es ist unsere Hoffnung, dass seine Freiheit, dies zu tun, nicht eingeschränkt wird.
Bitte versichern Sie Pater Cullen unserer Unterstützung für ihn und seinen Dienst.

Mit den besten, brüderlichen Grüßen
Bischof Teodoro C. Bacani
Vorsitzender der Katholischen Bischofskonferenz der Philippinen
Ausschuss für Öffentliche Angelegenheiten

In der ersten Februarwoche brachte Rechtsanwalt Cruz einen Antrag auf Abweisung des Falles ein. Der Antrag beruhte auf der Tatsache, dass keine Beweise zur Untermauerung der Klage vorgelegt worden waren und darauf, dass unsere Rechte auf ordentlichen Prozessverlauf missachtet worden waren. Der Staatsanwalt hatte die Klagen eingereicht, ohne mich zu informieren und mir die Gelegenheit zu geben, eine schriftliche Antwort einzureichen. Wir wiesen ebenfalls darauf hin, dass die eidesstattlichen Erklärungen der Kläger erst nach Einreichung der Klage durch den Staatsanwalt unterschrieben worden waren. Während der Anhörung ordnete Rechtsanwalt Ronaldo Ledesma an, dass ihm alle Dokumente, auch der Antrag auf Abweisung, zur Prüfung übergeben würden und verschob die Anhörung.

Am 15. Februar erreichten wir auch, dass Staatsanwalt Mabolo von dem Fall befreit wurde und jemand anderes ernannt wurde, der den Fall neu aufrollen und den richtigen Prozessablauf befolgen würde. Er würde eine Vorabuntersuchung durchführen, was von vornherein hätte getan werden müssen, ehe überhaupt eine Klage hätte eingereicht werden dürfen. Der Versuch der Behörden, die Klage ohne Beweise und ordnungsgemäßen Prozessablauf durchzudrücken, war gescheitert. Wir waren zuversichtlich, dass es eine gerechte Prüfung der Beschwerde und der Beweise, falls die Kläger welche haben sollten, geben würde.

Unser Projekt für die Handwerkerausbildung und die Herstellung von Handwerksprodukten war wie ein Lehrbetrieb aufgebaut, wo jugendliche Schulabbrecher, die älter als 18 waren, ein Handwerk erlernen und Geld verdienen konnten noch während sie lernten und ihre handwerklichen Fähigkeiten verbesserten. Es war ein *learn and earn*-Projekt: sie lernten und verdienten gleichzeitig. Wenn jemand ein Produkt mit guter Qualität herstellte, versuchten wir es zu verkaufen, um damit das Projekt zu finanzieren.

Unter Merlys Leitung erzielten wir gute Erfolge damit. Sie hatte es geschafft, für unsere PREDA-Produkte in Europa einen starken Absatzmarkt aufzutun und insbesondere im Fairen Handel eine dauerhafte Präsenz zu schaffen. Es war sehr wichtig, den Jugendlichen einen eigenen Lebensunterhalt zu ermöglichen. So konnten wir ihre Armut, Untätigkeit und Depressionen verringern – Lebensumstände, die oft zu Verbrechen, Drogenmissbrauch und Kinderprostitution beitrugen. Unter Merlys Management konnten wir unsere praxisnahen Präventionsprojekte ausweiten. Dies neideten uns einige kommunale Funktionäre und wollten deshalb eine Übernahme erzwingen, denn in der

Stadt gab es weder Herstellung noch Export von Handwerksprodukten in diesem Ausmaß. Darüber hinaus unterstützten wir die Produktion und den Export von Kunsthandwerk aus anderen Provinzen. Wir stellten den Produzenten zinsfreie Darlehen zur Verfügung, leisteten Hilfestellung beim Design, gaben Ratschläge zur Unternehmensführung und machten die Qualitätskontrolle.

Ohne unser Wissen war die Gegenseite damit beschäftigt, Zeugen zu finden, die gegen uns aussagen würden. Sie selbst hatten offenbar keine, denn sonst hätten sie deren beeidete Aussagen zusammen mit der formellen Beschwerde der Einwanderungsbehörde vorgelegt. Zu unserem Schrecken lasen wir am 5. Februar in zwei Zeitungen die gleiche Meldung, ohne Verfasserangabe, dass ein wichtiger Zeuge bereit war, gegen mich auszusagen. Sein Name war der eines früheren Mitarbeiters, der 1984 nach drei Jahren bei PREDA gekündigt hatte. Nachdem ich damals von den Bewohnern des Zentrums gehört hatte, dass er sich wie ein Diktator verhielt, sie mit der Faust auf die Brust schlug, verfluchte und bedrohte, um seine Macht über sie zu behalten, stellte ich ihn zur Rede, denn solches Verhalten war uns ein Gräuel und wir konnten es nicht tolerieren. Er kündigte lieber, als sich rauswerfen zu lassen.

Er hatte keine eidesstattliche Erklärung unterschrieben, stritt aber auch die Aussagen, auf die die Zeitung sich berief, nicht ab. Dann hörten wir, dass man ihm einen Job beim städtischen Bauamt gegeben hatte. Er hatte, gemeinsam mit einigen Beamten der örtlichen Regierung, andere Mitarbeiter von PREDA aufgesucht und versucht, sie zu falschen Aussagen gegen uns zu überreden. Sie weigerten sich jedoch und erzählten uns davon. Bei anderen aber hatten sie mehr Erfolg.

Die Zeitungen zitierten ihn mit der Aussage, dass er einige Beschwerden, die die Regierungsbeamten gegen uns vorbrachten, unterstütze. Die schwerwiegendste dieser Beschwerden war, dass unsere Handwerkslehrlinge für ihre Ausbildung nicht den korrekten Lohn erhielten. Merly führte jedoch genau Buch über alle Kosten, Zahlungen und Barauszahlungen, die wir an die Lehrlinge leisteten.

Das Ausbildungszentrum war nicht allzu straff organisiert. Wer die Zeit investieren und ein Handwerk erlernen wollte, konnte in die Produktionsstätten kommen und es versuchen. Die Auszubildenden und Praktikanten hatten Teilzeitjobs; sie kamen und gingen ohne feste Arbeitszeiten. Manchmal kam jemand tagelang nicht, weil er woanders noch einen Teilzeitjob hatte. Und da nicht alle voll ausgebildet waren, sondern noch lernten, war ihre Arbeit häufig von schlechter Qualität und nicht zu verkaufen. Wir boten ihnen eine Bezahlung pro Stück an, um sie zum Lernen und Verdienen zu ermutigen. Wenn sie qualitativ hochwertige Stücke herstellten, bezahlten wir ihnen für jedes Stück einen guten Preis.

Es war sechs Jahre her, dass unser ehemaliger Mitarbeiter bei PREDA gearbeitet hatte, wie glaubwürdig könnte seine Aussage also sein, ohne unterstützende Dokumente oder Beschwerden von den Lehrlingen? Wir sollten es bald genug herausfinden. Die Gegenseite hatte fleißig gearbeitet. Sie hatten das Ausbildungsprogramm mit einigen ihrer Leute unterwandert, die sich als Lehrlinge ausgaben. Einige der anderen Auszubildenden berichteten von geheimen Treffen, die nachts zwischen den Neuankömmlingen und zwei Sozialarbeiterinnen von PREDA, Maggie und Edison, stattfanden. Wir waren schockiert, enttäuscht und voller Sorge. Hatte man sie bestochen, um eine falsche Aussage zu machen?

Wir steckten mitten in der Ausweisungsklage, wurden mit falschen, grundlosen und bizarren Anschuldigungen bombardiert, unsere Mitarbeiter wurden dazu angehalten, falsche Aussagen zu machen und nun auch noch das! Noch eine Krise, auf die wir gut hätten verzichten können. Die Komplotte, Manipulationen und Intrigen, mit denen man unserer Arbeit ein Ende bereiten wollte, schienen kein Ende zu nehmen.

Maggie und Edison waren unsere Kontaktleute im Straßenkinder-Projekt und erst seit einem Jahr bei uns. Als immer mehr Kinder zu uns ins Zentrum kamen, arbeiteten sie im Wohnheim für ehemalige Straßenkinder, welches sich in einem separaten Gebäude, in einiger Entfernung von den sich erholenden Drogenabhängigen, befand. Beide wollten lieber im *Childhood For Children*-Zentrum als außerhalb wohnen.

Die Kinder berichteten, dass das Verhalten der beiden einer intimen Beziehung gleichkam, was sie als anstößig empfanden. Ich sprach die beiden Frauen darauf an und sie reagierten sofort defensiv und verneinten, begannen jedoch, sich feindselig zu verhalten und interpretierten meine Nachfragen sofort als Beschwerde. Die Aussagen der

Kinder waren meiner Meinung nach kein ausreichender Grund, die beiden zu entlassen. Sie waren mündige Erwachsene, aber es war einfach nicht richtig, innerhalb des Zentrums für Kinder eine intime Beziehung einzugehen.

Die beiden Sozialarbeiterinnen konnten nicht erklären, warum sie das Zentrum während einiger Nächte verlassen und die Kinder ohne Aufsicht und Schutz gelassen hatten. Dies hatten wir entdeckt, als es eines Nachts zu einem ernsthaften Kampf zwischen den Kindern kam und einige von ihnen weinend zum Hauptgebäude gerannt kamen. Einer der Jungen hatte eine hässliche, klaffende Wunde auf der Stirn und wir brachten ihn in aller Eile ins Krankenhaus. Maggie und Edison waren unauffindbar. Die Kinder erzählten uns, dass sie häufig abwesend seien. Als wir die beiden Frauen um eine Erklärung baten, zogen sie sich zurück, wurden feindselig und fühlten sich bedroht. Der Vorfall belastete unser Verhältnis zu ihnen, das Vertrauen und die Freundschaft, die wir zu ihnen aufgebaut hatten, verpufften plötzlich. Wir fürchteten das Schlimmste: man hatte sie angeworben, um gegen uns auszusagen.

Wir waren entschlossen, nicht vor diesen Drohungen zurückzuweichen, sondern allen Angriffen mit der Wahrheit zu begegnen. Oft kamen wir abends bei Kerzenschein zusammen, Mitarbeiter und Bewohner gleichermaßen; wir hielten uns an den Händen, standen im Kreis und beteten für die Kraft und die Entschlossenheit, die wir brauchten, um alle Hürden, die man uns in den Weg stellte, zu überwinden. Wir glaubten daran, dass Gott uns beauftragt hatte, diese Arbeit zu tun und dass wir dies in prophetischer Weise und ohne zu schwanken tun mussten; und egal wie unmöglich unsere Aufgabe auch erscheinen mochte, der Heilige Geist begleitete uns. Gott würde das Ergebnis bestimmen, nicht wir. So beteten wir. Wenn unsere Arbeit von Gott gewollt war, dann würde niemand sie beenden können, wenn nicht, dann würden wir sicherlich scheitern. In diesem Glauben daran, dass Gott bei uns war, hielten wir stand und beschlossen, niemals Kompromisse einzugehen.

Dann entdeckten wir, wohin Maggie und Edison nachts gegangen waren. Die neuen »Lehrlinge«, die unser Programm unterwandert hatten, hatten die Sozialarbeiterinnen schon davon überzeugt, dass die Handwerkslehrlinge dazu überredet werden müssten, das Projekt zu verlassen. Die Lehrlinge sollten behaupten, dass sie Vollzeitangestellte seien und keine Auszubildenden, die gelegentlich am Projekt teilnahmen und für jedes erfolgreiche Handwerksprodukt bezahlt würden. Sie wurden ermutigt, Lohnrückstände und eine Abfindung einzufordern, nachdem sie das Projekt freiwillig verlassen hatten.

Maggie und Edison hatten schon einige der Lehrlinge dazu überredet, uns auf eine hohe finanzielle Entschädigung zu verklagen. Mit Hilfe eines Rechtsanwaltes, der eng mit denjenigen Amtsträgern der Stadt verbunden war, welche die Ausweisungsklage gegen mich eingebracht hatten, wurde umgehend eine Arbeitergewerkschaft gegründet, um ihren Beschwerden einen offiziellen Rahmen zu geben. Die meisten wurden so unter Druck gesetzt, dass sie der Gewerkschaft beitraten und eine formelle Beschwerde unterschrieben, die beim Arbeitsministerium eingereicht wurde. Wer sich weigerte, bekam Besuch zu Hause und die Drohung, dass ihnen etwas geschehen würde, sollten sie den Trainingsworkshop bei PREDA weiterhin besuchen.

Das gesamte Projekt brach zusammen. Es war ein fürchterlicher Schlag und Merly war am Boden zerstört.

Einige derjenigen, die sich schon länger in der Ausbildung befanden, waren inzwischen richtig gut geworden und verdienten pro Monat wesentlich mehr als ein normaler Angestellter im nahegelegenen US-Marinestützpunkt. Jetzt, wo das Trainingszentrum geschlossen war, konnten sie nichts mehr verdienen. Sie kamen heimlich, um mit uns darüber zu beraten, was getan werden könnte.

Die Lösung war einfach und brillant. Merly schlug vor, dass wir jedem Auszubildenden helfen sollten, in sein Heimatdorf zurückzukehren, wo er sich bei seiner Familie einrichten und von dort aus die Produktion weiterführen konnte. Jeder würde genug finanzielle Unterstützung bekommen, um einen kleinen elektrischen Motor, Werkzeuge und Rohmaterial zu kaufen und von uns einen Auftrag über eine bestimmte Anzahl von Produkten erhalten.

So würde aus jeder Familie eine eigene, selbstständige Produzentengruppe. Zum Schluss würden wir sie noch bei der Gründung eines eigenen Verbandes unterstützen. Der Umzug würde ihnen nicht nur helfen, ihre neu gewonnenen Fähigkeiten zu bewahren, sondern er würde sie auch von den vielen Versuchungen der Sex-, Drogen- und Glücksspielindustrie fernhalten. So entkämen sie auch der Gefahr, sich mit HIV zu infizieren.

Trotz der vielen anderen Probleme, die wie Stürme über uns hereinbrachen, plante Merly die Umsiedlung der Handwerker. Wir fragten uns, warum wir nicht schon viel früher auf diese Idee gekommen waren. Viele der Lehrlinge kamen aus der Provinz Pangasinan, ungefähr sechs Autostunden von PREDA entfernt, die Durchführung war also nicht allzu schwierig. Sie alle waren junge Männer, die aus ihren Dörfern in die Stadt und zum Stützpunkt abgewandert waren, um dort nach Arbeit zu suchen. Ohne Beziehungen, Qualifikationen und Können fanden sie keine Anstellung. Andere hatten ihre Arbeit verloren, als die Bars die Läden übernahmen, wo sie ihre Korbmöbel hergestellt hatten und das Handwerk zusammenbrach, weil die Ladenbesitzer sich dem lukrativen Sexgeschäft zuwandten.

Merly begleitete die Umsiedlung nach Pangasinan, wohin unser Laster das Baumaterial, die Motoren und all die persönlichen Besitztümer der uns treu gebliebenen Auszubildenden brachte. Es war eine glückliche Zeit für sie, denn viele von ihnen waren seit zwei Jahren nicht mehr zuhause bei ihren Familien gewesen. Zwar hatten sie Geld nach Hause geschickt, aber das hier war eine Rückkehr im Triumph. Sie hatten die Baumaterialien für kleine Werkstätten und Aufträge für Handwerksprodukte; sie konnten sofort mit der Arbeit anfangen und auch ihren Verwandten Arbeit geben. In ihren Dörfern waren sie Helden und sehr stolz. Merly gab ihnen einen Vorschuss für Rohmaterial und Lebenshaltungskosten. Sie arrangierte, dass die Handwerker Stromanschlüsse für Licht und den Betrieb der Motoren und Bohrer bekamen, obwohl die Stromversorgung auf den Philippinen von chronischen Mangelerscheinungen betroffen war. Bald hatten sie an ihre einfachen, ländlichen Häuser aus Bambus und Strohdächern kleine Werkstätten angebaut und nach nur wenigen Tagen ging die Produktion weiter. Die Jobs und der Markt waren gerettet.

Ihre Verwandte waren Bauern, die auf gepachtetem Land Reis, Kokosnüsse und Gemüse anpflanzten. Aber es war ein hartes Leben und die Nahrung reichte nicht aus, um sie gesund zu erhalten oder ihre Kinder zur Schule zu schicken. Wenn nicht eines der Familienmitglieder in der Stadt oder im Ausland arbeitete, konnten sie nicht überleben. Die Teenager versuchten, vor dem Elend davonzulaufen und endeten häufig in der Prostitution.

Wir entdeckten, dass einige der Verwandten unserer Handwerker selbst geschickte Handwerker waren, so dass sich bald kleine Produzentengruppen um ihre Werkstätten herum bildeten. Als Merly es schaffte, noch mehr Aufträge zu bekommen, konnten sie ihre Geschäfte erweitern und allen ging es besser. Die jungen Mädchen und Jungen blieben zuhause, konnten zur Schule gehen und die Landflucht aus diesem Dorf hörte auf. Uns allen wurde klar, dass dies der ideale Weg war, zur Entwicklung des ländlichen Raums beizutragen, Armut zu verringern und Kinderprostitution zu verhindern. So stellte sich, was uns zuerst als Katastrophe für unser Ausbildungsprogramm erschien, als Gelegenheit heraus, die Produktionskapazitäten der neu gebildeten Produzentengruppen in den Dörfern auszuweiten und zu verbessern.

Dass die Schlägertrupps und Mitläufer der lokalen Politiker die Gemeinde am Nagbaculao unterwandert und dort Land besetzt hatten, war an sich schon schlimm genug, aber als sich die Vereinigung der Weberinnen, bei deren Gründung wir mitgeholfen hatten, durch ihre Drohungen und Einschüchterungen auflöste, verließ uns der Mut.

Jedes Projekt, durch das Frauen erfolgreich darin bestärkt wurden, sich selbst zu helfen, löste sich vor unseren Augen auf. Es war, als ob alles Gute, das die Leute für sich selbst zu tun versuchten, ein Zeichen von Unabhängigkeit sei und als solches von den Behörden als bedrohlich angesehen würde. Es schien, als käme den Behörden nur eine Rolle für Frauen in den Sinn, und das war die Prostitution. Wenn wir ihnen in irgendeiner Weise halfen, setzten wir sie, so kam es uns vor, in besonderer Weise Drangsalierung und Entmachtung aus.

Die Schikanen und die Ungerechtigkeit all dessen wurde im folgenden April noch deutlicher, als das Arbeitsministerium unter Minister Ruben Torres über die Ergebnisse einer Langzeitstudie berichtete, welche die »umfassende Ausbeutung« tausender Barmädchen und zahlreicher Angestellter im Hotel- und Restaurantbetrieb darstellte. Zu den Gesetzesverstößen in 150 Bars und Clubs zählten die Nichtzahlung von Mindestlöhnen, Überstunden, Urlaubsgeld und anderen Bonuszahlungen, die das Gesetz vorschrieb. Einige der Barmädchen bekamen kein Gehalt, sondern nur die Trinkgelder, die sie von ihren Kunden erhielten. Diese Frauen waren darauf angewiesen, dass ein Kunde sie aussuchte und sie für eine Nacht mit in ein Hotel nahm. Der Barbesitzer nahm die Vorauszahlung entgegen und behielt die Hälfte für sich selbst.

In jenem März finanzierten wir einer Gruppe von Frauen, darunter einige ehemalige Barmädchen, eine Fahrt nach Angeles, wo sie sich einer Kundgebung von Frauen gegen die Stützpunkte anschlossen. Es war ermutigend zu sehen, wie über 1000 starke Frauen gegen die Ausbeutung durch die Sexindustrie und die Stützpunkte demonstrierten. Sie demonstrierten zuerst vor dem Luftwaffenstützpunkt Clark in Angeles, ungefähr eine Stunde von Olongapo entfernt und fuhren dann nach Manila zur US-Botschaft.

Im folgenden Mai organisierten kirchliche Gruppen, Friedensorganisationen und Menschenrechtsvereine eine weitere Kundgebung vor der US-Botschaft. Nonnen, Priester, Seminaristen und Frauenrechtsaktivistinnen sowie Studentengruppen nahmen daran teil. Ich war auch dabei und wir marschierten mit unseren Bannern und Plakaten los, sangen Kirchenlieder und skandierten Slogans für die Rechte von Frauen und Kindern. Senator Wigberto Tañada sollte auf der Kundgebung sprechen, aber bevor wir den Roxas Boulevard erreichten, tauchte plötzlich eine Polizeieinheit auf und hinderte uns daran, auf die Botschaft zuzumarschieren.

Die Anführer der Kundgebung stellten die Polizisten zur Rede und bestanden darauf, ihr in der Verfassung verbrieftes Recht auf Versammlungs- und Redefreiheit auszuüben. Die Polizei jedoch zerstreute die Teilnehmer der Kundgebung und verhaftete 15 von ihnen, darunter eine Freundin von mir, Schwester Carmen Balazo, eine Franziskanerin, die zum Vorstand von PREDA gehörte und seit vielen Jahren dafür arbeitete, die indigene Gruppe der *Aetas* in Zambales zu organisieren, weiterzubilden und zu stärken, so dass diese für ihre Rechte eintreten konnten. Sie half den *Aetas* erfolgreich, sich zusammenzuschließen und ihre eigene Organisation zu gründen, um die Kontrolle über die Rattan-Ernte in ihren angestammten Waldgebieten wieder zu erlangen, die Geschäftsleute und Militärs an sich gerissen hatten. Merly arbeitete auch mit den *Aetas* zusammen, indem sie ihnen half, das Rattan zu ernten und dafür gerechte Preise bezahlte. So wuchs und gedieh ihre wirtschaftliche Gemeinschaft. Später begannen wir in ihren Dörfern ein Ausbildungsprojekt für Handwerker.

Schwester Carmen, die allen als Schwester Mengay bekannt war, und 14 andere Demonstranten wurden zur Polizeiwache im westlichen Distrikt gebracht und dort fast sechs Stunden lang festgehalten.

Ich wurde nicht verhaftet, blieb aber mit ihnen dort, um ihnen Beistand zu leisten, während die gerade angekommenen Rechtsanwälte ihre Freilassung verhandelten. Die Verhaftungen sorgten für viel schlechte Stimmung gegenüber der Regierung, der Polizei und auch der Botschaft, denn es wurde angenommen, dass sie die Demonstration verhindern wollte.

Im Mai erschreckte uns der entsetzliche Mord an John Fredette, einem Sergeanten der US-Marine. Er wurde auf offener Straße, nicht weit von den Toren des Militärstützpunktes entfernt, erschossen. Es gab einen Aufruhr, niemand durfte den Stützpunkt verlassen, die Tore wurden geschlossen. Die Stadt kam zum Stillstand, tausende waren arbeitslos. Bei PREDA waren wir der Meinung, dass dies zu einer Anschlagsserie durch die kommunistischen Rebellengruppen führen könnte, um die Stadt lahm zu legen.

In ihrer Verzweiflung, den Mord aufzuklären und die Tore wieder öffnen zu können, verhaftete die Polizei drei Verdächtige. Der stellvertretende Staatsanwalt der Stadt, Dorentino Floresta, forderte von der Polizei deren Freilassung, da es keine glaubwürdigen Beweise gegen sie gab und sie die Polizei beschuldigten, sie durch Folter zu einem Geständnis gezwungen zu haben. Andere Zeugen behaupteten, dass der Sergeant mit anderen US-Soldaten zusammen gewesen sei. Er sei dabei gesehen worden, wie er sich mit ihnen stritt und ihnen folgte, als sie weggingen. Das Verbrechen wurde niemals aufgeklärt.

Eine Woche später gab der Kommandant des Stützpunktes nach und öffnete die Tore, verhängte aber eine mitternächtliche Ausgangssperre. Die Geschäftsleute riefen die Barmädchen und *Jeepney*-Fahrer dazu auf, eine Kundgebung zu veranstalten und die Aufhebung der Ausgangssperre zu verlangen, damit das Geschäft weitergehen konnte. Die Londoner *Times* schrieb, dass das wahre Ziel der Kundgebung die Aufhebung der Ausgangssperre war, die Olongapos einziger Industrie, euphemistisch als »Unterhaltung durch Sex« bezeichnet, schadete, und nicht etwa der Erhalt der Stützpunkte.

Im folgenden Juni wurde ein weiterer Soldat, Leutnant Richard E. Brown, bei Barrio Barretto niedergestochen und getötet. Auch dieser Mord wurde nicht aufgeklärt, aber es gab jede Menge Spekulationen darüber, dass diese Morde den Kommunisten zuzuschreiben seien, die versuchten, das Vertrauen in die Regierung zu untergraben, während die Verhandlungen über den Fortbestand der Militäranlagen liefen.

Diese Vorfälle öffneten mir die Augen darüber, wie abhängig die Stadt von der Sexindustrie und dem Militärstützpunkt war. Ich war nun noch überzeugter von der Notwendigkeit, dass der Senat jeglichen vorgeschlagenen Vertrag zur Verlängerung der Stützpunkte ablehnen und eine Version des von uns vorgeschlagenen Umwandlungsplans annehmen musste.

18

Weltweiter Kinderschutz
Die UN-Kinderrechtskonvention (1990)

Anfang der 90er-Jahre bekamen unsere Bemühungen um eine Ratifizierung der UN-Kinderrechtskonvention neuen Schwung, als die offizielle Kampagne vom UN-Untergeneralsekretär für Menschenrechte, Jan Martenson, im Internationalen Kongresszentrum in Manila gestartet wurde. Präsidentin Aquino war ebenfalls anwesend und drängte auf eine baldige Ratifizierung, worin sie von den Senatoren Wigberto Tañada und Joey Lina stark unterstützt wurde. Wir hofften auf eine Ratifizierung bis Ende Juni. Damit die Konvention weltweit in Kraft treten konnte, musste sie von mindestens 120 Ländern ratifiziert werden; bis zum Januar 1990 hatten bereits 60 Nationen unterzeichnet.

Dies war ein bedeutsames historisches Ereignis für die Philippinen und Millionen von Kindern auf der ganzen Welt. Es würde anerkannt werden, dass Kinder besondere Rechte und Bedürfnisse hatten. Weder ihre Eltern noch der Staat könnten sie länger als Eigentum betrachten, das nach Gutdünken benutzt oder missbraucht werden kann. Die Weltgemeinschaft war nun bereit, Kinder zu verteidigen und daran zu arbeiten, die Einstellung derjenigen zu verändern, die Kinder bisher verachtet und ausgebeutet hatten.

Ich war sehr froh über das weltweit wachsende öffentliche Bewusstsein für die Not missbrauchter und ausgebeuteter Kinder. Jahrelang waren wir fast die einzigen gewesen, die versuchten, einer gleichgültigen Öffentlichkeit das Thema Kinder- und Frauenrechte nahezubringen. Örtliche Politiker verdammten unsere Bemühungen. Unsere Erfahrungen in Olongapo waren typisch für das, was in vielen Städten auf den Philippinen und in ganz Asien vor sich ging. Von offizieller Seite wurde Missbrauch fast immer abgestritten und die Beamten waren beschämt, wenn man ihnen Beweise für seine Existenz vorlegte. Es war eine direkte Anklage ihrer völligen Missachtung der verwundbarsten Mitglieder der Gesellschaft und ihres emotionalen und intellektuellen Bankrotts. Da häufig ich es war, der über die schlimmen Dinge sprach, die Kindern zustießen, bekam ich die harte Hand der Behörden in Form von Verleumdung und Schikanen zu spüren. Die Ausweisungsklage gegen mich war ein Beispiel dafür. Deshalb ist die UN-Konvention so wichtig. Sie bestätigt, was wir die ganze Zeit gesagt haben, erkennt die Richtigkeit unserer Bemühungen an und bringt unsere Kritiker zum Schweigen, welche die Ausbeutung von Kindern lieber unter den Teppich kehren würden.

Es gab ein von UNICEF unterstütztes Projekt namens *Breaking Ground For Community Action On Child Labour*, Neue Wege für gemeinschaftliche Aktionen gegen Kinderarbeit, welches von unserem Freund Leopoldo Moselina geleitet wurde. Jahre zuvor, als Lehrer am Columban-College, hatte er eine vielfach beachtete Studie über die sozialen Bedingungen in Olongapos Bars und Clubs durchgeführt, die Alex, Merly und mich zur Gründung von PREDA ermutigt hatte.

Der Kampf für Kinder- und Frauenrechte bekam jetzt nicht mehr nur nationale Aufmerksamkeit, sondern auch internationale Unterstützung. Senat und Kongress debattierten zu jener Zeit über Kinderschutzgesetze; das Ministerium für Soziale Wohlfahrt und Entwicklung ergriff neue Maßnahmen, um den Kinderhandel für Adoption oder sexuelle Ausbeutung einzuschränken. In der australischen Zeitschrift *Catholic Weekly* erschien ein Artikel, in dem die dortige Kirche ihre Besorgnis über die Verwicklung australischer Pädophiler in das Kindersexgeschäft auf den Philippinen zum Ausdruck brachte und unsere Bemühungen um dessen Beendigung hervorhob.

Pagsanjan ist eine kleine, malerische Stadt ca. zwei Autostunden südlich von Manila. Es ist bekannt für seine tiefe Schlucht und flache Stromschnellen, die an einem gewaltigen Wasserfall enden. Tausende von Touristen, hauptsächlich Japaner, genießen es, die Stromschnellen in einem Einbaum zu durchqueren. Diese berühmt gewordene Landschaft wurde zum Sinnbild für zwielichtige Geschäfte: den Handel mit Kindern für sexuellen Missbrauch und die Prostitution kleiner Jungen. Die Pädophilen waren meist reiche Weiße. Viele von ihnen wohnten jedes Jahr für mehrere Monate in Pagsanjan. Sie machten der Familie der Jungen, mit denen sie sich anfreundeten, reiche

Geschenke und lebten mit den Jungen zusammen in Mietwohnungen. Die ganz Reichen bauten ein neues Haus für die Familie.

Ob die Eltern nun wussten oder nicht, dass ihr Kind in einer solchen Beziehung sexuell missbraucht wurde - sie machten jedenfalls mit, wie betäubt von dem Geld und den großzügigen Geschenken, mit denen sie überhäuft wurden. Örtliche Politiker, denen selbst Hotels und Wohnungen gehörten, verdienten viel Geld damit, Zimmer an Pädophile zu vermieten, deren zuverlässige Beschützer sie oft waren.

Die zwei Senatsausschüsse »Frauen und familiäre Beziehungen« sowie »Örtliche Verwaltung« führten eine gemeinsame Untersuchung über das Pädophilenproblem von Pagsanjan durch. Sie stellten fest, dass die örtlichen Behörden es versäumt hatten, das »rasche Anwachsen« der Anzahl von Pädophilen und ihrer »schändlichen Handlungen« zu verhindern. Der Bericht besagte außerdem, dass die örtlichen Verantwortungsträger mangelndes Interesse gezeigt hatten, das Kindersexgeschäft und die Aktivitäten der Pädophilen zu stoppen und Pagsanjan stattdessen sogar als »äußerst bequem, attraktiv und sogar vorteilhaft« für Pädophile gestaltet hatten. Im März stellte das Tourismusministerium jegliche Werbung für Pagsanjan als Urlaubsort ein. Wie die Ministerin sagte, wollte sie damit das Image des Tourismus auf den Philippinen schützen. In Pagsanjan gäbe es »moralische Degeneration und Apathie«. Die Tourismusindustrie in der Stadt brach zusammen.

Während meiner Nachforschungen in Pagsanjan lernte ich Ronnie Velasco kennen, der sehr hilfsbereit war und mir viele Informationen lieferte. Er engagierte sich sehr dafür, die Ausbreitung des Kindesmissbrauchs zu verhindern. Er half, den »Rat für den Schutz der Kinder« zu gründen und setzte sich mit aller Kraft für den Schutz und die Rehabilitation der mehreren hundert Kinder ein, die von örtlichen und ausländischen Pädophilen sexuell missbraucht wurden.

Ein Bericht zitierte ihn mit einer Beschreibung von Missbrauch, die sich nicht sehr von dem unterschied, was wir in Olongapo und Angeles erlebten. »In Pagsanjan«, sagte er, »reden wir nicht nur über das Verderben von Minderjährigen, sondern über die Korruption ganzer Familien.«

Während eines Besuches in Pagsanjan hörte ich von einer Gruppe norwegischer Pädophiler, die vorhatte, kleine Jungen nach Norwegen zu bringen. In einem Fall ging es um eine Familie mit fünf Jungen, deren Eltern getrennt lebten. Durch eine Scheinehe brachte man die Mutter und die Jungen nach Oslo, wo man sie in ein Appartement steckte und sie dort sexuell missbrauchte. Diese Gruppe verkaufte auch später weiterhin kleine Jungen nach Norwegen. Als ich zur Premiere der Fernsehdokumentation *Throwaway Children* nach Oslo flog, berichtete ich den dortigen Behörden über diese Vorfälle, aber erst einige Jahre später wurde etwas dagegen unternommen.

Viele der Kinder, die in Pagsanjan missbraucht wurden, entwickelten schwere psychische Störungen. Sie brachen die Schule ab und konsumierten Alkohol und Drogen. Wenn sie nicht mehr attraktiv genug waren für die Pädophilen, die jüngere Kinder bevorzugten, arbeiteten einige als Bootsführer oder als Zuhälter, und manche brachten sogar ihre kleineren Brüder in das Geschäft ein. Erst Jahre später, nachdem ich mehrere Gesuche diesbezüglich eingereicht hatte, kam eine Ermittlung in Gang, die Überraschendes über die Kinderhändler zu Tage brachte.

Ronnie erzählte mir von der Verhaftung Mark Harveys, eines amerikanischen Pädophilen, der von Pagsanjan aus einen weltweiten Kindervermittlungsdienst betrieben hatte. Er war einer der aktivsten Pädophilen in der Stadt. Seine Wohnung lag in der Nähe des Flusses und während und nach seiner Verhaftung versäumte es die Einwanderungsbehörde nicht nur, sie zu durchsuchen, sondern ließ sie einfach offen stehen. Einige Mitglieder des »Rates für den Schutz der Kinder« baten den Besitzer um Erlaubnis, hineingehen zu dürfen; sie fanden Karteikarten mit den Namen von mindestens 500 Kindern, die Harvey sexuell missbraucht hatte. Darauf hatte er beschrieben, welche Merkmale der Kinder ihn sexuell angezogen hatten. Er hatte seine Empfehlungen an andere Pädophile weitergegeben und auch für sie Karteikarten angelegt. Jedes männliche Wesen, das Harvey getroffen hatte, schien auf dieser schändlichen Liste zu stehen.

1989 wurde Harvey festgenommen und ausgewiesen. Sehr zu unserer Empörung wurde er jedoch trotz der Last der Beweise nicht vor Gericht gestellt. Ich bat Ronnie darum, die Karteikarten und andere belastende Dokumente kopieren zu dürfen. Zurück bei PREDA sortierte ich sie nach Ländern und Art des Verbrechens und schickte Kopien an die Polizei in den Vereinigten Staaten und anderen Ländern, in denen er, den Adressen in seiner Kartei nach zu urteilen, vielleicht ähnliche Vermittlungsdienste betrieben hatte.

Das *American Federal Bureau of Investigation* (FBI) fand ihn und stellte ihn unter Beobachtung. Ein Jahr später wurde er wegen Belästigung eines Kindes verhaftet und angeklagt. Der amerikanische Bezirksstaatsanwalt, der den Fall übernommen hatte, legte dem Gericht die Dokumente über Harveys Aktivitäten auf den Philippinen vor, die ich ihm geschickt hatte. Obwohl ich die Berichte nicht bestätigen konnte, erhöhte der Richter den Schuldspruch wegen des zusätzlichen Beweismaterials von einem auf drei Jahre, sicherlich um Harvey so lange wie möglich von Kindern fernzuhalten.

Zu jener Zeit kam auch der Handel mit Kindern zur illegalen Adoption in Deutschland ans Licht. Die Ministerin für Soziale Wohlfahrt und Entwicklung, Mita Pardo de Tavera, sagte, dass allein im Januar des Jahres 35 Kinder gehandelt worden seien. Wir begannen, die Adoption von Kindern mit neuen Augen zu sehen. Wir erkannten, dass es nicht nur um Fürsorge und die Opfer ging, die kinderlose Eltern brachten, sondern um üble Geschäftemacherei. Um das zu verhindern, wurden neue Kontrollmechanismen eingeführt. Heute müssen mögliche Adoptiveltern dauerhaft auf den Philippinen angesiedelt sein, um überhaupt in Frage zu kommen. Wenn Minderjährige reisen, muss eine spezielle Reiseerlaubnis ausgestellt werden, die am Flughafen von einem Beamten der Sozialfürsorge überprüft wird.

In Olongapo waren die filipino-amerikanischen Kinder, oder, wie sie auch genannt wurden, die *GI Souvenir Babies*, für Adoptionen sehr gefragt und es gab einen lebhaften Handel. Ihre Mütter waren meist verarmte und verschuldete Prostituierte. Sie waren so verletzlich, dass man sie schnell dazu überreden konnte, Adoptionspapiere zu unterschreiben und sich für den entsprechenden Preis von ihrem neugeborenen Kind zu trennen. Einige wurden zur Entbindung ins Krankenhaus gebracht, wo man ihnen dann die Kosten in Rechnung stellte. Um eine Strafverfolgung zu vermeiden, weil sie nicht zahlen konnten, blieb ihnen nichts anderes übrig, als die Adoptionspapiere zu unterschreiben und ihr Kind somit zu verkaufen.

Hellhäutige Kinder weißer Väter wurden den rein philippinischen Kindern vorgezogen. Ein Grund für den lebhaften Handel mit diesen Kindern ist vielleicht Rassismus, aber einige Leute bestritten das und meinten, diese Kinder würden sich der Kultur und dem Erscheinungsbild der Menschen im Bestimmungsland leichter anpassen. Aber das ist immer ein heikles Thema.

Eines Tages bekam ich Besuch von Tessie, einer ungefähr 35-jährigen Frau, die mich um einen Rat bezüglich ihrer geplanten Heirat bat. Ihre Zeit in den Bars und Clubs war vorbei, sie war nicht mehr attraktiv genug, um in einem knappen Bikini auf einer Theke zu tanzen. Wie die meisten Barfrauen hatten sie davon geträumt, einen Soldaten zu finden, der sie heiraten und mit in die USA nehmen würde, aber auch das hatte sie nicht geschafft. Sie entschied, dass ich ihr letzter Hoffnungsschimmer war, bevor die Sonne über einem Leben voller Fehlschläge und Elend unterging und hatte es sich in den Kopf gesetzt, mich zu ihrem Heiratsvermittler zu machen.

Tessie hatte einen Heiratsantrag von einem Australier bekommen. Sie sollte ihn zunächst in Manila treffen und dann mit ihm nach Australien reisen. Sie hatte Angst, dass sie nie wieder etwas von ihrer Familie hören oder sehen würde. Ich sollte ihr Beschützer und ihre Kontaktperson sein, wenn sie ins Ausland ging. Ich tat, was ich konnte, um ihr klarzumachen, welche Gefahren und welches Elend aus einem solchen Schritt entstehen konnten. Der Handel mit Frauen, ob willens oder nicht, ist auf den Philippinen zwar ungesetzlich, aber dennoch gang und gäbe. Ich glaube, Tessie hatte einiges gelernt als sie ging, und ich versprach ihr weitere Hilfe, wenn sie diese brauchen sollte. Es kam kein Hilferuf.

Viele Frauen baten mich, ihnen zu helfen, wenn sie für die Heirat mit einem Sextouristen Geburtsurkunden benötigten oder sogar die Annullierung ihrer früheren Ehe mit einem Filipino, der sie längst verlassen hatte. Ein solcher Schritt war verständlich, wenn sie Missbrauch und Armut erfahren hatten. Es gab keine alternative Arbeit mit angemessener Bezahlung; nicht bevor die Stützpunkte geschlossen wurden und irgendeine Form von Fabrikarbeit oder andere Jobs zur Verfügung standen. Unsere Korbflechterei war von den Schlägertrupps der Politiker aufgelöst worden, das Ausbildungszentrum hatte schließen müssen, die Handwerker waren in ihre Dörfer zurückgekehrt. Für viele Frauen war dies eine ausweglose Situation. Nach jedem Beratungsgespräch fühlte ich mich machtlos und frustriert, dass ich ihnen außer emotionaler und spiritueller Unterstützung und Bestätigung so wenig geben konnte. Ich konnte helfen, ihre Kinder zur Schule zu schicken und ihnen ein bißchen dringend benötigtes Bargeld in die Hand drücken. Einige Frauen konnten wir davon abbringen, sich als *mail-order bride*, also als Braut aus dem Versandkatalog, anzubieten; stattdessen gingen sie ins *Buklod*-Frauenzentrum, wo Frauen wie Tessie eine Ausbildung zur Schneiderin oder Kosmetikerin angeboten wurde.

Mit der Einführung des *Republic Act 6955*, einem gesetzlichen Verbot des Geschäftes mit *mail-order brides*, wurde auf den Philippinen ein Meilenstein der Gesetzgebung erreicht. Es verbietet jede Form arrangierter Heirat, Anzeigen, Veröffentlichungen oder Angebote, heiratswilligen Ausländern gegen Bezahlung eine passende philippinische Frau zu suchen. Jeder Verstoß wird mit sechs Jahren Gefängnis bestraft.

Trotz aller Bemühungen von Frauenrechtsgruppen, die zwielichtigen, schändlichsten Aspekte zu vermindern, floriert der Handel jedoch weiterhin. Ähnlich den Sklaven des 18. Jahrhunderts sind Frauen und Kinder zu Waren geworden, mit denen man handeln kann. Noch immer werden verarmte Frauen gegen »Gebühr« zur Heirat angeboten, besonders diejenigen, die sich für einen Zuhälterring prostituiert haben und irgendwann nicht mehr attraktiv genug für das Sexgeschäft sind. Im Internet werden sie mit Foto zum Verkauf angeboten und verkaufen nicht nur ihren Körper, sondern auch ihre Seele. In den USA gibt es Organisationen, die ganz offen im Internet Gruppenreisen auf die Philippinen anbieten und den Mitreisenden dann vor Ort potentielle Ehefrauen vorstellen.

Wir wussten, dass es so etwas auch in Olongapo gab. Viele Barfrauen wussten, dass sie sich auf uns verlassen konnten und baten uns, ihnen bei der Beschaffung einer Geburtsurkunde zu helfen. Im Januar 1990 wurde ein Menschenhändlerring entdeckt, der Frauen nach Hongkong verkaufte. Die Strafverfolgungsbehörde der US-Kriegsmarine verhaftete einen pensionierten US-Soldaten, den man der Zusammenarbeit mit einem Beamten der örtlichen Verwaltung beschuldigte, welcher jungen Frauen, auch einigen Minderjährigen, falsche Dokumente verschaffte. Die Frauen wurden mit US-Soldaten zusammengebracht, die behaupteten, sie seien ihre rechtmäßigen Verlobten. Vorausgesetzt, der Soldat begleitete sie, bekamen die Frauen ganz einfach Visa für Hongkong. Dort endete die Beziehung und die Frauen wurden von einem anderen Zuhälterring übernommen, das sie ins Sexgeschäft verkaufte oder an einen wartenden Kunden verheiratete.

Lange Zeit war über meine Ausweisung nicht entschieden worden, aber am 1. August 1990 entschied die Einwanderungsbehörde genau so, wie wir es gehofft hatten. Rechtsanwalt Cruz hatte mein Recht auf einen angemessenen Prozess stark und eindrucksvoll verteidigt; er wusste, dass jedes Ermittlungsverfahren die Haltlosigkeit der Anschuldigungen offenlegen würde. Die Klagen wurden als gegenstandslos und als unrelevant für eine Ausweisung zurückgewiesen. Tatsächlich wurde das, wessen man mich beschuldigte, nicht einmal als Verbrechen angesehen. Außerdem hieß es in der Entscheidung, dass, wenn die Kläger ausreichende Beweise für ihre Anschuldigungen vorbringen könnten, sie ihre Klage dem örtlichen Staatsanwalt und nicht der Einwanderungsbehörde vorlegen sollten. In anderen Worten, die Kläger hatten nichts erreicht, aber für uns waren es acht anstrengende und angstvolle Monate gewesen, in denen die Gegenseite jeden schmutzigen Trick angewandt hatte, damit ich des Landes verwiesen würde.

Unschuldige Leute zu verleumden, die jemanden kritisieren oder ihm in die Quere kommen, ist auf den Philippinen eine normale Vorgehensweise. Schriftsteller, Menschenrechtsbefürworter, lästige Kleriker und Oppositionspolitiker sind davon am meisten betroffen. Für viele Jahre sollte ich Zielscheibe solcher Taktiken sein. Und es stand uns noch viel mehr bevor.

Die Abweisung der Klage verhinderte damals auch die Übernahme des PREDA-Zentrums durch Beamte der lokalen Verwaltung. Das war jedoch ein Ziel, das sie niemals aus den Augen verloren.

Endlich konnte ich mich wieder frei bewegen. Ich konnte nach Australien fliegen, wo ich eine Einladung für die Internationale AIDS-Konferenz in Canberra erhalten hatte. Unser Freund und Unterstützer Jaime Kardinal Sin war einer der Hauptredner. Man bat mich, über unsere Basiskampagne gegen die Stigmatisierung AIDS-kranker Menschen und über unser Programm für vorbeugende Bildung zu sprechen.

Genauso wie der sexuelle Missbrauch an Kindern auf den Philippinen lange vehement bestritten wurde, kam auch das Thema AIDS nur langsam ans Tageslicht. Widerstrebend mussten die Behörden anerkennen, dass AIDS nicht nur eine tödliche Bedrohung für ihr Land darstellte, sondern auch die Sexindustrie um die Stützpunkte herum ein Risikofaktor war, der zur schnellen Ausbreitung der Krankheit beitrug. Ein Ausschuss des philippinischen Senats veröffentlichte einen Bericht, in dem es hieß, es gäbe eine »eindeutige Verbindung« zwischen den Stützpunkten und der Ausbreitung des Virus.

Die US-Marine ließ in Olongapo und Angeles AIDS-Tests durchführen, nicht nur an ihren Soldaten, sondern auch an den Barmädchen. Fand man eine infizierte Frau, so wurde dies sofort dem Gesundheitsamt übermittelt und die Frau im San Lazaro-Hospital in Manila unter Quarantäne gestellt. Für die Frauen war das eine Katastrophe. Sie verloren ihr Einkommen, konnten ihre Familien nicht mehr unterstützen und wurden derart gebrandmarkt und stigmatisiert, dass sie nie wieder arbeiten konnten. Die US-Marine bezahlte das »Klinikum für Soziale Hygiene« in Olongapo für die Durchführung der Tests und stellte auch die Ausrüstung zur Verfügung. Dabei ging es eher darum, die Matrosen zu schützen als den Frauen zu helfen. Wie ein Schild besagte, bekam das Klinikum für diese Dienstleistung eine Prämie vom Bürgermeister. Man hätte den Frauen würdevolle, risikofreie Arbeit verschaffen müssen, aber anstatt sie zu unterstützen, überließ man sie sich selbst. Viele flohen aus dem Krankenhaus oder wurden entlassen, ohne dass man ihnen eine Alternative geboten hätte. Es blieb ihnen nichts anderes übrig, als zurück auf die Straße zu gehen oder in illegalen Bars und Hinterhofbordellen zu arbeiten. Aufgrund der heftigen Kritik durch Frauenrechtsgruppen und PREDA gab die Stadt ein paar der ehemaligen Barfrauen als öffentlichkeitswirksame Maßnahme einen Job im städtischen Gesundheitszentrum.

Unter immensem internationalem Druck hatte man ein kurzfristiges Aufklärungsprogramm gestartet. Die Stadtverwaltungen in Olongapo und Angeles hielten eisern daran fest, dass es in ihren Städten keine Prostitution gebe, sondern lediglich Unterhaltung. Die HIV-positiven Menschen waren jedoch der lebende Beweis der mangelnden Fürsorge und Vernachlässigung und der Folgen der Sexindustrie, die durch die Stadtverwaltung erst ermöglicht wurde. In gewöhnlichem Tourismus sahen die Politiker keine Gewinnchancen, da es keine Sehenswürdigkeiten gab. In Olongapo waren die Strände so dreckig, dass kein ausländischer Tourist dort hingehen würde.

Das Gesundheitsministerium des Landes gab zu, dass in jenem Jahr 172 neue AIDS-Fälle auf den Philippinen registriert wurden, doppelt so viel wie im Jahr davor. 20 Menschen waren bereits gestorben. Die Weltgesundheitsorganisation meinte, diese Zahlen seien untertrieben, denn es gebe viele unregistrierte Fälle. In Canberra befragten mich unzählige Journalisten und sorgten für eine gute Berichterstattung über die Probleme, denen wir uns auf den Philippinen gegenüber sahen. Ich drückte meine Besorgnis über die Ausbreitung von AIDS in Perth aus, wo im Hafen von Freemantle oft Schiffe der US-Marine anlegten.

Der Gesundheitsausschuss des philippinischen Senats bat mich, unsere Sicht des HIV/AIDS-Problems darzustellen. Ich wies auf sozioökonomische Hintergründe und Arbeitslosigkeit hin, die zur Prostitution verarmter Frauen durch die Sexmafia führten. Weil man glaubte, dass Kinder frei von HIV seien und man deshalb sicheren Sex mit ihnen haben könne, so sagte ich, stieg die Nachfrage nach Prostituierten im Kindesalter. Ich wies auf die hohe Anzahl infizierter Soldaten in der US-Armee hin; während eines Besuchs der Siebten Flotte der USA konnten sich leicht 20 HIV-positive Männer in Olongapo aufhalten. Ich bezog mich auf die Statistiken aus einer Studie des *Walter Reed Army Institute of Research*, einem Forschungsinstitut der Armee, die im Juni 1986 begann und drei Jahre dauerte. Unsere tiefe Besorgnis um die von der AIDS-Pandemie betroffenen Menschen wurde von den weltweiten politischen Ereignissen noch verstärkt. Der Mittlere Osten war ein Krisenherd, Saddam Hussein war in Kuwait einmarschiert und bedrohte die Ölreserven der USA. Der Golfkrieg stand unmittelbar bevor.

Ein weiterer Streit brach aus, als berichtet wurde, dass der Bürgermeister uns wieder einmal kritisiert hatte, weil wir im *Time Magazine* ein schlechtes Bild von Olongapo gezeichnet hätten. Jay Brannigan, einer der Autoren des Magazins, hatte eine Seite über Olongapo und dessen Abhängigkeit von den Militärstützpunkten gebracht. Der Artikel behandelte auch die Sexindustrie und zitierte meine Aussagen über die zerstörerischen Folgen für die betroffenen Familien. Er berichtete ebenfalls über unsere Bemühungen, einen Plan zur wirtschaftlichen Umnutzung der Stützpunkte zu erstellen, der auf der Notwendigkeit beruhte, die persönliche Würde der Menschen wieder herzustellen. Der Artikel berichtete, wie Gordon dem *Time Magazine* gegenüber gesagt hatte, er wolle es Olongapo abgewöhnen, sich völlig auf die Marinebasis zu verlassen; gleichzeitig hatte er aber den Konversionsplan verspottet, den wir vorangebracht und den die Landesregierung inzwischen übernommen hatte.

19

Jeder kann der Nächste sein

Gewalt gegen Kinder und Kirche (1990|91)

Die Stadt stand Kopf. Es war der Silvesterabend des Jahres 1990 und seit dem Vietnam-Krieg hatte es in Olongapo nichts Vergleichbares mehr gegeben. 32 Schiffe der US-Kriegsmarine fuhren in die Bucht von Subic ein, ankerten und ließen ihre Truppen auf die Stadt los. Panzer und Kraftfahrzeuge waren nicht länger urwaldgrün, wie wir es gewohnt waren, sondern sandfarben. Die Tarnanzüge der Marinesoldaten waren in ähnlichen Farben gehalten.

In jener Nacht strömten tausende Soldaten in kurzen Hosen und T-Shirts durch die Tore des Stützpunktes, um sich auf die Unterhaltungsangebote der Stadt zu stürzen. »Unsere Gebete wurden erhört«, gluckste ein Geschäftsmann während eines Radiointerviews. Der Krieg war es, für den viele in der Sexindustrie gebetet hatten. Hunderte zusätzlicher Frauen wurden aus Angeles und dem Großraum Manila herbeigeschafft, um die ungeheure Nachfrage durch tausende Marinesoldaten und Seeleute zu decken, die sich für ihren Einfall in den Mittleren Osten und ihren möglichen Tod durch chemische oder konventionelle Waffen bereitmachten. Als ich auf den Straßen und in den Gefängnissen nach gefährdeten Kindern suchte, bemerkte ich die ungewöhnliche Uniform und Abzeichen einer Gruppe eher nüchtern wirkender Marinesoldaten und fragte nach, wer sie seien. »Es sind die *body-baggers*, die Leichensammler«, erklärte mir ein Sergeant von der US-Küstenwache in seiner gestärkten weißen Uniform. Diese Spezialisten des Marinekorps waren auf dem Weg zu den Todesdünen in der Wüste von Kuwait, von wo sie die Leichen gefallener US-Soldaten nach Hause bringen würden. Ich erfuhr, dass die nahe der kuwaitischen Grenze wartenden US-Truppen schon 34 Soldaten durch Unfälle verloren hatten, bevor überhaupt ein einziger Schuss gefallen war. Die *body-baggers* würden gut beschäftigt sein.

Auf den Straßen vor mir fand der sprichwörtliche Tanz auf dem Vulkan statt. Wilde Partys wurden gefeiert, Bands spielten laute Musik, betrunkene Soldaten schwenkten Bierflaschen und tanzten auf den Straßen. Völlig berauschte junge Männer schwankten die extra für den Autoverkehr gesperrten Straßen hinunter und hielten zierliche philippinische Frauen wie Puppen in ihren Armen umklammert. Plakate hingen von den Balkonen der Bordelle und hießen die Schiffe mit Namen und Nummer willkommen. Leichtbekleidete junge Frauen winkten und riefen den Soldaten zu, sie sollten hereinkommen und Spaß haben. Straßenverkäufer priesen Sonnenbrillen, Kaugummi und Souvenirs an.

Im Januar 1991 besuchte ich Cebu City, wo ich Danilo (12), Denis (10), Lando (12) und viele andere Straßenkinder hinter den Gittern des Lahug-Gefängnisses traf, wo sie zusammen mit dumpfen erwachsenen Gefangenen eingesperrt waren und für sie als Knastsklaven arbeiten mussten. Einige von ihnen waren von der Polizei festgenommen und verprügelt worden, andere wurden seit Wochen festgehalten, ohne dass man sie angeklagt oder in ein Rehabilitationszentrum für Kinder gebracht hätte. Andere waren wegen versuchten Taschendiebstahls zu mehreren Monaten Haft verurteilt worden. Sie hatten nur den Rechtsanwalt, den das Gericht ihnen zuwies, es gab keine Sozialarbeiter, die sich um sie gekümmert hätten. Da keinerlei Jugendstrafrecht existierte, waren solche Situationen für diese Kinder und tausende andere wie sie ganz alltäglich. Es würden noch Jahre vergehen, bevor es für diese Kinder irgendeine Hilfe geben sollte.

Die Menschenrechtssituation hatte sich nicht verbessert. Noch immer waren Todesschwadronen auf den Philippinen aktiv. Zwischen Januar und August 1990 gab es 59 Fälle außergerichtlicher Exekutionen, 36 Menschen wurden entführt und verschwanden spurlos, fast 2000 Personen wurden ohne gesetzliche Grundlage verhaftet und 149 Menschen wurden gefoltert.

Bei PREDA machte ich mir um unsere Sicherheit zunehmend Sorgen. Die Mitarbeiter bekamen den Druck ebenso zu spüren wie ich; wir konnten nur beten und gegenseitig auf uns aufpassen. Wir gingen nicht alleine aus und achteten darauf, keine regelmäßigen Termine zu haben. Besonders wenn wir merkten, dass wir überwacht wurden, bescherte uns das schlaflose, angstvolle Nächte. Es war eine Erleichterung für mich, eine Weile wegzukommen und Erfahrungen in anderen Provinzen zu sammeln. Ich hielt viele öffentliche Vorträge zur Stützpunkts- und Menschenrechtsthematik, was mich natürlich noch mehr in den Blickpunkt der Behörden, oder, wie ich es manchmal in meinen Albträumen sah, ins Visier eines Auftragskillers geraten ließ.

Als ich im Januar auf Negros war, wurde ein Priester der Unabhängigen Kirche der Philippinen, Pater Narciso M. Pico aus Kabankalan – wo die Patres Brian Gore und Niall O'Brien fälschlicherweise des Mordes und umstürzlerischer Aktivitäten bezichtigt worden waren – brutal von Auftragskillern ermordet. Er hatte sich immer wieder auf die Seite der Armen geschlagen, ihre Rechte verteidigt und ihnen geholfen, mehr Lohn zu verlangen. Er war bedroht worden, hatte seinen Einsatz für die Menschenrechte jedoch mutig weitergeführt. Am 15. Januar saß er in der Nähe seiner Kirche vor einem Straßenlokal, als zwei Männer auf einem Motorrad heranfuhren und aus nächster Nähe auf ihn schossen. Schwer verletzt brach er zusammen. »Mein Gott, habt Mitleid, das ist genug«, rief er. Einer der Mörder stieß einen Fluch aus und rief dem anderen zu: »Mach ihn fertig!« Eine Kugel in den Kopf tötete Pater Pico auf der Stelle.

Die für Menschenrechte eintretende »Arbeitsgruppe Häftlinge« berichtete, dass in vielen Orten Kirchenmitarbeiter, Priester und Nonnen belästigt und bedroht wurden. Alle wurden als subversiv gebrandmarkt. Fanatisch anti-kommunistische, rechtsgerichtete Gruppen verbreiteten den Slogan: »Sei ein Patriot und töte einen Priester.« Präsidentin Aquino wusste nicht, was vorging; man veranlasste sie dazu, in mehreren Reden militante Gruppen wie die *Alsa Masa* in Davao zu ermutigen, die als notorische Killer bekannt waren. Der Oberste Gerichtshof legalisierte Festnahmen ohne Haftbefehl. Ein bloßer Verdacht war wie ein Todesurteil.

In Olongapo spürten wir die Feindseligkeit der Oberschicht und der Geschäftsleute. Als Reaktion auf die Abweisung der Ausweisungsklage gegen mich und unsere Rehabilitierung wurden wir verstärkt schikaniert; wir fürchteten, dass unsere Gegner bald Gewalt anwenden würden. Trotz des Rückhaltes durch Bischof Paciano und der Unterstützerbriefe der Katholischen Bischofskonferenz der Philippinen und anderer religiöser Organisationen machte uns die zunehmende Verfolgung von Kirchenleuten weiterhin Sorgen, doch das Beispiel so vieler mutiger Menschenrechtsaktivisten in der Kirche, die ihr Leben für die Armen riskierten, bestärkte uns auch.

Die Kluft zwischen der Kirche der Reichen und der Kirche der Armen wurde zusehends größer. Es war eine Zeit voller Widersprüchlichkeiten, so sehr die kirchlichen Würdenträger auch die Notwendigkeit zu Einheit und Versöhnung predigen mochten. Versöhnung konnte nur dort erreicht werden, wo es soziale Gerechtigkeit und Respekt vor den Menschenrechten gab. Dass es Bischöfe gab, die mutig und offen Stellung für diese Themen bezogen, ermutigte uns sehr.

Einige Monate später gab es auf Negros ein weiteres Massaker. Eine fünfköpfige Familie illegaler Siedler war von der Polizei niedergeschossen worden, nachdem sie es gewagt hatte, trotz Verbotes ihre vom Sturm zerstörte Hütte auf der städtischen Müllhalde wieder aufzubauen. Eine Familie reicher Geschäftsleute beanspruchte die Gegend für sich. Dieser Mord zeigte, mit welcher Macht und Skrupellosigkeit einige reiche Leute die Polizei für ihre Zwecke einspannten. Es war, als sei die Polizei ihre Privatarmee, ein Phänomen, das man überall auf den Philippinen und auch in Olongapo entdecken konnte. Bischof Antonio Fortich und Bischof Camilo Gregorio aus Bacolod auf Negros hielten die Gedenkfeier für die Toten ab, die von zehntausenden Menschen besucht wurde. Bischof Fortich sagte der Menge: »Wir müssen versuchen, eine Kirche zu sein, die die Rechte der Armen verteidigt und rechtfertigt, selbst wenn sie sich dadurch den Reichen und Mächtigen entfremdet und sich deren Verfolgung aussetzt.« Genauso sahen wir es in Olongapo.

Ein paar Wochen später ordnete Erzbischof Jesus Tuquib aus Cagayan de Oro, der zweitgrößten Stadt auf der Insel Mindoro an, dass alle Messen abgesagt und die Altäre der Kirchen in den Gemeinden Salay und Binuangan abgeräumt würden. Eine solch dramatische Geste hatte es zuvor noch nie gegeben.

Die wohlhabenden Gemeindemitglieder hatten sich nicht hinter ihren Gemeindepriester Pater Mario Valmorida gestellt, als das Militär ihn fälschlicherweise beschuldigte, Kommunisten zu helfen; dabei hatte er sich nur um die Flüchtlinge gekümmert, die vor der Bombardierung ihrer Dörfer durch das Militär geflohen waren. Man kritisierte ihn dafür, dass er dem Chor keine neuen Lieder beibrachte, sondern seine Zeit stattdessen in den hastig errichteten Flüchtlingscamps verbrachte. »Ich kann nicht zulassen, dass die Kirche nur für die Reichen, die politischen Führer und die Privilegierten dieser Stadt da ist«, sagte er. Das Militär hielt ihn für subversiv, es bedrohte seine Gemeindemitarbeiter und schoss auf ihre Häuser. Ein kleines Kind wurde dabei getötet. Man warf eine Granate in die Gemeindekirche und durchsiebte das Haus von Pater Mario mit Maschinengewehrsalven. Erzbischof Tuquib reagierte auf diese Angriffe mit der Schließung der Pfarrkirchen und sagte: »Inmitten all dieser Geschehnisse haben sich die Menschen nicht gekümmert, haben ihren Pfarrer nicht unterstützt (...), deshalb habe ich beschlossen, Pater Mario Valmorida abzuberufen.«

In Olongapo fragten wir uns, ob unsere Situation auch eine solche Ebene von Gewalt und Terror erreichen würde. Die Zeit würde es zeigen.

Unsere Bemühungen, Kinder aus den Gefängnissen zu retten, hatten uns mit vielen jungen Menschen in Kontakt gebracht, die ohne Verhandlung im Gefängnis festgehalten wurden – eine ganz alltägliche Situation. Einer der Jugendlichen, Raul Ganac Ramos, war in der Jugendgruppe der Gemeinde Santa Rita aktiv gewesen, deren Pfarrer der Columban-Priester Donal Bennett aus Irland war. Gemeinsam zelebrierten wir jeden Sonntag die Heilige Messe, wobei seine Pfarrkirche vor lauter Besuchern fast aus allen Nähten platzte. Raul wurde wegen angeblichen Diebstahls verhaftet und ohne Anklage beinahe drei Monate lang festgehalten. Am 12. Mai entkam Raul zusammen mit anderen Gefangenen bei einem Ausbruch aus dem Gefängnis. Die Polizei verfolgte seine Spur bis zu einer illegalen Siedlung, in der er sich versteckt hatte. Sie umstellte die Hütten und forderte ihn auf, sich zu ergeben, es würde ihm nichts geschehen. Raul beschloss, sich zu ergeben und kam mit erhobenen Händen heraus; die Siedler drängten sich näher heran, um nichts zu verpassen. Die Polizei führte ihn ungefähr 50 Meter von der versammelten Menge weg. Plötzlich gab es einen einzigen Schuss – Raul war hingerichtet worden. Die Todesschwadron hatte ihre Arbeit getan.

Pater Bennett las die Totenmesse. Während der Zeit des Kriegsrechtes, als er noch Gemeindepriester in St. Joseph war, hatte er viele ähnliche Beerdigungen durchführen müssen. Seine Predigt war voller Kraft und brachte die Dinge auf den Punkt. Er sprach vielen aus der Seele, als er sagte: »Wegen dieses Mordes sind wir alle hier in Santa

Rita in Gefahr und befürchten, dass so etwas auch uns, irgendwem, mir, euren Kindern, euren Brüdern und Schwestern, euren Freunden und Verwandten geschieht. Der Junge wurde getötet«, so sagte er, »als wäre er nicht einmal ein menschliches Wesen.« Achtung vor den Menschenrechten gab es in der Gemeinde nicht und wir lebten in einer Atmosphäre von Angst und Terror. Pater Bennett rief uns alle auf, uns zu vereinen, gemeinsam gegen die Ungerechtigkeit zu protestieren und uns gegenseitig im Kampf gegen Tyrannei und Unterdrückung beizustehen. Eine solch mutige Predigt hatte die Stadt dringend nötig.

Im vorangegangenen März waren wir sehr enttäuscht und frustriert über den Freispruch von Heinrich S. Ritter gewesen, der verdächtigt wurde, die zwölfjährige Rosario Baluyot vergewaltigt zu haben. Rosario war gestorben, weil ein Stück eines abgebrochenen Vibrators in ihrer Vagina steckengeblieben war und eine schwere Entzündung verursacht hatte.

Richterin Alicia Santos hatte Ritter im März 1987 zu lebenslanger Haft verurteilt. Das Berufungsgericht jedoch war der Ansicht, dass Ritter nicht wegen Vergewaltigung verurteilt werden könne, denn die Beweise zeigten, dass Rosario älter als zwölf gewesen sei und man deshalb davon ausgehen könne, dass sie den sexuellen Handlungen zugestimmt hatte. Der Richter sagte auch, für einen Mord gäbe es nicht genügend Beweise. Das Gericht berief sich auf eine Aussage des Arztes, der Rosario vor ihrem Tod untersuchte und dem sie gesagt hatte, ein Afro-Amerikaner habe den Vibrator in sie hineingesteckt.

Wenn es nicht Ritter war, wer hatte dann dieses schreckliche Verbrechen begangen? Es gab Verdachtsmomente, die auf einen US-Soldaten als Täter deuteten. Vielleicht hatte Ritter der US-Marine nur als Sündenbock gedient, damit sie sich vor Anschuldigungen schützen konnte und einer ihrer Männer hatte die Tat begangen. Es gab einige Zweifel daran, dass der Hauptzeuge, Jessie Ramirez, Ritter Monate nach der Tat auf den überfüllten Straßen Manilas richtig identifiziert hatte. Es schien wie ein Wunder, dass der Täter noch immer da sein sollte und Jessie ihn noch erkannt hatte.

Ein starker Beweis gegen Ritter war der Eintrag im Hotelregister für genau den Tag, als das Verbrechen angeblich geschehen war. Rückblickend erscheint auch das als ein außerordentlicher Glücksfall, denn die meisten Kunden nutzen die Stundenhotels nur für kurze

Zeit, sie bleiben nicht über Nacht und tragen sich deshalb nicht ein. Ein erfinderischer Ermittler könnte es leicht arrangieren, einen Namen nachträglich registrieren zu lassen. Die Tatsache, dass die US-Marine ihre eigenen Ermittler auf den Fall angesetzt hatte, förderte noch den Verdacht, dass Ritter nur der Prügelknabe war, den man mit raffiniert ausgedachten Indizien in die Falle gelockt hatte. Nach der Verhandlung hatte man den Zeugen Ramirez von uns ferngehalten, wir konnten ihn nicht befragen und sofort nach der Verhandlung brachte man ihn und seine Mutter in eine entfernte Provinz. Als er uns Jahre später bei PREDA besuchte, stand er unter Drogen oder war psychisch gestört; wir konnten nicht genau sagen, was von beidem der Fall war.

In keiner Weise sollen diese Spekulationen die ehrliche und qualitativ hervorragende Arbeit der Staatsanwälte herabwürdigen. Sie konnten sich nur nach den Beweisen richten, die sie von der Polizei geliefert bekamen oder die sie selbst fanden. Jetzt war es jedenfalls zu spät für eine weitere Untersuchung. Rosario war ermordet worden und mit der Zeit wurde sie zum Symbol für alles Übel und alles Schlechte, das die Kinderprostitution und das System, das sie verschleierte, verursachten.

Anfang Juni 1991 brachte uns unser Mitarbeiter Roy Vidal, der sich um die Straßenkinder kümmerte, die Neuigkeit, dass ein Hilfspolizist ein 13-jähriges Mädchen vergewaltigt hatte und niemand gegen ihn ermittelte. Dann wurde ein Polizeihauptmann beschuldigt, eine Zehnjährige sexuell missbraucht zu haben, aber auch dieser Fall wurde nicht untersucht. Dieser Hauptmann war auch derjenige, der routinemäßig Straßenkinder aufsammelte und ins Gefängnis brachte. Unsere größte Angst war, dass die Polizei die Straßen von Kindern freihielt, indem sie die Kinder an Pädophile auslieferte.

Trotz schwerwiegender Beweise wurden die Klagen wegen sexuellen Missbrauchs von Kindern gegen zwei pensionierte Soldaten fallengelassen. Der Staatsanwalt von Olongapo war vom Bürgermeister berufen worden; seine Art der Strafverfolgung war unzuverlässig. Ganz eindeutig herrschte noch die gleiche Geisteshaltung wie damals, als wir den sexuellen Missbrauch von zwölf Kindern durch den US-Soldaten Daniel Dougherty aufdeckten. Es handelte sich um eine ganz simple Form der Verschleierung: wenn es nicht bekannt wird, dann ist es nicht passiert. Eben dieser Verleugnung und Verschleierung von sexuellem Missbrauch und Sextourismus stellten wir uns entgegen.

Die Politiker sorgten sich hauptsächlich um ihr Image. Die Kampagne, mit der die städtische Oberschicht mich hatte verurteilen und ausweisen lassen wollen, zeigte nur, wie sehr sie die Wahrheit fürchteten. So etwas ist wie ein kollektives Schuldbekenntnis. Sogar einige der Krankenhäuser beteiligten sich an illegalen Abtreibungen – und Rechtsanwälte machten unter Mithilfe korrupter Richter und Beamter falsche Anschuldigungen gegen Unschuldige. Der Versuch vom letzten Jahr, mich ausweisen zu lassen und das PREDA-Zentrum zu übernehmen, überzeugte uns davon, dass eine Art Mafia oder Syndikat hinter den Bars und Bordellen steckte. Der Handel mit Frauen und Kindern war ein äußerst lukratives Geschäft, dessen Ware die unschuldigen Menschen aus den ländlichen Gebieten waren, die man in die Städte lockte und dort in die sexuelle Sklaverei verkaufte. Alle Beweise deuteten darauf hin, dass die Beteiligten ihre sexuellen Verbrechen in großem Ausmaß verschleierten.

Als ich am Gefängnis am Magsaysay Drive vorbeikam, der Straße, die zum Haupttor der Marinebasis führt, bemerkte ich hinter den Gitterstäben zwei Straßenkinder. Ich bat den diensthabenden Polizisten, sie freizulassen. Er war gereizt, am Silvesterabend waren seine Gedanken woanders, nicht bei der Freigabe von Kindern an einen lästigen Priester. Aber ich blieb standhaft und schließlich forderte er den Polizeibus an, einen umgebauten, weiß gestrichenen Jeep mit Maschendrahtfenstern. Er schob die Kinder hinein und schickte sie ins *Lingap*-Zentrum für Kinder, das vom Ministerium für Soziale Wohlfahrt und Entwicklung betrieben wurde. Die Stadtverwaltung von Olongapo schickte prinzipiell keine Straßenkinder oder missbrauchte Kinder zu PREDA, es war ihnen von höherer Stelle untersagt worden. Man fürchtete wohl, dass wir Beweise für sexuelle Übergriffe auf die Kinder finden und eine Untersuchung fordern könnten. Bald war das *Lingap*-Zentrum mit Jungen und Mädchen überfüllt. Darum beschlossen wir, unsere Suche nach Kindern in Gefängnissen zu intensivieren.

Im Gefängnis können sich die Kinder am wenigsten gegen Missbrauch wehren. Das Leiden der Kinder und Jugendlichen hinter Gittern machte mich traurig, und ich war jedes Mal deprimiert und wütend, wenn ich sie im Gefängnis sah. Die meisten von ihnen hatten überhaupt nichts getan. Damals hatten wir noch nicht die rechtlichen Mittel, sie zu befreien, und das war unglaublich frustrierend.

Es gab ein Ereignis, das mich zutiefst betroffen machte; es wurde zum Auslöser einer Initiative, die sich in den kommenden Jahren zu einer erfolgreichen Rettungsmission entwickeln sollte. Inzwischen haben wir bei PREDA sogar ein Heim für ehemalige Gefängniskinder.

Es war am Abend des Gründonnerstags im Jahr 1991. Mit Michael McCarthy, dem Mann meiner Cousine Rovena McEvoy, ging ich durch die Straßen von Olongapo und besuchte die Gefängnisse. Es wurde Mitternacht und wir machten einen Überraschungsbesuch in Station B, dem lokalen Gefängnis am Magsaysay Drive. Ich begrüßte den diensthabenden Polizisten und als er zurücknickte, hörte ich ein Kind weinen. Ich ging am Schalter vorbei einen Gang hinunter. Eine einzelne Glühbirne verbreitete schummeriges, gelbes Licht. Als wir den engen Gang hinunter gingen, drang ein stechender Geruch von Urin, Fäkalien und getrocknetem Schweiß an unsere Nase. Es gab zwei Zellen, eine rechts und eine links vom Gang. In der rechten Zelle befanden sich vier grimmig aussehende Männer, von denen zwei schlafend auf dem Boden lagen. Die anderen beiden hatten die Insassen der anderen Zelle betrachtet und drehten sich nun zu uns herum.

Das Weinen kam von einem kleinen Mädchen, nicht älter als sechs Jahre, das sich an den Gitterstäben der Zelle festklammerte. Tränen liefen über ihr kleines Gesicht, das vom vielen untröstlichen Weinen schon ganz geschwollen war. Sie sah uns flehend an, als könnten nur wir sie aus ihrer Qual und Angst erlösen. »Mama, warum bin ich hier? Bitte, hol mich hier raus!«, weinte sie wieder und wieder. Sie war sichtlich hungrig und sehr durstig, in ihrer Hand hielt sie eine leere Coladose. Ein Dutzend anderer Kinder lag schlafend auf dem Boden der winzigen Zelle verstreut. Andere lagen in einem Haufen übereinander auf einem Hochbett an der Wand. Ihre Arme und Beine waren ineinander verschlungen und hingen wie Stücke eines braunen Seils an den Seiten des Bettes herunter.

Ich war sprachlos. Eine fürchterliche Wut stieg in mir hoch. Wie unsensibel musste ein Mensch sein, der so etwas tun konnte, so bar jeglichen Mitgefühls und so seelenlos, dass er schwache, verletzliche Kinder als Gelegenheit für Profit und Vergnügen ansah. Wie konnte man von einem solch erbärmlichen Anblick nicht berührt werden, der andere Menschen so wahnsinnig wütend und besorgt machte? Die Polizisten waren uns nachgegangen und befahlen uns, zu gehen. Vielleicht dämmerte ihnen, dass wir uns über diese Zustände bei den höheren Behörden beschweren könnten. Ich wusste, dass dies nicht die Zeit und der Ort für einen Wutanfall war, deshalb bat ich Michael um die Kamera, machte Fotos und notierte die Fakten.

Die Polizei hatte das kleine Mädchen während einer ihrer Säuberungsaktionen aufgelesen. Ihre Eltern verkauften Erdnüsse auf der Straße. Der korrupte Polizist, der das Kind mitgenommen hatte, hatte vor, sie im Austausch gegen den hart erarbeiteten Tagesverdienst der Eltern freizulassen. Dies war eine Form von Kindesentführung.

Ich bat den diensthabenden Wachmann eindringlich darum, die Kinder freizulassen und ins *Lingap*-Zentrum zu bringen, denn es war klar, dass er sie nicht zu PREDA bringen lassen würde. Die Politiker versuchten, das *Lingap*-Zentrum für Kinder unter ihre Kontrolle zu bringen, aber die mutige Direktorin, Adelina Apostol, ließ sich nicht einschüchtern und hielt dem Druck stand. Sehr zum Ärger der Stadtverwaltung reichte sie viele Klagen gegen verdächtige Sexualstraftäter ein. Der stellvertretende Staatsanwalt der Stadt, Dorentino Floresta, setzte sich sehr dafür ein, die Klagen vor Gericht zu bringen, wenn die Beweise dafür ausreichten.

Die vom Weinen und Bitten erschöpften Kinder wurden aus der schmutzigen Zelle geholt, in einen Polizeiwagen gesteckt und die kurze Strecke zum bereits überfüllten *Lingap*-Zentrum gefahren.

Die Stimmung in Olongapo war angespannt, denn die Debatte und der Kampf um die öffentliche Meinung bezüglich der Stützpunkte wurden immer hitziger. Diejenigen, die für die Stützpunkte eintraten, setzten sich beim Senat für die Annahme des vorgeschlagenen »Vertrages für Freundschaft, Zusammenarbeit und Sicherheit« ein. Sie machten viel Tamtam um die negativen Auswirkungen, die ein Rückzug der US-Marine und der Luftwaffe auf die Wirtschaft haben würde. Das war ihr Hauptargument. Die Linke und die gemäßigten Gruppen argumentierten hingegen, dass Souveränität und das Ende politischer Einmischung seitens der USA die größten Vorteile seien.

Unser Hauptargument waren die schlimmen sozialen und moralischen Auswirkungen der Stützpunkte sowohl auf Filipinos als auch auf die jungen US-Soldaten. Die alternativen Wirtschaftszonen würden menschenwürdige Arbeitsplätze schaffen und der Stadt auch ohne das von der Mafia kontrollierte Sexgeschäft einen Aufschwung bringen. Wir unterstützten auch die Argumente bezüglich Souveränität und Freiheit, aber da die anderen Gruppen diese wichtigen Punkte in der Presse sehr gut vertraten, konzentrierten wir uns auf die wirtschaftlichen und sozialen Punkte.

Die Anti-Stützpunkt-Koalition hatte die Idee der Wirtschaftszonen übernommen und setzte sich gemeinsam mit uns dafür ein. Die Idee wurde schon bald immer beliebter und war eine passende Antwort auf das Untergangs-Szenario, das die Pro-Stützpunkt-Gruppe von Bürgermeister Gordon heraufbeschwor. »Souveränität kann man nicht essen«, brüllte er häufig, woraufhin wir auf die Vorteile der Konversion und das Ende der nuklearen Bedrohung hinwiesen, die von den atomaren Angriffswaffen der USA in unserer Region ausgingen. Am Ende waren es sowohl diese Argumente als auch die mediale Unterstützung für diese Position, die zu einem Meinungsumschwung in der Öffentlichkeit gegen den Erhalt der Stützpunkte führten.

20

Naturgewalt
Der Ausbruch des Pinatubo (1991)

An einem drückend heißen Tag, als die Sonne gerade im Zenit stand, kam eine Gruppe von *Aetas* die Einfahrt zum PREDA-Zentrum hinauf, um an einem Seminar für Stammesführer aus den ganzen Philippinen teilzunehmen. Es war von Schwester Mengay Balaso und den Leitern verschiedener ethnischer Gruppen organisiert worden.

Die *Aetas* erzählten uns von tiefen Bohrungen, die von der *National Power Corporation* (NPC), der staatlichen Stromgesellschaft, an den Hängen des Mount Pinatubo durchgeführt wurden. Die NPC suchte hier nach geeigneten Standorten für den Bau eines Geothermiekraftwerkes.

Der Vulkan war das angestammte Gebiet der *Aetas*, und die Ältesten waren sehr aufgebracht darüber, dass die Götter des Berges gestört wurden. Die Leute waren verstört über diesen Übergriff auf ihren heiligen Berg und den Lebensraum der Tiere, die sie schätzten und respektierten. Die *Aetas* waren ursprünglich nomadisierende Jäger und Sammler, hatten sich jedoch in den letzten Jahren in kleinen Dörfern niedergelassen, um ihren Lebensraum zu erhalten und sich selbst vor dem Aussterben zu retten. Schwester Mengay half ihnen dabei, ihr angestammtes Recht auf die Wälder und Berge zu verstehen. Sie lernten schnell und waren nun gut organisiert.

Sie baten uns, ihnen bei der Einreichung ihrer Forderungen beim Ministerium für Umwelt und Naturressourcen zu helfen und die Grenzen des Gebietes ihrer Ahnen zu bestimmen. Gemeinsam gingen wir nach Manila und halfen ihnen dabei, ihre Ansprüche geltend zu machen. Dieses Projekt brachten wir zusammen zu einem erfolgreichen Ende, denn schließlich gab man ihnen die Erlaubnis, in den Wäldern zu sammeln. Dies hatten ihre Vorfahren seit über 5000 Jahren getan, es war eine Ironie, dass sie jetzt eine Genehmigung brauchten, um ihre Rechte in ihrem eigenen, heimatlichen Gebiet wahrzunehmen.

Die sich erholenden Drogenabhängigen gingen manchmal in der Nähe eines kleinen *Aeta*-Dorfes zelten. Die Häuser waren kleine, niedrige Bambushütten mit Strohdächern und lagen direkt am Fluss. Die Menschen hießen uns jedes Mal sehr freundlich und herzlich willkommen, wenn wir sie besuchten. In der Nacht hielt eine Gruppe Krieger mit Blasrohren sowie Pfeil und Bogen Wache, um ihre Gäste vor möglichen Eindringlichen, Banditen aus den Hügeln, zu schützen. Wie sie die Moskitos und andere Insekten auf ihren praktisch nackten Körpern ertragen konnten, werde ich nie verstehen.

Während des Treffens der Stammesführer aus dem ganzen Land erzählten die *Aetas*, wie es im Inneren des erloschenen Vulkans rumorte und bebte und dass Rauchwolken aufstiegen, die jeden Tag größer wurden. Sie hatten bereits die zuständige Regierungsbehörde über ihre Beobachtungen informiert, was sich als rechtzeitig und entscheidend für die Rettung tausender Leben herausstellen sollte. Dank dieser Warnungen konnten Hunderte von Menschen Tage vor dem Ausbruch evakuiert werden. Ungefähr 500 Menschen starben, als der Vulkan schließlich ausbrach und riesige Ströme von »flüssigem Zement« in die Täler hineinflossen. Sintflutartige Regenfälle ließen die Flüsse anschwellen, da die Flussbette versperrt waren, bis schließlich Hunderte Tonnen Sand und Asche in Bewegung gerieten. Einige der älteren Menschen starben, weil sie ihre Hütten im Dschungel an den geheiligten Hängen des Mount Pinatubo nicht verlassen wollten. Einige Farmer und ihre Familien kamen nicht mehr aus ihren Häusern heraus oder wurden auf den Feldern von plötzlichen, unerwarteten Schlammlawinen und Sturzfluten weggerissen.

Der 14. Juni 1991 war ein Tag voller Verwunderung und Erwartung. Ungefähr 50 Kilometer nördlich des PREDA-Zentrums gab es eine kleinere Explosion und eine graue Rauchsäule stieg in den klaren, blauen Himmel auf. Wir gingen hinaus, um diese spektakuläre Darbietung von der Größe und der gefährlichen Schönheit der Natur zu betrachten. Es war verblüffend und ehrfurchterregend. 600 Jahre lang hatte der Vulkan geschlafen, jetzt erwachte er zu neuem Leben. Die untergehende Abendsonne wurde von den sich westwärts ausbreitenden Wolkenbergen reflektiert und tauchte den gesamten Himmel in herrliches Rot. Das Meer und die Berge in der Ferne waren im Rauch nur undeutlich zu erkennen; die Szene wirkte wie ein etwas diffuses Bild von Monet, bezaubernd schön und mysteriös.

Ich war wie gefangen von diesem wunderbaren Schauspiel, fühlte die unglaubliche Kraft der Natur und dachte, wie schwach und mickrig doch unsere Spezies im Vergleich dazu war. Doch so mächtig der ausbrechende Vulkan auch war, ebenso sehr fürchtete ich die wachsende Macht menschlicher Technologie, die unser Leben beherrschte und so viel von unserem Planeten zerstörte. Es war klar, dass wir diese Technologie nicht aufgeben würden, nicht aufgeben konnten, auch wenn sie mit der Natur zusammenprallte. Heute noch mehr als jemals zuvor scheint es, dass die Natur gezwungen wird, sich der verheerenden Gewalt moderner Ökonomie zu unterwerfen, die in rasanter Geschwindigkeit Regenwälder zerstört und die Atmosphäre vergiftet, deren Luft wir zum Leben brauchen.

Als ich diese ehrfurchtgebietende Zurschaustellung der schrecklichen Schönheit der Natur sah, hatte ich Angst um die Menschheit. Ich mache mir große Sorgen um das, was mit unserem Planeten geschieht und versuche, mit dem Universum im Einklang zu sein. Ich denke gerne darüber nach, wie wir aus der gewaltigen, urzeitlichen Explosion entstanden sind, dessen Folge und die Erinnerung daran der dort draußen brodelnde Vulkan war. Ich stellte mir vor, dass auch wir aus diesem explodierenden Sternenstaub kamen und uns nach Gottes Plan entwickelt hatten, um zu leben und uns selbst zu erkennen. Dass tatsächlich aus uns das denkende Bewusstsein dieses Universums wurde, welches durch uns über seine eigene Macht und Größe reflektieren kann, ist das größte Wunder unserer Existenz.

Ich wandte mich ab, um schlafen zu gehen, doch ich war besorgt darüber, welches Maß an Zerstörung wir allen Lebensformen durch die Technologie zufügten, auf die wir niemals verzichten würden, egal, wie sehr sie uns oder der Natur schadete. Wir schaden nicht nur unseren Nachkommen, dachte ich, sondern wir haben uns der Natur entfremdet.

Am nächsten Morgen hatte ich vor lauter Sorgen Kopfweh. Es gab Anzeichen, dass noch mehr Ausbrüche kommen würden. Den ganzen Tag beobachteten wir den Himmel und fragten uns, was geschehen würde. Dann, in der Nacht, wurden wir um zwei Uhr von einem leichten Erdbeben geweckt. Das Gebäude schwankte und klapperte und dann hörten die Erschütterungen wieder auf. Wir rannten alle nach draußen, verängstigt, mit zitternden Knien und trauten uns kaum, uns wieder hinzulegen. Die Anspannung war groß.

Am Morgen versammelten wir uns draußen und beobachteten mit wachsender Verwunderung, wie der qualmende Berg noch höhere Rauchsäulen ausstieß, die sich nach Westen ausdehnten. Es sah aus wie ein Schornstein, der giftige Dämpfe ausstieß und sie auf das Meer hinausspuckte. Alex und Merly fuhren wie immer über das Wochenende nach Manila, um das Wochenende mit ihren drei Kindern zusammen zu verbringen.

Ungefähr um zehn Uhr morgens kam dann die spektakulärste Explosion von allen und riesige, schwarze Rauchwolken, größer als alle zuvor, türmten sich tausende von Metern in den Himmel hoch. Wie Artilleriefeuer kamen in schneller Abfolge weitere schwere Explosionen. Unsere Fenster klapperten. Noch während wir zusahen, schoss mit großer Geschwindigkeit eine noch riesigere Wolke nach oben; wir schrien vor Erstaunen und sprangen auf. Der Himmel war kaum groß genug für diese massige schwarze Wolke, die aussah wie ein Atompilz. Die Wolken breiteten sich über den Himmel aus und kamen auf uns zu wie eine Szene aus Cecil B. de Milles biblischem Film »Die zehn Gebote«. Die schwarze Wolke füllte den Himmel und verdeckte die Sonne; der Tag wurde zur Nacht. Je dichter die Wolken wurden, desto dunkler wurde es. Nun bekamen wir richtig Angst.

Die Wolken waren nun über uns und weiße Asche begann zu fallen, als würde es schneien. Es wurde mehr und mehr, bis der Boden um uns herum von einer zentimeterdicken Schicht bedeckt war. Bald war alles mit einer Decke geisterhafter leichter Ascheflocken bedeckt. Dann kam der Regen.

Um halb drei nachmittags war die Sonne völlig verdeckt und völlige Dunkelheit senkte sich auf uns herab. Unser Hund winselte vor Angst, wir waren verstört. Roy und ich stellten uns unter die Garage, ein einfaches Dach aus Wellblech auf hölzernen Pfosten. Ich fürchtete, dass aus den Wolken, ebenso wie es in Pompeji geschehen war, auch tödliches Gas entweichen könnte und überlegte, ob wir Gasmasken brauchen würden.

Junior, ein ehemaliges Straßenkind, das bei PREDA aufgewachsen war und nun als Wächter bei uns arbeitete, stand am Seiteneingang des Zentrums. Plötzlich rief er: »*Takbo! Takbo!* Rennt, rennt! Es fällt, es fällt!« Wir hörten das laute Krachen von Holzpfählen, die unter einem mächtigen Gewicht zusammenbrechen, und sprangen sofort vorwärts. Als ich in den offenen Hof rannte, sah ich aus dem Augenwinkel, wie das Dach schwankte, sich vorwärts lehnte und plötzlich nach unten krachte. Wie von der Tarantel gestochen schnellten wir nach vorn. Ich fühlte, wie das Gebäude auf mich hinunter fiel, mir folgte und versuchte, mich zu erreichen und zu zerquetschen, so wie eine Fliege von einer Fliegenklatsche zerquetscht wird.

Meine Beine schienen zu laufen, doch ich hatte entsetzliche Angst und fühlte mich, als steckte ich fest und könne mich nicht bewegen. Ich würde zerschmettert werden. In der letzten Sekunde krachte das Dach mit einem gewaltigen Knirschen direkt hinter uns zu Boden. Eine Wolke grauer Asche wirbelte um uns herum auf. Wir blieben stehen und schauten ungläubig auf das zusammengebrochene Dach. Mein Körper war rechtzeitig davongerannt, aber mein Gehirn konnte das nicht wahrnehmen, es dachte noch immer, es läge unter den Trümmern. Gerade sind wir noch lebendig und gesund und ein paar Sekunden später wird unser Leben zerschmettert und uns entrissen. Ich war schweißgebadet und schwankte auf wackeligen Beinen zurück ins Zentrum. Roy war ebenso geschockt; still setzte er sich in plötzlicher Erschöpfung hin. Junior und die anderen älteren Bewohner kümmerten sich um die Kinder. Ich war sprachlos und begann, mir echte Sorgen zu machen. Was würde als nächstes passieren, wenn der Rest des Gebäudes den wachsenden Sand- und Aschebergen nicht standhalten konnte? Der Regen hatte die Asche durchnässt, bis sie so schwer wurde wie Zement. Es war zu riskant, die Jungen das gewölbte Dach hinaufzuschicken, um die Asche hinunter zu fegen. Es war einfach zu viel, und sie hätten im Dunkeln ausrutschen und fallen können.

Der Strom war ausgefallen. Die Asche hatte die Anschlüsse in der etwa einen Kilometer entfernten Stromschaltanlage bedeckt und war dann vom Regen durchweicht worden, was einen Kurzschluss verursachte und die gesamte Anlage lahmlegte. Auch das Telefon funktionierte nicht, aber das war egal, denn wir hätten sowieso niemanden um Hilfe rufen können. Wir waren auf uns gestellt und mussten die Ereignisse alleine durchstehen.

Mit einem Mal bebten die Erde und das Gebäude und Asche fiel in nassen Klumpen vom Dach. Mit Taschenlampen in der Hand rannten wir nach draußen in die Dunkelheit, die Kinder vor uns herscheuchend. Wir sagten ihnen, sie sollten sich gegenseitig an den Händen fassen und sich so weit sie konnten vom Gebäude entfernen. Das beängstigende Beben dauerte ungefähr zehn bis zwölf Sekunden, das war ziemlich lange für ein Erdbeben. Was jeder lebenden Kreatur in einem solchen Moment das Herz zusammenpresst, muss eine der ältesten Ängste der Menschheit sein. Die fallende Asche und die stetige Dunkelheit machten alles nur noch beängstigender. Einige der Straßenkinder weinten, der Rest hielt sich nur gegenseitig fest.

In der Ferne hörten wir Donner; Blitze zerrissen den Tag, der plötzlich zur Nacht geworden war. Der Sturm wirbelte den Berg hinunter und kam näher, der Wind wurde stärker. Ich begann, inständig zu beten, dass uns nichts passieren möge, ohne zu wissen, welche Fluchtwege es gab und wo wir in Sicherheit wären.

Wir sahen auf, als ein riesiger Blitz durch die Wolken zuckte wie ein brennendes Seil und auf seinem Weg zur Erde das Schwefelgas und die Asche entzündete. Der Donner rollte und dröhnte. Wir rangen nach Luft und sprangen vor Schreck auf, so etwas hatte noch keiner von uns je gesehen. Unser Erstaunen über die »Spezialeffekte« der Natur war stärker als unsere Angst, und so beachteten wir weder den Regen noch den Wind, sondern warteten auf den nächsten spektakulären Feuerball, der den Himmel wie ein glühender Komet erhellen würde. Dann, zu unserem Entzücken, steckte ein weiterer riesiger Blitz den Himmel in Brand: Eine feurige rote Flamme durchschnitt die Dunkelheit und brannte sich ihren Weg durch die schwefelgetränkte Atmosphäre.

Es war kaum zu begreifen, dass wir lebende Zeugen eines solch wahnsinnigen, wunderbaren Chaos sein sollten, das die Kräfte der Natur durch ihren Zusammenprall verursachten. Ein mächtiger Knall kündigte weitere Schrecken an, als der Vulkan erneut ausbrach; man konnte sich leicht vorstellen, wie er Steine und Schutt ausstieß, die er 600 Jahre lang angehäuft hatte. Er spuckte große Steine und die verbrannte Schlacke geschmolzener Steine und rot glühende Lava, die wahrscheinlich rechts und links den Berg hinunter in die Täler floss, die sich jetzt mit Asche füllten. Bimssteine so groß wie Autos wurden hunderte Meter hoch in die Luft geworfen, um dann Kilometer weiter weg wie große Kanonenkugeln zu Boden zu fallen. Der Schlund des keuchenden, brodelnden Kraters stieß Millionen Tonnen schwarzen Rauchs und giftiger Gase aus, die 10 000 Meter hoch in den Himmel wirbelten und den Tag in Nacht verwandelten. Es war unglaublich.

All dies wurde ungefähr jede halbe Stunde von plötzlichen Erdbeben unterbrochen; es gab einen lauten Knall und die Erde unter unseren Füßen bebte heftig. Immer noch zuckten die Blitze und schossen brennende Streifen Asche über den verdunkelten Himmel. Im Hintergrund, am Horizont, blitzte es ständig. Wir standen in der fallenden Asche und warteten auf die nächste unglaubliche Show, die uns der Himmel liefern würde. Für eine Weile vergaßen wir unsere Sorgen.

Unsere Aufregung über das, was wir hier erlebten, war stärker als unsere Angst. Der Regen hatte aufgehört und die Kinder sprangen aufgeregt auf und ab, riefen und zeigten auf den nächsten Kugelblitz, der durch die Dunkelheit zu Boden raste. Es war eine spektakuläre, berauschende Erfahrung, Ehrfurcht gebietend und unerwartet schön.

Ich fühlte mich so klein und unbedeutend, demütig und überwältigt von diesem gigantischen Aufruhr der Natur, der sich mir darbot, in meinen Ohren dröhnte und die Erde unter meinen Füßen zum Beben brachte. Die weiße Asche fiel auf mich nieder und hüllte mich ein wie ein Totenhemd, so als ob ich für den Tod vorbereitet und mit viel Zeremoniell beerdigt werden sollte. Es war aufregend und spannend, und ich fühlte mich auf seltsame Art lebendig, vielleicht weil ich dem Tod so nahe gewesen war und mich seltsam eins fühlte mit dieser wunderbaren Darbietung der Natur. Einer solchen Erinnerung an den Ursprung des Kosmos konnte man nicht entfliehen.

Das Schauspiel zog mich an. Ich konnte sehen, dass hier die Kraft war, die Energie, die Quelle allen Lebens und aller Schöpfung. Sie war im Feuer, in der Asche, in den Erdbeben, die den Planeten geformt und die ursprünglichen Zutaten vermischt hatten, aus denen das Leben selbst entstanden war. Ob man es die Macht der Schöpfung nennt oder die Kraft Gottes, es ist in allem und jedem anwesend, und es war auch hier in dieser Katastrophe. Hier war kein Zerstörer am Werk oder ein strafender, rächender Gott; dies war ein kurzer Blick auf jene mächtige Kraft der Schöpfung, durch die das Leben auf der Erde entstand und sich durch die Umwälzungen in der Natur entwickelte.

Ich denke gerne darüber nach, woher wir, als die einzig bekannten intelligenten und sich ihrer selbst bewussten Wesen im Universum, kamen. Mir gefällt der Gedanke, dass das gesamte Universum an sich eine einzige lebendige Wirklichkeit ist. Wir sind Teil seines Bewusstseins, und durch uns erkennt es sich selbst. Dieser furchterregende und doch wunderbare Vulkanausbruch ließ mich sehen, woraus ich entstanden war. Durch mich, durch uns alle reflektierte das Universum mit Intelligenz über seine ursprüngliche Existenz. Wir müssen das Bewusstsein der Schöpfung sein, die über sich selbst nachdenkt.

Um drei Uhr nachmittags war es stockdunkel, wir konnten einander kaum sehen. Roy und ich sammelten die Kinder und Bewohner in der großen Halle zusammen und zählten durch. Alle waren da. Wir blieben in dem Hauptteil des Gebäudes, zündeten die Gaslampen an, die wir für den Notfall bereithielten und aßen ein spätes Mittagessen.

Wir hatten noch nicht bemerkt, dass die Asche auf dem Dach das Regenwasser aufsaugte und mit jeder Minute schwerer wurde. Dann hörten wir zu unserem Erstaunen draußen Motorengeräusche und traten hinaus in das Scheinwerferlicht eines Minibusses, der mit Allradantrieb durch die immer dicker werdende Aschedecke unsere Auffahrt hinaufkroch. Er hielt auf der offenen Fläche hinter unserem Gebäude an und heraus stieg eine Fernsehcrew aus Manila. Sie hatten den Vulkan gefilmt, kamen aber nicht weiter, denn die Straßen waren unpassierbar geworden, wie sie sagten. Alles war geschlossen, man konnte nirgendwo hin. Wir luden sie ein, hineinzukommen und sich unserer Mahlzeit anzuschließen, die wir auf Gaskochern zubereitet hatten. Sie hatten eigenes Essen mitgebracht und blieben im Bus. Auch sie waren wie wir besorgt über die Menge an Asche, die sich auftürmte.

Wieder sammelte Roy alle Kinder und Bewohner, insgesamt ungefähr 55 Menschen, in der Haupthalle. Wir hatten noch eine Gaslampe und einige Taschenlampen. Wir beschlossen, die fünf Kilometer nach Olongapo zu gehen.

Mit einem lauten Krachen kam eine weitere Erschütterung, die uns vor Schreck aufspringen ließ. Das Gebäude wackelte, Fenster klapperten, Metallträger ächzten und dann war es totenstill. Einige der kleineren Kinder begannen zu weinen. Roy ging hin, um sie zu beruhigen. Wir beschleunigten unsere Vorbereitungen, das Gebäude zu räumen und trieben die Kinder beim Essen an. Sie standen alle um die Gaslampe herum, hielten ihre Teller fest und aßen mit den Fingern. Beim flackernden Licht der Lampe konnten sie ihr Essen kaum sehen. Manchmal schoss die Flamme der Lampe hoch – wohl durch das Schwefelgas, das die fallende Asche mitbrachte.

Plötzlich spürte ich, dass wir in Gefahr waren. Ich war überzeugt davon, dass das Gebäude nicht länger sicher war. Wir mussten raus. Ich rief Roy zu: »Halt die Kinder zusammen, vielleicht müssen wir schnell raus. Ich hole nur etwas aus meinem Zimmer.«

Sand und kleine Kiesel fielen wie Hagelkörner vom Himmel und klapperten auf den abfallenden Seitenteilen des Daches, wo die Asche nicht liegengeblieben war. Ich verließ die Haupthalle und nahm schnell etwas Geld, eine Jacke und eine Mütze sowie meine Kamera, die auf dem Tisch lag. Ich ging die paar Meter zurück zur Halle und wollte gerade hineingehen, als ein mächtiges Brüllen, Klappern und das Kreischen kollabierenden Metalls ertönte; mit einem riesigen Knall brach das Dach aus verzinkten Blechen vor meinen Augen in sich zusammen.

Ich war wie gelähmt. Im einen Moment ging ich durch die Halle, wie ich es die letzten 17 Jahre lang getan hatte und eine Sekunde später war sie nicht mehr da. Ich sah hinauf in einen dunklen Himmel, aus dem Asche und Sand in völliger Stille herunterrieselten. Entsetzliche Angst ergriff mich, eine riesige Hand drückte mir das Herz unter schrecklichen Schmerzen zusammen. Ich hatte sie da drinnen um die Gaslampe herum zurückgelassen! Mein Hirn raste, um zu begreifen, was gerade passiert war. *Die Kinder! Roy! Die Bewohner! Sie waren alle lebendig begraben worden, sie waren alle zerschmettert und tot!*

Voller Panik rief ich auf Filipino: »Wo seid Ihr, könnt Ihr mich hören? Roy, bist Du da?« Meine Stimme war voller Wut auf den Metallhaufen vor mir. Meine Hände zitterten. Ich schwitzte stark, mein Hemd war bis auf die Haut durchnässt und die Taschenlampe in meiner Hand zitterte, als ich sie auf das zertrümmerte Metall und die Überreste unseres Daches richtete. Mein Herz hämmerte vor Angst und wegen des Schocks, dass die anderen tot waren; fast wäre ich selbst zerquetscht worden, schon wieder hatte mich der Tod knapp verfehlt.

Von der anderen Seite der Ruine kam eine gedämpfte Stimme: »Wir sind hier, hier drüben!« Es war Roy.

Voller Verzweiflung und in steigender Panik schrie ich in die Dunkelheit: »Wo? Wo?« Die Antwort kam: »Draußen, wir sind draußen, allen geht es gut.«

Unaussprechliche Erleichterung überkam mich. Noch immer konnte ich mich kaum bewegen, meine Beine fühlten sich an wie Gummi. Es war ein unbeschreibliches Gefühl, als Qual sich in Freude verwandelte … Sie waren in Sicherheit. Ich konnte es kaum glauben. Aber ich zwang mich zur Ruhe und brachte meine Gefühle wieder unter Kontrolle. Ich hatte geglaubt, sie wären alle tot, nun musste ich mir selbst zureden, dass sie noch lebten.

Mit einem Mal wurde mein Herz leicht. Es war mir egal, dass das Gebäude gerade vor meinen Augen zusammengebrochen war, dass ich selbst es Sekunden vorher fast betreten hätte. Wir lebten alle, das allein zählte. Ich eilte durch eine Seitentür hinaus; die Kinder und Bewohner hatten mit Roy notdürftigen Schutz unter einer großen Pinie gesucht. Wir umarmten uns, um unser glückliches Entkommen zu feiern, wir waren so froh, überlebt zu haben. Die Stille wurde nur von dem fernen Donnern des Vulkans unterbrochen, der immer wieder explodierte, und von dem Winseln eines Hundes. »Das ist Brownie!« riefen die Kinder. Wir fanden Brownie unverletzt unter den Metallblechen und zogen ihn heraus, von den Jubelschreien der Kinder begleitet. Auch er war voller Freude, frei und noch am Leben zu sein und rannte aufgeregt herum. Alle Anspannung löste sich, als mir klar wurde, dass nichts Schlimmeres passieren konnte. Das Gebäude war zusammengestürzt und wir hatten etwas überlebt, was als entsetzliche Tragödie hätte enden können. Wir suchten die leichten Baumwolldecken zusammen, damit die Kinder und Jugendlichen etwas hatten, womit sie sich vor Asche und Sand schützen konnten, die immer noch von dem dunklen Himmel fielen. Es war ungefähr halb fünf nachmittags.

Das Fernsehteam kam aus dem Bus, um sich das zertrümmerte Gebäude anzusehen; sie dankten Gott, dass sie im Bus geblieben waren. Ich sagte ihnen, dass wir gehen würden, sie aber gerne bleiben konnten, wenn sie wollten. In der Stille und der Dunkelheit hörten wir seltsame Geräusche. Wir waren verwundert über das mysteriöse, laute Krachen und Knacken, das in den dunklen Hügeln um unser Zentrum herum ertönte. Wir richteten unsere Taschenlampen auf die Bäume und sahen, wie die Äste einer nach dem anderen unter der Last der Asche abbrachen, die wie Schnee auf ihnen lag. Es schien, als würde die gesamte Natur zusammenbrechen, als sei das Ende der Welt gekommen.

Die Asche und der Sand lagen nun knöchelhoch. Ich stellte die Kinder nebeneinander in zwei Reihen auf, platzierte die älteren Bewohner am vorderen und hinteren Ende der Reihen und ließ alle sich an den Händen halten. Wir nahmen unsere armseligen Bündel auf und gingen die von Asche bedeckte Auffahrt hinunter. Am unteren Ende war unser kleiner Pick-up gestrandet; wir waren früher am Tag nach Olongapo gefahren, um Notvorräte einzukaufen, und der Wagen hatte es nicht mehr nach oben geschafft. Die Straße war völlig leer, als wir uns am Friedhof vorbei in Richtung Stadt auf den Weg machten. Von Zeit zu Zeit hörten wir im Dunkeln alarmierende Geräusche und das Krachen eines nachgebenden Daches. Auf anderen Dächern standen Jungen und Männer, um die Asche und den Sand hinunterzufegen.

Einzelne Fahrzeuge standen an der Straße wie ein zurückgelassener Armeekonvoi in einem Film. Ab und zu hielten wir an und überprüften, dass wir keines der Kinder verloren hatten. Ich führte unsere kleine Kolonne an und Roy bewachte ihr Ende. Es war ungefähr sechs Uhr abends, als unsere kleine Gruppe die Stadt erreichte. An einer Bäckerei hatte sich eine Schlange gebildet, ich wies Roy an, uns so viel Brot wie möglich zu kaufen. Ich führte die Gruppe weiter zur Kirche und dem Schulhof von St. Joseph. Die Gebäude dort waren aus solidem Beton gebaut und würden den Kindern eine sichere Zuflucht bieten.

Kaum hatten wir sie in das Klassenzimmer geführt, gab es ein weiteres mächtiges Erdbeben und alle schrien vor Schreck auf. Der Boden bebte, das Gebäude schwankte, Bilder fielen von den Wänden, trockene Asche und Sand fielen aus den höheren Stockwerken auf uns herunter und die Kinder rannten zur Tür hinaus auf das Basketballfeld, wo sich einige hinhockten und vor Schreck zu weinen begannen.

Wir sammelten sie wieder ein, aber viele weigerten sich, noch einmal hinein zu gehen. Darum brachten wir die Schultische nach draußen, banden Decken daran fest und bauten so einen einfachen Unterschlupf, der die Kinder vor Sand und Asche schützte. Roy kam an, er hatte Brot und Getränke mitgebracht. Damit brachten wir die Kinder dazu, in den Unterstellplatz für die Autos zu kommen, eine solide Konstruktion zwischen der Kirchenmauer und dem Pfarrhaus. Dann fing es wieder an zu regnen und die Kinder blieben im Unterstand. Dort verbrachten wir die Nacht. Ich fand alte Pappkartons und Vorhänge, die wir in der Garage ausbreiteten. Bald waren die Kinder eingeschlafen. Die Erdbeben dauerten bis tief in die Nacht; manche Kinder wachten davon auf, schliefen dann aber weiter. Idiotischerweise legte ich mich zwischen zwei Autos, die mit den Hecks zu einander geparkt waren. Das Erdbeben brachte sie ins Rollen und ich konnte gerade noch rechtzeitig aufspringen, um nicht überrollt zu werden. Noch ein knappes Entkommen, mein Leben war wirklich behütet! Danach war an Schlaf nicht mehr zu denken. Der Wind heulte und blies, er brachte noch mehr Asche und Sand vom Vulkan mit, die er bis nach Manila trug. Die Hauptstadt war mit einer feinen Schicht Vulkanasche bedeckt.

Am folgenden Morgen wachten wir in der Morgendämmerung auf; die Stadt war seltsam still. Der Sturm war vorbei, die Beben weniger häufig geworden; nur ab und zu gab es noch einen plötzlichen Ruck. Es gab keinen Verkehr. Die Nonnen vom Orden der Barmherzigen Töchter hatten schon eine Notfallküche aufgebaut und teilten Schüsseln mit *Champorado* aus, einer Kombination aus Reis, Kondensmilch, Zucker und Kakao. Zusammen mit einem Glas Saft war dies ein ideales Fast Food-Frühstück für uns alle.

Der Himmel hatte sich wieder aufgeklärt und ein heiterer Sonntagmorgen dämmerte über den verheerenden Schäden herauf, die der Ausbruch hinterlassen hatte. Bei vielen Gebäuden waren die Dächer eingestürzt, alles war mit einer dicken Schicht weißer Asche bedeckt, die im blendenden Sonnenlicht glitzerte. Es war ein Bild der Verwüstung.

Roy ging mit einigen der älteren Kinder zurück zu PREDA. Sie schoben unseren Pick-up die Auffahrt hinunter, der erstaunlicherweise tatsächlich ansprang. Bald brachten wir die erschöpften, aber aufgeregten Kinder in kleinen Gruppen zurück zu PREDA.

Ein erstaunlicher Anblick begrüßte uns, als wir langsam die Straße entlangfuhren. Wir sahen eine surreale Landschaft von mit Asche bedeckten Häusern und Hügeln und bizarr verdrehten Ästen. Ziellos und verloren standen die Menschen herum und begutachteten die Schäden an ihren Häusern, andere standen nach einer schlaflosen Nacht voller Angst und Sorge noch unter Schock. Die Hügel ähnelten einer Schneelandschaft auf einer Weihnachtspostkarte. Die Kokospalmen, die ihre wehenden Palmblätter einst stolz zur Schau gestellt hatten, waren nun gedemütigt und unterworfen, ihre Palmwedel zusammengeklappt wie ein Regenschirm und mit weißer Asche beladen.

Das PREDA-Gebäude war halb eingestürzt; was noch stand, war einsturzgefährdet. Nur ein Teil des Schlafsaales war früher einmal verstärkt worden und war jetzt sicher.

Einige Tage später schafften Alex und Merly die Fahrt von Manila nach Olongapo. Die Straßen waren gerade wieder geöffnet worden und es ging nur langsam und mühsam vorwärts. Ich hatte schon eine kleine Gruppe Arbeiter angeheuert, um die Auffahrt und das Gelände um das Zentrum herum von Sand und Asche säubern zu lassen. Die Sonne prallte vom klaren blauen Himmel, aber in der Ferne sagte uns eine riesige, westwärts ziehende Wolke, dass der Vulkan noch immer rauchte. Die puderige Asche wurde vom Wind aufgewirbelt und nahm uns den Atem. Asche und Sand waren überall, sie drangen in unsere Augen und Nasen, in Essen und Trinken. Die Kinder und die Mitarbeiter trugen einen Mundschutz, um ihre Lungen zu schützen und Schutzbrillen aus Plastik für ihre Augen.

Merly und Alex beschrieben uns die Bilder der Verwüstung, die sie auf ihrem Rückweg von Manila in der Gegend um Angeles und San Fernando gesehen hatten. Die Asche hatte die Flüsse gefüllt und das Flusswasser in flüssigen Zement verwandelt, der noch immer in entsetzlicher Geschwindigkeit von Mount Pinatubo hinunter in die Ebenen floss. Ohne Vorwarnung entfesselte eine Sturzflut reißende Ströme der mit Asche gesättigten vulkanischen Schlammströme, *lahar* genannt. Felsbrocken von den Berghängen wurden von diesen Schlammfluten mitgerissen und zerschmetterten alles, was sich ihnen in den Weg stellte.

Wenn diese Ströme über die Ufer traten, und das taten sie, dann konnte kein Mensch ihnen entkommen. Sie breiteten sich über die Ebenen aus, zerstörten die einst saftig grünen Reisfelder und verwandelten sie in Wüsten aus grauem Schlamm. Häuser und Brücken wurden unter den Schlammmassen begraben, die Flussufer brachen ein und verstopften die Flussbette. Alles, was dieser unaufhaltbaren Welle der Zerstörung im Wege stand, wurde vernichtet, zerdrückt, begraben. Es war eine allgewaltige Kraft, wie Menschen sie trotz ihrer Erfindungsgabe niemals hätten schaffen können und die sich ihrer Kontrolle völlig entzog.

Die einst hoch aufragende Kirche von Bacolor wurde bis zum Dach unter *lahar* begraben. Entlang der vom Verkehr verstopften Straßen bettelten Flüchtlinge und obdachlose Menschen die vorbeikommenden Fahrer an, die Spenden in die ihnen entgegen gestreckten Becher fallen ließen. Am zerstörerischsten von allem waren die unaufhaltsamen Ströme von *lahar* und das Chaos, das sie hinterließen.

Der Luftwaffenstützpunkt Clark Air Base, nur drei Kilometer von Mount Pinatubo entfernt, wurde komplett vernichtet. Der Asche- und Sandregen war so stark gewesen, dass die Aufräum- und Reparaturarbeiten Millionen Dollar verschlingen würden, und das zu einer Zeit, wo das Fortbestehen der Anlagen nicht gesichert war. Die USA beschlossen, Clark aufzugeben. Am Tag vor dem katastrophalen Ausbruch waren die letzten US-Soldaten mit ihren Familien evakuiert worden; ein langer Konvoi von Privat- und Militärfahrzeugen machte sich auf den Weg nach Subic.

Am Vorabend des Ausbruchs gab es in Clark hektische militärische Aktivitäten, als die US-Luftwaffe in größter Geheimhaltung und Absicherung Dinge aus unterirdischen Bunkern holte und nach Subic brachte, die wir für Raketen und Nuklearwaffen hielten. Die US-Behörden dementierten, dass dort Nuklearwaffen gelagert worden seien. Kurz nach der Evakuierung drangen Plünderer in die Anlage ein, die alles mitnahmen, was sie tragen konnten, sogar Rohre und unterirdische elektrische Kabel. Toilettenschüsseln, Wasserhähne, Türen und Fenster wurden aus den Häusern gerissen. Man verdächtigte die Wachen der philippinischen Luftwaffe der Komplizenschaft an den Plünderungen.

Auch Subic selbst war nicht verschont worden. Viele Dächer waren eingestürzt und das Rollfeld war geschlossen. Die aus Clark evakuierten Amerikaner fuhren per Schiff nach Manila und Cebu, von wo sie in die USA flogen. Wichtige Teile der Straßen nach Manila waren vom *lahar* bedeckt und einige Tage lang unpassierbar, aber Bulldozer und Bagger räumten die schnell trocknenden Schlammmassen fort, bis der nächste Sturm und die nächste Flut wiederum Tonnen von Schlamm auf der neu entstandenen Wüste ablud.

Subic und die anderen, kleinen Stützpunkte, die vom Vulkanausbruch nicht betroffen waren, würden nicht aufgegeben werden. Die USA wollten sie durch eine neue Vereinbarung mit der philippinischen Regierung erhalten. Die neue philippinische Verfassung schrieb vor, dass eine Verlängerung der Pacht durch einen von beiden Parteien genehmigten Vertrag geregelt werden musste. Die USA wollten einen Beschluss mit einfacher Mehrheit des Senats, nicht mit Zweidrittelmehrheit, wie es die neue Verfassung vorschrieb.

Zu jener Zeit wurde noch über mögliche Bedingungen eines solchen Vertrages verhandelt. Die US-Marine arbeitete rund um die Uhr, um die Anlagen wieder in volle Betriebsbereitschaft zu versetzen und sie leistete bemerkenswerte Arbeit. Das Rollfeld in Cubi Point wurde gesäubert, Straßen geräumt und gefegt, die beschädigten Gebäude repariert und nur wenige Wochen später war der Stützpunkt wieder betriebsbereit. Die meisten Angestellten waren zurück bei der Arbeit. Der Bürgermeister von Olongapo und der Admiral hatten sich während der schlimmsten Phase des Ausbruchs zerstritten; Gordon und seine Anhänger wollten die Stadt durch den Stützpunkt hindurch evakuieren, aber der Admiral verweigerte die Erlaubnis dazu. Ein städtischer Angestellter erklärte später in einem Interview, er habe geglaubt, die Stadt würde vollkommen zerstört werden. »Es war wie das Ende der Welt«, sagte er. Sie mussten weg, da alles zusammenstürzte. Aber es war nur Panik; die Regierenden waren von Angst ergriffen worden und wollten ihr Leben retten. Aber der Admiral wollte nichts davon hören. Er erwartete, dass die Regierung an ihrem Platz blieb.

Der Bürgermeister hatte keine Wahl, alle Fluchtwege waren blokkiert. Jetzt drückte er seinen Widerwillen darüber aus, dass die US-Marine der Stadt Hilfsgüter angeboten hatte. Dann schloss man jedoch einen Kompromiss und das Bau-Bataillon der Marine, die sog. *Seabees*, wurde ausgeschickt, um die Straßen von Olongapo von Sand und Asche zu befreien.

Das »Soziale Hilfszentrum« der Kirche unter der Leitung von Pater Roque Villanueva mobilisierte Dutzende Freiwillige und begann, Ausgabestellen für Kleidung und Essen einzurichten, in denen Hilfsgüter von der Caritas und den katholischen Hilfsorganisationen bereitgestellt wurden. Unseren Lieferwagen hatten wir ebenfalls für Hilfszwecke zur Verfügung gestellt, um damit in weiter entfernten Provinzen Wagenladungen voller Reis zu kaufen und diesen an die Ausgabestellen der Gemeinden auszuliefern.

Pater Roque lieh ein paar Armeelastwagen aus, damit auch die entlegenen Gebiete erreicht werden konnten, in denen die Not am größten war. In Zambales etwa war die Gegend um den Vulkan herum total zerstört. Der kleine Ort Poonbato, keine zehn Kilometer vom Pinatubo entfernt, wo Columban-Missionare eine Schule und eine Kirche für die indigene Bevölkerung gegründet hatten, war völlig begraben. Als die Bewohner eine Woche nach dem Ausbruch zurückkehrten, schaute nur noch das Kreuz auf der Kirche aus dem Berg aus Sand und Asche heraus.

In San Marcelino, Alex' Heimatstadt, zehn Kilometer nördlich von PREDA, wo man mich so viele Jahre zuvor zuerst hingeschickt hatte, wurde die riesige Kupfermine geschlossen und alles, was noch aus der Mitte eines riesigen Sees herausguckte, war der Kirchturm. Teile des Marktes wurden zerstört und einige Menschen fanden auf tragische Weise den Tod.

Wir verwandelten den noch intakt gebliebenen Teil des PREDA-Zentrums in eine Ausgabestelle für Hilfsgüter. Merly setzte ihre unternehmerischen Fähigkeiten und ihr Organisationstalent ein und hatte uns und die ehemaligen Drogenabhängigen bald gut organisiert. Die meisten von ihnen hatten uns während der Krise treu zur Seite gestanden. Zusammen verbrachten wir Stunden damit, Plastiktüten mit Reis, Dosenfisch und Bohnen zu füllen und Kleidung zu sortieren. Diese Güter wurden dreimal pro Woche verteilt, wenn die Menschen aus den umliegenden Gemeinden sich bei PREDA einfanden. Die Gemeinden, wo unsere Handwerker arbeiteten, besuchten wir gesondert und verteilten auch dort Hilfsgüter.

In dieser Zeit kamen die besten Eigenschaften des philippinischen Charakters zum Vorschein. Der Geist von Teamwork und Zusammenhalt ist stärker im Vergleich zu den nördlichen, individualistisch eingestellten Kulturen. Um uns herum lag alles in Trümmern, aber wir waren zusammen und fröhlich. Wir hatten überlebt und hatten viel zu tun, anderen zu helfen. Dieser Gemeinschaftsgeist zeigte sich überall, außer bei den Politikern, die versuchten, aus der Katastrophe irgendwie politisches Kapital zu schlagen. Sie rasten von einem Katastrophengebiet zum nächsten, um sich in lächerlich heldenhaften Posen mit Säcken voller Hilfsgüter in Händen vor den Fernsehkameras zu präsentieren. Die Flüchtlinge in ihren zerfetzten Kleidern lächelten schwach, um, wie erwartet, Dankbarkeit über diese politische Geste zu zeigen.

In großen Flüchtlingsströmen gingen die von Armut geschlagenen Familien, mit allem beladen, was sie tragen konnten, kilometerweit, um Essen und Kleidung zu bekommen; sie waren schwach vor Hunger und ihre Babys weinten in einem fort. Bei PREDA hatten wir mit Hilfe unserer Freunde und Partner von der »Gemeinschaftlichen Handwerker-Vereinigung der Philippinen« Zelte aufgestellt. Keiner von uns konnte in dem verbleibenden Flügel des Gebäudes schlafen, denn noch immer bebte ab und zu die Erde. An Schlaf war nicht zu denken, wir hatten zuviel Angst vor einem weiteren Einsturz. Wir waren Flüchtlinge in unserem eigenen Heim. Ein Fernsehteam kam und drehte einen Dokumentarfilm für das britische Fernsehen. Sie nahmen das Ausmaß der Schäden und das menschliche Leid wirklichkeitsgetreu auf.

Wir arbeiteten von früh bis spät, um das verwüstete Zentrum aufzuräumen. Alex, Roy und unsere Sozialarbeiterin Tessie organisierten die Bewohner und die Kinder und teilten ihnen verschiedene Jobs zu, um Wertgegenstände aus den Trümmern zu bergen und sie im Schlafsaal zu lagern. Merly hatte ein kleines Team der Angestellten aus der Fairhandelsabteilung dazu abgestellt, Hilfsgüter auszuteilen. Einige von ihnen waren ehemalige Barmädchen, andere Drogenabhängige: Alle von ihnen hatten nun einen Job mit geregelter Bezahlung.

Humor und philippinisches Durchhaltevermögen ließen uns nach vorne blicken und stärkten unseren Zusammenhalt. Die bemerkenswerte Gabe der Filipinos, in der Not zum Wohle aller zusammenzustehen, zeigte sich erneut in der Zeit nach dem Vulkanausbruch. Sie sind ein außergewöhnliches Volk voller Humor und können auch in Not- und Katastrophenzeiten noch lachen. Es war eine Geisteshaltung, die besagte »Gib niemals auf, es gibt immer Hoffnung, einen Witz und auch etwas zu lachen.« Auch unser Glaube bestärkte uns, und wir beteten häufig: »Wir vertrauen auf Gott, tun unser Bestes und alles wird gut werden.« Diese Haltung ermutigte uns, weiterzuarbeiten, obwohl die vor uns liegende Aufgabe enorm war. Gebet, Witze, Lachen, Teamgeist und Kameradschaft waren die Quelle unserer Kraft und Entschlossenheit, aus dieser Situation das Beste zu machen.

17 anstrengende Jahre lang hatten wir unsere Kinderschutzdienste und die Lobbyarbeit aufgebaut, waren für Menschenrechte und Gerechtigkeit eingetreten und hatten Bildungsmaßnahmen durchgeführt – jetzt lag alles um uns herum in Trümmern, symbolisiert von dem eingestürzten Gebäude, in dem wir so lange miteinander gelebt hatten. Aber wir waren entschlossen, niemals aufzugeben.

Eine Lieferung von Körben und verschiedenen anderen Handwerksprodukten sollte an die Weltläden in Europa verschickt werden. Noch mehr als zuvor benötigten die Produzenten jetzt diese Aufträge für den Fairen Handel. Diese Produkte waren von den Produzentengruppen in den entlegenen Dörfern hergestellt worden, die wir unterstützten. Dies war Teil unseres Programms zur Armutsbekämpfung;

es ist wichtig, die Abwanderung verarmter Menschen in die Städte zu stoppen, wo sie nach Arbeit suchen. Die Vernachlässigung der ländlichen Gebiete hatte unglaubliche Armut gebracht und viele Kinder, die vor diesen Verhältnissen geflohen waren, endeten als Bettler oder wurden von Zuhältern zu Kinderprostituierten gemacht, die einheimische und reiche, ausländische Pädophile bedienen mussten.

Wenn wir das Lieferdatum nicht einhalten könnten, wäre das ein zusätzlicher finanzieller Verlust für PREDA und hätte für die Produzenten vielleicht sogar den Verlust zukünftiger Bestellungen zur Folge. Merly hatte ihnen bereits ein zinsfreies Produktionsdarlehen vorgestreckt. Als sie die Bestellung fertiggestellt und einige Wochen zuvor geliefert hatten, bekamen sie den gesamten Restbetrag ausbezahlt. Sie mussten niemals warten, die Zahlungen an sie erfolgten immer pünktlich und in voller Höhe.

Viele der Körbe und Handwerksprodukte waren von der Asche und dem Sand beschädigt worden. Das eingestürzte Dach hatte eine ganze Containerladung Waren unter sich begraben; der Verlust zerriss uns schier das Herz. Wir arbeiteten bis spät in die Nacht, um die Körbe und die anderen Produkte abzubürsten, zu waschen und zu trocknen, damit sie dem gewohnt hohen Standard entsprachen, auf den wir so stolz waren. Ungefähr ein Drittel der Körbe war nicht mehr zu retten. Obwohl wir wie Flüchtlinge unter schwierigen Bedingungen lebten, in Zelten, ohne Strom, Telefon oder fließendes Wasser, konzentrierten wir uns alle darauf, diese Lieferung vor Sand und Asche zu retten. Innerhalb einer Woche hatte Merly eine Lieferung in bester Qualität, die mit dem Lastwagen nach Manila gebracht wurde. Wir waren glücklich, es war ein Zeichen von Durchhaltevermögen und zeigte, dass es nach oben ging. Wir klatschten, jubelten und sangen, als wir dieser ersten Lieferung nachwinkten. Ich wusste, unser Team würde zusammenhalten und wir würden es schaffen.

Ich richtete mir eine vorübergehende Unterkunft in einem kleinen Haus im rückwärtigen Teil des Zentrums ein, bastelte mir einen kleinen Generator und baute meinen Apple-Computer auf, um meine Kolumne weiter zu schreiben und Berichte über die Verwüstungen nach dem Vulkanausbruch vorzubereiten. Ich saß in der Nähe der offenen Tür und jedes Mal, wenn es einen plötzlichen Knall gab und die Erde heftig bebte, wackelte das ganze Haus. Ich sprang vom Stuhl und stürzte wie eine angesengte Katze zur Tür hinaus bis das Beben aufhörte. Es war ein grauenvolles Leben voller schlafloser Nächte, in denen uns das Beben aus den Betten warf. Solange die Erschütterungen anhielten, schlief ich in einem Zelt. Aus eigener Erfahrung kann ich sagen, dass der schlimmste Ort, an dem man sich während eines Erdbebens aufhalten kann, die Toilette ist.

Das war mir zu gefährlich und so baute ich mir ein Heim in einer Garage etwas abseits vom Hauptgebäude, die das Beben überlebt hatte. Rundherum nagelte ich Spanplatten fest, setzte Plastikfenster ein und baute draußen eine Toilette an. Durch die Fenster hatte ich eine wunderbare Aussicht über die Bucht. Ich zog mit den Sachen ein, die ich zum Überleben brauchte, zog eine Telefonleitung durch die Bäume und stellte ein Bett und einen Tisch hinein.

Jetzt war ich bereit für die Arbeit. So sollte ich die nächsten zwei Jahre leben, während derer wir in unserer behelfsmäßigen Siedlung und dem Warenlager hausten. Irgendwann wurden die Erschütterungen weniger und wir hielten es für sicher genug, die blauen Zelte einzupacken. Die Kinder zogen in ein Gebäude auf dem Hügel, welches intakt geblieben war. Als das Warenlager wieder komplett aufgebaut war, richteten sich Alex und Merly einen Raum darin ein. Der restliche Teil des alten Gebäudes konnte für die Drogenabhängigen und als Lagerraum genutzt werden.

Nun war es an der Zeit, unsere Träume und Hoffnungen für die Zukunft neu zu beleben. Wir würden dieses Desaster überstehen und PREDA wieder neu aufbauen. Wir träumten davon, ein neues Haus für sexuell missbrauchte Kinder aufzubauen, wo sie Schutz, Ruhe und Therapie bekommen könnten. Im Hauptgebäude würden die Verwaltung und ein Bildungs- und Präventionszentrum untergebracht sein. Dort könnten wir den Jugendlichen Trainings- und Bildungsprogramme zu den Themen Kinder- und Frauenrechte, HIV/AIDS und der Prävention von Drogenmissbrauch anbieten, durch die sie sich persönlich weiterentwickeln konnten. Wir wollten unsere Aktivitäten im Fairen Handel ausweiten, um noch mehr verarmte Farmer und Handwerker zu erreichen und ein Mikrokredit-Projekt nach dem Vorbild der Grameen-Bank beginnen. Das ehemalige Ausbildungszentrum wollten wir für die Endfertigung und Lagerung unserer Produkte umbauen.

Durch die finanziellen Verluste und ohne angemessene Einrichtungen konnten wir die therapeutische Wohngemeinschaft für die

Drogenabhängigen jedoch nicht weiter aufrechterhalten. Sobald die einzelnen Jugendlichen sich wieder mit ihren Eltern und Familien versöhnt hatten, wurden sie wieder in ihre Familien integriert; neue Patienten konnten wir nicht mehr annehmen. Wir setzten jedoch das Präventiv-Programm gegen Drogenmissbrauch weiter fort und erweiterten es sogar.

Unsere Träume wurden wahr, als Misereor, das Hilfswerk der katholischen Kirche in Deutschland, das tausende Projekte in der ganzen Welt aktiv unterstützt, uns Geldmittel für den Wiederaufbau des PREDA-Zentrums zur Verfügung stellte. Das war im Dezember 1991. Wir waren hocherfreut, holten unsere alten Entwürfe und Notizen heraus und begannen erneut damit, ein Gebäude zu entwerfen, das nicht zu teuer im Bau war und dennoch über alles verfügte, was wir zum Erreichen unserer Ziele benötigten.

Als unser Freund, der Architekt Antonio Balde, alle Pläne gezeichnet hatte, beantragen wir bei der Stadtverwaltung eine Baugenehmigung. Trotz der gravierenden Schäden durch den Vulkanausbruch weigerte man sich, uns eine Genehmigung zu erteilen. Zwei Jahre zuvor, im September 1989, hatten wir eine Erlaubnis beantragt, das Zentrum einzuzäunen, um das Haus, in dem die Kinder lebten, vor Eindringlingen zu schützen, die sie entführen oder belästigen wollten. Auch diese Erlaubnis wurde nicht erteilt. Es kümmerte niemanden, was mit den Kindern passierte. Der Stadtrat hatte eine Resolution verfasst, in der er Anspruch auf das PREDA-Gelände erhob, für »zukünftige Verbesserungen durch die Regierung«. Einer der Ingenieure in der Stadtverwaltung sagte, unser Pachtvertrag, der 2008 zur Verlängerung anstehen wird, erlaube keine Bauprojekte. Wir fochten dies an und wandten uns an die höheren Autoritäten in Manila. Der damalige Minister für öffentliche Arbeiten und Schnellstraßen Frank Drilon wies die Argumente der städtischen Behörden zurück und wies an, die Erlaubnis für den Zaun zu erteilen. Die Stadtverwaltung focht diese Entscheidung vor dem Präsidialamt an, wurde jedoch abgewiesen. Das Ministerium für Umwelt und Naturressourcen wies die Behauptung der Stadt, sie habe ein Anrecht auf das Gelände, ebenfalls ab und unterstützte unsere Rechte mit der Aussage, dass die Rechtssprechung in diesem Fall der Landesregierung obliege und nicht der Stadt. Mit der üblichen Arroganz missachteten die Behörden von Olongapo die Anweisungen des Ministers und aus dem Malacañang. Es wurde keine

Genehmigung erteilt. Alex, der den Antrag gestellt hatte, schrieb an das Büro des Bürgermeisters: »Es ist offensichtlich, dass die Stadtregierung eine aktive Rolle bei der Verweigerung unserer Genehmigungen inne gehabt hat. Das erfüllt den Tatbestand der Schikanierung.«

In jenem Dezember 1991 brachte uns die Stadtverwaltung vor Gericht und stellte für Weihnachten einen Haftbefehl gegen mich aus. Ich zahlte eine Kaution, bis wir endlich gewannen und die Klage abgewiesen wurde.

Nach der Zerstörung durch den Vulkanausbruch beantragten wir eine Baugenehmigung, um das Zentrum innerhalb unserer eigenen zerstörten Wände wieder aufzubauen. Nach dem Baugesetz hätten wir dafür – genau genommen – keine Genehmigung gebraucht. Unser Antrag erfüllte alle Baubedingungen und wurde zu unserer großen Enttäuschung dennoch abgelehnt. Wir hatten geglaubt, die Stadtverwaltung würde nachgeben, Mitleid mit den Kindern zeigen und dem Kinderzentrum helfen, aber es sollte nicht sein. Wie die Pharaos in Ägypten waren sie hartherzig wie immer. Sie verziehen uns niemals, dass wir die ausufernde Ausbeutung von Kindern in der Sexindustrie aufgedeckt hatten, der sie zu wachsen und zu blühen erlaubt hatten.

21

Die glorreichen Zwölf
Abzug des US-Militärs (1991–93)

Am Abend eines weiteren arbeitsreichen Tages, an dem wir Hilfsgüter verteilt und Therapiesitzungen mit den Kindern durchgeführt hatten, saßen Alex, Merly und ich draußen auf einem kleinen Berg aus Asche und Sand und betrachteten den Sonnenuntergang. Der Ball aus rotem Feuer war atemberaubend. Die Strahlen kämpften sich durch den Nebel aus vulkanischem Staub, der wie ein Schleier in der Atmosphäre hing und die Wolkenfetzen mit dem Rot, Gelb und Blau des Abendhimmels färbte wie ein Künstler, der seinem Bild die letzten Glanzpunkte hinzufügt. Diese riesige Staub- und Rauchwolke zog zwei Jahre lang um die Erde, senkte die Temperaturen und verzögerte so die stetig steigende Erderwärmung.

Die Sonne versank langsam und warf nur noch ein schwaches Glühen auf die entfernten Berge hinter der Bucht. Ich spürte, dass mit ihr ein unglaublich schwerer Teil unseres Lebens versunken war. Das Schlimmste musste vorüber sein, so fühlte ich, der nächste Morgen würde neue Versprechungen und Möglichkeiten bringen. Wir lebten in der Hoffnung, uns aus den Ruinen zu erheben und dass die Zukunft irgendwie besser sein würde als die Vergangenheit.

Leise besprachen wir unsere zukünftige Arbeit. Solange sich das Zentrum, ob mit oder ohne Genehmigung, im Wiederaufbau befand, würde alles schwerer sein, weil uns ein vernünftiges Gebäude fehlte. Später brachte uns die Stadt vor Gericht, weil wir das Haus für die Kinder ohne eine Baugenehmigung wieder aufgebaut hatten, die sie uns ohne rechtliche Basis vorenthalten hatten. Es war reine Schikane. Wir kämpften beharrlich dagegen an und gewannen schließlich den Fall. Inzwischen ist die Genehmigung ausgestellt worden, aber die Stadt scheint immer noch entschlossen, das Zentrum zu schließen und uns hinauszuekeln.

Auch die Themen, für die wir kämpften, gaben in jenen Tagen wenig Anlass zur Hoffnung. Unsere Kampagne zur Schließung der Stützpunkte erschien vielen als zu verwegen, zu abschreckend und zu weit hergeholt. Natürlich kämpften wir gegen Windmühlen, aber das war immer noch besser, als gar nichts zu tun, um die Probleme an der Wurzel anzupacken. Den Opfern zu helfen ist sehr wichtig und muss getan werden, aber es braucht auch erfolgreiche Prävention. Wir waren entschlossen, nicht aufzugeben. Die Hoffnung, dass der Senat einen neuen Vertrag zum Fortbestehen der Stützpunkte ablehnen würde, schien in weite Ferne zu rücken. Wir standen in den Ruinen unseres Zentrums, von 18 Jahren Arbeit umgeben und fragten uns: *Wo sollen wir wieder anfangen?* Die Stadtverwaltung war gegen uns und die Mehrheit der Bevölkerung war noch immer vom erdrückenden Einfluss der USA überwältigt. Die Leute konnten sich die Philippinen nicht ohne die Amerikaner vorstellen.

Die Familie des Bürgermeisters hatte seit fast 30 Jahren die politische Macht in der Stadt inne und kämpfte entschieden für den Erhalt der Stützpunkte, aus denen die Hotels und Bordelle ihre Kunden bezogen. Ganze Busladungen von Barmädchen, politischen Anhängern und städtischen Angestellten wurden nach Manila gefahren, um sich den Kundgebungen für den Erhalt der Stützpunkte anzuschließen und vor dem Senatsgebäude zu demonstrieren. Die Zukunft der Militäranlagen würde von einer Zweidrittelmehrheit dieses Senats entschieden werden, der von der gesamten Bevölkerung gewählt wurde.

Die Verwaltung von Olongapo war verärgert, weil Präsidentin Aquino und Außenminister Raul Manglapus den USA im Mai 1990, ein Jahr im Voraus, die Ankündigung der Auflösung übergeben hatten. Das war eine rechtliche Anforderung, egal, ob schon ein formelles Übereinkommen erzielt worden war oder nicht. Das politische Drama gestaltete sich wie die letzten Minuten eines spannenden Fußballspiels, mit dem das Schicksal eines Landes für die nächsten Generationen entschieden werden sollte. Dank des moralischen Drucks durch Senator Wigberto Tañada, der Aquino zu einer Ablehnung der Stützpunkte riet, hatten wir einen Treffer gelandet. Natürlich erzeugten die USA Gegendruck. Kritiker erklärten den mehrfach fehlgeschlagenen Militärputsch als Teil eines Plans zur Destabilisierung, mit dem Aquino und der Senat dazu gebracht werden sollten, für das neue Abkommen zu stimmen. Einige vermuteten, dass die USA gezielt Aquino und ihren Erzrivalen Enrile, Marcos' früheren Verteidigungsminister, gegeneinander ausspielten. Man machte ihm falsche Hoffnungen auf das Präsidentenamt, von dem er schon lange geträumt hatte und weswegen er sich ursprünglich gegen Marcos gewandt hatte.

Unsere Opposition zu den Stützpunkten erklärte sich durch die Gefahren eines atomaren Unfalls oder kriegerischen Konfliktes und in der Entwürdigung und sexuellen Ausbeutung der Frauen und Kinder durch Sextouristen. Zehn Jahre zuvor hatten wir einen Zuhälterring aufgedeckt, der den Pädophilen der US-Kriegsmarine zum Teil nicht älter als neun Jahre alte Kinder verkaufte. Obwohl uns die Kommunalpolitiker und der US-Admiral unter Druck setzten, es nicht zu tun, veröffentlichten wir unsere Entdeckungen. Wie konnte sich jemand an der Vertuschung eines Verbrechens beteiligen, besonders an der Vertuschung der sexuellen Ausbeutung von Kindern? Später hörten wir, dass es solche Vertuschungsmanöver in vielen Institutionen gab, auch in der Kirche, und da besonders in den USA.

Wir informierten die Presse und entlarvten diesen Zuhälterring. Unmittelbar darauf warf mir ein führender Beamter vor, ich hätte den guten Ruf der Stadt und der Stadtverwaltung beschädigt. Man versuchte, das Zentrum zu schließen und uns zum Schweigen zu bringen. Damals begann unser entschlossener Kampf gegen die sexuelle Ausbeutung und den Missbrauch von Kindern. Es war auch der Beginn unserer Bemühungen, die Stützpunkte zu schließen und sie in Industriegebiete umzuwandeln, in denen noch viel mehr Filipinos menschenwürdige Arbeit finden würden. 1991 erreichte diese Kampagne ihren Höhepunkt.

Der Ausbruch des Mount Pinatubo hatte zur Schließung des Luftwaffenstützpunktes Clark Air Base geführt, aber über die Zukunft der Marinebasis in Subic war noch nicht entschieden. Die Zukunft der Einrichtungen dort und eine Fortführung der Stationierung des US-Militärs musste vom philippinischen Senat entschieden werden. Nach der gewaltlosen Rebellion und dem Sturz des Diktators Marcos entstand eine breite Anti-Stützpunkt-Koalition, in der wir engagierte Mitstreiter fanden.

Die bevorstehende Senatsdebatte über den Vertragsentwurf war von enormer historischer Bedeutung und würde die Philippinen auf lange Zeit beeinflussen. Die Debatte wurde zwei Wochen vor der Abstimmung im Fernsehen übertragen. Es gab 23 Senatoren, und eine Zweidrittelmehrheit war notwendig, damit ein Vertrag akzeptiert werden konnte. Nur acht Senatoren mussten also mit Nein stimmen, damit der Vertragsentwurf abgelehnt würde. Eines unserer Argumente für die Ablehnung waren die wirtschaftlichen Möglichkeiten, die sich in den Anlagen von Subic Bay und Clark Air Base zukünftig bieten würden.

Während einer Rede wurde ich einmal über die Zukunft der insgesamt 40 000 Arbeitsplätze in und um die Militärstützpunkte befragt, die bei ihrer Schließung wegfallen würden. »Können die Menschen die Unabhängigkeit essen?«, spottete ein Zwischenrufer. Das war der Lieblingssatz der örtlichen Politiker.

Einen Moment lang musste ich improvisieren, dann erklärte ich, dass es sogar noch mehr Jobs geben würde, wenn die Militäranlagen so umgebaut würden, dass sie als Produktionsstätten und für Dienstleistungen geeignet seien. Die Idee war geboren. Es war so offensichtlich, so notwendig und so praktisch und dennoch hatte niemand diese Idee als ein wichtiges Thema für die Kampagne entwickelt. Jetzt war die Zeit dafür gekommen.

In sechs Punkten stellte ich die Möglichkeiten zur wirtschaftlichen Umnutzung zusammen. Ich stellte mir vor, dass man die Flughäfen als Umschlagplatz für Lieferungen nach ganz Südostasien nutzen könnte. Die riesigen Öltanks des Militärs würden für kommerzielle Zwecke genutzt, von hier aus könnte Öl auf den gesamten Archipel geliefert werden. Ich schlug vor, dass die Pipeline zum Luftwaffenstützpunkt in Clark, ungefähr 60 Kilometer von Olongapo entfernt, Öl direkt ins Zentrum von Nordluzon bringen könnte. Die großen leeren Flächen und die Flugzeughangars wären ideal für Produktionsstätten und Geschäftszentren. In dem riesigen Hafen, einem der besten der Welt, könnten Rohstoffe angeliefert und fertige Produkte verschifft werden, auch boten sich Dienstleistungen in der Schiffsreparatur an. Wirtschaftszonen mit niedrigen Steuersätzen waren nicht das beste Modell für nachhaltige Entwicklung, aber sie waren eine bessere Option als das Fortbestehen der Stützpunkte.

Eine weitere Idee war die Nutzung der Sport- und Erholungseinrichtungen des Militärs als Ferienanlage für Familien und eine Umwandlung der vielen Kasernen und Verwaltungsgebäude in Büros, Schulen und Colleges. Ich stellte mir vor, dass aus dem einem Gebäude, welches mitten im Regenwald lag, eine Internationale Umweltschutz-Universität werden könnte, ähnlich eines erfolgreichen Modells in Costa Rica. All dies würde vielen tausend Menschen würdevolle Arbeit geben, sagte ich. Die vulgäre, vom Militär abhängige Sexindustrie würde zurückgehen und schließlich völlig zusammenbrechen.

Mit meinen Reden testete ich die Reaktion der Öffentlichkeit. Wenn die Leute positiv darauf reagierten, übernahm ich den Text für meine Zeitungskolumne und einen Artikel im *Manila Chronicle* mit dem Titel »Das Leben nach den Stützpunkten«. Dieser Satz voller Hoffnung und Versprechungen wurde der Slogan der Stützpunktgegner. Es war nicht nur eine positive, gute Idee, sondern wurde auch gut aufgenommen und entwickelte sich zur Grundlage unserer Kampagne. Es gab denjenigen, die eine Ablehnung des Vertragsentwurfes befürworteten, dringend benötigte, schlagkräftige Argumente.

In unserer optimistischen Denkweise mussten also nur acht von den 23 Senatoren davon überzeugt werden, Nein zu sagen. Es gab vier nationalistische Senatoren, die eine Erneuerung des Vertrages strikt ablehnten. Unsere Hoffnungen wurden beflügelt, als wir erkannten, dass wir nicht das gesamte Land dazu überreden mussten, den Vertrag abzulehnen, sondern nur noch fünf weitere Senatoren.

Viele dieser Senatoren waren während des von den USA gestützten Kriegsrechts-Regimes verhaftet und festgehalten worden. Für sie war die Zeit der Abrechnung gekommen. Auch das zählten wir als Pluspunkt für eine Ablehnung des Vertrags.

Unsere Hoffnung stieg, je näher der Stichtag, der 16. September 1991, heranrückte. Unser unmöglicher Traum, die Stützpunkte aufzulösen und durch einen von den Philippinen selbst erstellten wirtschaftlichen Umnutzungsplan zu ersetzen, schien möglich geworden. Ich konnte es kaum glauben. So oft wir konnten, setzten wir uns bei den Senatoren für unser Ziel ein, beteiligten uns an Petitionen und allen möglichen Kundgebungen. Mit unseren eingeschränkten Mitteln taten wir, was wir konnten, um ein Maximum an Gegenstimmen sicher zu stellen.

Präsidentin Aquino hatte inzwischen ihre Meinung geändert. Die USA übten starken Druck aus und sie befürwortete nun den Erhalt der Militäranlagen. Offiziell standen die USA hinter ihr, und sie hatte großen Einfluss im Senat. Ihre Stimme hatte Gewicht und konnte die Wahl beeinflussen.

Anfang September 1991 einigten sich die Philippinen und die USA auf die grundsätzlichen Punkte für das Fortbestehen der Stützpunkte. Ironischerweise bekam die Vereinbarung den Namen »Vertrag für Freundschaft, Kooperation und Sicherheit«. Wir alle erwarteten die Abstimmung mit Spannung. Der *Inquirer* hatte einen Hintergrundartikel von mir über den Chefunterhändler der USA, Richard Armitage, veröffentlicht, der im Mai 1990 gekommen war, um erste Sondierungsgespräche über die Militärbasen zu führen. Er war Präsident Bushs Mann in Manila und würde die Bedingungen des Vertrages gestalten. Meine Kommentare über ihn waren wenig schmeichelhaft.

Armitage war unser bester Verbündeter. Dieser brüske, aufdringliche ehemalige Offizier der Spezialkräfteeinheiten war die Arroganz in Person. Sein aggressiver Ansatz ging den friedliebenden Filipinos gewaltig auf die Nerven. Die Bedingungen des Vertragsentwurfs waren erniedrigend. Anstatt den Philippinen, die unter den Folgen des schlimmsten Vulkanausbruchs des Jahrhunderts litten, mehr Notfallhilfe zu gewähren, bot der US-Ausschuss weniger.

Das Angebot humanitärer Hilfe wurde von 700 auf 203 Millionen US-Dollar gekürzt. Armitage meinte, da der Luftwaffenstützpunkt Clark geschlossen würde, müsse man die finanzielle Entschädigung reduzieren. Diese »Registrierkassendiplomatie«, wie man sie auch nannte, verband die Bedürfnisse hungernder Filipinos mit einer Annahme der vorgeschlagenen Vertragsbedingungen. Es war eine schäbige Form der Erpressung und Armitage tat den USA keinen Gefallen, als er diese Bedingungen vorschlug. Sie waren ein Verrat an der historischen Güte und Großzügigkeit des amerikanischen Volkes. Die Tatsache, dass die USA Ägypten durch einen Schuldenerlass in Höhe von 20,2 Milliarden US-Dollar auf ihre Seite gebracht und zum Hauptempfänger finanzieller Auslandshilfe gemacht hatten, während sie Israel gleichzeitig drei Milliarden Dollar jährlich gaben, verletzte die Filipinos tief. In keinem dieser Länder gab es US-Militärstützpunkte und keines hatte seine Leute im Zweiten Weltkrieg Seite an Seite mit US-Soldaten kämpfen und sterben lassen.

Die Art, in der Armitage die Position der USA vertrat, schien zu sagen: »Ihr braucht uns, wir brauchen Euch nicht.« Den Senatoren und allen Filipinos wurde gesagt, sie sollten dankbar sein, dass sie den Schutz der Basen hätten. Diese drückenden und erniedrigenden Bedingungen gaben unentschlossenen Senatoren einen Grund, mit Nein zu stimmen. Einige gaben zu, dass die Bedingungen grässlich und dem philippinischen Volk nicht zuträglich waren. Natürlich waren sich die meisten Filipinos der Gefahren atomarer Waffen bewusst und hatten Angst, dass die Stützpunkte im Kriegsfall damit angegriffen würden. Die entwürdigenden Bedingungen brachten schließlich viele dazu, sich der Gegenseite anzuschließen. Armitage und sein Verhandlungsteam hatten überhaupt kein Gespür für das, was in den Senatoren vor sich ging.

Am 10. September demonstrierten ungefähr 50 000 Menschen gegen die Stützpunkte, und in der Woche darauf, am Tag der Abstimmung, waren es noch mehr. Der Himmel öffnete seine Schleusen und wahre Regenströme durchnässten die Menschenmenge. Im Luneta-Park führte Präsidentin Aquino, mit Richard Gordon an ihrer Seite, eine Kundgebung derjenigen an, die die Anlagen beibehalten wollten. Nachdem sie den Mengen zugejubelt hatten, marschierten sie zum Senat, um die Abstimmung zu beeinflussen.

Ich lauschte den fortwährenden Kommentaren am Radio und betete, wie wir es in solchen Momenten taten. Wir glaubten daran, dass es einen Gott gab, der die Ereignisse zum Guten wenden konnte, wenn es genug Wohlwollen in der Welt gab, mit der dieses Gute auch umgesetzt werden konnte. Es war wie die Geschichte von Sodom und Gomorrha: wenn es genug Gerechte gäbe, könnte das Übel sicherlich abgewendet werden. Heute, so fühlte ich, war eine solche Gelegenheit. Gab es genügend gute Menschen, die mit vereinter Kraft eine falsche Entscheidung verhindern und das Ende der Stützpunkte und des mit ihnen verbundenen menschliches Leides herbeiführen konnten?

Die Antwort kam mit der Auszählung der Stimmen. Mir war schlecht vor Aufregung, als eine Ja-Stimmen nach der anderen ausgerufen wurde, dann eine Stimme dagegen und dann noch eine. Meine Hoffnung stieg, war das wirklich wahr? Der damalige Senatsvorsitzende, Senator Jovito Salonga, ein wahrer Nationalist, leitete die Abstimmung. Dann wurde die Stimme des früheren Marcos- und US-Anhängers Juan Ponce Enrile ausgerufen. Er hatte mit Nein gestimmt! Senator Rene Saguisag schrieb die Namen nieder.

Mit jeder Stimme stieg die Aufregung. Ich sprang vor Freude in die Luft, als jede Nein-Stimme mir und allen Filipinos und US-Beamten, die dieses außerordentliche Ereignis verfolgten, mit aller Gewalt ins Bewusstsein drang. 100 Jahre Geschichte wurden in einem demokratischen Vorgang beendet. In der US-Botschaft gab es garantiert eine Standleitung nach Washington und ins Pentagon. Im Präsidentenpalast gab es mürrische Gesichter und eine niedergeschlagene Atmosphäre, als die Senatoren ihre Entscheidung erklärten und Senatspräsident Salonga beim Verlassen des Podiums ihre Nein-Stimme zuwarfen. Die Spannung war unerträglich, doch endlich hatten die 23 Senatoren entschieden: zwölf dagegen, elf dafür. Ein durchschlagender Sieg für die Ablehnung des Vertrages! Es war vorbei. Zehn Jahre lang hatten wir Kampagnen, Seminare und Kundgebungen durchgeführt, hatten Reden gehalten und über das Thema geschrieben. Wir hatten unseren kleinen Teil beigetragen. Für uns hatte der Kampf begonnen, als die mutige Nonne von den Barmherzigen Töchtern aus dem Papst-Johannes-XXIII.-Krankenhaus zu mir kam und von den kleinen Kindern berichtete, die als Prostituierte an die US-Truppen verkauft worden waren.

Als die letzte Stimme abgegeben war, erfüllte mich große Ruhe und innere Zufriedenheit. An diesem Tag war Geschichte geschrieben worden. Die zwölf Senatoren hatten sicherlich viele private Gründe dafür, wie sie abgestimmt hatten; bis heute kennt man sie als die »Glorreichen Zwölf«. Vor dem Verwaltungsgebäude in Subic, von wo aus einst stolze Konteradmiräle den besten Übersee-Stützpunkt der US-Kriegsmarine kommandiert hatten, steht heute ein Denkmal, welches die Philippinen als Mutter darstellt, die eine Friedenstaube freilässt. Es ist eine passende Erinnerung. Auf einer langen Tafel darunter sind die Abdrücke der Hände der zwölf Senatoren eingemeißelt; darüber, unter dem blauen Himmel, weht stolz eine riesige philippinische Flagge als klares Statement.

Die Befürworter der Stützpunkte waren benommen und verwirrt. Die Ablehnung des sog. »Vertrags für Freundschaft, Kooperation und Sicherheit« machte die Senatoren, die für den Vertrag waren, so wütend, dass sie drohten: »Das ist noch nicht das Ende.« Das US-Militär und die Republikaner im Kongress waren außer sich und mussten besänftigt werden. Präsidentin Aquino schlug eine zeitweise Verlängerung um zehn Jahre vor, zog diesen Vorschlag aber schnell wieder zurück, als man sie darauf hinwies, dass eine Verlängerung ohne Vertrag nicht verfassungsgemäß sei. Dann schlug sie ein Referendum vor, mit dem die Entscheidung des Senats in Frage gestellt werden sollte, aber da der Vertrag nicht angenommen worden war, gab es nichts, worüber man ein Referendum hätte abhalten können. Es gab nichts, was man den Leuten hätte vorlegen können. Senatspräsident Salonga erinnerte Präsidentin Aquino daran, dass der verfassungsgemäße Ablauf respektiert werden musste.

Am 2. Oktober 1991 sagte die Präsidentin, dass die Stützpunkte über drei Jahre hinweg langsam abgebaut werden könnten, um die schweren Auswirkungen auf die philippinische Wirtschaft abzufangen und den USA zu ermöglichen, ihre Militärpräsenz in Südostasien neu zu organisieren. Auch dies wurde heftigst kritisiert. Das vom Gesetz festgelegte Datum für den Abzug war November 1992. Darauf stellte man sich nun ein.

Die Stimmung war angespannt, denn für den nächsten Mai standen Wahlen an und man fürchtete, dass ein pro-USA eingestellter Senat gewählt würde, der den Vertrag neu einbringen und dann genehmigen könnte. In diesem Fall wäre alles umsonst gewesen. Dann brachte die Regierung von Olongapo ihren Plan für die ARGO, die Autonome Region Großraum Olongapo, ein, die im Falle einer Annahme durch den Kongress der herrschenden Politikerfamilie die Kontrolle über das Gebiet des Stützpunktes verleihen würde. Damit hätten sie das gesamte Gelände von insgesamt ungefähr 16 Hektar an das US-Militär verpachten können. Es gab verzweifelte Versuche, das endgültige Abzugsdatum aller US-Truppen am 22. November 1992 zu verschieben. Die Konversionsbehörde für das Gelände des Stützpunktes war schon gebildet worden; in Kürze würde der Senat über ihre Annahme abstimmen. Die ARGO-Initiative war ein verzweifelter Versuch, das zu verhindern.

Wir machten uns große Sorgen um die Regenwälder in Subic und dem benachbarten Cubi. Im ganzen Land gab es hitzige Debatten wegen illegaler Abholzungen. Senator Franklin Drilon war zu jener Zeit Minister für Umwelt und Naturressourcen. Er wurde enorm unter Druck gesetzt und bedroht, damit er im ganzen Land Abholzungsgenehmigungen erteilte, aber er widersetzte sich mutig und begann sogar, bereits erteilte Genehmigungen zu widerrufen. Einige Monate vorher hatte ich ihm geschrieben und vorgeschlagen, dass man den Regenwald in Subic und Cubi schützen könnte, indem man ihn in einen Nationalpark umwandelte. Das war allerdings auch keine

Garantie; der Regenwald im Bicol-Nationalpark zum Beispiel war komplett abgeholzt worden. Ich schlug Senator Drilon auch vor, sich für die Einrichtung einer Internationalen Umweltschutz-Universität einzusetzen; ich hoffte, eine solche Einrichtung würde nationale und internationale Forscher und Studenten herbringen, die die Situation beobachten und die Bäume vor den illegalen Holzfällern schützen können. Leider hatte ich damit keinen Erfolg. Wir mussten uns auch weiterhin darüber sorgen, was geschehen würde, wenn die Beamten der örtlichen Regierung nach dem Abzug der amerikanischen Truppen die Kontrolle über den Konversionsprozess erhalten würden.

Es war einer dieser Tage, an denen man erwacht und glaubt, zu träumen. Heute war der 22. November 1992, der letzte Tag, an dem die US-Kriegsmarine offiziell in Subic stationiert war – 94 Jahre nachdem ihre Soldaten als Alliierte in Manila gelandet waren, doch sich schon nach wenigen Tagen zu Besatzern gewandelt hatten. Der letzte Schritt des Abzuges wurde nun vollzogen.

Bereits einige Monate vorher hatten die USA den Großteil der Truppen, Ausrüstung, Schiffe und Flugzeuge abgezogen. Fidel Ramos, der im Juni 1992 das Präsidentschaftsamt von Cory Aquino übernommen hatte, reiste an, um die formelle Vereinbarung über den Abzug entgegenzunehmen. Damit wurde das Gelände offiziell der philippinischen Regierung übergeben. Der Flughafen und die Anlegestelle in Cubi Point waren die letzten Stellen, von denen sich die Marinesoldaten zurückziehen würden. Ramos verfasste eine Rede, in der er die Amerikaner ermahnte, ihre Pflichten gegenüber den Frauen und Kindern nicht zu vergessen und er erwähnte die Arbeit von PREDA für die »Wegwerf-Kinder«, wie wir sie genannt hatten. So lautete jedenfalls der Text der offiziellen Kopie, die wir erhielten. Kurz bevor Ramos die Rede hielt, machte Gordon eine Szene und verlangte, leider erfolgreich, dass der Hinweis auf PREDA gestrichen würde.

Einige Wochen danach gab es eine Zeremonie in Tappan Park vor der alten spanischen Kirche. Hier war früher das Stadtzentrum von Olongapo gewesen. Diese Zeremonie sollte den Rückzug und die Übergabe des Marinestützpunktes an die Stadt symbolisieren. Es war ein Moment der Wahrheit, vor dem sich alle Beteiligten fürchteten. Eine Kapelle spielte und man hielt eine Flaggenparade ab: eine Flagge für jedes Jahrzehnt der besonderen Beziehung zwischen den

Philippinen und den USA, ob während der Kolonialherrschaft oder danach. In Reden wurden die vielen Jahre der Kooperation seit den Tagen gepriesen, als Filipinos und Amerikaner in Bataan gemeinsam gegen die Japaner kämpften und starben. Über die Schrecken des filipino-amerikanischen Krieges oder der Erniedrigung durch die Sexindustrie in Angeles und Olongapo wurde jedoch nichts gesagt. Das wurde nur indirekt angesprochen, als man von der »engen Zusammenarbeit über die Jahre« zwischen den Behörden der Stadt Olongapo und denen der US-Marine sprach.

Die Offiziere und ihre Ehefrauen, alle auf das Feinste herausgeputzt, füllten acht Stuhlreihen. Ich kletterte auf den überdachten Pressestand, um das Geschehen besser beobachten zu können. Gordon stellte sich in Pose, um möglichst stolz, feierlich und würdevoll zu erscheinen. Der Kommandant der Marinebasis und seine Offiziere sahen in ihren gestärkten weißen Uniformen sehr elegant aus, die goldenen Litzen auf ihren Schultern und Mützen glänzten. Ein hoher Beamter der US-Botschaft beehrte die Feierlichkeiten mit seiner Anwesenheit und bereitete sich gerade darauf vor, eine Rede zu halten. Sobald die Flaggen auf der Bühne aufgebaut waren und alle für den feierlichen Salut aufstanden, begann die Kapelle zu spielen. Doch dem Himmel wollte das nicht gefallen; plötzlich schob sich eine schwarze Wolke vor die Sonne. Es war ein schlechtes Omen. Es wurde völlig dunkel. Blitze zuckten über den Himmel und zorniges Donnergrollen ertönte aus den Wolken, die erbarmungslos sintflutartige Regenfälle auf die Menge niederprasseln liesen. Niemand konnte diesem Platzregen entkommen, alle standen wie begossene Pudel herum, während Helfer hierhin und dorthin eilten, um Regenschirme zu verteilen, deren Zahl bei weitem nicht ausreichte. Kostspielige Frisuren verwandelten sich in triefende, herabhängende Gebilde und jedermann war von Kopf bis Fuß völlig durchnässt. Es war ein armseliger Anblick.

Schließlich war der letzte Tag gekommen. Die Marinetruppen zur Sicherung der Gebäude, des Flughafens und der Werft am Cubi Point zogen ab. Dort lag an diesem sonnigen, stillen Tag die *USS Belleau Wood* vor Anker, ein atombetriebener Hubschrauberträger. Alex, Merly, ich und ein Teil der Mitarbeiter gingen auf den Balkon im obersten Stockwerk des PREDA-Zentrums, um über die Bucht hinweg den historischen Abzug des Militärs der Vereinigten Staaten nach

94 Jahren Besatzung mitzuerleben. Wir fühlten, dass auch wir unseren kleinen Beitrag dazu geleistet hatten. Zehn Jahre lang hatten wir dafür gekämpft, die Menschenhändlerringe aufzudecken, die den Pädophilen in der US-Marine Kinder verkauften. Dieser schlimme Tag im Jahr 1982, als wir im Hinterzimmer des städtischen Krankenhauses die zwölf von US-Soldaten missbrauchten Kinderprostituierten fanden, hatte alles verändert. Wir deckten die misslungenen Versuche auf, mit denen die lokalen und die US-Behörden die Verbrechen an Kindern vertuschen wollten. Wir begannen, uns für die Auflösung der Militärstationen und ihre Umwandlung in Industriegebiete einzusetzen, doch das sollte ein gefährlicher Weg werden. Die Sexmafia und ihre Hintermänner in der Politik schlugen auf boshafte Weise zurück. Sie versuchten, unseren Namen zu beschmutzen und unseren guten Ruf durch falsche Anschuldigungen zu ruinieren, die sie mit an den Haaren herbeigezogenen »Beweisen« untermauerten. Uns standen harte Zeiten bevor. Sich öffentlich gegen diese Missstände einzusetzen war der einzige Weg, den Missbrauch zu stoppen und junge philippinische Mädchen, manchmal erst acht oder neun Jahre alt, davor zu bewahren, in die Fänge der Sexmafia zu geraten. Auch die amerikanischen Seeleute, oftmals selbst noch Teenager, wurden geködert und so manipuliert, dass sie sich auf Sex mit Minderjährigen einließen. Das kann niemand tolerieren, weder philippinische noch amerikanische Eltern. Auch viele unserer Freunde in den Stützpunkten waren schockiert und befürworteten unser Engagement. Sie selbst konnten allerdings nichts gegen die Probleme tun.

Während ich über die Bucht nach Grande Island schaute, stellte ich mir vor, wie die philippinischen Truppen unter General Emilio Aguinaldo im Jahr 1898 eine Salve auf die Schiffe der US-Marine abgegeben hatten, die in die Bucht von Subic eingefahren waren. In dem Glauben, dass Subic Bay befestigt und wehrhaft sei, zogen sich die Amerikaner nach Manila zurück. Sie kehrten mit Verstärkung zurück und brachten das einzige Geschütz in ihre Gewalt, das sich auf dem Hügel von Kalaklan befand, nicht weit von dort entfernt, wo wir heute standen.

Die Marinesoldaten waren als Erste gelandet, passenderweise waren sie nun die Letzten, die gingen. In jenen Jahren gab es mehr Leid, unnötiges Sterben und Verwüstung als jemals zuvor in der neueren Geschichte. Es ist schwer zu begreifen, dass die menschliche Spezies bei all ihrer Intelligenz die zerstörerischste von allen ist. Offensichtlich werden wir mehr von Gier und Egoismus getrieben als von Intelligenz und Liebe.

Während ich zusah, wie das letzte Schiff für das Auslaufen aus Subic vorbereitet wurde, hatte ich das Gefühl, dass ich dort drüben auf der Werft sein sollte, um es zu verabschieden. Ich fuhr mit dem Pick-up zum Seiteneingang des Stützpunktes in Kalaklan, wo mich die philippinischen Marinesoldaten durchwinkten, die jetzt für die Sicherheit zuständig waren. Zum ersten Mal standen keine US-Marinesoldaten am Tor. Über dem riesigen, verlassenen Gelände hing eine seltsame Stille. Ich fuhr langsam und betrachtete die verlassenen Wachposten und das Gelände, wo die Paraden stattgefunden hatten. Die verlassenen Piere, leeren Geschäfte und Büros erweckten den Eindruck einer Geisterstadt: verlassen, einsam und unwirtlich. Diese einst so geschäftige Anlage, die zahllose Truppen und Bomben auf Nordkorea, Vietnam und später, während des Ersten Golfkrieges, auf den Irak losgelassen hatte, war zum Stillstand gekommen. Ungefähr ein Dutzend US-Soldaten waren noch für die Straße zur Werft abkommandiert, um die Sicherheit der *USS Belleau Wood* zu gewährleisten. Ich blieb stehen, um ein Foto zu machen, als mich zu meinem Erstaunen ein Bus voll mit winkenden, jubelnden Barmädchen aus den Clubs und Bordellen von Olongapo überholte.

An der Werft am Cubi Point wurde ich von einem überraschenden Anblick begrüßt: Bürgermeister Gordon und ungefähr 20 seiner engsten Mitarbeiter wanderten herum wie verlorene Seelen. Sie waren ein trübseliger Haufen, der nicht wusste, wohin er gehen oder was er tun sollte. Vielleicht schmerzte auch die Erinnerung daran, dass Gordons Großvater 1904 als Marinesoldat hier an Land gegangen war. Jacob Gordon war aus New York gekommen, er hatte ein Mädchen aus dem Ort geheiratet und die Gordon-Dynastie gegründet.

Die Barmädchen waren die einzigen, die zur Verabschiedung der Marinesoldaten gekommen waren. Ein paar von ihnen rannten hin und her, um noch einen Soldaten zu umarmen, bevor er die Rampe hinauf auf das Schiff ging. Fotografen schossen Bilder von allem, was ihnen interessant erschien. Ein paar philippinische Arbeiter standen bereit, um beim Losmachen der dicken Schiffstaue zu helfen, doch die amerikanischen Soldaten machten das selbst, als wollten sie sagen: »Dies ist ein geordneter Rückzug, keiner schmeißt uns raus.«

Es gab keine offizielle Zeremonie mehr. Ein Hubschrauber schwebte über dem Schiff in der Luft. Das letzte Fahrzeug mit Sicherheitskräften fuhr die gelbe Rampe hinauf, bevor auch sie von einem Kran an Deck gezogen wurde. Dann gaben die Hupen ein letztes, gewaltiges Dröhnen von sich, die großen Schiffschrauben schäumten das Wasser auf und ein Schleppschiff zog das Schiff vom Pier ins Wasser hinaus. Die *USS Belleau Wood* war unterwegs. Die Barmädchen in ihren Shorts und hautengen T-Shirts winkten, hüpften auf und ab und kreischten vor Aufregung. Der Bürgermeister und seine Leute winkten halbherzig, sie wirkten deprimiert und niedergeschlagen. Es war das Ende einer Ära.

Die letzten Matrosen, welche die Schiffstaue gelöst hatten, folgten dem Schiff mit einem Beiboot auf die Bucht hinaus, wo sie dann an Bord gingen. Ganz deutlich erkannte ich das PREDA-Zentrum auf dem Hügel auf der anderen Seite der Bucht und wusste, dass die Menschen dort zustimmend und mit wohlverdienter Genugtuung zusahen. Der Hubschrauberträger entfernte sich langsam, fuhr an Grande Island vorbei und verschwand bald hinter dem Horizont. Während ich drehte und wegfuhr, fragte ich mich, was aus den zurückgelassenen Anlagen werden mochte. Clark lag unter Asche begraben und war aufgegeben worden, doch ich malte mir einen blühenden Industriepark mit Hochtechnologieanlagen und tausenden Arbeitsplätzen aus. Ich betete dafür, dass die Politiker die Möglichkeiten erkennen und nach den Empfehlungen handeln würden, die wir dem *Abueva*-Ausschuss gegeben hatten.

Ich fuhr durch das Stadtzentrum von Olongapo, das nie mehr so sein würde wie einst. Jede Bar, jeder Club war geschlossen; die Bretterzäune um die während des Vulkanausbruchs beschädigten Gebäude sahen aus wie abgebrochene Zähne. Die Bands hatten zusammengepackt und die Mädchen waren fort. Über Nacht war Olongapo zu einer Geisterstadt geworden und die Einwohner standen unter Schock. Es gab keine andere Industrie, keine andere Geschäftsmöglichkeit in der Stadt. Die Sexindustrie war völlig zusammengebrochen. Ich ging durch die ausgestorbenen Straßen, um die traumhafte Ruhe zu genießen, die sich wie ein Vorhang über den Lärm herabgesenkt hatte. Alles war so unwirklich gewesen, so künstlich und so unehrlich. Der große Schwindel, die Lügen und Manipulationen gehörten der Vergangenheit an; es gab kein falsches Lächeln und unehrliches Gelächter mehr in dieser geisterhaften Atmosphäre, kein Neonlicht erhellte die Dunkelheit und die düstere Stimmung. Der Magsaysay Drive war eigentlich eine viel befahrene Durchgangsstraße, heute fuhr hier kaum ein *Jeepney.* Obwohl ich über den Verlust so vieler Arbeitsplätze in der Marinebasis traurig war, wusste ich, dass viele mit der großzügigen Abfindung einen schönen Lebensabend haben würden; andere waren qualifiziert genug, um eine Weile im Ausland zu arbeiten, wo sie dreimal so viel wie in Subic verdienen würden. Außerdem gab es ja noch unsere Vision von den Wirtschaftszonen, die sehr viel mehr Jobs schaffen würden als jetzt verloren gingen.

Jetzt war der entscheidende Moment für die Umsetzung des Konversionsplanes gekommen. Philippinische Marinesoldaten bewachten die Einrichtungen, um Plünderungen zu verhindern und sie machten ihre Arbeit gut. Als das neue Jahr näher rückte, sah der Bürgermeister ein, dass wir Recht hatten. Die Anlagen umzubauen war der einzige Weg nach vorne. Geschickt verschaffte er sich den Vorsitz über die *Subic Bay Metropolitan Authority* (SBMA), welche die Einrichtungen übernehmen und ihre Umwandlung überwachen sollte. Unsere größte Angst war nun, dass die Konversion von Korruption und Vetternwirtschaft beeinträchtigt werden könnte. Wir sollten nicht enttäuscht werden.

In Großbritannien schärfte sich das öffentliche Bewusstsein für Kinderrechtsfragen durch die Kampagnen vieler Kinderhilfsorganisationen. Eine davon war *Jubilee Action*, die sich unter der Leitung von Danny Smith für eine Änderung der britischen Gesetzgebung stark machte, damit britische Staatsangehörige, die im Ausland Kinder sexuell missbrauchten, in ihrer Heimat vor Gericht gestellt werden konnten. Danny bat mich, einen Bericht über die Situation philippinischer Kinder in Missbrauchssituationen zu verfassen, was ich gerne tat. Wir betonten darin die Verhandlung von Heinrich S. Ritter, der wegen des Todes von Rosario Baluyot verurteilt worden war. Das Deckblatt des Berichtes trug das Bild von Rosie, einem kleinen fünfjährigen Mädchen hinter den Gittern der Polizeiwache B in Olongapo, das ich 1991 in der Nacht zum Karfreitag gemacht hatte. Der 135 Seiten starke Bericht wurde dem parteiübergreifenden Parlamentsausschuss zum Thema »Straßenkinder« vorgelegt. Ich war im Festsaal des britischen Unterhauses dabei, als die Parlamentsabgeordneten Nigel

Griffith, später Minister im Kabinett von Tony Blair, Ian Bruce und David Alton den Bericht den Medien präsentierten. Der Bericht schlug hohe Wellen und half, die Politik davon zu überzeugen, dass etwas gegen die Situation in Großbritannien getan werden müsse, denn tausende Briten reisten in Entwicklungsländer, um dort Sex mit Minderjährigen zu haben.

Die Ratifizierung der Kinderrechtskonvention durch die philippinische Regierung zeigte ebenfalls positive Wirkung. Philippinische Kinderrechtsorganisationen und NGOs arbeiteten an der Erstellung eines neuen Kinderschutzgesetzes mit: *An Act Providing for Stronger Deterrence and Special Protection of Children against Child Abuse, Exploitation and Discrimination*, allgemein als *Republic Act 7610* oder *RA 7610* bekannt, ein Gesetz zur verstärkten Abschreckung und den besonderen Schutz der Kinder vor Missbrauch, Ausbeutung und Diskriminierung. Die Verabschiedung dieses Gesetzes war die letzte offizielle Amtshandlung von Präsidentin Aquino. Es war ein mächtiges Werkzeug für den Schutz der Kinder und die Verfolgung der Straftäter. Bis dahin hatte es nur den Strafbestand der »begehrlichen Handlungen« gegeben, die nirgendwo näher definiert und nur minimal bestraft wurden. Der *RA 7610* bestraft nun viele Arten sexuellen, physischen und psychischen Missbrauchs und verbietet ausbeuterische Kinderarbeit sowie den Einsatz von Kindersoldaten. Dies war ein Riesenschritt nach vorn. In der Folge schnellte die Zahl der Fälle, die vor Gericht gebracht wurden, rasant nach oben. Von nur zwei Fällen vor der Einführung des Gesetzes bis auf 84 im Jahr 1993 und 621 im Jahr 1996. Durch das neue Gesetz konnten wir endlich Klagen gegen Verdächtige einreichen und so auch hier das öffentliche Bewusstsein für diese Verbrechen an Kindern schärfen.

Jetzt, da die US-Marine abgezogen war und der Plan für die Umnutzung der Stützpunkte noch mitten in der Umsetzung steckte, richteten wir unsere Aufmerksamkeit auf das Elend der tausenden verlassenen Filipinas und ihrer filipino-amerikanischen Kinder. Viele von ihnen kamen hilfesuchend zu uns und wir machten uns daran, sie in einer Mütter-Vereinigung zu organisieren, die schließlich 550 Mitglieder umfasste. Am schlimmsten betroffen waren diejenigen, die unverheiratet einige Jahre mit ihren amerikanischen Partnern zusammengelebt und Kinder von ihnen bekommen hatten, bis die Männer sie schließlich verließen. Sie alle befanden sich in einer schlimmen Lage und ihre Kinder waren sehr verstört. Das PREDA-Team vergab Kleinkredite an die Frauen, damit sie sich eine Grundlage für ihren Lebensunterhalt schaffen konnten, aber wir wussten, dass es damit nicht getan war. Die Rechte der Mütter und ihrer Kinder mussten anerkannt werden.

In einem bewegenden Artikel für das *San Francisco Chronicle* schrieb Belinda Rhodes, eine freischaffende Journalistin, über das Leben dieser filipino-amerikanischen Kinder. Daraufhin kontaktierte mich der Rechtsanwalt Joseph Cotchett von der Anwaltsfirma *Cotchett, Illston und Pitre* und fragte, ob wir an einer Sammelklage interessiert seien, mit der die Mütter und ihre Kinder für das an ihnen begangene Unrecht entschädigt werden könnten. Ich stimmte zu, und er schickte uns einen seiner Vertreter. Ich riet dazu, auch GABRIELA, den Zusammenschluss verschiedener Frauenrechtsorganisationen, hinzuzuziehen, denn sie konnten die Rechte der Frauen am besten vertreten. Wir sorgten auch dafür, dass er die Frauen vom *Buklod*-Zentrum, der Frauenhilfsorganisation in Olongapo, treffen konnte. Dann begann die richtige Arbeit. Nachforschungen mussten angestellt werden, um stichhaltige Beweise dafür zu bekommen, dass es einen ungeschriebenen Vertrag zwischen der US-Kriegsmarine und den Frauen gegeben hatte. Unser Argument war, dass die Frauen Dienstleistungen für die Seeleute erbracht hatten und es war eine offenkundige Tatsache, dass die US-Marine die Angestellten des »Klinikums für Soziale Hygiene« ausgebildet und ihnen die Ausrüstung und die Medikamente zur Behandlung von Geschlechtskrankheiten zur Verfügung gestellt hatte. Dies ermöglichte es den Seeleuten, nicht auf dem Schiff oder im Stützpunkt, sondern mit diesen Frauen rechtmäßig zusammenzuleben.

Nach vielen Mühen schafften wir es, einige von der US-Marine für die Mütter ausgestellte Ausweise, sog. *ID-Cards*, in die Hand zu bekommen, und es gab noch weitere Hinweise auf einen ungeschriebenen Vertrag zwischen den Frauen und der Marine. Als die US-Marine abzog, blieben die Mütter und Kinder zurück und hatten kein Einkommen mehr. Die Kinder verdienten eine Entschädigung. Philippinische Kinder amerikanischer Soldaten hatten, anders als Kinder in Vietnam und Korea, kein Anrecht auf die Staatsbürgerschaft der USA.

Als wir alle nötigen Unterlagen beisammen hatten, flogen drei Frauen vom *Buklod*-Frauenzentrum mit ihren filipino-amerikanischen

Kindern sowie einige Mitarbeiter und vier Kinder von PREDA nach San Francisco, wo die Einreichung der Sammelklage in einer Pressekonferenz angekündigt wurde. Die Klage wurde am 4. März 1993 eingereicht und vor dem Internationalen Beschwerdegericht in Washington D.C. verhandelt. Alex, Merly, Sergio Cruz und ich begleiteten die Kinder Ruby, ihren Bruder Christopher, Francis und Hakim, das Kind eines afro-amerikanischen Matrosen. Die Pressekonferenz war ein großer Erfolg und machte die amerikanische Öffentlichkeit auf das Thema der verlassenen Frauen und Kinder aufmerksam, auch wenn diese Aufmerksamkeit erfahrungsgemäß nie sehr lange anhält.

Ich hielt eine kurze, aber prägnante Rede, die mit dem Aufruf begann: »Wache auf, Amerika, dies sind die Kinder, die Du zurückgelassen hast!« Als die Sammelklage vor Gericht ging, lehnte die US-Marine jegliche Verantwortung ab. Schließlich fällte der Richter sein Urteil: die Frauen hätten Prostitution betrieben, was illegal sei. Aus illegalen Handlungen aber entstünde kein rechtsgültiger Anspruch auf Unterstützung.

Ich hatte eine gute Freundin im US-Kongress, Anna Eshoo aus dem 14. Distrikt in Kalifornien, die ich bat, die Angelegenheit dem Frauenausschuss des Kongresses vorzulegen. Dieser verabschiedete eine Resolution, mit der die staatliche Hilfsorganisation US AID angewiesen wurde, ein Hilfsprogramm für die Frauen und Kinder in Höhe von zwei Millionen Dollar zu entwerfen. Wir von PREDA hatten bereits angekündigt, dass wir eine solche finanzielle Entschädigung nicht annehmen würden. Der Betrag wurde schließlich der Pearl S. Buck-Stiftung zur Verteilung auf den Philippinen überwiesen. PREDA hilft den filipino-amerikanischen Kindern und ihren Müttern aus seinen eigenen Mitteln und Spendengeldern.

1991 nahm der von uns vorgeschlagene Konversionsplan langsam Gestalt an. Die SBMA wurde zur Verwaltung der entstehenden Industrie- und Gewerbezone *Subic Bay Freeport Zone* auf dem ehemaligen Gelände der US-Armee eingerichtet und ein politischer Kampf um den Vorsitz dieser Behörde begann. Lokale Oppositionsgruppen widersetzten sich der Kandidatur von Bürgermeister Richard Gordon, aber er setzte sich durch und hatte bald beide Ämter inne: Bürgermeister und Vorsitzender der SBMA. Mit einem Mal florierte der Sextourismus wieder; ausländische Staatsbürger bekamen Lizenzen und Genehmigungen für Bars und Clubs, von denen die meisten in

Barrio Barretto, entlang der Strände von Subic angesiedelt waren. Australische, deutsche, schweizerische und amerikanische Sextouristen strömten in die Stadt. Der Albtraum begann von neuem und viele Jugendliche auf den Straßen waren zunehmend in Gefahr.

Einige Jahre zuvor war ich von der Internationalen Föderation für Alternativen Handel zu einer Konferenz in Kilkenny, Irland, eingeladen worden, eine schöne Gelegenheit für eine Reise in mein anderes Zuhause. Trotz der Einschränkungen, denen wir unterworfen waren, florierte und wuchs unsere Abteilung für fair gehandelte Produkte unter Merlys Führung. Merly arbeitete mit den Produzenten, kümmerte sich um die Finanzierung, die Ausbildung der Handwerker und die Produktion der Waren. Gemeinsam mit Alex und unseren Mitarbeitern riefen wir Entwicklungsprojekte für die verschiedenen Produzentengruppen ins Leben.

Meine Aufgabe war es, für das Fairhandelskonzept zu werben und unsere Beziehungen zu den *Alternative Trading Organisations* (ATOs), den alternativen Handelsorganisationen, zu verstärken. Diese befinden sich hauptsächlich in Europa, sie importieren die Handwerksprodukte und vertreiben sie über die Weltläden. Die ATOs und bürgerschaftlich engagierte Gruppen beteiligen sich aktiv an Kampagnen zu wichtigen Themen wie Umweltschutz, den Globalisierungsfolgen oder dem Schutz der Kinderrechte und tragen so dazu bei, die Würde derjenigen zu verteidigen, die durch eine ungerechte Wirtschaftsordnung ausgebeutet werden.

Weltläden gibt es in vielen Städten und Gemeinden in ganz Europa. Meist werden sie von Ehrenamtlichen aufgebaut und betrieben. Sie setzen sich dafür ein, das Leben der Armen durch Hilfe zur Selbsthilfe mittels eigener Wirtschaftsbetriebe und durch Entwicklungsprojekte in den jeweiligen Herkunftsländern zu verbessern. Inzwischen erobern professionell betriebene Weltläden die großen Einkaufsstraßen und bevorzugten Geschäftslagen. Die Fairhandelsbewegung wird als einflussreiche Größe und als wichtige Verteidigerin kleiner Produzentengruppen und Kooperativen in den Entwicklungsländern wahrgenommen. Die Weltläden haben sich über die Jahre als engagierte Unterstützer unseres Kampfes gegen ein ungerechtes Sozial- und Wirtschaftssystem erwiesen, welches die Benachteiligten in noch größere Armut und Ausbeutung treibt.

Kooperativen und Bauernverbände, die Kaffee und Lebensmittel herstellen, sind die Hauptlieferanten der Weltläden, aber auch Handwerksprodukte, Schmuck, Modeartikel und Kleidung gehören schon seit langem zum Sortiment. Die Produktqualität verbessert sich ständig und die Läden, die einst nur Produkte ausstellten und verkauften, sind heute ebenso sehr professionell betriebene, attraktive und gutgehende Verkaufsstellen wie Informationszentren, in denen man sich über entwicklungsrelevante Themen informieren kann.

Im Jahr 1987 jedoch, als ich in Kilkenny war, gab es in der Föderation für Alternativen Handel kein einziges Mitglied aus einem Entwicklungsland, sondern nur Importorganisationen. Die Produzentengruppen bestanden jedoch darauf, ebenfalls als Mitglieder zugelassen zu werden. Als Ergebnis der Konferenz wurden nun Produzenten aus Entwicklungsländern in den Vorstand berufen. Die Delegierten aus Asien wählten mich als Vertreter. Auch ein Südamerikaner wurde gewählt und ein Delegierter aus Afrika bekam einen Beobachterstatus. Der Vorstand traf sich jährlich. In diesem Jahr war das Hauptthema die alle zwei Jahre stattfindende Konferenz, und es wurde beschlossen, dass sie zum ersten Mal in einem südlichen Land stattfinden sollte.

PREDA wurde ausgewählt, diese herausfordernde Aufgabe zu übernehmen und die Konferenz vom 27. April bis zum 2. Mai 1992 im Philippine Village Hotel in Manila auszurichten. Über 150 Delegierte aus der ganzen Welt würden teilnehmen, doch die Philippinen waren nicht gerade das Land mit der besten Sicherheit und Infrastruktur. Die Stromversorgung war ein großes Problem, wir lebten mit täglichen Stromausfällen und rationierter Stromzufuhr. Auch die Telefonleitungen waren in jenen Tagen alles andere als zuverlässig. Präsidentin Aquino war so damit beschäftigt, ihr Land vor den Putschversuchen des Militärs zu schützen, dass sie kaum Zeit hatte das Stromproblem zu lösen.

Trotz allem sahen wir diese Aufgabe als eine Herausforderung an und empfanden es als Ehre, dass die Philippinen das erste Entwicklungsland waren, in dem diese Konferenz stattfinden sollte. Viele Delegierte der nördlichen ATOs würden die Gelegenheit haben, die asiatischen Produzenten zu besuchen. Unser größtes Problem war das knapp bemessene Budget, das uns für die Durchführung der Konferenz zur Verfügung stand. Sie fiel alles andere als luxuriös aus, aber dennoch waren die meisten Teilnehmer sehr zufrieden mit dem Verlauf, froh über die neuen Erfahrungen und die Gelegenheit, Asien zu bereisen. Wir taten alles dafür, damit die Konferenz ein Erfolg würde und organisierten fundierte Fachvorträge zu den Themen Landreform und wirtschaftliche Eigenständigkeit. So klein PREDA auch war: Wir wollten zeigen, dass auch die Produzentenorganisationen die Fähigkeiten und die Möglichkeiten dazu hatten, eine solche Konferenz auszurichten.

Unsere qualitativ hochwertigen Handwerksprodukte verkauften sich gut in den Weltläden, so dass wir durch den Fairen Handel zur sozialen Entwicklung der Philippinen beitragen konnten. Wir mussten nicht nur alles in unserer Macht stehende tun, um Armut und Ungerechtigkeit zu verringern, sondern wir mussten auch vorbeugend arbeiten, denn vorbeugen ist immer besser als heilen. Natürlich wussten wir, dass die Bars, die Clubs und die Straßen voller Jugendlicher und Kinder waren, die vor dem Elend ländlicher Armut in das grelle Licht der Großstadt geflohen waren. Hier aber waren sie noch mehr in Gefahr, in die Kinderprostitution gelockt oder gezwungen zu werden. Die Programme zur Existenzgründung in den Dörfern halfen den Familien, sich zu entwickeln und zusammenzubleiben. Obwohl sie noch immer arm waren, konnten sie ihren Kindern ein anständiges Leben bieten. Wenn der Verkauf ihrer Produkte einen Überschuss erbrachte, wurde dieser auf alle im Ort verteilt bzw. für ein Projekt verwendet, von dem alle im Ort profitieren konnten, wie zum Beispiel dem Bau eines Brunnens oder von Toiletten.

22

Wandel durch Handel

PREDA und der Faire Handel

Wir alle bei PREDA wussten, welche Ursachen der Armut und sozialen Ungerechtigkeit zugrunde lagen. Wir sahen die kranken Kinder mit den aufgeblähten Bäuchen in den völlig verarmten Dörfern auf dem Land. Wie konnten wir in Bequemlichkeit und Überfluss leben, während sie nicht das Nötigste zum Leben hatten? Wir wollten die weitverbreitete Armut lindern, aber was konnte eine kleine Gruppe Idealisten, wie wir es waren, Bedeutendes tun? Wir wussten, dass in ländlichen Gemeinschaften alle Menschen und alle Ereignisse eng miteinander verknüpft sind; ändert man einen Aspekt, beeinflusst das auch alles andere. Also fragten wir uns und andere, welchen Aspekt wir ändern müssten, um die größtmögliche Kettenreaktion auszulösen. Jeder hatte eine andere Meinung darüber, wie ländliche Entwicklung am besten funktioniert; aber man muss auch die Einzigartigkeit jeder Situation berücksichtigen. Wir überlegten, ob nicht der Faire Handel vielleicht eine Lösung wäre, die diesen Menschen helfen könnte. Was könnten sie produzieren und womit handeln, das ihnen ein Einkommen verschaffen könnte?

Verschafft man den Menschen Zugang zu Bildung sinkt die Geburtenrate, es gibt mehr Nahrung und somit gesündere Kinder. Man bohrt einen Dorfbrunnen, stellt eine Windmühle auf, installiert Abwasserrohre und das Leben im Dorf verändert sich. Für uns alle bei PREDA und für jeden, der ein positives und glückliches Leben führen möchte, ist es ein vernünftiger und lohnenswerter Weg, zu solcher Veränderung beizutragen. Nur einem einzigen armen Menschen, einer Familie oder einem Dorf zu helfen, kann dem Leben Sinn geben. Wir erkannten, wenn nur die Menschen gestärkt, befähigt und dazu inspiriert würden, sich selbst und auch ihren Nachbarn zu helfen, dann würde das auch ihrem Leben eine Bedeutung verleihen.

Scharen von Kindern verschwanden aus den Dörfern. Zu unserem Schrecken entdeckten wir, dass viele Kinder aus den ärmsten ländlichen Gegenden und Dörfern in die Prostitution verkauft wurden. Dagegen mussten wir etwas unternehmen, aber wir sahen auch die historischen Tatsachen, die Menschen in Armut gefangen hielten. Die wirklich Armen sind in einer Art Sklaverei gefangen. Die Großgrundbesitzer kontrollieren das Land und das Leben der Armen durch ein unterdrückendes politisches Regime und leben im Luxus auf ihren *Haciendas*, ausgedehnten Landgütern voller billiger Arbeitskräfte. Für die anstrengende Reis- und Zuckerernte bieten die Armen ein unendliches Reservoir – sie werden von den Landbesitzern ohne Mitgefühl und Gewissen ausgebeutet. Das Gesetz zur Landreform, das diese ungerechte Situation beenden und die Pächter aus der Knechtschaft befreien sollte, ist zu großen Teilen gescheitert. Viele, die im Zuge der Reform Land überschrieben bekamen, hatten kein Geld, um in ihre Produktion zu investieren und auch nicht das nötige kaufmännische Wissen, um die Flächen erfolgreich zu bewirtschaften. Viele verkauften die Landrechte an die Plantagenbesitzer und wurden wiederum zu Pächtern – auf ihrem eigenen Land.

Solche Pachtbauern müssen mindestens 40 Prozent ihrer Erträge an den Grundbesitzer abgeben. Die Grundbesitzer und erfolgreichen Kaufleute aus der Oberschicht kontrollieren den philippinischen Kongress und die Regierung; sie haben dafür gesorgt, dass ihre Ländereien von der Landreform ausgenommen wurden. Dieses ungerechte System der Landverteilung entstand in der Zeit der spanischen Herrschaft und wurde von der amerikanischen Kolonialregierung weitergeführt; es führte schließlich zu der kommunistischen Rebellenbewegung, die das Leben auf den Philippinen seit 1972 beherrscht. Wir hatten uns schon immer dafür eingesetzt, Frieden und soziale Gerechtigkeit durch Gewaltlosigkeit zu erreichen und dadurch, dass man den Menschen die Möglichkeit gibt, sich weiterzuentwickeln. Wir suchten nach Wegen, wie wir den Dorfbewohnern helfen könnten, die entsetzliche Armut zu überwinden.

Wie schon erzählt, hatte PREDA sich schon von Anfang an im Fairen Handel engagiert. Zunächst waren wir noch kein Mitglied der *International Fair Trade Association* (IFAT), der Internationalen Vereinigung für den Fairen Handel, die Ende der 80er ebenfalls gegründet worden war. Wir begannen unsere Möbelherstellung mit erneuerbaren, umweltfreundlichen Materialien: den Blättern der *Buri*-Palme und Rattan. Es gab eine große Nachfrage und durch dieses Handwerksprojekt konnten wir 17- bis 24-jährige junge Menschen aus den Gefängnissen oder von der Straße holen und sie vor schlimmen Bestrafungen oder sogar willkürlicher Hinrichtung bewahren. PREDA wurde zu einem Zufluchtsort für Jugendliche, die mit dem Gesetz in Konflikt geraten waren. Das Handwerksprojekt verschaffte ihnen eine fundierte Ausbildung und einen guten Verdienst, und auch PREDA konnte von dem Erlös einige Ausgaben bestreiten.

Im Jahr 1982 bahnte sich allerdings eine Katastrophe an. Der Bürgermeister war wütend auf uns, weil wir die Kinderprostitution in Olongapo aufgedeckt hatten. Er warnte all unsere Kunden, sie sollten sich von uns fernhalten. Das Projekt ging Bankrott und wir mussten die Handwerker in ihre Heimatdörfer umsiedeln, wo sie von neuem mit der Produktion beginnen konnten. Wir hatten nur noch wenige Kunden, bis eines Tages im selben Jahr eine Besuchergruppe von Fairhandelsorganisationen aus Europa zu uns kam, um Handelsbeziehungen mit PREDA aufzubauen. Die Delegation wurde von Gerd Nickoleit von dem deutschen Fairhandelshaus gepa und Joe Kemptner von der EZA aus Österreich geleitet.

Sie sahen unsere Notlage und versprachen, uns bei der Erschließung neuer Märkte zu helfen. Zurück in Deutschland und Österreich erteilten sie uns schon 1983 die ersten Aufträge für unsere neu entworfenen Handwerkserzeugnisse. Das gab uns Aufschwung; es rettete unser Projekt und brachte uns auf den Weg eines Fairen Handels, der auf menschliche und gemeinschaftliche Entwicklung abzielt. Diese neuen Absatzwege halfen unseren Arbeitern. Wir konnten Lehrer einstellen, die den Produzentengruppen neue Fertigkeiten beibrachten. Wir schlossen die einzelnen Handwerker in Produktionseinheiten zusammen, so dass sie von besseren Gehältern profitieren konnten und verschafften ihnen zinsfreie Produktionsdarlehen. Ihre Geschäfte florierten und ihre Familien waren gesünder und glücklicher.

1987 wurde die Verbindung zwischen PREDA und gepa durch den Besuch von Claudia Grözinger noch gestärkt, die sich eine Weile von ihrer Arbeit bei gepa hatte freistellen lassen, um über den Zusammenhang von Entwicklung und Fairem Handel zu forschen. Sie besuchte die Handwerksgruppen, die mithilfe von PREDA und gepa gewachsen waren, und erlebte drei Monate lang die Kultur der Menschen in verschiedenen Gegenden der Philippinen. Ihre Erfahrungen machte sie in der gepa-Zeitschrift einer breiten Öffentlichkeit zugänglich und trug dadurch zu einem tieferen Verständnis für die sozialen Ungleichheiten und die Herausforderungen bei, denen sich die armen und landlosen Menschen der philippinischen Inseln gegenübersehen. Zwischen PREDA und gepa entstand damals eine starke Partnerschaft, die sich fortentwickelte und bis heute andauert.

Nach dem katastrophalen Ausbruch des Mount Pinatubo 1991 arbeitete gepa hart daran, Hilfsgelder für PREDA aufzutreiben. Sie organisierten eine Briefkampagne für den Wiederaufbau des Zentrums und fuhren fort, unsere Handwerksprodukte zu verkaufen. Wieder einmal retteten sie unser Handwerksprojekt und damit die Arbeitsplätze vieler Handwerker. Im selben Jahr wurde Claudia Grözinger zur neuen Asien-Koordinatorin von gepa ernannt. Wir waren begeistert, denn sie verfügt über weitreichende Kenntnisse der philippinischen Kultur und der vielen sozialen und wirtschaftlichen Probleme des Landes. Dies war auch das Jahr unserer Kampagne gegen die ungerechte Wirtschaftspolitik der *Asia-Pacific Economic Cooperation* (APEC), der Asiatisch-Pazifischen Wirtschaftsgemeinschaft. gepa schloss sich uns an, um für internationale Fairhandelsrichtlinien als Alternative zur APEC-Politik einzutreten.

Eines Tages besuchte ich ein Dorf, in dem erstklassige Korbwaren hergestellt wurden. Dort traf ich Jose Cardenas, der gerade frisch gepflückte Mangos sortierte. Er und seine Söhne hatten ein großes Gerüst aus Bambus rund um den Baum gebaut; die höchsten Äste erreichten sie mit langen Stöcken, an deren oberen Ende kleine Netze befestigt waren. Eine nach der anderen wurden die Früchte damit abgepflückt, ohne beschädigt zu werden – eine sehr schnelle und effektive Methode.

Fast 60 Prozent der noch grünen Mangofrüchte warf Jose in einen extra Korb. »Was wirst Du damit machen?«, fragte ich ihn. »Die gebe ich den Schweinen, sie bringen auf dem Markt nichts ein. Es sind zu viele und sie werden bald faul werden. Die besten Früchte verkaufe ich für einen geringen Preis an die Großhändler zum Export. Sie schicke einen Einkäufer her, um sie zu wiegen und mitzunehmen. Sie wollen nur die perfekt aussehenden Früchte«, sagte er, angewidert über den geringen Preis, den man ihm zahlte und verärgert, dass so viele gute Früchte als Schweinefutter verschwendet werden mussten. »Die Einkäufer wissen, dass wir die Früchte innerhalb von zehn Tagen nach dem Pflücken verkaufen müssen, sonst werden sie überreif. Deshalb zahlen sie uns nur einen geringen Preis, sie nutzen unsere Notlage aus«, erklärte er weiter.

Ich war entsetzt. Was für eine Verschwendung und wie angreifbar waren diese Kleinbauern! Die meisten von ihnen haben zwischen zwei und sechs Bäume auf ihrem Land. Philippinische Mangos sind eine ganz besondere Art; sie schmecken anders und köstlicher als afrikanische und südamerikanische Arten. Die Carabao-Mango, nach dem philippinischen Wasserbüffel benannt, ist laut dem Guinnessbuch der Rekorde die süßeste Mangoart der Welt. Wenn die Bauern nur einen fairen Preis für ihre köstlichen Früchte bekämen, welch ein Gewinn wäre das für sie und ihre Kinder! Die Kinder könnten weiter in die Schule gehen und müssten nicht auf den Feldern arbeiten oder in die Stadt geschickt werden, wo sie als ungebildete Hausangestellte leicht Opfer von Missbrauch und Ausbeutung werden könnten. Vielleicht war dies der Punkt, wo wir mit gerechtem und Fairem Handel ansetzen konnten, um eine positive Veränderung zu bewirken?

Ich wusste, dass die Bauern mehr Geld verdienen konnten, sie mussten nur einen besseren Preis bekommen. »Habt ihr Bauern euch jemals Gedanken darüber gemacht, eine Kooperative oder einen Verband zu gründen, so dass ihr euch zusammenschließen und eure Mangos gemeinsam zu einem höheren Preis verkaufen könnt?« fragte ich. »Vor einigen Jahren haben wir versucht, eine Genossenschaft zu gründen und die Früchte zurückzuhalten, damit die Aufkäufer uns mehr zahlen, aber die großen Händler wurden wütend und haben uns als kommunistische Staatsfeinde angezeigt. Das Militär kam und verhaftete die Leiter der Kooperative und der Gemeinde. Darum hat sich die Genossenschaft aufgelöst, und jetzt haben alle zuviel Angst, um eine neue zu gründen.«

Diese Erfahrung habe ich nie vergessen. Ich dachte darüber nach, wie PREDA diesen Kleinbauern durch den Fairen Handel helfen könnte. Erstaunlicherweise kam die Antwort auf meine Fragen einige Monate später aus Deutschland. Einer unserer Partner im Fairen

Handel, die Fairhandelsgenossenschaft dwp eG, früher bekannt unter dem Namen dritte-welt partner, deutete an, dass es in den deutschen Weltläden vielleicht einen guten Markt für getrocknete Mangos geben könnte. So recherchierte ich ausführlich darüber, wie man Mangos trocknet und fand heraus, dass es einige große Verarbeitungsbetriebe und einige kleinere, neu gegründete Familienunternehmen gab.

Die Großhändler kontrollierten die Preise lange Zeit durch ein Kartell und kauften nur die schönsten Früchte. Die mittelgroßen und kleinen Mangos lehnten sie ab, genau wie Jose es mir erklärt hatte. Wenn aber diese restlichen 60 Prozent der Ernte, die aus den kleinen Früchten bestanden, erhalten und getrocknet werden könnten, dann gab es Hoffnung für die Bauern.

Nun war es an der Zeit, Mangos zu den höheren Preisen des Fairen Handels zu kaufen, sie trocknen und verpacken zu lassen und dann an die Käufer auszuliefern. Unsere Freunde von dwp waren die ersten, die uns bei der Vermarktung getrockneter Mangos halfen. Wir hatten nur wenig Kapital zur Verfügung, das wir in diesen neuen Zweig unseres Fairen Handels investieren konnten. Wir begannen auf Cebu, mit Hilfe der *Philippine Business of Social Progress* (PBSP), der Philippinischen Gesellschaft für Sozialen Fortschritt, die sich darauf spezialisiert hatte, verarmte Bauern auszubilden und bei der Gründung von Genossenschaften zu unterstützen. PREDA finanzierte die *Sudlon*-Kooperative und begann, ihre Mangos aufzukaufen. Wir zahlten einen sehr viel höheren Preis als das Kartell, und die Mitglieder der Kooperative waren begeistert. Bald schloss sich uns auch eine andere Genossenschaft an, die von der PBSP gegründet wurde, so dass wir eine ausreichende Menge an Mangos geliefert bekamen. Für die Trocknung der Mangos gingen wir eine Partnerschaft mit einem kleinen Familienunternehmen namens *Profood* in Cebu ein, das seinen Anfang im Haus der Familie von Justin und Debbie Uy genommen hatte.

Profood war einverstanden, alle Mangos von den Kleinbauern aus der Kooperative aufzukaufen, die PREDA unterstützte, und sie wollten ein Verfahren zur Trocknung von Mangos entwickeln, das ohne künstliche Zusätze und schließlich sogar ohne Zucker auskam. Die Mangos wurden so geschält, in Streifen geschnitten und getrocknet, dass sie höchsten Qualitätsansprüchen genügten und auch den internationalen Standards entsprachen. Es war das erste Mal auf den Philippinen, vielleicht sogar auf der ganzen Welt, dass Carabao-Mangos ohne Zusatz von künstlichen Bestandteilen getrocknet wurden. Die Mangos werden weder durch Schwefel zusätzlich eingefärbt noch enthalten sie Pestizidrückstände oder irgendwelche Bakterien. Es wurde nur ein bisschen Rohrzucker hinzufügt, damit sie soft im Biss blieben und etwas länger gelagert werden konnten. Inzwischen wurde der Verarbeitungsprozess weiterentwickelt, so dass *Profood* unseren Kunden sowohl leicht gesüßte als auch hundertprozentig zuckerfreie, getrocknete Mangos anbieten kann. Als dwp in Ravensburg die getrockneten Mangos Anfang der 90er-Jahre als Erste zu importieren begann, entwickelten sie sich sehr schnell zu einem sehr gefragten Produkt - seitdem stehen sie für eine große Erfolgsgeschichte im Fairen Handel. Daraufhin begannen auch die gepa sowie weitere Fairhandelsimporteure im Jahr 1994 unsere getrockneten Mangos zu importieren.

dwp hatte einen neuen, tatkräftigen Geschäftsführer namens Thomas Hoyer, der viele Partner von dwp regelmäßig besucht. So kam er 1993 auch zu PREDA. Auf den Philippinen sah er das Elend der Kleinbauern und erfuhr, dass viele aus Sicherheitserwägungen keine Verbände oder Kooperativen gründen können. Sich zusammenzuschließen erweckte schnell den Verdacht umstürzlerischer Aktivitäten.

Thomas Hoyer war der Meinung, dies sollte die Kleinbauern nicht davon abhalten, ihre Mangos an das Fairhandels-Projekt von PREDA zu verkaufen, so dass sie für dwp verarbeitet werden konnten. Hungrigen Kindern musste geholfen werden, ob ihre Eltern nun einer Genossenschaft angehörten oder nicht. Bei einem bewussten Gang durch die Rotlichtviertel sah er, dass viele Kinder in die schlimmste Form der Kinderarbeit und Ausbeutung gelockt oder gezwungen werden – die Kinderprostitution. Wiederholt hielten ihn die Zuhälter für einen Sextouristen und boten ihm kleine Kinder an. Er war schockiert und nahm von da an besonderen Anteil an der Arbeit von PREDA, Kinder vor dem Verkauf in die Sexindustrie zu bewahren und sie zu retten. Er war entschlossen, ihnen zu helfen.

So entwickelten dwp und PREDA gemeinsam eine besondere Kampagne, um den missbrauchten Kindern zu helfen und das Kinderschutzzentrum von PREDA, in dem ehemalige Kindersexsklaven eine Zuflucht finden, vergrößern zu können.

PREDA, Thomas Hoyer und alle in der Fairhandelsgenossenschaft dwp vertreten eine fortschrittliche Vorstellung davon, wie der Faire

Handel funktioniert und etwas bewegen kann. Diese Vorstellung beinhaltet, dass wir mehr tun müssen, als nur auf ethisch korrekte Weise Handel zu treiben. Das wird von jedem erwartet. Seine Angestellten nicht auszubeuten und gerechte Löhne zu zahlen, ist eine normale ethische Vorgehensweise. Dies ist unsere moralische Pflicht, keine besondere Tugend. Geschäftsleute und Kunden im Fairen Handel empfinden sich nicht als bessere Menschen. Viele Firmen handeln verantwortlich und sorgen für ihre Mitarbeiter.

Der Faire Handel, wie PREDA, dwp, gepa und andere Partner ihn verstehen und praktizieren, geht über einen rein ethisch korrekten Handel hinaus und berührt auch das Leben der Ärmsten der Armen, das Leben der Opfer ungerechten Handels, Sklaverei, Ausbeutung und jener, die auf unmenschliche und erniedrigende Weise behandelt werden. Ein Fairer Handel, der auf menschliche und gemeinschaftliche Entwicklung zielt, ist eine Verpflichtung, sich für Gerechtigkeit einzusetzen, sich dem Bösen entgegenzustellen und die Rechte aller Menschen, besonders aber der Frauen und der Schwächsten von allen, nämlich der Kinder, zu verteidigen. Diese Sichtweise von Fairem Handel nutzt Produktion und Handel als Mittel für wirtschaftliche Entwicklung, für Veränderung und als einen Weg, Mitgefühl und Güte zu zeigen und den Hungrigen zu helfen – zum Schutz und zur Verbesserung unserer Umwelt. Für uns ist der Faire Handel mehr, als nur zu kaufen und zu verkaufen. Wir müssen denjenigen eine Stimme geben, die ihre nicht erheben können oder dürfen; wir müssen in Deutschland, in Österreich, der Schweiz und auf der ganzen Welt Bewusstsein, Wissen und Verständnis dafür wecken, dass der Faire Handel Teil einer Bewegung ist, die zu einer besseren, gerechteren und friedvolleren Welt beitragen kann. Und wir müssen den Willen wecken, zu handeln.

Jedermann sollte Teil dieser Bewegung sein: Als Kunde, als ehrenamtlicher Mitarbeiter in einem Weltladen oder als Importeur und Großhändler für fair gehandelte Produkte. Alle müssen in dieser Partnerschaft mit den Produzenten eine Rolle spielen und in die solidarische Beziehung zwischen Produzenten und Konsumenten eintreten. Fairer Handel vereinigt weit voneinander entfernte Welten und stellt eine Welt her, in der alle Menschen respektiert werden. So wird Frieden geschaffen, Missverständnisse werden ausgeräumt und Unterschiede akzeptiert und verstanden. Gäbe es mehr Fairen Handel, könnte damit mehr Frieden geschaffen werden: Muslime und Nicht-Muslime könnten in Frieden miteinander leben. Fairer Handel vereint die Menschen. Soziale und wirtschaftliche Ungleichheit sind der Kern von sozialer Unruhe und Rebellion der Armen; sie führen zu Gewalt. Durch Fairen Handel kann man daran arbeiten, solch wirtschaftliche Ungleichheit zu beenden und mithelfen, die Einhaltung der Menschenrechte zu fördern und zu Frieden und Versöhnung beizutragen.

Dies war unsere Vision eines Fairen Handels, der sowohl auf die menschliche als auch die gemeinschaftliche Entwicklung setzt. Sie ging darüber hinaus, politisch und ethisch korrekten Handel zu betreiben. Sie hatte Großzügigkeit der reichen Länder gegenüber den Kommunen der weniger entwickelten Länder im Sinn. Dies mit dem Ziel, die Lebensbedingungen der Armen durch Zahlung höherer Preise zu verbessern und sie durch unsere Kampagnen für Menschenrechte zu unterstützen, die Armen und Geknechteten aufzurichten, sowie Frauen und Kinder aus den Fängen der Sexindustrie zu retten, wo sie wie Tiere für die sexuelle Befriedigung von Sextouristen aus ganz Asien, Nordamerika und Europa verkauft wurden. Die Länder, aus denen diese Sextouristen kamen, hatten eine Verantwortung für die Opfer. Ich appellierte an ihre Politiker, einzugreifen und die Kinderschänder vor Gericht zu bringen, denn sicherlich würden sie bei der Rückkehr in ihre Heimatländer nur noch mehr darauf aus sein, Kinder zu missbrauchen. Es war ein globales Problem, das eine globale Lösung forderte.

Unsere Vision wurde einige Jahre später in konkretes Handeln umgesetzt, als wir uns der Schutzengel-Kampagne von missio anschlossen, dem internationalen katholischen Missionswerk der Kirche in Deutschland. Das Schutzengel-Logo mit dem weinenden Kind, dem zwei Federn als Flügel dienen, von denen eine gebrochen ist, symbolisiert die Verpflichtung der Unterstützer, den Handel mit Kindern und Frauen zu stoppen und gegen Sextourismus zu protestieren. Zusammen mit einer Erklärung über unsere Kampagne druckten wir dieses Bild auf die Verpackung der getrockneten Mangos von dwp.

Im Jahr 2000 sollte ich am 10. Dezember, dem Tag der Menschenrechte, den Menschenrechtspreis der Stadt Weimar erhalten, für den ich von meinem Kooperationspartner, dem Kölner »Tatort – Straßen der Welt e.V.« vorgeschlagen wurde. Eine Woche zuvor wurden die Mitarbeiter von PREDA von deutschen Mitgliedern der Sexmafia in Olongapo bedroht. Sogar Mitarbeiter des dwp-Teams in Ravensburg erhielten Drohungen, weil sie uns unterstützt hatten, die Angriffe eines deutschen Staatsbürgers, Hartmut Joost, abzuwehren. Joost besaß eine Bar im Rotlichtviertel von Olongapo und verbreitete falsche Informationen über uns, um die Verleihung des Preises zu verhindern. Das Auswahlkomitee in Weimar hatte lange und gründlich recherchiert und dann entschieden, mir und PREDA den Preis zu verleihen. Es war eine symbolische Unterstützung unserer Vision, wie wir uns den Fairen Handel vorstellen – ein anderer Weg, um für die Menschenrechte zu kämpfen, für die Ärmsten, die Ausgebeuteten, die Missbrauchten. Das ist es, was aus wahrlich Fairem Handel entstehen sollte: menschliche und zugleich wirtschaftliche Entwicklung.

Unsere Gegner waren wirklich wütend über den Erfolg unserer Kampagne gegen ihr schmutziges Geschäft, welches darin besteht, europäische Sextouristen auf die Philippinen zu holen, um dort Kinder und junge Frauen zu missbrauchen.

Die gepa tat das ihre, um uns bezüglich der Verleihung des Preises zu unterstützen und die Angriffe von Joost und der Sexmafia, die hinter ihm stand, abzuwehren. Für diese Solidarität und die Ermutigungen waren wir sehr dankbar.

Während dieser Zeit, im Jahr 2000, erhielt PREDA viel Unterstützung von Weltläden, die ebenfalls an unsere Vision des echten Fairen Handels glaubten, der sich vom rein geschäftlich orientierten Fairen Handel unterscheidet, denn dieser meint in erster Linie ethisch korrekte Handelspraktiken, um damit den Wohlstand der Produzenten und der Verkäufer zu erhöhen. Die Weltläden unterstützten unsere Aktionen und spendeten einen Teil ihrer Einnahmen an die Kinder von PREDA. Dadurch konnten wir unseren Handlungsspielraum erweitern und noch mehr Kinder aus den Bordellen, von der Straße und sogar aus den Gefängnissen retten und ihnen den Start in ein neues Leben frei von Angst und Missbrauch ermöglichen. Der Faire Handel bringt so Frieden und Gerechtigkeit in die Welt.

2001 besuchten Thomas Hoyer und ich viele Weltläden in Deutschland und Österreich. Die freiwilligen Mitarbeiter, die das Herz und die Seele des Fairen Handels sind, hießen uns herzlich willkommen und verstärkten noch ihre Bemühungen, durch die Schutzengel-Kampagne zur Beendung des Kinderhandels beizutragen. Wir trafen den damaligen Präsidenten des Deutschen Bundestages, Wolfgang Thierse, der unsere Kampagne von ganzem Herzen unterstützte. Es gab eine Briefaktion an die damalige UN-Menschenrechtskommissarin Mary Robinson, die eine entschlossene Unterstützerin von PREDA wurde und das Vorwort zur englischen Ausgabe dieses Buches geschrieben hat (auf der Homepage von PREDA nachzulesen). dwp hatte einen Sonderstand auf der Fairen Woche, der eine Ausstellung über die PREDA-Kampagne für Kinderrechte zeigte. Zudem unterstützten uns in dieser Zeit viele Weltläden bei unserer Kampagne.

Thomas Hoyer wusste, dass die Bauern und Umweltschützer in Süddeutschland die alten, traditionellen Apfelbaumbestände der Streuobstwiesen bewahren wollten, aber die Kosten der Bewirtschaftung relativ hoch sind und die Arbeit aufwändig ist. Der moderne, kurzstämmige, fast maschinelle Anbau hatte sie überflüssig gemacht. Es gab sogar Obstbauern, die ihre großen, alten Bäume fällen wollten, weil sich die Äpfel nicht mehr zu den Erntekosten verkaufen ließen. Da es in Ravensburg schon ein beispielhaftes, gut funktionierendes Streuobstprojekt des Naturschutzverbandes BUND gab, kam dwp auf die großartige Idee, den Saft der Äpfel der hochstämmigen Streuobstbäume mit Mangopüree von philippinischen Kleinbauern zu mischen und so ein neues, global sinnvolles Getränk zu schaffen. Dieses besondere Produkt, der Apfel-Mango-Saft, ist seitdem ein großer Erfolg. Die Verkaufszahlen stiegen stetig, so dass immer mehr Apfelsafthersteller in den verschiedensten Regionen Deutschlands einen eigenen, lokalen Apfel-Mango-Saft anbieten.

Die Kleinbauern auf den Philippinen zogen großen Nutzen daraus, denn nun konnten sie auch ihre kleinen und bisher unverkäuflichen Mangos absetzen, die für PREDA zu Mangopüree verarbeitet wurden. Die Obstbauern in Deutschland waren begeistert, ihre Apfelbäume waren gerettet und die Schönheit der traditionellen Landschaft blieb erhalten, so dass sich Touristen, Reisende und auch die Menschen vor Ort weiterhin jedes Frühjahr an den wunderschönen Apfelblüten und der Tierartenvielfalt der Streuobstwiesen erfreuen können.

Das Apfel-Mango-Projekt war so innovativ und umweltfreundlich, dass dwp dafür den 1. Preis im Wettbewerb »global vernetzt – lokal aktiv 2002« des Bundesministeriums für Wirtschaftliche Zusammenarbeit und Entwicklung bekam. Der Preis wurde Thomas Hoyer im Rahmen einer Ausstellung und Präsentation in Berlin überreicht und man lud auch mich ein, dabei zu sein.

Dieses Beispiel zeigt deutlich, dass dwp die führende Organisation im Fairen Handel ist, die sich, zusammen mit PREDA, aktiv für den Schutz und die Verbesserung der Umwelt und der Menschenrechte einsetzt. Sie arbeiten stets daran, die Menschen und die Erde, von der wir alle leben, zu schützen. Dies ist es, worum es im wahren Fairen Handel geht: es geht nicht nur um faire Preise für die Produzenten und Gewinne für die Importeure, sondern darum, sich durch den Fairen Handel für soziale Gerechtigkeit, Menschenrechte und eine Erneuerung der Umwelt zu engagieren. Nicht alle Fairhandelsorganisationen halten dies für ihre Aufgabe, sondern bestehen darauf, nur mit perfekt organisierten Genossenschaften zusammenzuarbeiten. Aber wir können nicht jene Kleinbauern ausschließen, die sich aus Furcht vor Angriffen durch das Militär, Racheakten und Drohungen nicht zusammenschließen wollen.

Seit 2005 sind im ganzen Land schätzungsweise 600 Organisatoren und Leiter von Gruppen und Gemeinden umgebracht worden. Diese Menschenrechtsverletzungen, die im April 2008 vor dem Menschenrechtsrat der UNO enthüllt wurden, waren in der EU ein großes Thema. Die philippinische Untersuchungskommission sagte, das Militär stecke hinter diesen Morden, was dieses jedoch entschieden abstritt. Es ist also sehr gefährlich für die Mangobauern, Kooperativen oder Verbände zu gründen bzw. ihnen anzugehören.

PREDA und *Profood*, unser Partner in der Verarbeitung, haben noch niemals die Mangos eines armen Bauern abgelehnt, nur weil er keiner Organisation angehörte. Die Bauern in Cotabato auf Mindanao haben sich nicht zusammengeschlossen, es ist zu gefährlich. Diese Bauern sind sehr verletzlich und machtlos und brauchen vor allem unsere Hilfe. Wir kaufen auch Mangos von den Sammlern wilder Früchte im südlichen Mindanao. Dieser Teil der Philippinen wird von muslimischen Separatisten kontrolliert; hier gibt es Banditen, Entführer und ständige Kämpfe zwischen der Regierung und den muslimischen

Rebellen. Es ist verbotenes Gebiet und fast unmöglich, dort hinzureisen, ohne entführt zu werden. PREDA und *Profood* haben die Kleinbauern nicht im Stich gelassen, sondern ihnen vertraut und mit den Vertretern der verschiedenen ethnischen Gruppen faire Handelsbedingungen vereinbart. Wir gaben ihnen vorab zinsfreie Darlehen als Bezahlung für ihre Ernte.

Anstatt hunderte Tonnen köstlicher Früchte in dem mit Rebellen durchsetzten Dschungel verrotten zu lassen, sorgen PREDA und *Profood* jedes Jahr dafür, dass die Ernte eingebracht wird. Obwohl es immer sein kann, dass die Vorauszahlungen verloren gehen oder von den Banditen gestohlen werden und trotz aller Kämpfe und Gefahren, kommen ganze Wagenladungen voll Mangos aus diesen abgelegenen, verlassenen Bergen.

Dieses Modell des Fairen Handels, wie ihn PREDA betreibt, wurde von den Kirchen, Weltläden und dem Deutschen Bundestag anerkannt. Wir waren sehr erfreut, als das Restaurant des Bundestages sich einverstanden erklärte, die getrockneten Mangos von PREDA und dwp zu verkaufen. Aber das war noch nicht alles: die damalige Vorsitzende des Ausschusses für Menschenrechte, Christa Nickels, schlug mich für den Friedensnobelpreis vor. Das war ein wunderbares Ereignis. Während einer Pressekonferenz schlossen sich den Parlamentariern noch zwei weitere wichtige Unterstützer von PREDA an, um die Nominierung zu befürworten und zu bekräftigen, dass PREDA sich über den Fairen Handel für Kinderrechte stark macht. Es waren Klaus J. Behrendt und Dietmar Bär, die beiden berühmten ARD-Tatort-Kommissare. Einige Jahre zuvor waren sie auf den Philippinen gewesen und hatten die eindrucksvolle »Tatort«-Folge mit dem Titel »Manila« über einen deutschen Pädophilen gedreht, der kleine Kinder missbrauchte. Im Film kamen die Kommissare auf die Philippinen, um hier zu ermitteln, den Verbrecher zu stellen und ihn seiner gerechten Strafe zuzuführen. Die beiden Schauspieler und einige ihrer Freunde, Martin Block, Ulrike Thönniges und andere, waren von dem Elend der verarmten und missbrauchten Kinder auf den Philippinen und dem Ausmaß der deutschen Sexmafia so berührt, dass sie etwas Ungewöhnliches taten: sie gründeten einen Verein mit dem Namen »Tatort – Straßen der Welt e.V.«, um diesen Kindern helfen zu können.

Es dauerte nicht lange, bis sich der »Tatort«-Verein mit dwp in einer Kooperation zusammenfand, um gemeinsam die Arbeit von PREDA für die Rettung und Befreiung meist unschuldiger Kinder und Jugendlicher noch stärker zu fördern. Einige Kinder werden ins Gefängnis gesperrt, ohne wirklich etwas verbrochen zu haben. Vielleicht haben sie Metallreste gesammelt, die nur ein paar Euro wert sind, und werden dann beschuldigt, sie gestohlen zu haben. Die Polizisten locken sie in Hinterhalte, damit sie ihre Verhaftungsquote erreichen und befördert werden, oder sie erpressen von den Eltern der Jungen Geld dafür, keine Anzeige zu erstatten. Wenn die Eltern dieses Schmiergeld nicht zahlen können, wird der Junge angezeigt und verhaftet. Die Familien haben meist auch kein Geld für eine Kaution. Hinter dem Elend der Gefängniskinder steckt grausame Ungerechtigkeit.

PREDA kämpfte schon lange intensiv für die Kinder in den Gefängnissen; dwp und die vielen Weltläden waren eine große Hilfe. Nun kam auch der Verein »Tatort – Straßen der Welt e.V.« als wichtiger Unterstützer hinzu. Das ermutigte uns sehr und wir arbeiteten nun daran, das Gesetz so zu verändern, dass Kinder unter 15 Jahren nicht mehr verhaftet und wie erwachsene Kriminelle behandelt würden. Wenn sie aber in Konflikt mit dem Gesetz gerieten, sollten sie Beratung bekommen, ihre weitere Entwicklung sollte begleitet werden und sie sollten einige grundsätzliche Werte lernen, die ihnen auf ihrem Lebensweg helfen konnten. PREDA bot eine Alternative zum Gefängnis – ein Heim für Jungen, in dem sie ein gutes Leben führen und rechtlichen Beistand bekommen konnten, um ihren Fall vor Gericht gewinnen zu können.

Klaus und Dietmar waren damit einverstanden, dass wir ihr Foto auf die Verpackung der *MangoMonkey*-Fruchtgummis druckten. Mit dem Erlös aus dem Verkauf der *MangoMonkeys* half uns der »Tatort«-Verein, Kinder aus den gefährlichen und unmenschlichen Gefängnissen zu retten, wo sie von erwachsenen Häftlingen und ausbeuterischen, gewalttätigen Gefängniswärtern missbraucht und vergewaltigt wurden. Mit ihrem großen Bekanntheitsgrad werben die beiden seitdem für fair gehandelte Produkte der Kooperation PREDA /dwp, wodurch eine Reihe neuer Großkunden in Deutschland erreicht werden konnten, z.B. die Deutsche Telekom, die Firma Globetrotter sowie viele Organisatoren des Rheinischen Karnevals. Besonders hervorzuheben ist das mithilfe der Beiden entstandene Absatzgebiet für die Fruchtgummis von dwp und PREDA durch die Deutsche Post AG. Diese verschenkt seitdem leckere Mangofruchtgummis aus Fairem Handel in den Schalterhallen an wartende Kunden.

Begleitet von einem Filmteam von *Stern TV* flogen Klaus und Dietmar im Dezember 2005 auf die Philippinen, um Gefängnisse zu besuchen und die Lebensbedingungen dort zu filmen, jedoch durfte das Team die Kameras nicht mit hineinnehmen, so dass wir mit versteckter Kamera filmen mussten. Wir gingen hinein und besuchten die Kinder in den Gefängnissen. Auch der deutsche Schauspieler und Gefängnisarzt Dr. Joe Bausch war mitgereist, um uns zu helfen, und so arrangierten wir einen medizinischen Einsatz, um die Kinder zu untersuchen und zu behandeln. Dietmar, Klaus und Dr. Bausch waren entsetzt über den medizinischen Zustand und die schlechten Lebensbedingungen in den Gefängnissen. Alle schliefen auf dem Betonfußboden, aßen schlechtes Essen und hatten weder ausreichend Bewegung, noch Zugang zu Bildung und ärztlicher oder zahnärztlicher Versorgung. In einer völlig überfüllten Zelle gab es nur eine einzige Toilettenschüssel für alle 45 Insassen und sie war mit Fäkalien verstopft, unhygienisch und gefährlich. Die Häftlinge hatten Hautkrankheiten, Tuberkulose und andere Krankheiten, die wir nicht diagnostizieren konnten. So sieht es in vielen Gefängnissen aus und obwohl das neue Gesetz dies verbietet, werden Kinder noch immer mit Erwachsenen zusammen eingesperrt. Viele Polizisten und Behörden erkennen nicht an, dass das Gesetz auch für sie gilt, sondern glauben, dass sie über dem Gesetz stehen. Mit versteckter Kamera hielten wir alles fest und kurze Zeit später wurde der Beitrag in *Stern TV* gezeigt. Wir diskutierten das Problem mit dem Moderator, Günther Jauch, um die Öffentlichkeit darauf aufmerksam zu machen und auch, um politische Unterstützung für die Veränderung des Systems zu bekommen.

In einer eigenen, gemeinsamen Kampagne mit dem Namen »Holt die Kinder aus dem Knast« führen Klaus und Dietmar und der gesamte »Tatort«-Verein sowie dwp diese wichtige Arbeit bis heute weiter. Sie sammeln Spendengelder, mit denen sie uns helfen, ein neues Haus für die vielen Jugendlichen zu bauen, die wir aus den Gefängnissen retten. 2005 und 2006 kam jeweils ein Fernsehteam von ITV/CNN in Begleitung des Reporters Chris Rogers, um eine ähnliche Undercover-Reportage zu drehen. Schließlich wurde das Gesetz verändert, so dass es einfacher wurde, die Kinder aus den Gefängnissen und in die Obhut von PREDA zu entlassen, solange ihre Gerichtsverhandlungen noch nicht entschieden waren. Kinder und Jugendliche unter 15 Jahren dürfen jetzt nicht mehr verhaftet werden.

All dies kam durch unsere Kampagnen und die Hilfe der Weltläden zustande. Die freiwilligen Mitarbeiter in den Weltläden geben uns Ermutigung und spenden einen Teil ihrer Erlöse, um den Kindern zu helfen. Ihre Vision des Fairen Handels ist es nicht, Profit zu machen, sondern das zu teilen, was sie verdienen, um damit Kinder zu retten und die Ungerechtigkeit in der Welt zu verringern. Mehr und mehr Weltläden schlossen sich unserer Kampagne gegen die Versklavung von Kindern an. Lino Cañete, ein PREDA-Mitarbeiter, der zu jener Zeit in Deutschland lebte und fließend Deutsch spricht, hielt für dwp viele Vorträge in Weltläden, in denen auch der Geschäftsführer von PREDA, Alex Hermoso, und Donard Angeles von unserer Fairhandelsabteilung zu Besuch waren. Die Liste der aktiven Unterstützerläden für unsere Kampagne ist riesig, wie z.B. die Weltläden in Betzdorf, Köln, Heidelberg, Ulm, Friedrichshafen, Sigmaringen, Murg, das Jugendhaus Hardehausen und die F.A.I.R.E. in Dresden und könnte endlos fortgeführt werden.

2003 kam dwp mit einem Filmteam zu PREDA. Sie drehten einen großartigen Dokumentarfilm über das Mango-Projekt und die Aufgabe von PREDA, für die Menschenrechte einzutreten, Kinder aus den Bordellen zu retten und ihnen ein neues Leben zu ermöglichen. Sie zeigten, welch große Rolle der Faire Handel dabei spielt, das Leben von Handwerkern und Bauern zu verbessern, es würdevoller und erfolgreicher zu machen. Das alles fand Platz in diesem Film, den dwp kostenlos abgibt.

Der Film erzählt auch von dem speziellen Projekt für biologischen Mangoanbau, das PREDA mit der indigenen Bevölkerung der *Aetas* durchführt, welche in den abgelegenen Bergregionen lebt. Schon seit 2001 half uns dwp – mit der später hinzugekommenen finanziellen Unterstützung der VOM FASS AG – dabei, die Bauern in biologischem Anbau zu unterweisen, damit sie dem konventionellen, chemielastigen Anbau, der sie in Verschuldung und Armut hielt, den Rücken kehren konnten. Alex Hermoso und Donard Angeles, unser Fachmann für Landwirtschaftsfragen, trafen sich mehrmals mit dem Naturland e.V., um den Prozess der Entwicklung des Bio-Anbaus in

Gang zu setzen und die Einzelheiten für die Begutachtung der Betriebe und die Umsetzung der Kriterien für den Bio-Anbau zu besprechen.

Obwohl die allermeisten der PREDA-Mangos natürlich nicht mit chemischen Rückständen belastet sind, müssen wir dennoch so viele Bauern wie möglich dazu bringen, auf Bio-Anbau umzusteigen und die Standards für die Zertifizierung zu erfüllen. Bis zum Jahr 2008 hatten wir es geschafft, bei der Inspektion den Standard »befindet sich in der Umstellung auf biologischen Anbau« zu erreichen. Es ist ein Fortschritt und eines Tages werden wir unserem Förderer im Bioanbau, dwp, und den Weltläden komplett kontrolliert biologisch angebaute Mangos liefern können.

Das Video von dwp zeigt auch, wie die Mangoproduktion bei der indigenen Bevölkerung abläuft und welchen sozio-ökonomischen Problemen diese gegenübersteht. Gegen den Ansturm moderner Landbesetzer, Holzfäller, Großgrundbesitzer und, am schlimmsten von allen, der ausländischen Bergbaugesellschaften, die sich das Land ihrer Ahnen aneignen wollen, kämpfen sie ums Überleben. Diese Ausbeuter werden entweder von privaten Sicherheitsleuten, bewaffneten Milizen oder dem philippinischen Militär begleitet. Alles, was sie tun müssen, ist, die indigene Bevölkerung der Unterstützung kommunistischer Rebellen zu beschuldigen und schon wird diese von ihrem Land vertrieben, verhaftet, verhört und bedroht. Kurz darauf kommt dann ein Bergbauunternehmen mit Bulldozern und Grabenbaggern, um nach Nickel, Chromeisenerz oder Gold zu suchen. Sie graben tiefe, offene Gruben und zerstören dadurch die Umwelt, entwurzeln Bäume und verschmutzen Flüsse und Ströme. Ein gesamter Lebensraum wird zerstört und große Ungerechtigkeit begangen. Dies geschieht überall auf den Philippinen; die meisten der Bergbaugesellschaften kommen aus Australien, Nordamerika, Europa und China. PREDA führt das Sekretariat einer Koalition aus über 150 NGOs aus dem ganzen Land, die vom Hilfswerk der Katholischen Kirche in Deutschland, Misereor, unterstützt werden.

PREDA hilft den *Aetas* auf vielerlei Weise, ihre ökonomische Existenz zu verbessern; es gibt Projekte zur Landentwicklung und zur Stärkung ihrer rechtlichen Ansprüche auf das Land ihrer Vorfahren. PREDA hilft ihnen auch dabei, sich in einem Verband zu organisieren, um mehr Einfluss zu gewinnen, aber das ist gefährlich. Dennoch bestärken wir sie und bilden sie dafür aus, Mangos biologisch anzubauen und mehr und mehr Bäume zu pflanzen, um die Ländereien wiederaufzuforsten, die von den Holzfällern schon abgeholzt wurden. PREDA hilft ihnen, Baumschulen aufzubauen und veredelte Mangobäume zu pflanzen. Manchmal entstehen dabei angespannte und auch gefährliche Situationen. Einmal besuchten wir ein abgelegenes Gebiet, wo eine Gesellschaft schon die ersten Schächte für den Bergbau gegraben hatte, um uns ein Bild von der Situation zu machen. Die Sicherheitskräfte des Unternehmens schossen auf die Sozialarbeiter von PREDA und die Anführer der *Aetas*, die sie begleiteten. Alle mussten den Berg hinunter und in Sicherheit fliehen, aber glücklicherweise wurde niemand verletzt.

Eine Woche später, im Juni 2007, wurde Charlie Daylo ermordet, der Leiter einer *Aeta*-Organisation. Nur wenige Kilometer von PREDA entfernt fuhr ein Auto auf ihn zu, bewaffnete Männer stiegen aus und erschossen ihn aus nächster Nähe. Es war ein entsetzlicher, schrecklicher Mord. Wir alle waren sehr verstört; es war auch eine Warnung für uns alle bei PREDA, die wir uns für die *Aetas* einsetzten, damit diese auf gewaltlose Weise das Land ihrer Ahnen und ihre traditionelle Lebensweise verteidigen konnten. Es gab keine polizeiliche Untersuchung, niemand wurde verhaftet. Wahrscheinlich steckten Leute dahinter, die das Land haben wollten, dort Bergbau betreiben oder den Wald abholzen wollten. Die Bergbauindustrie und die großen Holzverarbeitungsbetriebe waren über unsere Arbeit sehr aufgebracht.

Mindestens 800 Dissidenten und Oppositionsanhänger sind in den letzten Jahren auf den Philippinen ermordet worden. Die Hinrichtung Charlie Daylos war eine Warnung an die gesamte indigene Bevölkerung und an PREDA, den Menschen nicht länger bei ihrem Widerstand gegen Holzfällerei und Bergbau zur Seite zu stehen. Trotz aller Drohungen – diese Arbeit muss weitergehen. Der kleine Teil des Regenwaldes, der noch nicht abgeholzt wurde, muss mitsamt seiner Flora und Fauna gerettet und geschützt werden.

Um uns bei dieser Arbeit zu helfen und die Lebensbedingungen der *Aetas* zu verbessern, arrangierte dwp eine Partnerschaft zwischen PREDA und der VOM FASS AG in Ravensburg, einem innovativem Franchiseunternehmen, das hochwertige Weine, Essige und Öle und auch ein exzellentes Sortiment von Produkten auf Mangobasis anbietet. Herr Kiderlen, der Vorstand der VOM FASS AG bekundete besonderes Interesse an den drängenden Problemen der *Aetas* und erklärte sich bereit, ihnen Bildungsmaßnahmen, Ausbildung in biologischem Anbau und andere Entwicklungsprojekte anzubieten. Umgesetzt wurden diese Maßnahmen von den Landwirtschaftsexperten bei PREDA, die direkt mit den Führern der indigenen Gemeinden zusammenarbeiteten. Diese wurden gestärkt und ermutigt, ihr Wiederaufforstungsprojekt noch zu verbessern und sie pflanzten tausende Setzlinge, um die Kahlschlagsflächen in den Berggegenden wieder zu bewalden, die Teil ihres angestammten Landes sind und schon Jahre zuvor von Holzfällern mit bewaffneten Wächtern besetzt und zerstört worden waren.

Schon seit 2001 reist die Theatergruppe von PREDA und der von uns ins Leben gerufenen Jugendorganisation AKBAY jedes Jahr durch Deutschland, teilweise auch durch Österreich und die Schweiz, um begleitet von dwp-Mitarbeitern ihr Stück »Es war einmal ein Traum« aufzuführen. In diesem Stück geht es um die Mangoproduktion und darum, wie der Bergbau die Umwelt und das Land der armen Bauern zerstört. Das Musical-Drama erzählt, wie nach einem tragischen Bergbauunglück den jungen Leuten – einige von ihnen noch Minderjährige – in dem zerstörten Dorf gute Jobs versprochen werden. Man stellt ihnen gefälschte Reisepässe aus und bringt sie nach Europa, wo sie dann in sexuelle Sklaverei verkauft werden. Das Theaterstück endet mit dem mutigen Einsatz von Kinderschützern, die kommen, um die Kinder zu retten.

Dieses Stück schafft großes Verständnis bei den Zuschauern und sensibilisiert sie für das Thema Menschenrechte. Sie werden sich der Umweltprobleme bewusst und hören, wie die internationale Bergbauindustrie die Erde zerstört und die Sexmafia viele Menschenleben ausbeutet und kaputtmacht. Viele sind inspiriert worden, sich für Gerechtigkeit einzusetzen.

Anlässlich der Tournee der PREDA-Theatergruppe importiert dwp als Tour-Organisator auch jedes Jahr mehrere Tonnen frischer Mangos von Kleinbauern, die von PREDA unterstützt werden, und liefert sie dann an die beteiligten Weltläden. Die exotische und seltene Art der Carabao-Mango wird von den Kunden mitunter schon Monate vorher fröhlich bestellt, bevor die reifen Früchte überhaupt geliefert werden können.

Die Theatergruppe von PREDA und AKBAY tourt auch durch Österreich und besucht die dortigen Weltläden, die zu unseren großen Unterstützern zählen und die ich selbst auch schon mehrmals besucht habe. Ihre Hilfe und ihre tatkräftige Mitarbeit haben den Verkauf unserer getrockneten Mangos erhöht und somit den Fairen Handel unter unseren Bauern gefördert, ihren Familien geholfen und so dazu beigetragen, dass viele Kinder gerettet werden konnten.

Sie bestärken mich darin, weiterhin für die Menschenrechte einzutreten und die sexuelle Sklaverei durch Fairen Handel zu beenden.

Ein weiteres großes Thema ist das Vorgehen der *Fairtrade Labelling Organizations International* (FLO) [eine Dachorganisation des Fairen Handels, die ein Fairtrade-Siegel für Produkte vergibt, die gemäß den FLO-Standards zertifiziert sind], die eine englische Supermarktkette unter Druck setzte, PREDAs fair gehandelte, getrocknete Mangos aus ihrem Fairhandels-Regal zu nehmen. Der Grund war, dass wir nicht bereit waren, für eine mögliche FLO-Zertifizierung der Mangobauern und ihrer Mangos Geld auszugeben. Auch hätte dies dazu geführt, dass zusätzliche Lizenzgelder für die Nutzung des Siegels angefallen wären, die den Preis der Mangos erhöht hätten. Die Folge wären niedrigere Preise für die Produzenten und geringere Einnahmen für unsere bedürftigen Kinder gewesen.

Übrigens scheint mir, dass ein Teil der Lizenzeinnahmen dazu dient, die möglicherweise eigenen hohen Gehälter und Ausgaben zu decken. Die Geschäftsführer und Offiziellen, mit ihrem anscheinend eigenen Geschäftsmodell, die sich als eine Art von Entwicklungsorganisation bezeichnen, sitzen in vornehmen Büros, um von dort aus Lizenzgebühren einzusammeln. Mit ihren fetten Gebühren, die sie erheben, leben sie auch nicht an vorderster Front in den Entwicklungsländern, um dort den Ärmsten zu helfen, den missbrauchten Frauen und Kindern.

Als PREDA sich weigerte, Gebühren für eine mögliche durchzuführende Zertifizierung durch die FLO zu bezahlen, setzte die *Fair Trade Foundation*, der britische Ableger der FLO, die Supermärkte unter Druck, unsere getrockneten Mangos aus ihrem Fairhandelssortiment zu entfernen. Im Prinzip beanspruchten sie damit für sich allein das Recht und die Autorität, zu bestimmen, wer sich als Fairhandelsorganisation bezeichnen darf und welches Produkt als fair gehandeltes Produkt gilt und welches nicht. Woher sie dieses Recht und die

Autorität nahmen, weiß ich nicht, aber ich weigerte mich, ihnen einfach nachzugeben. Stattdessen ging ich mit der Angelegenheit an die Öffentlichkeit und stellte auch Nachforschungen bezüglich der Rechtmäßigkeit ihres Vorgehens an, um bei der Fairhandelskommission Großbritanniens eine formelle Beschwerde einzureichen. Was die Vertretung der FLO in Großbritannien tat, war nichts anderes, als uns durch die erreichte Auslistung unserer Trockenfrüchte so unter Druck zu setzen, dass wir uns doch für eine Zertifizierung durch die FLO und den damit verbundenen Kosten entscheiden würden. Dies kommt mir und vielen anderen sehr wie Erpressung vor, obwohl ich das bisher nicht vor Gericht beweisen kann. Wir verloren durch die Auslistung mehrere tausend Euro, mit denen wir vielen missbrauchten Kindern in Bordellen und Gefängnissen und vielen verarmten Bauern hätten helfen können.

Viele Weltläden und Fairhandelsgruppen kritisieren die FLO, da sie das Fairhandels-Siegel auch an multinationale Konzerne wie z.B. die Supermarktkette Lidl vergibt, die eine fragwürdige Personalpolitik betreiben. Die *Fair Trade Foundation* in Großbritannien hat ihr Siegel auch an Nestlé für die Kaffeemarke *Nescafé Partner's Blend* vergeben. Diese Konzerne nutzen das Siegel, um der Welt weiszumachen, dass ihr Unternehmen Fairen Handel betreibt, dabei ist Nestlé wegen vieler fragwürdiger und anscheinend unethischer Geschäftspraktiken weltweit eines der am meisten kritisierten Unternehmen. Auch Kaffeegenossenschaften in Südamerika beschweren sich über die FLO. Sie bezahlen die Gebühren, um das Fairtrade-Siegel für ihren Kaffee zu bekommen, aber den großen Umsatz in den Fairhandels-Segmenten der Supermärkte macht jetzt Nestlé.

Die Öffentlichkeit erfuhr im Jahr 2006 von diesen Dingen, als ich mit Thomas Hoyer von dwp zu einer Diskussion nach Stuttgart fuhr. Sie war vom Dachverband Entwicklungspolitik in Baden-Württemberg organisiert und es ging um die Vergabe des Fairtrade-Siegels an Lidl. Die Gewerkschafter als Vertreter der Lidl-Mitarbeiter beschwerten sich darüber, dass Lidl das Fairtrade-Siegel bekommen hatte, obwohl die Kette beschuldigt wird, ihre Mitarbeiter auszubeuten. Während der Debatte stand ich auf und erklärte, welchen Schaden die *Fair Trade Foundation* in Großbritannien unserem Handel mit fairen Mangos zugefügt hatte, indem unsere Produkte aus dem Sortiment der

Supermärkte genommen wurden. Dieser Missbrauch von Macht und Einfluss, um Geschäften, Produzenten und Produkten ihr Siegel und damit den Status eines Produkts aus Fairem Handel vorzuenthalten ist eine ernste Angelegenheit und muss geändert werden. Vielleicht verlangt die FLO sonst bald noch eine Gebühr von den Weltläden, damit diese sich als zertifiziertes, anerkanntes FLO-Geschäft für Fairen Handel bezeichnen dürfen.

Auch verleiht die FLO und ihre nationalen Siegelorganisationen ihr Siegel nicht an die armen Produzenten von Handwerksprodukten. Diese Produzenten sind die Ärmsten von allen und brauchen das Siegel, aber sie können sich die Gebühren nicht leisten und zudem will die FLO sie auch gar nicht als Mitglieder haben. Sie sind zu arm, als dass man Profit aus ihnen schlagen könnte. Wenn die FLO den Handwerksprodukten oder Handwerkern ihr Siegel verleihen würde, hätte sie wenig Profit, müsste aber teure Kontrollen durchführen. Dies ist ein Widerspruch zu ihrer Vision und ihrer Aufgabe, denn die Siegelorganisationen wurden gegründet, um den kleinen Produzenten zu helfen. Ich weiß das, da ich an den Diskussionen in den späten 80er-Jahren teilgenommen habe, als das Fairhandels-Siegel entwickelt wurde. Die asiatischen Produzenten, die im *Asian Fair Trade Forum*, dem Asiatischen Fairhandelsforum, zusammengeschlossen sind, haben verlangt, dass die IFAT hier eine Vorreiterstellung einnehmen und ihr eigenes Siegel vergeben sollte. Es sollte strikte Kriterien beinhalten, was sich Fairer Handel nennen darf. Ebenso sollten die Armen und Schwachen gegenüber den reichen Unternehmen bevorzugt werden. Sie sollten erkennen, dass es die armen Produzenten sind, die solch ein neues Siegel am meisten brauchen, denn diese sind es, die unterstützt werden müssen.

23

Die Mühlen der Justiz
Der Fall Fitzgerald (1994–96)

Ebenso wichtig wie der Kampf vor Ort war es mir, dabei mitzuhelfen, international das Bewusstsein für das Ausmaß des sexuellen Missbrauchs an Kindern zu schärfen und die Hintergründe des Sextourismus aufzudecken.

Ron O'Grady und seine Frau waren die inspirierendsten Menschen, die ich jemals getroffen hatte. Ron war der Visionär hinter der berühmten internationalen Bewegung namens ECPAT (früher *End Child Prostitution in Asian Tourism, heute End Child Prostitution, Pornography and Trafficking of Children for Sexual Purposes*). 1991 fand in Chiang Mai in Thailand eine Konferenz aller Kirchen zum Thema Kinderprostitution statt, auf der das verstörende Ausmaß der kommerziellen sexuellen Ausbeutung von Kindern in der Tourismusindustrie deutlich wurde. Die kirchlichen Gruppen beschlossen, etwas dagegen zu unternehmen: ECPAT war geboren und startete eine weltweite Kampagne, um Regierungen auf der ganzen Welt von der Notwendigkeit einer Gesetzgebung zu überzeugen, mit der Kinder geschützt und der Sextourismus eingedämmt werden konnte. Die Kampagne hatte außerordentlichen Erfolg und beendete in weiten Teilen die Kultur der Unwissenheit und Apathie bei den Verantwortlichen. Sie überzeugte Regierungen davon, Standards und Resolutionen zum Schutz der Kinder umzusetzen. Ron O'Grady bestärkte und unterstützte uns in unserer Arbeit und lud mich als Gastredner zur internationalen ECPAT-Konferenz nach Auckland in Neuseeland ein.

Eines Tages, im Januar 1994, stand ich auf dem Balkon des wiederaufgebauten PREDA-Zentrums und drehte ein Video von der Party, welche die Kinder unten feierten. Die Kinder aus den umliegenden Gemeinden waren dabei, machten Spiele und es gab aufgeregtes Geschrei und Gelächter, wenn sie um die Preise und Leckerbissen rangelten. Ich richtete die Kamera auf das blaue Wasser der Bucht von Subic und bemerkte eine Jacht, die dort festgemacht hatte. Aus lauter Neugier zoomte ich näher heran und sah zu meinem Erstaunen drei philippinische Kinder, die an Deck spielten, und einen Weißen, der im Ruderhaus herumging. Wenn diese Kinder nicht seine eigenen waren, dann bedeutete ihre Anwesenheit auf einem solch abgelegenen Boot eine Verletzung des *RA 7610*.

Ich holte mein Fernglas, um einen besseren Überblick zu bekommen. Ganz offensichtlich befand sich kein philippinischer Erwachsener an Bord. Am nächsten Tag beauftrage ich Rolly Bessara, unseren Rechtsassistenten und Ermittler, das Boot aus der Nähe zu überwachen. Wieder waren die Kinder ganz eindeutig allein mit dem Weißen auf dem Boot. Irgendetwas ging hier vor, darum bat ich das *National Bureau of Investigation* (NBI), die nationale Ermittlungsbehörde, darum, ein Team zu schicken, welches das Boot überwachen und in der Sache ermitteln sollte. Ich war nun überzeugt davon, dass die Kinder in Gefahr waren.

Das NBI schickte uns einen Beamten: Magno Britanico. Zusammen mit einigen PREDA-Mitarbeitern beschrieb ich die Situation und wies darauf hin, dass es sich hier um eine direkte Missachtung des *RA 7610* handelte. Ich forderte ihn auf, uns direkt zu der Jacht zu begleiten, um den Mann auf dem Boot zu befragen. Britanico zögerte und nannte alle möglichen Gründe, warum PREDA sich nicht einmischen sollte und warum er, wenn überhaupt etwas getan werden müsse, allein zum Boot gehen wollte. Mit anderen Worten, er wollte uns nicht dabeihaben. Dieses Benehmen erschien uns merkwürdig. Wir wollten ihn nicht allein gehen lassen, denn der Verdächtige könnte versuchen, ihn zu bestechen und außerdem musste ein Sozialarbeiter vor Ort dabei sein, der sich um die Kinder kümmern konnte, wie es das Gesetz verlangte. Dies schien Britanico nicht weiter zu kümmern. Nach längerer Diskussion, die wir mit seinem Wissen aufzeichneten, erklärte ich, dass wir uns an eine höhere Stelle wenden würden, damit gehandelt und die Kinder gerettet werden könnten. Widerstrebend willigte er ein. Wir fuhren mit unserem Pick-up zu einer nahe gelegenen Strandanlage, von wo aus wir zum Strand von Nagbaculao gelangen konnten. Die Jacht ankerte ungefähr 100 Meter vom Strand entfernt, an ihrer Seite war ein Schlauchboot mit Motor festgemacht. Ich blieb am Strand, schickte aber einen Mitarbeiter mit der Videokamera mit, um die beiden Ermittler zu begleiten, die sich inzwischen ein kleines Auslegerboot von einem Fischer ausgeliehen hatten und nun zur Jacht hinüberfuhren. An Bord fanden sie drei kleine Mädchen, das jüngste von ihnen gerade sieben Jahre alt. Der Besitzer der Jacht war ein australischer Tourist, Victor Keith Fitzgerald aus Darwin. Am 21. Januar 1994 wurde er verhaftet und zur Befragung in das Büro der NBI gebracht. Sozialarbeiter von PREDA fanden die Eltern der Kinder und brachten sie zu Britanico.

Man erlaubte uns nicht, in irgendeiner Form an den Ermittlungen teilzunehmen oder eine Kopie des NBI-Berichts zu bekommen, der dem örtlichen Staatsanwalt vorgelegt wurde, obwohl ich offiziell der Beschwerdeführer und ein Zeuge war. Ich war sehr aufgebracht, als wir hörten, dass es einen Kuhhandel gegeben hatte. Fitzgerald wurde freigelassen, obwohl das Gesetz ganz deutlich besagte, dass es sich um eine Übertretung handelte, wenn ein Minderjähriger von einer Person, mit der er nicht verwandt war, an einen abgeschiedenen Ort wie z.B. eine Wohnung, ein Auto oder ein Boot gebracht würde. Das Video zeigte, dass er das Gesetz missachtet hatte. Am nächsten Tag beobachteten wir, dass Fitzgerald sich zum Aufbruch bereitmachte.

In der Zwischenzeit hatten wir erfahren, dass vorher schon andere Kinder auf diesem Boot gewesen und mit Fitzgerald um die Bucht gesegelt waren. Diese Kinder waren Gloria Limpat, Jacquelyn Purificacion und Marlyn Dionido. Sie enthüllten Rolly Bessara und den Sozialarbeitern von PREDA, dass Fitzgerald sie sexuell belästigt hatte. Ich rief einen ranghöheren Beamten des NBI in Manila an und bat um Hilfe. Fitzgerald konnte entkommen, wurde aber eine Woche später gesehen, als er im Süden von Luzon segeln ging. Er wurde verhaftet und nach Manila gebracht. Sein Boot brachte er bei einer Sicherheitsfirma unter. Ich schrieb an den Justizminister Ramon Esguerra, der sofort eine Neuaufnahme der Untersuchungen im Fall Fitzgerald anordnete. Um sicherzustellen, dass die Untersuchung unparteiisch und für alle transparent ablief, brachten wir die Kinder am 22. April mit ihren Eltern zur leitenden Staatsanwältin im Justizministerium von Manila, wo man sie sehr freundlich befragte. Völlig frei erzählten sie, was Fitzgerald ihnen an Bord seiner Jacht angetan hatte. Dass sie diese Aussage freiwillig machten sollte sich später als immens wichtig herausstellen, als man uns fälschlicherweise beschuldigte, die Kinder befragt und zu falschen Aussagen beeinflusst zu haben. Die Kinder, die wir nach Manila brachten, waren Jacquelyn Purificacion (13), Gloria Limpat (13), Daybie Perez (14) und April Alcantara (11). Sie klagten darüber, dass man sie sexuell belästigt hatte und einige hatten Tabletten bekommen, von denen sie schläfrig wurden. Daybie und April lebten am Strand von Nagbaculao, nicht weit vom Gordon Memorial Park entfernt und hatten regelmäßigen Kontakt mit Fitzgerald gehabt. Die anderen Kinder hatte er auf den Straßen von Olongapo aufgelesen und mit seinem Motorrad zum Boot gebracht. Er hatte sich in der Stadt richtig häuslich eingerichtet.

Zum ersten Mal, so wurde uns klar, wurde ein des Kindesmissbrauchs verdächtiger Ausländer auf diese Weise angeklagt. Noch wussten wir nicht, dass dies der Beginn eines Krieges mit der Sexmafia sein sollte, der auf unbestimmte Zeit weitergehen und uns in den kommenden Jahren Auseinandersetzungen mit Bossen und Kunden der Sexmafia, einem Bischof, Priestern, Politikern und Regierungsbeamten bescheren würde. Die organisierte Sexmafia schlug zurück und bedrohte uns: es gab falsche Anschuldigungen, durch die man uns die Betriebsgenehmigung entziehen lassen und das PREDA-Zentrum für alle Zeiten schließen wollte. Dann würde sich niemand mehr gegen ihren Handel mit Frauen und Kindern wehren. Die Presse hatte bald Wind von der bevorstehenden Verhandlung bekommen und verbreitete die Einzelheiten der Geschichte in Australien und in vielen anderen Ländern. Viele Dokumentationen benutzten das Videomaterial von Fitzgeralds Verhaftung, in dem er allein mit den drei Kindern auf dem Boot zu sehen ist. Diese Dinge an die Öffentlichkeit zu bringen hatte große Wirkung und wir hofften, dass weniger entschlossene Sextouristen davon abgeschreckt würden. Die Betreiber der Bars und Bordelle begannen, sich unbehaglich zu fühlen und wir bekamen viele hässliche und bedrohliche Telefonanrufe. Es stellte sich heraus, dass Fitzgerald vor seiner Verhaftung schon viele Monate lang in Olongapo und Subic gelebt hatte und Freunde in den Bars und Bordellen hatte.

Fitzgerald war ein pensionierter Bauunternehmer, der seine Frau und seine Familie verlassen hatte, um allein in seiner Jacht um die Inseln zu segeln. Seine Jacht trug den spanischen Namen *Mariposa* (Schmetterling). Ansonsten war wenig über seine Vergangenheit bekannt. Fotos, die PREDA Wochen vorher bei einer anderen Überwachung gemacht hatte, zeigte ein kleines Boot namens *Whaler* mit einem Passagier, auf den die Beschreibung Fitzgeralds passte und der gerade Kontakt zu Kindern aufnahm. Man fand heraus, dass das Boot einem Schweizer gehörte, der in einem gemieteten Haus am Strand wohnte und später an AIDS starb.

Am 22. April 1994 wurde Fitzgerald der Vergewaltigung und des Kindesmissbrauchs angeklagt. Seine Hintermänner reagierten auf der Stelle. Wer sie waren, mussten wir erst noch herausfinden, aber sie hatten ganz offensichtlich gute Verbindungen und viel Einfluss.

Im folgenden Mai brachten die Mütter von Daybie und April, Merlita Perez und Violeta Alcantara, die beiden Kinder zur Staatsanwältin in Manila und zogen ihre Klage wegen Vergewaltigung formell zurück. Wir fürchteten, dass Jacquelyn und Gloria entführt und gezwungen würden, ihre Klage ebenfalls fallen zu lassen. Ihre Eltern waren entsetzlich arm, was einer der Gründe war, warum sie ihre Kinder mit Fitzgerald hatten auf die Jacht gehen lassen. Wie er später vor Gericht zugab, hatte er ihnen Geld gegeben. In seiner Verteidigung behauptete er, dass er die Kinder mit dem Einverständnis der Eltern angestellt habe, um sein Boot zu putzen und für ihn zu kochen, aber dafür gab es keine Zeugen oder Beweise. Es war auch sehr unwahrscheinlich, dass so junge Kinder Mahlzeiten zubereiten konnten, die seinem westlichen Geschmack entsprachen. Wir vermuteten, dass im Hintergrund alles dafür getan wurde, die Überreste der einst blühenden Sexindustrie zu schützen. Seit dem Ende der US-Marinebasis war die örtliche »Unterhaltungsindustrie« nur noch ein Schatten ihrer selbst, aber ein tödlicher, denn noch immer wurden die Strände und Bordelle von zahlreichen Sextouristen besucht. Es war sehr wahrscheinlich, dass man die Eltern der Kinder dafür bezahlt hatte, ihre Klagen zurückzunehmen. Dies war eine übliche Taktik der Verteidigung, bis der Oberste Gerichtshof der Philippinen bestimmte, dass das Zurückziehen von Klagen unzulässig sei. Es verhöhnte die Justiz und machte es den Leuten leicht, falsche Anschuldigungen gegen jemanden zu erheben, seinen Ruf zu ruinieren und die Klage dann gegen Bezahlung zu widerrufen. Es war eine leichte Masche, um Geld zu bekommen oder jemanden zu bedrohen.

Die zwei anderen 13-jährigen Kinder, Gloria Limpat und Jacquelyn Puricificacion, hatten freiwillig darum gebeten, bei PREDA bleiben zu dürfen, wo missbrauchte Kinder eine Therapie machen und sich erholen konnten. Ihre Eltern waren jedoch nicht kooperativ und wurden obendrein ebenfalls unter Druck gesetzt, ihre Kinder zum Widerruf ihrer Aussage zu bringen.

Nach einiger Zeit bei PREDA arrangierten wir es, dass Gloria am Unterricht in der therapeutischen Gemeinschaft teilnehmen konnte, aber weiterhin im Zentrum wohnte. Sie war von ihrer Familie sehr schlecht behandelt worden und deshalb oft weggelaufen, um auf der Straße zu leben. Als sie auf Fitzgeralds Jacht gefunden wurde, hatte sie eine Glatze, die ihr Bruder ihr zur Strafe für das Weglaufen geschoren hatte. Das Betteln auf der Straße brachte ihr mehr zu essen ein als sie zu Hause bekam. Eines Nachmittags tauchte ohne unser Wissen Glorias Mutter vor der Schule auf und bestand auf ihrem elterlichen Recht, das Kind mitzunehmen. Sie brachte Gloria zu der kleinen Bambushütte der Familie auf dem Hügel und kettete sie dort an einen Pfosten. Gloria wurde geschlagen, getreten und bekam tagelang nichts zu essen und zu trinken. Damit wollte man erreichen, dass sie ihre Klage gegen Fitzgerald zurückzog, aber sie leistete mutig Widerstand. Wir machten uns auf die Suche nach ihr, konnten aber die Hütte nicht finden. Eines Tages, als ihre Mutter und ihr Bruder weggegangen waren, konnte sie entkommen. Noch mit der Kette an ihrem Fuß ging sie zurück zu PREDA und erzählte, was man ihr angetan hatte. Gloria hatte in ihrem kurzen Leben schon viel Leid erfahren und wollte Gerechtigkeit. Sie fragte mich, ob sie ihren Bruder und ihre Mutter anzeigen könne, weil diese sie angekettet und körperlich misshandelt hatten. Ich sagte, das könne sie tun, und wir gingen zum Büro des NBI in Olongapo, um die Anzeige zu machen.

Dies hatte positiven Einfluss auf die Eltern von Daybie und April; vielleicht hatte das NBI ihnen aber auch erzählt, dass sie wegen Rechtsbehinderung angeklagt werden könnten. Auf jeden Fall fuhren sie nach Manila und erneuerten ihre Klage gegen Fitzgerald. Diese wurde jedoch nie verhandelt, denn die beiden Kinder »verschwanden«. Wahrscheinlich hatte man den Eltern Geld gegeben, damit sie in ihre weit entfernten Provinzen zurückgingen und hatte ihnen nahegelegt, nie wieder einen Fuß nach Olongapo zu setzen.

Fitzgerald wurde wegen zwei verschiedener Klagen vor Gericht gebracht: einmal wegen seiner vermuteten Verbrechen an Jacquelyn Purificacion und einmal wegen denen an Gloria Limpat. Am 30. August 1994, sieben Monate nach seiner Verhaftung, legte das Justizministerium die Beweise gegen Fitzgerald dem Landgericht in

Olongapo vor. Die Anklage im Fall Jacquelyn Purificacion lautete auf Vergewaltigung und damit Verletzung des *RA 7610* und wurde von Richter Eliodoro Ubiadas verhandelt. Der Prozess begann am 21. September 1994.

Im Oktober begann der Prozess wegen der Vergehen an Gloria Limpat. Der zuständige Richter war Leopoldo Calderon Jr. In beiden Verhandlungen sagten beide Kinder jeweils konsequent das Gleiche, was die Authentizität ihrer Zeugenaussagen unterstrich. Fitzgerald wurde, ohne das Recht auf Freilassung gegen Kaution, im Gefängnis im Stadtteil Barrio Barretto festgehalten. In beiden Fällen ging es nur langsam vorwärts, denn die Verteidiger wandten alle möglichen Tricks an, um den Fortgang der Prozesse zu verzögern. Damit wollten sie sich Zeit verschaffen, um die Zeuginnen und ihre Eltern dahingehend zu beeinflussen, dass die Klagen zurückgezogen wurden. Solange die Kinder bei PREDA in Sicherheit waren, konnte das nicht passieren. Gloria ging nicht in eine öffentliche Schule, sondern wurde im Zentrum unterrichtet. Jacquelyn hatte die Schule schon vor langer Zeit abgebrochen und wollte nicht mehr weiterlernen. Beide nahmen täglich an Therapiesitzungen teil und wir vermittelten ihnen menschliche Grundwerte, damit sie reifen und sich entwickeln konnten. Ab und zu kam Jacquelyns Mutter ihre Tochter besuchen und obwohl bei jedem Treffen eine Sozialarbeiterin anwesend war, übte die Mutter negativen Einfluss aus. Bis zum 10. Dezember hatte Jacquelyn wiederholt darum gebeten, ihre Mutter zuhause besuchen zu dürfen.

Inzwischen war fast ein Jahr vergangen, seit die Ermittlungen begonnen hatten und den Zeuginnen wurde es langsam leid, dass sich der Prozess so lange hinzog. Die künstlichen Verzögerungen und ständigen Terminverschiebungen führen dazu, dass die Zeugen sich vom Rechtssystem entfremden. Bei PREDA helfen wir vielen Kindern, gegen ihre Vergewaltiger in weitentfernten Städten und Provinzen auszusagen. Schon oft hatten wir stundenlange, teure Fahrten zu einer Anhörung unternommen, nur um bei der Ankunft zu erfahren, dass der Termin aus irgendeinem lächerlichen Grund verschoben worden war. Der Verteidiger war nicht anwesend, der Richter war krank oder auf einer Fortbildung, der Angeklagte erschien nicht, der Staatsanwalt war nicht da und so weiter und so fort. Wenn der Richter oder der Staatsanwalt nicht erscheinen, werden alle Fälle, die für diesen Tag zur Anhörung anstehen, automatisch verschoben. Dutzende Leute, die eine lange Anreise aus einer weit entfernten Provinz auf sich genommen haben, Urlaub einreichen mussten oder sich Geld für die Fahrt geliehen hatten, werden einfach weggeschickt. Es ist traurig und bitter, aber so ist das Rechtssystem auf den Philippinen.

Trotz einiger ernsthafter Vorbehalte gaben wir Jacquelyns ständigen Bitten nach und ließen sie einen Tag lang ihre Mutter in Subic besuchen. Als sie zurückkam, war sie sehr aufgeregt und heimlichtuerisch. Wir beobachteten, dass sie sich lange mit Gloria unterhielt. Am folgenden Tag waren beide verschwunden. Das war im November 1994. Wir waren sehr aufgebracht, denn sie waren in beiden Fällen die wichtigsten Zeuginnen. Ganz klar hatte jemand, wahrscheinlich Fitzgeralds Freunde aus der Sexmafia, Jacquelyn eine besondere Belohnung dafür versprochen, wenn sie das Zentrum verließe und Gloria mitnähme. Die Zeugen waren verschwunden und sollten wir sie nicht wieder finden, würden die Anklagen im Sande verlaufen. Wir waren sehr verstört darüber, dass man die Zeugen hinter unserem Rücken so manipuliert hatte und abgestoßen von dem Ausmaß der Bemühungen, den Angeklagten freigesprochen zu sehen. Dagegen schien sich niemand um die vielen tausend Opfer von Kindesmissbrauch zu kümmern, die nach Gerechtigkeit schrien. Das war in unseren Augen die größte begangene Sünde der philippinischen Regierung. Der stellvertretende Staatsanwalt Dorentino Floresta schien der einzige zu sein, der sich für solche Kinder engagierte. Er war unbestechlich und deshalb den Regierungsbeamten ein Dorn im Auge.

Später erzählten uns Sozialarbeiter der Regierung, dass man den zwei Kindern einen Kinobesuch, Taschengeld und Süßigkeiten versprochen hatte, wenn sie das Zentrum über das Wochenende verließen. Richter Leopoldo Calderon Jr. erließ einen Vorführhaftbefehl, um sie, rechtlich einwandfrei, wieder zurückzuholen zu können. In dem verzweifelten Versuch, sie wiederzufinden, verteilten wir Zettel mit einer Vermisstenmeldung. Zwei Tage später bekamen wir einen Tipp, dass man die Kinder gesehen hatte, als sie in das Büro von Bürgermeisterin Kate Gordon gebracht wurden, der Frau von Richard Gordon, der jetzt der umstrittene Vorsitzende der SBMA war. Ich rief unseren Menschenrechtsanwalt Sergio Cruz an und zusammen eilten wir ins Rathaus, eine Kopie des Vorführhaftbefehls in der Tasche. Die Kinder waren mit ihren Müttern im Büro einer Justizbeamtin des städtischen Rechtsamts. Als wir die Treppe hinaufstiegen, stürzte uns ein ganzer Haufen Leute durch eine Seitentür aus dem Raum im oberen Stockwerk entgegen. Niemand wollte in Gesellschaft der Kinder gesehen werden, wenn man sie doch sofort dem Richter hätte überbringen müssen. Man hätte die Mitarbeiter wegen Missachtung des Gerichts verklagen können. Die Justizbeamtin rannte uns fast über den Haufen, rief uns zu, sie hätte nichts mit dem zu tun, was in ihrem Büro vielleicht vorgegangen war und floh die Treppe hinunter. Wir gingen wieder nach unten und an der Polizeiwache neben dem Rathaus vorbei, wo wir die Kinder und ihre Mütter nun im Foyer sitzen sahen. Wir hörten, dass man sie ins Rechtsamt der Stadt gebracht hatte, wo sie eine vorgefertigte Erklärung unterschrieben, dass sie ihre Klage gegen Fitzgerald zurückziehen wollten. Stattdessen reichten sie nun Gegenklage gegen mich ein, eine weitere übliche Taktik, um den gerechten Verlauf der Verhandlung zu stören und unseren guten Namen in den Dreck zu ziehen.

Wir waren außer uns ob dieser so offensichtlichen Behinderung der Justiz. Der Fall Fitzgerald war zu einem Politikum geworden und man konnte mit Fug und Recht annehmen, dass die städtischen Behörden den Fall so schnell wie möglich zu den Akten gelegt und Fitzgerald entlastet sehen wollten. Als ob dies die Stadt und ihre Beamten freisprechen und die Kinderprostitution ungeschehen machen könnte! Wenn etwas nicht vor Gericht bewiesen werden konnte, dann existierte es auch nicht, so dachten sie. Die negative Berichterstattung im Ausland hatte wohl die Sextouristen verjagt und dem Hotel- und Unterhaltungsgeschäft Verluste beschert, wovon die daran beteiligten Politikerfamilien betroffen waren.

Traurigerweise mussten wir die Kinder unter diesen Umständen ins *Lingap*-Zentrum an der Gordon Avenue bringen. Dies war eine Vorsichtsmaßnahme, damit sie nicht wieder fortgelockt werden konnten, denn immerhin hatte man sie derart beeinflusst, dass sie uns beschuldigten. *Lingap* wurde nicht von der Stadtverwaltung betrieben, sondern von der Landesregierung und war deshalb ein sichererer Platz für die Kinder. Obwohl es völlig überfüllt war, zu wenig Geld und zu wenig Mitarbeiter hatte, leistete es gute Arbeit und bot vielen Kindern Schutz und die Möglichkeit, ihre Missbrauchserfahrungen zu überwinden. Es war ein kleines Zentrum, von einer hohen Mauer und einem Zaun umgeben. Damit endete für Gloria und Jacquelyn das spezielle Therapieprogramm für ihre Persönlichkeitsentwicklung, das die beiden bei PREDA bekommen hatten. Sie waren die Bauernopfer in einem Spiel, in dem es darum ging, Korruption zu verleugnen und alles zu vertuschen. Wir waren entschlossen, gegen alle Widrigkeiten und Verschwörungen weiter anzukämpfen, mit denen man uns und unsere Bemühungen, den missbrauchten Kindern zu helfen, vernichten wollte.

Am 3. Januar 1995 erhielt ich die Vorladung des örtlichen Staatsanwaltes, vor dem ich auf die Beschwerde der Eltern von Jacquelyn und Gloria antworten sollte. Der Beschwerdeführer beschuldigte mich der schweren Nötigung, der Anstiftung zum Meineid, des Kindesmissbrauchs und der Beeinflussung der Justizverwaltung. Diese Klage war ganz klar professionell vorbereitet worden, anscheinend hatte die Gegenseite ein paar gerissene Rechtsanwälte eingesetzt. Wir vermuteten, dass jemand aus dem Rathaus die Kinder benutzte, um uns eins auszuwischen. Einige örtliche Journalisten riefen mich an, um meine Meinung über den Anklagepunkt des Kindesmissbrauchs zu hören. Anfangs war ich erschüttert, aber als ich die Beschwerde genau durchlas, erkannte ich, dass es sich um einen schmutzigen Trick handelte. Was hier als »Kindesmissbrauch« gedeutet wurde, war der Druck und die Verbreitung der Vermisstenanzeige für Jacquelyn und Gloria gewesen. Ich lernte schnell, dass solch eine Behauptung das Potential hatte, schrille Schlagzeilen in der Regenbogenpresse hervorzurufen. Gott sei Dank passierte das nicht. Die Herausgeber merkten, dass sie auf diese Weise in eine Verleumdungskampagne hineingezogen werden sollten, mit der sie nichts zu tun haben wollten. Ich war dankbar für ihre Anständigkeit.

Ich folgte dem Rat von Rechtsanwalt Cruz, einen Antrag beim Justizministerium in Manila zu stellen, um den Staatsanwalt aus Olongapo wegen Voreingenommenheit von dem Fall abzuberufen. Das Justizministerium gab meinem Antrag statt; die Anhörung über die Beschwerde und mein Widerspruch wurden Glenn Palubon, dem Staatsanwalt der Provinz Pampanga in San Fernando, übertragen.

Während unsere Feinde die Mädchen und ihre Mütter manipulierten und mich mit ihrer Hilfe wegen Kindesmissbrauchs vor Gericht bringen wollten, machte die Klage gegen Fitzgerald langsam Fortschritte. Eine weitere Zeugin, Marlyn Dionido, war im Alter von elf Jahren ebenfalls von Fitzgerald missbraucht worden und bei seinen Übergriffen auf die anderen beiden Mädchen dabei. Am 11. Februar

1995 sagte sie im Gerichtssaal über den Missbrauch aus, den sie auf dem Boot erlebt hatte. Das war ein wichtiger Beweis und erhärtete die Zeugenaussage von Gloria und Jacquelyn. Marlyn lebte bei PREDA und ging täglich zur Schule. Sie war eine kluge Schülerin und hatte sich gegen das, was Fitzgerald mit ihr zu tun versucht hatte, gewehrt. Ihre Aussage war klar und geradeheraus. Marlyns Mutter lebte in einer Hütte auf einem Hügel in Gordon Heights am Rande der Stadt. Wir fürchteten, dass auch sie entführt und einer Gehirnwäsche unterzogen werden würde, damit sie gegen uns aussagte, darum trafen wir besondere Vorkehrungen, um sie zu schützen und unseren Feinden keinen Vorwand für eine Falschanschuldigung zu liefern.

Am 25. Februar wurde Marlyn von Fitzgeralds Verteidiger heftig ins Kreuzverhör genommen. Die inzwischen 13-Jährige beantwortete mutig all die einschüchternden Fragen, mit denen er sie der Lüge überführen wollte. Er erreichte sein Ziel nicht, ihre Zeugenaussage war übereinstimmend klar und ohne Widersprüche. Am 24. Februar wurde ich in den Zeugenstand gerufen und machte meine Aussage zu den Ereignissen bezüglich der Überwachung und Verhaftung von Fitzgerald. Wir brachten Fernseher und Videorecorder in den Gerichtssaal, denn der Richter wollte das Material sehen, obwohl die Verteidigung versucht hatte, es als Beweismaterial ausschließen zu lassen. Der Richter und alle Gerichtsangestellten drängten sich um den Fernseher, um das Band anzusehen. Eine Totalaufnahme zeigte, dass das Boot weit weg vom Ufer vor Anker lag und damit eindeutig an einem isolierten Ort. Die nächste Aufnahme zeigte das Auslegerboot mit den beiden NBI-Ermittlern, die auf die Jacht zufuhren, an der Seite festmachten und an Bord gingen. Dann zeigte das Bild zwei sehr kleine Kinder, von denen eines am Ruder saß und dann ein anderes Kind, Gloria, deren Kopf bedeckt war. Zu dieser Zeit hatte ihr Bruder ihr schon das Haar abgeschnitten. Auf dem Band hörte man Fitzgerald fragen, was der Grund des Besuches sei und die Antwort der Beamten, dass sie aufgrund einer Beschwerde von PREDA gekommen seien. Das weitere Material zeigte, wie Fitzgerald und die drei Kinder in das Schlauchboot stiegen und die Kinder am Strand zu einem Sozialarbeiter gebracht wurden. Diese Bilder machten ganz deutlich, dass Fitzgerald allein mit den Mädchen auf dem Boot war, was an sich schon ein Vergehen war. Sie zeigten aber auch, dass ein Zeuge der Verteidigung gelogen hatte, als er behauptete, die Eltern der Kinder seien stets auf dem Boot dabei gewesen. Während der Anhörungen kam unser Freund und Unterstützer Danny Smith von der britischen Organistion *Jubilee Action* zu Besuch, um den Fall zu beobachten. In seinem Buch *Who Says You Cannot Change The World?* (Wer sagt, dass Du nicht die Welt verändern kannst?) beschreibt er eine interessante Begebenheit, die er selbst erlebt hat. Danny stand draußen vor dem Gerichtssaal an einem Erfrischungsstand und wartete auf den Beginn der Verhandlung. Fitzgerald vertrat sich die Beine, während sein Bewacher etwas trank. Danny schreibt:

Fitzgerald kam herüber zu mir und fing eine Unterhaltung an. Ich spielte den neugierigen Zaungast. Nichts, was er sagte, war überraschend und, wie es vorauszusehen war, schob er alle Schuld auf Shay, den er häufig verfluchte und als »Korrespondenten vom Time-Magazin« bezeichnete. Wir unterhielten uns ungefähr 40 Minuten lang und er verriet, dass er eine Tochter hatte, die in London studierte. Er murmelte: »Aber sie wollen nichts mit mir zu tun haben. Dieser Bastard hat mein Leben ruiniert.« Er wirkte verlassen und ungepflegt; es gab mir einen Stich und leise Zweifel überkamen mich. Ich fragte mich, ob dieser so nett wirkende, alte Mann vielleicht einem Missverständnis zum Opfer gefallen war … In der Zwischenzeit war Gloria aus dem Gerichtssaal gekommen. Sie war ein schlankes, elegantes Mädchen, ungefähr 14 Jahre alt. Fitzgerald war der versuchten Vergewaltigung an ihr angeklagt worden und er schaute ihr gebannt nach, während sie an uns vorbeiging und in ein großes, braunes Auto stieg. Als das Auto wegfuhr, beobachtete ich Fitzgerald aufmerksam. Seine Körpersprache und sein Gesichtsausdruck waren unmissverständlich. Er war verzückt, fast wie hypnotisiert und folgte jeder ihrer Bewegungen ohne zu blinzeln, völlig besessen. Er schaute dem Wagen nach, bis er nicht mehr zu sehen war. Es war dieses unheimliche Schauspiel, in einem ganz privaten Augenblick eingefangen, das mich davon überzeugte, dass seine Zuneigung nicht die eines Vaters war, sondern die eines Liebhabers.

Danny war nicht nur wegen des Fitzgerald-Falls auf die Philippinen gekommen. Zusammen mit einem Reporter der 10-Uhr-Nachrichten hatte er in England verdeckte Ermittlungen durchgeführt, um die Beteiligung britischer Sextouristen am Kinderhandel zu untersuchen. Im April 1995 hatte er mit Adam Holloway vom britischen Fernsehsender ITV zusammengearbeitet und sie hatten eine verdächtige Reiseagentur namens *Paradise Express* aufgedeckt, die in der Zeitschrift

Exchange und Mart eine Reise auf die Philippinen anbot, die als ein Besuch ins »Disneyland für Erwachsene« angepriesen wurde. Eine andere Hilfsorganisation machte die gleiche verdeckte Untersuchung und hatte mit versteckter Kamera aufgenommen, wie der Reiseleiter einem verdeckten Ermittler auf den Philippinen Minderjährige für Sex anbot. Danny und diese andere Gruppe beschlossen, zusammenzuarbeiten und die Sache weiter zu verfolgen.

Adam Holloway und Danny buchten die Tour, die von einem Reiseleiter namens Michael Clarke aus Eastborne angeboten wurde. Als der Tag der Abreise kam, war Danny so vernünftig, einen Rückzieher zu machen. Die andere Hilfsorganisation wollte unbedingt weitermachen, ohne die Hilfe der verdeckten Ermittler von PREDA und der Sozialarbeiter anzunehmen, die aber dabei sein mussten, sollten den Reiseteilnehmern Minderjährige angeboten werden. Uns ging es nicht um eine Story, sondern darum, die Kinder zu retten und in Sicherheit zu bringen, Beweise zu sammeln und mithilfe vertrauenswürdiger Polizisten die Kriminellen verhaften und vor Gericht stellen zu lassen. Dies war die Vorgehensweise, welche die Medien unserer Ansicht nach verfolgen und, wenn nötig, mit versteckter Kamera festhalten sollten. Aber sie wollten es unbedingt alleine durchziehen. Das Kamerateam wollte diese Story und flog mit dem Ermittler der Hilfsorganisation auf die Philippinen. Sie riefen mich aus Manila an; ich riet ihnen, dem vorgeschriebenen Ablauf zu folgen und bot ihnen die Hilfe unseres Teams an. Sie meinten, wenn sie uns bräuchten, würden sie sich melden. Von Manila aus fuhren sie die drei Stunden nach Angeles und checkten dort, wie mit Michael Clarke vereinbart, im Southern Star Hotel ein. Clarke bot ihnen zwölfjährige Mädchen an und zeigte ihnen die besten Sexclubs in Angeles. Dann, am 3. Mai, wollte Clarke nach Olongapo fahren, doch vorher zeigte er dem Ermittler eine Pistole, die er im Hotelsafe versteckte. Er schickte ihnen ein Fax aus Olongapo, in dem er minderjährige Mädchen anbot. Sie hatten aber keine Sozialarbeiter bei sich und uns auch nicht um Hilfe gebeten. Hätten sie den Kontakt zu Minderjährigen hergestellt, so hätten sie sofort die Polizei rufen und Sozialarbeiter rufen müssen, die sich um die Kinder hätten kümmern können.

Am 7. Mai trafen Adam Holloway und der Ermittler am Baloy Beach in Olongapo mit Clarke zusammen. Am Strand konfrontierte Holloway ihn vor laufender Kamera und fragte, warum er Kinder für

Sex anbot. Clarke stammelte und stritt alles ab. Ende Mai wurde der Bericht in den ITV-Nachrichten gebracht; er zeigte, wie das System es Menschenhändlern erlaubte, als Reiseveranstalter getarnt Kinder in die Prostitution zu verkaufen. Es gab ein Interview mit Danny, der einige Hintergrundinformationen lieferte und die Arbeit von *Jubilee Action* für die Bekämpfung des Kinderhandels erklärte. Der Bericht trug dazu bei, das öffentliche Bewusstsein zu schärfen und unterstützte auch unsere Kampagne bei der britischen Regierung, Kinderhändler mit britischer Staatsangehörigkeit in Großbritannien vor Gericht zu bringen, wenn sie sich der philippinischen Justiz entzogen. Am 16. Mai wurde er auch bei *CNN Inside Asia* gezeigt. Die philippinische Öffentlichkeit war schockiert und beschämt, als sie das Ausmaß der Ausbeutung von Kindern in der Sexindustrie erkannte, an der örtliche Polizisten und Politiker teilhatten, um damit schmutziges Geld zu verdienen. Senator Ernesto Herrera war der erste, der seinem Entsetzen darüber Ausdruck verlieh. Die philippinische Regierung war vor allen anderen Nationen beschämt worden.

Senator Herrera war der Ansicht, Clarkes Eingeständnisse seien ausreichende Beweise und forderte seine sofortige Verhaftung. Er beschimpfte das NBI, die unfähig seien, Clarke zu finden. Am 5. Juni rief er mich an und fragte, ob wir bei der Suche nach Clarke helfen könnten. Das Engagement des Senators war die beste Werbung, die wir uns nur wünschen konnten. Er drückte seine Beschämung aus und nannte es eine »nationale Schande«, dass Clarke und seinesgleichen Kinder für Sex verkaufen konnten, ohne dafür bestraft zu werden. Er hatte keine Ahnung, wie häufig so etwas wirklich vorkam. Ich hatte den Hörer kaum aufgelegt, als das Hauptquartier des NBI in Manila anrief und fragte, ob wir irgendwelche Hinweise auf Clarkes Aufenthaltsort hätten. Ich fand es ziemlich ironisch, dass ein bekannter Senator und das NBI uns um Hilfe baten, während gleichzeitig in Olongapo unsere Versuche, Fitzgerald vor Gericht zu bringen und der Gerechtigkeit zum Sieg zu verhelfen, so massiv behindert wurden. Ich bat alle unsere Kontaktpersonen in der Clubszene, die Augen nach Clarke aufzuhalten.

Der Tipp kam an dem Tag, als Danny Smith in Manila eintraf. Ich hatte gerade einen Telefonanruf von einem Deutschen erhalten, der eine Bar und ein Restaurant am Baloy Beach betrieb, wo sich viele Sextouristen aufhielten. Hartmut »Harry« Joost war früher schon einmal zu PREDA gekommen, um meine Hilfe wegen einer Beschwerde gegen ihn zu erbitten. Damals hatte ich das Gefühl, dass er nicht ehrlich zu mir war, irgendwie war er mir verdächtig; ich hatte ihm nicht helfen können. Jetzt rief er mich an. Er bot mir Informationen über Clarkes Aufenthaltsort an und sagte, Clarke sei in irgendein schmutziges Geschäft verwickelt. Er wohne im Haus der Familie Perez, nicht weit entfernt von Joosts Restaurant »Pumpernickel«. Er bat mich, der Polizei nicht zu sagen, woher ich meine Information hatte, was mir seltsam vorkam; er hätte doch die Lorbeeren für Clarkes Ergreifung einheimsen und sich das Wohlwollen des Senators und des philippinischen Volkes sichern können. Ich fragte mich, warum. Wie auch immer, ich kontaktierte augenblicklich das örtliche Büro des NBI – und wer wurde wohl mit der Verhaftung beauftragt? Es war Britanico, der sich so widerstrebend gezeigt hatte, Fitzgerald zu verhaften. Da mich der Direktor des NBI in Manila um Mitarbeit gebeten hatte, musste Britanico gehorchen, obwohl er sagte, er wollte lieber allein gehen und bräuchte meine Hilfe nicht. Auch das machte mich wieder stutzig; ich bestand darauf, ihn hinzuführen und ein Fahrzeug mitzubringen, außerdem würde ich einen Mitarbeiter aus dem Ermittlungsteam von PREDA mitnehmen. Das NBI hatte keine Fahrzeuge, die für eine solche Unternehmung geeignet waren. Es war schon dunkel, als wir zum Strand fuhren. Wir fanden das kleine Haus, in dem Clarke ein Zimmer gemietet hatte, aber der Eigentümer sagte uns, er sei ausgegangen. Es schien Britanico nicht zu gefallen, dass er den Hinterausgang bewachen sollte. Auf der Wäscheleine sah ich Kleidung, deren Größe darauf schließen ließ, dass sie einem Weißen gehörte. Von einem benachbarten Hauseingang beobachtete ich die Hintertür. Zu meinem Erstaunen sah ich an der Wand neben mir ein Poster, das eine Sexorgie am Strand ankündigte und von »*Crazy Doctor Clarke*« unterschrieben war. Ich erkannte, dass dies ein wichtiger Beweis sein würde und fotografierte es. Weil ich fürchtete, dass es verschwinden könnte, wenn ich es dort ließe, ging ich am nächsten Tag zurück und übergab es dem Staatsanwalt als Beweis.

Britanico wollte nicht auf Clarke warten, aber ich bestand darauf. Eine Stunde später wurde meine Geduld belohnt und wir sahen Clarke den schmutzigen Pfad heraufkommen, der parallel zum Strand verlief. Britanico forderte ihn auf, sich auszuweisen. Da kein Haftbefehl vorlag, bat er ihn, freiwillig mitzukommen und einige Fragen zu beantworten. Ich hatte das Gefühl, dass die beiden miteinander bekannt waren und sich vorher schon einmal getroffen hatten, denn zu meiner Überraschung kam Clarke mit. Ich zeigte mich nicht, sondern schlich um die Ecke und brachte den Wagen nach vorn. Nachdem die beiden hinten eingestiegen waren, fuhr ich direkt zum NBI-Büro in Olongapo. Ich kontaktierte Senator Herrera und das NBI-Hauptquartier, um mitzuteilen, dass Clarke gefasst worden war.

Kurz vor Clarkes Verhaftung hatte die vorläufige Anhörung wegen der Beschwerde stattgefunden, welche die Eltern von Gloria und Jacquelyn gegen mich eingebracht hatten. Ich fuhr nach San Fernando, ungefähr eine Stunde von Olongapo entfernt. Auf Anraten meines Rechtsanwaltes Sergio Cruz hatte ich eine detaillierte, rechtsgültige Antwort auf die Beschwerde eingereicht und darauf hingewiesen, dass es nicht schädlich und kein »Kindesmissbrauch« war, mithilfe eines Handzettels nach vermissten Kindern zu suchen.

Am 30. März 1995 gab Staatsanwalt Glenn Palubon einen zehnseitigen Beschluss heraus, in dem die Beschwerden einzeln in allen Details untersucht und die Argumente abgewogen wurden. Damit sollte festgestellt werden, ob es genügend Beweise für eine Anklage gäbe und ich in dieser Angelegenheit vor Gericht gestellt werden könnte. Er beschloss, dass die Beschwerde nicht glaubwürdig genug war. Er sagte, dass die Verbreitung eines Handzettels, um die mit einem Vorführhaftbefehl gesuchten Mädchen wiederzufinden, nicht als Kindesmissbrauch angesehen werden könne. Genauso wenig war die Hilfe für die Kinder in irgendeiner Form eine Rechtsbehinderung, sondern förderte im Gegenteil die Gerechtigkeit. In anderen Worten, die Anschuldigungen waren frei erfunden. Die Beschwerde wurde gänzlich abgewiesen. Ich hatte Glück, dass der Staatsanwalt ein integrer und ehrlicher Mensch war. Ist ein Staatsanwalt dies nicht, dann gibt es nichts, was man tun kann, um einen Kritiker oder Gegner davon abzuhalten, bösartige und falsche Anschuldigungen zu erheben. Es reicht aus, dass jemand eine schriftliche Aussage macht, vor einem Staatsanwalt ihren Wahrheitsgehalt beschwört und schon kann sie als formale rechtsgültige Beschwerde angenommen werden. Es braucht keinerlei polizeiliche Ermittlung oder stichhaltige Beweise im Vorfeld.

Das philippinische Rechtssystem ist wie ein Sumpf; selbst wenn man glaubt, sich auf festem und rechtssicherem Untergrund zu befinden, gibt er häufig ohne ersichtlichen Grund und gegen alle Erwartungen unter einem nach. Bestechung ist ein häufiger Grund für unerklärliche Gerichtsurteile, ein Unschuldiger kann ohne stichhaltige Beweise angeklagt, ein Schuldiger freigesprochen werden.

In einem berüchtigten Fall hatte eine Richterin in Caloocan in Metro Manila eine 14-Jährige, die zweimal von ihrem Vater vergewaltigt worden war, gefragt, ob sie ihm vergeben könne. Der Staatsanwalt versäumte es, zugunsten des Kindes einzuschreiten und so sagte sie Ja. Die Richterin fragte den Vater, ob er damit einverstanden war und da dieser sowieso auf »nicht schuldig« plädierte, sagte er Ja, er nähme ihre Vergebung entgegen. Ihm war nicht klar, dass er damit bestätigte, die Vergebung nötig zu haben und seine Schuld eingestand. Die Richterin sagte ihm, er könne heimgehen; sollte er sie noch einmal vergewaltigen, könne sie die Klage ja erneut einreichen. Damit wies sie den Fall ab. Wir kochten vor Wut und als das Kind merkte, dass man es hereingelegt hatte, war es sehr aufgebracht. Es zog sich in sich zurück und wurde depressiv.

Wir lernten ebenfalls, dass man einen Staatsanwalt nicht von seinem Entschluss, dass es keinen ausreichend begründeten Fall gibt, der zur Anklage berechtigt, abbringen kann, wenn er vom Beschuldigten zuvor einen ausreichenden Anreiz dafür bekommen hat. Gleichfalls entscheidet der Staatsanwalt häufig, dass es einen Fall gibt, auch wenn keine ausreichenden Beweise vorliegen. Wäre uns das passiert, dann hätten wir einen Antrag auf nochmalige Prüfung beim Provinzstaatsanwalt oder direkt beim Justizministerium in Manila einreichen und wenn auch das fehlgeschlagen wäre, vor Gericht gehen müssen. Ich dankte Gott für die faire und gerechte Abweisung der Klage durch Staatsanwalt Palubon. Ich war mir sicher, dass die Sexmafia und ihre politischen Hintermänner nicht aufhören würden, bis sie mich erfolgreich wegen irgendetwas beschuldigt hatten. Aber für dieses Mal war es ihnen nicht gelungen. Glenn Palubon war ein guter, aufrechter Mensch und Staatsdiener. Später schied er aus dem Staatsdienst aus, um eine eigene Anwaltspraxis zu eröffnen.

Die Betreiber der Sexbars und Bordelle waren wütend auf uns, weil wir ihre Sexorgien und die für sie so praktischen Protektionsvereinbarungen mit der Polizei störten. Zum ersten Mal hatten sie Angst, dass man gegen sie ermitteln und sie der Kinderprostitution anklagen würde. Sie wollten Rache und sie würden uns bezahlen lassen.

Der Fitzgerald-Prozess schleppte sich aufgrund der üblichen Verzögerungen und Terminverschiebungen nur langsam voran. Dann gab es am 27. April eine wichtige Zeugenaussage: die Psychiaterin Dr. Moncada war die Expertin der Anklage; sie war mit der Untersuchung der Kinder beauftragt. Sie bezeugte, dass die Kinder alle Anzeichen sexuellen Missbrauchs aufwiesen und dass sie ihr frei heraus erzählt hatten, wie Fitzgerald sie missbraucht hatte. In ihrer Aussage gab es keinerlei Hinweis darauf, dass die Kinder unter Druck gesetzt oder sonst irgendwie zu ihrer Aussage gezwungen worden waren, wie die Verteidigung es behauptete. Was die Kinder der Psychiaterin erzählten, deckte sich mit den Details ihrer früheren Aussagen. Wenn Zeugen lügen, neigen sie üblicherweise dazu, die Details ihrer ersten Version zu vergessen, wenn sie diese wieder und wieder erzählen müssen, es sei denn, man hat sie entsprechend trainiert.

Am 7. Juni begab sich Fitzgerald in den Zeugenstand und erzählte seine Sichtweise der Geschichte. Er stritt ab, die Kinder missbraucht zu haben und sagte, er habe ihnen nur geholfen, indem er ihnen Essen, Kleidung und Medizin gegeben habe. Die Kinder hatten auch ausgesagt, dass er ihnen Geld gegeben habe. Das war ein wichtiger Beweis und trug dazu bei, den Fall vor Gericht zu bringen. Bei der Fortsetzung seiner Aussage am 14. Juni beschuldigte er mich, die Beschwerden gegen ihn zurechtgebastelt zu haben. Dies war der wichtigste Punkt seiner Verteidigung. Die Kinder waren von PREDA weggegangen - sie befanden sich seit Dezember 1994 unter der Amtsvormundschaft von Sozialarbeitern der Regierung – und sie hatten ihre Zeugenaussage seither nicht verändert, was sie leicht hätten tun können. Er stritt ab, die Kinder in der Zeit auf das Boot gebracht zu haben, in der wir ihn überwacht hatten. Wie die Kinder auf das Boot gekommen waren, konnte er nicht erklären. Es war bereits erwiesen, dass er Kinder auf der Straße aufsammelte. Er brachte Jacquelyn, Gloria und Marlyn mit einem Motorrad zum Boot. Er behauptete, sie hätten das Boot geputzt, doch weder die Leute von PREDA noch die des NBI hatten die Kinder putzen sehen, während sie das Boot beobachteten. Die leitende Sozialarbeiterin und die Direktorin des *Lingap*-Zentrums, in dessen Obhut die Kinder waren, sagten am 16. Juni aus, dass die Kinder auch ihnen vom Missbrauch durch Fitzgerald erzählt hätten. Auch dieser Bericht deckte sich mit der Expertise von Dr. Moncada und den früheren Aussagen der Mädchen.

Am 11. Juli behauptete Fitzgerald, die Kinder seien allein auf das Boot gekommen, erklärte aber nicht, wie. Er sagte, er habe ihre Wunden mit Medikamenten behandelt, die zufällig an Bord gewesen seien. Am 27. Juli gab Fitzgerald im Kreuzverhör zu, den Kindern Geld, Essen und Kleidung gegeben zu haben, weil sie für ihn kochten und saubermachten. Er gab zu, Gloria und Jacquelyn vor dem Supermarkt am Magsaysay Drive aufgelesen und sie dann zu seinem Boot gebracht zu haben, das in der White-Rock-Beach-Ferienanlage festgemacht war, welche der Schwester des ehemaligen Bürgermeisters Gordon gehörte. Während dieses Ausfluges, so sagten die Kinder, habe er ihnen Tabletten gegeben, von denen sie schläfrig geworden seien. Dies hatte Fitzgerald dann genutzt, um sie zu missbrauchen. Von Januar 1994 bis April 1996 machten die Kinder dieselben detaillierten Aussagen, von denen sie auch im Kreuzverhör nicht abwichen. Aber das sollte sich ändern.

Inzwischen war Clarke zu weiteren Verhören nach Manila gebracht worden. Bevor er Olongapo verließ, hatte er darum gebeten, mit den NBI-Beamten zu seiner Wohnung am Baloy Beach zu gehen und einige persönliche Dinge holen zu dürfen. Diese bestanden hauptsächlich aus einem billigen, glänzenden Nadelstreifen-Anzug und, zu unserem Erstaunen, einem großen Werbeplakat für die Sexorgie, die er am Baloy Beach veranstalten wollte.

In einem Raum neben dem Büro des NBI-Direktors hatten die Medien ihren großen Tag. Sie fotografierten Clarke, während er die Grafik hochhielt, denn er hielt dies für eine großartige Gelegenheit, Werbung für seine Sexparty zu machen. Für uns war dies belastendes Beweismaterial und je mehr er sich damit vor den Kameras zeigte und sich somit in aller Öffentlichkeit damit identifizierte, desto besser. Wir hatten vor, eine Klage gegen ihn einzubringen. Ich brachte Danny Smith, Roger Insall, den bekannten Reporter von *News of the World* und den ebenso bekannten Fotografen Alistair Pullen zum NBI, damit sie Clarke interviewen konnten. Sie bekamen ein Exklusivinterview und machten Fotos von ihm. Schon bald wurden sie durch die örtlichen Medienvertreter mit aller Macht bedrängt und Danny versuchte, sie zurückzuhalten, während Roger und Alistair ihre Arbeit beendeten. Es war nicht zu fassen, dass Clarke noch immer nicht begriff, welchen Aufruhr er mit seinen Sextouren auslöste. Da hockte er, ein schmieriger Geschäftsmann, der stolz wie ein Pfau sein Werbeplakat für eine Sexorgie hochhielt. Die Streifen auf seinem Anzug waren, genauso wie sein Ego, ein kleines bisschen zu groß. Für ihn war es eine Gelegenheit, seine Sextouren und die Philippinen als Urlaubsdestination für Sextouristen anzupreisen. Was machte es, wenn die aufreizenden Prostituierten erst zwölf Jahre alt waren? Das machte sie für ihn nur noch attraktiver. Viele in der Sexindustrie dachten wohl dasselbe, deshalb waren sie so wütend auf uns, dass wir ihr Tun als Verbrechen bezeichneten. Schon wieder hatten wir ihnen ihre Party verdorben. Die öffentliche Aufmerksamkeit für Clarkes Verhaftung war für die Betreiber von Bordellen und Clubs ein weiterer Albtraum und zog erneute Verluste nach sich.

Am 9. Juli erstattete ich Anzeige gegen Clarke. Vorgeworfen wurde ihm die Verletzung von Artikel 3, Abschnitt 5, Paragraf A Abschnitt 2 des *RA 7610* mit dem Wortlaut: »Wer Kinderprostitution (...) in Anspruch nimmt oder sie fördert, begünstigt oder veranlasst (...) oder (2) eine Person durch schriftliche oder mündliche Werbung oder ähnliche Mittel dazu veranlasst, die Dienste eines/einer Kinderprostituierten in Anspruch zu nehmen (...)«, der soll mit einer Freiheitsstrafe von 14 Jahren und 8 Monaten bis zu lebenslänglicher Freiheitsstrafe bestraft werden.

Wir bereiteten alle Beweise vor, die wir hatten, darunter das Videoband von CNN und das Poster, das ich vom Strand mitgenommen hatte. Die erste Anhörung wurde für den 25. Juli festgesetzt, aber Clarke erschien nicht. Er kam erst am 1. August, gab dann aber gegenüber dem Staatsanwalt zu, dass er eine Pistole besaß, die er angeblich einem Ermittler des NBI, Rechtsanwalt Mamerto Espartero, gegeben hatte, der seine Aktivitäten überwacht hatte. Die Pistole verschwand und Espartero stritt ab, sie bekommen zu haben. Clarke verzichtete auf jede weitere Anhörung und so ging die Angelegenheit vor Gericht. Clarke plädierte auf nicht schuldig.

Glorias Klage gegen Fitzgerald kam nur langsam voran. An jenem 25. August waren wir sehr besorgt und angespannt. Alex und ich warteten auf die Eröffnung der Verhandlung und die Zeugenvernehmungen. Der stellvertretende Staatsanwalt Floresta hatte gehört, dass man Gloria zur Unterschrift unter eine eidesstattliche Erklärung gezwungen habe, mit der sie ihre Klage gegen Fitzgerald formell zurückziehen würde. Es war ein rabenschwarzer Moment. Traurig fragte ich mich, womit man sie bedroht oder unter Druck gesetzt hatte und wie man überhaupt an sie herangekommen war, wo sie doch unter dem Schutz des *Lingap*-Zentrums stand. Ganz klar war hier eine Zeugin beeinflusst worden, aber wir konnten es nicht beweisen. Denn kam der gefürchtete Moment, in dem die Verteidigung dem Gericht Glorias eidesstattliche Erklärung vorlegte. Floresta protestierte entschieden dagegen und legte mit brillanten Argumenten dar, warum die Erklärung vom Gericht nicht angenommen werden dürfe. Er zitierte die Aussage des Obersten Gerichtshofes, dass solche Erklärungen vom Gericht nicht angenommen werden sollten, da sie üblicherweise gegen Geld gemacht würden. Dies bringe den Ruf des Gerichtes in Gefahr und erwecke den Eindruck, dass Gerechtigkeit käuflich sei. Das war sie ja auch manchmal. Richter Calderon wog beide Seiten ab und entschied, dass die Erklärung nicht zugelassen werden könne. Die Beweise, die er bisher gesehen hatte, waren glaubhaft und er meinte, ein bloßes Stück Papier könne die bisher gemachten Aussagen nicht widerlegen. Alle, die sich für die Kinderrechte einsetzten, taten einen Seufzer der Erleichterung. Ich hatte vor lauter Rührung einen Kloß im Hals. Der leitende Richter des Landgerichtes hatte einen wunderbaren und wichtigen Präzedenzfall geschaffen. Die Verteidigung war am Boden zerstört; sie hatten den Fall schon gewonnen geglaubt, doch jetzt war die Seifenblase geplatzt. Ein weiterer Richter hatte sich als gerecht erwiesen. Die Verhandlung ging mit dem Kreuzverhör Fitzgeralds durch die Staatsanwaltschaft weiter, wobei Ungereimtheiten in den von der Verteidigung vorgelegten Beweisen auftauchten. Fitzgerald hatte behauptet, Mitte Juli 1993 im Jachthafen der SBMA angekommen zu sein, doch die Hafenaufsicht stellte eine Bescheinigung aus, dass er schon im Mai 1993 dort gewesen sei. Als man ihn auf die Unstimmigkeiten zwischen seiner eidesstattlichen Erklärung und der Bescheinigung der Hafenaufsicht ansprach, behauptete Fitzgerald, er habe die Daten angesichts des hohen Drucks der Verhandlung durcheinander gebracht.

Im Gerichtssaal präsentierte Floresta vor Richterin Fatima Asdala einen soliden, gut vorbereiteten Fall gegen Clarke. Floresta wurde 1995 zum Staatsanwalt mit Spezialauftrag in Olongapo ernannt, um sich um Kindesmissbrauchsfälle zu kümmern. Dazu war er von dem damaligen Justizminister Teofisto Guingona ernannnt worden, einem liberalen, sehr patriotischen und beliebten Politiker aus Mindanao, der später Senator und dann Vizepräsident wurde und mich 1996 in das Präsidentschaftskomitee für Kinderschutz berief.

In seinem ersten Jahr als Spezialstaatsanwalt brachte Floresta 181 des Kindesmissbrauchs verdächtige Personen vor Gericht – eine unglaubliche Zahl, wenn man sie mit den wenigen Fällen vergleicht, bei denen wir eine Klage eingereicht hatten und den noch spärlicheren Verurteilungen. Schließlich gewann er sogar dank unserer Nominierung den Titel des besten Staatsanwaltes auf den Philippinen, was seine Stellung als Staatsanwalt mit Spezialauftrag enorm stärkte. Später wurde er in einer anderen Stadt zum Richter ernannt, weil die einflussreiche Politikerfamilie in Olongapo sich erfolgreich gegen seine Ernennung zum regulären Staatsanwalt in Olongapo wehrte.

Der Staatsanwalt von Olongapo wurde üblicherweise vom Bürgermeister für den Posten vorgeschlagen und wies meist alle Klagen gegen verdächtige Kinderschänder ab. Lokale Beamte und Polizisten wurden angewiesen, Missbrauchsopfer möglichst von PREDA fernzuhalten. Die Stadt richtete ein eigenes Haus ein, in dem die Opfer eingesperrt wurden; auf ihre Beschwerden gegen die Vergewaltiger ging man nur selten ein. Kirchenmitarbeiter konnten nur selten in das Haus gelangen und selbst die Inspektoren des Ministeriums für Soziale Wohlfahrt und Entwicklung ließ man nicht herein.

Zu jener Zeit reichten wir auch eine Beschwerde wegen Voreingenommenheit gegen den Staatsanwalt der Stadt ein. Er überwies Klagen der Sexmafia gegen unsere Mitarbeiter oder mich häufig trotz mangelnden Beweisen an das Gericht. Häufig mussten wir gegen diese Entscheidung Einspruch beim Justizministerium in Manila einlegen, das uns in fast allen Fällen unterstützte. Wir mussten darum bitten, den Staatsanwalt von Olongapo von dem Fall zu befreien und einen anderen einzusetzen. So gab es eine faire Anhörung und wir konnten unsere Sichtweise darlegen und die Lügen und Motive der Gegenseite aufdecken. Die Fälle wurden gerecht entschieden und die haltlosen Anschuldigungen fallengelassen. Einer unserer Gegner brachte allein 22 grundlose Anklagen gegen mich vor, die alle abgewiesen wurden. Aber das alles raubte uns viel Zeit, denn wir mussten die Erklärungen zu unserer Verteidigung selbst verfassen, bevor wir sie unserem Rechtsanwalt geben konnten, der sie dann in rechtsgültige Form brachte und einreichte. Der Staatsanwalt von Olongapo war wütend, weil wir das Justizministerium gebeten hatten, gegen ihn wegen des Verdachts auf Kindesmissbrauch zu ermitteln. Er wurde vom Dienst suspendiert, bekam aber später einen Job im Justizministerium in Manila und wir hatten Grund zu der Annahme, dass er von dort aus gegen uns vorging. Das sollten wir in den kommenden Jahren herausfinden. Nach seiner Suspendierung kamen durch die exzellente Arbeit von Floresta unzählige Fälle von Kindesmissbrauch vor Gericht. Sobald aber der frühere Staatsanwalt wieder im Amt war, wurden zu unserer großen Verärgerung sämtliche Fälle von Kindesmissbrauch wieder abgewiesen.

Ich schrieb der britischen Hilfsorganisation, die uns den verdeckten Ermittler – im Folgenden »Jerry« genannt – geschickt hatte. Wir baten sie darum, uns alle verfügbaren Beweise zu schicken und Jerry als Zeugen aussagen zu lassen, dass Clarke ihm Kinder im Alter von zwölf Jahren als Prostituierte angeboten hatte. Sie zögerten, sich einzubringen und ich wusste, dass es für Jerry eine Tortur werden würde. Obwohl *Jubilee Action* versuchte, Beweise von ITV zu bekommen, boten diese keine an. Schließlich kam Jerry am 16. Oktober 1995 und erzählte dem Gericht von seiner verdeckten Ermittlung mit Adam Holloway von ITV. Er zeigte das Fax, mit dem Clarke ihm die Sexreise angeboten hatte. Nun endlich begriff Clarke, dass dies eine lange Gefängnisstrafe für ihn bedeuten könnte und er wurde ärgerlich und gemein. Er ging im Gerichtssaal auf Jerry zu und drohte ihm damit, ihn zusammenschlagen zu lassen, sobald er wieder in England sei. Jerry war erschüttert, denn Clarke hatte die Bemerkung fallen lassen, sein Bruder sei ein harter Typ und würde sich rächen. Am nächsten Tag wurde Jerry ins Kreuzverhör genommen und er blieb standhaft bei seiner Aussage.

Danach wurde ich als Zeuge aufgerufen. Ich zeigte dem Gericht das Poster und beschrieb, wie es in meinen Besitz gekommen war. Ich wies darauf hin, dass es das gleiche war, das Clarke den Medien in Manila so stolz präsentiert hatte. Es gab Fotos, die das bewiesen und ich hatte auch einige sehr obszöne Broschüren, die Clarke Jerry zugeschickt hatte. Die Zeitschrift mit Clarkes Inserat und das Video von ITV wurden gezeigt. Clarke hatte Mühen, diese Beweise zu widerlegen, seine einzige Verteidigung war, alles zu leugnen. Fast ein Jahr, nachdem ich ausgesagt hatte, wurde der Fall am 11. Oktober 1996 von Richterin Asdala vom Landgericht entschieden. Sie befand Clarke zweifelsfrei für schuldig und verurteilte ihn zu einer Gefängnisstrafe von maximal 17 Jahren, vier Monaten und einem Tag.

Der Druck auf die Kinder, ihre früheren Aussagen zurückzunehmen, wuchs. Gloria hatte schon entsprechende Papiere unterzeichnet und wir erwarteten das Gleiche von Jacquelyn. Am 8. November war es soweit, fast ein Jahr nachdem sie mit Gloria von PREDA weggelaufen war. Jacquelyn wurde als Zeugin vernommen und von der Verteidigung gefragt, wer sie zu der falschen Aussage aufgefordert habe. Man hatte sie darauf trainiert, meinen Namen zu nennen. Floresta erhob Einspruch gegen die irreführenden Fragen, konnte den Richter aber nicht überzeugen, der die Fragen zuließ. Stattdessen fragte er Jacquelyn, wo ihre ursprüngliche Aussage gemacht worden sei und sie musste zugeben, dass sie diese in Manila vor der Staatsanwältin Emily Santos gemacht hatte. Auf die Frage, ob irgendjemand sie dazu gezwungen habe, antwortete sie mit nein. Sie gab auch an, dass sie das Protokoll aus freien Stücken unterschrieben habe. So gab es also überhaupt keine Nötigung. Die beiden anderen Anwälte, welche die späteren Aussagen entgegengenommen hatten, kamen zur Verhandlung nach Manila, angeblich, um die Strafverfolgung in diesem hochbrisanten Fall zu unterstützen und wohl auch, um ein bisschen im Rampenlicht zu stehen. Sie wohnten der Verhandlung bei und nahmen Gloria für eine Weile ins Kreuzverhör. Wir waren schockiert, als einer von ihnen begann, ihr mit gezielten Fragen widersprüchliche Antworten zu entlocken. Ich drängte Floresta, einzuschreiten und diese Farce zu beenden.

Am 21. November schloss die Verteidigung ihr Plädoyer und Floresta begann, die Gegenbeweise vorzulegen. Strafverfolger Glenn Palubon, der die Beschwerden der beiden Opfer gegen mich untersucht hatte, trat als Zeuge der Anklage auf. Er bezeugte, beide Opfer hätten ihm gegenüber bestätigt, dass Fitzgerald sie sexuell missbraucht hatte, was einer der Gründe dafür gewesen sei, dass er ihre Beschwerden gegen mich abgewiesen hatte. Er teilte dem Gericht seine Vermutung mit, die Klage gegen mich sei nur ein Trick der Verteidigung, damit Fitzgerald freigesprochen würde. Mit dieser überzeugenden Aussage endete die Beweisführung der Anklage. Floresta war zuversichtlich, dass er alles aus den Beweisen herausgeholt hatte, was möglich war. Wir waren jedoch sehr erstaunt, als Rechtsanwalt

Manuhig, Fitzgeralds Verteidiger, Verstärkung von einem Anwalt aus Iba bekam, der Provinzhauptstadt von Zambales. Es war Mario Leyco, der damals der Diözesananwalt von Bischof Deogracias Iñiquez Jr. war. Dann fiel mir ein, dass er der beste Freund von Bürgermeister Gordon war, sein politischer Berater und Wahlkampfmanager. Sofort vermutete ich, dass etwas Großes im Gange war. Warum hätten sie sonst so ein juristisches und politisches Schwergewicht mit engen Beziehungen zur Kirche hinzuziehen sollen? Staat und Kirche waren in Leyco in vollendeter Form vereinigt. Dass Fitzgerald sich solch einen zusätzlichen Rechtsberater leisten konnte, war erstaunlich. Ich bezweifelte, dass er die Anwaltskosten tatsächlich von seiner Pension bezahlte. Noch erstaunlicher war die widerwärtige, bombastische Präsentation, die Leyco vor Richter Eliodoro Ubiadas hielt. Leyco war wegen irgendetwas fürchterlich wütend. Mit hochrotem Gesicht kam er auf uns zu und hielt uns eine gänzlich unbeherrschte Rede, in der er diejenigen kritisierte, die zuerst die Klage eingereicht hatten. Danach wandte er sich Alex zu und beschimpfte ihn wegen seines Engagements in diesem Fall. Als ob es ein Verbrechen wäre, Kindern zu Gerechtigkeit zu verhelfen! Er versäumte es auch nicht, während seiner Tirade häufig zu mir herüberzuschauen und ein paar Breitseiten auf mich abzufeuern. Ich dachte, er würde nur angeben, aber in Wirklichkeit bereitete er die Bombe vor, die er als nächstes im Gerichtssaal hochgehenlassen würde – die dramatische Präsentation eines von Jacquelyn unterschriebenen Dokumentes, mit dem sie ihre Klage zurückzog. Überall im Gerichtssaal schnappten die Leute nach Luft. Das war niederschmetternd und es war unglaublich, dass irgendjemand zu einem solch späten Zeitpunkt, nachdem klare und zweifelsfreie Beweise vorgelegt worden waren, zu einem solchen Mittel greifen sollte. Aber da war das Dokument. Mit angehaltenem Atem warteten wir, als Richter Ubiadas es ohne große Überraschung entgegennahm, so als hätte er schon darauf gewartet. Er nahm es an und legte es, trotz aller Proteste von Floresta, der seit Monaten für eine Verurteilung Fitzgeralds gekämpft hatte, zu den Akten. Nun war deutlich, dass der Fall manipuliert wurde. Ich war am Boden zerstört. Nicht nur, weil unsere Klage erfolglos geblieben war, sondern vielmehr, weil der Gang der Gerichtsbarkeit so leicht hintertrieben und manipuliert werden konnte. Welche Hoffnung hatten die Kinder, wenn ihnen niemals Gerechtigkeit widerfuhr? Dies war unser erster, gut vorbereiteter Fall, von starken und redegewandten Zeugen getragen, deren Aussagen sich gegenseitig bekräftigt hatten und die auch im Kreuzverhör nicht zusammengebrochen waren. Über den langen Zeitraum von zwei Jahren hinweg hatten die beiden Kinder sich gegenseitig unterstützt. Die Sozialarbeiterin von PREDA, Mary David, hatte bezeugt, dass die Kinder neun Monate lang ohne zu schwanken die gleiche Geschichte über den Missbrauch erzählt hatten. Erst während der Verhandlung hatten sie ihre Aussage plötzlich geändert und gesagt, wir hätten sie zu ihrer Aussage gezwungen.

Am 25. April 1996 sprach Richter Ubiadas Fitzgerald im Fall Jacquelyn frei. Es war eine Verhöhnung der Gerechtigkeit und viele waren darüber verstört, dass die Justiz so hatte manipuliert werden können. Das Gericht hatte Jacquelyns eindeutige Zeugenaussage gehört, die von den Berichten Glorias und Marlyns noch gestützt wurde. Der Freispruch durch Richter Ubiadas war frustrierend und ein weiterer Höhepunkt in der langen Geschichte der Freisprüche gegen Leute, die des Kindesmissbrauchs verdächtigt wurden. Es war selten, dass ein Kind frei heraus reden und anklagen konnte, dass ein Erwachsener es missbraucht hatte. Im Fall Gloria waren die gleichen Beweise vorgelegt worden, doch Richter Calderon hatte den Versuch, die ursprüngliche Aussage zurückziehen zu lassen, vereitelt. Wir setzten nun all unsere Hoffnung auf diesen zweiten Fall und auf Calderon.

Erneut war es ein angespannter und dramatischer Morgen, als wir an diesem schicksalsträchtigen Tag in den Gerichtssaal marschierten, um wieder einmal ein endgültiges Urteil zu hören. Fitzgerald und seine Hintermänner sahen so selbstzufrieden aus wie eine Katze, die gerade einen Vogel gefangen hat. Wir fürchteten das Schlimmste. Der Richter kam, wir warteten. Die Gegenseite musste einen Tipp erhalten haben, dass es einen Freispruch geben würde. Das Urteil wurde verlesen und fasste zuerst die Beweise und Argumente zusammen, die für eine mögliche Schuld Fitzgeralds sprachen. Dann kamen die Argumente und Gegenbeweise der Verteidigung, dann die Zusammenfassung. Dann kam der wichtigste, letzte Paragraf und schließlich der Urteilsspruch: zweifelsfrei *schuldig* in allen Anklagepunkten! Wir hatten uns auf einen Freispruch eingestellt, darum erschütterte uns das Urteil so. Das Unvorstellbare war geschehen: ein ausländischer Tourist war wegen Kindesmissbrauchs verurteilt worden! Es war der erste große Schuldspruch auf den Philippinen seit das neue Kinderschutzgesetz in

Kraft getreten war. Wir waren außer uns vor Freude. Alle Kinderrechtsaktivisten, Anwalt Cruz und Staatsanwalt Floresta freuten sich ebenso sehr. Eine Welle von Rührung und aufgeregtem Getuschel ging durch den Gerichtssaal. Der Anwalt der Verteidigung war völlig aus dem Gleichgewicht. Er sah verwirrt aus, gereizt und sehr verärgert. Wahrscheinlich hatte man ihm gesagt, dass man dem Richter bestimmte Anreize angeboten hatte, um einen Freispruch zu erwirken. Fitzgerald war auf seinem Stuhl zusammengesackt, er wirkte verblüfft und niedergeschlagen. Er tat mir aufrichtig leid. Sein Missbrauch an den Kindern war eine schwere Tat, keine isolierte Handlung, die er in einem schwachen Moment aus Leidenschaft heraus begangen hatte. Er hatte alles geplant und durchkalkuliert. Er war den Kindern auf den Straßen von Olongapo nachgegangen, hatte sie an den Stränden verführt und sie dann mit Geschenken und Geld auf sein Boot gelockt, wo er sie ohne Angst, entdeckt zu werden, belästigen konnte. Aber wie der Zufall es wollte, war sein Verlangen zu stark; er hatte sein Boot zu nahe an seine unschuldigen Opfer herangebracht und sich dadurch verraten. Er wurde wegen Verletzung von Artikel 3, Absatz 5, Paragraf A des *RA 7610* gemäß der Anklage von Gloria Limpat schuldig gesprochen. Vom Vorwurf der Vergewaltigung sprach man ihn frei.

Fitzgeralds Verurteilung machte Schlagzeilen und wir hofften, dass dies andere Möchtegern-Sextouristen und Pädophile von einem Besuch auf den Philippinen abhalten würde. Der Schuldspruch durchbrach eine unsichtbare psychologische Barriere, die dazu geführt hatte, dass Ausländer mit übertriebener Ehrerbietigkeit behandelt wurden. Ihre Verbrechen kamen selten vor Gericht und selbst wenn, wurden sie meist freigesprochen. Abfindungen und Vertuschung waren übliche Praxis. War dies ein Überbleibsel aus der Kolonialzeit, gespeist aus einem Gefühl der Minderwertigkeit oder der Angst davor, dass ausländische Regierungen sich an den Filipinos rächen könnten? Wir hatten eine Menge Stoff zum Nachdenken. Die Politik hat großen Einfluss auf die Justiz, welche die Auswirkungen ihrer Entscheidungen auf das Wohlergehen der ganzen Gesellschaft im Auge behalten muss. Das gehört zur Rechtsprechung dazu. Die öffentliche Meinung über die tolerante Einstellung gegenüber Kinderschändern hatte sich geändert, sowohl auf den Philippinen als auch im Ausland. Vielleicht hatten die Richter das bemerkt. Die Philippinen brauchen die acht Milliarden Dollar, die ihre Arbeitsmigranten jedes Jahr nach Hause schicken. Millionen von Filipinos sind den Arbeitsbedingungen im Ausland schutzlos preisgegeben und doch bewerben sich immer noch weitere Millionen Filipinos für Jobs im Ausland. Darum hatten die Behörden immer gezögert, Ausländer, besser gesagt Weiße, zu verhaften. Die Tourismusindustrie hatte sich vielleicht dafür eingesetzt, es den Touristen leicht zu machen; wir werden es niemals wissen. Wie auch immer, die Verurteilungen von Fitzgerald und Clarke waren ein Durchbruch.

24

Globale Verbrecherjagd
Der Mord an Daniel Handley (1995)

An einem glühendheißen Tag Anfang Juni 1995 kam ein funkelnder Toyota die Einfahrt zu PREDA hinaufgefahren. Heraus stieg Kriminalkommissar Kevin McTavish, einer der höchstrangigen Ermittler der australischen Bundespolizei in Asien. »Das muss wohl etwas Wichtiges sein«, dachte ich.

»Ich helfe der britischen Polizei bei der Suche nach einem gefährlichen Pädophilen, Brett Tyler. Zusammen mit Timothy Morss hat er den elfjährigen Daniel Handley aus East London entführt, brutal vergewaltigt und erwürgt«, informierte er mich.

Wir saßen im Schatten eines Baumes und blickten auf die Bucht von Subic hinunter. Etwas weiter entfernt sahen wir Grande Island und dahinter das Südchinesische Meer. Es war kaum zu glauben, dass inmitten Gottes schöner Schöpfung solche Schlechtigkeit wuchern konnte.

Der Junge war am 2. Oktober 1994 von dem 30-jährigen Tyler und seinem 3 Jahre älteren Sexpartner Morss entführt worden, als sie mit einem Kleinwagen aus der Autowerkstatt, in der Morss arbeitete, durch Beckton in East London fuhren. Die Werkstatt gehörte einem anderen von Morss' Sexpartnern, dem 59-jährigen David Guttridge aus Bristol. Morss und Tyler zeigten Daniel eine Landkarte, als wollten sie ihn nach dem Weg fragen und stießen ihn in den Wagen. Sein Fahrrad blieb am Straßenrand liegen. In aller Eile brachten sie ihr Opfer in die heruntergekommene Werkstatt, über der Morss eine Wohnung im Obergeschoß hatte. Morss, ein ehemaliger Soldat, war kaltblütig und brutal. Tyler, dessen Verhalten eher feminin war, bewunderte ihn und war vollkommen von ihm abhängig. Die beiden hatten sich im Gefängnis von Wormwood Scrubs kennengelernt, wo sie eine vier- bzw. fünfjährige Gefängnisstrafe wegen sexueller Belästigung von Jungen ableisten mussten. Davor waren sie in Olongapo gewesen und hatten hier viele Kinder missbraucht, was offensichtlich ihren Appetit angeregt hatte, so dass sie sich nach ihrer Rückkehr nach England an vielen weiteren Kindern vergriffen. Sie wurden gefasst und verurteilt, jedoch trotz Therapie nie geheilt. Tyler war als Vierjähriger selbst sexuell missbraucht worden. Nachdem seine Mutter ihn verlassen hatte, kam er in ein Heim. In Morss' Kindheit hatte es ähnliche Missbrauchserfahrungen gegeben.

Im Gefängnis hatten sie sich perversen und bösartigen sexuellen Fantasien hingegeben, die sie jetzt, nach ihrer Freilassung, in die Tat umsetzten. In der Wohnung angekommen, vergewaltigten sie Daniel und filmten sich gegenseitig bei ihren abscheulichen Taten. Dann schleppten sie ihn zu einem Auto und fuhren nach Bristol, wo Guttridge lebte und Morss ein Blumengeschäft besaß. Unterwegs hielten sie an einem Rastplatz. Daniel wusste, was sie tun würden. »Werdet ihr mich jetzt töten?«, fragte er sie. Das taten sie, indem sie ihm ein Seil um den Hals legten. Jeder der beiden mordlüsternen Pädophilen zog an einem Ende, bis sie ihn erwürgt hatten. Dann brachten sie ihn nach Bradley Stokes und verscharrten ihn in einer flachen Grube am Rande eines Golfplatzes.

Die Suche nach Daniel Handley erregte immense Aufmerksamkeit, sein Verschwinden blieb jedoch ein Rätsel. Eines Tages, ungefähr sechs Monate später, passierte etwas Außergewöhnliches, etwas, das nur äußerst selten vorkommt. Es war, als ob Daniels Geist aus seinem Grab heraus den Himmel um Gerechtigkeit angefleht habe. Tiere gruben seine sterblichen Überreste aus, wobei sein Schädel eine Böschung zu einer Straße hinunterrollte, wo er dann gefunden wurde. Augenblicklich wurde die Jagd nach seinen Mördern wieder aufgenommen, die mithilfe von Guttrigde auf die Philippinen flohen und nach Olongapo zurückkehrten, einer Oase und einem Schutzgebiet für ausländische Pädophile.

Nachdem Daniel gefunden wurde, brachte das britische Fernsehen in einer Sendung über ungeklärte Verbrechen seine Beschreibung und rekonstruierte den möglichen Tathergang. Ein Gefängnispsychiater namens Edward Cooke erinnerte sich, mitangehört zu haben, wie Morss Tyler während einer Gruppentherapiesitzung im Gefängnis seine wildeste sexuelle Fantasie erzählt hatte. Die Gefängnisverwaltung teilte der Polizei ihren Verdacht mit, woraufhin diese sofort die Verbindung zu Guttridge zog, weil man Daniels Überreste in der Nähe von dessen Wohnort Bristol fand und er mit den beiden zusammen im Gefängnis gewesen war.

Guttridge gab zu, ihnen bei der Flucht auf die Philippinen geholfen zu haben und verriet, dass Morss inzwischen nach England zurückgekehrt war. Morss wurde verhaftet. Bei seiner Vernehmung sagte er aus, dass Tyler sich noch immer in Olongapo aufhielt. Die Polizei wandte sich an Mathew Gould von der britischen Botschaft in Manila, der Kevin MacTavish kontaktierte. Dieser wiederum wandte sich an PREDA.

Diese schockierende Geschichte von Vergewaltigung und Missbrauch eines unschuldigen Jungen, dessen Mörder sich in Olongapo versteckt hielt, brachte das Kinderschutzteam von PREDA unverzüglich in Bewegung. Wir setzten die Informationen, die Morss der Polizei gegeben hatte, zusammen und identifizierten so die Gegend, wo Tyler sich wahrscheinlich aufhielt. Wir begannen verdeckte Ermittlungen und hatten uns für den Fall, dass wir bemerkt würden, eine gute Geschichte zurechtgelegt. Unser Team entdeckte ein in Frage kommendes Haus und stellte es unter Beobachtung. Bald erkannten wir Brett Tyler am Fenster eines Hauses in der Waterdam Road am Stadtrand von Olongapo. Mithilfe eines Fotos, das man uns zugefaxt hatte, stellten wir sicher, dass es wirklich Tyler war und kontaktierten dann das Büro von Kevin MacTavish, um die Lage des Verstecks zu beschreiben. Wir folgten Tyler Tag und Nacht, damit er nicht verschwinden konnte und warteten darauf, dass die Polizei sich bei uns meldete, um sich von uns zu ihm führen zu lassen, wenn er zuhause war.

Aus unerklärlichen Gründen kontaktierte die Polizei uns jedoch nicht, bevor die Ermittler zugriffen. Einige Tage, nachdem ich Kommissar MacTavish die Lageplanskizze zugeschickt hatte, kam er mit zwei britischen Polizisten und zwei Beamten des NBI zu Tylers Haus, das sich in einem ummauerten Hof befand. Das PREDA-Team rief mich an, um mir zu berichten, was passierte und um zu sagen, dass Tyler das Haus früh am Morgen verlassen hatte. Einer aus dem Team war ihm zum Markt gefolgt. Wenn die Polizei sich so ungeschickt einmischte, würde er wissen, dass sie hinter ihm her waren und flüchten. Dann würden wir ihn vielleicht niemals fassen. Es war reines Glück, dass Tyler bei seiner Rückkehr genau in die Gruppe von Polizisten hineinlief, die ebenso überrascht war wie er. Unser Team, das ihn seit Tagen beschattet hatte, zog sich unauffällig zurück. Wir hatten unseren Teil getan.

Die Polizei schob Tyler in ein Auto und fuhr davon. Etwas später kam ich mit dem PREDA-Team an, unglücklich darüber, dass man uns nicht benachrichtigt hatte, um die Festnahme zu koordinieren. Das Haus war heruntergekommen und schäbig, aber geräumig. Die Haushälterin war da, sie war sehr nervös und verängstigt. Ich redete mit ihr und hörte, dass Tyler und Morss viele Jungen mit ins Haus gebracht hatten, die bei den Pädophilen geschlafen hatten und zweifellos missbraucht worden waren. Ein Freund Tylers, Rolando Reyes, hatte das Haus gemietet, war aber zur Zeit abwesend. Zu unserer Überraschung fanden wir auf dem Gelände zwei kleine fünf- und sechsjährige Kinder. Die Haushälterin sagte, Tyler habe sie von sehr armen Familien aus den nahegelegenen Hügeln adoptiert.

Ich rief die Beamten der staatlichen Sozialfürsorge an und wartete, bis sie kamen und die Kinder in ihre Obhut nahmen. Einige Jahre später erhielt ich eine ungewöhnliche E-Mail von einer Mutter in Australien, die in einem Artikel gelesen hatte, wie PREDA die beiden Jungen aus Tylers Fängen gerettet hatte, bevor er ihnen etwas antun konnte. Sie hatte den kleineren der beiden adoptiert, und er war zu einem fröhlichen, intelligenten Teenager und einem liebevollen Sohn herangewachsen.

Das war der einzig gute Teil dieser Geschichte. Morss und Tyler wurden wegen Entführung, schwerwiegender sexueller Übergriffe und Mord angeklagt. Sie erhielten lebenslängliche Haftstrafen ohne Aussicht auf Bewährung. Guttridge wurde wegen Irreführung der Justiz zu 30 Monaten Haft verurteilt. Er hatte den beiden geholfen, auf die Philippinen zu fliehen, wo sie sich ausgerechnet an dem Ort versteckten, wo ich mit dem PREDA-Team war, um sie, und hoffentlich viele andere mehr, vor Gericht zu bringen.

25

Unter Hochspannung
Strommastbesetzung (1996)

Ostern 1996 war einer der aufregendsten Zeitpunkte nach der langen Zeit voller Anspannung aufgrund der Dramen, die sich im Fitzgerald-Fall im Gerichtssaal abgespielt hatten. Ein bisschen Aufregung konnten wir gut gebrauchen. Im Juni starteten wir unseren Protest gegen den Bau einer gefährlich großen Starkstromleitung, die direkt vor dem PREDA-Zentrum vorbeiführen sollte. Sie war als Reserveleitung für die APEC-Konferenz gedacht, die im Freihafen von Subic stattfinden sollte.

Richard Gordon, Vorsitzender der SBMA, die den Freihafen und alle wirtschaftlichen Einrichtungen in der ehemaligen Marinebasis managte, war in seinem Element und setzte sich bei Präsident Fidel Ramos dafür ein, dass die Konferenz im Freihafen abgehalten wurde. Die verlockende Aussicht auf viele neue, lukrative Projekte brachte zweifellos das Beste in all jenen Politikern zum Vorschein, die eifrig darauf bedacht waren, ihrem Land zu dienen und dabei einen ordentlichen Profit für sich herauszuschlagen. Voller Scheinheiligkeit machten sich alle daran, diese einmalige Gelegenheit zu nutzen und viele Leute verdienten eine Menge Geld. Das APEC-Treffen war das prestigeträchtigste Ereignis, das man als asiatisches Land ausrichten konnte; US-Präsident Clinton und viele andere Staatsoberhäupter würden anwesend sein. Die internationalen Medien würden über jedes einzelne Detail berichten und die Philippinen würden keine Kosten scheuen, es zum größten philippinischen Spektakel der Welt zu machen. Es war lächerlich, wäre da nicht die ernsthafte Frage gewesen, wohin all die Millionen von Dollar gingen.

Es schien völlig normal, dass alle versuchten, durch Betrügereien Geld für sich herauszuschlagen, es erschien sogar notwendig, um den Erfolg des Treffens zu sichern. Entlang der Schnellstraße von Manila nach Olongapo wurden luxuriöse Toiletten aufgebaut, damit die wichtigen Leute sich unterwegs erleichtern konnten. Die Regierung bürgte für einen Kredit von mehreren Millionen, mit denen eine riesige Wohnanlage voller luxuriöser Landhäuser gebaut wurde. Es war als Übernachtungsmöglichkeit für die Staatschefs gedacht, jedoch übernachtete niemand dort; letztendlich wurde daraus eine private Anlage und ein Country Club. Der Bauunternehmer zahlte das Darlehen, wie zu erwarten war, nicht zurück, und am Ende waren es die Steuerzahler, die die Rechnung begleichen mussten. Diejenigen, die dahinter steckten, hatten selbstverständlich gute Beziehungen zur Politik. Ein weiteres verschwenderisches und unnötiges Projekt war die Errichtung einer zusätzlichen Stromleitung, die von einem Transformator am Half-Moon Hotel an der Schnellstraße entlang über die Kalaklan-Brücke zum Eingang des Freihafens führen sollte. Die existierende Leitung war eine 69-kV-Leitung; sie kam vom selben Transformator und führte in sicherem Abstand über die Hügel und den Friedhof.

Als wir sahen, dass die Fundamente für die Strommasten gegraben wurden und erfuhren, dass es sich um 230-kV-Kabel handeln würde, machte uns das große Sorgen, denn wir wussten, dass solche Leitungen starke elektromagnetische Strahlungen abgeben würden, die für Menschen, besonders für Kinder, schwere gesundheitliche Konsequenzen haben konnten. Es gab Zahlen, die den Zusammenhang zwischen der Nähe von Starkstromleitungen zu Wohnorten und einer Erhöhung der Leukämie-Erkrankungen der dort lebenden Kinder belegten. In jenem April planten Alex, Robert, Lowell, ich und andere Mitarbeiter unseren Protest. Die Aufstellung der Strommasten wurde mit der Ausrichtung des APEC-Treffens gerechtfertigt, das an sich schon ein Grund zum Protest war, denn es befürwortete ungezügelte wirtschaftliche Globalisierung. So ist die Wirklichkeit des Wirtschaftssystems, das von allen Ländern verlangte, dass sie ihre Einfuhrzölle und -tarife senkten oder ganz abschafften und ihre Märkte öffneten. Die Stromleitung war eine Gefahr für Kinder und nur eine weitere Verschwendung öffentlicher Gelder, um das APEC-Treffen zu unterstützen, das doch nur ein Club für alte, reiche Männer war.

Die staatliche Stromgesellschaft hatte sich schon am 28. Februar mit unserem Vorschlag einverstanden erklärt, die letzte Kabelstrecke statt am Zentrum vorbei über den Hügel zu legen, aber Bürgermeisterin

Kate Gordon, die »eiserne Lady«, widersprach dem entschieden mit dem Argument, dadurch würde die Totenruhe gestört. Dass auch die 69-kV-Leitung über den Friedhof lief, schien ihr nicht bewusst zu sein, denn sie verweigerte der Stromgesellschaft die Genehmigung.

Unser Plan war es nun, symbolisch einen der Masten in der Nähe des PREDA-Zentrums zu besetzen, um auf diese Weise zu protestieren und die Aufmerksamkeit der Öffentlichkeit auf diese Angelegenheit zu lenken. Wir hatten vor, einen kleinen überdachten Balkon oder eine Plattform zu bauen, ungefähr 1,50 x 1,80 m groß, die wir hoch oben am Masten anbringen wollten. Daran wollten wir dann eine Anschlagtafel mit unseren Botschaften festmachen. Unten wollten wir ein Zelt und einen Aktionsposten aufstellen, der unser Vorhaben unterstützen sollte. Da die Masten an der Hauptstraße nach Norden standen, würden weitere Plakate, Fahnen und Banner diejenigen auf uns aufmerksam machen, die vorbeifuhren. Im Vorfeld des APEC-Treffens wäre dies auch eine gute Story für die Medien.

Der Masten, den wir zu »kapern« beschlossen, war derjenige direkt auf der anderen Straßenseite, gegenüber des Zentrums. Unser Gebäude lag ungefähr 30 Meter über der Straße auf dem Hügel, so dass die Plattform am Pfosten fast auf der gleichen Höhe liegen würde, uns direkt gegenüber.

Wir ließen den Balkon bzw. die Plattform in unserer eigenen Werkstatt aus Rohren und Winkeln zusammenschweißen, so dass ein robuster Rahmen mit einem Geländer und hüfthohen Seitenwänden aus Sperrholz entstand. Es gab einen tragfähigen Boden, ebenfalls aus Sperrholz und ein leichtes Dach, von dem Vorhänge bis auf das Geländer herabhängen konnten. So gäbe es ein wenig Privatsphäre oder auch Schutz vor der direkten Sonneneinstrahlung. Das Rückteil des Metallrahmens würde gegen den sich nach oben verjüngenden Masten gelehnt und mit einer starken, strapazierfähigen Kette daran festgemacht werden.

Wir hielten das Projekt geheim, die Arbeiter wussten nicht, wofür der Rahmen gedacht war, an dem sie arbeiteten. Das letzte, was wir wollten, war, dass die Polizei uns daran hinderte, den Balkon aufzuhängen. Für den Notfall bauten wir auch eine lange, abnehmbare Leiter, die jedoch im Zentrum aufbewahrt wurde. Unser Plan war, dass ich so lange wie möglich auf dem Pfeiler Quartier beziehen sollte, bis die Behörden uns Verhandlungen anboten. Darum wurde der Balkon mit einer Schlafmatte, einer tragbaren Toilette und einer Kühlbox ausgestattet. Wir legten auch eine Strom- und eine Telefonleitung vom Zentrum aus über die Straße bis zum Pfeiler. An einem langen Seil befestigten wir einen Haken, so dass Essen und Wasser nach oben gehoben werden konnten. Funksprechgeräte sorgten dafür, dass wir ständig in Kontakt bleiben konnten. Am 6. April war alles fertig.

Früh an jenem Ostermorgen, dem 7. April 1996, beteten wir inbrünstig zum auferstandenen Herrn und machten uns daran, unseren Plan in die Tat umzusetzen. Das PREDA-Team war bereit und gut geschult. Sie fuhren die Auffahrt hinunter und dann noch ein kurzes Stück bis zum Fuß des Pfostens. Das Gerüst war schon hinten auf dem Laster zusammengebaut worden und schwankte gefährlich, bis es so am Pfeiler befestigt wurde, dass es nicht herunterfallen konnte. Jetzt erst begriffen die Arbeiter, was sie da gebaut hatten; sie waren aufgeregt und freuten sich über das Abenteuer. Sie passten das Gerüst an und schickten dann die Einzelteile des Balkons herauf, die unser Zimmermann und unser Schweißer zusammenbauten und dann eng an den Pfeiler ketteten. Das zweite Team stand schon mit der Ausrüstung bereit, die ich brauchen würde. Sobald alles an Ort und Stelle war, stand ich mit meinem Überlebenspaket bereit, ging hinunter bis zum Fuß des Pfostens und begann dann, zu dem hoch über mir schwebenden Balkon hinaufzuklettern.

Es war ein frischer, klarer Morgen; die Sonne lugte über den Hügelkamm und sandte goldene Strahlen herab, wie um zu messen, wie weit ich schon gekommen war. Ich schaute nach unten und erstarrte. Plötzlich bekam ich Höhenangst, aber so nervös ich auch war, ich begann trotzdem damit, mich einzurichten. Ich band eine Schaumstoffmatte an den Pfosten, um mich vor der Hitze zu schützen, die dieser ausstrahlte. Robert war für Stromversorgung und Kommunikationsmöglichkeiten verantwortlich und hatte bald die Strom- und Telefonleitung gelegt, die ich nach oben und in die Box zog. So hatte ich Licht und auch eine Telefon- und Internetverbindung.

Wir brachten einige Plakate und Banner mit unseren Botschaften an. Am Balkon hängten wir ein großes Schild auf, auf dem stand: APEC, GORDON, SBMA, NAPOCOR – *Beendet den Krebs bei Kindern, verlegt die zwei Strommasten! Beendet die Unterdrückung, dient den Menschen, nicht euch selbst!* MENSCHEN DIESER WELT – VEREINT EUCH GEGEN DAS ÜBEL!

In den folgenden Tagen stellten wir ein Zelt auf und hängten rechts und links des Pfeilers noch mehr bunte Schilder und Transparente auf. Es war ein bisschen wie Karneval. Auf einem Schild stand *Hupt, wenn ihr uns unterstützt.* So viele Autofahrer fuhren vorbei und hupten, dass wir es nach einer Weile bereuten und das Schild abnahmen, denn das Hupen verursachte ziemlichen Lärm. Trotzdem waren wir über die vielen Solidaritätsbekundungen begeistert. Die *Jeepney*- und Busfahrer, die regelmäßig an uns vorbeifuhren und das Schild in den ersten Tagen gesehen hatten, hupten auch weiterhin. Wir waren entzückt über die große Unterstützung, die unsere Aktion hervorrief.

Behördenvertreter kamen in den folgenden Tagen weder zu unserem Posten am Fuß des Pfeilers noch in unser Informationsbüro. Stattdessen gab es bissige Kommentare von örtlichen Politikern. Bürgermeisterin Kate Gordon meinte, ich wäre krank im Kopf und wurde mit den Worten zitiert: »Glauben Sie, ich bin wirklich so dumm, etwas zu tun, was den Menschen schaden könnte?« Die städtischen Versorgungsbetriebe verkündeten dann in den Medien, dass die geplante Stromleitung nur 69 kV führen sollte, nicht 230 kV, aber wir waren nicht sicher, ob diese Aussage stimmte. Man hatte ein 230-kV-Kabel verlegt, mitsamt den dazu passenden Pfeilern, das entsprach einer Überdimensionierung von 330 Prozent. Laut dem Kongressabgeordneten Tony Diaz war die Anlage wahrscheinlich auch um 330 Prozent zu teuer. Er fragte, ob die Antragsteller bei ihrem Kreditantrag über 1,3 Millionen US-Dollar nicht vielleicht die Weltbank irregeführt und verschwiegen hätten, dass es bereits eine stabile und betriebsfähige 69-kV-Leitung gab. Die Medien heizten das Thema zusätzlich an und veröffentlichten viele zustimmende Leserbriefe. *The Tribune* und *The Manila Times* veröffentlichten Briefe von Ameth dela Llana-Concepcion, einer Menschenrechtsaktivistin und Leiterin einer Gruppe, die auf die gesundheitsschädlichen Auswirkungen von elektromagnetischer Strahlung auf Menschen aufmerksam machte. Dass sie unsere Aktion unterstützte, zeigte, wie viele Menschen auf den Philippinen sich sorgten und gegen die Gefährdung von Kindern protestierten. Aber es blieb nicht bei den Gefahren, die von den Pfeilern und der elektromagnetischen Strahlung ausgingen; das ganze Projekt war auch noch von Korruption durchzogen. Eine vom Kongress veranlasste Untersuchung brachte später zutage, dass die Kabel viel zu groß und völlig überteuert waren.

Unsere Taktik, den Pfeiler zu »kapern«, war sehr erfolgreich und die Aktion dauerte fast zwei Wochen länger, als wir gedacht hatten. Auch in den internationalen Medien bekamen wir viel Aufmerksamkeit, so dass wir innerhalb von nur einer Woche Themen wie Korruption in Infrastrukturprojekten, verbunden mit dem bevorstehenden APEC-Treffen und den Gesundheitsgefahren durch Stromleitungen in die Medien gebracht hatten. Ständig riefen mich Medienvertreter aus aller Welt an. Der *BBC World Service* und andere Radiostationen baten mich um ein Live-Interview vom Balkon aus und eine Beschreibung dessen, was vorging.

In einer Resolution, welche die irische Politikerin Mary Banotti eingebracht hatte, forderte das Europäische Parlament die philippinische Regierung dazu auf, die Menschenrechte und das Gesetz zu achten. In der Resolution hieß es: »Das Europäische Parlament begrüßt die Aktion von Pater Shay Cullen und seinen Mitstreitern im Kampf gegen Kinderprostitution.«

Da der Balkon den ganzen Tag der Sonne ausgesetzt war, war es dort glühend heiß. Ich ließ einige Isolierbleche auf dem Sperrholzdach anbringen, was die Hitze etwas linderte, und auch die kühle Brise, die von der Bucht herüberwehte, half ein wenig. Trotzdem verging ich fast vor Hitze und trank literweise Wasser. Die Beengtheit meiner Unterkunft half mir zu verstehen, wie sich Gefangene in winzigen Zellen oder die illegalen Siedler fühlen, die zusammengedrängt schlafen, essen und ihren Bedürfnissen nachgehen müssen. Unten am Aktionsposten war alles fröhlich. Wir organisierten Spiele und Aktivitäten für die Kinder, die uns am Fuße des Pfeilers besuchen kamen, um sich Snacks und Getränke abzuholen. Die Teenager aus dem Zentrum kamen und verteilten Autoaufkleber.

Ständig fuhren Polizeiwagen an uns vorbei und wir nahmen uns vor ihnen in Acht. Uns war klar, dass sie wütend waren, weil sie den Aktionsposten und mich oben am Pfeiler nicht angreifen konnten, wollten sie keine unliebsame Aufmerksamkeit erregen. Dann, eines Morgens, fuhr ein Jeep heran, zwei Männer sprangen heraus und schnappten sich drei der kleinen Jungen, die in der Nähe des Aktionspostens herumstanden, schoben sie in den Wagen und fuhren in Richtung Olongapo davon. Wir verlangten die Freilassung der Kinder, aber es dauerte mehrere Stunden, bis wir sie befreien konnten. Später entdeckten wir, dass die Polizisten, die die Kinder mitgenommen hatten, Anweisungen von einer Beamtin aus Barrio Barretto, einer Mrs. Nafarete, erhalten hatten. Sie und zwei Barangay-Polizisten waren mit in dem Wagen gewesen. Drei Tage später kam unser Freund und Unterstützer Pater James Laquindanum den Pfosten hochgeklettert, um einige Zeit mit uns zu verbringen und uns Beistand zu leisten. Während der vergangenen zwei Jahre hatten wir uns an einer groß angelegten Protestaktion gegen ein Kohlekraftwerk in seiner Gemeinde Bani beteiligt.

Inzwischen hatten wir auf der Rückseite des Pfeilers eine Leiter angebracht, falls ich den Balkon einmal schnell verlassen musste oder Besucher hinaufklettern wollten. Die Aktionsgruppe am Fuß des Pfeilers überwachte, wer hinaufstieg. Auch Pater Roque Villanueva, der Direktor des »Sozialen Hilfszentrums« der Diözese, setzte sich für uns ein.

Drei Tage nachdem die Kinder am frühen Morgen von der Polizei mitgenommen worden waren, fuhr ein Jeep mit bewaffneten Polizisten vorbei und wir hörten Maschinengewehrfeuer. Ich duckte mich sofort, aber das einzige, was mich schützte, war eine Sperrholzplatte. Wir hatten nicht erwartet, dass es soweit kommen würde und sie auf mich schießen würden. In diesem Moment hatte ich große Angst. Über das Funkgerät fragten wir, ob irgendjemand am Posten unten durch den Kugelhagel verletzt worden war, aber es ging allen gut. Dann wurde mir klar, dass keine einzige Kugel meinen Balkon getroffen hatte, ein offenes und leichtes Ziel – es waren also Warnschüsse, die mich so in Angst versetzen sollten, dass ich herrunterkommen und den Protest beenden würde. Es wirkte, ich hatte Angst, aber ich hatte keinerlei Absicht, die Aktion zu beenden. Ich verließ mich einfach darauf, dass sie nicht so weit gehen würden. Wenn sie vorgehabt hätten, mich zu töten, wäre mein Balkon jetzt von Kugeln durchsiebt. Schüsse in die Luft zu feuern ist bei Polizei und Militär auf den Philippinen durchaus üblich.

Am nächsten Tag kam unser Menschenrechtsanwalt Sergio Cruz zum Aktionsposten und wir verhandelten mit dem Polizeichef über einen Kompromiss. Wir wollten, dass die Bürgermeisterin ihre Ablehnung gegen den bereits von der staatlichen Stromgesellschaft genehmigten Plan aufgab, die letzten paar Pfeiler über den Hügel zu führen statt daran vorbei. Sie war nicht kompromissbereit und kam uns nicht einen Schritt entgegen. Es regierte tatsächlich eine »eiserne Lady«.

Das Finale war am 13. Juni. Schon am Morgen wussten wir, dass etwas im Gange war. Ein Kran hatte bereits begonnen, die großen Kabel an Ort und Stelle zu bringen. Unser ehemaliger Mitarbeiter Lowell Maglaqui kam und gesellte sich zu mir in meine Box. Es kam immer mehr Polizei hinzu und abends um halb sieben kamen noch mal zwei Großraumwagen voller Polizisten, die sich über das ganze Gelände um den Pfosten herum verteilten. Im Schein der Straßenlaternen sahen wir, dass sie die übriggebliebenen Plakate abrissen und dann begann der Kran, eine offene Kiste hochzuhieven, in der sich drei Polizisten befanden. Sie hatten es auf uns abgesehen.

Unten auf der Straße ging ein Polizist mit gezogener Waffe auf Alex zu und befahl, ihm seine Wertsachen auszuhändigen. Er nahm Alex die Kamera, das Funkgerät und ein Handy ab. Der Polizist sollte die Operation leiten, aber für die Illegalität der Handlungen keine Verantwortung übernehmen. Sie hatten weder die Autorität, einen *friedvollen* Posten aufzulösen – denn wir hatten ein verfassungsmäßiges Recht darauf – noch, Leute auszurauben. Einige der Polizisten hatten ihre Namensschilder abgenommen. Das Unterstützerteam hatte sich unter Alex' Leitung inzwischen zum oberen Teil der Auffahrt zurückgezogen, auf gleicher Höhe mit meinem Balkon am Pfeiler, und wartete unruhig ab, was die Polizisten in der Box oben am Kran vorhatten. Sobald sie unsere Höhe erreicht hatten, machten Lowell und ich uns auf ihren Angriff gefasst. Ich befürchtete, dass das zusätzliche Gewicht von drei Männern den Balkon zum Einsturz bringen und uns zwölf Meter in die Tiefe stürzen lassen würde. Als sie uns erreichten, fragte ich, was sie wollten.

»Ich befehle Ihnen, herunterzukommen«, bellte der befehlshabende Offizier. »Dies ist eine friedliche Protestaktion«, entgegnete ich. »Wir tun nichts Ungesetzliches.«

Einer nach dem anderen sprangen sie über das Geländer in unsere Box und drückten uns gegen den Pfeiler. Sobald alle drei von ihnen drin waren, begannen sie, auf uns einzuschlagen und unsere Arme festzuhalten. Mit einem Mal ging die Straßenlaterne aus, es wurde völlig dunkel. Dies war geplant und in meiner Vorstellung sah ich die Katastrophe auf uns zukommen. Sie würden uns über den Balkon werfen und es so aussehen lassen, als hätten wir uns gegen unsere Festnahme gewehrt und seien dabei abgestürzt. Die Dunkelheit sollte diesen finsteren Plan decken, da war ich mir sicher. Aber auch Alex und Robert und das PREDA-Team traten in Aktion. Die Polizisten zogen den Vorhang zu, damit man nicht sehen konnte, wie wir verprügelt wurden, aber die Zeugen, die sich auf dem Hügel gegenüber versammelt hatten, konnten alles erkennen. Unsere Gegenwehr gab dem Team die entscheidenden Minuten, die Notlichter anzumachen und uns damit das Leben zu retten. Anstatt uns über das Geländer zu werfen, hob man uns in die Kiste am Kran, der uns dann alle nach unten brachte. Als wir die Gruppe unten am Pfeiler erreichten, war Pater Sean Connaughton da. Er war entgeistert. »Was geht hier vor?«, war alles, was er sagen konnte.

Ich versuchte, mich umzudrehen, aber mit zwei Paar Handschellen, die meine Hände hinter dem Rücken fesselten und mir in die Handgelenke schnitten, war das schwierig. Meine Handgelenke waren wundgescheuert und rot; wo der Leiter der Polizei, Radovan, mich getreten hatte, schwoll mein Bein an. Mein Kopf war vor lauter Schlägen und weil man ihn wie einen Basketball auf den Boden des Balkon geschlagen hatte, voller blauer Flecke. Man brachte uns zur Polizeiwache.

Ich fragte den Polizeichef: »Hat sie Ihnen befohlen, dies zu tun? Sie tun alles, was sie sagt, egal, ob richtig oder falsch. Glauben Sie, ich bin ein *Verbrecher*? Wir haben nichts Illegales getan.«

Er sah aus, als schäme er sich.

Man brachte mich in einen Vernehmungsraum und ließ mich dort, mit Handschellen gefesselt und mit zerschlagenem, schmerzendem Körper sitzen. Ein Polizist in einem T-Shirt saß an einer Schreibmaschine und ignorierte mich, weil er nicht wusste, was er sonst tun sollte. Noch immer in Handschellen ging ich hinaus, um zu schauen, ob es Lowell gut ging. Er saß in einem anderen Raum und trug ebenfalls noch Handschellen, aber ansonsten war ihm nichts passiert. Ich forderte einen Polizisten auf, mir die Handschellen abzunehmen, doch niemand schien die Schlüssel zu haben. »Ich verlange, dass ein Arzt gerufen wird. Das ist ein grundsätzliches Menschenrecht«, sagte ich den Polizisten. »Sie müssen einen Arzt rufen.« Kurz darauf kam ein Arzt vom Gordon Memorial Hospital, um mich zu untersuchen, was ich jedoch verweigerte. Ich bestand auf meinem eigenen Arzt. Mit einem triumphierenden Glitzern in den Augen traf Rechtsanwalt Leyco ein. Er fing an, mir dumme Fragen zu stellen, für wen wir uns denn hielten, einen solchen Protest zu veranstalten und ob wir dafür eine Genehmigung hätten.

»Welches Recht haben Sie, mich zu vernehmen? Bezahlt Sie die Bürgermeisterin dafür oder was? Kennen Sie die Gesetze nicht?« fragte ich. »Können Sie nicht sehen, dass meine Rechte missbraucht werden und die Polizei mich und Mr. Maglaqui zusammengeschlagen hat? Machen auch Sie mit bei dieser ... dieser Korruption?« sagte ich zu ihm.

Der triumphale Ausdruck in seinem Gesicht verwandelte sich in Ärger. Er war der politische Wahlkampfmanager von Bürgermeisterin Gordon und hatte sich für Pädophile eingesetzt, die wir vor Gericht brachten. Unerklärlicherweise war er auch der Rechtsanwalt der Diözese.

Ich war trotzig wie immer und schwor, eine Klage wegen Verletzung meiner Menschenrechte einzureichen, woraufhin Leyco wütend wurde und, den Arzt aus dem Gordon Memorial Hospital im Schlepptau, davonstampfte.

Bald darauf stand Rechtsanwalt Cruz vor dem Gefängnis und verlangte meine Freilassung. Unmittelbar darauf fuhren wir, obwohl es schon neun Uhr abends war, in ein Provinzkrankenhaus in San Marcelino, um eine rechtsgültige medizinische Untersuchung und Diagnose unserer körperlichen Verletzungen und blauen Flecke zu bekommen. Aus Angst vor den Behörden war kein Krankenhaus in Olongapo dazu bereit gewesen. Sich gegen die Behörden zu stellen, brachte einem in den meisten Fällen deren Rache in Form von überhöhten Stromrechnungen, dem Abschneiden von der Wasserversorgung oder dem Verlust der Betriebsgenehmigung ein. Conrad Tui, ein Kritiker der Stadt, musste jeden Monat riesige Stromrechnungen bezahlen. Dies war der Preis dafür, dass man sich für etwas einsetzte. Wir zahlen bis heute die höchsten Strom- und Wasserrechnungen für unser Kinderschutzzentrum. Obwohl wir eine karitative Organisation sind, bekommen wir überteuerte Rechnungen und trotz unserer Nachfragen wurde uns kein Nachlass gewährt. Man ignorierte alle unsere Bitten und stellte uns die gesamten Gebühren in Rechnung. Wir können kaum etwas dagegen tun, außer vor Gericht zu gehen, und das wäre teuer und hätte kaum Aussicht auf Erfolg.

Die Neuigkeiten über meinen Protest, meine Verhaftung und die Misshandlungen waren bereits einmal um die Welt gereist. In Irland hatte Eoin Ryan, Abgeordneter der Republikanischen Partei *Fianna Fáil* für Dublins Südosten, den stellvertretenden Ministerpräsidenten

Dick Spring gebeten, einzuschreiten und die Brutalität der Polizei zu verurteilen. Danny Smith, Vorsitzender von *Jubilee Action* in Surrey, England, rief zu internationalen Protesten auf.

Bürgermeisterin Gordon und ihre Polizei sagten, wir seien wegen öffentlicher Unruhestiftung, schwerwiegender Bedrohung und Nötigung verhaftet worden. Innerhalb weniger Tage reichten wir beim Staatsanwalt der Stadt Klagen wegen Menschenrechts- und Körperverletzung gegen die Bürgermeisterin und die Polizei ein. Die Klage gegen die Bürgermeisterin wurde natürlich sofort abgewiesen; man bestimmte, dass wir mit einer Klage wegen willkürlicher Verhaftung gegen die Polizei vor Gericht gehen konnten. Jahre später, als im Gericht von Richterin Dee in Quezon City Augenzeugen Tag für Tag ihre detaillierten Aussagen machten, waren wir sicher, Gerechtigkeit zu finden. Diese Richterin ist die Tochter eines berühmten Richters, der für seine Ehrlichkeit und Integrität bekannt ist und auch dafür, dass er noch nie Schmiergelder angenommen hat. Mit den Zeugenaussagen und den medizinischen Beweisen als Unterstützung waren wir sicher, den Fall zu gewinnen. Zu unserer bitteren Enttäuschung lehnte es die Verteidigung ab, auch nur einen einzigen Zeugen vorzuladen, der unseren Zeugenaussagen widersprochen hätte. Die Richterin akzeptierte dies und behielt sich den Fall zur sofortigen Entscheidung vor. Da wussten wir, dass es ein abgekartetes Spiel war. Innerhalb nur weniger Wochen – was ein Rekord war, denn manche Richter nehmen sich für eine Entscheidung sechs Monate oder sogar ein Jahr Zeit – wurde Radovan freigesprochen und der Fall für beendet erklärt. Unmittelbar darauf wurde Radovan befördert.

Wenn uns das schon so geht, welche Chance haben dann kleine Kinder, die keine guten Anwälte und keine Beweise haben, die für sie sprechen können?

Die Kamera, das Funkgerät und das Handy, die sie Alex abgenommen hatten, bekam er nie zurück.

Die Strommasten blieben, aber dank der Unterstützung durch die Kindernothilfe konnten wir die Kinder in einem etwas weiter von ihnen entfernten Gebäude unterbringen.

26

Freunde

Martin Sheen und PREDA

Ich habe das Glück, den irisch-amerikanischen Schauspieler Martin Sheen zu meinen engen Freunden zählen zu dürfen; einen überzeugten Katholiken und den Helden der Fernsehserie *West Wing*, in der er einen liberal-demokratischen US-Präsidenten darstellt. Er ist ebenfalls für seine Rolle in *Apocalypse Now* und für viele andere großartige Filme bekannt geworden.

Martin besuchte mich Anfang der 90er-Jahre, als er eine kleine Rolle in einem Kriegsfilm spielte, der im ehemaligen Militärstützpunkt in Subic gedreht wurde. Dieser war ein bevorzugter Drehort für Filme und meine Vorschläge, die ich damals für seine Auflösung und Umwandlung in einen Hightech-Industriepark und ein großes Naturschutzgebiet machte, hatten spektakulären Erfolg, trotz viel politischer Korruption und Ausbeutung während der ersten fünf oder sechs Jahre. Heute befinden sich dort ein Freihafen, hunderte blühende Fabriken und kleinere Geschäfte. Mindestens 50 000 Filipinos sind heute dort beschäftigt und ebenso viele in Clark, dem früheren US-Luftwaffenstützpunkt, der heute durch eine funkelnagelneue Schnellstraße mit Subic verbunden ist. Wir bei PREDA waren vielleicht nur ein Floh auf dem Rücken eines Elefanten, aber immerhin ein Floh mit Biss.

Der frühere Bürgermeister und jetzige Senator Richard Gordon, der damals die US-Militärstützpunkte unterstützte und mit Präsidentin Aquino und Bischof Teddy Bacani vom Luneta-Park in Manila bis zum philippinischen Senat marschierte, um gegen ihre Auflösung und Umwandlung zu protestieren, ist ein und derselbe, der dann den Verdienst für sich beanspruchte, gegen die Stützpunkte gekämpft zu haben. Solche bizarren Drehungen und Wendungen sind ein typisches Merkmal philippinischer Politik.

Martin besuchte PREDA und feierte die Sonntagsmesse mit uns und den Kindern. Im November 1997 kam er wieder zurück, um die Armen der Stadtbevölkerung in Manila und ihre Kampagne für soziale Gerechtigkeit zu unterstützen. Martin ist in den USA sehr bekannt für sein christliches Engagement für Gerechtigkeit und ist stolz darauf, schon mehr als 50 Mal verhaftet worden zu sein, weil er sich, hauptsächlich vor dem US-Kongress, für Frieden und Menschenrechte eingesetzt hat.

Alex Hermoso, Martin und ich fuhren zur Mülldeponie in Payatas, um uns an einer Kampagne für die Sanierung und Neuentwicklung des Gebietes zu beteiligen, denn die Gegend war gefährlich und sogar tödlich für die Hunderte von Menschen, die dort unter unmenschlichen Bedingungen lebten und arbeiteten. Payatas ist ein riesiger Haufen faulenden, stinkenden Mülls, wo die Armen in endlosem Leid leben. Die Männer, Frauen und vor allem die Kinder verbringen ihr Leben damit, den Müll nach Resten zu durchsuchen, von denen sie leben können. Der beißende Rauch, der über allem liegt, kommt aus dem schwelenden, giftigen Abfall; er verursacht Lungenkrankheiten, Asthma und endlos viele andere Krankheiten. Martin stapfte schweigend durch diese Müllhalde der Hoffnungslosigkeit. Er musste seine Wut kontrollieren, als er die Tiefe menschlichen Elends in sich aufnahm, aber auf seinem Gesicht konnte man seinen Schmerz und seine Frustration darüber erkennen, dass Menschen dazu gezwungen wurden, unter solch unmenschlichen Bedingungen zu leben. Hier war die Armut abgrundtief. Martin zeigte nur Mitgefühl und Fürsorge, keinen Ekel über den widerlichen Geruch, der in unseren Haaren und Kleidern kleben blieb. Die Menschen waren bedeckt mit dem Dreck und dem Gestank, dem Schmutz und Staub des Mülls. In der Welt der Wohlhabenden waren sie Ausgestoßene, Unberührbare, Aussätzige, aber für Martin waren sie einfach Menschen, die sich glücklich und durch seine Anwesenheit geehrt fühlten. Er umarmte eine alte Frau, hielt die Hände der Kinder, nannte sie das Volk Gottes und bat mich, ihnen seine Entschuldigung dafür zu übermitteln, dass er in ihr Leben eindrang. Er spürte, dass er an einem heiligen Ort war und fühlte sich unwürdig, dort zu sein, wo Gott in den Ärmsten der Armen anwesend ist und uns bittet, für sie da zu sein und durch noch so kleine Dinge ihr Leiden in Freude zu verwandeln. Nach seinem Besuch auf den Philippinen engagierte sich Martin noch stärker in der Friedensbewegung und trat mit noch mehr Kampagnen für Menschenrechte und soziale Gerechtigkeit ein.

Die Menschen an der Müllkippe von Payatas hatten sich zu einer Organisation zusammengeschlossen und wir konnten nicht mehr tun, als sie in ihrer Kampagne für die Einebnung des Müllberges zu unterstützen, damit die Gegend neu erschlossen und somit hunderten armer Menschen ein anständiges Leben ermöglicht werden konnte. Diese Kampagne fand keine Beachtung, trotz der großen öffentlichen Aufmerksamkeit, die Martins Besuch mit sich brachte.

Unser Besuch in Payatas war von zwei ehemaligen Priestern organisiert worden, Dennis Murphy und Ed Gerlock, die ihr Leben der Hilfe und der Ermächtigung der Armen und Alten in Metro Manila gewidmet haben. Die Sorgen der Menschen waren begründet und sie brauchten die Publicity, um die Aufmerksamkeit der Regierung zu erlangen. Diese jedoch ignorierte sie. Drei Jahre später, im Jahr 2000, nach einer Woche sintflutartiger Regenfälle, war der riesige Müllberg mit Wasser gesättigt und begann zu rutschen. Zuerst langsam, und dann mit unaufhaltbarer Kraft stürzten eine Million Tonnen komprimierter Abfall auf das Dorf der Müllsammler am Fuß des Müllberges hinunter. Mehr als 500 Müllsammler und ihre Familien wurden lebendig unter der sich zersetzenden, stinkenden Masse begraben. Nur 150 Leichen wurden geborgen, der Rest blieb unter dem Berg liegen, auf dem sie täglich nach Essen gesucht und sich mit letzter Kraft ans Leben geklammert hatten.

Martin Sheen unterstützte das Kinderschutzprojekt von PREDA und als wir für den Nobelpreis nominiert wurden, zitierte man seine Worte, dass er gern einen Film über die Kinder machen würde, denen PREDA geholfen hatte. Dutzende Dokumentarfilme sind schon über die Arbeit von PREDA gedreht worden, aber bisher noch kein Spielfilm.

27

Machtkämpfe
Richard Gordon und die SBMA (1998)

Als 1992 das Gesetz über die Einrichtung der SBMA und des Subic Bay Freihafens zur Entscheidung im Kongress anstand, spielte die Kongressabgeordnete Kate Gordon eine große Rolle bei der Einbringung einer Bestimmung, welche die Amtszeit für den Vorsitzenden des Freihafens auf einen Zeitraum von sechs Jahren festsetzte. In den Diskussionen des Komitees, das versuchte, die Gesetzesversionen des Kongresses und des Senats miteinander in Einklang zu bringen, wurden noch ein paar entscheidende Worte hinzugefügt. Nach intensiver Lobbyarbeit setzten die Rechtsanwälte Gordons einen Gesetzestext durch, laut dem der Bürgermeister von Olongapo der Vorsitzende der SBMA sein *könne*.

In der endgültigen Version, die der Präsidentin zur Unterschrift vorgelegt wurde, war der Text auf geheimnisvolle Weise in »*soll* der Vorsitzende der SBMA sein« geändert worden. Dadurch erhielt Richard Gordon, der sich der Auflösung der Stützpunkte entgegengestellt hatte, das Mandat der Regierung, den Konversionsplan umzusetzen, bei dessen Entwicklung wir, Conrad Tiu und viele andere wahrhaft patriotische Filipinos geholfen hatten. Bald stellte sich Gordon in den Medien als den Helden der Konversion dar und behauptete, der Plan sei von Anfang an seine Idee gewesen. Dass er so etwas sagen würde, war ja auch zu erwarten gewesen!

Ich war in der SBMA nicht willkommen, solange Gordon Vorsitzender war, also ging ich selten dorthin. Manchmal ging ich mit Merly und Alex auf das Gelände, um dort einzukaufen. Auf Schritt und Tritt folgten uns Sicherheitskräfte und fotografierten uns. Mein Bild wurde in den Wachhäuschen aufgehängt wie ein Fahndungsfoto. Der Verfolgungswahn hatte alle fest im Griff. Jeder war verdächtig, Autos wurden durchsucht und die Leute brauchten spezielle Ausweise.

Es dauerte nicht lange, bis man Gordons Doppelfunktion als Bürgermeister und Vorsitzender hinterfragte. Er kämpfte um beide Positionen, verlor aber schließlich und entschied sich für das Amt des Vorsitzenden der SBMA, denn dort floss viel Geld. Jahrzehntelang hatten die Gordons regiert, die Sexindustrie florierte und dennoch war Olongapo verarmt. Niemand wusste, wohin die Millionen verschwunden waren. Später entdeckte ich Dokumente, die bewiesen, dass Ausgaben in Millionenhöhe genehmigt wurden, mit denen Fußfesseln, Schlagstöcke, Schutzschilde, Ausrüstung zur Niederschlagung von Aufständen und Gewehre gekauft, Freiwillige bezahlt, Häuser gemietet und Betriebsgenehmigungen erteilt worden waren – alles vom Vorsitzenden persönlich genehmigt! Eine gigantische Aufgabe, die einen geringeren Mann überfordert hätte. Es gingen in der Tat seltsame Dinge in der SBMA vor; es ging zu wie in einem Militärcamp – es drangen kaum Informationen nach außen. Ich veröffentlichte einige meiner Vermutungen in meiner Kolumne im *Philippine Daily Inquirer*, der größten Tageszeitung, in der ich seit acht Jahren eine Kolumne auf der Herausgeberseite der Sonntagsausgabe hatte. Gordon beschwerte sich vehement bei den Herausgebern, woraufhin ich den Rat erhielt, mich mit Enthüllungen etwas zurückzuhalten. Als jemand aus Gordons Verwandtschaft jemanden aus der Verwandtschaft der Zeitungseigentümer heiratete, gab es einige Veränderungen bei der Zeitung und meine Kolumne war die erste, die eingestellt wurde. Wie viele andere Artikel nicht gedruckt wurden, kann ich nur vermuten. Man teilte mir mit, es sei eine redaktionelle Entscheidung gewesen und keine der Herausgeber.

Gordon wollte den Vorsitz der SBMA unbedingt behalten. Kurz bevor die Amtszeit des Staatspräsidenten Fidel Ramos ablief und die Wahlen begannen, suchte Gordon ihn zu einer mitternächtlichen Zusammenkunft auf und setzte ihn unter Druck, ihn für noch einmal sechs Jahre zum Vorsitzenden zu ernennen. Aber wie es das Schicksal wollte, wurde Senator Joseph Estrada, den man 1989 mit Steinwürfen aus Olongapo vertrieben hatte, der Held der Armen. Am 30. Juni 1998 wurde er mit großer Mehrheit zum neuen Präsidenten gewählt. Wie immer spielte Geld eine große Rolle: diejenigen, die am meisten davon haben, gewinnen. In der SBMA und in Olongapo war man betroffen. Gordon stand wieder einmal auf der falschen Seite. Über Nacht wurde er seines Amtes enthoben und Felicito Payumo wurde der neue Vorsitzende. Gordon traf – verständlicherweise – vor Wut fast der Schlag und er weigerte sich schlicht und einfach, dem Befehl des Präsidenten Folge zu leisten. Hätte er Erfolg gehabt, wäre es für den neuen Präsidenten, den man als schwach und machtlos angesehen und von Anfang an für eine »lahme Ente« gehalten hätte, eine beschämende Niederlage gewesen.

Gordon verbarrikadierte sich im Gebäude 229 und rief die Familien der unbezahlten Freiwilligen, von denen es ungefähr 3000 gab, dazu auf, das Gebäude zu umstellen und in einem letzten heldenhaften Akt mit ihren Körpern zu schützen. Einigen mag das feige vorkommen, aber für ihn war es ein guter Schachzug. Ich fuhr hin, um mir selbst ein Bild von der Situation zu machen. Es war irreal, alles war ruhig und eher wie bei einem Picknick. Hunderte Menschen saßen auf dem Rasen unter Sonnenschirmen und hastig aufgehängten Sonnenschutzplanen, die sie vor der sengenden Hitze schützen sollten. Restaurants aus Olongapo lieferten Lunchpakete. Ich glaubte den Radioberichten, dass es Gespräche zur Lösung der Krise gäbe.

So begann die Belagerung von Gebäude 229. Gordon war sicher, dass die Polizei die ihn schützenden Frauen und Kinder nicht verletzen würde. Er versuchte, Zeit zu schinden, indem er eine Petition vor dem Obersten Gerichtshof einbrachte und diesen bat, die Rechtmäßigkeit seiner auf sechs Jahre festgelegten Amtszeit zu bestätigen. Der Oberste Gerichtshof nahm sich eine Woche Zeit, die Angelegenheit zu beraten und entschied dann gegen ihn. Sein Amt war eine politische Benennung und endete mit der Amtszeit des Präsidenten, der ihn berufen hatte.

Die Polizisten, die man aus anderen Distrikten herangezogen hatte, achteten nicht auf die Frauen und Kinder, als sie das Gebäude zu stürmen versuchten; diese rannten weinend und vor Angst schreiend überall auf dem Gelände herum. Die Polizei trieb die Schlägertrupps aus dem Gebäude hinaus und brachte es in ihre Gewalt.

Ein Mitarbeiter der anwesenden Ambulanz bat mich um Hilfe, die verletzten Frauen und Kinder herauszubringen, da das Haupttor geschlossen war und sie nicht ins Krankenhaus gebracht werden konnten. Viele waren von umherfliegenden Glasscherben verletzt worden. Gott weiß, wie schnell ich mit dem PREDA-Bus zum rückwärtigen Tor raste, aber es war von Fahrzeugen und Trupps blockiert und ich kam nicht durch.

Innerhalb einer Stunde hatten die Schlägertrupps einen Gegenangriff gestartet und zwei Feuerlöschwagen in Brand gesteckt. Sie verletzten 22 Menschen, indem sie auf sie einschlugen und einstachen. 73 von Gordons Beschützern wurden in dem Handgemenge verletzt; sie flohen in das Hauptverwaltungsgebäude, wo Gordon sich für einen letzten Kampf verschanzt hatte. Hier fand eine weitere blutige Konfrontation statt, bis die Polizei schließlich die Oberhand gewann und Gordon und seine Schläger festnahm. Sämtliche Computerdateien über die Pachtverträge, die Gordon abgeschlossen hatte, waren auf mysteriöse Weise gelöscht worden.

Das internationale Ansehen der Philippinen als sicheres und intelligent geführtes Land war zutiefst beschädigt, als die Geschäfte im Freihafen eingestellt wurden und Verluste in Höhe von schätzungsweise 3,5 Millionen US-Dollar pro Tag entstanden. Diese Neigung zu Gewalt und rücksichtsloser Missachtung des Wohlergehens des eigenen Landes, um den eigenen persönlichen Ehrgeiz zu befriedigen, ist beispiellos. Jahrelang hatte Gordon mich beschuldigt, dem öffentlichen Bild Olongapos und der Philippinen geschadet zu haben, weil ich mich gegen die Kinderprostitution ausgesprochen und das Land als Oase für Pädophile gebrandmarkt hatte. Da er die Sexindustrie begünstigt und unterstützt hatte, entsprach das allerdings nur der Wahrheit. Nun hatte er in seinem Trotz innerhalb weniger Tage dem Bild eines blühenden Landes voller Würde, das alle bewundern und respektieren konnten, unaussprechbaren Schaden zugefügt.

Anstelle des Straßenkämpfers Gordon bekamen wir nun mit dem neuen Vorsitzenden Feliciano Payumo einen professionellen Geschäftsmann. Eine neue, bessere Zeit war für die SMBA angebrochen. Für uns bei PREDA war es allerdings ein trauriger Tag. In dem Glauben, dass wir einen großartigen Freund und Helfer in dem neuen Vorsitzenden gefunden hatten, planten wir ein neues Zentrum für die Kinder. Nach monatelangen Vorbereitungen und nachdem wir von der Mehrheit der Vorstandsmitglieder schon die mündliche Zustimmung zu dem Projekt bekommen hatten, ließ Payumo bei meiner Anfrage während der Vorstandssitzung alles platzen. »Der Ort ist nicht geeignet, das kann ich nicht erlauben«, sagte er, »es gibt einen Platz im ehemaligen Marine-Warenlager, um den Sie sich bewerben können.« Alle waren schockiert und schließlich angewidert. Nun verstand ich, warum ich meine PowerPoint-Präsentation nicht über den

Beamer hatte abspielen können, der angeblich nicht funktionierte. Payumo hatte sich überlegt, dass demokratische Abstimmungen außer Acht gelassen werden könnten. Der Vorstand, so wurde mir klar, war nur Fassade. Das Marine-Warenlager war zehn Kilometer von der nächsten Schule, einem Krankenhaus oder einem Markt entfernt und von dichtem Regenwald umgeben. Wie konnte man Kinder in solcher Isolation verschwinden lassen? Wir hofften, dass die zukünftige Regierung Mitgefühl mit den Kindern zeigen und unserem Kinderzentrum Hilfe und Unterstützung zukommen lassen würde.

28

Unerwünschte Existenzen
Straßenkinder in Davao (1999)

Ein Brief vom 19. August 1999 markierte den Anfang einer weiteren Kampagne zur Hilfe für gefährdete Kinder.

Lieber Pater Cullen,
eine Todesdrohung liegt über unseren Kindern und Jugendlichen auf den Straßen von Davao City. Das Unheil geht von einer Todesschwadron aus, die sich als eine um Frieden und Ordnung besorgte Bürgerwehr ausgibt. Einige unserer Kinder und Jugendlichen, die als unschönes Ärgernis für die Gemeinde angesehen wurden, sind unter geheimnisvollen Umständen ums Leben gekommen und nun ist auch das Leben ihrer Freunde gefährdet.
Wir benötigen Ihre Hilfe, um die Verfolgung und den sinnlosen Tod der Kinder und Jugendlichen auf den Straßen dieser Stadt zu beenden, die sogar den Titel einer »Kinderfreundlichen Stadt« trägt.
Wir bitten Sie, Ihre drängende Besorgnis darüber durch Protestbriefe an den Bürgermeister zum Ausdruck zu bringen. Bitte richten Sie Ihre Briefe an folgende Adresse: Herrn Oberbürgermeister de Guzman, 8000 Davao City, Philippines.
Wir rufen Sie dazu auf, eiligst auf diese Situation zu reagieren. Wir sind der Ansicht, dass wir es nur durch gemeinsames Handeln schaffen, den Schutz der Rechte unserer Kinder und Jugendlichen durchzusetzen.

Der Brief war von dem sehr beherzten Leiter einer Kinderrechtsgruppe in Davao City, Pilgrim Bliss Gayo-Guasa, unterschrieben.

Todesschwadronen sind in Davao nichts Neues. Ihre Geschichte geht zurück bis zu den *Alsa Masa* und anderen faschistischen Gruppen, die seit 1988 die Stadtbewohner in Angst und Schrecken versetzten, um gegen kommunistische Infiltration vorzugehen.

Davao ist eine reiche Stadt im Süden Mindanaos, die von Tourismus und Obstbau lebt. Die Mehrzahl ihrer Einwohner besteht aus verarmten Landflüchtigen. Regierungsstatistiken zeigen, dass im Jahr 2006 in Davao del Sur 24,2 Prozent aller Familien unterhalb der Armutsgrenze lebten. Hunderte hungriger Straßenkinder kratzen mühselig ihren Lebensunterhalt zusammen, indem sie auf Deponien und in den Straßen wiederverwertbaren Müll einsammeln. Ihre dürren, ungewaschenen und mit Narben übersäten Körper, ihre ausgemergelten Gesichter und zerschlissenen Kleider sind eine stille Verurteilung derer, die alles besitzen. Nun wurden sie von einer Mörderbande verfolgt, um die Straßen von ihrer unwillkommenen Anwesenheit zu befreien.

Ihre unerwünschte Existenz ist eine lebende Erinnerung daran, dass die macht- und landhungrigen Familien sich für vieles zu verantworten haben, da ihre übergroße Macht und Beherrschung sowohl der Wirtschaft als auch der politischen Strukturen die Wurzel von Armut und Rebellion sind. Diese ungefähr 200 Familien der Oberschicht, die zusammen die philippinische Oligarchie bilden, dominieren die Regierung und die Landespolitik. Die Mittel, die ihnen durch die Regierung zur Verfügung stehen und die Gelegenheiten, die ihre Macht ihnen verschafft, vergrößern ihren privaten Reichtum und sichern ihre Herrschaft. Die Opposition ist eine andere Gruppe eifersüchtiger Clans, die nur für sich selbst die höchsten Ämter haben wollen.

Die Enteigneten und Landlosen überlässt man in krankheitsverseuchten Slums dem Tod. Straßenkinder erinnern die Reichen ständig an ihre große Schuld; sie zu ermorden ist die bevorzugte Methode sie loszuwerden. Ihre Ermordung wird gerechtfertigt, indem man sie alle als drogenabhängig und kriminell brandmarkt, und erscheint damit sogar notwendig, um Recht und Ordnung aufrechtzuerhalten Die Hinrichtungen werden als Ausdruck bürgerlicher Rechtschaffenheit dargestellt.

Am 6. Juli 1999 hielten zwei dunkelgekleidete Männer mit Funkgeräten und Gewehren auf einem Motorrad ohne Nummernschild vor dem Galaxy-Kino und richteten ihre Waffen auf zwei Straßenkinder. Zwei Schüsse krachten und Royroy und Maymay fielen blutend zu Boden. Ein anderer Junge, Roger, rannte so schnell er konnte davon und tauchte in der Menge unter. Einen der Killer hatte er erkannt. Viele andere Jugendliche waren eingeschüchtert, bedroht und erschossen worden. Wie eine Wolke hing die Angst über den Straßenkindern der Stadt. Einige Tage später, am 19. Juli, gingen elf Straßenkinder gemeinsam mit Sozialarbeitern zum Rathaus, um die Verfolgung und Bedrohung anzuzeigen. In der Nähe des Bürgermeisterbüros stand einer der Auftragskiller, die Royroy und Maymay getötet hatten. Voller Schrecken flüchteten die Kinder und versteckten sich. Nach Aussagen von Menschenrechtsaktivisten waren seit 1998 insgesamt 104 Kinder auf den Straßen umgebracht worden; allein im Jahr 2002 waren es 46 gewesen.

Ich schrieb einen Brief an den Bürgermeister von Davao, datiert vom 8. September 1999, in dem ich die Morde beschrieb und einen Zeitungsartikel zitierte, in dem es hieß, Bürgermeister Benjamin de Guzman unterstütze »geheime Vollstrecker«. Ich wollte ins Ausland reisen und vereinbarte mit den PREDA-Mitarbeitern, dass sie den Brief einige Tage nach meinem Abflug abschicken sollten. In meinem Brief erklärte ich:

Das Erschießen und die Verfolgung von Straßenkindern müssen aufhören. Sie sind eine direkte Verletzung des Philippinischen Grundgesetzes, von internationalen Gesetzen und der Kinderrechtskonvention. Als Oberbürgermeister sind Sie gegenüber der internationalen Gemeinschaft für diese Grausamkeiten gegen Kinder verantwortlich. Genau dies ist der Grund, weshalb ich in meiner Rede vom 5. September vor dem Weltforum für Kinderrechte in Stockholm die Einrichtung eines Internationalen Gerichtshofes für Kinderrechte forderte. Wie Beamte, die Menschenrechtsverletzungen durch Taten oder durch Unterlassung erlauben, anordnen oder gutheißen, vor dem Internationalen Gerichtshof für Menschenrechte in Den Haag in den Niederlanden angeklagt werden, müssen auch höhere Beamte oder zivile Autoritäten, die Hinrichtungen verarmter Straßenkinder durch Todesschwadronen verursachen, zulassen oder gutheißen, vor Gericht gebracht werden.

Da Sie nicht in der Lage sind, dieses Morden zu beenden, rufe ich die internationale Gemeinschaft und den Präsidialausschuss für Kinderrechte zu sofortigem Einschreiten auf. Ich werde an die Kinderrechtsaktivisten aller Welt appellieren, eine gerichtliche Verurteilung der Mörder zu verlangen. Sie sind bekannt und wurden identifiziert; es ist Ihre Pflicht, sie wegen der Morde an den Kindern vor Gericht zu bringen. Diese Morde abzustreiten oder zu behaupten, nichts von ihnen zu wissen, ist nicht glaubwürdig. Die Beweislage ist klar: Kinder werden auf offener Straße von einer organisierten Gruppe bewaffneter Motorradfahrer ermordet.

Wenn dies eine Methode ist, die Kriminalitätsrate in Ihrer Stadt zu senken, so ist es eine feige und niederträchtige Methode. Unterernährte, verlassene, verletzliche und wehrlose Kinder zur Zielscheibe zu machen, ist das schlimmste aller Verbrechen.

Mit freundlichen Grüßen,
Unterzeichnet, Pater Shay Cullen

Als ich in jenem September in Stockholm die Internationale Konferenz über Kinderrechte besuchte, stellte ich dem Weltforum ein Papier vor, in dem ich die Einrichtung eines speziellen Gerichtshofes forderte, der die Verursacher von Massenmorden, Folter und Missbrauch an Kindern ihrer gerechten Strafe zuführen sollte. Mein Brief wurde Teil unserer internationalen Briefkampagne, mit der wir unsere Freunde und Unterstützer dazu aufriefen, dem Oberbürgermeister von Davao zu schreiben. Viele zitierten meinen Brief, was de Guzman offenbar verärgerte. Er rief eine spezielle Abteilung ins Leben, um die vielen Briefe zu beantworten und verlor keine Zeit, mich und das Kinderrechtsteam von PREDA wegen Verleumdung anzuzeigen.

De Guzman behauptete, mein Brief sei diffamierend und mache glauben, dass »ich, als Bürgermeister von Davao City, Mitglieder von Banden Unterschlupf gebe, die in Selbstjustiz Straßenkinder töten, und dass die Ermordung unterernährter, verlassener, verletzlicher und schutzloser Straßenkinder durch organisierte Verbrechen von motorradfahrenden Schützen unter meiner Verwaltung ein tägliches Ereignis in Davao City sei …«

Natürlich hatte ich keine solche Anschuldigung gemacht, sondern nur auf die Wahrheit hingewiesen und auf die Notwendigkeit, dass er als Bürgermeister, durch seine Autorität und Pflicht gebunden, die Kinder schützen und die Verbrecher zur Rechenschaft ziehen müsse. Vielleicht schmerzte den Bürgermeister meine Aussage, dass alle hohen Beamten, die Missbrauch zulassen, sich gegenüber der internationalen Gemeinschaft und vor dem Internationalen Gerichtshof für Menschenrechte verantworten sollten. Ich hatte niemals gesagt, dass er hinter den Todesschwadronen steckte oder sie erlaubte.

Wie die meisten der mindestens 54 Anzeigen, die vor Gericht gegen mich und das Menschenrechtsteam von PREDA eingegangen sind, beantwortete ich auch diese, Punkt für Punkt, in einer langen Gegendarstellung. Damals konnte ich es mir nicht leisten, einen Anwalt zu bezahlen. Was ich in meinem Brief geschrieben hatte, war keine Verleumdung, sondern es war eine Aufforderung an den Angestellten der Stadt, seine Pflicht zu tun oder sich für die Geschehnisse zu verantworten. Es ist nicht falsch, so etwas zu sagen, außer man sagt es zu einem mächtigen Politiker, der nicht gerne Rechenschaft für die öffentliche Sicherheit ablegen möchte.

Es gab eine lange Liste von Zeitungsartikeln, die über die vielen von den Todesschwadronen begangenen Morde berichtet hatten. Den meisten Ermordeten war mit derselben Waffe, Kaliber 45, in den Kopf geschossen worden.

Sollte eine solche Anzeige wegen Verleumdung tatsächlich vor Gericht gehen, dann könnte das Gesetz als Waffe genutzt werden, um Kritiker in Angst zu versetzen. Es würde das verfassungsmäßige Recht auf Redefreiheit behindern und blockieren und die Stimme der Unschuldigen, die nach Gerechtigkeit rufen, ersticken. Dies galt besonders für die Anwälte und Verfechter von Kinderrechten. Im philippinischen Rechtssystem, in dem auf der Stelle ein Haftbefehl ausgestellt werden kann, muss der Beklagte eine Kaution bezahlen oder seine Verhandlung im Gefängnis abwarten. Mit dem Wissen, dass mir eine Todesschwadron im Nacken saß, zahlte ich die Kaution. Unser Mitarbeiter aus der Rechtsabteilung von PREDA, Robert Garcia, und Alex halfen mir dabei, die Entscheidung des Rechtsanwaltes zu beantworten und Widerspruch einzulegen. Wir gingen damit bis zum Justizministerium in Manila. Es wurde Februar 2001, bevor wir eine Antwort bekamen und der Fall vor dem Landgericht in Davao verhandelt wurde, vor dem ich angeklagt werden sollte. Länger konnten wir es nicht hinausschieben. Ich flog nach Davao und fragte mich, ob mich die Todesschwadron wohl am Flughafen erwarten würde, um den Fall auf ihre Weise zu lösen. Man hatte mich gewarnt.

Und in der Tat – es gab ein Willkommenskomitee. Allerdings bestand es aus Straßenkindern mit Bannern und Plakaten, die mich willkommen hießen und Gerechtigkeit für Kinder forderten. Sie umringten mich und brachten mich zu einem *Jeepney*, der von *Tambayan* organisiert worden war, dem Zentrum für missbrauchte Kinder. Als ich einsteigen wollte, bemerkte ich ein riesiges Schild, das Davao als Gewinner des »Wettbewerbs für die kinderfreundlichste Stadt der Philippinen« auswies. Ich hätte es wissen können.

Ich wohnte als Gast bei den Vätern des Maryknoll-Ordens, die mich sehr unterstützten und ermunterten. Sie waren hinter den Kulissen aktiv gewesen und hatten mit den Patres Pete Lamata und Paul Cunanan vom Diözesankomitee für Gerechtigkeit und Frieden daran gearbeitet, einen Kompromiss zu finden.

Der Bürgermeister verlangte von mir und dem PREDA-Team eine öffentliche Entschuldigung. Dem konnte ich nicht zustimmen, denn es wäre einem Schuldeingeständnis gleichgekommen. Wenn man einmal für eine Sache aufgestanden ist, ist es wenig ratsam, sich nur wegen ein paar Drohungen wieder hinzusetzen. Ich erklärte den Patres Paul und Pete, dass es keine Entschuldigung geben würde. Sollte ich wegen meines Eintretens für Kinderrechte wegen Verleumdung verurteilt werden, dann sollte es so sein, ich würde meine Strafe ableisten. Ich hatte keinen Verteidiger in Davao außer einer Rechtsanwältin, die Anträge stellte und mir Kopien von Gerichtsunterlagen verschaffte.

Die Spannung stieg, denn die Verhandlung sollte am nächsten Tag beginnen, dem 14. Februar 2001. Einmal begonnen, würde es sehr schwierig werden, dem Gericht die Informationen zu entziehen und die Klage fallen zu lassen. Das hätte auch einen großen Gesichtsverlust bedeutet. Irgendetwas musste geschehen, und zwar jetzt. Ich wies meine Freunde darauf hin, dass der Fall abgewiesen werden könnte, wenn der Bürgermeister nicht vor Gericht erschiene.

Am nächsten Tag waren die Bürgersteige vollgestopft mit Straßenkindern und anderen Leuten, die uns unterstützten und uns Glück wünschten. Ich war erstaunt über die vielen Menschen und interpretierte es als stillen Protest gegen die Todesschwadron. Der Gerichtssaal war zum Bersten voll mit Medienvertretern, Nonnen, Patres und anderen, die auf meiner Seite standen. Im Raum war es drückend heiß, denn es gab nur zwei Ventilatoren, die langsam die feuchte Luft verwirbelten. Ich saß bei einem der Maryknoll-Patres. Zu meiner Enttäuschung hatte es keiner der Columban-Patres zur Verhandlung geschafft.

Und wieder stieg die Spannung, als es Zeit wurde, den Fall aufzurufen, der Bürgermeister aber noch nicht eingetroffen war. Plötzlich gab es an der Tür Bewegung in der Menge. Die Leute traten auseinander und Bürgermeister de Guzmans Anwalt kam herein. Er war der private Anklagevertreter des Bürgermeisters und nahm seinen Platz an dem überfüllten Tisch vor dem Richterstuhl ein. Der Richter rief den Fall auf: *Das philippinische Volk gegen Pater Shay Cullen.* Der Rechtsanwalt des Bürgermeisters stand auf und übergab dem Gerichtsdiener einen Brief. Der Richter las ihn und gab ihn zurück. Mit einem Mal endete das Geraune und es wurde still. Alle spitzten die Ohren, dem Gerichtsdiener wurden Massen von Mikrofonen und Diktiergeräten entgegen gehalten, als er zu lesen begann. Fotoapparate klickten und Kameras zeigten und zoomten hierhin und dorthin, um jede Bewegung und jeden Gesichtsausdruck einzufangen.

Der Gerichtsdiener verlas stehend den folgenden Text:

Dem Appell des Klerus unter der Leitung des Erzbischofs von Davao, Fernando R. Capalla folgend, den dieser durch seine Abgesandten Pater Pete Lamata und Pater Paul Cunanan eingereicht hat, und anderer Nichtregierungsorganisationen und wohlmeinender Davaoenos, hat Bürgermeister Benjamin C. de Guzman im Sinne wahrer Versöhnung und Einheit entschieden, auf die Strafverfolgung von Pater Shay Cullen zu verzichten und alle damit verbundenen Angelegenheiten ruhen zu lassen, damit er sich den wichtigeren Anliegen der Stadt widmen kann. Auf diese Weise können die Einwohner von Davao fortschreiten und sich auf ein besseres und sinnvolles Leben freuen, welches vor ihnen liegt.

Die Medienvertreter brachen in hektische Aktivität aus, einige rannten hinaus, um zu telefonieren, Fotoapparate blitzten. Vom Flur her erklang Applaus, als sich das magische Wort verbreitete: Klage zurückgezogen! Richter Robillo rief die Menge mit seinem Richterhammer zur Ordnung und befahl dem Gerichtsdiener, weiterzulesen. Er sah erleichtert aus. Ich freute mich im Stillen und schickte schnell eine SMS an Alex und das PREDA-Team. Wir hatten gewonnen.

Richter Robillo gab seine Entscheidung bekannt, den Fall glatt abzuweisen. Einige Monate später urteilte das Justizministerium ebenfalls zu unseren Gunsten, indem es die Gültigkeit und Richtigkeit unserer rechtlichen Argumente anerkannte. Wir, die Kinder und die mutigen Sozialarbeiter von Davao bekamen durch diesen Fall mehr öffentliche Aufmerksamkeit, als wir uns jemals erträumt hatten.

Bürgermeister de Guzman verlor die nächste Wahl und sein Rivale Rodrigo Duterte wurde gewählt. Es gab noch mehr Morde durch Todesschwadronen. Präsidentin Gloria Macapagal-Arroyo ernannte Duterte zum Manager der Krise in Süd- und Zentralmindanano – eine Krise, die vorgeblich durch das ungezügelte Morden ausgelöst wurde, für das nie jemand verhaftet oder vor Gericht gebracht wurde.

29

Sodoms neue Kleider
Kinderrechte im Zeitalter des Internets

Kinderpornografie ist die Propagandawaffe des Sextourismus und geht weit über den Computer- oder Fernsehbildschirm hinaus. Viele sind der Meinung, dass sie Sextouristen und Pädophile dazu veranlasst, im Netz gezielt Kontakte zu Minderjährigen zu suchen und diese zu Treffen zu verführen, um sie dann zu missbrauchen. Kinderpornografie heizt ihre Vorstellungen und ihre verqueren sexuellen Phantasien an und kann sie dazu bringen, Kinder zu jagen und zu entführen, zu vergewaltigen und zu ermorden, wie es Timothy Morss und Brett Tyler getan haben. Sie hat auch lebenslange, schädigende Einflüsse auf die Kinder selbst, und zwar nicht nur, wenn sie während der Herstellung von Kinderpornografie benutzt und missbraucht werden. Jedes Mal, wenn das Material abgespielt und gezeigt wird, werden die Kinder aufs Neue geschändet. Der Missbrauch geht weiter.

Kinderpornografie wird als visuelles Mittel genutzt, um kleine Kinder darauf zu trainieren, ihre instinktive Abneigung und ihr erhebliches Unwohlsein dagegen zu überwinden, dass man sie sexuell berührt oder sie dazu veranlasst, sexuelle Handlungen an Erwachsenen vorzunehmen. Ich wurde einmal gebeten, Berichte über einen ausländischen Pädophilenring in dem von Sextouristen gern gebuchten Reiseziel Puerto Galera auf Mindoro zu untersuchen, die Kinderpornografie dazu benutzt hatten, kleine Kinder zu verführen. Die Ermittler fanden eine Gruppe ausländischer Männer, die in Strandhäuschen und Appartements lebten und die Kinder, welche den Touristen Muscheln und billigen Schmuck verkauften, mit dem Versprechen anlockten, ihnen die Sachen abzukaufen. Sie brachten die Kinder, Mädchen im Alter von acht bis elf Jahren, ins Haus, gaben ihnen Limonade und ließen sie Videos anschauen, auf denen Kinder Oralsex ausführten. Dann brachte man ihnen bei, es selbst bei den *big daddies* zu tun und belohnte sie mit Süßigkeiten und Geld. Man erzählte den Kindern, die Kinder im Fernsehen seien Stars und dass jedermann toll fände, was sie täten. In der Nähe warteten die Zuhälter und Kinderhändler, einige davon Frauen, auf die Kinder und das Geld. Die Geschichte kam ans Licht, als eine Lehrerin das ungewöhnlich verstörte Verhalten eines Kindes in ihrer Klasse bemerkte und dieses mit sanftem Drängen dazu überreden konnte, alles zu erzählen. Danach erzählten auch die anderen Kinder, was ihnen passiert war.

Einige der Verdächtigen wurden verhaftet und ins Gefängnis gebracht. Ein Deutscher konnte sich mit einem Haufen Geld wieder freikaufen. Er starb am nächsten Tag unter mysteriösen Umständen in seinem gemieteten Haus. Andere Verdächtige flohen mit gewecktem und angeregtem Appetit, um in ihren Heimatländern noch mehr Kinder zu verfolgen und zu missbrauchen. Kindersextourismus endet nicht mit dem Urlaub am Flughafen, sondern fängt dann erst an. Manche Polizisten und Politiker halten es für besser, wenn die Pädophilen ihres Landes Kinder im Ausland missbrauchen, weil sie glauben, dass es dann weniger Missbrauch in ihren eigenen Ländern gibt. Aber das stimmt nicht, es wird nur noch schlimmer. Kinderschänder sind unersättlich. Sie haben einen unkontrollierbaren Drang, zu missbrauchen. Sie sind süchtig, ebenso wie die Sammler tausender kinderpornografischer Fotos und Bilder. Einige lassen sich dauerhaft im Ausland nieder, um dort ihr Verlangen permanent befriedigen zu können.

Dies tat auch der ehemalige Rockstar Gary Glitter. Wie viele andere ging er, nachdem er 1999 wegen des Besitzes von Kinderpornografie verurteilt worden war, nach Vietnam und Kambodscha. Im März 2005 zog er nach Vung Tau in Vietnam, wo er zwei Kinder, zehn und elf Jahre alt, sexuell missbrauchte und im November 2005 für zwei Jahre ins Gefängnis kam. Diese Strafe passte nicht zum Verbrechen. Sie war zu gering und unangemessen für ein so schreckliches Verbrechen an hilflosen und verarmten Kindern. Vielleicht hatten sich die Vietnamesen durch die lange Anwesenheit des US-Militärs an Kindesmissbrauch und Prostitution gewöhnt, die während des Vietnamkrieges gang und gäbe waren.

In Puerto Galera wurde der Missbrauch der *beach babies*, wie man sie nannte, von öffentlicher Seite vertuscht. Den Behörden lag mehr daran, ihre gut zahlenden ausländischen Kunden und das Sextouristengeschäft zu schützen als die Kinder. Die Opfer wurden versteckt, so dass nicht einmal die Sozialarbeiter des *Department of Social Welfare and Development* (DSWD) sie finden und in Obhut nehmen konnten. Schließlich wurden zwei gefunden und in das Kinderzentrum des DSWD in Laguna gebracht. Aussagen wurden aufgenommen, Klagen eingereicht, aber mehr geschah nicht. Selbst die Ermittler der US-Botschaft trafen auf eine Mauer aus Gleichgültigkeit und mangelndem Kooperationswillen, als sie die Spur verfolgten, die ich ihnen bezüglich eines Amerikaners gegeben hatte, der dort Kinder missbrauchte. Keiner der Verdächtigen wurde jemals vor Gericht gestellt, sie alle hatten leicht entkommen können. Einige Jahre später fand ich einen von ihnen, einen Deutschen, der sich in Österreich versteckte. Ich gab dem Bundeskriminalamt all die präzisen Informationen, über die ich verfügte und versprach, ihnen bei der Suche weiterer Beweise zu helfen. Was sie taten, um ihn vor Gericht zu bringen, wurde mir nicht gesagt.

Im Januar 2000 wurde Alex zu einer UNESCO-Konferenz in Paris eingeladen, um den Delegierten aus aller Welt über unsere Erfahrungen und Bemühungen zu berichten, die Betreiber von Cybersex-Seiten und die Pornokönige aufzuspüren, die noch immer Kinderpornografie auf den Philippinen herstellten und über das Internet verkauften. Im Jahr 2000 gab es über das ganze Land verteilt Orte, an denen Cybersex mit Kindern bereitgestellt wurde. Manchmal war es nur eine einfache Kabine, in die Zuhälter oder sogar die Mütter ein Kind brachten, das sich dann ausziehen und vor einer Kamera bewegen musste, die mit einem Computer verbunden war. Diese Bilder wurden und werden dann verkauft. Diese Cyber-Höhlen befanden sich in den Hinterhöfen von Sexclubs, Internetshops und auch in Privathäusern. Die jungen Mädchen und Jungen mussten vor einer Kamera, die über einen Computer mit dem Internet verbunden war, anzügliche Handlungen vornehmen. Der Kunde, egal ob in Großbritannien, Irland oder anderswo auf der Welt, konnte mit dem Studio Verbindung aufnehmen und die sexuelle Handlung verlangen, die er sehen wollte. Dann konnte er das Alter der Ausführenden und die sexuellen Akte live auf seinem Computer auswählen. Der Kunde zahlte per Kreditkarte auf irgendein weitentferntes, nicht zuordenbares Konto.

Im folgenden März wurde ich zu einer Konferenz in Schweden eingeladen, um zu dem Netzwerk der Weltläden darüber zu sprechen, wie wichtig es ist, sich durch den Fairen Handel für gerechteres Wirtschaften und mehr Gleichheit in der Welt zu engagieren. Dies ist eine Strategie, die ich als entscheidenden und positiven Weg sehe, um den Handel mit Kindern und jungen Mädchen zu bekämpfen, die wie eine Ware an Bordelle und Cybersexshops verkauft werden. Wir müssen dafür sorgen, dass die Eltern würdevolle Arbeit erhalten und die Kinder eine Ausbildung. Der Faire Handel von PREDA stellt hunderten einst verarmter Menschen anständige Arbeitsplätze zur Verfügung. Sie können sich entwickeln und ihre Kinder vor dem Wegzug in die Stadt schützen, wo sie fast unausweichlich zu Opfern der Sexindustrie werden.

Es ist außerordentlich schwierig, den Herstellern von Cybersex-Kinderpornografie auf die Spur zu kommen; die Polizei hält es nicht für ein Verbrechen. Viele Polizisten besuchen selbst Sexbars und manche betreiben sogar eine eigene. Dort benutzen sie minderjährige Mädchen, um Kunden anzulocken und laden häufig andere Polizei- oder Regierungsbeamte zu einer Party ein, um sie dann mit minderjährigen Mädchen zusammenzubringen. Die Beamten sind dann durch den Verkehr mit einer Minderjährigen kompromittiert und der Sexclub kann sich in Zukunft alles erlauben ohne Strafe befürchten zu müssen.

Es gab eine solche Bar in Subic. Ich war dorthin gegangen, um nach Minderjährigen zu suchen, die ausbeuterische Situation zu dokumentieren, in der sie sich befanden, und sie dann herauszuholen. Ich filmte mit einer versteckten Kamera, als ich die *mama-san* fragte, ob wir hier vor der Polizei sicher seien, schließlich sprächen wir mit minderjährigen Mädchen. »Sie sind ganz sicher. Hier wird Sie die Polizei nicht angreifen. Sie können mit ihnen machen, was Sie wollen«, sagte sie und zeigte dabei auf die Kinder. »Warum?«, fragte ich. Sie warf ihren Kopf zurück und brüllte vor Lachen: Der Besitzer der Bar war ein Polizist.

Viele Polizisten und Beamte halten es für eine Privatangelegenheit, wenn Frauen und Kinder zuhause sexuell misshandelt werden und verhandeln eine gütliche Einigung. Die Eltern des Opfers erhalten vom Vergewaltiger eine Entschädigung, die Beamten bekommen eine prozentuale Beteiligung von dem Pädophilen, der ihnen dankbar ist, dass sie ihm bei diesem Arrangement geholfen haben. Das Kind bleibt hilflos und traumatisiert zurück, die Eltern spielen schließlich die Zuhälter für ihr eigenes Kind und der Pädophile spaziert weiter frei herum, um andere Kinder zu missbrauchen. Dieses Korruptionsmodell der lokalen Behörden und Beamten gehen wir durch unsere Menschenrechtsseminare an, die Teil eines von *Irish Aid* im Ausland finanzierten Projektes sind. In diesem Projekt geht es darum, Menschenrechte in Entwicklungsländern zu stärken. Es war sehr effektiv, denn es zeigte den Menschen ihre Rechte, so dass viele kamen, um Fälle von Kindesmissbrauch anzuzeigen und ihre Kinder in die Obhut des PREDA-Kinderzentrums zu bringen.

Die Polizei imitiert gern die Actionfilme, in denen die Helden die Polizisten sind und sich unausweichlich schnelle Autojagden mit Drogendealern, Entführern und Bankräubern liefern, was unweigerlich in einem blutigen Schusswechsel endet. Einmal wäre ich selbst fast in einem solchen spielfilmähnlichen Fiasko angeschossen worden.

Ich war in Manila bei verdeckten Ermittlungen unterwegs, um zwei Zuhälter zu fassen, die Minderjährige für Sex verkauften. Bei mir war Craig Kilburger, ein junger Kanadier, der sich gegen Kinderarbeit engagierte. Er wollte etwas über die Ausbeutung und die Versklavung von Kinderprostituierten erfahren. Eine wie wir glaubten professionelle Polizeieinheit hatte einen McDonald's in Manila umstellt, wo die Zuhälter die Kinder aufsammelten und, wie Michael Clarke es getan hatte, für den Preis eines Hamburgers verkauften. Die Kameramannschaft hatte sich im Kleinbus versteckt und ich trug eine versteckte Kamera. In einem anderen Kleinbus in der Nähe warteten die Sozialarbeiter darauf, die Minderjährigen in ihre Obhut nehmen zu können.

Sobald die Zuhälter die Mädchen herausbrachten und sie vor laufender Kamera zum Sex anboten, gab ich der Polizei das Signal, sich einzuschalten und die beiden Zuhälter in Handschellen zu legen. Statt eine ruhige, unauffällige Verhaftung vorzunehmen, kamen die Undercover-Polizisten von allen Seiten angerannt, schreiend, brüllend und mit gezogener Waffe. Einen Moment lang dachte ich, sie würden anfangen zu schießen. Wir erstarrten alle vor Angst; die ersten vier Polizisten schnappten sich die beiden erschreckten Zuhälter und zerrten sie zum Parkplatz. Ich dachte, sie würden auch Craig und mich schnappen. Als das Kamerateam aus dem Kleinbus herauskam, wollten plötzlich alle Polizisten ebenfalls Actionhelden sein. Diejenigen, die keinen Verdächtigen zum Verhaften hatten, rannten los, um sich einen zu suchen. Sie kamen mit unseren beiden Fahrern zurück und legten auch sie in Handschellen. Sie benahmen sich wie die Hauptdarsteller in einem Film und rannten kreuz und quer durch die Gegend.

Wenigstens waren die Kinder in Sicherheit. Die Zuhälter wurden angeklagt – obwohl sie sich später freikaufen konnten – und Craig hatte wichtiges Beweismaterial über die schlimmste Form von Kinderarbeit. Es war eine bewegende Erfahrung, die ihm dabei half, in den kommenden Jahren in Kanada ein größeres öffentliches Bewusstsein für die Versklavung von Kindern in Bordellen zu schaffen.

Auch Mitarbeiter von *Onechild*, einer von Jugendlichen geleiteten kanadischen Organisation, die gegen Kinderhandel und sexuelle Ausbeutung kämpft, besuchten PREDA, um mehr über die Situation zu erfahren und einen Dokumentarfilm zu drehen, der hochgelobt wurde. Cheryl Perera, die *Onechild* gegründet hat, half, die öffentliche Meinung zu beeinflussen und den politischen Willen zu stärken, um aus Kanada ein Land zu machen, das Kinder besser schützt und besser auf Kinderhandel und Missbrauch reagiert. Heute hat die kanadische Polizei das technisch ausgereifteste, integrierte Computersuchsystem, mit dem sie eine rekordverdächtige Anzahl gesuchter Pädophiler und vermisster Kinder findet. 2006 ging *Onechild* eine Partnerschaft mit PREDA ein und verpflichtete sich, uns im Kampf gegen Kinderhandel und bei der Hilfe für die Opfer zu unterstützen.

Bei PREDA ging die tägliche Arbeit weiter: Kinder retten, sie in die Obhut des PREDA-Zentrums überführen und ihre Peiniger vor Gericht bringen. Die Todesstrafe war eines der größten Hindernisse, die Kinder zur Aussage gegen ihre Vergewaltiger zu bringen, besonders wenn es Eltern oder Verwandte waren. Die Sozialarbeiter von PREDA konnten die Kinder nicht um eine Aussage bitten, auch wenn diese in kinderfreundlicher Weise durchgeführt wurde, wenn dies die Hinrichtung des eigenen Vaters zur Folge haben könnte. Ihre Geschwister würden sie für den Rest ihres Lebens anklagen. Gemeinsam mit anderen Menschenrechtsorganisationen setzten wir uns für die Abschaffung der Todesstrafe ein; auch die christlichen Kirchen unterstützten dies. 2006 wurde die Todesstrafe endlich vom Kongress abgeschafft.

Zu dieser Zeit hatten wir in Olongapo einige entsetzliche Fälle. In Barrio Barretto war ein dreijähriges Mädchen von einem drogenberauschten 16-Jährigen vergewaltigt und ermordet worden. Dann wurde in Gordon Heights, einem städtischen Wohngebiet, eine Sechsjährige von einer ganzen Gruppe vergewaltigt. Es gab noch mehrere andere Fälle, die zeigten, welche Langzeitfolgen die Sexindustrie auf die Moralstruktur der Stadt hatte. Die Heranwachsenden wurden von der Tolerierung promiskuitiven sexuellen Verhaltens beeinflusst.

Die steigende Zahl zerrütteter Familien, verlassener Kinder und Frauen, die von ihren Männern wegen minderjähriger Mädchen sitzengelassen wurden, ist ein Beweis für den Zusammenbruch der Moral. Die Zahl sexuell missbrauchter Kinder unter zwölf nahm alarmierende Ausmaße an, doch die Presse wurde gewarnt, darüber zu berichten und Effekthascherei zu betreiben. Es ließ die Stadt in schlechtem Licht erscheinen, außerdem bestand der energische und durchorganisierte Bürgermeister weiterhin darauf, dass Olongapo die sauberste Stadt auf den ganzen Philippinen sei.

Nur wenig davon erreichte die streng kontrollierten Medien. Das Leben der Journalisten war immer in Gefahr, wenn sie kritisch über die Verwaltung berichteten. Überall auf den Philippinen war es ähnlich. Es gibt eine Sache, die stolze philippinische Politiker nicht ertragen können und das ist die schändliche Wahrheit. Sie hassen es, bloßgestellt zu werden. Mehr als 100 Journalisten wurden in den letzten Jahren getötet, allein 2006 wurden zehn brutal ermordet. Die meisten waren Radioreporter oder Kommentatoren und sie alle hatten irgendeine korrupte Tat eines Politikers oder lokalen Mafiabosses aufgedeckt. Auch ich selbst war nervös in jener Zeit, als all diese Morde passierten, die auch heute noch stattfinden, da die vom Staat still geduldeten Todesschwadronen töten, wo immer sie wollen. Es reicht, um jeden Schriftsteller oder Journalisten zu Zurückhaltung und Selbstzensur zu veranlassen.

Wenn ich über die mutmaßlichen Verbrechen der Sexmafia auf den Philippinen schrieb, musste ich immer vorsichtig sein. Ich hatte genug Todesdrohungen erhalten und musste aufpassen. Oft genug hatte ich auch Angst. Drohungen wirken, aber wir dürfen ihnen nicht nachgeben, denn sonst geben wir den Politikern, Peinigern und Verbrechern grünes Licht, die Medien zum Schweigen zu bringen und die Wahrheit zu begraben.

Es kamen so viele neue Fälle zu PREDA, dass wir ein neues Haus für die geretteten Kinder bauen mussten. Dabei half uns die Kindernothilfe, eine der großen Kinderhilfsorganisationen in Deutschland. Wir eröffneten das neue Gebäude im März 2001, gerade rechtzeitig, denn wir brauchten ein sichereres und geräumigeres Haus. In jener Woche verloren wir auch unseren auf Fälle von Kindesmissbrauch spezialisierten Staatsanwalt Dorentino Floresta, der als Richter in eine andere Provinz berufen wurde. Dies machte den Weg frei für die Rückkehr des früheren Staatsanwaltes der Stadt. Dieser schmetterte fast jede Anzeige wegen Kindesmissbrauchs gegen verdächtige Pädophile ab, um, wie auch in anderen Städten üblich, kinderfreundlich zu wirken und das hohe Preisgeld als kinderfreundlichste Stadt der Philippinen einheimsen zu können. Die abgekarteten Spielchen und falschen Beschuldigungen der Sexmafia gegen uns hingegen durften ungehindert weitergehen und wir hatten jedes Mal viel Mühe damit, ihre Haltlosigkeit zu beweisen.

Im vorangegangenen Jahr hatten die Sexmafia und Politiker, die Pädophile schützen, durch Strohmänner 27 Anzeigen gegen mich und das PREDA-Team eingereicht. Im Jahr davor waren es 17 gewesen. Die meisten beschuldigten mich der Verleumdung wegen etwas, das ich in meiner wöchentlichen Zeitungskolumne oder unserer neu eingestellten PREDA-Webseite geschrieben hatte. Die Webseite hat tausende Besucher, die dort viele Informationen herunterladen können. Die Unterstützung über das Internet ist sehr wichtig geworden. Die Webseite wird von zwei unserer eigenen Absolventen geführt, zwei filipino-amerikanischen Brüdern, die von ihrem Vater verlassen wurden und denen wir durch eine Informatikausbildung helfen konnten. Sie leisten phantastische Arbeit. 2002 war die PREDA-Webseite einer von zwölf Finalisten aus aller Welt, die vom Komitee des *Bettinhoe Media Award* ausgewählt wurden, eines kanadischen Mitglieds der *Association for Progressive Communication*, einer Vereinigung für fortschrittliche Kommunikation. Die PREDA-Webseite wurde dafür ausgezeichnet, sich auf exzellente Weise mittels moderner Kommunikationsmittel für Menschenrechte einzusetzen.

Die Anzeigen variierten: stellten wir Fragen, so lautete sie auf schwere Verleumdung, bewahrten wir einen kindlichen Zeugen vor einer Entführung, so behinderten wir die Justiz, wenn wir eine Gegenanzeige einreichten, hieß der Vorwurf Beleidigung, und wenn wir ein

Kind vor einem Missbraucher retteten, entführten wir es. Als eine andere Tageszeitung den Namen eines Minderjährigen veröffentlichte, der in einen Gerichtsfall verwickelt war, wurden wir des Kindesmissbrauchs angeklagt. Die Sexmafia versuchte jeden schmutzigen Trick, um unseren guten Namen zu ruinieren, aber sie hatten keinen Erfolg. Wir verteidigten uns selbst und zeigten, dass die sogenannten Beweise falsch und vorgefertigt waren. Wir gewannen fast jeden Fall noch während der Vorlaufphase; die wenigen, die vor Gericht gingen, waren angeblich durch eine großzügige Sonderzuwendung an den Staatsanwalt beschleunigt worden. Auch diese wurden vom Richter mangels Beweisen abgelehnt.

Auch unsere Kampagne für Kinderrechte ging weiter. Ein Mitarbeiter von PREDA flog zum Weltkongress gegen Kommerzielle Sexuelle Ausbeutung von Kindern nach Yokohama und brachte viele wichtige Erkenntnisse und Kontakte mit zurück. Dann reisten acht der Kinder, die sich bei PREDA erholten, nach Kufou City in Japan, um dort das Kinderzentrum zu besuchen, welches von Herrn Masao Tagaya, einem sehr progressiven und engagierten Kinderrechtsaktivisten, geleitet wird. Er beschreitet neue Wege, um japanischen Kindern mit Behinderungen und geistigen Entwicklungsverzögerungen zu helfen. Die japanische Gruppe *Free the Children,* »Befreit die Kinder«, schenkte den PREDA-Kindern einen neuen Jeep, mit dem sie sicher zur Schule fahren können.

Im November starteten wir die *Angel Annie*-Kampagne mit einem großen Rockkonzert im Freihafen von Subic. Das Logo der Kampagne war der weinende Schutzengel mit dem gebrochenen Flügel. Mit *Angel Annie* wollten wir die Öffentlichkeit auf das Recht von Kindern, ohne sexuelle Ausbeutung aufzuwachsen, aufmerksam machen. Wir eröffneten unsere Handy-Hotline, damit wir auch per SMS Berichte über missbrauchte Kinder erhalten konnten und verteilten tausende Sticker und Informationsfaltblätter. Immer mehr Kinder fanden Schutz und Fürsorge, und mehr Täter wurden angezeigt und letztendlich ins Gefängnis gebracht.

30

Ausgezeichnet und verleumdet
Menschenrechtspreis für PREDA (2000)

Im Jahr 2000 wollte mir die geschichtsträchtige deutsche Stadt Weimar ihren renommierten Menschenrechtspreis verleihen. Ein Deutscher namens Hartmut Joost, der am Baloy Beach in Olongapo lebte, schrieb an das Auswahlkomitee, um die Verleihung zu verhindern. Er führte eine Reihe von Gründen an, warum ich oder PREDA die Auszeichnung nicht verdient hätten, über die im Juni entschieden und die am Menschenrechtstag, dem 10. Dezember, verliehen werden sollte. Herr Joost kam aus Norddeutschland, aus Verden in der Nähe von Bremen. Er lebte seit über 16 Jahren auf den Philippinen, war mit Zenaida Joost, einer Filipina, verheiratet, und hatte einen Sohn. Herr Joost hatte sich gegenüber ausländischen Touristen, die des Kindesmissbrauchs beschuldigt wurden, immer als überaus hilfreich erwiesen. Seine Nähe zu den angesehenen Politikern der Stadt brachte ihm das Amt des »Verbindungsoffiziers« zur ausländischen Gemeinde in Olongapo ein. Mehrere tausend Ausländer leben dauerhaft in Olongapo; es sind Rentner oder Touristen aller Nationalitäten, deren Visum abgelaufen ist. Viele sind pensionierte Soldaten der US-Marine. Noch mehr investieren in das Touristengeschäft, indem sie den müden und erschöpften Reisenden aus aller Welt Erholung und junge weibliche Begleitung anbieten.

Eines Tages hatte ich die unangenehme Pflicht, Herrn Joost wegen des plötzlichen Verschwindens einer Kinderzeugin anzeigen zu müssen. Es ging um die 13-jährige Maria, die in der Obhut von PREDA war und ebenfalls Victor Fitzgerald beschuldigt hatte, sie auf seiner Jacht missbraucht zu haben. Der Fall musste von Richterin Santos zu den Akten gelegt werden, weil das Kind während eines Heimatbesuchs am 3. November 1997 verschwand und deshalb nicht vor Gericht erscheinen konnte. Wir wussten nicht, dass Freunde von Fitzgerald sie über das Gericht einer anderen Stadt von einem amerikanischen Ehepaar hatten adoptieren lassen, um PREDA das Sorgerecht zu entziehen. In einer Aussage gegenüber dem NBI sagte Herr Joost, das Mädchen sei bei einem Diplomatenehepaar in Manila. Er wusste, wo sie sich aufhielt, teilte dies den Ermittlern aber nicht mit und wurde somit zu einem Hauptverdächtigten, was ihr Verschwinden anging. Der NBI-Ermittler machte diesbezüglich am 20. März 2001 eine Zeugenaussage vor Gericht. Da Maria dem Schutz und der Fürsorge des PREDA-Zentrums entzogen worden war, konnte sie nicht vor Gericht gegen Fitzgerald aussagen. Ich zeigte Herrn Joost vor einem Gericht in Olongapo wegen Behinderung der Justiz und der Verletzung des Präsidentenerlasses Nr. 1829 an. Noch neun Jahre später zog sich der Fall ungelöst hin, denn Herr Joost hatte vorzügliche Kenntnisse des Rechtssystems. Er stritt alle Anschuldigungen ab.

Zu jener Zeit war er so wütend, dass er an das Preiskomitee der Stadt Weimar schrieb, um es davon abzuhalten, PREDA den Menschenrechtspreis zu verleihen. Es gab überwältigende Unterstützung für PREDA und die Nachforschungen, die ein hervorragendes Expertenteam durchführte, widerlegten die Behauptungen. Sehr zur Enttäuschung von Herrn Joost, der Politiker, Pädophilen und Sextouristen, die unsere Arbeit verabscheuen, entschied das Komitee einstimmig, uns den Preis zu verleihen.

Es ist schwer für Regierungsbeamte, nicht in einen der vielen Honigtöpfe zu fallen, die von Zuhältern und Kinderhändlern für sie bereitgehalten werden. Sind sie einmal eine Beziehung zu einer Minderjährigen eingegangen, sind sie den Erpressungen der Sexmafia ausgeliefert und müssen kooperieren. Sie müssen sie protegieren und ihnen Straffreiheit gewähren, sonst werden sie bloßgestellt und des Kindesmissbrauchs beschuldigt. So funktioniert das, sie müssen sich gegenseitig beschützen. Einige Rechtsanwälte sind sogar im Gemeinde- oder Stadtrat und gehören den Frauen- und Kinderschutzgremien auf den entsprechenden Ebenen an, während sie gleichzeitig den Menschenhändlern und Pädophilen rechtlichen Beistand gewähren und sie verteidigen. Niemand außer den Sozialarbeitern, welche die Opfer verteidigen, stellt auch nur eine Frage. Dies und das *areglo*-System, in dem Beamte ein Entschädigungsgeld zwischen den Eltern des vergewaltigten Kindes und dem Pädophilen vermitteln, sind die inhärenten Zeichen eines missglückten oder zumindest sehr korrupten Staates.

Obwohl also Herr Joost ein respektiertes Mitglied jener Gemeinde war und den Touristen half, die Schwierigkeiten mit dem Gesetz hatten, mussten wir so weit gehen und eine Ausweisungsklage bei der Einwanderungsbehörde in Manila einreichen. Wir hofften, dass dieser stattgegeben werden würde. Es war ein gefährlicher Schachzug, denn er hatte viele einflussreiche Freunde und enge Kontakte zu gewissen Personen der Justiz, von denen einige seither entlarvt und, in Ungnade gefallen, vom Obersten Gerichtshof und dem Justizministerium entlassen wurden. Sicherlich werden noch mehr fallen wie verfaulte Äpfel, wenn gute und engagierte Menschen in Regierung und Rechtssystem die Oberhand gewinnen.

Der Beschluss zur Ausweisung, den Kommissarin Andrea Domingo und drei weitere Kommissare am 2. Dezember 2002 unterschrieben, war ein Zeichen dafür, dass die guten Leute ihr Bestes taten. Der Beschluss wurde damit begründet, dass Hartmut Joost beschuldigt wurde, einen Pädophilenring und eine Gruppe des Kindesmissbrauchs Verdächtiger unterstützt und geschützt zu haben; außerdem wurde er wegen Behinderung der Justiz angeklagt. Aber noch immer stritt er alle Anschuldigungen ab.

Kommissarin Domingo wies in ihrem Beschluss darauf hin, dass Herr Joost eine wichtige Rolle bei dem Versuch gespielt hatte, die Verurteilung von Fitzgerald aufzuheben. Angeblich hatte er die beschwerdeführenden Zeugen dazu überredet, ihre Aussagen zurückzuziehen, um sowohl PREDA-Mitarbeiter als auch Beamte zu beschuldigen, diese hätten sie zur Falschaussage verführt, was dann zu Fitzgeralds Verurteilung geführt habe. Domingo wies auch auf einen anderen Fall hin, in dem Joost eine Falschaussage gegen sie und die anderen den Beschluss mitunterzeichnenden Kommissare gemacht habe. Da er ein Mann mit Kontakten in die einflussreichsten Kreise war, offenbar einige Macht über sie besaß und sie ihm verpflichtet waren, konnte er den Ausweisungsbeschluss irgendwie umgehen.

Dann, drei Jahre später, am 5. Oktober 2005, berichteten die führenden Tageszeitungen *Manila Bulletin* und der *Philippine Daily Inquirer*, dass Joost in Olongapo verhaftet worden war. Die Geschichte erzählte von einem flüchtigen Deutschen, der in Deutschland wegen der angeblichen Entführung, Beraubung und Erpressung eines deutschen Ehepaares, Norly und Wilko Klauenberg, vor mehr als einem Jahrzehnt gesucht wurde. Hartmut Edward Joost (65) wurde am Baloy

Beach verhaftet. Der internationale Haftbefehl war im März 2005 von einem deutschen Gericht ausgestellt worden und im Dezember stellte auch die Europäische Union einen aus. Joost sollte sofort nach Deutschland ausgewiesen werden. Im Haftbefehl hieß es, dass Joost mutmaßlich mit zwei Schweizer Staatsangehörigen, Cyril End und Regula Muller, sowie zwei Beamten des NBI zusammengewirkt hatte, um das Ehepaar zu entführen und sie zu Blankounterschriften zu zwingen, die man später dazu benutzte, die Strandbadeanlage der Klauenbergs auf Zenaida Joost zu überschreiben. Der offizielle Bericht zeigt, dass die fünf einen auf falschen Anschuldigungen beruhenden Haftbefehl organisiert hatten, mithilfe dessen das Ehepaar vor einem Gericht in Olongapo wegen der illegalen Beschäftigung von Arbeitskräften aus Übersee angeklagt wurden. Mit dem Haftbefehl, der den NBI-Beamten David Golla damit beauftragte, die Klauenbergs nach Olongapo vor Gericht zu bringen, flog die Gruppe am 24. November 1994 nach Busuanga auf der Insel Palawan. Dort fanden sie Norly. Der Ehemann, Wilko, hielt sich gerade in Manila auf. Sie überwältigten Norly, plünderten das Haus und raubten einen Geldschrank aus, in dem sich 25 000 DM befanden und alle Dokumente bezüglich des Grundstücks und ihres Besitzes. Sie nahmen Norly den Schmuck ab, zwangen sie in das Leichtflugzeug und brachten sie nach Manila.

Dort wurde sie in ein Restaurant gebracht, wo man sie angeblich dazu zwang, die Blankopapiere zu unterschreiben. Wilko suchten sie in dem Hotel auf, wo er wohnte, während er Materialien für die Strandbadeanlage kaufte. Mit vorgehaltener Waffe zwang man auch ihn, die Blankopapiere zu unterschreiben und nahm ihm Bargeld und Schmuck ab. Laut der offiziellen Dokumente, die dem deutschen Gericht vorlagen, hatte Joost gedroht, ihn zu töten, wenn er die Polizei einschalte. Der Haftbefehl wurde am 24. November 1994 ausgestellt; was die Ermittler allerdings erstaunte, war die Tatsache, dass die Papiere, mit denen das Grundstück und das Strandbad auf Zenaida Joost überschrieben wurden, auf den 25. November 1994 datiert waren, an dem Klauenbergs im Gefängnis hätten sein sollen. Trotz einer Untersuchung durch das NBI und der Menge an Beweisen, die für eine Verurteilung ausgereicht hätten, wurde keine Anzeige gegen Herrn Joost eingereicht, der alle Vorwürfe abstritt. Als das Ehepaar Klauenberg mich bat, ihnen bei der Beschaffung weiterer Beweise behilflich zu sein, tat ich mein Bestes, um ihnen zu helfen und flog mit anderen NBI-Beamten nach Palawan, um dort weitere Zeugen zu befragen. Es waren Angestellte des Strandbades, die gesehen hatten, wie die Bande Norly entführt und den Tresor mit dem Geld ins Flugzeug gebracht hatte. Dies überzeugte anscheinend das deutsche Gericht, den Haftbefehl auszustellen. Die EU tat das Gleiche und als Ergebnis wurde Herr Jost nicht sofort ausgewiesen, sondern im Oktober 2005 im Einwanderungsgefängnis von Bicutan inhaftiert.

Erstaunlicherweise wurde er jedoch im folgenden Januar unter ungeklärten Umständen wieder entlassen. Senator Jamby Madrigal, ein Verfechter der Menschenrechte, führte eine Untersuchung im Fall Joost durch, aber die Behörden waren ratlos und konnten nicht erklären, warum das deutsche Gericht seinen Haftbefehl widerrufen hatte. Niemand weiß, wer die Verfolgung dieser Verdächtigen in Deutschland blockiert. Dadurch, dass er der Ausweisung zum zweiten Mal entging, ließ Joost die Behörden ziemlich dumm aussehen.

Nur für das Protokoll: der unermüdliche philippinische Senator M.A. Consuelo »Jamby« Madrigal deckte die Korruption und Ungerechtigkeit hinter diesem Fall auf, als er eine Untersuchung darüber durchführte, dass verdächtige Frauen- und Menschenhändler straffrei ausgingen. Hartmut Joost war sehr aufgebracht über diese Untersuchung und auch über die Warnungen seitens Senator Alfredo Lims, eines ehemaligen Polizeichefs, dass dieser Joost auf jeden Fall vor Gericht bringen würde.

Zwei Monate später starb Hartmut Joost.

31

Kopfgeld
Todesdrohungen und Ermordungen (2001)

Zwei Jahre nachdem Joseph Estrada zum Präsidenten gewählt wurde und Richard Gordon als Vorsitzenden der SBMA gefeuert hatte, gab es massiven politischen Aufruhr. Das Land war von einer fieberhaften Hoffnung ergriffen, dass es eine wahrhaft demokratische Gesellschaft geben könne, wenn Estrada zurückträte, der durch immer lauter werdende Vorwürfe der Korruption, Vetternwirtschaft und Ineffizienz zunehmend unter Druck geraten war. Er schlug zurück und nahm sich die angesehene *Manila Times* vor, deren Übernahme er erzwang, um sie zum Schweigen zu bringen und die er praktisch in den Bankrott trieb. Er versuchte das Gleiche mit dem *Daily Inquirer*, dessen Übernahme er jedoch nicht erreichte. In der Hoffnung, die Medien abzulenken und sein Image aufzupolieren, indem er hart gegen jegliche Art von Aufstand vorging, erklärte er dem muslimischen Teil Mindanaos den Krieg. Wegen seiner Spielsucht, Trinkerei und seiner Frauengeschichten bekam er Ärger mit der Kirche. Die Medien deckten auf, dass er seine Geliebten in luxuriösen Häusern und Badeorten untergebracht hatte. Im Oktober 2000 forderte ihn Jaime Kardinal Sin zum Rücktritt auf, da er moralisch nicht für das Amt des Präsidenten geeignet sei. Dann war einer von Estradas Spielkumpanen, Gouverneur Chavit Singson aus Cagayan del Norte, nach einer Streiterei um Geld fast von Estradas Militär aus dem Hinterhalt überfallen worden. Daraufhin ging Singson an die Öffentlichkeit und gestand, dass er Estrada monatlich mehrere Millionen Pesos an Bestechungsgeldern zahlte, die aus den von ihm kontrollierten Spielsyndikaten stammten. Das ist eine übliche Geldquelle für Politiker, mit deren Hilfe sie ihre Ausgaben bestreiten und an der Macht bleiben können. Die Opposition zeigte Estrada wegen Amtsvergehen an und setzte sich am 7. Dezember 2000 damit durch. Richter Hilario G. Davide Jr. vom

Obersten Gerichtshof saß dem Amtsenthebungsverfahren vor, das vor laufender Kamera vor dem Senat geführt wurde. Die ganze Nation klebte vor dem Fernseher, als sich das Drama abspielte und der beliebteste Kinoheld, der Verteidiger der Armen, beschuldigt wurde, in nur 18 Monaten 3,3 Milliarden Pesos für sich angehäuft zu haben.

Es kam zur entscheidenden Machtprobe, als die Senatoren, die noch loyal hinter Estrada standen, die Präsentation wichtiger Beweismittel verweigerten, die diese Summe auf einem zu Präsident Estrada zurückverfolgbaren Bankkonto nachwiesen. Joseph Estradas Präsidentschaft hing an einem einzigen Beweis in einem Briefumschlag. Der Senat, der als Schiedsrichter fungierte, entschied, über die Öffnung des Umschlags abstimmen zu lassen. Die Abstimmung begann; es ergab sich eine genaue Aufteilung der Stimmen zwischen Loyalisten und Opposition. Als letzter stimmte der Senatsvorsitzende ab, der Estrada-Loyalist Pimentel und die Entscheidung fiel zugunsten Estradas aus. Der Strafverfolgungsausschuss legte sein Amt nieder und verließ den Raum. Viele zeigten sich empört über die Senatoren, die sich der Präsentation der Beweise verweigert hatten und tausende Menschen begannen, sich am EDSA-Schrein zu versammeln, wo Jahre zuvor eine Massendemonstration den tyrannischen Präsidenten Marcos gestürzt hatte. Estradas Kabinett trat zurück. So begann die zweite *People Power*-Revolution. Die riesigen Menschenmassen legten die Metropole lahm, das Militär entzog Estrada seine Unterstützung. Er war isoliert. Gerüchte verbreiteten sich, dass er aus dem Palast geflohen sei. Am 19. Januar 2001 setzten sich Massen von Demonstranten in Richtung Palast in Bewegung und die dort versammelten Estrada-Loyalisten zerstreuten sich, bevor es zu einer Konfrontation kommen konnte. Der Richter des Obersten Gerichtshofes, Hilario Davide Jr., erklärte Estrada als regierungsunfähig und nahm am nächsten Tag der Vizepräsidentin Gloria Macapagal-Arroyo den Amtseid als neue Präsidentin ab.

Ich traf aus Deutschland in Manila ein, wo ich gerade einen Empfang im Zusammenhang mit der Verleihung des Menschenrechtspreises der Stadt Weimar besucht und einen Kranz am Gedenkstein im ehemaligen Konzentrationslager Buchenwald niedergelegt hatte. Dieser Gedenkstein wird stets exakt auf Körpertemperatur gehalten – eine Sache, die allen Menschen auf der Welt gemein ist. In Buchenwald waren politische Gefangene festgehalten, gefoltert und durch Kopfschuss oder Strangulation getötet worden. Man hatte ihnen ein Stück Draht um den Hals gelegt und sie hoch oben an der Wand an metallenen Haken aufgehängt. Dann wurden sie ins Krematorium gebracht, wo man ihre Körper ausplünderte und in einem Ofen verbrannte. Draußen gab es ein großes Foto der abgemagerten Körper, welche die Alliierten gefunden hatten. Mir war schlecht angesichts dieses Beweises, welche Bösartigkeiten Menschen einander antun. Menschen sind die einzige Spezies, die töten, morden, systematisch ihre eigenen Kinder missbrauchen und andere den Pädophilen und Zuhältern als Sklaven überlassen. Wenn es beim Missbrauch von Frauen und Kindern um Macht, Herrschaft und Kontrolle über andere geht, so hatte ich in meinem Leben schon genug davon gesehen. Der Gefallen an politischer Macht, die unschuldige Menschen unterdrückt und Missbrauch zulässt, muss einen dunklen Schatten über das persönliche Leben und Verhalten derer werfen, die ihre Macht derart unverantwortlich ausüben. Wie verdreht und von der Norm abweichend müssen Menschen sein, die so etwas Anderen antun, nur weil sie anderer Meinung sind? Pädophile, so sagen manche, sind unfähig, eine tragfähige emotionale und sexuelle Beziehung zu Erwachsenen aufzubauen. Als Kinder haben sie Vernachlässigung erfahren, Ablehnung, grobe Behandlung und fehlende Liebe. Sie wachsen in dem Gefühl auf, isoliert und Erwachsenen gegenüber machtlos zu sein; sie können nur mit anderen Kindern eine Beziehung aufbauen, besonders zu jüngeren, über die sie Kontrolle und Macht ausüben können.

In den nächsten Jahren konnten wir auf den Philippinen miterleben, wie immer häufiger mit Nazimethoden vergleichbare Praktiken angewandt wurden: Folter, Hinrichtungen, Enthauptungen. Präsidentin Arroyo konsolidierte ihre Macht. Fast täglich wurden Journalisten, Rundfunksprecher, Menschenrechtsaktivisten und die Leiter landwirtschaftlicher Genossenschaften ermordet, mutmaßlich von Schlägertrupps des militärischen Geheimdienstes. Die internationalen Sextouristen und Kinderausbeuter gingen weiterhin straffrei ihren Aktivitäten nach und bedrohten und störten uns in unserer Arbeit, die Kinder zu schützen. Ich hatte bereits eine ganze Reihe Morddrohungen erhalten, und eine war bizarrer als die andere.

Eines Tages kam ein Fax an, das mich zur Vorsicht mahnte. Jemand mache sich Sorgen um mich, weil sie gehört hätten, ein großer Geldbetrag sei für meine Erschießung ausgesetzt. Im Gegensatz zu den meist anonymen Anrufen und Kurzmitteilungen hatte diese Nachricht eine Faxnummer. Ich sah, dass es eine örtliche Nummer war und rief an, in der Hoffnung, es handele sich um ein Gerät, das gleichzeitig Telefon und Fax ist. So war es auch und auf meinen Anruf meldete sich die Besitzerin einer Tankstelle in Subic, nur zehn Minuten von uns entfernt. Robert, der Mitarbeiter unserer Rechtsabteilung, begleitete mich dorthin. Ich fragte nach dem Fax und die Besitzerin bekam einen Schrecken. »Wie haben Sie das so schnell herausgefunden?«, fragte sie. Aber sie wollte mir nicht sagen, wer es geschickt hatte. »Mein Leben ist in Gefahr«, sagte ich. »Ich will das wissen, sonst rufe ich die Polizei.« Das reichte. »Die Karmeliterinnen haben es geschickt«, sagte sie. Im ersten Moment war ich schockiert, aber dann verstand ich, dass sie mich wirklich warnten. Sie hatten Insider-Informationen. Robert und ich gingen zum Konvent der Karmeliterinnen, die mich gut kannten, weil ich von Zeit zu Zeit die Messe mit ihnen feierte. Ich sprach mit der Schwester, die sich um die Außenkontakte des Klosters kümmerte. Sie war fürchterlich erschreckt und rannte hinein, um mit der Mutter Oberin zu sprechen. Als sie zurückkehrte, erzählte sie mir, dass jemand während der Beichte darüber gesprochen habe, aber die Schwestern hatten versprochen, mir nicht zu sagen, wer es war, bis diese Person in Sicherheit sei. Aber es stimmte, ein Insider hatte spät in der Nacht ein Gespräch mitangehört. Ein Ausländer hatte sich mit einem örtlichen Politiker verschworen, um jemanden aus der Gegend dafür anzuheuern und sie hatten sich über die Kosten unterhalten – lumpige 1000 Dollar. Es war demütigend zu erfahren, dass ich nur 1000 Dollar wert sei. Nun hatte ich wirklich Angst. Ich musste Vorkehrungen treffen. Ich lernte, niemals mit dem gleichen Fahrzeug zur selben Zeit auf demselben Weg zum selben Ort zu fahren und mich niemals allein an einem abgelegenen Ort aufzuhalten. Ich beobachtete alle Autos, die hinter mir fuhren und so weiter. Wir waren daran gewöhnt, von den Behörden beobachtet zu werden, und während Gordons Amtszeit als Vorsitzender der SBMA gab mir einmal ein Beamter eine Kopie der offiziellen Überwachungsberichte. Ein anderes Mal, noch während des Kriegsrechtes, als Priester und Pastoren von Todesschwadronen verfolgt wurden und der Menschenrechtsaktivist Pater Romero verschwand, nachdem das Militär ihn abgeholt hatte, besuchte mich eine Gruppe von drei Männern und zwei Frauen bei PREDA. Sie sagten mir, sie seien Mitglieder der Kommunistischen

Partei und der NPA, der »Neuen Volksarmee«, und bräuchten meine Hilfe dabei, sich der Armee zu ergeben. Ich fragte mich: Wer waren sie wirklich? Waren sie Agenten der Regierung, die testen sollten, ob ich ihnen helfen würde oder nicht? Entweder sollte ich getestet werden oder es war eine Falle. Sagte ich ja und ging zum Militär, ging ich das Risiko ein, als Agent des unterdrückenden Militärs und als Informant abgestempelt zu werden. Wenn sie zum Geheimdienst des Militärs gehörten und ich ihnen aber davon abriete, sich zu ergeben, dann wäre ich dran. Jesus selbst muss sich so gefangen gefühlt habe, als man ihn fragte, ob es richtig sei, den römischen Unterdrückern Steuern zu zahlen oder nicht. Wie er auch antwortete, er würde denunziert werden. Seine Antwort war perfekt. Meine Antwort war, dass sie einen guten rechtlichen Beistand und Vertretung bräuchten. Ich würde ihnen am nächsten Tag einen guten Menschenrechtsanwalt empfehlen und dafür bezahlen, dass er sie vertrete. Danach sah ich sie nie wieder. Ich denke, sie waren vom militärischen Geheimdienst. Wie auch immer, die Frauen hatten noch Spuren von Nagellack auf den Nägeln, Hände und Gesichter der Männer waren zu weich, als dass sie zur NPA hätten gehören können, die in den Bergen lebten. Außerdem waren die nachgemachten Gucci-Schuhe einer der Frauen wirklich verräterisch. Wäre ich in diese Falle getappt, es wäre mit mir vorbei gewesen.

Im Mai 2001 standen Wahlen an und schon jetzt heizte sich das Klima auf. In Olongapo organisierte der fortschrittlichere Teil des Klerus, der sich für die Menschenrechte interessierte, eine Kundgebung für gerechte und friedvolle Wahlen und lud Pater Robert Reyes dazu ein, einen landesweit bekannten Verfechter von Menschenrechten und ehrlichen Wahlen. Seine Kampagne richtete sich gegen *Trapos*, eine gebräuchliche Bezeichnung für traditionelle Politiker, die innerhalb ihrer Familien Dynastien und Allianzen bilden und die Nation regieren, indem sie den Kongress kontrollieren und Gesetze verabschieden, die ihren wirtschaftlichen Interessen entgegenkommen. Sie hatten keinerlei Interesse an Gesetzen, die Kinder vor Missbrauch oder Gefängnisstrafen schützten. Pater Robert wird auch der »rennende Priester« genannt, denn er macht Läufe für Frieden und Gerechtigkeit. Er ruft die Jugend und die Öffentlichkeit zu gesunder Bewegung und ebenso gesunder Politik auf.

Der Morgen des 21. März war brennend heiß. Ich war bereit, mich dem Lauf von PREDA bis in die Stadt hinunter anzuschließen; das sind gute drei Kilometer. Mit 65 spiele ich noch immer Basketball mit den Jungen und den Mitarbeitern und gehe regelmäßig schwimmen, um mich fit zu halten, aber das hier würde eine Herausforderung sein. Damals war ich 59. Der Konvoi aus Pick-ups und Kleinbussen mit Fahnen, Musik, Ballons und jubelnden Fahrgästen wurde von Pater Robert und ungefähr 30 Läufern angeführt. Als sie auf ihrem Weg in die Stadt am PREDA-Zentrum vorbeikamen, reihte sich unsere Gruppe ein und los ging es. Ich hielt nur keuchend mit Pater Robert Schritt, der nur halb so alt ist wie ich. Er hatte einen strammen Schritt und der muss gleichmäßig beibehalten werden, wie Jogger überall auf der Welt wissen. In der Stadt marschierten wir mitsamt den Bannern und Fahnen zum Kreisverkehr mit dem Kopf des Kriegers in der Mitte, wo die Jugendorganisation von PREDA einen Straßentheater-Sketch über Menschenrechtsfragen aufführte. Dann spielten sie vor dem Rathaus ein kurzes Stück über Sextourismus und Ausbeutung von Kindern. Die Beamten von Bürgermeisterin Kate Gordon, der Frau des früheren Bürgermeisters und heutigen Senators Richard Gordon, kamen heraus und beschimpften die Jugendlichen. Alex, der nie vor einer Konfrontation über Menschenrechte zurückschreckt, verwickelte sie in eine handfeste Diskussion.

Später feierten wir das Leben und die menschliche Würde in einer Heiligen Messe, die zehn Priester zusammen auf einem offenen Lastwagen zelebrierten. Viele Menschen nahmen daran teil. Später, im Rizal Park, hielten Alex und Pater Robert leidenschaftliche Reden für faire Wahlen und das Ende der tyrannischen *Trapos*. Die Beamten von Gordons Verwaltung guckten aus ihren Bürofenstern und amüsierten sich kein bisschen. Nur die Anwesenheit der Medien, die Pater Robert jedes Mal anzieht, hielt sie davon ab, ihre Schlägertrupps loszulassen. Dies war die erste Kundgebung der Opposition nach vielen Jahren und die Leute strömten in Scharen herbei, um die Botschaft zu hören. Es war unwahrscheinlich, dass dies das Wahlergebnis beeinflussen würde, denn die meisten Leute hatten zuviel Angst, gegen die mächtige Familiendynastie zu stimmen. Wenn ein Distrikt gegen sie stimmte, konnte das schnelle und tödliche Rache zur Folge haben. Es ist jedoch immer besser, die sprichwörtliche Kerze der Wahrheit anzuzünden, als über die Dunkelheit von Ignoranz und Unterdrückung zu fluchen.

Im Jahr 2001 war es ganz anders. Tag für Tag wurden Menschen von Männern erschossen, die auf Motorrädern oder in Kleinbussen durch die Gegend fuhren. Man brauchte keinen Hinterhalt – nur ein kleiner Kugelhagel und schon war es vorüber. Wie in Davao bekamen die Straßenkinder die Schüsse ins Gesicht. Journalisten und Rundfunkredakteuren schoss man in die Brust oder in den Kopf, wenn sie aus dem Funkhaus oder dem Büro kamen. Die Mörder griffen an ohne die Angst, erkannt oder festgenommen zu werden. Nachdem die Karmeliterinnen mir ihre Warnung gefaxt hatten, achtete ich, wenn ich in Manila war, misstrauisch auf Motorradfahrer, die untätig vor dem Haus oder an Straßenecken herumstanden. Manchmal glaubte ich sogar zu sehen, wie sich Mörder hinter den Karren unschuldiger Eisverkäufer versteckten.

Eines Samstags, als nur wenige Leute bei PREDA waren, kam ein brutal aussehender Mann zum Zentrum und sprach mit der diensthabenden Sozialarbeiterin. Er sagte, er habe zwei Mädchen bei sich, die den Sexclubs entkommen wollten. Als die Sozialarbeiterinnen mit den Mädchen sprachen, fragte er nach der Toilette. Er ging jedoch nicht dorthin, sondern ging einfach durch das Haus, hinauf in das obere Stockwerk und fragte einen Schüler, wo mein Zimmer sei. Als er hörte, dass ich in Manila sei, verließ er das Zentrum in aller Eile mit den beiden Mädchen. Das war der beängstigendste Vorfall von allen. Sofort bat ich noch mehr Studenten, ins Zentrum zu ziehen und dort für die Sicherheit zu sorgen. Heutzutage müssen wir eher auf angeklagte Pädophile oder ihre Mittelsmänner achten, die versuchen, eines unserer Kinder mitzunehmen, während es draußen spielt.

Die Nachricht von der Ermordung meines Freundes und Mitschülers Pater Rufus Halley erschütterte mich bis ins Mark, bis heute habe ich das nicht überwunden. Er war ein Märtyrer des Friedens. Pater Rufus wurde am 28. August 2001 von unidentifizierten Mördern brutal niedergeschossen, als er auf dem Rückweg in seine Gemeinde war. Wir waren gute Freunde; er war ein Mann von tiefer Spiritualität und Gott sehr nahe. Er hatte so viel Sympathie für die philippinischen Muslime und wusste so viel über sie, dass sie ihn zu Tausenden liebten und respektierten. In Teilen von Mindanao gibt es Konflikte zwischen Muslimen und den Truppen der Regierung. Estrada hatte ihnen den Krieg erklärt, als sie sich gegen die unterdrückende Politik wehrten, durch die sie nur noch mehr verarmten. Rufus sprach sich gegen den Beschuss und das Niederbrennen muslimischer Dörfer durch das Militär aus und er gab sein Leben für sie. 80 Prozent der Schüler an seiner Schule waren Moslems und er weigerte sich, im Militärcamp die Messe zu lesen, um die Muslime nicht durch ein solches Zeichen der Solidarität mit ihren Feinden zu verärgern. Außerdem hatte das Militär seinen eigenen Kaplan. Rufus versuchte zwar, sich einen neutralen Standpunkt zu bewahren, aber seine Sympathien galten mehr und mehr den Opfern der Gräueltaten. Er war schuld daran, dass der Militärkommandant sein Ansehen und seine Glaubwürdigkeit verloren hatte und hatte versucht, die Menschenrechtsverletzungen in der Presse aufzudecken.

Dann, eines Tages, als er auf seinem Motorrad zu den umliegenden Dörfern fuhr, zwang ihn ein Lastwagen voll bewaffneter Männer anzuhalten, bevor er das Motorrad wenden konnte. Es waren seine Henker. Mit einem Kopfschuss beendeten sie sein schönes Leben. Ein tragischer Verlust eines guten und liebenden Menschen. Er war von der allumfassenden Liebe Gottes zu den Menschen erfüllt und war Tag und Nacht, mit Herz und Seele, Gedanken und Geist, bei ihnen. Seine Freunde waren die Schwachen, die Enteigneten und die Diskriminierten, die Elenden der Erde, die Ungewollten und die Vergessenen. Seine brutale, bösartige Ermordung verursachte einen Schmerz, den ich noch immer in mir trage, eine Wunde, die bis heute nicht verheilt ist. Jeder, der ihn kannte, betrauert den Verlust eines wunderbaren Menschen. Er war ein tief spiritueller Mensch, er betete länger und intensiver als ich es jemals getan habe. Sein Leben und seine Liebe galten den Menschen von Mindanao, Christen und Muslimen gleichermaßen. Sein Engagement für Frieden und Versöhnung zwischen den Gemeinden ist ein bleibendes Vermächtnis heroisch erbrachter Opfer. Er hat sein Leben häufig aufs Spiel gesetzt, wenn er den Gemeinden, die von Familienfehden und militärischer Unterdrückung zerrissen waren, die Gegenwart und den Frieden Christi brachte. Er stand hinter den muslimischen Familien, die unter den Grausamkeiten des philippinischen Militärs litten. Sie respektierten ihn, er fühlte sich bei ihnen wohl, er sprach ihre Sprachen fließend und konnte die Situation sogar zu seinen Gunsten nutzen. Er sah es als gottgegebene Gelegenheit, sich in ihr Leben zu integrieren und sie vom Wert der Versöhnung und des Friedens zu überzeugen.

Der Tod von Pater Rufus ist ein entsetzliches Verbrechen und ein großer Verlust für alle von uns. Ich habe die Angst, die Todesdrohungen mit sich bringen, am eigenen Leib gespürt und mein Bestes gegeben, mich von aller Gefahr fernzuhalten. Rufus ging mutig zurück in eine gefährliche Situation, um bei seinen Leuten zu sein. Er kehrte zurück in das einfache Leben, um den Armen zu dienen, den Unterdrückten beizustehen und ein glücklicher und erfüllter Mensch zu sein. Er nannte nichts sein Eigen außer seinem mächtigen Glauben und einer überwältigenden Liebe zu Gott, die er mit den Elenden der Erde, den Verstoßenen, den Armen und Vergessenen teilte. Er wird niemals vergessen sein; sein Leben und seine Hingabe werden uns immer im Gedächtnis bleiben.

Es dauerte Monate, die Angst zu überwinden und zur Normalität zurückzufinden. Seit 2001 hat es 144 Morde an Gemeindevorständen, Journalisten und sogar Pfarrern gegeben. Am 16. August 2006 veröffentliche *amnesty international* einen Bericht, in dem stand, dass die *Taskforce Usig*, die Einheit zur Koordination der Untersuchung von politischen Morden, seit 2001 114 Morde gezählt hat. In nur drei Fällen hat die Polizei einen Verdächtigen festgenommen, es gab keine Berichte über Verurteilungen.

Hochwürden Edison Lapuz, Mitglied des Nationalrates seiner Kirche, arbeitete für die Rechte der Bauern und Fischer und war auch der regionale Koordinator der Partei *Bayan Muna* (Unsere Nation zuerst). Er suchte Gerechtigkeit für den Mord an dem Menschenrechtsanwalt Felidito Dacut, der von zwei Männern auf Motorrädern erschossen worden war. Am 12. May 2005 wurde Hochwürden Lapuz von zwei nicht identifizierten Männern im Haus seines Schwiegervaters in der Provinz Leyte erschossen, dessen Beerdigung er früher am Tag besucht hatte. Anwohner sagten aus, sie hätten kurz vor der Schießerei vier Männer auf Motorrädern gesehen, die mit aufgesetzten Helmen vor einem Geschäft in der Nähe parkten. Vor seinem Tod hatte sich Hochwürden Lapuz bei anderen Kirchenmitarbeitern darüber beschwert, dass er vom Militär überwacht werde. Seine Schwester sagte, im vorangegangenen Oktober seien uniformierte Armeeangehörige ins Haus ihres Vaters gekommen und hätten nach detaillierten Informationen über ihren Bruder gefragt.

Es gibt ernsthafte Bedenken bezüglich der polizeilichen Ermittlungen über den Tod von Hochwürden Lapuz. Den Zeugen wird kein ausreichender Schutz geboten. Die Ermittlungen sind steckengeblieben, und noch über ein Jahr nach dem Angriff war weder jemand verhaftet noch angeklagt worden.

»Das Versäumnis, Verdächtige zu identifizieren und gegen sie zu ermitteln, führt gegenüber der Polizei zu einem Vertrauensverlust und verringert die Anzahl der Verurteilungen. Zeugen haben Angst, sich zu melden. Die Familien der Opfer werden verpflichtet, sich einer Einbeziehung in polizeiliche Ermittlungen zu verweigern oder sich von Gerichtsverhandlungen zurückzuziehen«, sagte Tim Parritt von *amnesty.*

Die zunehmende Zahl der Morde hat zum Zusammenbruch des Friedensprozesses mit den Kommunisten beigetragen. *amnesty international* ist der Ansicht, dass jegliche Hoffnung auf Frieden nur dann umgesetzt werden kann, wenn die Regierung entschiedene Schritte unternimmt, politische Morde zu verhindern und die Täter strafrechtlich zu verfolgen.

32

Abschiede
Der Tod geliebter Menschen (2001)

Für den Juni 2001 war ich nach Deutschland eingeladen worden, um auf dem Evangelischen Kirchentag eine Rede zu halten. Die Veranstaltung fand im Frankfurter Fußballstadion statt. Es war unglaublich: das Stadion war bis auf den letzten Platz besetzt und das Spielfeld war voller Blechbläsergruppen von allen möglichen kirchlichen Gruppen aus Deutschland und Österreich. Es war ein sehr inspirierender Moment, als sie alle zusammen *Amazing Grace* anstimmten. Ungefähr 50 000 Menschen waren dort, das größte Live-Publikum, vor dem ich je gesprochen hatte. Nach meiner kurzen Botschaft, mit der ich zu Solidarität mit den Armen, zum Kampf für die Menschenrechte und der Beendigung des Sextourismus aufrief, standen alle auf und schwenkten ihre bunten Halstücher. Mein Aufruf wurde Wort für Wort übersetzt.

In London traf ich mich mit dem Leitenden Kriminalkommissar von Scotland Yard, Bob McLachlan, der für das Team, welches sich mit der Suche nach Pädophilen beschäftigte, als Kontaktmann zu Interpol arbeitete. Annette Kinnie war mit ihrem Filmteam dort, um einen Dokumentarfilm über unsere Kampagne zu machen, mit der wir die Aufmerksamkeit der Öffentlichkeit auf das Elend der von Sextouristen ausgebeuteten Frauen und Kinder lenken wollten. Dann traf ich im Parlament mit Lord David Alton zusammen, dem Mitbegründer der Kinderschutzorganisation *Jubilee Action*, und später mit Nigel Griffith, dem damaligen stellvertretenden Parlamentssekretär, der mich für den Friedensnobelpreis vorgeschlagen hatte. Dann flog ich zurück nach Dublin, um bei meiner Mutter zu sein. Es ging ihr nicht sehr gut und ich machte mir Sorgen. Am Anfang des Jahres hatte ich bereits etwas Zeit mit ihr verbringen können. Sie war eine starke und inspirierende Frau, die großen Anteil an der Arbeit von PREDA nahm. Zweimal in den vergangenen Jahren hatte sie uns dort besucht. Obwohl sie mich so oft wie möglich in ihrer Nähe haben wollte, bestand sie darauf, dass ich meine Arbeit für die Kinder weiterführte. Die vielen Einladungen zu Präsentationen und Vorträgen auf internationalen Konferenzen gaben mir die wunderbare Gelegenheit, mehrmals im Jahr bei ihr zu sein. Nun war ich in jenem September wieder da.

Dann, um genau 20 nach zwei Uhr, als wir im Wohnzimmer ihres Hauses Rosetta in Dublin saßen, sahen wir gemeinsam den entsetzlichen terroristischen Angriff auf die *Twin Towers* in New York. Es war ein erschreckender, verstörender Moment; ich fühlte den Horror und die Angst der Leute, die, vom Feuer umgeben, in den Türmen gefangen waren. Mein Kopf war voller Fragen; ich konnte die Gefühle, die fanatische Wut und den Hass nicht verstehen, die die Täter zu einem solchen Massenmord getrieben hatten.

Eine Weile vergaßen wir unsere Traurigkeit darüber, als wir Mitte September mit einer kleinen Gruppe von Familienangehörigen und Freunden den 93. Geburtstag meiner Mutter feierten.

In jener Woche fand ein Gedächtnisgottesdienst für meinen Freund und Mitschüler Rufus Halley statt, den ich zuletzt in Manila gesehen hatte, wenige Wochen bevor er am 28. August in seiner Gemeinde brutal niedergeschossen worden war. Eine Woche später begann ich herumzureisen, um verstärkt für unsere Kampagne gegen Sextourismus zu werben. Darin ging es auch um den Fairen Handel als einen Weg, ein eigenes Einkommen für Armen zu ermöglichen und die Landflucht in die Städte zu stoppen, wo die Kinder leicht in die Prostitution gerieten. Da Mutter krank geworden war, rief ich jeden Tag zu Hause an. Als sie zur Untersuchung ins Krankenhaus eingeliefert wurde, flog ich zurück nach Dublin, um bei ihr zu sein und mit den Ärzten zu sprechen. Der Rest der Familie wurde zusammengerufen und versammelte sich.

Es gab einige Termine, zu denen ich in Manila vor Gericht erscheinen musste. Die Sexmafia tat, was sie konnte, um mich wegen irgendetwas verurteilen zu lassen und unsere Untersuchung bzw. Anzeigen gegen sie zu verschleppen oder zu verhindern. Sollte ich nicht vor Gericht erscheinen, könnten sie einen Haftbefehl gegen mich erwirken. Ich würde eine weitere hohe Kaution zahlen müssen oder sie könnten irgendeinen aalglatten Richter dahingehend beeinflussen, dass er die

Kaution ablehnte und ich würde aus dem Gefängnis heraus für Gerechtigkeit kämpfen müssen. Das war undenkbar, jetzt, wo Mutter so krank war. Man hatte einen Tumor entdeckt; er war nicht groß, aber in ihrem Alter war eine Operation sehr riskant. Die Alternative, so erklärten uns die Ärzte, wäre, den Tumor nicht zu entfernen, aber dann würde sie einen langen, langsamen und schmerzhaften Tod sterben.

Es war eine entsetzliche Zeit für mich. Ich musste nach Manila zurückfliegen. Zurück bei PREDA nahm ich Tag für Tag an den Anhörungen teil. Am 26. Oktober waren sie vorbei und ich konnte zurück nach Dublin, um bei Mutter zu sein. Bei so vielen laufenden Gerichtsverfahren brauchte ich die Erlaubnis der Gerichte und der Einwanderungsbehörde. Verzweifelt versuchte ich, eine Unterschrift unter die Papiere für meine Reiseerlaubnis zu bekommen. Es war kein Bevollmächtigter da, der die Papiere hätte unterschreiben können, sein Stellvertreter hatte die Stadt verlassen, das Rechtsamt war geschlossen ... Ein Hindernis nach dem anderen stand meiner Abreise im Weg, dabei verschlechterte sich Mutters Zustand zusehends. In meinem ganzen Leben war ich nicht so wütend über die korrupte Bürokratie wie in jener Woche. Es dauerte fünf Tage, um alle Reisepapiere zusammenzubekommen. Dann endlich stieg ich ins Flugzeug, müde, erschöpft und voller Sorge.

Meine Mutter war eine geistreiche Frau, belesen, sehr eigenwillig, weise, mitfühlend und sie ließ sich von niemandem an der Nase herumführen. Sie konnte in den Herzen und Gedanken all ihrer Kinder lesen und sprach mit uns über ihre Gedanken oder schrieb sie für die Nachwelt auf, je nachdem wie sie es für richtig und angemessen hielt. Ich fühlte mich ihr sehr nahe und verbrachte jedes Jahr so viel Zeit wie möglich mit ihr, besonders in den letzten fünf Jahren. Die vielen Einladungen zu internationalen Konferenzen führten mich häufig nach Hause. Das war ein Segen und sie freute sich jedes Mal auf diese Zeit. In ihren letzten Jahren brachte ich sie und ihre Schwester, trotz ihrer Zerbrechlichkeit und gegen jeden Rat, ins Heilige Land. Davon hatte sie ihr ganzes Leben lang geträumt und sie zeigte dort, trotz der drückenden Hitze, mehr Ausdauer und Entschlossenheit, jede heilige Stätte zu besuchen, als jeder andere von uns, der sich dieser Pilgerreise angeschlossen hatte. Sie und Tante Aileen waren wirklich erstaunlich. Ein Jahr danach erfüllte sich ein weiterer ihrer Träume, denn wir reisten nach Fatima. Ich muss wohl kaum sagen, dass meine Mutter all diese Reisen selbst über das Telefon, ihre Verbindung zur Welt, organisierte.

Ich hatte ein langes Gespräch mit den Ärzten, meiner Mutter und all meinen Geschwistern. Für eine 93-Jährige war sie, bis auf den Tumor, erstaunlich gesund. Wir alle hatten Angst vor den Komplikationen, aber keiner von uns wollte ein erfülltes, langes Leben so verlängern, dass es in langen, unkontrollierbaren Schmerzen und intensivem Leid endete. Die Ärzte im St. Michael-Hospital in Dun Laoghaire gaben uns ihre Einschätzung und es sah trotz ihres Alters gut aus. Mutter sagte, sie wolle sich operieren lassen. Sie war bereit, zu Gott zu gehen, falls die Operation fehlschlagen sollte. Ihr Mut war unglaublich; wenn ich zitterte, lachte sie, wenn ich den Tränen nahe war, lächelte sie und als ich dachte, alles sei verloren, sagte sie zu mir: »Ich habe nichts zu befürchten. Ich habe das Beste aus dem gemacht, was dieses Leben mir gegeben hat. Jetzt bin ich bereit für das nächste. Gott wird mich willkommen heißen.« Dies waren ihre letzten Worte, bevor ihr Bett durch die Schwingtüren des Operationssaals gerollt wurde. Sie schwankte niemals in ihrem Glauben, ich aber wankte; ich fürchtete das Schlimmste und wusste doch, dass wir die bestmögliche Entscheidung getroffen hatten.

Das nächste Mal sah ich sie auf der Intensivstation. Die Operation war gut verlaufen, es hatte keine Komplikationen gegeben. Sie lächelte, es war ein schöner Morgen und ein paar Tage später ging es ihr so gut, dass sie auf eine normale Station verlegt werden konnte. Das war vielleicht zu früh. Bereits nach einem Tag plauderte sie mit Besuchern, nachdem sie sich zur Verwunderung aller erstaunlich gut erholt hatte. Zwei Tage später erhielt ich einen dringenden Anruf auf meinem Handy und raste zum Krankenhaus. Mutter war zurück auf der Intensivstation. Es gab ein Problem, ihre Nieren arbeiteten nicht mehr richtig und begannen dann, zu versagen. So etwas hatte ich befürchtet, die Nebenwirkungen und dann die Schwäche des Alters. Die ganze Familie war auf der Intensivstation an ihrer Seite. Die Angestellten des Krankenhauses waren phantastisch, viele philippinische Krankenschwestern kümmerten sich weit mehr um sie, als ihr Dienst das erforderte. Wir hielten abwechselnd Wache. Wir wussten, dass es nur eine Frage der Zeit war, ihre Nieren erholten sich nicht mehr. Mutter war gelassen und voller Frieden, sie akzeptierte ihr

Schicksal. Wir sahen uns an und wussten, dass unser Zusammensein auf dieser Seite der Ewigkeit zu Ende ging. Wir würden im Geist immer beieinander sein, und wenn die Zeit dafür käme, würden wir uns auf der anderen Seite wiedersehen.

Es war halb fünf Uhr morgens am 12. November. Ich hielt ihre Hand, sie schien zu schlafen. Ihre Hand löste sich ganz sanft aus meiner. Ich sah auf den Monitor und wusste, dass der Moment gekommen und vorübergegangen war. Als ich das Krankenhaus später verließ, fuhr ich zu unserem Lieblingsplatz, von dem aus man das Meer sehen konnte. Hier saß ich und weinte.

Es war ein kaltes Weihnachtsfest in Irland. Die ganze Zeit hatte ich über SMS und E-Mail engen Kontakt zum PREDA-Team gehalten. Ich besuchte gerade unsere Freundin und Unterstützerin Christina Farmington in Sligo, als mein Mobiltelefon klingelte. Ich war sprachlos. Merly, Alex' Frau, war mit einem Aneurysma, einem Blutgerinnsel im Gehirn, zusammengebrochen. Es war ein fürchterlicher Schock. Sie lebte noch, lag aber im Krankenhaus im Koma. Ich packte sofort, verabschiedete mich und fuhr die Nacht hindurch nach Dublin zurück. Dort erledigte ich alles, was ich in Rosetta noch zu tun hatte und nahm am nächsten Tag einen Flug nach Frankfurt. Die Lufthansa verschaffte mir in aller Eile einen Flug und zwei Tage später war ich zurück in Manila, wo ich sofort ins Krankenhaus fuhr.

Es war eine traurige und rührende Szene. Alex und die drei Kinder warteten vor den Türen der Intensivstation. Sie waren von Stress und Schlafmangel völlig übermüdet. Der Arzt erklärte, dass ein Aneurysma, ein geplatztes Blutgefäß im Gehirn, bei ungefähr einem von 10 000 Menschen vorkommt und dass es kaum einen Weg gibt, es zu entdecken, außer durch eine Gehirnszintigrafie bei starken, andauernden Kopfschmerzen. Merly lag im Koma. Weil wir glaubten, dass manche Menschen auch im Koma noch schwach hören können, sprachen wir alle mit ihr. Wir versicherten ihr, dass alles getan würde, wir seien da und wir alle würden für sie beten. Als aber zwei Wochen ohne Anzeichen jeglicher Gehirnaktivität verstrichen waren und sie in der Zeit mehrere Herzanfälle erlitt, gab es langsam keine Rettung mehr für sie.

Während ich wieder einmal am Bett einer Frau Wache hielt, die mich sehr beeinflusst und mich in meinem Leben und meiner Arbeit unterstützt hatte, erinnerte ich mich an den Tag vor 28 Jahren, als ich in das kleine, schäbige Büro der DARE-Stiftung in Manila gekommen war, um dort einige Dokumente abzuholen. Dort hatte ich Merly getroffen, die mir sagte, wenn ich ein neues Zentrum in Olongapo eröffnen wolle und noch jemanden bräuchte, dann sei sie die erste, die sich den neuen Mitarbeitern anschließen wolle. Nun, damals hatte ich noch kein Geld und es war nur ein Traum, den ich hatte. Aber es kam der Tag, an dem ich den Traum Wirklichkeit werden ließ. Merly, eine Frau von großer Entschiedenheit und außergewöhnlicher Glaubensstärke, sagte mir, sie sei bereit, DARE zu verlassen und fast ohne jegliche Bezahlung das neue unbekannte Abenteuer anzugehen. »Gott wird es geschehen lassen, wir müssen nur tun, was immer wir können«, war ihre inspirierende und ermutigende Antwort.

Ich habe bereits darüber geschrieben, wie hart damals diese ersten Tage waren. Marcos regierte mit eiserner Faust und wir nahmen uns in Acht, nicht als Subversive anzeigt und verhaftet zu werden. Die sozialen Missstände, unter denen Olongapo litt, waren wie ein Heuschreckenschwarm, der Herz und Seele der Filipinos auffraß und ein moralisches Ödland zurückließ. Dagegen kämpften wir vom ersten Tag an und versuchten, die Saat von Würde, Freiheit und Hoffnung auszubringen. Merly schreckte vor dieser Herausforderung nicht zurück. »Wenn ich über das Wasser gehen muss, soll es bitteschön gefroren sein«, sagte sie. Ihr lebensfroher Glaube, ihr Optimismus und ihr Vertrauen in Gottes Stärke rissen Alex und mich mit, wenn der Weg schwierig wurde, besonders als wir von der DARE-Stiftung und ihren mächtigen politischen Kontaktpersonen juristisch angegriffen wurden. Merly hatte Betriebwirtschaft studiert und ihre Kenntnisse und Management-Fähigkeiten halfen uns beim Aufbau unserer Fairhandelsabteilung und des Ausbildungsprogramms. Sie erschloss den Markt für handgefertigte Möbel und geflochtene Körbe. Innerhalb weniger Monate war unsere Bilanz ausgeglichen. Wo viele andere vor der Herausforderung zurückgeschreckt wären, verstand Merly ganz deutlich, dass es ihre Aufgabe war, Gottes Königreich der Gerechtigkeit und Liebe zu den Ärmsten der Armen zu bringen, auch wenn man dazu die Behörden herausfordern musste, die dem Übel erlaubten, sich ungehindert auszubreiten. Sie hätte eine erfolgreiche Geschäftsfrau in einem großen Unternehmen sein können, aber sie kam zu PREDA, einer einfachen, ums Überleben kämpfenden Organisation mit einer gewaltigen Aufgabe.

Wir hatten gerade angefangen und unser Team steckte noch in den Kinderschuhen, als Alex Corpus Hermoso dazustieß, ein junger, gutaussehender, intelligenter College-Absolvent mit einem Diplom in Soziologie. Sie freundeten sich an und der Geist der Teamarbeit wuchs und brachte ihnen Liebe, Heirat und schließlich drei wunderschöne, intelligente Kinder. Diese studieren heute Medizin und Jura und sind beseelt von dem gleichen Sinn für Hingabe und Engagement wie die Eltern, denen sie nacheifern. Ihre Namen Christina, Christopher und Chrisanta brachten die einhellige Liebe zu Jesus Christus und zu allem, wofür er lebte und starb, zum Ausdruck.

Heute blühen die Projekte des Fairen Handels, die Merly begonnen hat, und der kleine Garten voller Güte, den sie bepflanzt hat, wurde zu einem Feld, das reiche Früchte trägt. Viele arme Menschen sind nicht mehr ganz so arm – Kunsthandwerker stellen Möbel aus Bambus her und Mütter nähen aus alten Safttüten modische Taschen, Geldbeutel und Einkaufstaschen. Auch das Projekt mit den getrockneten Mangos war ein großer Erfolg. Heute profitieren tausende Bauern und ihre Familien von den hohen Preisen, die wir für ihre köstlichen und sehr gesunden Früchte zahlen, die ohne Chemie oder Zucker und auf umweltfreundliche Weise getrocknet werden.

Dieser Erfolg brachte auch zusätzliche Finanzmittel für die anderen sozialen Aktivitäten bei PREDA: der Bewahrung der Kinder und Jugendlichen vor Ausbeutung. Wir konnten viel mehr Opfern sexuellen Missbrauchs helfen und ihnen Schutz, Therapie und Ausbildung zukommen lassen. Merly war inzwischen Leiterin der Verwaltung und Geschäftsführerin von PREDA. Als die uns übelgesinnten Autoritäten versuchten, unseren Ausbildungsworkshop und das Handwerkszentrum zu schließen, standen wir vor dem Ruin und der Schließung. Aber Merly war nicht unterzukriegen. Sie suchte den Kontakt zu den Fairhandelsorganisationen in Übersee, in Europa und den USA. Unsere Produktion musste eingestellt werden, weil die Stadt uns die Betriebsgenehmigung verweigerte – die Sexclubs und Bordelle hatten Genehmigungen im Überfluss. Merly aber hatte die brillante Idee, die Arbeiter in ihre Heimatdörfer auf dem Land zurückzuschicken. Dort waren sie weit von den Versuchungen der Stadt entfernt und konnten in einer gesunden Umgebung bei ihren Familien leben. Heute florieren diese Handwerksbetriebe und Landwirtschaftsprojekte. Jedes Jahr werden sie von Dutzenden philippinischer Jugendlicher und Freiwilliger aus der Fairhandelsbewegung besucht, die gern an den Aktivitäten teilnehmen und der indigenen Bevölkerung dabei helfen, wenn diese in ihren angestammten Gebieten in den Bergen Bäume pflanzen. Es ist eine Art Öko- und Fairhandels-Tourismus, eine echte Alternative zum Tourismus in den Badeorten. Es ist auch ein Mittel gegen Sextourismus. Merly machte aus einer potentiellen Katastrophe ein Wunder. Sie ließ die Durchquerung des Roten Meeres aussehen wie ein Picknick am See.

Merly arbeitete beharrlich daran, diese Welt gerechter und glücklicher zu machen. Es war ein gut gelebtes Leben, echt und ehrlich, ohne Makel und voller Güte. Welch besseres Leben gibt es als das für andere, indem man die anderen über einen selbst stellt, sie alle ermutigt und keine Belohnung für sich selbst erwartet. Ihre Aufgabe ist unsere Aufgabe und diese geht weiter. Sie hat ihr Leben für andere gelebt, ihr Geist ist noch bei uns und wird es immer bleiben. Niemand von uns kann ohne Tränen in den Augen zusehen, wenn eine Freundin wie Merly stirbt, und ich habe oft geweint. Wir erkennen, wie zerbrechlich wir selbst sind, und doch: durch unsere emotionale Verletzbarkeit und unseren Glauben an das Gute können wir wieder stark sein und dieses Gute all jenen zuteilwerden lassen, die Not leiden.

33

Kein Kind wird verloren sein

Kinder im (Un)-Rechtssystem (2001–06)

Bereits seit 32 Jahren lebte ich nun schon auf den Philippinen. Merlys Tod schmerzte sehr. Sie war unersetzlich und doch standen Alex und ich nun vor der Herausforderung, ihre Arbeit übernehmen zu müssen.

Eine Sache, die Merly mehr als andere soziale Missstände beklagte, war die Verhaftung von Kindern und deren Missbrauch in den Gefängnissen. Bei jedem Gefängnisbesuch war es die gleiche frustrierende Situation, stand ich vor dem gleichen Problem: wie konnten wir noch mehr Kinder und Jugendliche aus den schrecklichen und grausamen Bedingungen befreien, unter denen sie im Gefängnis litten? Der Rechtsweg war kompliziert und es war zu teuer, die vielen hundert Fälle von Kindern hinter Gittern von einem privaten Rechtsanwalt bearbeiten zu lassen. Wir bei PREDA hatten uns dem *Juvenile Justice Network* angeschlossen, einem Netzwerk von NGOs, die sich zusammengetan hatten, um die Rechtslage der Kinder zu verändern, die mit dem Gesetz in Konflikt geraten waren. Das Gesetz sollte einen anderen Umgang mit diesen Kindern festlegen. Bisher wurden sie wie Erwachsene verhaftet, eingesperrt, vor Gericht gestellt und bestraft. Diejenigen, die wegen schwerer Verbrechen verurteilt wurden, kamen in die nationale Strafanstalt. Bevor die Todesstrafe 2006 abgeschafft wurde, gab es einmal zwölf Jugendliche in der Todeszelle.

Die Behandlung war oft sehr brutal und brachte die jungen Menschen gegen die Gesellschaft auf. So wurden Wut, Rachegelüste und Gewalttätigkeiten gegenüber Autoritätsfiguren gesät. In der Tat wurden die Straßenkinder und verarmten Minderjährigen durch das hart strafende System, welches noch aus der Zeit der amerikanischen Kolonialregierung und deren Rechtssprechung stammte und die daraus entstandene brutale und ungerechte Behandlung zu Rebellen gemacht. Ich war entschlossen, dies zu ändern. Durch das Netzwerk arbeiteten wir an der Verabschiedung eines neuen Gesetzes mit, welches das Alter für die Strafmündigkeit von Kindern auf 15 Jahre heraufsetzen und einen Minderjährigen über 15 Jahren nur dann für straffähig erklären sollte, wenn er oder sie mit voller Einsicht gehandelt hatte. Die Debatte über die Definition von »Einsicht« verzögerte allerdings die Verabschiedung des Gesetzes. Es war ein gutes Gesetz, das den strafenden Ansatz durch ausgleichende Gerechtigkeit, Gesundung und Rehabilitation für diese Kinder ersetzen würde.

Es dauerte lange, bis ich endlich einen Weg fand, das System zu umgehen und die Richter zu überzeugen, die Kinder in die Obhut des PREDA-Zentrums für Jungen zu entlassen. Es dauerte noch bis 2006, als das neue Gesetz endlich verabschiedet wurde. Bei PREDA hatten wir gezeigt, dass ein ausgleichender Ansatz in einer therapeutischen Gemeinschaft funktionierte. Man musste die jungen Leute nicht verlassen, aufgeben und wie Müll behandeln. Sie konnten sich verändern, wenn sie nur mit Respekt und Würde behandelt wurden. Unser offenes Zentrum für Kinder im Konflikt mit dem Gesetz beweist jeden Tag, dass junge Menschen zu einem normalen, gesunden, spirituellen Leben zurückfinden können. Sie bleiben aus freien Stücken bei PREDA, es braucht keine Wächter, Gewehre oder Zäune. Kindern und Jugendlichen das Bewusstsein zu vermitteln, dass sie wertvolle Menschen sind, dass sie geistigen Wert besitzen, ihnen Freiheit zu geben, zu vertrauen und sie davon zu überzeugen, dass sie gute Menschen sind, kann wahre Wunder persönlicher Veränderung bewirken.

Die von den Jungen im Zentrum immer am meisten gemochte Bibelstelle ist das Gleichnis vom verlorenen Sohn, der seine Fehler erkannte, akzeptierte und um Verzeihung bat. Als er bereute, verziehen ihm Gott und seine Familie und zeigten ihm Liebe und Respekt. In der Realität verzeiht die Gesellschaft nicht so schnell; die Autoritäten und das Gesetz wollen Vergeltung und Bestrafung. Sie behandelten das Individuum als Teil einer Gruppe ohne individuelle Rechte. Es war fast so, als würden alle abgewiesen und aufgegeben, nur weil sie einen kindischen Fehler gemacht und das Gesetz gebrochen hatten.

Die Jungen bei PREDA mögen auch das Gleichnis vom verlorenen Schaf, in dem Jesus Christus sagt, dass die Suche nach dem Einzelnen ebenso wichtig ist wie der Schutz der Gruppe. Die Rechte des Einzelnen dürfen nicht zum Wohl der Gruppe außer Kraft gesetzt und missachtet werden. Dies überzeugte die Jungen davon, dass jedes individuelle menschliche Wesen großen Wert besitzt, Wichtigkeit und Würde, die zu bewahren sich lohnt. Es ist nicht allein die Entscheidung der Gruppe, ob ein Mensch in seinen Rechten respektiert werden soll oder nicht. Die Menschenrechte sind universell und unveräußerlich, sie können nicht verlorengehen oder weggenommen werden. Aus diesem Grund ist die Kinderrechtskonvention so wichtig: Kinder haben mehr Rechte, nicht weniger. War dieses Gefühl persönlicher Würde den Kindern im Konflikt mit dem Gesetz erst einmal zurückgegeben, konnten sie darauf gründend ein neues Leben beginnen.

Viele Gesetzeshüter sahen ein, dass es inakzeptabel war, einen Neunjährigen einzusperren. Solche Strafen basierten auf der unnachsichtigen Kolonialgesetzgebung der USA. Filipinos hatten eine andere Kultur, eine Kultur des Verständnisses, Mitgefühls und der Vergebung, in der man immer eine zweite Chance bekam, sich erholen konnte und rehabilitiert werden konnte. Es wurde weithin anerkannt, dass junge Menschen aus ihren Lebensumständen heraus agieren, dass sie die meisten ihrer Verbrechen im Affekt begehen. Sie verstoßen gegen das Gesetz, weil sie hungrig sind, Mangel leiden, sich verteidigen müssen oder unter dem Druck und dem schlechten Einfluss von Erwachsenen stehen. Eine ungerechte, ungleiche Gesellschaft wird von Menschen geschaffen. Die Gesellschaft muss die Verantwortung für die Situation extremer Armut, Not und mangelnder Bildung übernehmen, in die Millionen philippinischer Kinder durch von Menschenhand geschaffene Armut, durch korrupte Regierungen und Vernachlässigung geraten.

Die Straßen von Olongapo waren der schlimmste Ort für junge Menschen. Dasselbe Strafgesetz, welches die Philippinen von den USA geerbt hatten, wurde vom damaligen Bürgermeister und heutigen Senator Richard Gordon in seiner von der Marine abhängigen Stadt umgesetzt. Gordon wollte strikte disziplinarische Gesetze. Die Behörden und der Bürgermeister begegneten den Straßenkindern mit Härte und sperrten sie häufig ein, was eine Verletzung der UN-Kinderrechtskonvention bedeutete. Die örtlichen Behörden wollten nicht, dass diese Rechtsverletzungen an die Öffentlichkeit gelangten. Darum wurden und werden wir noch heute davon abgehalten, Jugendstrafanstalten zu betreten, die dort inhaftierten Kinder zu besuchen und ihnen Essen und Getränke zu bringen. Man will ihre entsetzlichen Lebensbedingungen vertuschen, die durch internationale Gesetze verboten sind. Unsere Aufgabe ist es, die Realität zu offenbaren, die Wahrheit ans Licht zu bringen und die Kinder zu befreien, so dass keines verloren ist. Dazu brauchen wir alle Hilfe, die wir von anständigen Menschen mit Gewissen und Mitgefühl bekommen können.

1988 war ich nach Finnland eingeladen worden, um an der Vollendung einiger Bestimmungen für diese Konvention mitzuarbeiten, die von Kinderschutzorganisationen aus aller Welt entworfen worden war. Die UN nahm die Konvention 1989 an und mit Ausnahme der Vereinigten Staaten und Somalias wurde sie von allen Staaten der Welt ratifiziert. Die Artikel 34 und 36 sind besonders relevant, denn sie beauftragen die Regierungen mit dem Schutz der Kinder vor allen Formen sexueller Ausbeutung und Pornografie. Mit führenden NGOs hatten wir hart um das philippinische Kinderschutzgesetz, den *RA 7610* gekämpft, das dann vor einigen Jahren erfolgreich verabschiedet wurde. So gut es ist, es mangelt an seiner Umsetzung. Nur wenige Pädophile, Kinderhändler und Sextouristen werden angeklagt und verurteilt. Gesetze sind wie Verkehrsampeln, wer genug Geld hat, kann einfach durchfahren. Sie erreichen wenig, wenn sie nicht für alle gelten.

Vielleicht hatten der Bürgermeister und sein Cousin, seine Frau und sein Bruder, also alle, die nach ihm das Amt übernahmen, sogar gute Absichten, als sie anstatt der Zuhälter und Pädophilen die kleinen Kinder hinter Gitter brachten. Überall auf den Philippinen wurde es ebenso gehandhabt. Leider werden Kinder bis heute als verdächtige Kriminelle verhaftet, aber jetzt sind die Menschenrechtsvertreter von PREDA da, um sie zu schützen und zu verteidigen, wenn sie geschlagen und eingesperrt werden. Wir geben den Kindern täglich eine Mahlzeit und helfen ihnen mit medizinischer Unterstützung und Bildung. Aber sie brauchen viel mehr. Einige von ihnen leben in einem Abwasserrohr, andere unter einer Brücke am Fluss. Ich bat die Behörden, uns ein ungenutztes Regierungsgebäude in der Stadt als neues Heim für die Kinder zu überlassen, aber sie fanden prompt eine andere Verwendung für das Haus. Noch immer werden Kinder ins Gefängnis gesteckt, die meisten von ihnen haben kein Zuhause.

Ich begann, intensiver darüber nachzudenken, wie viele Kinder im ganzen Land in solchen Zellen missbraucht und traumatisiert werden, und wie viele der kleinen Jungen und Mädchen im Gefängnis ohnmächtig und hilflos sexuellen Übergriffen ausgesetzt sind. Es war ein Wendepunkt für mich und alle bei PREDA, als ich Rosie, das kleine Mädchen, im Gefängnis fand. Nachdem sie gerettet und zu ihren Eltern zurückgebracht worden war, erfuhren wir, dass sie als Geisel in der Polizeistation B eingesperrt worden war, bis die verarmten Eltern ihren als Erdnussverkäufer hart erarbeiteten Lohn als Lösegeld gegeben hatten. Bei einer solchen Korruption unter Polizeibeamten ist es kein Wunder, dass Zuhälter Kinder ohne Probleme an Matrosen und Sextouristen verkaufen konnten und dabei straffrei ausgingen.

Ich erkannte nun, dass wir mehr tun mussten. Wir besuchten weitere Gefängnisse, um uns ein Bild über die Zustände zu machen und zu sehen, ob man die Kinder in unsere Obhut entlassen könnte. Aber damals war das noch fast unmöglich. Sie wurden wie erwachsene Kriminelle behandelt und durften nur an staatliche Zentren übergeben werden; davon gab es jedoch nur wenige und sie waren völlig überfüllt. So blieben die Kinder im Gefängnis, zusammen mit erwachsenen Kriminellen unter entsetzlichen Bedingungen.

Da war zum Beispiel Jamie, dessen Geschichte so typisch und so fürchterlich ist, dass ich sie hier erzählen möchte. Er war ein kleiner, zwölfjähriger Junge, der mit den Vergewaltigern und Mördern von Metro Manila zusammen eingesperrt worden war. Als ich ihn zitternd in einer dunklen Ecke einer überfüllten Zelle fand, zusammengepfercht mit schwitzenden, halbnackten Kriminellen, war er schwach, dürr und sehr verängstigt. Er war nur eines von vielen tausend Kindern, die auf den Philippinen hinter Gittern sind.

Jamies Verbrechen bestand darin, nach der Schule an einer Straßenecke Karten zu spielen. Die Polizei sagte, es sei Glücksspiel gewesen, die Familie sagte, es sei das Spiel von Kindern gewesen. Er wurde nie dem Staatsanwalt vorgeführt und kein Richter hörte ihn an. Er geriet in Vergessenheit, weil die Familie das Lösegeld nicht bezahlen konnte, damit er freigelassen würde, oder es nicht wagte, es mit den Behörden aufzunehmen. Nur einmal pro Woche brachte die Familie ihm etwas zu essen. Sie mussten den Wächter bestechen, damit er sie hineinließ. Jamie brauchte mehr als die tägliche Handvoll Reis und den Löffel voll Gemüse, den es im Gefängnis gab. Die Tuberkulose grassierte und wurde mit jedem Atemzug eingeatmet; es war nur eine Frage der Zeit, bis Jamie sein Todesurteil erhielte. Im Krankensaal des Gefängnisses lagen 20 an Tb erkrankte Insassen auf Strohmatten auf dem Betonboden – blutspuckend, unbehandelt. Die Kranken und die Sterbenden wurden völlig vernachlässigt. Die Krätze verbreitete sich wie Buschfeuer. Überall brachen Wunden auf, die quälend juckten. Die Gefahr, sich mit AIDS anzustecken, war immer präsent. Jamie war verzweifelt, eingesperrt hinter Gittern, alleine gegen die Welt, besiegt, verwundbar, machtlos. Nachts wurde er in die Toilette gezerrt und mehrfach vergewaltigt; später erzählte er mir, er habe versucht, sich zu wehren und gegen die Peiniger anzukämpfen, aber sie waren zu stark für ihn. Später weinte er vor Schmerzen, also schlugen sie ihn, damit er still war, und dann ließen sie ihn hungern, damit er sich wieder vergewaltigen ließ. Es erinnerte mich an den Skandal in den afrikanischen Flüchtlingscamps der UN – kein Sex, kein Essen. Er musste die Kleidung der erwachsenen Häftlinge waschen, damit sie ihn nicht schlugen. Er massierte ihnen den Rücken und die Genitalien, damit sie ihm zu essen gaben, er putzte die mit Exkrementen verschmierte Toilette, damit sie ihm einen Platz zum Schlafen gaben. Es war ein reiner Überlebenskampf; sie zwangen ihn dazu, sich wie ein Mädchen zu verhalten und gaben ihn in der Dunkelheit der überfüllten Zelle von einem zum anderen Gefangenen weiter. Wie viele tausende andere wurde Jamie missbraucht und benutzt. Es war Sklaverei der schlimmsten Art, dabei hatten wir doch gedacht, solche Zustände seien schon längst abgeschafft. Für ihn war es der philippinische Gulag, ebenso wie für mindestens 20 000 andere Kinder im ganzen Land.

Er kratzte seine Mückenstiche und die Krätze, bis die Wunden bluteten und sich entzündeten. Es gab keinen Arzt, keine Krankenschwester, keine medizinische Versorgung. Er durfte nicht hinaus auf den Hof, um die Sonne und das Licht zu genießen. Er wurde blass, seine Augen sanken ein als ob sie sich vor dem Übel der Welt zurückziehen wollten. Als ich ihn fand, konnte man seine Rippen zählen wie bei einem Verhungernden, er war bis aufs Skelett abgemagert. Er weinte, wenn die Kakerlaken ihn bissen, weinte aus Hunger, aus Angst und Einsamkeit. Er betete, dass seine Familie kommen möge, betete zum Erlöser, ihn zu retten, aber niemand kam. Er hatte keine Chance, dieser entmenschlichenden Knechtschaft zu entkommen. Der ekelerregende Gestank des Urins in der Gluthitze und die klamme Feuchtigkeit ließen ihn verzweifeln. Ich fand ihn mit einer fiebrigen Entzündung und mit nichts außer zerschlissenen Shorts bekleidet.

Ich verlangte von den Behörden, mir die Schwere seines Verbrechens, die Länge seiner Strafe und die Beweise mitzuteilen. Es gab keine, nicht einmal einen Fetzen Papier, auf dem sein Name und seine Fallnummer geschrieben, seine Existenz anerkannt wurde. Es gab kein Protokoll über seine Verhaftung, denn laut Polizei, Aufseher und Wächter war sie nie erfolgt. Es gab keinen Schuldspruch, keine Strafe, keine willkürliche Verhaftung. Ebenso wie die Verschwundenen, die Entführten, die Opfer der Rechtssprechung tauchte Jamie niemals in irgendwelchen Berichten auf. Er war eine Nicht-Person für die Behörden. Sie sagten zu uns: niemand hat Schuld, also nehmt ihn mit und macht uns keinen Ärger. Das Tor schwang auf und ein erschreckter und vor Angst erstarrter Jamie wurde hinausgestoßen. Er war wie betäubt und konnte nicht begreifen, dass sein Elend vorbei, die Folter beendet und er kein Sklave mehr war. Er stieg in unser Auto. Wir gaben ihm ein sauberes T-Shirt und eine kurze Hose und verschafften ihm eine ordentliche Mahlzeit. Bald war er unterwegs in das PREDA-Kinderzentrum, wo schon hunderte andere geretteter Kinder willkommen geheißen wurden. Hier konnten sie sich erholen und wieder mit ihren Familien vereint werden. Jamie erholte sich, trotz des Missbrauchs und der traumatischen Erfahrungen, aber er würde nie wieder derselbe sein. Seine Kindheit war ihm für immer genommen. Schließlich fanden wir seine Eltern; sie kamen, umarmten ihn, und dann hielten sie sich gegenseitig im Arm und weinten.

Bis zum Jahr 2000 hatten wir bei PREDA ein Team speziell für die Bergung von Kindern aus Gefängnissen aufgebaut. Mehrmals pro Woche besuchten sie die Gefängnisse, untersuchten die Fälle der Kinder, die sie hinter Gittern fanden, informierten das Gericht darüber und beantragten das Sorgerecht für diese Kinder. Noch hatten wir jedoch kein Kind aus dem Gefängnis holen können. Es gab keine gerichtliche Regelung, die es einem Richter erlaubte, Kinder wie Jamie in ein privates Heim zu schicken. Das Gesetz besagte, dass Minderjährige in staatlichen oder kommunalen Heimen untergebracht werden mussten, aber davon gab es nur wenige. Fürsorge für Kinder stellte für die Politiker keine Priorität dar. Kinder dürfen nicht wählen, sie sind arm, machtlos und wertlos und haben keinen Einfluss. In der Tat sind sie, wie wir gesehen haben, für die Politiker wie eine Landplage, die das falsche Image der sauberen, ordentlichen Stadt kaputtmacht. Nichts sagt mehr über eine Stadt aus als ihre Kinder. Ob sie in Türrahmen schlafen, sich in Schubkarren zusammenrollen oder im Ge-fängnis dahinsiechen: Ihre Körper klagen lautstark an und geben Zeugnis von ihrem Schicksal – mehr als jede Rede oder jeder Zeitungsartikel. Ihre Anwesenheit ist eine Anklage gegen eine schlechte Regierung, gegen Korruption und absichtliche Missachtung der Armen und Machtlosen.

Wenn wir jemals das Geld dafür haben sollten, wollten wir ein Heim für die geretteten Kinder eröffnen. Die meisten der inhaftierten Kinder und Jugendlichen waren Jungen. Einige Jahre zuvor hatte es einen Aufschrei gegeben, als entdeckt wurde, dass Mädchen, die wegen Herumstreunens verhaftet worden waren, in den Polizeiwachen vergewaltigt wurden. Diese Mädchen wurden jetzt in die Mädchenheime der Regierung in Marilac Hills oder das *Haven* in Pampanga gebracht. Aus Mangel an Geldmitteln und Unterbringungsmöglichkeiten konnte das DSWD die meisten der verkauften und in Bordellen versklavten Mädchen nicht unterbringen oder ihnen sonst irgendwie helfen. Wir boten an, sie bei PREDA unterzubringen, aber die Regierungsbehörden arbeiten nur langsam und widerstrebend mit uns zusammen. Sie schicken die Mädchen mit dem nächsten Bus aus der Stadt zu den Eltern zurück; die meisten fahren sofort wieder zurück in die Stadt. Mitunter findet das Team von PREDA Mädchen in den Haftzellen der Polizeiwachen und holt sie schnell dort heraus, bevor sie vergewaltigt oder missbraucht werden, und bringt sie in das PREDA-Zentrum für Mädchen. Dieses ist allerdings fast vollständig belegt; wir arbeiten daran, ihnen ein neues Haus zur Verfügung stellen zu können.

Bis vor kurzem wurden Kinder in Gefängnissen als Unpersonen betrachtet, wertlos und über das Stadium hinaus, in dem man ihnen helfen kann. Das war und ist vollkommen falsch. Vielleicht sind sie rebellisch, wütend und neigen zu kriminellen Handlungen, aber wir müssen auch sehen, welchen Einfluss die Gesellschaft auf sie hat und was die Erwachsenen ihnen zu Hause, in der Schule oder im Gefängnis angeboten haben: praktisch nichts außer Verdammung und Bestrafung. Ich wollte der Welt zeigen, dass diese Kinder trotz ihrer Armut und obwohl ihnen in diesem wohlhabenden, rohstoffreichen Land grundlegende Rechte und Bildung vorenthalten wurden, Rechte, Wert und gottgegebene Würde besaßen. Die weitverbreitete Armut und die Inhaftierung von Kindern sind die Verbrechen der Reichen, die das Land autoritär regieren. Sie haben die politische und finanzielle Macht. Ihre Verwandten sitzen an Schlüsselstellen jeder Regierungsbehörde und sorgen für ihr eigenes Wohlergehen, ihren Reichtum und ihren Schutz. Die Kinder sind keine Kriminellen, aber die Erwachsenen würden sie gern als solche brandmarken und behandeln und sich somit von der Verantwortung befreien, ihnen helfen zu müssen.

PREDA war Mitglied in einer Kommission von Wohlfahrtsorganisationen, die Änderungen im Jugendstrafgesetz entwarfen, welche Jugendliche im Alter von 15 Jahren und darunter von der Strafmündigkeit ausnahm. 15- bis 18-Jährige würden von der Strafverfolgung ausgeschlossen werden, es sei denn, man könnte ihnen nachweisen, dass sie mit Absicht gehandelt hatten. Diese Änderungen würden es erlauben, ihnen Rehabilitierungsprogramme anzubieten anstelle von Bestrafung und Gefängnis. Wir schlugen ebenfalls vor, Herumstreunerei und Drogenmissbrauch von Minderjährigen nicht unter Strafe zu stellen. 2001 gab es keine Hoffnung, das noch unbeschlossene Gesetz trotz neun Jahren Lobbyarbeit im Kongress durchzusetzen. Es war ein Traum, aber einer, den zu verfolgen sich lohnte.

Laut eines Berichtes von Mahlon Meyer und Marites Vuirug in der *Newsweek* vom August 2001 gab es schätzungsweise 20 000 Kinder in philippinischen Gefängnissen. Die Geschichte beschrieb, wie kleine Jungen von anderen Jungen und erwachsenen Häftlingen im Gefängnis zur Prostitution gezwungen wurden. Wir fuhren in die Gefängnisse von Metro Manila, überall war es dasselbe. Andere Organisationen leisteten Großartiges, aber dass die Kinder aus den Gefängnissen und in die Obhut von Kinderschutzzentren geholt wurden, kam nur selten vor. Wir ersuchten um internationale Hilfe und richteten dringende Appelle an das UN-Menschenrechtskomitee in Genf, das sich mit willkürlichen Verhaftungen befasst. Im Gefängnis von Angeles fanden wir im Juni 2002 zwei zehn und zwölf Jahre alte Jungen und zwei ältere Minderjährige, die mit erwachsenen Gefangenen in einer überfüllten Zelle eingesperrt waren. Sie litten ebenso wie Jamie und wir bekamen sie nicht heraus.

Ein hart arbeitender und engagierter irischer Rechtsanwalt, James Nuna, kam auf eigene Kosten für mehr als sechs Monate zu PREDA, um uns bei den vielen Fällen von Kindesmissbrauch und Menschenrechtsverletzungen zu helfen. Er untersuchte die Möglichkeiten und arbeitete an einem dringenden Appell, den wir im Namen der Jungen in Angeles an das UN-Menschenrechtskomitee richten wollten. Es war ein Präzendezfall und, so hofften wir, er würde die Behörden wachrütteln. Darach MacNamara, Barry Mansfield, Gina Dowling und viele andere Freiwillige kamen und halfen dabei, so viele Kinder wie möglich aus den Gefängnissen zu retten – es war noch immer fast unmöglich.

Das UN-Komitee, das sich dem Thema der willkürlichen Verhaftungen annahm, antwortete erstaunlich schnell auf die Fakten, die James zusammengetragen hatte. Normalerweise dauert es Jahre, bis man eine Antwort bekommt, in diesem Fall waren es nur zwei Monate. Dies war eine Herausforderung für die philippinischen Behörden, die uns jahrelang ignoriert hatten. Nun mussten sie uns beachten. Die Antworten der philippinischen Regierungsbehörden auf die Fragen des Komitees wurden zwecks Beurteilung an uns zurückgeschickt und wir erbrachten den Beweis, dass die von der Regierung eingereichten Aussagen und Behauptungen offenkundig falsch waren. Am Ende entließen sie die vier Kinder am 5. Juli 2002 an ein Jugendzentrum der Regierung. Das war schon eine Art Sieg, aber der Prozess war so mühsam, dass man damit nur einigen wenigen helfen konnte. Die Regierungsbehörden antworteten dem Komitee mit der lahmen Entschuldigung, sie bedauerten, dass die Quelle der Informationen [PREDA] die Fakten verzerrt habe, um die Fälle aufzubauschen. Die Verzögerungen in der Überstellung der drei Minderjährigen, entweder in die Obhut der Eltern, eines Kinderheimes oder eines Drogenrehabilitationszentrums, seien weitestgehend auf die Eltern zurückzuführen, so sagten sie, die sich trotz aller Bemühungen der Gefängnisleitung unkooperativ und gleichgültig gezeigt hätten. Die Beamten wollten ihre Nachlässigkeit verstecken, indem sie die Eltern beschuldigten, ihre Kinder im Gefängnis in der Gesellschaft von Vergewaltigern und Mördern zurückgelassen zu haben. Als ob man ihnen das glauben würde! Unser Appell an die UN und die permanenten Versuche, durch Lobbyarbeit, Fürsprecher und über den Rechtsweg Veränderungen herbeizuführen, sensibilisierte das Personal in den Gerichten. Sie wollten Veränderungen, aber wie? Wir konnten mehr Gefängnisse besuchen, die Einschränkungen und die Bürokratie wurden weniger. Wir sahen, unter welchen Bedingungen die Kinder inhaftiert waren und konnten sie identifizieren und ihre Fälle für das Gericht dokumentieren. Viele Gefängnisaufseher und der Direktor der Gefängnisaufsichtsbehörde verlangten, dass unser Team schriftliche Genehmigungen von ihnen und den Richtern vorlegte.

Wir hielten Kundgebungen ab, an denen oft 100 Kinder teilnahmen, um gegen die Verhaftung Minderjähriger zu protestieren. Gemeinsam mit Kindern, die unrechtmäßigerweise inhaftiert worden waren, marschierten wir zum Büro des Ombudsmanns, um eine Sammelklage gegen Präsidentin Gloria Macapagal-Arroyo und jene Beamten einzureichen, die für die Verhaftung von Kindern verantwortlich waren. Am 6. September 2001 veröffentlichten wir einen 40 Seiten starken Bericht über die Situation von Kindern in Gefängnissen, der auf unseren Gefängnisbesuchen und Gerichts- sowie Gefängnisberichten beruhte. Diesen schickten wir an den inzwischen pensionierten Präsidenten des Obersten Gerichtshofes, Hilario J. Davide Jr., den stellvertretenden Repräsentanten der Philippinen für das *United Nations Development Programme* (UNDP), das Entwicklungsprogramm der Vereinten Nationen. Kurz darauf veröffentlichte *amnesty international* eigene Untersuchungsergebnisse über die schrecklichen Lebensbedingungen von Kindern im Gefängnis; sie zitierten den Bericht von PREDA und bestätigten so unsere Ergebnisse. Ich kontaktierte alle unsere Unterstützer und begann eine internationale Briefkampagne an Davide und alle Mitglieder des Obersten Gerichtshofes, um sie zu einer Veränderung des Gerichtsverfahren zu bewegen, damit Minderjährige dem Sorgerecht der Eltern oder einem privaten Kinderheim übergeben werden konnten. Auf diese Weise konnten all unsere Helfer und die Verteidiger von Kinderrechten aus aller Welt diesen Kindern beistehen.

Der neue Leiter des Obersten Gerichtshofes, Artemio V. Panganiban, hatte einen guten Ruf als Verteidiger der Rechte von Kindern und unterstützte die Reformen entsprechend. Zenaida Delapanio von der Gerichtsverwaltung hatte sich schon seit vielen Jahren für den Schutz von Kinderrechten eingesetzt. Sie hatte die neuen Regelungen bereits vorbereitet und der Oberste Gerichtshof hatte schon mehrere Rundbriefe herausgegeben, in denen die Richter aufgefordert wurden, die Gefängnisse zu besuchen und im Umgang mit Minderjährigen Mitgefühl zu zeigen. Sie waren eingeschränkt, da der Kongress keine

Anstalten machte, das neue Gesetz zu verabschieden, aber sie versuchten, es durch die neuen Regelungen vorwegzunehmen. Diese neuen Regeln waren äußerst wichtig. Auch Reynato Puno, ebenfalls Richter am Obersten Gerichtshof, arbeitete an einer Gefängnisreform mit. Er ließ sogar einen Containerwagen umbauen und zu einem Gericht auf Rädern umfunktionieren, komplett mit Richter, Staatsanwalt und öffentlichem Verteidiger, das in die Gefängnisse fuhr, um lange aufgeschobene Fälle voranzutreiben. Als die Regelungen geändert wurden, trug die Briefkampagne viel dazu bei, das Augenmerk der Richter trotz ihrer Arbeitsbelastung auf die Änderungen zu richten. Ihre Rundbriefe an die Richter der Landgerichte öffneten schließlich den Weg dahin, Kinder in unsere Fürsorge zu übergeben. Würden die Jungen wegrennen, sobald sie die Freiheit geschmeckt hatten? Würden sie anfangen, im Zentrum zu raufen, zu stehlen und einander zu missbrauchen? Schließlich waren sie bereits als Kriminelle gebrandmarkt und hatten gesehen, wie es im Gefängnis zugeht. Wir machten uns Sorgen und waren nervös, aber ich wusste, dass Alex und ich auf unsere 18 Jahre Erfahrung in der Leitung des Drogenrehabilitationszentrums und des Heims für Straßenkinder zurückgreifen konnten, die beide erfolgreich von 1975 bis 1992 gearbeitet hatten. Wir waren zuversichtlich, dass wir es hinkriegen würden. Mithilfe unserer britischen Partnerorganisation *Jubilee Action* führte ich unsere Kampagne auch in Großbritannien und anderen Ländern durch. Ich hatte die Unterstützung des parteiübergreifenden Komitees für Kinderangelegenheiten im Unterhaus.

Zu meinem Erstaunen und Entzücken nominierte mich Nigel Griffith aus Schottland, Parlamentsmitglied und engagierter Verfechter der Kinderrechte, für den Friedensnobelpreis. Im Oberhaus ließen Lord Raymond Hylton und Lord David Alton keine Gelegenheit verstreichen, Kinderrechte zu fördern und unsere Arbeit zu unterstützen. Auf die Nominierung im Jahr 2001 folgte bald der Menschenrechtspreis der italienischen Stadt Ferrara, der von der *Associazione Gruppo Ferrara – Terzo Mondo* verliehen wurde. Die Nominierungen und der Preis halfen, die Öffentlichkeit für die wichtigen Themen der Befreiung von Kindern aus Gefängnissen und aus der Ausbeutung und Versklavung durch die Sexindustrie zu sensibilisieren. Meiner Meinung nach ist dies der Sinn von Preisen und Nominierungen. Es sollten noch weitere folgen.

Am 28. Februar 2002 unterschrieb der Präsident des Obersten Gerichtshofs Davide Jr. die neuen Bestimmungen, die am folgenden 15. April in Kraft traten. Nun gab es eine Chance, die Familiengerichte zu ihrer Umsetzung zu bewegen und die Kinder in nichtstaatlichen Kinderheimen unterzubringen. Dies war nicht so leicht wie es aussah, einige Richter berücksichtigten die strengen Forderungen der Kläger, die Kinder ins Gefängnis zu stecken. Die Sozialarbeiter von PREDA mussten auf sie zugehen, um sie dazu zu veranlassen, ihren Widerstand gegen die Überführung der beschuldigten Kinder ins PREDA-Zentrum aufzugeben. Wir renovierten ein bereits bestehendes Gebäude auf dem PREDA-Gelände und machten daraus mithilfe großzügiger Unterstützer ein Zentrum für Jungen. Nun waren wir bereit.

Nach Jahren der Lobbyarbeit wurde im Mai 2003 ein weiteres wichtiges Gesetz gegen Menschenhandel, der *RA 9208*, verabschiedet und von der Präsidentin unterzeichnet. Dies gab uns bessere Chancen, gegen Entführungen von Frauen und Kindern vorzugehen. Aber wie die meisten Frauen- und Kinderschutzgesetze wurde es nicht in die Tat umgesetzt und die Ausbeutung ging weiter – unsere Aufgabe blieb herausfordernd wie immer. Aber wir hatten Unterstützung. Die Kindernothilfe unterstützte uns noch immer und half den Kindern, die wir retteten. Andere hatten sich erholt und wurden zu einem sicheren und angemessenen Zeitpunkt in ihre Familien reintegriert. Sonst fanden wir einen entfernten Verwandten, der sich um das Kind kümmern konnte, während wir weiterhin seine Ausbildung finanzierten und den Prozess der Reintegration begleiteten. Auch Cordaid aus den Niederlanden, Caritas und HEKS aus der Schweiz sowie viele Einzelpersonen unterstützten uns sehr in unserer Arbeit und sorgten dafür, dass die Kinder in Sicherheit gebracht und die Täter verhaftet und für ihre Taten zur Rechenschaft gezogen wurden.

Im Juni 2003 entdeckte ich völlig verdreckte Zellen in dem OCARE-Kinderzentrum, das von der Stadtverwaltung Olongapos betrieben wurde. Ich dachte, das Zentrum würde solchen Kindern wie Rosie helfen und kein Kind würde eingesperrt. Wie Unrecht ich doch hatte. Wir holten regelmäßig Kinder, für die wir jetzt ein neues Heim hatten, aus den örtlichen Polizeigefängnissen und aus den Gefängnissen von Metro Manila. Aber was ich jetzt hier quasi in unserem Hinterhof entdeckte, war genauso erschreckend wie alles, was ich in den Gefängnissen in Metro Manila entdeckt hatte. Ich schickte unser verdecktes Ermittlungsteam, die sich das OCARE-Zentrum für Frauen und Kinder und auch die Hinterzimmer ansehen sollten. Die Mitarbeiter von OCARE wurden durch die Geschenke abgelenkt, die wir mitgebracht hatten; sie trugen sie in ihr Büro und verschlossen die Türen, um sich zu nehmen, was sie kriegen konnten. Genau das hatten wir erwartet. Unser Team präsentierte sein Seminar für die Kinder, während zwei unserer Mitarbeiter die Kinder und Frauen besuchen konnten, die in den hinteren Zimmern eingeschlossen waren. Zu ihrem Entsetzen und ihrer Abscheu fanden die zwei sie in kleinen Zellen eingesperrt, die mit einem Vorhängeschloss verriegelt waren. Dort, hinter einer verschlossenen Tür, kamen die Geheimnisse des Zentrums ans Tageslicht. Einige Jungen lagen in einer stinkenden Gefängniszelle. Kein Bett, kein Stuhl, nichts außer einem dreckigen, mit Exkrementen gefüllten Loch im Boden, das zum Himmel stank.

Als die Jungen später entlassen worden waren, organisierte PREDA für die Straßenkinder, die in den geheimen Zellen gelitten hatten, ein Seminar in einem Strandbad in Iba, Zambales. Wir luden Vertreter der Menschenrechtskommission ein, um die Zeugenaussage der Kinder zu hören, die ordnungsgemäß aufgezeichnet wurde. Die Jungen erzählten, wie Männer in das Zentrum kamen, um die Jugendlichen zu disziplinieren und zu kontrollieren. Man schlug sie mit Stöcken, entzog ihnen Wasser und Essen. Die Wächter schlugen sie mit den Köpfen an die Gitterstäbe. Sie mussten auf dem Betonboden schlafen und dann schüttete man des Nachts Eimer mit kaltem Wasser über ihnen aus. Das verstopfte Toilettenloch floss über und die Fäkalien verbreiteten sich in der ganzen Zelle, so dass sie sich über 24 Stunden lang nicht hinlegen konnten. Es gab keinen Ort, wo sie sich waschen und säubern konnten. Ihre Mahlzeiten bestanden aus Reis und Stückchen gekochten Gemüses; manchmal gab es ein Stück Fett, das beim Mittagessen der Mitarbeiter übrig geblieben war, sagten die Kinder. Der Plastikteller wurde außerhalb der Zelle auf den Boden gestellt und sie mussten sich strecken, um ihn zu erreichen. Dies war ein Spiel, das die Wärter gerne mit den Kindern spielten, weil es ihnen gefiel zu sehen, wie die gefangenen Kinder vor Hunger weinten. Sie stellten das Essen so hin, dass es gerade außer Reichweite war. Es war wie Folter. Dann würden sie den Teller mit ihrem Fuß näher und näher an die ausgestreckten Arme heranschieben und ihn dann unter brüllendem Gelächter wieder zurückziehen. Es war unmenschlich; Hunde hätte man besser behandelt.

In der Zelle nebenan waren zwei Frauen im mittleren Alter unter ähnlichen Bedingungen wie die Jungen untergebracht. Es hieß, sie seien geistig verwirrt. Man ließ sie in ihrem Urin und ihren Exkrementen hocken, denn das Loch in ihrer Zelle war ebenfalls verstopft und floss über. Die PREDA-Mitarbeiter beschrieben es als ekelerregend. Es gab keine Schutzgitter an den vergitterten Fenstern und so waren die Zellen voller Fliegen, Mücken und sogar Kakerlaken. Malaria und Dengue-Fieber waren nur einen Mückenstich entfernt. Die Gesichter der Frauen waren vom Hunger gezeichnet. In der hintersten Zelle saß eine Mutter, einsam und vergessen, ihr kleiner Junge war auf der anderen Seite des Gitters und weinte erbärmlich. All dies wurde als Beweis für Missbrauch und unmenschliche Behandlung dokumentiert. Wenn so etwas in einem Kriegsgefangenenlager passierte, würde es als eine Verletzung der Menschenrechte und internationaler Abmachungen verdammt. Die Rechte von Frauen und Kindern wurden systematisch verletzt. Sie hatten kein Verbrechen begangen, waren wegen keiner Gesetzesübertretung angeklagt und doch wurden sie von einer grausamen Familiendynastie eingesperrt, einem Regime, das die Stadt ohne Fürsorge oder Mitgefühl regierte. Gleichwohl kamen diese zusammen und hängten große Plakate auf, auf denen UNESCO-Auszeichnungen wie »Die kinderfreundlichste Stadt« und andere öffentliche Lügen standen, mit denen sie ihr Gesicht wahren wollten. Die Situation in OCARE wurde im Bild festgehalten, von Zeugen und Opfern beschrieben und alle Beweise wurden den Behörden übersandt. Wir protestierten, wir veröffentlichen und es half alles nichts. Nichts veränderte sich. Wir wollten das Rote Kreuz hinzuziehen, aber der ehemalige Bürgermeister Richard Gordon, jetzt Senator, hatte damals als Tourismusminister einige Macht und war lange Zeit der geschätzte Gouverneur des Philippinischen Roten Kreuzes. Seine Frau, die Bürgermeisterin, war für die Inhaftierung von Frauen und Kindern verantwortlich. Auf gar keinen Fall würde das Rote Kreuz der Philippinen jemals solche Dinge in Olongapo untersuchen; sie machten weiter wie bisher, obwohl das Schwedische Rote Kreuz inoffiziell über diese systematischen Akte von Missbrauch und Folter in Kenntnis gesetzt wurde. Die politischen Interessen des

Gouverneurs des Roten Kreuzes und die seiner Frau liefen zusammen und legten die Organisation auf effektive Art und Weise lahm.

Endlich, nach vielen Jahren des Protestes, übernahm der vernünftigere, respektvolle und kooperative Bruder, James »Bong« Gordon, die Regierung im Rathaus von Kate Gordon. Es gab Veränderungen. Die geheimen Zellen für Frauen und Kinder in Olongapo wurden 2004 geschlossen.

Im September 2003 kamen das Team von missio und die Schauspieler und Mitglieder des »Tatort«-Teams zu uns, um ein großes Portrait von Pia zu enthüllen. Pia ist inzwischen eine bekannte junge Frau, die mit elf Jahren das erste Mal zur sexuellen Ausbeutung verkauft wurde. Mit 14 wurde sie an einen deutschen Sextouristen verschachert, der sie auf die Insel Boracay brachte, wo sie dann gerettet werden konnte. PREDA half ihr dabei, gesund zu werden, ihren Schulabschluss und eine College-Ausbildung zur Krankenpflegerin zu machen. Pia wurde eine ausgesprochene Verfechterin der Kinderrechte. Aus Anlass des Internationalen Tages des Kindes am 19. September flogen Pia und ich in jenem Jahr nach Deutschland. Dort ist sie gut bekannt, weil sie 1996 vor einem deutschen Gericht gegen ihren Peiniger ausgesagt hat. Als einer der ersten wurde dieser aufgrund der extraterritorialen Gesetzgebung verurteilt, die dazu entworfen wurde, um Vergewaltiger zu fassen, die Kinder im Ausland missbrauchen und dann in ihre Heimatländer entkommen. Sie lassen ihre Vorlieben auch nicht am Flughafen zurück; sie sind Pädophile ohne Grenzen.

Pia hat ihr Studium inzwischen beendet und unterrichtet Kinder über die Gefahren von Internet-Chatrooms, Verabredungen mit Unbekannten, Kindesentführungen und Kindesmissbrauch. Sie spricht den Opfern von sexuellem Missbrauch Mut zu, über ihre Erlebnisse zu sprechen, damit sie Hilfe und Gerechtigkeit erlangen können. missio, einer unser Partner in Deutschland, organisierte eine Veranstaltungstour mit Auftritten, u.a. auch im Fernsehen, bei denen deutlich wurde, dass der Faire Handel von PREDA eine Antwort auf Armut und Migration ist. Die Talkshow mit Johannes B. Kerner wurde von 2,8 Millionen Zuschauern gesehen.

Die sechs Kinder, die wir im Jahr zuvor aus den Sexbars von Angeles geholt hatten, entwickelten sich gut im PREDA-Zentrum für Mädchen. In den ersten drei Monaten hatten sie Anpassungsschwierigkeiten gehabt. Sie waren als Sexsklaven in die Sexclubs von Angeles verkauft worden, die Namen tragen wie G-String, Fantastic oder Lollypop Cambodia. Sklaverei ist eine angemessene Bezeichnung für diese Art der Ausbeutung. Mit Drohungen, dass ihnen noch Schlimmeres passieren wird, bringt man sie dazu, unterwürfig und fügsam zu sein. Viele Leute meinen, all diese Mädchen werden gezwungen und gegen ihren Willen festgehalten. In einigen Fallen stimmt das, aber für diejenigen, die als Tänzerinnen und als käufliche Begleitung in den Sexclubs arbeiten, trifft dies nicht zu. Sie sind ungebildete Mädchen aus den Dörfern vom Land, die man aus der Grundschule geholt hat, um auf der Farm mitzuarbeiten. Viele waren zuhause oder von Nachbarn vergewaltigt worden, und wegzulaufen in die großen Städte war der übliche Weg. Sie hatten die Erfolgsgeschichten anderer Mädchen gehört; jetzt träumten sie von den hellen Lichtern der Stadt und wollten auch dorthin. Der Sexclub erscheint ihnen wie ein Paradies, wenn man ihn mit der Aussicht vergleicht, Schweine und Hühner zu hüten und für den Rest des Lebens Bananen zu pflücken. Man erzählt ihnen, dass die *mama-san*, die alte, verblühte Prostituierte, wie eine Mutter zu ihnen sein wird. Der Besitzer oder Betreiber, meist ein Ausländer (Ire, Engländer, Amerikaner, Australier, Deutscher), ist der *big daddy*. Die anderen Prostituierten sind ihre älteren Schwestern und so weiter. Man bringt ihnen bei, dass sie *big daddy* immer gefallen müssen, er will verwöhnt und gehätschelt werden. Für die Sexarbeiterinnen ist er ein Gott, der ihnen das tägliche Brot verschafft. So werden die Familienbande korrumpiert, die für das Wohlbefinden der Filipinos so wichtig sind. Die Sexindustrie nutzt aus, was eigentlich das Herzstück der philippinischen Kultur ausmacht und domestiziert so die ganz jungen Sexarbeiterinnen. Das sollte ein Grund für einen öffentlichen Aufruhr sein, stattdessen wird es noch gefördert.

Vor einigen Jahren stellte *BBC Spotlight* in einer Sendung, die das Thema untersuchte, einen Mann namens Agnew als einen der führenden Clubbetreiber in Angeles dar. Er wurde niemals vor Gericht angeklagt, aber die jungen, minderjährigen Mädchen, eines von ihnen erst 13, die wir aus den Clubs befreit hatten, behaupteten, er sei ihr *big daddy*. In einem Anfall verließ eines der Mädchen PREDA und ging zurück in die Clubs in Angeles. Ihre drogenabhängige Mutter hatte

Kontakt mit ihr aufgenommen und ihr gesagt, ihre Geschwister seien am Verhungern. Sie musste Geld schicken und statt uns um Hilfe zu bitten, rannte sie weg, um wieder in den Clubs Geld zu verdienen. Sie brachte zwei jüngere Mädchen, die niemals in einem Club gewesen waren, sondern zu Hause missbraucht wurden, dazu, mit ihr fortzulaufen. Sofort druckten wir Vermisstenanzeigen mit den Bildern der Mädchen und fuhren in aller Eile nach Angeles, wo wir die Bilder an alle *Tricycle*-Fahrer verteilten. Die Neuigkeit verbreitete sich und der Marktwert der Mädchen sank auf Null. Alle Zuhälter hatten jetzt Angst, weil die Mädchen als minderjährig bekannt waren und jemand nach ihnen suchte. Wer mit ihnen erwischt würde, riskierte eine Anklage wegen Entführung oder Schlimmerem. Es funktionierte, innerhalb von 24 Stunden hatten wir die Kinder zurück bei PREDA. Das erfahrenere Mädchen blieb zehn Tage lang weg und kam dann freiwillig zu PREDA zurück. Heute hat sie sich komplett verändert; sie ist eine gute Schülerin und wie Pia eine aktive Fürsprecherin für die Rechte der Kinder.

Als wir 2003 endlich ein Heim für Kinder eröffnen konnten, die mit dem Gesetz in Konflikt standen, konnten wir den Behörden bald zeigen, dass sie keine Kriminellen waren. Von den mehreren hundert Kindern, die im Zentrum Hilfe bekommen, haben nur wenige das Zentrum jemals ohne Erlaubnis verlassen, und auch diese sind meist nur nach Hause gegangen und später zu PREDA zurückgekommen. Noch weniger kehrten ins Gefängnis zurück. Unser offenes Zentrum gedeiht. Wir brauchen keine Fesseln, Wächter, Tore, Zäune, keine Gewalt, um die Jungen zurückzuhalten, keine Strafen und auch keine harten verbalen Maßregelungen. Es gibt nichts, wovor sie weglaufen müssten, aber vieles, wofür zu bleiben sich lohnt. So konnten wir helfen, eine entsetzliche Situation zum Besseren zu verändern.

Im Februar 2004 wurde ein anderer Meilenstein in der philippinischen Gesetzgebung erreicht. Der *RA 9262*, das Gesetz gegen Gewalt an Frauen und ihren Kindern, den die Präsidentin am Internationalen Frauentag unterzeichnete, wurde verabschiedet. Dieses Gesetz half uns sehr bei unserer Arbeit. Wir entdeckten, dass viele Mütter missbrauchter Kinder selbst von ihrem Ehemann oder Lebenspartner missbraucht, geschlagen und bedroht werden. Dies macht dem Mann den Kindesmissbrauch leicht, denn die Mutter hat Angst, grün und blau geprügelt zu werden, wenn sie jemandem davon erzählt. Das war ab jetzt strafbar und ihre Chancen, Gerechtigkeit zu erlangen, stiegen. Jede Art häuslicher Gewalt war nun ein Verbrechen; das neue Gesetz gab den Frauen erstmals die Chance, den Täter anzuzeigen. In der Vergangenheit galt häusliche Gewalt nicht als Verbrechen. Nun hatten wir ein weiteres Werkzeug, das wir in unserer Arbeit für missbrauchte Frauen und Kinder nutzen konnten. Täglich hielten unsere Mitarbeiter Seminare und Workshops überall in der Provinz ab, um von der Würde jedes Mannes, jeder Frau und jedes Kindes zu berichten und den Menschen zu zeigen, wie sie sich vor Gewalt und Missbrauch schützen konnten. Das war Friedensarbeit in ihrer besten Form.

Im Oktober 2003 wurde ich nach Genf eingeladen, um vor der Menschenrechtskommission der Vereinten Nationen einen Vortrag über inhaftierte Kinder zu halten. PREDA war von der »Weltgesellschaft gegen Folter« und von *amnesty international* als eine von drei NGOs eingeladen worden, die Menschenrechtssituation auf den Philippinen zu schildern. Was unseren Arbeitsbereich anging, so erfüllten die Philippinen nicht den »Internationalen Pakt über bürgerliche und politische Rechte«. Wir sollten einen alternativen Bericht abgeben, denn es war bekannt, dass der Bericht der Regierung unklar und verschwommen war und eher sparsam mit der Wahrheit umging. Es war 13 Jahre her, dass die Philippinen das letzte Mal ihre Pflicht zur Berichterstattung erfüllt hatten. Für uns war dies eine wichtige Gelegenheit, die Dinge ins rechte Licht zu rücken und denjenigen in der Welt, die sich dafür interessierten, die Wahrheit aufzuzeigen. Wir hatten keine offizielle Gelegenheit, unseren Vortrag zu halten, da es die philippinische Regierung war, die auf dem Prüfstand stand. Wir als Repräsentanten der NGOs trafen die Delegierten während ihrer Mittagspause. Ich hatte eine Präsentation mit vielen Bildern vorbereitet, damit sie mir auch wirklich zuhörten. Ich hatte eine starke, eindrucksvolle Sammlung mit Bildern von Kindern hinter Gittern, z.B. diejenigen in den geheimen Zellen des OCARE-Zentrums in Olongapo. Einige der Bilder waren schockierend und zeigten das Elend der Kinder in aller Deutlichkeit. Die Menschenrechtsorganisationen leisteten phantastische Arbeit dabei, die Mitglieder des Komitees davon zu überzeugen, dass dies auf den Philippinen weit verbreitet und ein ernstes Problem war. Die Regierung hatte versucht, die Situation schönzureden.

Die philippinischen Regierungsvertreter mussten sich in der anschließenden Befragung scharfe, pointierte und ärgerliche Fragen gefallen lassen. Sie wurden mit einem Schwall von Fragen überschwemmt, die sie nicht beantworten konnten und sie taten mir leid; sie waren schlecht vorbereitet und schlecht informiert worden. Sie mussten um eine Pause bitten, damit sie aus Manila Informationen anfordern konnten, um die Fragen des Komitees beantworten zu können. Einige der Regierungsvertreter verstanden nicht einmal die Macht und den Zweck des Komitees.

Ende 2003 hatten wir genug Geld, um die Renovierung des alten Heimes für Straßenkinder abzuschließen und dort, auf dem oberen Hügel mit Blick über die Bucht von Subic, das neue Zentrum für Jungen zu eröffnen. Nach all der Lobbyarbeit und den Kampagnen für diese Kinder war es ein großer Schritt vorwärts für uns, sie jetzt endlich tatsächlich aus den Gefängnissen und in ein vernünftiges Zentrum holen zu können. Hier würde es keine Wächter, keine Tore, keine Mauern oder Zäune geben. Es würde nicht ein weiteres Gefängnis oder eine bewachte Einrichtung sein, mehr wie ein Ferienheim mit einem geregelten Tagesablauf, Bildungsaktivitäten, Gruppendynamik, Schul- und Berufsausbildung, Beschäftigungstherapie, Beratungen und Therapiesitzungen, in denen sie ihre Gefühle herauslassen können. Daneben gibt es Sport, Ausflüge, Picknicks, Spiele und Seminare über Spiritualität und Werte.

Ich glaube an ein offenes Heim in der Natur, wo Vertrauen, Bestätigung, Ermutigung und Respekt die Hauptwerkzeuge sind, mit denen die jungen Leute, die vom Missbrauch und der Ungerechtigkeit in den Gefängnissen gezeichnet sind, geheilt werden können. Es sollte ein Ort sein, wo Jamie und seinesgleichen gesund werden und ihr wahres Selbst und ihre Befähigung zu einem nützlichen, bedeutungsvollen Leben finden.

Bald führten Alex, ich und die anderen Mitarbeiter Vorstellungsgespräche mit neuen Mitarbeitern, denen wir dann das Grundlagenwissen über Gesundheit und Prinzipien menschlicher Entwicklung vermittelten und die wir darin schulten, den Jugendlichen mit bestätigendem Respekt und Gewaltlosigkeit zu begegnen.

Ich konnte kein Handbuch und keine Anleitung finden, wie man ein solches offenes Zentrum für Kinder aus dem Gefängnis auf der Basis von Vertrauen, Respekt und ihrem Glauben an sich selbst betreiben könnte. So schrieben wir unser eigenes. Wir verbannten alle Arten von Gewalt – physische, verbale, psychologische und emotionale Gewalt. Wir schulten die Mitarbeiter darin, taktvoll und professionell mit emotional ungebärdigen Jungen umzugehen. Es war ein Traum und eine Vision, auf deren Erfolg wir kaum zu hoffen wagten, aber wir mussten es versuchen, auch wenn wir noch so enttäuscht werden mochten. Die Richter, die unser Zentrum besuchten, fragten nach der Strafanstalt, den Zäunen und den Mauern. Sie waren perplex und besorgt, als wir ihnen sagten, dass es keine gäbe. Wir überzeugten sie davon, dass das Gefängnis nicht gut sei für junge Leute, sondern eine Schule für Kriminelle. Mauern und Tore sind unnötig, wenn man die jungen Leute mit Respekt behandelt, ihnen Vertrauen schenkt und eine Ausbildung für eine bessere Zukunft zuteil werden lässt. Einige waren skeptisch, andere sagten, sie würden es versuchen und sind nun froh, es gewagt zu haben, denn es funktioniert. Wir versprachen, dass wir die Jungen zu den Anhörungen vor Gericht bringen und ihre Gerichtsverfahren bis zum Abschluss begleiten würden.

Wir schafften es schließlich, dass ungefähr 70 Prozent der Fälle gegen die Jungen abgewiesen wurden. Viele waren schon bis zu sechs Monaten unter schrecklichen Bedingungen inhaftiert gewesen, dabei gab es keine Klage gegen sie. Die meisten der Kinder kamen aus den berüchtigten Gefängnissen von Metro Manila. Mehrmals pro Woche mussten wir den dreistündigen Weg zu den Anhörungen auf uns nehmen. Oft waren diese verschoben worden, wenn wir ankamen. Die Ausgaben stiegen und stiegen, aber nach dem Durchbruch mit den veränderten Gerichtsbestimmungen konnten wir mehr und mehr Jungen herausholen. Der Erfolg gab uns Recht: Kaum einer der von den Gerichten an PREDA überwiesenen Jungen verließ das Zentrum ohne Erlaubnis. Während ich dies schreibe, geht diese wichtige Arbeit Tag für Tag weiter. Die engagierten philippinischen Mitarbeiter im PREDA-Zentrum arbeiten in zwölf verschiedenen Projekten. Diese sozio-pastoralen Dienste an den Armen und den Verlassenen weiten sich aus, da mehr und mehr Kinder zu uns kommen, um Schutz und Heilung zu finden. Schließlich schafften wir es, Fernsehkameras in die

Gefängnisse und die Zellen zu bringen, um der Welt zu zeigen, was die Behörden zu verheimlichen versucht hatten: tausende missbrauchte, vergewaltigte und unterernährte Gefängniskinder. Mit der Hilfe von Danny Smith von *Jubilee Action* und Chris Rogers von ITV, dem unabhängigen Britischen Fernsehen, dokumentierten wir die entsetzlichen Lebensbedingungen und das Leiden der Kinder hinter Gittern. Dies wurde im August 2005 ausgestrahlt; der Film verursachte einen Aufschrei sowie hastige Dementis und Vertuschungsversuche seitens der Regierung. Der philippinische Senat war berührt genug, um das Jugendstrafgesetz zu verabschieden, aber das Unterhaus ignorierte die schrecklichen Bedingungen schamlos, selbst als wir ihnen das Material von ITV/CNN zeigten. Auf einem Sondertreffen im Manila Polo Club sprach ich mit den Ehefrauen der Kongressabgeordneten, um sie dazu zu überreden, ihre Ehemänner doch etwas unter Druck zu setzen, aber es nützte nichts. Im September wurde ich eingeladen, vor dem Komitee für Internationale Beziehungen des US-Kongresses, Unterkomitee für afrikanische Kinder, zu sprechen. Die Mitglieder unter der Leitung von Chris Smith waren sehr berührt, als ich ihnen den ITV/CNN-Bericht zeigte und sie schrieben einen Brief an Präsidentin Arroyo, um die Verletzung der Kinderrechte in Gefängnissen beenden zu helfen. In ihrem Brief baten sie die philippinischen Behörden, PREDA das Nutzungsrecht für ein leerstehendes Regierungsgebäude und etwas Land für ein Kinder- und ein Berufsbildungszentrum zu erteilen. Obwohl der Provinzgouverneur und der Bürgermeister von Castillejos die Nutzung der zwei Hektar Brachland genehmigt hatten, wurde die Nutzung der verfallenden Gebäude nicht genehmigt. Die Pinatubo-Stiftung, die das Gelände vor 16 Jahren für die Opfer des Vulkanausbruchs hätte erschließen sollen, dies aber versäumte, blockierte unser dringend benötigtes Heim für Kinder. Das verhärtete Herz des Pharaos hätte uns nicht solche Steine in den Weg werfen können. Dann, im November, wurde ich wiederum nach Washington eingeladen, um vor einem anderen Komitee zu sprechen, das sich für die Rechte philippinischer Kinder interessierte. Auch sie waren entsetzt über unsere Enthüllungen über die Kinder hinter Gittern und baten die philippinische Regierung, uns zu helfen. Aber es half alles nichts.

Selbst der US-Kongress hatte wenig Einfluss auf philippinische Politiker, wenn es darum ging, kleinen Kindern zu helfen. Kein Wunder, dass einige Ehefrauen von Kongressabgeordneten mir mit gewisser Verbitterung sagten, ich solle nicht mit ihnen sprechen, sondern lieber mit den jungen Geliebten ihrer Männer. Im Januar kam Chris Rogers zurück auf die Philippinen, um zu sehen, ob sich irgendetwas für die Gefängniskinder geändert hatte. Wieder gingen wir mit versteckter Kamera in die Gefängnisse, was einigermaßen riskant war, denn die Behörden hatten unsere Enthüllungen vom letzten August nicht vergessen. Der zweite Bericht wurde in der ersten Februarwoche 2006 in Irland und überall auf der Welt ausgestrahlt. Er war noch beeindruckender und schockierender als der erste. Er zeigte die Kinder, die – wie Hühner in Käfigen – und kleinen Zellen zusammengepfercht waren, wo sie auf übereinander angebrachten Brettern hockten und durch die Gitterstäbe hinausschauten. Es waren unmenschliche Zustände. Die internationale Schande und das weltweite Entsetzten brachten Präsidentin Macapagal-Arroyo dazu, die Verabschiedung des Jugendstrafgesetzes noch in derselben Woche als dringend einzustufen. Ein paar Wochen später wurde es vom Kongress verabschiedet. Die Präsidentin ordnete an, alle Kinder aus den städtischen Gefängnissen zu entlassen und in Camp Diwa, Bicutan, außerhalb der Stadt unterzubringen. Dort war es geräumiger, aber ein Gefängnis für Kinder war es noch immer. Eines Tages versuchten vier Teenager, über die von einem hohen Stacheldrahtzaun bewehrte Mauer zu entkommen. Man eröffnete das Feuer auf sie; zwei wurden so schwer am Bein verletzt, dass sie operiert werden mussten. Zwei andere mit weniger schlimmen Wunden wurden der Fürsorge von PREDA übergeben. Sie gehen jeden Tag fröhlich zur Schule, sind angesehene Schüler, gut gekleidet und besitzen erheblichen Selbstrespekt. Sie möchten so lange wie möglich bei PREDA bleiben. Nach neun Jahren der Lobbyarbeit, der Kampagnen und Gebete sahen wir endlich, dass das neue Gesetz verabschiedet wurde. Nun tun wir alles, was wir können, damit es umgesetzt wird und niemals wieder Kinder hinter Gittern landen oder mit Gewehren gejagt werden.

Es war offensichtlich, dass wir ein neues Gebäude für die Jungen brauchten, die mit dem Gesetz in Konflikt standen. Wir konnten viele von ihnen aus den Gefängnissen holen. Die Antwort der Regierung auf dieses Problem ist unzureichend, es gibt nur wenige vernünftige und gut geführte Häuser, die eine angemessene Alternative zum Gefängnis darstellen. Das Leben im Gefängnis traumatisiert die jungen Menschen. Der »Tatort«-Verein hat uns geholfen, das Geld für ein neues Heim und zusätzliche Ausbildungsmöglichkeiten für die Jugendlichen aufzubringen, damit wir ihnen einen noch besseren Start ins Leben bieten können.

Der erste Teil des neuen Zentrums wurde im März 2008 fertiggestellt und im April eröffnet. Einige Vertreter des »Tatort«-Vereins kamen, um das Gebäude einzuweihen: Ulrike Thönniges, der Schauspieler Dietmar Bär und seine Frau Maren Geissler, Schauspieler und Gefängnisarzt Jo Bausch, der Buchautor Rüdiger Bertram, der den Drehbuchwettbewerb des »Tatort«-Vereins für ein Stück über Kinder im Konflikt mit dem Gesetz gewann und ein Buch darüber geschrieben hat, und auch der »Tatort«-Fotograf Cajus van Eickels. Auch eine Vertreterin von Misereor war dabei: Birte Koetter, die für die Öffentlichkeitsarbeit zuständig ist. Es war eine schöne Einweihungsfeier und ein großer Schritt vorwärts in unseren Bemühungen, diesen jungen Leuten, die Opfer von Misshandlung, Brutalität und ungerechtfertigter Verhaftung gewesen sind, eine Ausbildung und Jobs zu vermitteln.

Es gibt auch ein aufregendes neues fair gehandeltes Produkt, dessen Herstellung die jungen Auszubildenden von ausgezeichneten Tischlern und Korbflechtern lernen: Strandkörbe. Diese werden in Deutschland stark nachgefragt und wir möchten sie allen anbieten, die auch auf diesem Gebiet den Kriterien des Fairen Handels entsprechen möchten. Damit verhelfen sie den Jugendlichen zu einem besseren Leben für sich und ihre zukünftigen Familien.

Ein weiteres Fairhandelsprodukt von PREDA ist unser MP3-Player. Damit wollen wir Kinder und Teenager davor schützen, durch Zufall oder Neugier auf Internet-Pornografie zu stoßen, die ihnen schadet und ihren Geist vergiftet. Auf diesem MP3-Player können sie ihre Musik, Fotos, ihre Seiten aus *friendstar* oder *myspace* speichern und jederzeit abrufen, denn der Player ist quasi wie ein tragbarer Computer. Der MP3-Player ist ein USB-Stick, den man an jeden Computer anschließen kann. Er hat alle Funktionen, die auch ein Laptop hat, aber es gibt eine Besonderheit: er hat eine zusätzliche Sicherung gegen pornografische Seiten, die als Spam geschickt werden oder aus Versehen oder aus Neugier aus dem Internet heruntergeladen werden. Es ist das perfekte Geschenk, das Eltern ihren Kindern geben können. Sie finden Ruhe in dem Wissen, dass ihre Kinder vor all dem üblen Zeug geschützt sind, das im Internet zu finden ist. PREDA hat dieses Produkt mit einer ethisch sehr korrekten Firma in Australien entwickelt deren Team das Computergenie Kevin Pinkerton vorsteht.

Ein Teil der PREDA-Ausbildungsstipendien für benachteiligte, aber hochintelligente Jugendliche, wird auch an Informatikstudenten vergeben. Diese jungen Leute haben das Wissen, alle benötigte Software auf den MP3-Player aufzuspielen, der dann von anderen verpackt und zum Versand fertiggemacht wird. Es ist ein gewagtes neues Produkt und passt zu unserer Zeit, in der wir unsere Kinder vor dem Übel, das schon so viele unschuldige Geister und Herzen zerstört hat, schützen wollen. Es sind Übel, vor denen Eltern ihre Kinder kaum bewahren können. Der MP3-Player ist eine Antwort.

34

Unser Kampf geht weiter
Jetzt und für immer

Wenn die Leute mich fragen, ob ich jemals daran gedacht habe, aufzugeben, dann sage ich: »Ja, sogar sehr oft.« Es war im Jahr 2001, als mir am meisten nach Aufgeben zumute war, doch die Teamarbeit von Alex und Merly, die Gebete und die Unterstützung vieler Menschen ließen mich trotz des wachsenden Drucks, der Schikanen durch die Sexmafia und der stets nervenaufreibenden Todesdrohungen weitermachen.

Wir alle wollen, dass der Missbrauch, die Ausbeutung und die Ungerechtigkeit aufhören. Jeder kann etwas Sinnvolles tun, um diese Welt für Kinder zu einer besseren zu machen, bevor unsere Zeit vorbei ist und wir gehen müssen. Manchmal fragen mich Leute, was sie tun können. Was können wir während unseres kurzen Aufenthaltes auf Erden Gutes tun, das die Menschen weniger hungrig und dafür glücklicher macht? Was können wir außer einem Grabstein auf dem Friedhof noch hinterlassen, das bleibt und an unsere Existenz erinnert? Auch ich frage mich das und meine Antwort ist, ein zielgerichtetes und sinnvolles Leben zu führen, das denen Gutes bringt, die weniger haben als ich. Menschen können von zuhause aus oder in ihren Gemeinden für die Gerechtigkeit und das Ende der Versklavung von Kindern arbeiten. Sie können ihren Stift nehmen, den Telefonhörer abheben, eine E-Mail schreiben und Überzeugungsarbeit bei Politikern, Journalisten, Kirchenleuten und Aktivisten leisten, sie dazu antreiben, sich einzubringen und etwas zu verändern. Andere, die den Ruf vernommen und beantwortet haben, sind draußen auf den Straßen unterwegs, um zu informieren und Spenden zu sammeln – um das Leben der Armen zum Besseren zu wenden.

Wer die Ungerechtigkeit der Welt verändern möchte, kann viel Gutes tun und Andere durch eine ehrliche Lebensführung inspirieren, kann teilen so gut er kann, seinen Namen und seinen guten Ruf für Petitionen und Proteste geben. Schlimme Situationen können verändert werden, indem man Politiker dazu aufruft, die Politik zu erneuern, Gelder und Ressourcen an leidende Kinder umzuleiten, statt sie Geschäftsfreunden oder irgendeiner korrupten Regierung in einem Entwicklungsland zuzuschieben.

Für solche Ziele zu arbeiten ist es, was mich und das ganze PREDA-Team antreibt. Unser Team umfasst inzwischen über 70 qualifizierte, engagierte Filipinos, die Kinder retten, ihnen Therapie, Ausbildung und einen neuen Start ins Leben geben und die Täter trotz Schikanen, Drohungen, Gegenwehr und aller möglicher anderer Gefahren vor Gericht bringen.

Ich habe PREDA zusammen mit Merly und Alex gegründet, ausgestattet mit einer hauchdünnen Kapitaldecke, welche sogar noch große Löcher hatte. »Nun, Gott hatte etwas vor mit Dir«, hat mir Pater Tom vor vielen Jahren einmal gesagt. Nach harten Zeiten kamen gute und die guten verbrachten wir damit, die harten zu überwinden. Weder ich noch das PREDA-Team durfte erwarten, dass alles glatt und problemlos lief, wenn wir uns aufmachten, es auf irgendeine kleine Weise Jesus Christus gleich zu tun, wie man es uns seit der Kindheit beigebracht hatte. Im Priesterseminar gab man mir als erstes spirituelles Buch »Die Nachahmung Christi«. Demnach konnten wir erwarten, bedroht, schikaniert, fälschlich beschuldigt, vor Gericht gestellt und sogar ins Gefängnis gesperrt zu werden wie die Patres Brian Gore und Niall O'Brien und ihr Team von Menschenrechtsaktivisten.

In der Menschenrechtsarbeit gibt es immer Ablehnung und Gegenwehr, aber es gibt auch Ausdauer und Ermächtigung. Tausende Missionare, engagierte Kirchenmitarbeiter und Menschenrechtsverfechter geben ihr Leben für andere, viele werden belästigt, verhaftet, sogar getötet. Sie sind die ungesehenen, selbstlosen Freunde der Versklavten, wo sie sind, ist auch Gott. Darum leben sie trotz Not und Elend in Frieden, ertragen mutig die Unbequemlichkeiten und die Not auf den Feldern, in den Wäldern, Elendsvierteln und Slums, den Müllhalden und Gefängnissen. Tausende mutiger Sozialarbeiter und andere, die ihre Gemeinden organisiert und zusammengeschlossen haben, wurden auf Anordnung von Landbesitzern, korrupten Politikern und Despoten von Todesschwadronen gefoltert und ermordet. Einige Bischöfe und andere aus dem Klerus sind glücklicher, wenn sie sich in

Kirchen und Pfarrhäuser zurückziehen können, als wenn sie hinausgehen und die Christen unterstützen, die ihr Leben für die Würde der Menschen, für die Christus gestorben ist, riskieren. Die anderen sollen ihnen die Füße waschen, aber sie vergessen, dass es Jesus war, der die Füße der Apostel wusch. »Ich kam, um zu dienen, nicht um bedient zu werden«, sagte er. Die mutigen Bischöfe und beherzten Christen, die offen für Gerechtigkeit und Menschenrechte eingetreten sind, sind die Hoffnung und die Inspiration für die Kirche und die Menschen. Die Armen sollen wissen, dass Gott mit ihnen und in ihnen ist. Wenn wir Gott sehen wollen, müssen wir zu den Gefangenen gehen, den Unterdrückten, den Hungrigen, den Blinden und den Elenden der Erde. Wir sind dazu aufgerufen, Solidarität mit ihnen zu üben und auf jede uns mögliche Weise für Gerechtigkeit zu kämpfen. Jeder kann etwas tun, um diese Welt besser zu machen und die Verbrechen gegen Kinder zu beenden. Wir sollen Gott und seine unendliche Güte in der Welt aktiv und lebendig werden lassen, um seine Gegenwart zu erneuern. Wie sonst können die Menschen glauben, dass es überhaupt einen liebenden und fürsorgenden Gott gibt?

Es gibt keinen anderen Weg, ein Christ zu sein, als den Worten und Taten von Jesus von Nazareth treu zu bleiben. Wirkliches Christentum ist in Krypten oder Kathedralen vielleicht schwierig zu finden, aber auf den Philippinen oder in den Herzen der Millionen Filipinos, die im Ausland arbeiten, ist es noch immer sehr lebendig. Sie tragen ihren Glauben in sich, und die meisten teilen alles, was sie verdienen, mit ihrer verarmten Familie auf den Philippinen. Die Kirchen sind voller lebendiger Gemeinden, die daran glauben, dass man sich für Gerechtigkeit und Wahrheit einsetzen muss. Treue und die Liebe zum Nächsten sind lebendig in all jenen Menschen, die mit den Armen leben und sogar mit ihnen und für sie sterben. Ich habe viele von ihnen getroffen und ich fühlte mich beschämt, dass ich nicht annähernd so viel Glauben habe wie sie. »Es gibt keine größere Liebe als die, sein Leben für einen Freund zu geben«, sagte Jesus. Diese Liebe ist es, die Missionare und Helfer in den Wüsten von Darfur, den Regenwäldern Afrikas und in den Flüchtlingscamps geben. Sozial engagierte Journalisten und Menschen aller Glaubensrichtungen, die sich auf die Seite der Armen schlagen und überall auf der Welt ihr Leben für die Gerechtigkeit riskieren, sind die lebenden Heiligen der heutigen Zeit. Ein solches selbstloses Opfer ist keine aufsehenerregende

Neuigkeit und verkauft keine Zeitungen und Zeitschriften, deshalb wissen weniger Menschen etwas über sie und über ihr Leben voller Leidenschaft und Stärke, das die Welt zum Besseren verändert. Diese Superhelden des Glaubens und der seelischen Kraft geben alles und verlangen nichts zurück, doch sie bekommen die Welt. Sie finden die Bedeutung ihres Lebens darin, die Elenden und Armen zu erheben und ihnen das Leben zurückzugeben, die Verwundeten und Kranken zu heilen, die Gefangenen zu befreien, den Hungrigen das Leben zu geben, den Blinden das Licht, die Unterdrückten zu ermächtigen und vor allem, Wahrheit und Gerechtigkeit in Wort und Tat zu erneuern.

Das ist es, was ich tun möchte, wo ich sein möchte, jetzt und für immer.

Abbildungsnachweise

Alle Fotos von PREDA Foundation, ausgenommen:
Umschlagklappe vorne und Buchmitte Nr. 12, 26 und 27
CAJUS VAN EICKELS, Köln
Philippinenkarte Umschlaginnenseite: BERNHARD GÖGLER
Buchmitte Nr. 8, 9, 11, 13, 21, 22 und 23: dwp eG, Ravensburg
Buchmitte Nr. 24: FOTO HEIDE REISS, Berlin
Umschlagklappe hinten: SHAWN DAVE BROOKS

Kinder brauchen ein Zuhause.

Keinen Knast!

George, 11, seit 8 Monaten grundlos im Gefängnis

Unglaublich, aber wahr: Auf den Philippinen sind 20.000 Kinder im Gefängnis. Grundlos. Gemeinsam mit Mördern, Schwerverbrechern und Sexualstraftätern. Ohne Bett, unterernährt, krank. Ohne Schule, ohne Zukunft. Helfen Sie uns, diese Kinder dort rauszuholen und ihnen ein neues Zuhause zu geben!

Weitere Infos unter **www.gefaengniskinder.de**

Eine Kampagne des Tatort – Straßen der Welt e. V., der Preda-Stiftung und des Fairhandelshaus dwp. www.dwp-rv.de und www.preda.org

Spendenkonto 666666, Sparda-Bank West, BLZ 370 605 90

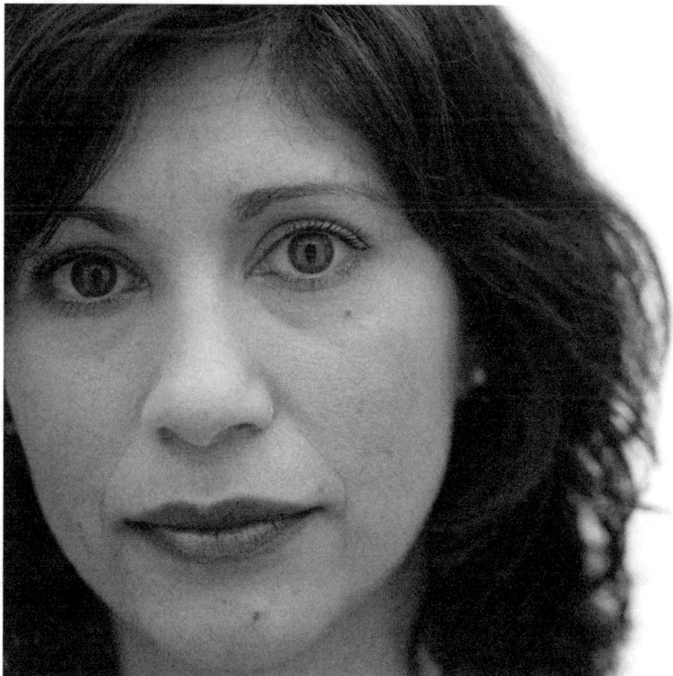

Unterstützung über viele Jahre:
Das nenne **ich** nachhaltig.

Partnerschaftlicher Handel:
Das nenne **ich** fair.

Immer wieder direkte Kontakte:
Das nenne **ich** Freundschaft.

Deshalb unterstütze ich
Shay Cullen und PREDA
und kaufe im Weltladen.

Weltladen
anders als andere

500 mal in Deutschland
www.weltladen.de

EINZIGARTIG GELB UND BERÜHMT FÜR DEN GESCHMACK – DIE PHILIPPINISCHE CARABAO-MANGO

Entdecken Sie unser großes Mango-Sortiment aus Fairem Handel!

PRODUKT aus FAIREM HANDEL

dwp
mensch+zukunft

dwp eG
D-88212 Ravensburg
www.dwp-rv.de

Zum Wohle tausender Kleinbauernfamilien und zur Unterstützung der Sozialarbeit der Preda Foundation von Pater Shay Cullen.

preda

www.preda.org